2022

广西统计年鉴

GUANGXI STATISTICAL YEARBOOK

广西壮族自治区统计局
国家统计局广西调查总队 编

Compiled by Guangxi Zhuang Autonomous Region Bureau of Statistics
& Survey Office of the National Bureau of Statistics in Guangxi

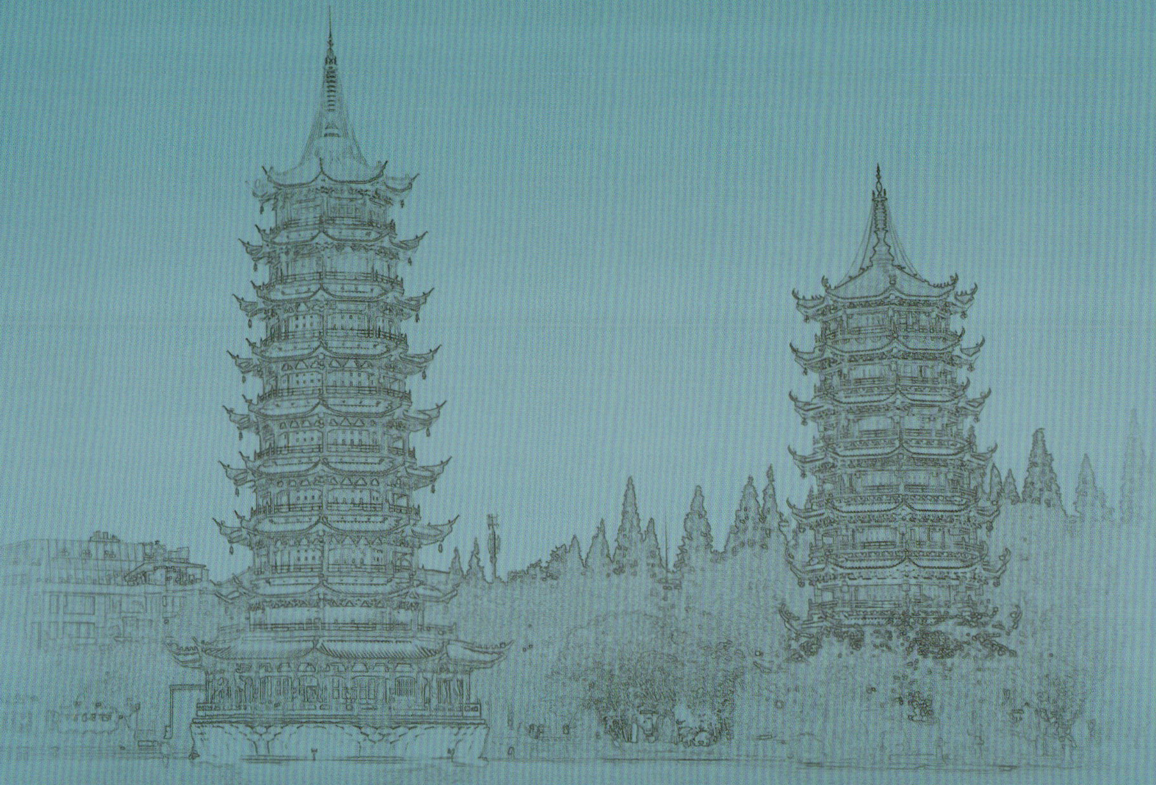

中国统计出版社
China Statistics Press

图书在版编目(CIP)数据

广西统计年鉴. 2022 = Guangxi Statistical Yearbook 2022:汉英对照/广西壮族自治区统计局,国家统计局广西调查总队编. —北京:中国统计出版社,2022. 10
ISBN 978-7-5037-9896-2

Ⅰ. ①广… Ⅱ. ①广… ②国… Ⅲ. ①统计资料-广西-2022-年鉴-汉、英 Ⅳ. ①C832. 67-54

中国版本图书馆 CIP 数据核字(2022)第 148213 号

广西统计年鉴 2022

作　　者/ 广西壮族自治区统计局　国家统计局广西调查总队
责任编辑/ 高媛媛
装帧设计/ 韦含锡　蔡　英
出版发行/ 中国统计出版社有限公司
地　　址/ 北京市丰台区西三环南路甲 6 号
邮政编码/ 100073
电　　话/ 邮购(010)63376909　书店(010)68783171
网　　址/ http://www. zgtjcbs. com
印　　刷/ 广西民族印刷包装集团有限公司
经　　销/ 新华书店
开　　本/ 890mm×1240mm　1/16
字　　数/ 1600 千字
印　　张/ 38. 25
版　　别/ 2022 年 10 月第 1 版
版　　次/ 2022 年 10 月第 1 次印刷
定　　价/ 360. 00 元　Price:360. 00yuan(RMB)

本书附同版本 CD-ROM 一张,光盘内容以书面文字为准。
如有印装差错,由本社发行部调换。

《广西统计年鉴2022》编辑委员会及编辑人员

编辑委员会

编辑工作人员

Editorial Board and Staff of *Guangxi Statistical Yearbook* 2022

编者说明

一、《广西统计年鉴》是一部全面反映广西壮族自治区国民经济和社会发展情况的大型资料性年刊，至今已经走过40载。2022版收录了全自治区2021年和1978年以来重要年份的主要统计数据，以及各市、县（区）2021年的主要统计指标数据。

二、全书分为23个篇章，即：1.综合； 2.人口；3.国民经济核算；4.从业人员和职工工资；5.物价；6.人民生活；7.财政、金融和保险；8.资源与环境；9.能源生产与消费；10.固定资产投资；11.城市概况；12.对外经济贸易； 13.农业；14.工业；15.建筑业；16.批发和零售业；17.住宿餐饮业和旅游；18.交通、运输和邮电通信业； 19.教育、科技和文化；20.体育、卫生与社会福利；21.区域经济；22.各市基本情况；23.县（市、区）基本情况。为便于读者更直观地了解全书内容和正确使用资料，每篇章末尾附有主要统计指标解释。附录内容为《2021年广西国民经济和社会发展统计公报》。

三、资料中所使用的度量衡单位均采用国际统一标准计量单位。

四、本年鉴部分合计数由于其中数的小数点位数取舍不同而产生的计算误差未做机械调整。

五、年鉴所涉及的历史数据，凡与本年鉴资料有所出入的，均以最新出版的为准。

六、年鉴的资料来源：主要来自自治区统计局的常规统计年报、各类抽样调查、普查。部分篇章和指标的内容由相关区直单位（部门）提供，自治区统计局对这些指标数据没有解释及说明的权力和能力。

七、本年鉴表中的符号使用说明：

"…"表示数据不足本表最小计量单位数；

"空格"表示该项统计数据不详或无该项统计数据；

"#"表示其中的主要项。

八、2003~2018年地区生产总值核算（支出法部分除外）和社会消费品零售总额等指标数据依据全国第四次经济普查结果进行了修订，与之相关的部分计算指标数据也随之调整。2021年地区生产总值等部分指标数据为快报数。

2011~2019年人口相关数据根据第七次全国人口普查进行了修订。

九、在本年鉴的编辑过程中，得到了许多单位和同志的大力支持，在此我们深表谢意。限于时间仓促和水平有限，年鉴中的纰漏和不足之处在所难免，恳请广大读者给予批评指正。

EDITOR'S NOTES

I. *Guangxi Statistical Yearbook* is an annual statistics publication, which covers very comprehensive data in 2021 and some selected data series in historically important years since 1978 of the whole autonomous region, the main statistical data of city, county (district) in 2021 and therefore, reflects various aspects of Guangxi's social and economic development.

II. This book contains the following twenty-three parts, 1. General Survey; 2. Population; 3. National Economic Accounting; 4. Employment and Wages; 5. Price; 6. People's Livelihoods; 7. Finance, Banking and Insurance; 8. Natural Resources and Environment; 9. Energy Production and Consumption; 10. Investment in Fixed Assets; 11. General Survey of Cities; 12. Foreign Trade and Economy Cooperation; 13. Agriculture; 14. Industry; 15. Construction; 16. Wholesale and Retail Trades; 17. Hotels, Catering Services and Tourism; 18. Transportation, Postal and Telecommunication Services; 19. Education, Science, Technology and Culture; 20. Sport, Public Health and Social Welfare; 21. Economic Zones; 22. Basic Statistics of Cities; 23. Basic Statistics of Counties (Cities, Districts). In order to make readers understand the whole content of this book and use the materials correctly, most of the chapters are equipped with explanatory notes on main statistical indicators at the end. Moreover, appendix (Statistical Communiqué on National Economic and Social Development of Guangxi in 2021) is attached at the end of the book.

III. The international standard unit of measurement is applied in this book.

IV. Statistical discrepancies on some totals figures due to rounding varies of the numbers are not adjusted in the yearbook.

V. In this yearbook, the statistical materials published before have been verified again, and the data that not tally with this book should take the data of this book as standard.

VI. The major data sources of this publication are obtained from annual statistical reports, sample surveys, and the census of the Guangxi Zhuang Autonomous Region Bureau of Statistics. And some from other Departments of Guangxi Zhuang Autonomous Region. Guangxi Zhuang Autonomous Region Bureau of Statistics has no power or ability to define and explain these indicators and data.

VII. Notations used in this yearbook:

"…" indicates that the figure is not large enough to be measured with the smallest unit in the table;

"Blank space" indicates that the data are unknown or not available;

"#" indicates the major items of the table.

VIII. The data of Gross Domestic Product (except part of Expenditure Approach) and Total Retail Sales of Consumer Goods from 2003 to 2018 has been recalculated with The Forth National Economic Census, and so as the related indicators of them. All the data of GDP and etc. in 2021's are from quick statistics data. And data of population from 2011 to 2019 are revised based on the 7th Population Census.

IX. Acknowledgement: our great gratitude goes to relevant departments and staffs, from which we have received tremendous support when compiling the yearbook. Mistakes may appear due to limited time for compiling. Please point out for correction if any.

广西生产总值及增长速度

Guangxi Gross Domestic Product and Its Growth Rate

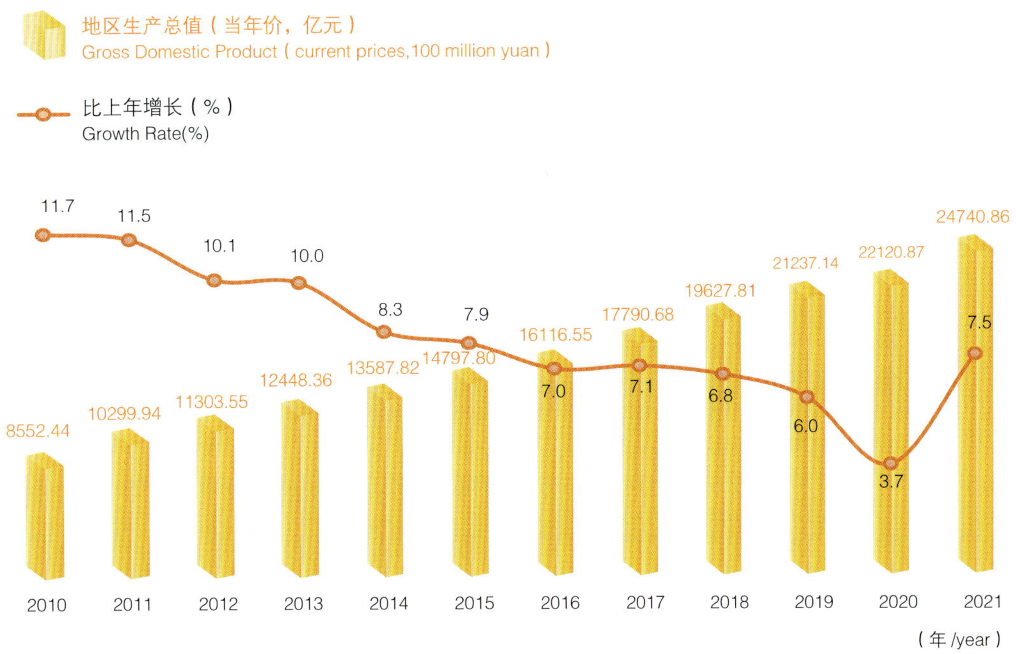

广西生产总值构成（%）

Composition of Guangxi Gross Domestic Product (%)

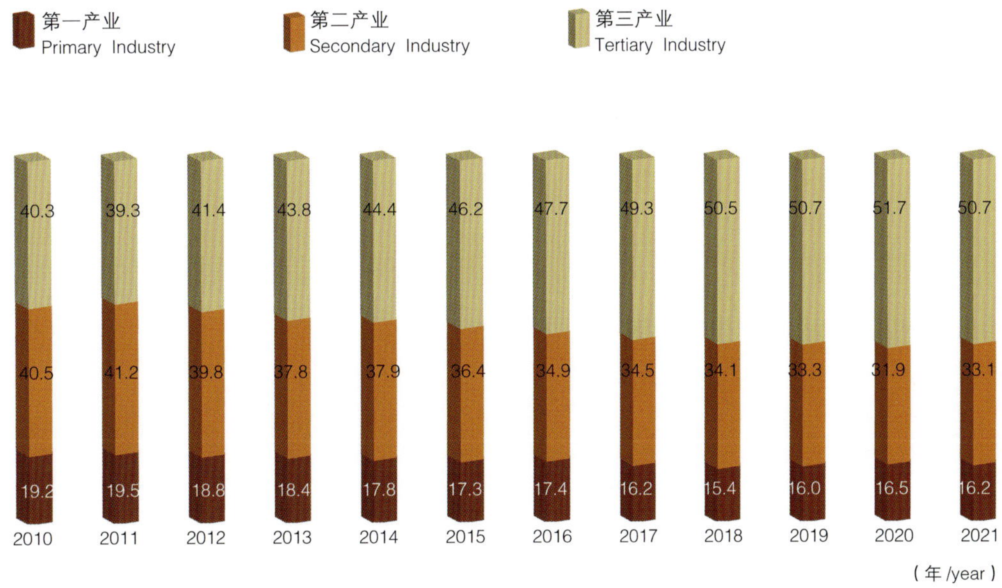

人均GDP、居民人均可支配收入、城镇居民人均可支配收入和农村居民人均可支配收入（元）

Per Capita GDP,Per Capita Disposable Income of Households,Per Capita Disposable Income of Urban Households & Per Capita Net Income

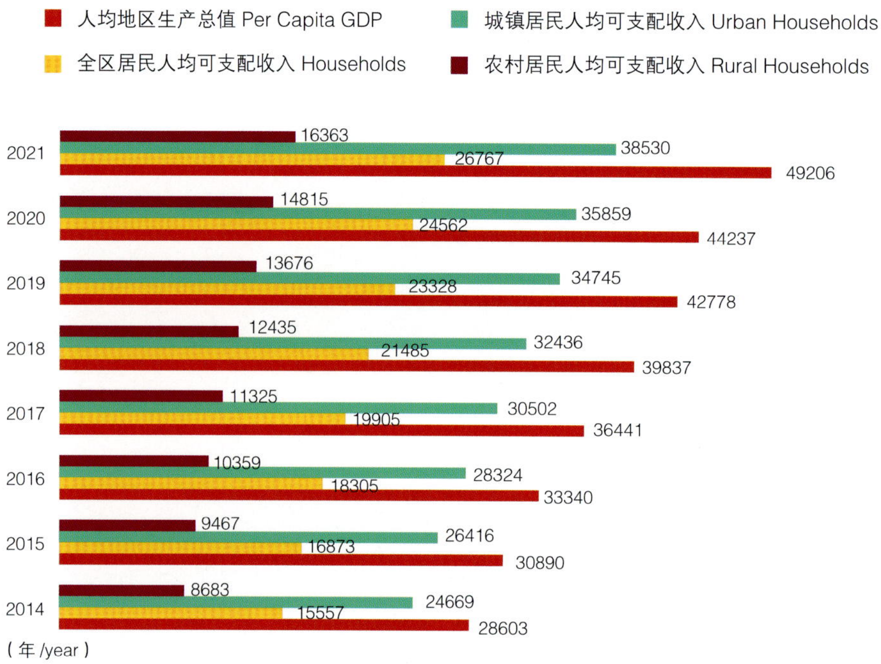

年末总人口和从业人员（万人）

Total Population at Year-end (10 000 persons)

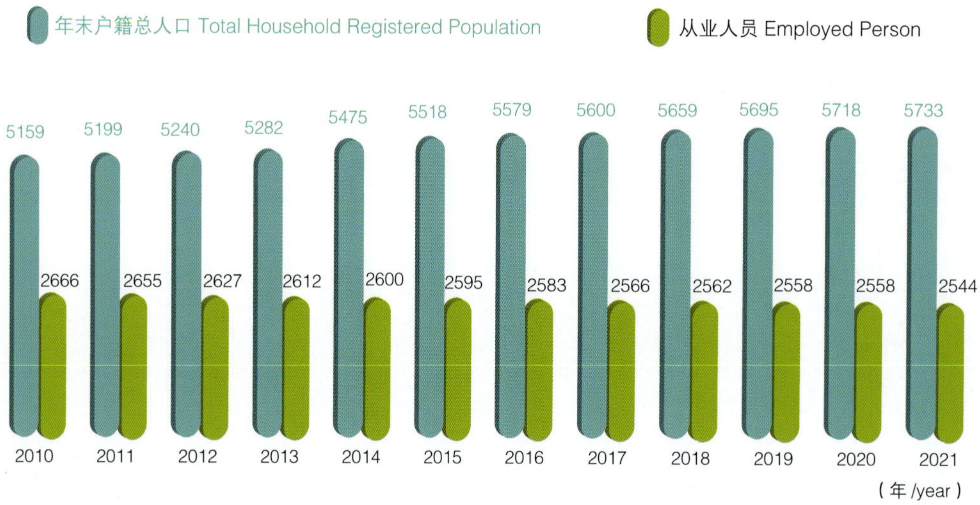

人口自然变动情况

Natural Changes of Population

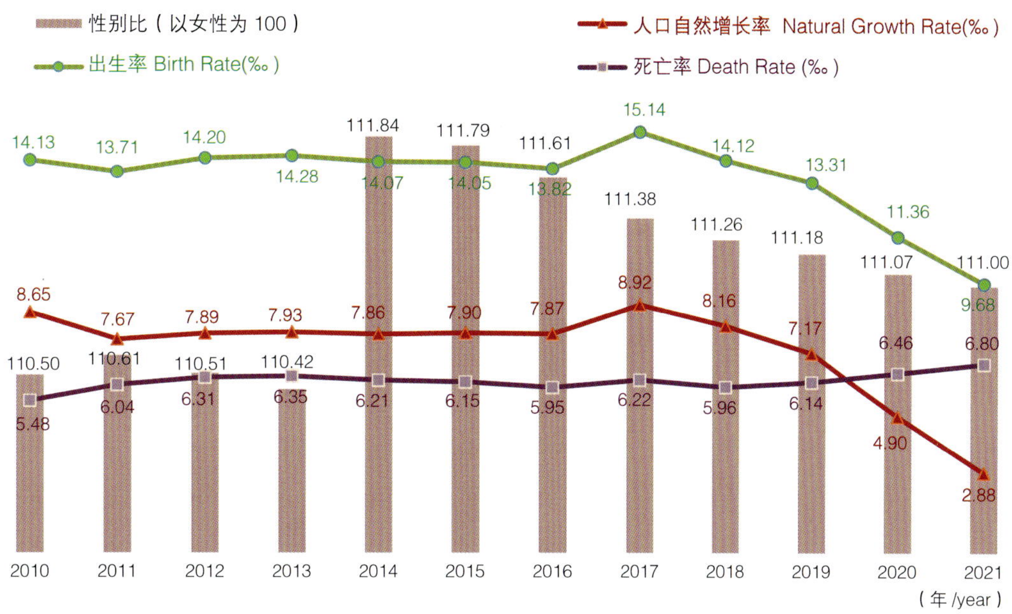

全社会从业人员构成（%）

Composition of Employment (%)

一般公共预算收入构成（2021）

Composition of General Public Budget Revenue(%)

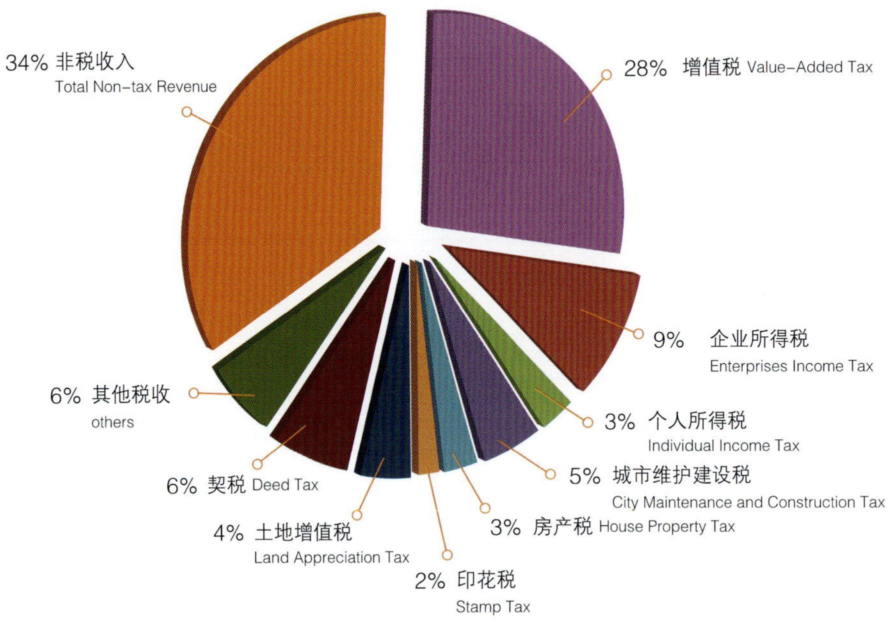

一般公共预算支出构成（2021）

Composition of General Public Budget Expenditure(%)

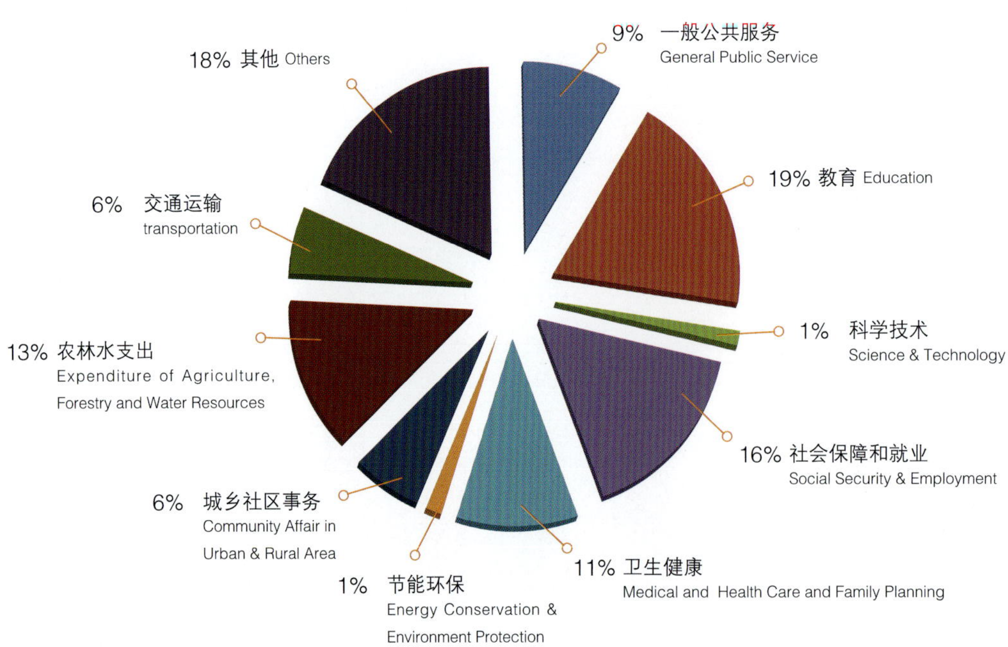

固定资产投资增长速度（%）

Investment in Fixed Assets Growth Rate（%）

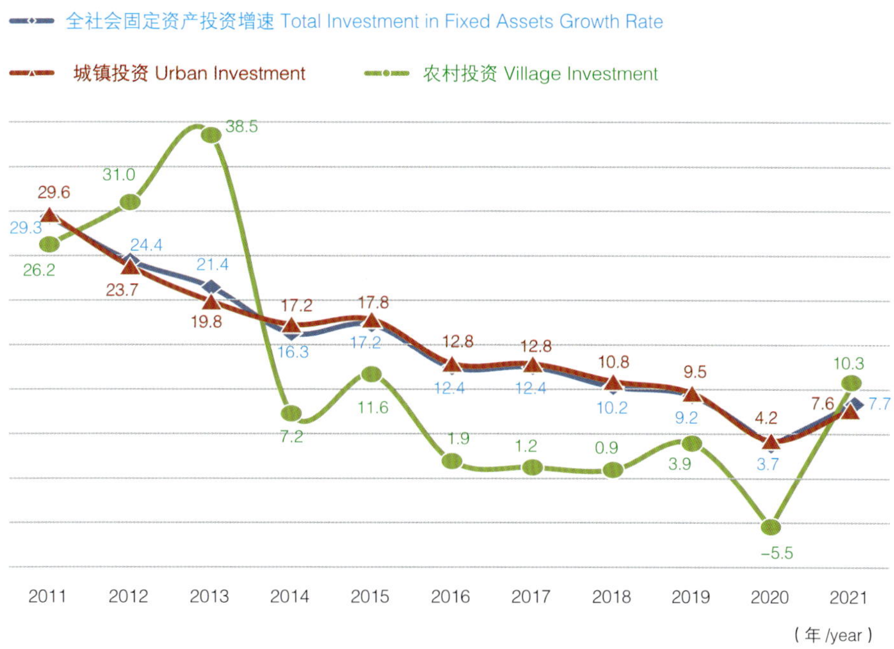

农林牧渔业增长速度（%）

Growth Rate of Agriculture, Forestry, Animal Husbandry and Fishery（%）

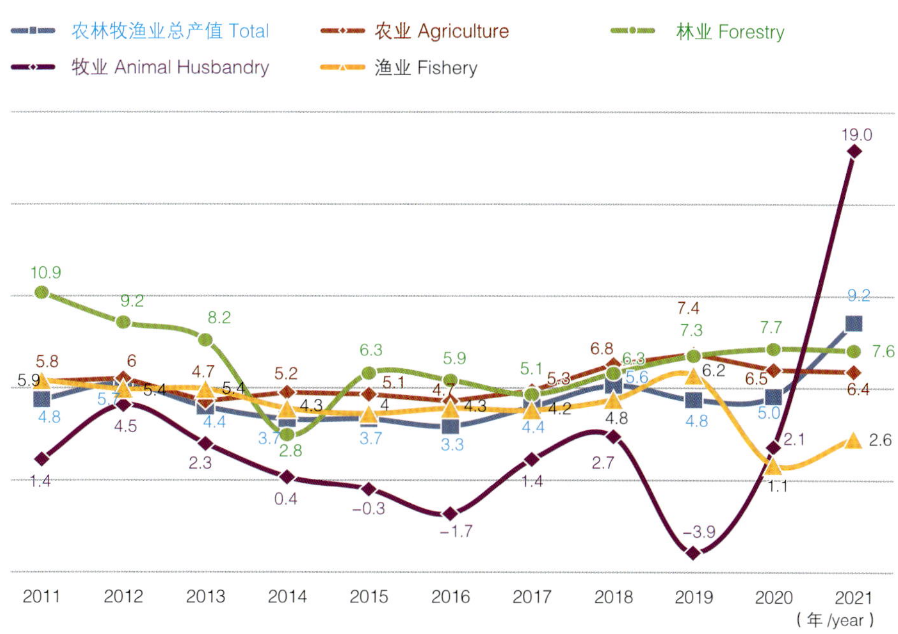

农林牧渔业总产值结构（%）

Composition of Gross Output Value of Agriculture, Forestry, Animal Husbandry and Fishery (%)

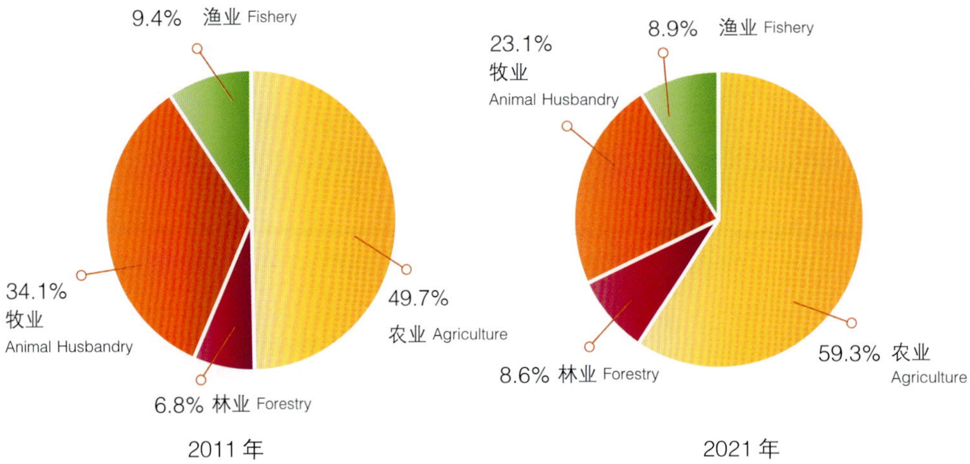

人均主要农产品产量（公斤）

Per Capita Major Agricultural Products (kg)

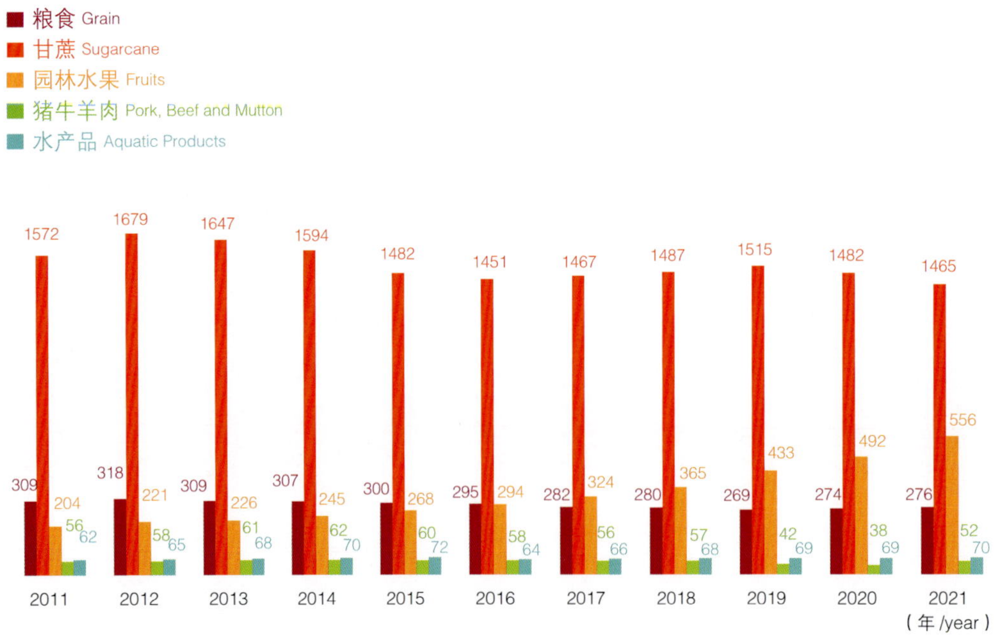

注：本表按年平均常住人口计算。

Note: Data in this table is calculated based on annual average permanent population.

社会消费品零售总额（亿元）

Total Retail Sales of Consumer Goods (100 million yuan)

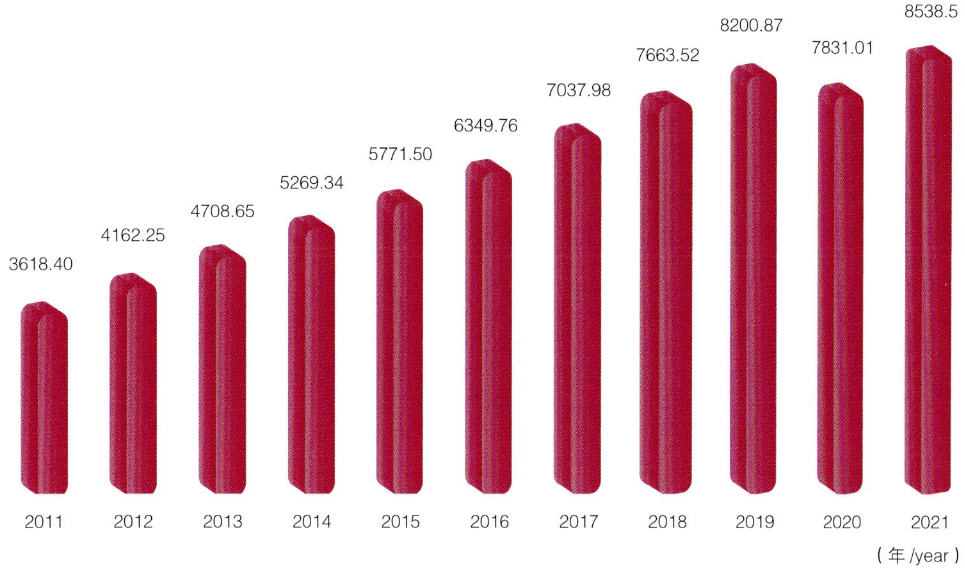

进出口及实际利用外资

Total Import Export & Value Foreign Direct Investment

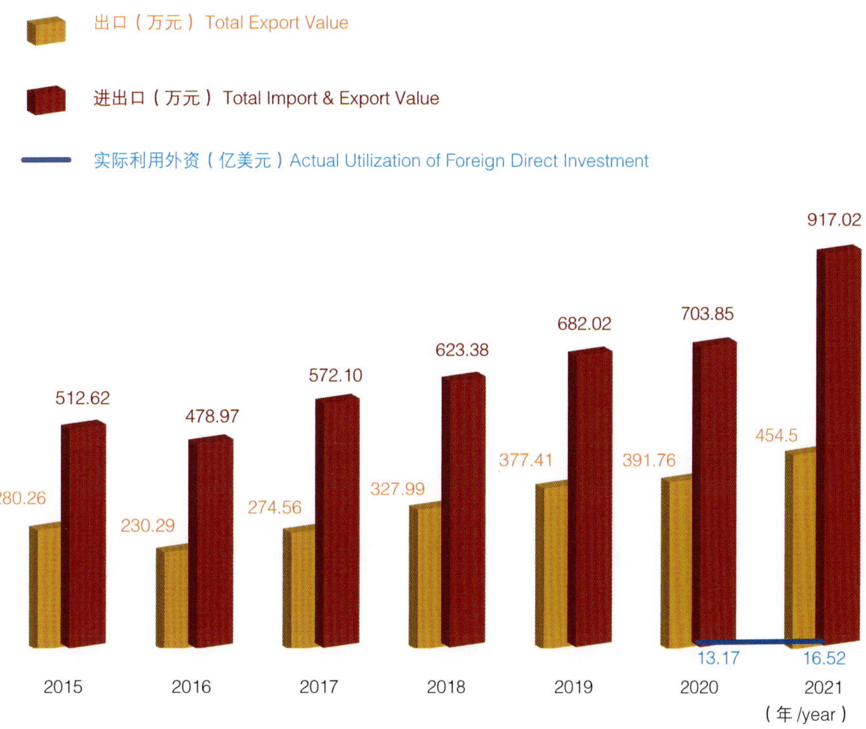

国际旅游

International Tourism

能源消耗

Energy Consumption

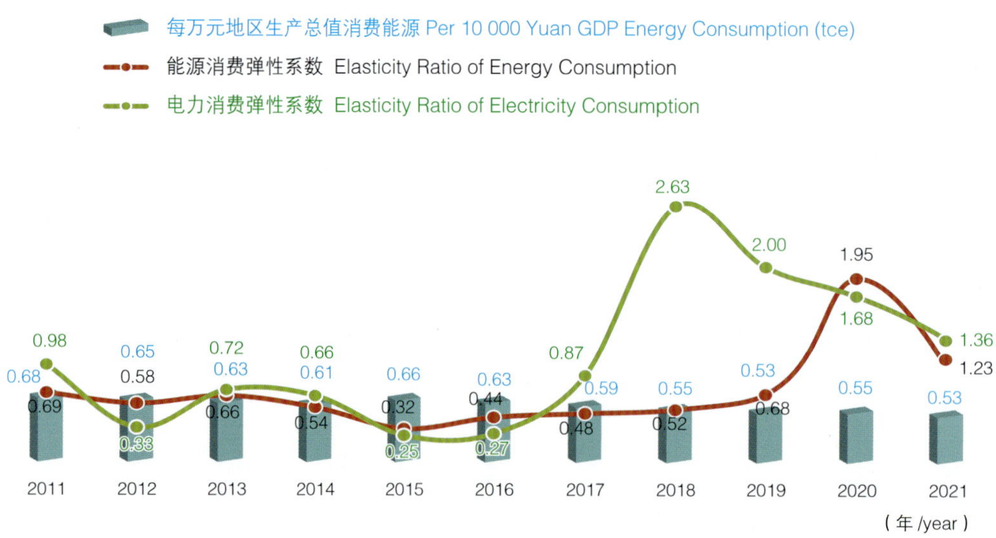

价格指数

Price Index

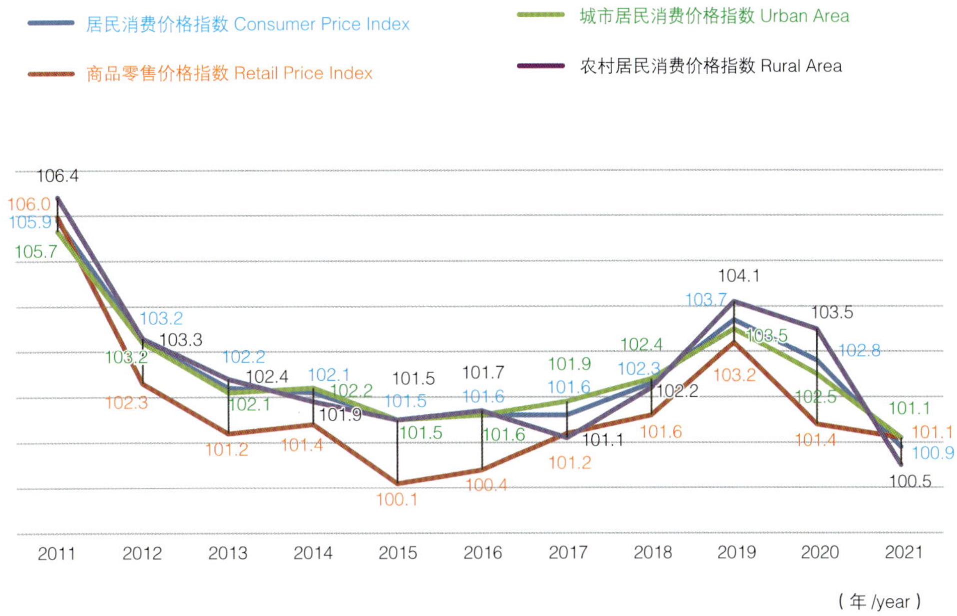

工业生产者出厂价格指数、工业生产者购进价格指数

Producer Price & Purchasing Price Indices for Industrial Producers

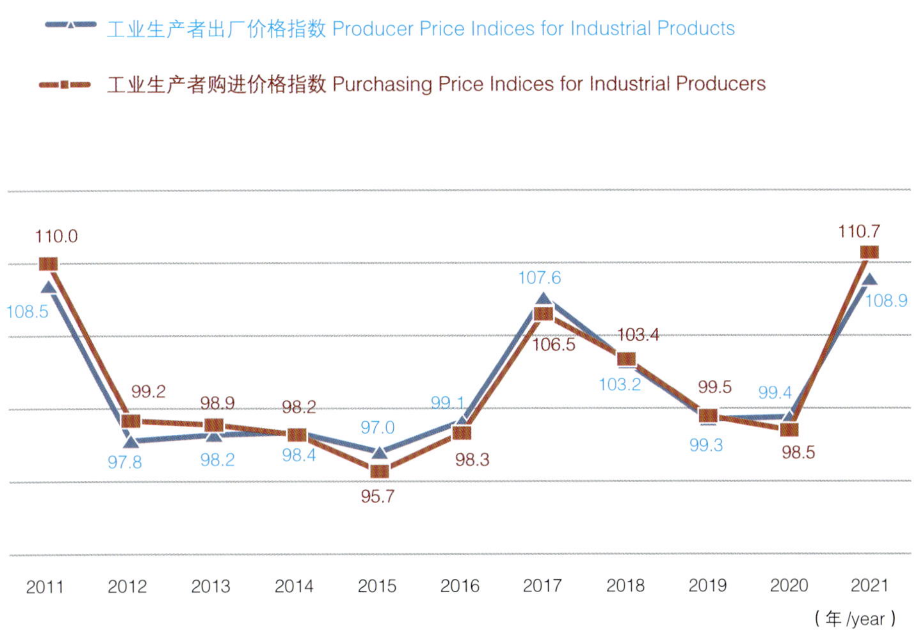

2021 年城乡居民人均消费支出构成（%）

Composition of Capita Consumption Expenditure of Urban & Rural Households in 2021(%)

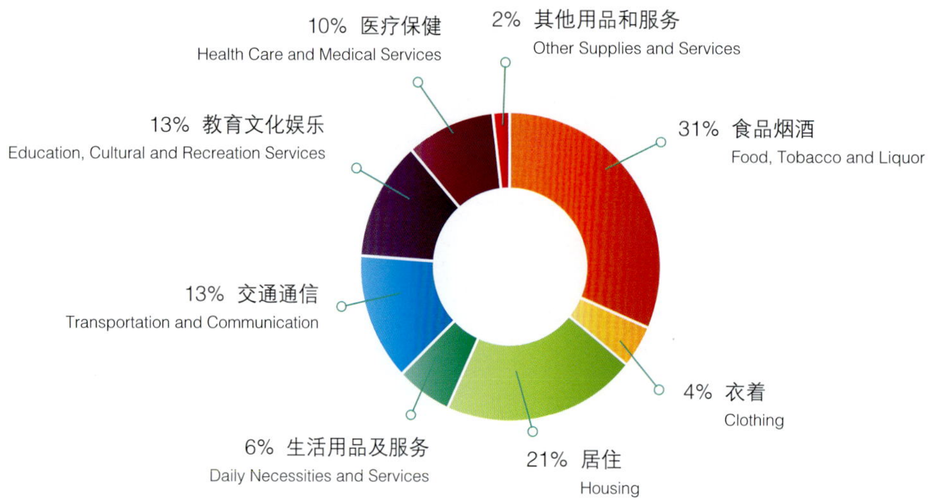

城镇 Urban

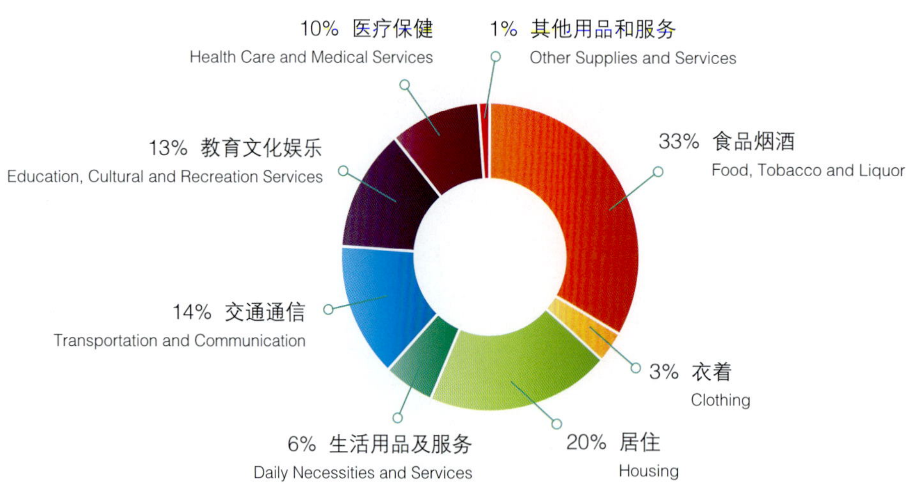

农村 Rural

客货运输量

Total Passenger and Freight Traffic

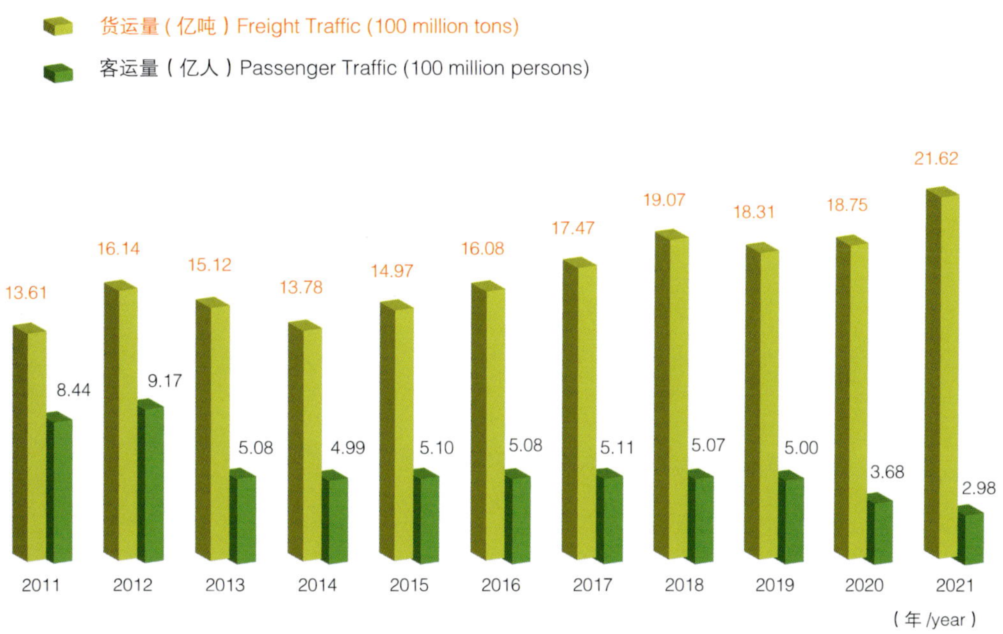

铁路和公路里程（公里）

Length of Railways & Expressway(Km)

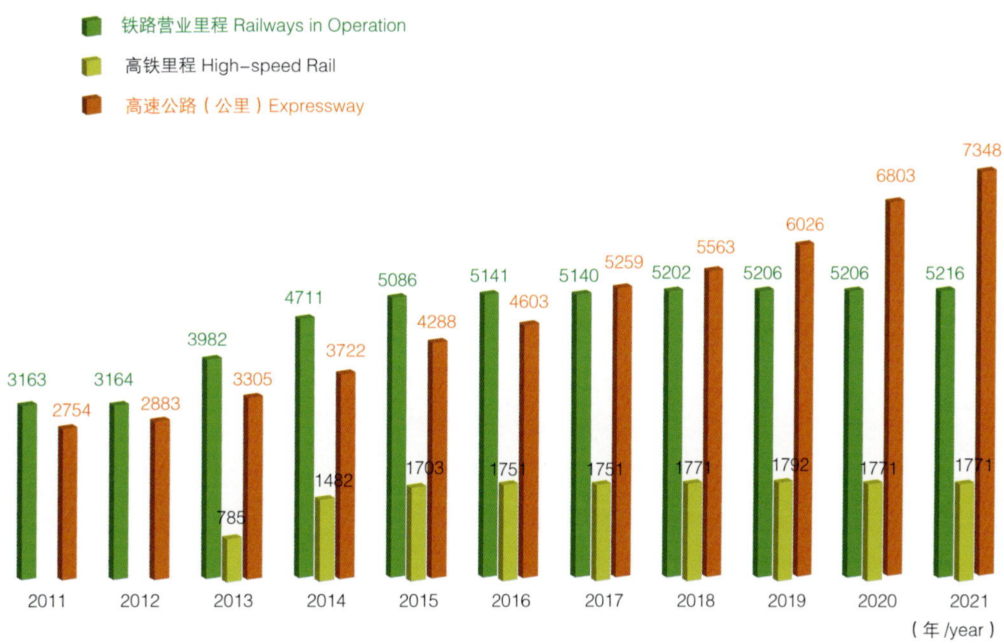

每万人在校学生数量（人）

Number of Students per 10 000 Persons (person)

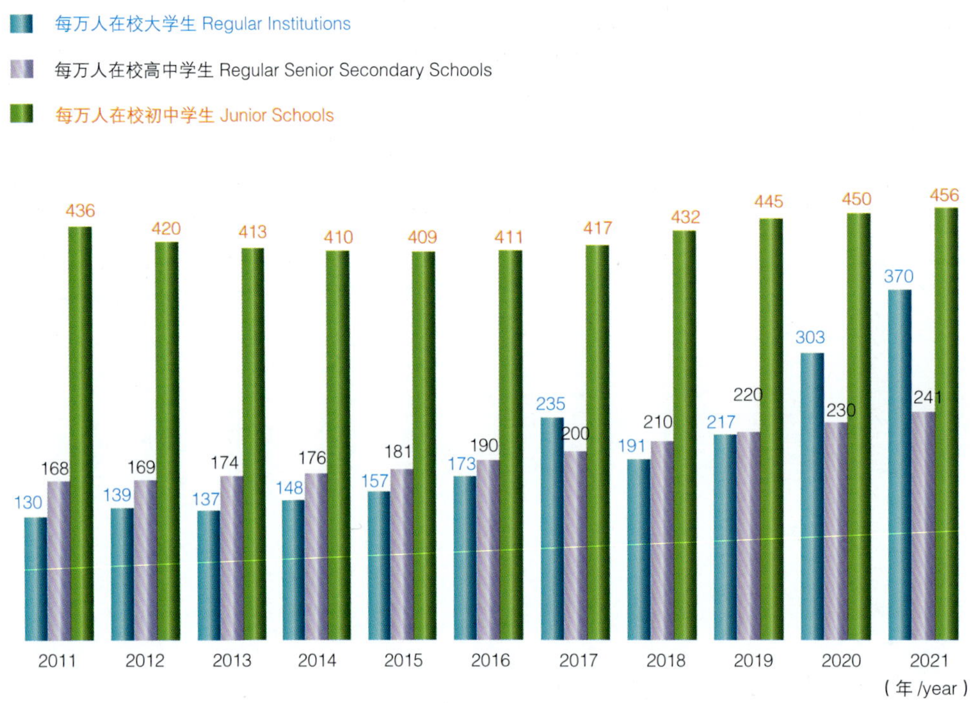

每万人病床和卫生技术人员数量（人）

Number of Hospital Beds & Medical Technical Personnel per 1000 Persons (bed)

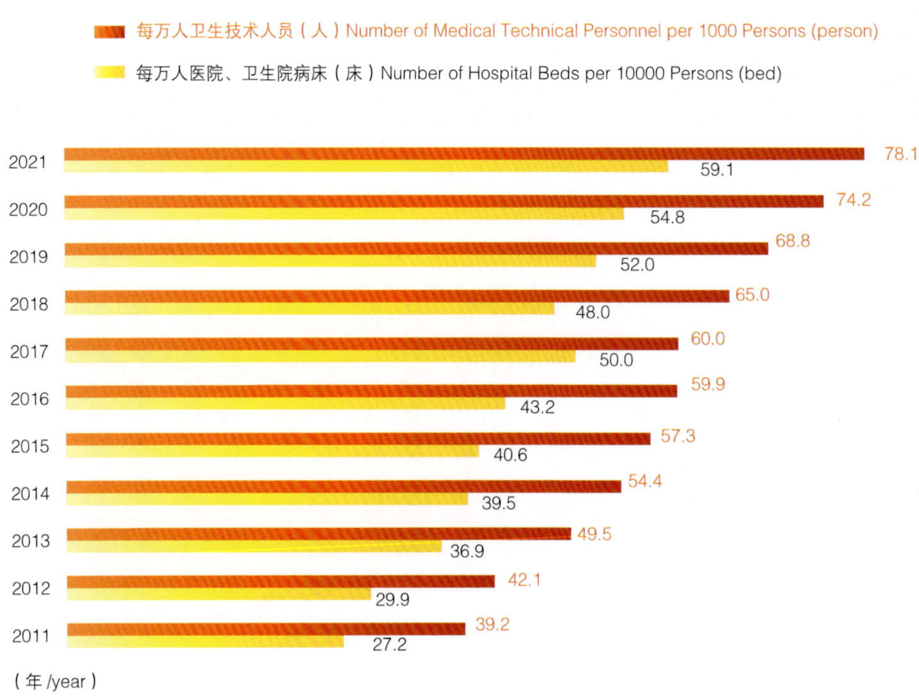

目　录

CONTENTS

第一篇　综　合

CHAPTER 1　GENERAL SURVEY

第二篇　人　口

CHAPTER 2　POPULATION

第三篇　国民经济核算

CHAPTER 3　NATIONAL ECONOMIC ACCOUNTING

第四篇　从业人员和职工工资

CHAPTER 4　EMPLOYMENT AND WAGES

第六篇　人民生活

CHAPTER 6　PEOPLE'S LIVELIHOODS

第十篇 固定资产投资

CHAPTER 10 INVESTMENT IN FIXED ASSETS

第十三篇 农 业
CHAPTER 13 AGRICULTURE

第十四篇 工 业
CHAPTER 14 INDUSTRY

第十五篇　建筑业
CHAPTER 15　CONSTRUCTION

第十六篇　批发和零售业
CHAPTER 16　WHOLESALE AND RETAIL TRADES

第十七篇 住宿餐饮业和旅游

CHAPTER 17 HOTELS, CATERING SERVICES AND TOURISM

第十八篇　交通、运输和邮电通信业

CHAPTER 18　TRANSPORTATION, POSTAL AND TELECOMMUNICATION SERVICES

第十九篇　教育、科技和文化

CHAPTER 19　EDUCATION, SCIENCE, TECHNOLOGY AND CULTURE

第一篇　综　合

CHAPTER 1　GENERAL SURVEY

（编辑：黄浩洲　焦　夕）

简要说明

（本篇资料由自治区统计局综合处、普查中心整理，电话：0771-5893401，5847715）

一、本篇资料主要内容及来源

（一）广西行政区划（2021年末）（广西壮族自治区民政厅）。

（二）国民经济和社会发展主要指标数据，及主要指标的发展速度、结构、比例和效益（广西壮族自治区统计局综合处）。

（三）各类型基本单位现状及变化情况（广西壮族自治区统计局普查中心）。

二、调查方法

基本单位的资料来源是各部门的单位审批登记资料、经济普查和经常性统计调查中查到的新增、变更和注销单位情况。在经济普查年份，依据全国经济普查方案开展全面调查；非普查年份依据基本单位统计报表制度和其他相关制度开展重点调查。

三、其他情况说明

地区生产总值、社会消费品零售总额、人口及相关指标等的历史数据及相关计算数均根据第四次全国经济普查、第七次全国人口普查结果进行了修订。

Brief Introduction

(The information is collated by the General Office and the Census Center of the Guangxi Zhuang Autonomous Region Bureau of Statistics. Tel: 0771-5893401, 5847715)

Main Content and Source

(i) Divisions of Administrative Areas of Guangxi Zhuang Autonomous Region (end of 2020) (Civil Affairs Department of Guangxi Zhuang Autonomous Region).

(ii) Main indicators of national economic and social development, and the development rate, composition, proportion and efficiency of the main indicators (General Office of Guangxi Zhuang Autonomous Region Bureau of Statistics).

(iii) Current situation and changes of various types of basic units (Census Center of Guangxi Zhuang Autonomous Region Bureau of Statistics).

1－1 行政区划（1978—2021年）
Division of Administrative Areas（1978—2021）

单位：个 (unit)

年 份	地级单位合计 Number of Divisions at Prefecture Level	县级单位合计 Number of Divisions at County Level	市辖区 Districts under the Jurisdiction of Cities	县级市 Cities at County Level	县 Counties	自治县 Autonomous Counties
1978	14	84	2	2	73	7
1980	14	99	17	2	73	7
1985	14	110	22	6	73	9
1990	14	111	21	7	71	12
1995	14	117	28	9	68	12
2000	14	120	29	10	69	12
2001	14	119	28	10	69	12
2002	14	115	32	7	64	12
2003	14	109	33	7	57	12
2004	14	109	33	7	57	12
2005	14	109	34	7	56	12
2006	14	109	34	7	56	12
2007	14	109	34	7	56	12
2008	14	109	34	7	56	12
2009	14	109	34	7	56	12
2010	14	109	34	7	56	12
2011	14	109	34	7	56	12
2012	14	109	34	7	56	12
2013	14	110	36	7	55	12
2014	14	110	36	7	55	12
2015	14	110	37	8	53	12
2016	14	111	40	7	52	12
2017	14	111	40	7	52	12
2018	14	111	40	8	51	12
2019	14	111	41	9	49	12
2020	14	111	41	9	49	12
2021	14	111	41	10	48	12

注：本表资料由自治区民政厅提供。
Note: The data in this table is provided by Department of Civil Affairs of Guangxi Zhuang Autonomous Region.

1－1 续表1 continued

单位：个 (unit)

年 份	乡镇级单位合计 Number of Divisions at Township Level	镇 Towns	乡 Townships	民族乡 Nationality Townships	街道 Sub-districts	居民委员会 Neighborhood Committees	村民委员会 Village Committees
1978							
1980							
1985	1248	265	962	60	21	937	13873
1990	1412	359	1012	58	41	1154	76073
1995	1442	627	738	60	77	1233	28243
2000	1422	745	616	63	61	1250	14750
2001	1410	749	598	61	63	1261	14743
2002	1388	750	576	61	62	1555	14443
2003	1395	748	576	61	71	1621	14398
2004	1396	748	576	61	72	1611	14333
2005	1232	700	426	61	106	1644	14359
2006	1230	700	426	58	104	1649	14363
2007	1230	702	424	58	104	1648	14361
2008	1230	702	424	58	104	1701	14353
2009	1232	702	424	58	106	1701	14345
2010	1234	702	424	58	108	1714	14355
2011	1235	702	424	58	109	1725	14336
2012	1243	715	411	58	117	1791	14345
2013	1247	722	405	59	120	1835	14313
2014	1243	773	350	59	120	1891	14323
2015	1251	773	350	59	128	1924	14273
2016	1246	788	330	59	128	1931	14276
2017	1251	799	319	59	133	1969	14258
2018	1251	806	312	59	133	2055	14229
2019	1250	806	312	59	132	2156	14221
2020	1251	806	312	59	133	2176	14220
2021	1253	806	312	59	135	2288	14172

注：居民委员会和村民委员会不属于行政区划，为基层群众性自治组织。1980年乡镇以下行政区划无数据。

Note: Neighborhood and village committees do not belong to division of administrative areas, but organizations at the grassroots level. There were no records for administrative areas below the township leve in 1980.

1−2 县级以上行政区划（2021年末）
Divisions of Administrative Areas at or above County Level（End of 2021）

市	City	县（市、区）名称	Name of County (City, District) Level
南宁市	Nanning	兴宁区 青秀区 江南区 西乡塘区 良庆区 邕宁区 武鸣区 隆安县 马山县 上林县 宾阳县 横州市	Xingning, Qingxiu, Jiangnan, Xixiangtang, Liangqing, Yongning, Wuming, Long'an, Mashan, Shanglin, Binyang, Hengzhou
柳州市	Liuzhou	城中区 鱼峰区 柳南区 柳北区 柳江区 柳城县 鹿寨县 融安县 融水苗族自治县 三江侗族自治县	Chengzhong, Yufeng, Liunan, Liubei, Liujiang, Liucheng, Luzhai, Rong'an, Rongshui Miao Autonomous County, Sanjiang Dong Autonomous County
桂林市	Guilin	秀峰区 叠彩区 象山区 七星区 雁山区 临桂区 阳朔县 灵川县 全州县 兴安县 永福县 灌阳县 龙胜各族自治县 资源县 平乐县 恭城瑶族自治县 荔浦市	Xiufeng, Diecai, Xiangshan, Qixing, Yanshan, Lingui, Yangshuo, Lingchuan, Quanzhou, Xing'an, Yongfu, Guanyang, Longsheng all of Nationality Autonomous County, Ziyuan, Pingle, Gongcheng Yao Autonomous County, Lipu
梧州市	Wuzhou	万秀区 长洲区 龙圩区 苍梧县 藤县 蒙山县 岑溪市	Wanxiu, Changzhou, Longxu, Cangwu, Tengxian, Mengshan, Cenqi
北海市	Beihai	海城区 银海区 铁山港区 合浦县	Haicheng, Yinhai, Tieshangang, Hepu
防城港市	Fangchenggang	港口区 防城区 上思县 东兴市	Gangkou, Fangcheng, Shangsi, Dongxing
钦州市	Qinzhou	钦南区 钦北区 灵山县 浦北县	Qinnan, Qinbei, Lingshan, Pubei
贵港市	Guigang	港北区 港南区 覃塘区 平南县 桂平市	Gangbei, Gangnan, Qintang, Pingnan, Guiping
玉林市	Yulin	玉州区 福绵区 容县 陆川县 博白县 兴业县 北流市	Yuzhou, Fumian, Rongxian, Luchuan, Bobai, Xingye, Beiliu
百色市	Baise	右江区 田阳区 田东县 德保县 那坡县 凌云县 乐业县 田林县 西林县 隆林各族自治县 靖西市 平果市	Youjiang, Tianyang, Tiandong, Debao, Napo, Lingyun, Leye, Tianlin, Xilin, Longlin all of Nationality Autonomous County, Jingxi, Pingguo
贺州市	Hezhou	八步区 平桂区 昭平县 钟山县 富川瑶族自治县	Babu, Pinggui, Zhaoping, Zhongshan, Fuchuan Yao Autonomous County
河池市	Hechi	金城江区 宜州区 南丹县 天峨县 凤山县 东兰县 罗城仫佬族自治县 环江毛南族自治县 巴马瑶族自治县 都安瑶族自治县 大化瑶族自治县	Jinchengjiang, Yizhou, Nandan, Tian'e, Fengshan, Donglan, Luocheng Molao Autonomous County, Huanjiang Maonan Autonomous County, Bama Yao Autonomous County, Du'an Yao Autonomous County, Dahua Yao Autonomous County
来宾市	Laibin	兴宾区 忻城县 象州县 武宣县 金秀瑶族自治县 合山市	Xingbin, Xincheng, Xiangzhou, Wuxuan, Jinxiu Yao Autonomous County, Heshan
崇左市	Chongzuo	江州区 扶绥县 宁明县 龙州县 大新县 天等县 凭祥市	Jiangzhou, Fusui, Ningming, Longzhou, Daxin, Tiandeng, Pingxiang

注：本表资料由自治区民政厅提供。
Note: The data in this table is provided by Department of Civil Affairs of Guangxi Zhuang Autonomous Region.

1—2 续表1 continued

单位：个 (unit)

地　区	City	地级单位合计 Number of Divisions at prefecture Level	县级单位合计 Number of Divisions at County Level	市辖区 Districts under the Jurisdiction of Cities	县级市 Cities at County Level	县 Counties	自治县 Autonomous Counties
全区合计	**Total**	**14**	**111**	**41**	**10**	**48**	**12**
南宁市	Nanning	1	12	7	1	4	0
柳州市	Liuzhou	1	10	5	0	3	2
桂林市	Guilin	1	17	6	1	8	2
梧州市	Wuzhou	1	7	3	1	3	0
北海市	Beihai	1	4	3	0	1	0
防城港市	Fangchenggang	1	4	2	1	1	0
钦州市	Qinzhou	1	4	2	0	2	0
贵港市	Guigang	1	5	3	1	1	0
玉林市	Yulin	1	7	2	1	4	0
百色市	Baise	1	12	2	2	7	1
贺州市	Hezhou	1	5	2	0	2	1
河池市	Hechi	1	11	2	0	4	5
来宾市	Laibin	1	6	1	1	3	1
崇左市	Chongzuo	1	7	1	1	5	0

注：居民委员会和村民委员会不属于行政区划，为基层群众性自治组织。
Note: Neighborhood and village committees do not belong to division of administrative areas, but organizations at the grassroots level.

1—2 续表2 continued

单位：个 (unit)

地 区	City	乡镇级单位合计 Number of Divisions at Township Level	镇 Towns	乡 Townships	#民族乡 Nationality Townships	街道 Sub-districts	居民委员会 Neighborhood Committees	村民委员会 Village Committees
全区合计	**Total**	**1118**	**806**	**253**	**59**	**135**	**2288**	**14172**
南宁市	Nanning	102	89	10	3	25	435	1386
柳州市	Liuzhou	86	53	27	6	32	299	935
桂林市	Guilin	134	88	31	15	13	257	1653
梧州市	Wuzhou	58	53	3	2	8	153	861
北海市	Beihai	23	22	1	0	7	94	336
防城港市	Fangchenggang	23	17	4	2	7	68	274
钦州市	Qinzhou	54	54	0	0	12	153	887
贵港市	Guigang	67	55	10	2	7	121	1060
玉林市	Yulin	102	102	0	0	8	172	1332
百色市	Baise	133	75	45	13	2	97	1796
贺州市	Hezhou	57	47	5	5	4	53	707
河池市	Hechi	138	65	62	11	3	176	1482
来宾市	Laibin	66	45	21	0	4	97	712
崇左市	Chongzuo	75	41	34	0	3	113	751

1—3 国民经济和社会发展主要指标总量与发展速度

指　标	Indicators	总量 Aggregate					
		2005	2015	2018	2019	2020	2021
人口（万人）	**Population (10 000 persons)**						
年末总人口	Year-end Population	4925	5518	5659	5695	5718	5733
男性	Male	2587	2913	2980	2998	3009	3016
女性	Female	2338	2605	2679	2697	2709	2717
常住人口	Permanent Population	4660	4811	4947	4982	5019	5037
市镇人口	Urban Population	1567	2309	2564	2639	2721	2775
乡村人口	Rural Population	3093	2502	2383	2343	2298	2262
就业（万人）	**Employment (10 000 persons)**						
从业人员	Employment	2703	2595	2562	2558	2558	2544
城镇登记失业人数	Number of Registered Unemployed Persons in Urban Area	18.51	18.13	16.71	19.66	22.89	22.74
国民经济核算（亿元）	**National Accounting (100 million yuan)**						
地区生产总值	Gross Domestic Product	3742.14	14797.80	19627.81	21237.14	22120.87	24740.86
第一产业	Primary Industry	904.80	2565.45	3021.09	3389.67	3645.92	4015.51
第二产业	Secondary Industry	1324.25	5391.00	6692.87	7046.43	7046.84	8187.90
第三产业	Tertiary Industry	1513.09	6841.35	9913.85	10801.04	11428.11	12537.45
# 工业	Industry	1098.38	4159.05	5101.92	5246.57	5172.76	6074.49
人均地区生产总值(元/人)	Per Capita GDP (yuan/person)	8068	30890	39837	42778	44237	49206
人民生活（元）	**People's Livelihoods (yuan)**						
全区居民人均可支配收入	Per Capita Disposable Income of Households	–	16873	21485	23328	24562	26767
城镇居民人均可支配收入	Per Capita Disposable Income of Urban Households	–	26416	32436	34745	35859	38530
农村居民人均可支配收入	Per Capita Disposable Income of Rural Residents	–	9467	12435	13676	14815	16363
财政（亿元）	**Government Finance (100 million yuan)**						
财政总收入	Financial Revenue	475.37	2333.03	2790.32	2969.22	2800.61	–
# 一般公共预算收入	General Public Budget Revenue	283.04	1515.16	1681.45	1811.89	1716.94	1800.15
一般公共预算支出	General Public Budget Expenditure	611.48	4065.51	5310.74	5850.96	6179.47	5806.54
能源（万吨标准煤）	**Energy (10 000 tce)**						
能源生产总量	Total Energy Production	1220.99	3274.39	3756.69	3604.68	3800.42	3495.53
能源消费总量	Total energy Consumption	4536.74	9760.65	10823.39	11270.05	12081.05	13189.02

注：1. 总人口中，2000年、2010年为人口普查数，其他年份为人口变动抽样调查推算数。2010—2019年常住人口、从业人员、人均地区生产总值等指标根据2020年第七次全国人口普查数据进行了修正调整。

2. 2003—2018年GDP核算数据（支出法部分除外）根据全国第四次经济普查结果进行了修订。

3. 2015年起农村居民人均纯收入调整为农村居民人均可支配收入，与之前年份数据不可比。

Major Indicators on National Economic and Social Development Aggregate and Growth Rates

指数（%） Index（%）（2021为以下各年）(2021 as Percentage of the Following Years)					平均增长速度（%） Average Annual Growth Rate (%)				
2000	2005	2010	2015	2020	2001—2005	2006—2010	2011—2015	2016—2020	2021
120.7	116.4	111.1	103.9	100.3	0.7	0.9	1.4	0.7	0.3
121.4	116.6	111.4	103.5	100.2	0.8	0.9	1.5	0.7	0.2
119.9	116.2	110.9	104.3	100.3	0.6	0.9	1.2	0.8	0.3
112.2	108.1	109.3	104.7	100.4	-0.4	-0.2	0.8	0.9	0.4
207.6	177.1	150.1	120.2	102.0	3.2	3.4	4.1	3.3	2.0
66.3	73.1	81.9	90.4	98.4	-2.0	-2.2	-1.7	-1.7	-1.6
99.1	94.1	95.4	98.0	99.5	1.0	1.4	-0.6	-0.3	-0.5
201.2	122.9	119.2	125.4	99.3	10.4	0.6	-1.0	4.8	-0.7
1189.4	661.1	289.3	167.2	111.8	9.9	11.5	9.6	6.1	7.5
720.4	443.8	244.9	156.5	110.1	5.2	5.1	4.4	4.8	8.2
1120.3	618.3	236.3	151.9	116.2	11.4	14.9	9.7	4.1	6.7
1583.5	828.6	363.7	183.3	109.7	11.1	14.9	9.0	8.0	7.7
992.0	553.0	211.2	146.1	117.4	11.3	11.7	11.6	3.5	8.1
1057.7	609.9	272.3	159.3	111.2	9.1	11.0	9.4	5.2	6.9
–	–	–	158.6	109.0	–	–	–	7.8	9.0
–	–	–	145.9	107.4	8.9	13.9	9.7	6.3	7.4
–	–	–	172.8	110.4	6.0	12.7	12.6	9.4	10.4
–	–	–	–	–	16.7	20.9	13.7	3.7	–
1224.2	636.0	233.2	118.8	104.8	14.0	22.2	14.4	2.5	4.8
2246.3	949.6	289.2	142.8	94.0	18.8	26.8	15.2	8.7	-6.0
419.5	286.3	179.1	106.8	92.0	7.9	9.8	10.9	3.0	-8.0
530.2	290.7	178.7	135.1	111.7	12.8	10.2	5.8	3.9	11.7

Note: 1. The data on total population in 2000 and 2010 come from the National Population Census, and the data in other years are estimated by sample survey of population variation. Indicators from 2010 to 2019, including permanent population, employed persons and per capita GDP have been revised based on data from the 7th National Population Census in 2020.

2. Data of GDP (except part of Expenditure Approach) from 2003 to 2018 has been revised according to The Forth National Economic Census.

3. Since the indicator "Per Capita Net Income of Rural Residents" was changed into "Per Capita Disposable Income of Rural Households" in 2015, the data in relevant year is incomparable.

1—3 续表1

指 标	Indicators	总量指标 Aggregate Indicator 2005	2015	2018	2019	2020	2021
固定资产投资（亿元）	**Investment in Fixed Assets (100 million yuan)**						
全社会固定资产投资	Total Investment in Fixed Assets	1769.07	16227.78	10.2%	9.2%	3.7%	7.7%
# 基本建设	Basic Investment	900.87	6680.15	16.9%	3.8%	1.2%	14.9%
更新改造	Innovation	274.73	5897.85	-9.7%	-9.6%	31.3%	1.1%
房地产开发	Real Estate Development	286.79	1909.09	11.9%	27.0%	0.8%	-2.9%
其他	Others	59.97	360.46	-6.6%	44.9%	-7.0%	6.4%
对外经济贸易（亿美元）	**Foreign Trade (100 million USD)**						
进出口总额	Total Exports and Imports	51.83	512.62	623.38	682.02	703.85	917.02
出口总额	Exports	28.77	280.26	327.99	377.41	391.76	454.50
进口总额	Imports	23.05	232.36	295.39	304.62	312.09	462.52
实际利用外资	Actual Utilization of Foreign Direct Investment	–	–	–	–	13.17	16.52
农业	**Agriculture**						
农林牧渔业总产值（亿元）	Gross Output Value of Agriculture, Forestry, Animal Husbandry and Fishery (100 million yuan)	1448.37	4197.12	4909.24	5498.81	5913.28	6524.39
主要农产品产量（万吨）	Output of Major Agricutural Products (10 000 tons)						
粮 食	Grain	1516.29	1433.15	1372.8	1332.00	1370.00	1386.54
油 料	Oil-bearing Crops	63.18	59.21	66.66	71.63	73.88	75.86
甘 蔗	Sugarcane	5154.69	7078.19	7292.76	7490.65	7412.47	7365.11
园林水果	Fruits	571.58	1279.41	1790.27	2140.17	2461.11	2798.08
肉 类	Meat	418.60	441.00	426.85	380.01	380.25	440.97
水产品	Aquatic Products	284.19	345.62	329.81	340.33	343.96	352.94
工业主要产品产量	**Output of Major Industrial Products**						
成品糖（万吨）	Machine-made Sugar (10 000 tons)	504.34	925.74	647.44	792.20	688.90	702.74
机制纸及纸板（万吨）	Machine-made Paper and Paperboard (10 000 tons)	125.37	284.05	281.44	324.16	313.70	336.22
粗钢（万吨）	Steel (10 000 tons)	496.29	2146.05	2243.43	2662.71	3452.23	3660.88
钢材（万吨）	Steel Products (10 000 tons)	519.88	3545.75	3194.09	3346.74	4731.54	5282.09
十种有色金属（万吨）	Nonferrous Metal (10 000 tons)	66.63	157.67	285.92	373.79	413.98	428.04
发电量（亿千瓦时）	Electricity (100 million kwh)	446.04	1299.90	1752.02	1846.27	1970.88	2081.94
原煤（万吨）	Coal (10 000 tons)	700.34	425.50	487.9	406.16	413.58	352.03
农用化肥（折纯100%，万吨）	Chemical Fertilizer (10 000 tons)	84.02	116.91	41.15	30.54	54.11	41.22
水泥（万吨）	Cement (10 000 tons)	3306.13	11144.43	11327.73	11938.45	12148.76	11432.90
汽车（万辆）	Motor Vehicles (10 000 sets)	37.72	229.40	214.89	183.03	174.49	190.08
建筑业（三级及三级以上企业）	**Construction (Three Grade and Above Enterprises)**						
建筑业总产值（亿元）	Gross Output Value (100 million yuan)	425.21	2953.42	4401.25	5407.31	5853.24	6699.59
建筑企业年末从业人数（万人）	Number of Employed Persons at Year-end (10 000 persons)	43.00	85.67	122.37	141.97	92.00	118.51

注：根据国家统计制度要求，2013年我区固定资产投资统计起点由项目计划总投资50万元提高到500万元；2013年各增长数据根据2012年度国家口径数据作为基数计算；2013年度全区固定资产投资与国家公布的各省数据口径完全一致（不包括跨省项目投资），各市投资包含跨省项目投资，因此各市投资合计与全区固定资产投资不一致。其他投资2015年起包含农村投资。2018年后为增长速度。

continued

指数（%） Index （%）（2021为以下各年） (2021 as Percentage of the Following Years)					平均增长速度（%） Average Annual Growth Rate (%)				
2000	2005	2010	2015	2020	2001—2005	2006—2010	2011—2015	2016—2020	2021
–	–	–	–	–	21.8	34.7	21.6	9.5	7.7
–	–	–	–	–	26.2	31.0	20.1	16.0	14.9
–	–	–	–	–	27.9	51.8	27.8	-0.7	1.1
–	–	–	–	–	49.3	33.3	9.6	15.0	-2.9
–	–	–	–	–	0.2	34.1	28.1	10.2	6.4
3515.5	1417.9	502.2	185.9	121.8	20.5	27.9	23.7	6.5	21.8
2377.8	1265.7	458.6	168.9	108.6	14.0	27.3	23.9	6.9	8.6
6634.4	1607.9	554.0	206.2	138.5	33.4	28.6	23.5	6.1	38.5
–	–	–	–	125.4	–	–	–	–	25.4
787.0	450.5	239.8	155.4	110.3	6.1	5.7	4.5	4.6	9.2
83.2	91.4	100.9	96.7	101.2	-1.9	-1.4	1.5	-0.9	1.2
129.4	120.1	158.9	128.1	102.7	1.5	-6.2	7.1	4.5	2.7
250.7	142.9	106.2	104.1	99.4	11.9	6.7	1.1	0.9	-0.6
776.9	489.5	342.6	218.7	113.7	9.7	8.0	10.2	14.0	13.7
153.5	105.3	113.7	100.0	116.0	7.8	-1.5	1.5	-2.9	16.0
147.1	124.2	128.3	102.1	102.6	3.4	-0.6	4.7	-0.1	2.6
215.7	139.3	99.6	75.9	102.0	9.1	6.9	5.6	-5.7	2.0
407.3	268.2	149.4	118.4	107.2	8.7	12.4	4.8	2.0	7.2
3495.5	737.6	303.9	170.6	106.0	36.5	19.4	12.2	10.0	6.0
5146.7	1016.0	350.7	149.0	111.6	38.3	23.7	18.7	5.9	11.6
706.5	642.4	304.5	271.5	103.4	1.9	16.1	2.3	21.3	3.4
720.2	466.8	201.7	160.2	105.6	9.1	18.3	4.7	8.7	5.6
49.8	50.3	46.5	82.7	85.1	-0.2	1.6	-10.9	-0.6	-14.9
77.3	49.1	47.4	35.3	76.2	9.5	0.7	6.1	-14.3	-23.8
520.1	345.8	152.1	102.6	94.1	8.5	17.9	8.2	1.7	-5.9
1448.8	503.9	139.1	82.9	108.9	23.5	29.4	10.9	-5.3	8.9
4439.2	1575.6	548.1	226.8	1145.5	23.0	23.5	19.3	14.7	14.5
355.9	275.6	200.7	138.3	128.8	5.2	6.6	7.7	1.4	28.8

Note: According to the National Statistical System, the statistical floor level of total planned projects investment in fixed assets of Guangxi has been raised from 500 000 Yuan to 5 000 000 Yuan. The data on growth rates in 2013 is calculated on the data of national statistical range in 2012. The statistical range of data on investment in fixed assets of Guangxi in 2013 is completely the same as the data of other provinces published by National Bureau of Statistic (excluding investment in inter-provincial projects). Due to the investment in inter-provincial projects is included in the investment of cities separately, there are differences between the summary of investment of cities and investment of Guangxi. Investment of "Others" include one from rural areas. And growth rate from 2018.

1—3 续表2

指　标	Indicators	总量指标 Aggregate Indicator 2005	2015	2018	2019	2020	2021
国内商业和旅游业	**Domestic Trade and Tourism**						
社会消费品零售总额（亿元）	Total Retail Sales of Consumer Goods (100 million yuan)	1337.39	5771.50	7663.52	8200.87	7831.01	8538.50
接待入境旅游者人数（万人次）	Number of International Tourists (10 000 persons)	146.16	450.06	562.33	623.96	24.68	6.19
国际旅游消费收入（亿元）	Earnings from International Tourism (100 million yuan)	25.93	117.79	183.83	242.14	5.45	1.30
交通运输业	**Transportation**						
货运量（万吨）	Freight Traffic (10 000 tons)	41025	149727	190668	183052	187456	216184
# 铁路	Railways	8517	5779	7140	8405	9269	9119
客运量（万人）	Passenger Traffic (10 000 persons)	52197	50986	50696	49990	36755	29843
# 铁路	Railways	2037	7046	11100	11777	7838	9088
公路里程（公里）	Length of Highways (km)	62003	117993	125449	127819	131642	160637
规模以上港口货物吞吐量（万吨）	Volume of Freight Handled Above the Designated Size (10 000 tons)	6877	31421	37866	37916	46913	55659
邮电通信	**Post and Telecommunication Services**						
年末电话用户数（万户）	Year-end Number of Subscribers of Telephone (10 000 subscribers)	1890.4	4034.63	5306.14	5458.20	5666.50	5934.29
#固定电话年末用户	Year-end Number of Subscribers of Fixed-line Telephone	869.40	439.67	260.81	330.70	333.60	422.90
移动电话用户数	Motor Telephone	1021	3594.96	5045.33	5127.50	5332.90	5511.39
邮电业务总量（亿元）	Business Volume of Post and Telecommunication Services (100 million yuan)	322.87	651.74	2178.27	3747.18	5042.16	698.26
金融保险（亿元）	**Finance and Insurance (100 million yuan)**						
金融机构本外币存款余额	Total Saving Deposit in RMB and Foreign Currency of Financial Institutions	4262.30	22793.54	29789.78	31646.01	34665.55	36879.44
金融机构本外币贷款余额	Total Loan Balances in RMB and Foreign Currency of Financial Institutions	3104.60	18119.30	26688.31	30497.39	35196.77	39851.13
财产险保费收入	Premium Income from Property Insurance	23.88	160.68	245.34	252.02	282.74	285.13
人身险保费收入	Premium Income from Life Insurance	49.24	225.07	383.69	412.90	451.59	495.47
科技	**Science and Technology**						
科技活动人员数（万人）	Personnel in Scientific and Technological Activities (10 000 persons)	5.67	11.37	–	–	–	–
研究与发展经费内部支出（亿元）	Inner Expenditure of Funds for Research and Development (100 million yuan)	14.67	105.91	144.85	167.13	173.23	199.50
教育（万人）	**Education**						
专任教师数	Full-time Teachers (10 000 persons)						
普通高等学校	Institutions of Higher Education	1.96	3.86	4.52	4.87	5.34	5.66
普通中等专业学校	Special Secondary Schools	0.70	2.02	2.03	2.04	2.06	2.16
普通中学	Secondary Schools	15.24	16.97	19.69	20.55	22.31	23.39
小学	Primary Schools	20.48	22.20	25.77	26.71	28.17	29.31
在校学生数	Student Enrollment (10 000 persons)						
普通高等学校	Institutions of Higher Education	33.83	75.12	94.2	107.64	118.42	132.10
普通中等专业学校	Special Secondary Schools	17.04	73.64	67.8	68.03	69.99	69.09
普通中学	Secondary Schools	303.87	282.88	316.2	329.59	340.64	351.08
小学	Primary Schools	452.79	440.10	476.8	495.03	507.18	515.96

注：1. 2019年起港口统计口径调整，由规模以上港口调整为全部港口，数据与往年不可比。
　　2. 2006以后中等专业学校在校师生包括中等职业学校师生。

continued

指数（%） Index（%）（2021为以下各年）(2021 as Percentage of the Following Years)					平均增长速度（%） Average Annual Growth Rate (%)				
2000	2005	2010	2015	2020	2001—2005	2006—2010	2011—2015	2016—2020	2021
1061.8	638.4	276.9	147.9	109.0	11.7	18.7	13.9	6.3	9.0
5.0	4.2	2.5	1.4	25.1	3.3	11.4	12.5	-44.0	-74.9
5.9	5.0	2.4	1.1	23.8	3.5	16.2	16.8	-46.1	-76.2
691.3	527.0	190.6	144.4	115.3	5.6	22.6	5.7	4.6	15.3
156.1	107.1	129.3	157.8	98.4	7.8	-3.7	-3.9	9.9	-1.6
69.5	57.2	38.8	58.5	81.2	4.0	8.1	-7.9	-6.3	-18.8
362.4	446.1	287.3	129.0	115.9	-4.1	9.2	17.4	2.2	15.9
303.6	259.1	157.8	136.1	122.0	3.2	10.4	3.0	2.2	22.0
1933.3	809.4	299.6	177.1	118.6	19.0	22.0	11.1	8.3	18.6
1221.1	313.9	203.0	147.1	104.7	31.2	9.1	6.7	7.0	4.7
132.5	48.6	59.7	96.2	126.8	22.2	-4.0	-9.1	-5.4	26.8
3303.0	539.8	248.9	153.3	103.3	43.7	16.7	10.2	8.2	3.3
724.6	216.3	86.4	32.1	–	27.4	20.1	21.9	18.3	–
1625.3	865.2	312.2	161.8	106.4	13.4	22.6	14.0	8.7	6.4
2470.2	1283.6	443.8	219.9	113.2	14.0	23.7	15.1	14.2	13.2
2344.8	1194.0	412.1	177.5	100.8	14.5	23.7	18.4	12.0	0.8
2632.7	1006.2	451.0	220.1	109.7	21.2	17.4	15.4	14.9	9.7
–	–	–	–	–	3.1	9.5	5.0	–	–
2386.4	1359.9	319.1	188.4	115.2	18.8	33.6	11.1	10.3	15.2
608.4	288.7	178.5	146.5	106.0	16.1	10.1	4.0	6.7	6.0
245.5	308.7	105.4	107.2	104.9	-4.5	24.0	-0.3	0.4	4.9
184.6	153.5	145.5	137.8	104.9	3.8	1.1	1.1	7.5	4.9
147.3	143.1	133.1	132.0	104.0	0.6	1.5	0.2	4.9	4.0
1120.4	390.5	232.8	175.9	111.6	23.5	10.9	5.8	9.5	11.6
435.3	405.5	85.3	93.8	98.7	1.4	36.6	-1.9	-1.0	-1.3
122.9	115.5	127.3	124.1	103.1	1.2	-1.9	0.5	-1.6	3.1
96.1	114.0	120.0	117.2	101.7	-3.3	-1.0	0.5	2.9	1.7

Note: 1. The data of ports since 2019 has been adjusted to overall ports from ports above designated size, which is incomparable with the former years.
2. The "Student Enrollment of Special Secondary Schools" after 2006 includes the teachers and students of vocational schools for secondary education.

1—3 续表3

指 标	Indicators	总量指标 Aggregate Indicator 2005	2015	2018	2019	2020	2021
文化	**Culture**						
图书出版数量（万册）	Number of Books Published (10 000 copies)	18818	29978	29878	31796	31375	33817
期刊出版数量（万册）	Number of Magazines Issued (10 000 copies)	5571	4754	3772	3644	3499	3561
报纸出版数量（万份）	Number of Newspapers Issued (10 000 copies)	58222	68974	54325	51427	47814	45354
家庭	**Family**						
家庭总户数（万户）	Total Number of Households (10 000 households)	1329	1575	1600	1607	1620	1657
城镇居民平均每户家庭人口（人）	Average Persons Per Household in Urban Areas (person)	3.09	3.46	3.31	3.17	2.83	2.78
农村居民平均每户家庭人口（人）	Average Persons Per Household in Rural Areas (person)	4.75	3.62	3.45	3.24	2.91	2.91
居住（平方米）	**Housing (sq.m)**						
城镇居民人均居住面积	Per Capita Floor Space of Urban Residents	25.20	38.63	40.55	41.65	42.31	47.40
农村居民人均生活用房面积（平方米）	Per Capita Floor Space of Rural Residents	28.67	45.22	49.71	52.50	53.02	56.50
物价（上年=100）	**Prices (preceding year=100)**						
居民消费价格总指数	General Consumer Price Index	102.4	101.5	102.3	103.7	102.8	100.9
城 市	Urban Area	103.0	101.5	102.4	103.5	102.5	101.1
农 村	Rural Area	101.6	101.5	102.2	104.1	103.5	100.5
商品零售价格总指数	General Retail Price Index	101.1	100.1	101.6	103.2	101.4	101.1
工资和福利	**Wages and Welfare**						
城镇非私营单位在岗职工平均工资（元）	Average Annual Wages of Staff and Workers in Urban Non-Private Units (yuan)	15461	54983	73553	79516	86111	91369
年末参加城镇职工基本养老保险人员总数（万人）	Total Number of Persons Joined Urban Employees Basic Pension Insurance at Year End (10 000 persons)	–	–	825.88	869.52	919.52	985.25
年末参加失业保险人员总数（万人）	Total Number of Persons Joined Unemployment Insurance at Year End (10 000 persons)	–	–	323.52	362.96	410.58	475.04
卫生	**Public Health**						
卫生机构数（个）	Health Institutions (unit)	9432	11770	12477	12837	13787	14552
#医院、卫生院	Hospital	1753	1794	1888	1939	1998	2066
医院、卫生院病床数（万张）	Hospital Beds (10 000 beds)	8.71	19.97	23.85	25.82	27.49	29.79
卫生技术人员（万人）	Medical Technical Personnel (10 000 persons)	12.92	27.47	32.09	34.14	37.20	39.39
市政建设（2021年24市）	**City Construction (24 Cities)**						
全年供水总量（亿吨）	Volume of Tap Water Supply (100 million tons)	13.29	17.33	17.72	18.13	18.60	19.64
排水管道长度（公里）	Length of Sewer Pipelines (km)	4116	10588	13257	17571	19174	20468
园林绿地面积（公顷）	Area of Gardens and Green Land (hectare)	29689	82382	92127	100426	74719	76105
环境	**Environment**						
工业污染治理本年完成投资额（亿元）	Actual Investment for Industrial Pollution Treatment in the Year (100 million yuan)	10.37	24.72	5.83	4.86	3.55	11.96
工业污染治理本年施工项目（个）	Implementation Project of Industrial Pollution Treatment in the Year (unit)	389	137	98	58	45	82
工业废水排放量（万吨）	Volume of Industrial Waste Water Discharged (10 000 tons)	145609	63253	36057	37165	30559	30588
工业废气排放总量（亿标立方米）	Volume of Industrial Waste Gas Discharged (100 million cu.m)	8339	16773	16010	16634	23454	22014

注：1. 因城乡住户一体化改革造成指标变动，2015年起居住类指标名称调整为“期内城镇居民人均自有现住房面积”和“期内农村居民人均自有现住房面积”，与之前年份数据不可比。

2. 市政建设因不同年份所含的城市数量不同，不可直接比较。2019—2020为23个，2021为24个。

continued

指数（%） Index（%）（2021为以下各年） (2021 as Percentage of the Following Years)					平均增长速度（%） Average Annual Growth Rate (%)				
2000	2005	2010	2015	2020	2001—2005	2006—2010	2011—2015	2016—2020	2021
142.7	179.7	136.3	112.8	107.8	-4.5	5.7	3.9	0.9	7.8
67.9	63.9	83.4	74.9	101.8	1.2	-5.2	2.2	-5.9	1.8
81.0	77.9	65.2	65.8	94.9	0.8	3.6	-0.2	-7.1	-5.1
145.4	124.7	123.0	105.2	102.3	2.9	0.3	3.2	0.6	2.3
87.1	90.0	88.3	80.3	98.2	-0.6	0.4	1.9	-3.9	-1.8
60.4	61.3	83.9	80.4	100.0	-0.3	-6.1	0.8	-4.3	…
250.7	188.1	164.1	122.7	112.0	5.9	2.8	6.0	1.8	12.0
241.5	197.1	166.5	124.9	106.6	4.1	3.4	5.9	3.2	6.6
–	–	–	–	–	–	–	–	–	9.0
–	–	–	–	–	–	–	–	–	1.1
–	–	–	–	–	–	–	–	–	0.5
–	–	–	–	–	–	–	–	–	1.1
1349.2	591.0	286.9	166.2	106.1	18.0	15.5	11.5	9.4	6.1
1862.8	774.4	303.7	138.7	107.1	19.2	20.6	17.0	5.3	7.1
–	–	–	–	115.7	–	–	–	–	15.7
106.2	154.3	140.7	123.6	105.5	-7.2	1.9	2.6	3.2	5.5
110.6	117.9	119.6	115.2	103.4	-1.3	-0.3	0.8	2.2	3.4
359.1	342.0	222.5	149.2	108.4	1.0	9.0	8.3	6.6	8.4
310.1	304.9	212.1	143.4	105.9	0.3	7.5	8.1	6.3	5.9
144.6	147.8	133.3	113.3	105.6	5.2	2.1	3.3	1.4	5.6
709.5	497.3	319.0	193.3	106.7	17.7	9.3	10.5	12.6	6.7
172.4	256.3	126.4	92.4	101.9	-2.0	15.2	6.5	-1.9	1.9
162.3	115.3	128.9	48.4	336.6	7.1	-2.2	21.6	-32.2	236.6
6.5	21.1	46.9	59.9	182.2	-21.1	-14.8	-4.8	-20.0	82.2
37.5	21.0	18.5	48.4	100.1	12.3	2.6	-17.5	-13.5	0.1
477.8	264.0	151.6	131.2	93.9	12.6	11.7	2.9	6.9	-6.1

Note: 1. According to the change of indicators caused by the integrated reform on the survey of urban and rural residents, the indicators of housing have been changed to "Per Capita Self-owned Floor Space of Urban Residents" and "Per Capita Self-owned Floor Space of Rural Residents" since 2015. These two data are not comparable with those of the preceding years.

2. Due to the difference in the number of cities involved, the municipal construction is not comparable from between different years. There are 23 in 2019—2020 and 24 in 2021.

1—4 国民经济和社会发展结构指标
Composition Indicators on National Economic and Social Development

单位：% (%)

指标	Indicators	2005	2010	2015	2019	2020	2021
人口	**Population**						
性别结构（总人口口径）	Gender Composition						
男	Male	52.5	52.5	52.8	52.6	52.6	52.6
女	Female	47.5	47.5	47.2	47.4	47.4	47.4
城乡结构（常住人口口径）	Structure of Urban and Rural (Permanent Population)						
市镇人口	Urban	33.6	40.0	48.0	53.0	54.2	55.1
乡村人口	Rural	66.4	60.0	52.0	47.0	45.8	44.9
从业人员	**Structure of Employment**						
第一产业	Primary Industry	56.2	54.1	50.0	37.2	33.9	33.1
第二产业	Secondary Industry	11.9	18.7	19.2	24.4	25.6	25.9
第三产业	Tertiary Industry	31.9	27.1	30.9	38.4	40.5	41.0
国民经济核算	**National Accounting**						
地区生产总值（生产法）	Industrial Structure of GDP						
第一产业	Primary Industry	24.2	19.2	17.3	16.0	16.5	16.2
第二产业	Secondary Industry	35.4	40.5	36.4	33.2	31.9	33.1
第三产业	Tertiary Industry	40.4	40.3	46.2	50.9	51.7	50.7
人民生活	**People's Livelihoods**						
城镇居民人均消费支出	Per Capita Consumption Expenditure of Urban Households						
#食品类	Food, Tobacco and Liquor	42.5	38.1	34.4	30.5	33.9	31.4
衣着类	Clothing	7.3	8.1	5.2	4.5	4.2	4.4
居住	Housing	11.5	10.2	22.2	20.7	22.2	20.9
生活用品及服务	Daily Necessities and Services	5.9	7.4	5.8	5.8	5.9	6.1
农村居民人均消费支出	Consumption Structure of Rural Households						
#食品类	Food, Tobacco and Liquor	50.5	48.5	35.4	30.9	34.6	33.3
衣着类	Clothing	3.4	3.2	3.1	3.1	2.8	3.2
居住	Housing	16.2	20.0	22.8	22.2	21.4	19.9
生活用品及服务	Daily Necessities and Services	4.1	5.6	6.0	5.6	5.4	5.5
财政	**Government Finance**						
财政收入结构	Structure of Government Revenue						
中央	Central Government	40.5	37.2	35.1	39.0	38.7	40.5
地方	Local Government	59.5	62.8	64.9	61.0	61.3	59.5
财政支出结构	Structure of Government Expenditures						
#社会保障和就业	Social Security and Employment	–	10.8	11.3	14.0	14.9	15.9
农林水事务	Affairs of Agriculture, Forestry and Water Resources	–	13.0	12.2	12.8	14.6	13.1
教育	Education	–	18.3	19.4	17.3	17.2	18.8

注：因城乡住户一体化改革造成指标变动，城乡居民家庭设备用品及服务指标从2015开始改为生活用品及服务。

Note: According to the change of indicators caused by the integrate reforming on the survey of urban and rural residents, the data on "Household Facilities, Articles and Services" of urban and rural livelihood is changed into "Daily Necessities and Services" since 2015.

1—4 续表1 continued

单位：% (%)

指 标	Indicators	2005	2010	2015	2019	2020	2021
能源	**Energy**						
能源生产总量结构	Structure of Energy Production						
原煤	Coal	29.4	22.0	6.9	5.0	5.1	5.1
原油	Petroleum Crude Oil	0.4	0.2	2.4	2.0	1.8	1.9
电及其他	Electricity and others	70.2	77.9	90.7	93.0	93.1	93.0
能源消费总量结构	Structure of Energy Consumption						
煤炭	Coal	56.0	53.9	46.0	48.8	48.9	49.3
石油	Petroleum Crude Oil	17.6	16.6	18.0	13.8	12.5	12.6
电及其他	Electricity and others	17.6	19.2	35.9	37.4	38.7	38.1
进出口	**Imports and Exports**						
出口	Exports	55.5	54.3	54.7	55.3	55.7	49.6
进口	Imports	44.5	45.7	45.3	44.7	44.3	50.4
农林牧渔业总产值	**Gross Output Value of Agriculture, Forestry, AnimalHusbandry and Fishery**						
农业	Agriculture	49.1	49.2	51.1	56.4	55.3	56.6
林业	Forestry	4.3	6.4	7.5	7.5	7.4	8.2
牧业	Animal Husbandry	35.3	32.0	27.2	21.6	24.1	22.0
渔业	Fishery	9.9	9.1	10.2	9.8	8.6	8.5
农林牧渔专业及辅助性活动	Service Industry for Agriculture, Forestry, Animal Husbandry, Fishery and Subsidiary Activities	1.4	3.3	4.0	4.7	4.7	4.6
建筑业总产值（三级及三级以上企业）	**Structure of Gross Output Value of Construction Industry (Three Grade and Above Enterprises)**						
国有及国有控股企业	State-owned and State-holding Enterprises	58.4	52.8	45.2	43.5	42.0	47.5
城镇集体企业	Urban Collective-owned Enterprises	15.0	9.6	6.5	4.8	3.4	2.6
交通运输业	**Transportation**						
货运量结构	Structure of Freight Traffic						
# 铁路	Railways	20.8	6.2	3.9	4.6	4.9	4.2
公路	Highways	67.9	82.5	79.6	78.0	77.5	78.2
水运	Waterways	11.3	11.3	16.5	17.4	17.5	17.6
客运量结构	Structure of Passenger Traffic						
# 铁路	Railways	3.9	4.1	13.8	23.6	21.3	30.5
公路	Highways	93.4	93.8	81.4	69.1	72.8	61.4
水运	Waterways	1.7	0.5	1.0	1.5	0.9	1.7
来华旅游人数	**Structure of International Tourists**						
外国人	Foreigners	59.7	56.5	53.2	47.2	49.2	60.2
港澳台同胞	Compatriots from Hong Kong, Macao and Taiwan	40.1	43.5	46.8	52.8	50.8	39.8

1—4 续表2 continued

单位：% (%)

指 标	Indicators	2005	2010	2015	2019	2020	2021
教育	**Education**						
专任教师结构	Structure of Full-time Teachers						
大学	Colleges and Universities	5.1	7.3	8.5	8.9	8.9	9.3
中学	Secondary School	42.1	41.9	42.7	42.2	44.6	42.7
小学	Primary School	52.8	50.8	48.8	48.9	46.6	48.0
在校学生结构	Structure of Students Enrollment						
大学生	College and University Students	4.2	6.7	8.5	10.6	11.3	12.2
中学生	Secondary School Students	40.3	42.3	41.6	40.5	40.4	40.1
小学生	Primary School Students	55.5	51.0	49.9	48.9	48.3	47.1
科技	**Science and Technology**						
政府部门从事科技活动人员结构	Structure of Personnel in Scientific and Technological Activities in Government Department						
#自然科学	Natural Sciences	8.5	9.8	10.9	15.2	15.2	16.7
农业科学	Agricultural Sciences	39.6	36.3	33.2	35.7	33.8	35.0
医药科学	Medical Sciences	13.1	15.9	17.4	16.8	16.4	14.8
工程与技术科学	Engineering and Technology Sciences	28.6	28.7	29.9	24.6	25.9	24.6
人文与社会科学	Humanities and Social Sciences	10.2	9.3	8.6	7.7	8.7	8.8
卫生	**Public Health**						
卫生技术人员结构	Structure of Medical Technical Personnel						
#执业（助理执业）医师	Licensed Doctors and Licensed Assistant Doctors	42.3	36.2	33.3	33.7	33.7	33.5
注册护士	Registered Nurses	34.5	37.6	41.2	44.6	45.0	46.3
环境	**Environment**						
工业污染治理投资结构	Used of Funds in Industrial Pollution Treatment						
治理废水	Waste Water Treatment	32.5	51.0	6.4	30.3	21.5	2.8
治理废气	Waste Gas Treatment	54.8	29.3	75.9	35.6	57.4	94.6
治理固体废物	Solid Waste Treatment	1.8	18.3	10.8	0.1	0.5	…
治理噪声	Noise Treatment	0.5	0.1	0	0.4	0	…
其他	Others	10.4	1.2	6.9	33.7	20.6	2.5

注：本表在校生和专任教师结构自2013年起，大学生包括研究生和普通高等学校在在校生，专任教师仅指普通高校专任教师，中学包括普通中等专业学校、技工学校和普通中学（高中、初中）。科技活动人员结构范围为县及县以上政府部门。

Note: Since 2013, the “College and University Students” has included postgraduate students and internal students of regular higher education institutions, the “Full-time Teachers” only includes full-time teachers in regular institutions of higher education, the “Secondary School” includes specialized secondary schools, technician training schools and regular secondary schools (senior, junior). The range of data in “Structure of Personnel in Scientific and Technological Activities” only refers to personnel in governmental departments at and above county level.

1－5 国民经济和社会发展比例和效益指标
Proportion and Efficiency Indicators on National Economic and Social Development

指 标	Indicators	2005	2010	2015	2019	2020	2021
人口	**Population**						
人口出生率（‰）	Birth Rate (‰)	14.26	14.13	14.05	13.31	11.36	9.68
人口死亡率（‰）	Death Rate (‰)	6.09	5.48	6.15	6.14	6.46	6.80
人口自然增长率（‰）	Natural Growth Rate (‰)	8.17	8.65	7.90	7.17	4.90	2.88
就业	**Employment**						
三次产业就业者比例（以第一产业为100）	Employment Ratio by Types of Industry (Employment in primary industry=100)						
第一产业	Primary Industry	100.0	100.0	100.0	100.0	100.0	100.0
第二产业	Secondary Industry	21.2	34.6	38.3	65.7	75.6	78.3
第三产业	Tertiary Industry	56.7	50.1	61.8	103.3	119.7	123.9
城镇登记失业率（%）	Registered Unemployment Rate in Urban Area (%)	4.2	3.7	2.9	2.6	2.8	2.5
国民核算	**National Accounts**						
三次产业增加值比例（以第一产业为100）	Ratio of Value-added by Types of Industry (Value-added in primary industry=100)						
第一产业	Primary Industry	100.0	100.0	100.0	100.0	100.0	100.0
第二产业	Secondary Industry	146.4	211.3	210.1	207.9	193.3	203.9
第三产业	Tertiary Industry	167.2	210.3	266.7	318.6	313.4	312.2
全员劳动生产率（元/人）	Overall Labor Productivity (yuan/person)	13844	29461	54908	82958	86477	96985
第一产业	Primary Industry	5957	10437	18678	34326	40131	47020
第二产业	Secondary Industry	41126	63699	103973	115326	110107	124626
第三产业	Tertiary Industry	17553	43751	85197	112335	113206	120552
人民生活	**People's Livelihoods**						
城镇居民家庭恩格尔系数（%）	Engle Coefficient of Urban Households (%)	42.5	38.1	34.4	30.5	33.9	31.4
农村居民家庭恩格尔系数（%）	Engle Coefficient of Rural Households (%)	50.5	48.5	35.4	30.9	34.6	33.3
财政	**Government Finance**						
财政收入与地区生产总值之比（%）	Proportion of Financial Revenue to GDP (%)	12.7	14.4	15.8	14.0	12.6	–
公共财政预算收入与地区生产总值之比（%）	Proportion of Public Budget Income to GDP (%)	7.6	9.0	10.2	8.5	7.8	7.3
公共财政预算支出与地区生产总值之比（%）	Proportion of Public Budget Expenditure to GDP (%)	16.3	23.5	27.5	27.6	27.9	23.5
能源生产与消费	**Production and Consumption of Energy**						
能源消费弹性系数	Elasticity Ratio of Energy Consumption	1.18	0.84	0.32	0.68	1.95	1.23
万元地区生产总值能源消耗量（吨标准煤）	Energy Consumption per 10 000 yuan of GDP (tce/10 000 yuan)	1.14	0.77	0.66	0.53	0.55	0.53
对外贸易	**Foreign Trade**						
进出口总额与地区生产总值之比（%）（按人民币计算）	Proportion of Total Exports and Imports to GDP (%)	11.2	13.8	21.6	22.1	22.0	24.0

1－5 续表1 continued

指 标	Indicators	2005	2010	2015	2019	2020	2021
农业	**Agriculture**						
每公顷播种面积农产品产量（公斤）	Output of Farm Crops Per Hectare of Sown Area (kg)						
粮食	Grain	4525	4614	4857	4849	4882	4912
甘蔗	Sugarcane	68950	66583	77073	84146	84730	85859
工业	**Industry**						
成本费用利润率（%）	Ratio of Profits to Industrial Cost (%)	5.82	8.8	6.7	5.8	6.1	6.6
建筑业	**Construction**						
技术装备率（元/人）	Value of Machinery per Laborer (yuan/person)	8843	6960	5292	2419	2365	4246
产值利税率（%）	Ratio of Per-tax Profits to Gross Output Value (%)	3.8	3.9	3.8	1.9	1.7	2.2
全员劳动生产率（元/人，按总产值计算）	Overall Labor Productivity (yuan/person, in terms of gross output value)	125917	257132	344720	484409	536561	533283
运输邮电业	**Transportation, Post and Telecommunication Services**						
铁路网密度（公里/万平方公里）	Railway Density (km/10 000 sq.km)	115	133	214	219	219	220
公路网密度（公里/万平方公里）	Highway Density (km/10 000 sq.km)	2619	4284	4966	5380	5541	6760
电话普及率（部/万人，含移动电话）	Access to Telephones (set/10 000 persons, including mobilephone)	3853	6177	8572	11004	11304	11830
金融	**Finance**						
金融机构存款与地区生产总值之比（%）	Financial Institutions Deposits as Percentage of GDP (%)	113.9	138.1	154.0	149.0	156.7	149.1
金融机构贷款与地区生产总值之比（%）	Financial Institutions Loans as Percentage of GDP (%)	83.0	105.0	122.4	143.6	159.1	161.1
教育	**Education**						
学龄儿童入学率（%）	Rate of School-age Children Enrollment (%)	99.1	99.4	99.4	99.8	99.9	99.6
每万人在校小学生（人）	Number of Primary School Students per 10 000 Persons (person)	926	934	918	998	1012	1024
每万人在校中学生（人）	Number of Secondary School Students per 10 000 Persons (person)	711	799	768	802	847	834
每万人在校大学生（人）	Number of University and College Students per 10 000 Persons (person)	69	123	157	217	303	262
科技	**Science and Technology**						
研究与发展经费内部支出相当于地区生产总值比例（%）	Proportion of R&D Expenditure to GDP (%)	0.4	0.7	0.72	0.79	0.78	0.81
文化	**Culture**						
广播人口覆盖率（%）	Listener Rating (%)	88.7	95.0	96.7	97.8	98.2	98.6
电视人口覆盖率（%）	Viewer Rating (%)	93.5	97.0	98.3	98.9	99.2	99.3
卫生	**Public Health**						
每万人卫生技术人员（人）	Number of Medical Technical Personnel per 10 000 Persons (person)	26.3	36.0	57.3	68.8	74.2	78.1
每万人医院、卫生院病床数（张）	Number of Hospital Beds per 10 000 Persons (unit)	17.7	26.0	40.6	52.0	54.8	59.1

1—6 各个时期主要经济指标合计与平均增速

Aggregate and Average Annual Growth Rate of Main Economic Indicators in Each Period

单位：亿元 (100 million yuan)

时 期	Periods	地区生产总值 Gross Domestic Product	第一产业 Primary Industry	第二产业 Secondary Industry	第三产业 Tertiary Industry	# 工业 Industry	固定资产投资 Investment in Fixed Assets
"一五"时期	"First Five-Year Plan" Period (1953—1957)	88.96	50.35	22.59	16.02	19.89	6.19
"二五"时期	"Second Five-Year Plan" Period (1958—1962)	125.03	57.92	37.65	29.46	31.64	19.58
	1963—1965	83.12	43.66	22.42	17.04	19.26	7.21
"三五"时期	"Third Five-Year Plan" Period (1966—1970)	165.90	89.17	41.41	35.32	36.68	19.42
"四五"时期	"Fourth Five-Year Plan" Period (1971—1975)	287.04	133.80	91.39	61.85	82.80	32.87
"五五"时期	"Fifth Five-Year Plan" Period (1976—1980)	393.84	172.14	132.55	89.15	119.91	48.79
"六五"时期	"Sixth Five-Year Plan" Period (1981—1985)	708.45	321.87	202.77	183.81	175.97	120.68
"七五"时期	"Seventh Five-Year Plan" Period (1986—1990)	1592.80	627.12	479.93	485.75	417.65	337.65
"八五"时期	"Eighth Five-Year Plan" Period (1991—1995)	4732.74	1465.25	1655.27	1612.19	1423.97	1314.72
"九五"时期	"Ninth Five-Year Plan" Period (1996—2000)	9477.90	2829.42	3283.83	3364.65	2772.24	2808.14
"十五"时期	"Tenth Five-Year Plan" Period (2001—2005)	14648.50	3552.86	5044.50	6051.14	4179.12	5586.27
"十一五"时期	"Eleventh Five-Year Plan" Period (2006—2010)	32013.34	6726.64	12325.16	12961.54	10310.25	22565.56
"十二五"时期	"Twelfth Five-Year Plan" Period (2011—2015)	62437.47	11402.37	23990.14	27044.96	19030.47	64774.33
"十三五"时期	"Thirteenth Five-Year Plan" Period (2016—2020)	96893.05	15735.27	32545.35	48612.43	24508.63	–
"十四五"时期	"Fourteenth Five-Year Plan" Period (2021—)	24740.86	4015.51	8187.90	12537.45	6074.49	–

单位：% (%)

时 期	Periods	地区生产总值 Gross Domestic Product	第一产业 Primary Industry	第二产业 Secondary Industry	第三产业 Tertiary Industry	# 工业 Industry	固定资产投资 Investment in Fixed Assets
"一五"时期	"First Five-Year Plan" Period (1953—1957)	10.8	6.5	11.2	27.5	12.1	41.7
"二五"时期	"Second Five-Year Plan" Period (1958—1962)	1.2	-4.5	3.9	8.4	4.7	-0.9
	1963—1965	7.5	11.5	9.5	0.0	8.4	27.8
"三五"时期	"Third Five-Year Plan" Period (1966—1970)	5.1	2.6	5.3	8.7	5.1	15.6
"四五"时期	"Fourth Five-Year Plan" Period (1971—1975)	9.6	6.2	15.0	9.9	16.5	5.3
"五五"时期	"Fifth Five-Year Plan" Period (1976—1980)	6.2	3.9	4.8	12.2	5.5	10.5
"六五"时期	"Sixth Five-Year Plan" Period (1981—1985)	8.3	4.4	9.9	13.3	9.2	27.4
"七五"时期	"Seventh Five-Year Plan" Period (1986—1990)	6.1	5.0	8.7	4.4	9.7	10.2
"八五"时期	"Eighth Five-Year Plan" Period (1991—1995)	15.1	8.4	24.3	13.6	24.2	43.9
"九五"时期	"Ninth Five-Year Plan" Period (1996—2000)	8.5	6.5	8.6	9.7	8.5	9.3
"十五"时期	"Tenth Five-Year Plan" Period (2001—2005)	9.9	5.2	11.4	11.1	11.3	21.8
"十一五"时期	"Eleventh Five-Year Plan" Period (2006—2010)	11.5	5.1	14.9	14.9	11.7	34.7
"十二五"时期	"Twelfth Five-Year Plan" Period (2011—2015)	9.6	4.4	9.7	9.0	11.6	21.6
"十三五"时期	"Thirteenth Five-Year Plan" Period (2016—2020)	6.1	4.8	4.1	8.0	3.5	9.5
"十四五"时期	"Fourteenth Five-Year Plan" Period (2021—)	7.5	8.2	6.7	7.7	8.1	7.7

注：本表增长率按可比价格计算。

Note: The average growth rates in this table are calculated at comparable prices.

1—6 续表 continued

单位：亿元 (100 million yuan)

时 期	Periods	公共财政预算收入 Public Budget Income	公共财政预算支出 Public Budget Expenditure	外贸进出口总额(亿美元) Total Exports and Imports (100 million USD)	#出口总额 Total Exports	社会消费品零售总额(亿元) Total Retail Sales of Consumer Goods	货运量(万吨) Freight Traffic (10 000 tons)
"一五"时期	"First Five-Year Plan" Period (1953—1957)	15.33	12.61	1.74	1.74	41.80	4344
"二五"时期	"Second Five-Year Plan" Period (1958—1962)	23.66	34.70	1.48	1.48	59.36	12595
1963—1965		12.64	15.92	1.24	1.21	42.88	5191
"三五"时期	"Third Five-Year Plan" Period (1966—1970)	25.24	34.25	2.37	2.19	84.47	11523
"四五"时期	"Fourth Five-Year Plan" Period (1971—1975)	48.32	61.57	7.77	7.21	114.48	21750
"五五"时期	"Fifth Five-Year Plan" Period (1976—1980)	61.72	87.53	13.66	12.82	177.10	26379
"六五"时期	"Sixth Five-Year Plan" Period (1981—1985)	72.99	105.13	21.12	17.46	321.52	30448
"七五"时期	"Seventh Five-Year Plan" Period (1986—1990)	177.90	265.93	37.97	28.32	720.45	94604
"八五"时期	"Eighth Five-Year Plan" Period (1991—1995)	354.75	923.09	104.11	71.14	1656.07	138187
"九五"时期	"Ninth Five-Year Plan" Period (1996—2000)	589.95	1009.68	126.74	91.87	3433.48	155717
"十五"时期	"Tenth Five-Year Plan" Period (2001—2005)	1089.87	2334.06	168.91	99.86	5540.13	178259
"十一五"时期	"Eleventh Five-Year Plan" Period (2006—2010)	2672.81	6641.98	611.05	340.44	12051.51	389077
"十二五"时期	"Twelfth Five-Year Plan" Period (2011—2015)	6368.82	16284.48	1774.57	989.78	25678.80	736188
"十三五"时期	"Thirteenth Five-Year Plan" Period (2016—2020)	8381.68	26691.42	3060.33	1602.01	37083.13	896606
"十四五"时期	"Fourteenth Five-Year Plan" Period (2021—)	1800.15	5806.54	917.02	454.50	8538.50	216183

单位：% (%)

时 期	Periods	公共财政预算收入 Public Budget Income	公共财政预算支出 Public Budget Expenditure	外贸进出口总额 Total Exports and Imports	#出口总额 Total Exports	社会消费品零售总额 Total Retail Sales of Consumer Goods	货运量 Freight Traffic
"一五"时期	"First Five-Year Plan" Period (1953—1957)	6.4	14.7	47.1	47.1	13.2	39.8
"二五"时期	"Second Five-Year Plan" Period (1958—1962)	2.7	2.0	-20.3	-20.3	6.1	1.7
1963—1965		12.9	18.7	37.1	33.5	7.1	19.9
"三五"时期	"Third Five-Year Plan" Period (1966—1970)	8.5	8.3	0.3	0.4	2.9	5.9
"四五"时期	"Fourth Five-Year Plan" Period (1971—1975)	8.6	7.5	33.5	33.2	8.1	11.5
"五五"时期	"Fifth Five-Year Plan" Period (1976—1980)	2.1	5.8	11.4	12.7	11.9	-2.4
"六五"时期	"Sixth Five-Year Plan" Period (1981—1985)	10.4	11.3	6.7	0.3	14.1	23.5
"七五"时期	"Seventh Five-Year Plan" Period (1986—1990)	18.3	16.9	11.4	14.4	14.6	9.0
"八五"时期	"Eighth Five-Year Plan" Period (1991—1995)	11.1	16.7	29.0	25.2	23.2	7.5
"九五"时期	"Ninth Five-Year Plan" Period (1996—2000)	13.1	13.0	-8.7	-7.8	10.1	1.8
"十五"时期	"Tenth Five-Year Plan" Period (2001—2005)	14.0	18.8	20.5	14.0	11.7	5.6
"十一五"时期	"Eleventh Five-Year Plan" Period (2006—2010)	22.2	26.8	27.9	27.3	18.7	22.6
"十二五"时期	"Twelfth Five-Year Plan" Period (2011—2015)	14.4	15.2	23.7	23.9	13.9	5.7
"十三五"时期	"Thirteenth Five-Year Plan" Period (2016—2020)	2.5	8.7	6.5	6.9	6.3	4.6
"十四五"时期	"Fourteenth Five-Year Plan" Period (2021—)	4.8	-6.0	30.3	16.0	9.0	15.3

注：1."十三五"起，外贸进出口数据以人民币计价。
2.本表增长率按可比价格计算。

Note: 1. Data of imports and exports of foreign trade has been calculated in RMB since "Thirteenth Five-Year Plan" Period.
2. The average growth rates in this table are calculated at comparable prices.

1－7 主要指标人均量
Per Capita Output of Major Indicators

指 标	Indicators	2005	2010	2015	2019	2020	2021
人均地区生产总值（元/人）	Per Capital GDP (yuan/person)	8068	18070	30890	42778	44237	49206
人均一般公共预算收入（元/人）	Per Capital Public Budget Revenue (yuan/person)	607	1666	3163	3650	3433	3580
城乡居民人均可支配收入（元/人）	Per Capital Disposable Income of Urban and Rural Households (yuan)	–	–	16873	23328	24562	26767
城镇居民人均可支配收入（元/人）	Per Capital Disposable Income of Urban Households (yuan)	–	–	26416	34745	35859	38530
农村居民人均可支配收入（元/人）	Per Capita Disposable Income of Rural Households (yuan)	–	–	9467	13676	14815	16363
粮食产量（公斤）	Grain (kg)	309	298	299	268	274	276
油料产量（公斤）	Oil-bearing (kg)	13	10	12	14	15	15
甘蔗产量（公斤）	Sugarcane (kg)	1050	1504	1478	1509	1482	1465
水果产量（公斤）	Fruits (kg)	156	178	333	498	557	621
猪牛羊肉（公斤）	Pork, Beef and Mutton (kg)	65	55	60	42	38	52
水产品（公斤）	Aquatic Products (kg)	58	58	72	69	69	70
原煤（吨）	Raw Coal (ton)	0.14	0.16	0.09	0.08	0.08	0.07
发电量（千瓦时）	Electricity (kwh)	909	2181	2713	3719	3941	4141
水泥（公斤）	Cement (kg)	674	1588	2326	2405	2430	2274
糖产量（公斤）	Sugar (kg)	103	149	193	160	138	140
机制纸及纸板（公斤）	Machine-made Paper and Paperboard (kg)	26	48	59	65	63	67

注：本表2007年起按两年平均常住人口计算。自2013年起水果包括果用瓜。

Note: The data from 2007 in this table is calculated with the average permanent population in two years, and the fruits include the melons since 2013.

1—8 主要年份平均每天主要社会经济活动
Selected Indicators on Average Daily Social and Economic Activities in Main Years

指 标	Indicators	2005	2010	2015	2019	2020	2021
每天创造的财富	**Daily Production**						
地区生产总值（亿元）	Gross Domestic Product (100 million yuan)	10.25	23.43	40.54	58.18	60.44	67.78
第一产业	Primary Industry	2.48	4.49	7.03	9.29	9.96	11.00
第二产业	Secondary Industry	3.63	9.49	14.77	19.31	19.25	22.43
#工业	Industry	3.01	7.88	11.39	14.37	14.13	16.64
第三产业	Tertiary Industry	4.15	9.45	18.74	29.59	31.22	34.35
#运输、仓储及邮政业	Transport, Storage and Post	0.57	1.17	1.89	2.47	2.43	2.88
批发、零售和住宿餐饮业	Wholesale, Retail Trade, Hotel and Catering Services	1.22	2.41	4.23	5.85	5.89	6.69
一般公共预算收入（亿元）	General Public Budget Revenue (100 million yuan)	0.78	2.12	4.15	4.96	4.69	4.93
一般公共预算支出（亿元）	General Public Budget Expenditure (100 million yuan)	1.68	5.50	11.14	16.03	16.88	15.91
粮 食（万吨）	Grain (10 000 tons)	4.15	3.87	3.93	3.65	3.74	3.80
油 料（万吨）	Oil-bearing (10 000 tons)	0.17	0.13	0.16	0.20	0.20	0.21
甘 蔗（万吨）	Sugarcane (10 000 tons)	14.12	19.51	19.39	20.52	20.25	20.18
猪牛羊肉（万吨）	Pork, Beef and Mutton (10 000 tons)	0.88	0.71	0.79	0.57	0.52	0.72
水产品（万吨）	Aquatic Products (10 000 tons)	0.78	0.75	0.95	0.93	0.94	0.97
成品糖（万吨）	Machine-made Sugar (10 000 tons)	1.38	1.93	2.54	2.17	1.88	1.93
原 煤（万吨）	Raw Coal (10 000 tons)	1.92	2.08	1.17	1.11	1.13	0.96
发电量（亿千瓦时）	Electricity (100 million kwh)	1.22	2.83	3.56	5.06	5.44	5.70
粗 钢（万吨）	Crude Steel (10 000 tons)	1.36	3.30	5.88	7.30	9.43	10.03

1—8 续表 continued

指 标	Indicators	2005	2010	2015	2019	2020	2021
钢 材（万吨）	Steel Products (10 000 tons)	1.42	4.13	9.71	9.17	12.93	14.47
水 泥（万吨）	Cement (10 000 tons)	9.06	20.59	30.53	32.71	33.19	31.32
每天消费量	**Daily Consumption**						
能源消费量（万吨标准煤）	Energy Consumption (10 000 tce)	13.34	21.70	26.74	30.88	33.01	36.13
社会消费品零售总额（亿元）	Total Retail Sales of Consumer Goods (100 million yuan)	3.66	8.45	15.81	22.47	21.40	23.39
每天其他经济活动	**Other Daily Economic Activities**						
货运量（万吨）	Freight Traffic (10 000 tons)	112.40	310.81	410.21	501.51	512.17	592.28
客运量（万人）	Passenger Traffic (10 000 persons)	143.01	210.87	139.69	136.96	100.42	81.76
规模以上港口货物吞吐量（万吨）	Volume of Freight Handled Above the Designated Size (10 000 tons)	18.84	50.89	86.08	103.88	128.18	152.49
邮电业务总量（万元）	Revenue from Postal and Telecommunication Services (10 000 yuan)	8846	22132	17856	102662	137764	19130
进出口总额（万美元）	Total Exports and Imports (10 000 USD)	1420	4851	14044	18686	19231	25124
出口总额	Exports	788	2633	7678	10340	10704	12452
进口总额	Imports	632	2218	6366	8346	8527	12672
入境旅游者人数（人次）	Number of International Tourists (10 000 persons-time)	4004	6856	12330	17095	674	170
每天人口变动和婚姻	**Daily Population Changes and Marriages**						
出 生（人）	Birth (person)	1918	1973	1973	1808	1557	1342
死 亡（人）	Death (person)	822	685	822	849	874	932
结 婚（对）	Marriages (couple)	862	1439	1150	895	804	747
离 婚（对）	Divorces (couple)	133	200	228	333	316	193

1—9 按行业分组的法人单位数

单位：个

行业门类	Sector	2005	2006	2007	2008	2009
总计	**Total**	**130209**	**139566**	**149472**	**154748**	**180744**
农、林、牧、渔业	Farming, Forestry, Animal Husbandry and Fishery	3536	4034	4306	210	2630
采矿业	Mining	1639	1935	2225	2258	2716
制造业	Manufacturing	17110	18752	20307	19683	22156
电力、热力、燃气及水生产和供应业	Production and Supply of Electricity, Heat, Gas and Water	1723	1865	1999	2271	2508
建筑业	Construction	1821	2131	2455	2329	3130
批发和零售业	Wholesale and Retail Trades	16291	18775	22034	21560	33174
交通运输、仓储和邮政业	Transportation, Storage and Post	2068	2282	2586	3178	3929
住宿和餐饮业	Hotels and Catering Services	2056	2258	2445	2152	2378
信息传输、软件和信息技术服务业	Information Transmission, Software and InformationTechnology	2721	3044	3479	5040	5610
金融业	Financial Intermediation	1191	1241	1280	636	938
房地产业	Real Estate	3644	4402	5218	5628	7084
租赁和商务服务业	Leasing and Business Services	5406	6140	7238	10535	12964
科学研究和技术服务业	Scientific Research and Technical Services	5083	5310	5573	7141	7627
水利、环境和公共设施管理业	Management of Water Conservancy, Environment and Public Facilities	1582	1626	1698	2081	2227
居民服务、修理和其他服务业	Service to Household, Repair and Other Services	1124	1339	1552	1607	2152
教育	Education	17477	17643	17786	16435	16776
卫生和社会工作	Health and Social Service	6204	6405	6480	6207	6363
文化、体育和娱乐业	Culture, Sports and Entertainment	2559	2667	2760	2600	2795
公共管理、社会保障和社会组织	Public Management, Social Security and Social Organization	36974	37717	38051	43197	43587

注：1. 2008年、2013年及2018年农、林、牧、渔业法人单位数为兼营第二、三产业的农、林、牧、渔业法人单位。

2. 本表2008年、2013年及2018年均为普查数据，其余为年报数据。

3. 本表数据2011年以前按GB/T4754—2002标准分类，2012年至2017年按GB/T4754—2011标准分类，2018年以后按GB/T4754—2017标准分类。

Number of Legal Entities Grouped by Sector

(unit)

2010	2011	2012	2013	2014	2015	2016	2017	2018	2019	2020	2021
204970	**238483**	**274666**	**237572**	**334564**	**402586**	**474480**	**539342**	**490286**	**641499**	**754742**	**846683**
4486	10310	22909	3420	49601	61109	76497	85439	6683	83238	89695	92537
3079	3396	3641	2988	3386	3443	3686	3854	2672	3257	3914	4123
24381	27106	27459	24215	28087	31491	34750	38027	37559	44771	53555	59340
2628	2700	2771	2587	2750	2885	3055	3328	3290	3399	3738	4084
3951	5035	5709	4730	7516	10728	15299	20038	23669	29992	38744	47148
42384	54820	67375	64262	84623	106962	131838	153421	142714	165972	196525	225205
4634	5459	6123	5105	6647	8512	10650	12514	13253	15801	20399	23792
2764	3177	3466	3472	4103	5172	6264	7266	8451	10205	12713	15264
5997	6508	3095	2546	3851	6486	9612	13404	18658	23516	27898	32107
1249	1649	2021	729	2321	2972	2509	2703	2387	2781	3174	3788
9013	10224	11042	8447	11513	13475	16006	18677	21498	26061	29887	32478
15394	18798	21491	18610	25498	35285	46247	56993	68961	81127	100501	117249
8397	9020	10246	10361	12613	15433	18547	21935	28686	32566	38701	43986
2376	2571	2743	2762	3129	3496	3887	4344	4524	6432	8875	7630
2666	3417	4276	3541	4709	6487	7572	8590	11192	13569	19648	27832
17126	17497	17836	18301	20043	21541	22010	23151	26800	28171	32145	34342
6446	6573	5356	5387	5745	6059	5021	5059	5822	6148	6598	6608
3005	3180	7332	6665	7302	7962	8818	9168	11599	12679	14253	15897
44994	47043	49775	49444	51127	53089	52212	51431	51868	51814	53777	53273

Note: 1. The indicator of "Farming, Forestry, Animal Husbandry and Fishery" in 2008, 2013 and 2018 refers to the juridical entities operating secondary industry and tertiary industry on the side.

2. The data of this table in 2008, 2013 and 2018 is based on the Economic Census, data in other years is based on the annual reports.

3. The data in and before 2011 in this table is sorted out by the standard of GB/T4754—2002, 2012—2017 by the standard of GB/T4754—2011, and by the standard of GB/T4754—2017 since 2018.

1—10 各市按机构类型分组的法人单位数（2021年）

单位：个

地 区	Region	法人单位数 Number of Legal Entities	企业 Enterprise	事业单位 Institution
广西	**Guangxi**	**846683**	**684469**	**42605**
南宁市	Nanning	217576	198842	4937
柳州市	Liuzhou	87417	73135	3133
桂林市	Guilin	89388	71434	4127
梧州市	Wuzhou	40033	30812	2529
北海市	Beihai	40743	36287	1470
防城港市	Fangchenggang	23784	19768	1142
钦州市	Qinzhou	41379	32824	2492
贵港市	Guigang	50770	38046	3177
玉林市	Yulin	78818	62905	4355
百色市	Baise	50805	35891	4192
贺州市	Hezhou	28620	21100	2427
河池市	Hechi	40632	25526	3869
来宾市	Laibin	27798	18763	1960
崇左市	Chongzuo	28920	19136	2795

Number of Legal Entities Grouped by Region and Type of Institutions (2021)

(unit)

机关 Agency	社会团体 Social Organization	农民专业合作社 Farmer Specialized Cooperation	其他法人 Others
8334	**11247**	**50865**	**49163**
920	2157	4310	6410
740	898	3929	5582
1098	1389	6103	5237
514	643	2352	3183
294	328	1051	1313
316	529	979	1050
404	553	2663	2443
420	566	5008	3553
580	813	4967	5198
888	939	4449	4446
405	517	1975	2196
769	987	5369	4112
462	469	3845	2299
524	459	3865	2141

1—11　各市按主要行业分组的法人单位数（2021年）

单位：个

地　区	Region	合计 Total	农、林、牧、渔业 Farming, Forestry, Animal Husbandry and Fishery	采矿业 Mining	制造业 Manufac-turing	电力、热力、燃气及水生产和供应业 Production and Supply of Electricity, Heat, Gas and Water	建筑业 Construction	批发和零售业 Wholesale and Retail Trades	交通运输、仓储和邮政业 Transport, Storage and Post	住宿和餐饮业 Hotel and Catering Services
广西	**Guangxi**	**846683**	**92537**	**4123**	**59340**	**4084**	**47148**	**225205**	**23792**	**15264**
南宁市	Nanning	217576	10297	373	11098	367	13202	63919	5002	4452
柳州市	Liuzhou	87417	6227	217	7095	312	3871	26039	2627	1642
桂林市	Guilin	89388	9783	380	6305	1034	5601	22875	1747	2162
梧州市	Wuzhou	40033	4634	382	3011	246	2311	10532	1239	561
北海市	Beihai	40743	2143	70	1994	91	2803	11462	1334	1201
防城港市	Fangchenggang	23784	1908	121	1191	90	1522	5837	1561	443
钦州市	Qinzhou	41379	4464	189	2935	176	2491	11361	2194	623
贵港市	Guigang	50770	7094	198	7283	203	2681	11512	1753	547
玉林市	Yulin	78818	14373	337	6796	411	4112	22084	1655	1020
百色市	Baise	50805	8072	444	3162	315	2199	11970	1170	967
贺州市	Hezhou	28620	4102	247	2268	321	1844	6589	679	385
河池市	Hechi	40632	8693	565	2327	221	1754	8257	787	575
来宾市	Laibin	27798	5548	392	2069	157	1568	5825	786	267
崇左市	Chongzuo	28920	5199	208	1806	140	1189	6943	1258	419

Number of Legal Entities Grouped by Region and Major Sector（2021）

(unit)

信息传输、软件和信息技术服务业 Information Transmission, software and Information Technology	金融业 Financial Intermediation	房地产业 Real Estate	租赁和商务服务业 Leasing and Business Services	科学研究和技术服务业 Scientific Research and Technical Services	水利、环境和公共设施管理业 Management of Water Conservancy, Environment and Public Facilities	居民服务、修理和其他服务业 Service to Household, Repair and Other Services	教育 Education	卫生和社会工作 Health and Social Service	文化、体育和娱乐业 Culture, Sports and Entertainment	公共管理、社会保障和社会组织 Public Management, Social Security and Social Organization
32107	**3788**	**32478**	**117249**	**43986**	**7630**	**27832**	**34342**	**6608**	**15897**	**53273**
14113	1620	9628	38462	16228	1269	8268	6459	1188	5034	6597
3887	238	2959	13769	4683	565	4196	2308	740	1707	4335
4277	353	3466	12379	4574	986	1930	2898	738	1811	6089
1030	114	1327	5425	1883	389	1097	1928	319	594	3011
1867	207	3698	5973	1711	351	1586	1516	223	880	1633
539	107	1968	3200	1159	268	813	717	157	428	1755
1010	150	1378	4999	2156	751	907	1842	287	662	2804
1094	119	1622	5414	1805	636	1328	2941	412	884	3244
1246	145	2032	7759	2647	430	2671	5101	464	1180	4355
730	192	1361	6492	2433	569	1335	2225	606	768	5795
965	277	655	3144	1103	300	512	1687	295	522	2725
571	90	951	4209	1728	564	1178	1943	558	663	4998
378	112	661	2776	986	266	1086	1438	230	411	2842
400	64	772	3248	890	286	925	1339	391	353	3090

1—12 按行业、运营状态分组的企业法人单位数（2021年）

单位：个

行业	Sector	单位数 Number of Legal Entities	正常运营 Operating	停业（歇业） Closed
总计	**Total**	**684469**	**622831**	**51680**
农、林、牧、渔业	Farming, Forestry, Animal Husbandry and Fishery	45585	42211	2849
采矿业	Mining	4123	3511	493
制造业	Manufacturing	58769	54243	3278
电力、热力、燃气及水生产和供应业	Production and Supply of Electricity, Heat, Gas and Water	4065	3839	142
建筑业	Construction	47147	43726	2696
批发和零售业	Wholesale and Retail Trades	222735	203050	17003
交通运输、仓储和邮政业	Transport, Storage and Post	23463	21701	1381
住宿和餐饮业	Hotels and Catering Services	15223	14043	914
信息传输、软件和信息技术服务业	Information Transmission, Software and Information Technology	31672	28140	3027
金融业	Financial	3751	3240	434
房地产业	Real Estate	32295	28680	3064
租赁和商务服务业	Leasing and Business Services	98078	86773	9956
科学研究和技术服务业	Scientific Research and Technical Services	37737	33773	3335
水利、环境和公共设施管理业	Management of Water Conservancy, Environment and Public Facilities	5772	5384	287
居民服务、修理和其他服务业	Service to Household, Repair and Other Services	27467	25942	1207
教育	Education	10370	9870	345
卫生和社会工作	Health and Social Service	2376	2230	90
文化、体育和娱乐业	Culture, Sports and Entertainment	13841	12475	1179
公共管理、社会保障和社会组织	Public Management, Social Security and Social Organization			

Number of Legal Entities Grouped by Sector and Operating State (2021)

(unit)

筹建 Preparing to Construct	当年关闭 Close Down in the Present Year	当年破产 Bankrupted in the Present Year	当年注销 Write-off in the Present Year	当年吊销 Revoked in the Present Year	其他 Others
9798	**31**	**10**	**27**	**4**	**88**
515					10
118					1
1216	8	3	8	2	11
82			1		1
713	2	1	4		5
2647	12		7		16
375	1		3		2
258	4		2		2
505					
77					
532	2	6			11
1325	2		1		21
625			1		3
101					
317					1
154					1
55					1
183				2	2

1—13 按行业、登记注册类型分组的企业法人单位数（2021年）

单位：个

行业	Sector	合计 Total	内资 Domestic Funded	国有 State-owned	集体 Collective-owned	股份合作 Cooperative Share Holding
总计	**Total**	**684469**	**681563**	**2617**	**3780**	**345**
农、林、牧、渔业	Farming, Forestry, Animal Husbandry and Fishery	45585	45478	130	358	13
采矿业	Mining	4123	4103	24	25	4
制造业	Manufacturing	58769	57936	306	528	81
电力、热力、燃气及水生产和供应业	Production and Supply of Electricity, Heat, Gas and Water	4065	3979	200	170	23
建筑业	Construction	47147	47113	72	164	10
批发和零售业	Wholesale and Retail Trades	222735	222232	592	1350	64
交通运输、仓储和邮政业	Transport, Storage and Post	23463	23365	240	127	9
住宿和餐饮业	Hotels and Catering Services	15223	15137	96	58	14
信息传输、软件和信息技术服务业	Information Transmission, Software and Information Technology	31672	31536	9	7	2
金融业	Financial Intermediation	3751	3586	21	4	50
房地产业	Real Estate	32295	32019	329	425	27
租赁和商务服务业	Leasing and Business Services	98078	97793	235	330	20
科学研究和技术服务业	Scientific Research and Technical Services	37737	37577	194	141	13
水利、环境和公共设施管理业	Management of Water Conservancy, Environment and Public Facilities	5772	5740	45	15	1
居民服务、修理和其他服务业	Service to Household, Repair and Other Services	27467	27437	33	49	12
教育	Education	10370	10361	14	21	2
卫生和社会工作	Health and Social Service	2376	2367	6	5	
文化、体育和娱乐业	Culture, Sports and Entertainment	13841	13804	71	3	
公共管理、社会保障和社会组织	Public Management, Social Security and Social Organization					

Number of Legal Entities Grouped by Sector and Registration Status (2021)

(unit)

联营 Joint-owned	国有联营 State Joint-owned	集体联营 Collective Joint-owned	国有与集体联营 State and Collective Joint-owned	其他联营 Other Joint-owned	有限责任公司 Limited Liability Company	国有独资公司 State Sole Investment	其他有限责任公司 Other Limited Companies
54	**10**	**20**	**5**	**19**	**32935**	**2669**	**30266**
13		7		6	1674	78	1596
					346	29	317
7		4	1	2	3371	190	3181
3	1		1	1	1058	143	915
					1402	119	1283
8	2	3		3	5677	373	5304
1	1				1373	182	1191
3	1			2	871	56	815
					1629	51	1578
					459	41	418
7	2	1	1	3	3632	291	3341
4	2	2			6691	746	5945
2		1	1		2411	156	2255
					637	125	512
3		1		2	548	18	530
1			1		329	7	322
1		1			210	6	204
1	1				617	58	559

1—13 续表

行 业	Sector	股份有限公司 Share Holding Limited	私营 Individual	私营独资 Individual Sole Investment	私营合伙 Private Partnership	私营有限责任公司 Private Limited Liability Company	私营股份有限公司 Private Share Holding Limited	其他内资 Other Domestic Funded
总计	**Total**	**1068**	**640758**	**64059**	**5032**	**570350**	**1317**	**6**
农、林、牧、渔业	Farming, Forestry, Animal Husbandry and Fishery	58	43232	20574	221	22381	56	
采矿业	Mining	9	3695	595	157	2936	7	
制造业	Manufacturing	123	53520	8366	696	44212	246	
电力、热力、燃气及水生产和供应业	Production and Supply of Electricity, Heat, Gas and Water	76	2448	402	728	1315	3	1
建筑业	Construction	18	45447	441	37	44910	59	
批发和零售业	Wholesale and Retail Trades	118	214422	24131	509	189532	250	1
交通运输、仓储和邮政业	Transport, Storage and Post	17	21598	585	37	20942	34	
住宿和餐饮业	Hotels and Catering Services	13	14082	1104	150	12800	28	
信息传输、软件和信息技术服务业	Information Transmission, Software and Information Technology	59	29830	404	165	29161	100	
金融业	Financial Intermediation	382	2670	19	224	2330	97	
房地产业	Real Estate	32	27567	191	78	27231	67	
租赁和商务服务业	Leasing and Business Services	87	90423	1817	1514	86891	201	3
科学研究和技术服务业	Scientific Research and Technical Services	38	34777	557	192	33927	101	1
水利、环境和公共设施管理业	Management of Water Conservancy, Environment and Public Facilities	14	5028	133	16	4855	24	
居民服务、修理和其他服务业	Service to Household, Repair and Other Services	6	26786	1453	90	25229	14	
教育	Education	10	9984	403	56	9521	4	
卫生和社会工作	Health and Social Service	5	2140	483	79	1573	5	
文化、体育和娱乐业	Culture, Sports and Entertainment	3	13109	2401	83	10604	21	
公共管理、社会保障和社会组织	Public Management, Social Security and Social Organization							

continued

港澳台商投资 Funded by Enterprises from HongKong, Macao and Taiwan	与港澳台商合资经营 Joint Venture	与港澳台商合作经营 Cooperative Operation	港澳台商独资 Sole Investment	港澳台商投资股份有限公司 Share Holding Limited	其他港澳台商投资 Others Funded by Enterprises from HongKong, Macao and Taiwan	外商投资 Foreign-funded	中外合资经营 Joint Venture	中外合作经营 Cooperative Operation	外资企业 Sole Investment	外商投资股份有限公司 Share Holding Limited	其他外商投资 Other Foreign-funded
1453	**441**	**44**	**921**	**25**	**22**	**1453**	**390**	**29**	**787**	**239**	**8**
69	25	1	38	3	2	38	8	1	20	9	
13	6	1	6			7	1	1	4		1
489	131	5	342	7	4	344	129	6	187	22	
43	14	2	26	1		43	17	3	21	2	
15	2	1	12			19	9	1	6	3	
234	62	10	152	3	7	269	40	5	198	24	2
54	13	8	33			44	14	1	26	3	
50	22	1	24	2	1	36	15		20	1	
57	8	3	41	2	3	79	15		41	23	
14	4		9	1		151	10		35	105	1
143	61	7	73	1	1	133	49	3	75	6	
138	36	2	97	2	1	147	33	3	81	27	3
81	35	2	40	2	2	79	27	3	39	9	1
21	10		10	1		11	4	1	6		
13	4		9			17	5	1	8	3	
2	2					7	5		2		
5	3		1		1	4	2		2		
12	3	1	8			25	7		16	2	

1－14 各市按三次产业分组的法人单位数（2021年）

Number of Legal Entities Grouped by Three Strata of Industry（2021）

单位：个 (unit)

地 区	Region	法人单位数 Number of Legal Entities	第一产业 Primary Industry	第二产业 Secondary Industry	第三产业 Tertiary Industry
广西	**Guangxi**	**846683**	**83339**	**113698**	**649646**
南宁市	Nanning	217576	8609	24710	184257
柳州市	Liuzhou	87417	5680	11339	70398
桂林市	Guilin	89388	8356	13244	67788
梧州市	Wuzhou	40033	4353	5905	29775
北海市	Beihai	40743	1873	4880	33990
防城港市	Fangchenggang	23784	1663	2894	19227
钦州市	Qinzhou	41379	3960	5729	31690
贵港市	Guigang	50770	6372	10305	34093
玉林市	Yulin	78818	13767	11620	53431
百色市	Baise	50805	7292	6081	37432
贺州市	Hezhou	28620	3816	4645	20159
河池市	Hechi	40632	7909	4841	27882
来宾市	Laibin	27798	5037	4170	18591
崇左市	Chongzuo	28920	4652	3335	20933

主要统计指标解释

发展速度 是表示某一时期内某一指标发展程度的相对数，它是报告期与基期水平之比，一般用百分数表示，即把基期水平定为1（或100%），以报告期的指标数值除以基期指标数值的商乘100%，即得发展速度。由于比较的标准时期不同，发展速度可分为定期发展速度和环比发展速度两种。发展速度的计算公式为：

发展速度=（指标当期数值/指标基期数值）×100%

增长速度 是反映社会经济增长程度的指标，它是报告期增长量与基期水平之比，又称增长率。其计算公式为：

增长速度=（指标当期数值/指标基期数值-1）×100%

或=发展速度-1（或100%）。

平均每年增长速度 我国计算平均增长速度有两种方法，一种是习惯上经常使用的“水平法”，又称几何平均法，是以间隔最后一年的水平同基期水平对比来计算平均每年增长（或下降）的速度；另一种是“累计法”又称代数平均法或方程法，是以间隔年内各年水平的总和同基期水平对比来计算平均每年增长（或下降）的速度。

在一般正常情况下，两种方法计算的平均每年增长速度比较接近，但在经济发展不平衡出现大起大落时，两种方法计算的结果差别较大。

本年鉴内所列的平均每年增长速度都是用水平法计算的。从某年到某年平均增长速度的年份，均不包基期年在内。如1981—2004年平均每年增长速度，是以1980年为基期，2004年为报告期，年份从1981年算起，共24年。

当年价格 是报告期当年的实际价格，也称现价或现行价格。使用当年价格计算的以货币表现的物量指标，反映当年的实际情况，可用于考核社会经济效益，便于对生产、流通、分配、消费之间进行经济核算和综合平衡。

可比价格 亦称固定价格。指在不同时期的价值指标对比时，扣除了价格变动因素，以确切反映物量的变化。按可比价格计算有两种方法：一种是直接用于产品产量乘其不变价格；一种是指数法换算。

不变价格 用某一时期的同类产品的平均价格作为固定价格，来计算各个时期的产品价值。目的是为消除各个时期价格变动的影响，保证各时期间、地区间的可比性。

指数 指数是一种表明社会经济现象动态的相对数，一般用百分数表示。运用指数可以测定不能直接相加和直接对比的社会经济现象的总动态；可以分析社会经济现象

Explanatory Notes on Main Statistical Indicators

Development Rate is a relative indicator that reflects the development extends of a certain indicator in a certain period. It is calculated by comparing the level of report period to the level of base period, and is expressed with percentage. Namely to set the value of base period for 1 (or 100%), the development rate equals to multiply the quotient that the indicator valve in report period comparing to base period by 100%. Development rate can be classified into fixed-base development rate and chain-base development rate because of the different standard period of comparison. The formula is:

Development Rate = (Value of Indicator in Report Period/Value of Indicator in Base Period) ×100%

Growth Rate is an indicator that reflects the growth of social economy, and is calculated by growth level of report period to base period. The formula is:

Growth Rate = (Value of Indicator in Report Period/Value of Indicator in Base Period–1) ×100%

Or = Development Rate–1 (or 100%)

Average Annual Growth Rate Two methods for calculating average annual growth rate are applied in China. One is often called level approach or the method of calculating geometric average, which is derived by comparing the level of the last year of the interval with that of the beginning year. The other is called "accumulative approach" or algebraic average or equation method, which is derived by the summation of the actual figure of each year in the interval divided by the figure in the base year.

Usually the results calculated by the two methods are fairly close, but they differed sharply when uneven economic development occurred with striking fluctuation in growth.

The average annual growth rates listed in this statistical yearbook are calculated by "level approach". The base year are not listed when the year are listed for average annual growth rates. For instance, the average annual growth rate of 24 years since 1981 is listed as average annual growth rate of 1981—2004, among which 1980 is the base year and 2004 is the reference year.

Current Price refers to the actual price in the reference period, also called current price. The quantum indicators calculated in accordance with actual prices in current year can reflect the actual situation in the reference year. It can be used to check the social economic effect, and to carry though economic accounting and comprehensive balance during production, circulation, distribution and consumption.

Comparable Price also called fixed price. It is applied when comparing indicators of value over time and deducting factors of price changes to reflect accurately the changes in real them. Two methods are used for calculating comparable prices: (1) multiplying the output of products by their constant prices of certain year; (2) conversion of the data in current prices by relevant price index.

Constant Price refers to usage of the average price of similar products in a certain period as fixed price to calculate the value of products in various periods. The purpose is to eliminate the impact of price changes in each period and ensure comparability between periods and regions.

Index is a kind of relative indicator that reflects the trends of social economic phenomena, and is usually expressed with percentage. Using indexes can determine the whole trend of social economic phenomena that cannot

总变动中各因素变动的影响程度；可以研究总平均指标变动中各组标志水平和总体结构变动的作用。它是在把各个年份的产值换算成可比价格的基础上，根据定基数等于相应各个环比指数的连乘积这个换算关系计算出来的。

本《年鉴》所列“国内生产总值指数”等都是按可比价格计算的，如计算有关年份产值增长情况，可用定期指数（即简称年度为100的定基指数）直接进行对比。例如，求2000年国内生产总值为1980年的百分比，按表上2000年指数，1980年指数，两者相除即得，其余以此类推。

各个计划时期 本年鉴表内所用各个“时期”代表的年份如下：第一个五年计划时期（简称“一五”时期）为1953到1957年；第二个五年计划时期（简称“二五”时期）为1958到1962年；第三个五年计划时期（简称“三五”时期）为1966到1970年；第四个五年计划时期（简称“四五”时期）为1971到1975年；第五个五年计划时期（简称“五五”时期）为1976到1980年；第六个五年计划时期（简称“六五”时期）为1981到1985年；第七个五年计划时期（简称“七五”时期）为1986到1990年；第八个五年计划时期（简称“八五”时期）为1991到1995年；第九个五年计划的时期（简称“九五”时期）为1996到2000年；第十个五年计划时期（简称“十五”时期）为2001到2005年；第十一个五年计划时期（简称“十一五”时期）为2006到2010年；第十二个五年计划时期（简称“十二五”时期）为2011年到2015年；第十三个五年计划时期（简称“十三五”时期）为2016年到2020年；第十四个五年计划时期（简称“十四五”时期）为2021年到2025年。

法人单位 指有权拥有资产、承担负债，并独立从事社会经济活动（或与其他单位进行交易）的组织。法人单位应同时具备以下条件：

（一）依法成立，有自己的名称、组织机构和场所，能够独立承担民事责任；

（二）独立拥有（或授权使用）资产或者经费，承担负债，有权与其他单位签订合同；

（三）具有包括资产负债表在内的账户，或者能够根据需要编制账户。

企业法人 指依据《中华人民共和国公司登记管理条例》《中华人民共和国企业法人登记管理条例》等国家法律和法规，经各级工商行政管理机关登记注册，领取《企业法人营业执照》的企业。包括：1.公司制企业法人；2.非公司制企业法人；3.依据《中华人民共和国个人独资企业法》《中华人民共和国合伙企业法》，经各级工商行政管理机关登记注册，领取《营业执照》的个人独资企业、合伙企业。

be added up or compared directly; can analysis the degree of various factors impacting during the whole variation of social economic phenomena; and also can research the actions of levels and general construction movements of groups of indicators during the variation of total average indicator. It is calculated on the converting relation that fixed cardinal number equal to continues product of corresponding chain index, when the output value in various years has been converted into comparable prices.

All of the indexes of GDP listed in this yearbook are calculated at comparable prices. The situation of output value growth in certain years can be calculated by comparing term indexes (fixed base indexes that set annual data =100) directly. For instance, the GDP in 2000 as the percentage of in 1980 can be calculated by multiplying index of 2000 to index of 1980 listed in table, and this method by analogy apply to others.

Various Plan Periods The years represented by the various “periods” in tables of this yearbook are as follows: First Five-year Plan Period refers to 1953 to 1957; Second Five-year Plan Period refers to 1958 to 1962; Third Five-year Plan Period refers to 1966 to 1970; Fourth Five-year Plan Period refers to 1971 to 1975; Fifth Five-year Plan Period refers to 1976 to 1980; Sixth Five-year Plan Period refers to 1981 to 1985; Seventh Five-year Plan Period refers to 1986 to 1990; Eighth Five-year Plan Period refers to 1991 to 1995; Ninth Five-year Plan Period refers to 1996 to 2000; Tenth Five to year Plan Period refers to 2001 to 2005; Eleventh Five-year plan period refers to 2006 to 2010; Twelfth Five-year Plan Period refers to 2011 to 2015; Thirteenth Five-year Plan Period refers to 2016 to 2020; Fourteenth Five-year Plan Period refers to 2021 to 2025.

A legal entity refers to an organization that has the right to own assets, assume liabilities, and engage in social and economic activities independently (or engage in transactions with other entities). The legal entity shall simultaneously meet the following conditions:

(1) It is established according to law, has its own name, organizational structure and site and can independently bear civil liabilities;

(2) It independently owns (or is authorized to use) assets or funds, bears liabilities and has the right to sign contracts with other entities;

(3) It has accounts including balance sheets or is able to prepare accounts as required.

Enterprise legal person refers to an enterprise that has been registered by the administrative authorities for industry and commerce at all levels and obtained the Business License of Enterprise Legal Person according to the Regulations of the People's Republic of China on the Administration of Company Registration and the Regulations of the People's Republic of China on the Administration of Enterprise Legal Person Registration and other national laws and regulations. It includes: 1. incorporated corporation legal person; 2. unincorporated corporation legal person; 3. Sole proprietorship enterprise or partnership enterprise registered by industry and commerce administration authorities at various levels in accordance with the Law of the People's Republic of China on Sole proprietorship Enterprise and the Law of the People's Republic of China on Partnership Enterprise and which have obtained a Business License.

第二篇 人　口

CHAPTER 2　POPULATION

（编辑：周慧妮）

简要说明

（本篇资料由自治区统计局人口和就业处调查提供，电话：0771-5867222）

一、本篇资料主要内容

广西及各市、县（市、区）主要人口指标数据。

二、调查方法

按国家统计报表制度规定的调查方法获取，包括户籍统计年报统计制度、人口普查数据资料、人口变动情况抽样调查制度。

三、其他情况说明

户籍统计年报表数据口径为户籍人口，人口普查及人口变动情况抽样调查数据口径为常住人口。

Brief Introduction

(Provided by the Population and Employment Department of the Guangxi Zhuang Autonomous Region Bureau of Statistics, Tel: 0771-5867222）

Main Content

Data of main population indicators of Guangxi Zhuang Autonomous Region, cities and counties (cities and districts).

2-1 总人口及其构成

Total Population and Its Composition

年 份 Year	总户数 (万户) Total Households (10 000 households)	总人口 (万人) Total Population (10 000 persons)	男性 Male	女性 Female	性别比 (以女性为100) Sex Ratio (Female=100)	常住人口（万人） Permanent Population (10 000 persons)	人口密度 (人/平方公里) Population Density (person/sq.km)
1978	661	3402	1753	1649	106.31		144
1980	676	3538	1822	1716	106.18		149
1985	757	3873	2005	1868	107.33		164
1990	896	4242	2205	2037	108.25		179
1991	918	4324	2250	2074	108.49		183
1992	950	4380	2285	2095	109.07		185
1993	973	4438	2317	2121	109.24		187
1994	997	4493	2346	2147	109.27		190
1995	1020	4543	2377	2166	109.74		192
1996	1040	4589	2398	2191	109.45		194
1997	1069	4633	2421	2212	109.45		196
1998	1092	4675	2442	2233	109.37		198
1999	1110	4713	2463	2250	109.51		199
2000	1140	4751	2484	2267	109.56		201
2001	1178	4788	2506	2282	109.90		202
2002	1197	4822	2521	2301	109.73		204
2003	1235	4857	2542	2315	109.84		205
2004	1285	4889	2559	2330	109.86		206
2005	1329	4925	2587	2338	110.65	4660	208
2006	1374	4961	2612	2349	111.16	4719	209
2007	1416	5002	2634	2368	111.19	4768	201
2008	1459	5049	2659	2390	111.25	4816	203
2009	1499	5092	2681	2411	111.18	4856	205
2010	1347	5159	2708	2451	110.50	4610	195
2011	1359	5199	2730	2469	110.54	4655	196
2012	1361	5240	2759	2481	110.51	4694	198
2013	1383	5282	2772	2510	110.42	4731	199
2014	1567	5475	2891	2584	111.84	4770	201
2015	1575	5518	2913	2605	111.79	4811	202
2016	1586	5579	2943	2636	111.61	4857	204
2017	1586	5600	2951	2649	111.38	4907	206
2018	1600	5659	2980	2679	111.26	4947	208
2019	1607	5695	2998	2697	111.18	4982	210
2020	1620	5718	3009	2709	111.08	5019	211
2021	1657	5733	3016	2717	110.98	5037	212

注：2000年总人口根据第五次人口普查数据推算，2010年为人口普查数。常住人口为人口普查、人口抽样调查数据推算数，2011—2019年常住人口数据根据第七次人口普查数据进行了修订。人口密度从2007年起按常住人口计算。

Note: Total population in 2000 is estimated by data from the 5th Population Census. the data in 2010 is from the population census. Permanent population is estimated by population census and population sample survey, and Permanent Population data from 2011 to 2019 are revised based on the 7th Population Census. Population density has been calculated by permanent population since 2007.

2—2 人口自然变动情况
Natural Changes of Population

年 份 Year	总人口比上年增减 Total Population Increases or Decreases Over the Previous Year		出生人口（万人） Birth Population (10 000 persons)	出生率（‰） Birth Rate (‰)	死亡人口（万人） Death Population (10 000 persons)	死亡率（‰） Death Rate (‰)	自然增长率（‰） Natural Growth Rate (‰)
	绝对数（万人） Absolute Population (10 000 persons)	增长速度（%） Growth Rate (%)					
1978	73	2.19	83	24.69	19	5.79	18.90
1980	68	1.96	88	25.17	20	5.80	19.37
1985	67	1.76	98	25.51	22	5.60	19.91
1990	92	2.22	85	20.20	28	6.60	13.60
1991	63	1.48	93	21.89	31	7.24	14.65
1992	56	1.30	87	20.19	32	7.28	12.91
1993	58	1.32	86	19.58	28	6.35	13.23
1994	55	1.24	84	18.84	29	6.60	12.24
1995	50	1.11	79	17.54	29	6.53	11.01
1996	46	1.01	77	16.83	31	6.82	10.01
1997	44	0.96	74	15.93	30	6.40	9.53
1998	42	0.91	74	15.87	32	6.86	9.01
1999	38	0.81	70	14.96	32	6.93	8.03
2000	38	0.81	64	13.60	26	5.70	7.90
2001	37	0.78	66	13.80	29	6.07	7.73
2002	34	0.71	64	13.30	30	6.30	7.00
2003	35	0.73	67	13.86	32	6.57	7.29
2004	32	0.66	65	13.32	30	6.12	7.20
2005	36	0.74	70	14.26	30	6.09	8.17
2006	36	0.73	71	14.44	30	6.10	8.34
2007	41	0.83	71	14.19	30	5.99	8.20
2008	47	0.94	72	14.40	29	5.70	8.70
2009	43	0.85	72	14.17	29	5.64	8.53
2010	67	1.32	72	14.13	25	5.48	8.65
2011	40	0.78	71	13.71	31	6.04	7.67
2012	41	0.79	74	14.20	33	6.31	7.89
2013	42	0.80	75	14.28	33	6.35	7.93
2014	53	0.98	72	14.07	30	6.21	7.86
2015	43	0.79	72	14.05	30	6.15	7.90
2016	61	1.11	77	13.82	29	5.95	7.87
2017	21	0.37	82	15.14	32	6.22	8.92
2018	59	1.06	71	14.12	30	5.96	8.16
2019	36	0.64	66	13.31	31	6.14	7.17
2020	23	0.40	57	11.36	32	6.46	4.90
2021	15	0.26	49	9.68	34	6.80	2.88

注：1. 本表“三率”数据为人口普查、人口抽样调查数据推算数，1978、1980年的“三率”数字，根据第三次人口普查数据进行了调整。
2. 2011—2013年总人口增减绝对数、增长速度为人口抽样调查推算数，其余年份为户籍统计年报数。

Note: 1. The "three rate" are birth rate, death rate and natural growth rate, which are estimated by population census and population sample survey. Data about "three rate" in 1978 and 1980 were adjusted by the 3rd Population Census.
2. The absolute figures of the total population variation, the growth rate from 2011 to 2013 are estimated by population sample survey, and the rest are based on the annual reports of household registration.

2—3 主要年份少数民族人口数量

Population of Ethnic Groups in Main Year

单位：万人 (10 000 persons)

年 份 Year	总人口中 Total Population				常住人口中 Permanent Population			
	少数民族人口数量 Population of Ethnic Groups	占总人口比重(%) Proportion of Total Population (%)	壮族人口数量 Population of Zhuang Nationality	占总人口比重(%) Proportion of Total Population (%)	少数民族人口数量 Population of Ethnic Groups	占常住人口比重（%）Proportion of Permanent Population (%)	壮族人口数量 Population of Zhuang Nationality	占常住人口比重（%）Proportion of Permanent Population (%)
1953					741.49	37.91	650.33	33.25
1964					874.27	37.69	770.70	33.23
1982	1405.41	38.15	1243.14	33.74	1393.59	38.26	1232.40	33.84
1990	1649.86	38.90	1423.62	33.56	1657.69	39.24	1421.54	33.65
2000	1809.97	38.31	1553.11	32.88	1722.26	38.37	1454.54	32.40
2010	1957.56	37.94	1658.72	32.15	1711.05	37.18	1444.84	31.39
2011	1972.50	37.94	1671.48	32.15	1730.73	37.18	1461.20	31.39
2012	1988.00	37.94	1684.66	32.15	1745.23	37.18	1473.45	31.39
2013	2004.00	37.94	1698.16	32.15	1758.99	37.18	1485.06	31.39
2014	2077.21	37.94	1760.21	32.15	1783.03	37.38	1502.07	31.49
2015	2140.87	38.80	1795.96	32.55	1786.81	37.14	1513.54	31.46
2016	2185.32	39.17	1809.36	32.43	1814.58	37.36	1527.53	31.45
2017	2179.48	38.92	1821.11	32.52	1837.18	37.44	1547.67	31.54
2018	2204.51	38.95	1839.74	32.51	1855.26	37.50	1563.79	31.61
2019	2220.28	38.98	1850.95	32.50	1870.24	37.54	1574.81	31.61
2020	2231.07	39.02	1857.72	32.49	1883.13	37.52	1573.96	31.36
2021	2238.03	39.04	1862.02	32.48	1891.43	37.55	1579.24	31.35

注：本表数字按当年行政区划计算。总人口均为户籍统计年报数，常住人口为人口普查、人口抽样调查数据推算数。2011—2019年常住人口根据第七次全国人口普查数据进行了修订。

Note: The data in this table is calculated on the administrative division of the year, total population is from the annual reports of household registration. Permanent population is estimated by population census and population sample survey, and data from 2011 to 2019 are revised based on the 7th Population Census.

2—4 主要年份按居住地分的城乡人口
Population of Urban and Rural by Living Areas in Main Years

单位：万人 (10 000 persons)

年 份 Year	按城乡分 Population by Urban and Rural		占总人口比例（%） Percentage to Total Population (%)	
	市镇人口 Urban	乡村人口 Rural	市镇人口 Urban	乡村人口 Rural
1990	641	3601	15.10	84.90
1995	838	3705	18.45	81.55
2000	1337	3414	28.15	71.85
2001	1350	3438	28.20	71.80
2002	1365	3457	28.30	71.70
2003	1411	3446	29.06	70.94
2004	1550	3339	31.70	68.30
2005	1567	3093	33.62	66.38
2006	1635	3084	34.64	65.36
2007	1728	3040	36.24	63.76
2008	1838	2978	38.16	61.84
2009	1904	2952	39.20	60.80
2010	1845	2765	40.02	59.98
2011	1950	2705	41.90	58.10
2012	2041	2653	43.48	56.52
2013	2134	2597	45.11	54.89
2014	2220	2550	46.54	53.46
2015	2309	2502	47.99	52.01
2016	2392	2465	49.24	50.76
2017	2482	2425	50.59	49.41
2018	2564	2383	51.82	48.18
2019	2639	2343	52.98	47.02
2020	2721	2298	54.20	45.80
2021	2775	2262	55.08	44.92

注：本表数据为人口普查、人口抽样调查数据据推算数，2011—2019年数据根据第七次人口普查数据进行了修订。2005年起为常住人口数。

Note: Data in this table are estimated by population census and population sample survey, and data from 2011 to 2019 are revised based on the 7th Population Census. And the data since 2005 is based on permanent population.

2—5 主要年份各市按居住地分的城乡人口
Population of Urban and Rural by Living Areas and City in Main Years

单位：万人 (10 000 persons)

地 区 Region	按城乡分 Population by Urban and Rural	2010	2015	2016	2017	2018	2019	2020	2021
南宁市	市镇 Urban	351.22	468.47	493.61	521.46	548.12	577.16	603.10	616.40
Nanning	乡村 Rural	316.00	295.19	293.44	290.04	285.15	276.67	272.15	266.88
柳州市	市镇 Urban	207.25	252.05	260.35	269.18	276.56	283.45	291.14	293.65
Liuzhou	乡村 Rural	169.22	142.27	138.85	134.94	132.00	128.83	125.18	123.88
桂林市	市镇 Urban	184.32	226.96	233.07	240.79	247.37	253.31	259.60	264.20
Guilin	乡村 Rural	291.23	259.04	254.85	249.16	244.16	239.32	234.14	230.39
梧州市	市镇 Urban	124.07	146.84	149.55	153.11	156.10	157.14	159.73	157.09
Wuzhou	乡村 Rural	164.61	140.00	136.47	132.37	128.60	126.35	122.72	125.58
北海市	市镇 Urban	74.94	85.60	88.22	91.56	93.85	96.01	98.06	110.25
Beihai	乡村 Rural	79.23	81.64	83.45	85.01	86.09	86.56	87.50	76.99
防城港市	市镇 Urban	41.92	52.10	54.61	56.96	59.29	61.74	64.45	66.09
Fangchenggang	乡村 Rural	44.91	42.27	41.74	41.58	41.28	40.83	40.29	39.59
钦州市	市镇 Urban	94.73	118.15	121.48	126.36	130.64	135.02	138.92	141.77
Qinzhou	乡村 Rural	213.73	202.78	201.47	199.48	197.19	194.43	191.72	189.31
贵港市	市镇 Urban	165.92	191.94	197.98	202.85	207.52	212.05	216.08	219.45
Guigang	乡村 Rural	246.62	232.18	227.71	225.02	221.66	218.42	216.09	215.58
玉林市	市镇 Urban	217.65	257.67	263.26	269.98	276.91	282.98	288.75	293.11
Yulin	乡村 Rural	331.96	308.49	306.36	303.85	299.20	295.34	291.66	288.47
百色市	市镇 Urban	92.36	130.46	136.24	142.11	146.32	149.45	155.35	159.17
Baise	乡村 Rural	254.87	223.58	218.62	213.64	210.09	207.48	202.25	198.03
贺州市	市镇 Urban	69.07	85.63	88.90	91.94	94.52	96.34	99.05	100.66
Hezhou	乡村 Rural	126.65	112.84	110.15	107.82	105.82	104.31	101.99	102.00
河池市	市镇 Urban	92.30	128.74	133.69	138.83	144.44	147.61	153.60	157.03
Hechi	乡村 Rural	245.16	211.29	206.90	202.40	197.26	194.33	188.63	184.88
来宾市	市镇 Urban	69.76	86.51	89.96	93.52	95.31	98.00	100.80	102.04
Laibin	乡村 Rural	140.55	122.86	119.15	115.30	113.23	110.15	106.92	105.74
崇左市	市镇 Urban	59.47	77.58	80.66	83.80	86.59	88.96	91.89	93.64
Chongzuo	乡村 Rural	140.28	127.87	126.26	123.94	121.73	119.76	117.24	115.13

注：本表数据为人口普查、人口抽样调查数据推算数，按常住人口口径统计。2011—2019年数据根据第七次人口普查数据进行了修订。

Note: Data in this table are estimated by population census and population sample survey, which are calculated by permanent population range. And data from 2011 to 2019 are revised based on the 7th Population Census.

2—6　各市县人口数（2021年末）

Population by City and County（End of 2021）

单位：万人　　(10 000 persons)

市、县	City and County	户籍户数（万户）Total Households (10 000 households)	户籍人口 Total Household Registered Population	男性 Male	女性 Female	#城镇户籍人口 Urban Household Registered Population	常住人口 Permanent Population	#城镇常住人口 Urban Permanent Population
广西	**Guangxi**	**1656.68**	**5733.06**	**3015.72**	**2717.33**	**1974.28**	**5037.00**	**2774.55**
南宁市	**Nanning**	**261.64**	**800.94**	**414.65**	**386.29**	**379.55**	**883.28**	**616.40**
市辖区	District	142.84	419.98	211.53	208.45	275.64	604.29	504.64
兴宁区	Xingning District	13.56	39.32	19.39	19.93	28.62	62.45	55.24
青秀区	Qingxiu District	29.71	86.17	42.27	43.90	73.91	113.59	106.98
江南区	Jiangnan District	20.94	59.64	29.83	29.81	42.85	99.99	85.53
西乡塘区	Xixiangtang District	29.14	85.64	42.52	43.12	67.70	165.86	151.20
良庆区	Liangqing District	11.73	36.80	18.75	18.05	21.08	59.61	50.23
邕宁区	Yongning District	11.98	39.41	20.72	18.69	19.39	33.78	19.01
武鸣区	Wuming District	25.79	73.00	38.05	34.95	22.09	69.01	36.45
隆安县	Long’an	12.40	42.05	22.43	19.62	9.22	32.78	11.33
马山县	Mashan	16.38	56.95	30.12	26.83	10.51	38.57	11.99
上林县	Shanglin	16.06	49.97	26.42	23.54	10.40	36.26	12.58
宾阳县	Binyang	32.57	105.06	56.52	48.54	34.01	80.94	37.60
横州市	Hengzhou	41.40	126.94	67.63	59.31	39.77	90.44	38.26
柳州市	**Liuzhou**	**117.73**	**396.79**	**203.88**	**192.91**	**201.29**	**417.53**	**293.65**
市辖区	District	59.26	189.13	94.63	94.50	141.46	253.12	222.28
城中区	Chengzhong District	6.37	19.04	9.24	9.80	18.60	24.51	24.23
鱼峰区	Yufeng District	14.05	44.25	21.91	22.35	35.75	67.30	62.48
柳南区	Liunan District	14.07	41.70	20.80	20.90	36.98	62.08	58.92
柳北区	Liubei District	11.81	35.73	17.67	18.06	32.18	48.65	45.76
柳江区	Liujiang District	12.95	48.40	25.02	23.38	17.94	50.58	30.89
柳城县	Liucheng	12.31	40.86	21.08	19.78	16.77	31.54	15.36
鹿寨县	Luzhai	11.69	41.24	21.71	19.53	17.08	33.82	18.91
融安县	Rong’an	10.29	32.61	17.39	15.21	9.85	25.42	11.55
融水苗族自治县	Rongshui	13.31	52.43	27.68	24.75	10.46	41.38	16.21
三江侗族自治县	Sanjiang	10.88	40.53	21.40	19.13	5.68	32.25	9.34
桂林市	**Guilin**	**168.35**	**541.59**	**279.64**	**261.95**	**226.67**	**494.59**	**264.20**
市辖区	District	43.91	136.88	67.91	68.97	101.40	173.25	138.00
秀峰区	Xiufeng District	4.02	12.00	5.76	6.24	12.00	16.20	16.20
叠彩区	Diecai District	5.77	16.11	7.69	8.41	15.27	20.37	17.72
象山区	Xiangshan District	8.83	24.09	11.62	12.48	23.46	28.79	28.56
七星区	Qixing District	7.99	23.75	11.38	12.38	22.26	38.85	38.51
雁山区	Yanshan District	2.04	7.04	3.51	3.53	2.03	13.29	4.50
临桂区	Lingui District	15.25	53.89	27.95	25.94	26.38	55.75	32.51
阳朔县	Yangshuo	9.78	33.06	17.07	15.99	8.71	27.37	8.91

2—6 续表1 continued

单位：万人 (10 000 persons)

市、县	City and County	户籍户数（万户）Total Households (10 000 households)	户籍人口 Total Household Registered Population	男性 Male	女性 Female	#城镇户籍人口 Urban Household Registered Population	常住人口 Permanent Population	#城镇常住人口 Urban Permanent Population
灵川县	Lingchuan	12.04	39.69	19.97	19.71	9.81	42.45	21.44
全州县	Quanzhou	24.43	83.90	45.29	38.61	22.34	56.73	22.30
兴安县	Xing'an	12.32	38.92	20.04	18.88	12.51	30.78	11.99
永福县	Yongfu	8.53	29.01	15.30	13.70	7.47	22.91	9.01
灌阳县	Guanyang	10.84	29.57	15.82	13.75	9.14	20.88	8.70
龙胜各族自治县	Longsheng	4.92	17.26	8.75	8.51	3.67	13.98	4.97
资源县	Ziyuan	5.63	18.07	9.42	8.65	3.82	13.95	5.21
平乐县	Pingle	14.87	46.36	24.55	21.81	19.69	34.19	10.38
恭城瑶族自治县	Gongcheng	9.16	30.50	15.81	14.69	8.75	24.60	8.33
荔浦市	Lipu	11.92	38.37	19.71	18.67	19.36	33.50	14.96
梧州市	**Wuzhou**	**101.36**	**354.69**	**188.72**	**165.97**	**166.98**	**282.67**	**157.09**
市辖区	District	26.29	81.01	41.44	39.57	60.90	86.22	63.77
万秀区	Wanxiu District	10.23	28.13	14.14	13.99	22.05	27.26	22.94
长洲区	Changzhou District	7.22	20.99	10.37	10.62	17.11	30.05	27.68
龙圩区	Longxu District	8.84	31.89	16.93	14.96	21.75	28.91	13.15
苍梧县	Cangwu	10.54	41.43	22.30	19.13	12.15	27.74	7.87
藤　县	Tengxian	30.65	112.53	60.99	51.54	44.04	79.67	38.44
蒙山县	Mengshan	7.34	22.36	11.81	10.55	5.98	16.47	6.88
岑溪市	Cenxi	26.54	97.36	52.18	45.18	43.90	72.57	40.13
北海市	**Beihai**	**47.08**	**182.71**	**95.41**	**87.30**	**68.03**	**187.24**	**110.25**
市辖区	District	20.37	71.81	36.02	35.79	43.32	99.94	77.71
海城区	Haicheng District	10.41	33.24	16.40	16.85	31.91	53.34	52.26
银海区	Yinhai District	5.53	19.55	9.85	9.70	8.86	31.85	22.70
铁山港区	Tieshangang District	4.43	19.02	9.77	9.24	2.55	14.75	2.75
合浦县	Hepu	26.71	110.90	59.39	51.52	24.70	87.30	32.54
防城港市	**Fangchenggang**	**26.01**	**101.92**	**54.21**	**47.71**	**41.46**	**105.68**	**66.09**
市辖区	District	14.97	60.40	32.28	28.12	25.57	64.24	42.91
港口区	Gangkou District	4.41	14.93	7.68	7.25	10.01	24.73	21.41
防城区	Fangcheng District	10.56	45.47	24.60	20.87	15.56	39.51	21.50
上思县	Shangsi	6.87	25.29	14.11	11.18	7.13	19.63	7.29
东兴市	Dongxing	4.17	16.22	7.82	8.41	8.76	21.81	15.89
钦州市	**Qinzhou**	**100.88**	**419.47**	**228.32**	**191.14**	**100.67**	**331.08**	**141.77**
市辖区	District	35.88	155.05	84.89	70.15	49.30	140.49	78.59
钦南区	Qinnan District	16.51	66.95	35.64	31.31	27.35	68.26	42.44

2－6 续表2 continued

单位：万人 (10 000 persons)

市、县	City and County	户籍户数（万户） Total Households (10 000 households)	户籍人口 Total Household Registered Population	男性 Male	女性 Female	#城镇户籍人口 Urban Household Registered Population	常住人口 Permanent Population	#城镇常住人口 Urban Permanent Population
钦北区	Qinbei District	19.37	88.10	49.25	38.84	21.94	72.23	36.15
灵山县	Lingshan	41.56	168.71	91.62	77.09	31.68	122.08	40.15
浦北县	Pubei	23.44	95.71	51.81	43.90	19.70	68.51	23.03
贵港市	**Guigang**	**162.75**	**566.80**	**301.27**	**265.53**	**142.17**	**435.03**	**219.45**
市辖区	District	63.68	206.54	107.91	98.64	60.49	171.68	94.05
港北区	Gangbei District	24.48	75.79	38.80	36.99	38.56	76.98	53.35
港南区	Gangnan District	21.18	69.84	37.12	32.73	15.45	51.97	20.93
覃塘区	Qintang District	18.02	60.91	31.99	28.92	6.48	42.73	19.77
平南县	Pingnan	43.27	155.07	83.64	71.43	39.50	111.03	59.31
桂平市	Guiping	55.80	205.19	109.72	95.47	42.18	152.32	66.09
玉林市	**Yulin**	**217.33**	**742.78**	**398.10**	**344.68**	**254.84**	**581.58**	**293.11**
市辖区	District	35.01	117.86	61.67	56.19	63.08	123.09	88.96
玉州区	Yuzhou District	22.87	73.53	37.51	36.02	48.67	91.14	75.40
福绵区	Fumian District	12.14	44.33	24.16	20.18	14.41	31.95	13.56
容　县	Rongxian	29.11	88.00	46.71	41.29	23.78	65.66	28.23
陆川县	Luchuan	34.90	111.47	59.64	51.84	31.82	80.82	37.02
博白县	Bobai	53.49	193.22	105.85	87.37	66.01	139.45	61.13
兴业县	Xingye	21.47	75.64	41.06	34.58	18.76	50.98	19.47
北流市	Beiliu	43.35	156.59	83.18	73.40	51.39	121.58	58.30
百色市	**Baise**	**109.95**	**422.81**	**219.93**	**202.88**	**111.29**	**357.20**	**159.17**
市辖区	District	20.41	73.37	36.89	36.47	27.53	78.16	52.37
右江区	Youjiang District	10.39	37.79	18.98	18.81	16.50	47.32	34.34
田阳区	Tianyang District	10.02	35.58	17.91	17.67	11.03	30.84	18.03
田东县	Tiandong	11.19	43.98	22.96	21.01	10.48	35.15	15.74
德保县	Debao	10.14	36.67	19.54	17.13	8.73	26.90	8.63
那坡县	Napo	6.00	21.85	11.49	10.36	4.21	17.15	4.37
凌云县	Lingyun	5.73	22.91	11.95	10.96	5.08	18.85	7.35
乐业县	Leye	4.94	18.25	9.66	8.59	3.49	14.63	5.07
田林县	Tianlin	6.79	26.62	13.74	12.89	5.96	22.52	6.62
西林县	Xilin	4.16	16.50	8.57	7.93	1.64	14.21	5.00
隆林各族自治县	Longlin	10.34	44.00	22.67	21.33	9.37	35.15	9.51
靖西市	Jingxi	16.21	66.22	35.02	31.19	17.65	48.93	16.18
平果市	Pingguo	14.03	52.44	27.43	25.01	17.14	45.55	28.33
贺州市	**Hezhou**	**66.83**	**249.32**	**131.53**	**117.78**	**45.83**	**202.66**	**100.66**
市辖区	District	33.23	123.89	64.58	59.31	22.29	107.02	57.25
八步区	Babu District	20.77	77.04	39.94	37.10	17.23	66.25	34.52

2—6 续表3 continued

单位：万人 (10 000 persons)

市、县	City and County	户籍户数（万户）Total Households (10 000 households)	户籍人口 Total Household Registered Population	男性 Male	女性 Female	#城镇户籍人口 Urban Household Registered Population	常住人口 Permanent Population	#城镇常住人口 Urban Permanent Population
平桂区	Pinggui District	12.46	46.85	24.64	22.21	5.06	40.77	22.73
昭平县	Zhaoping	12.93	45.19	24.35	20.84	6.94	33.27	16.17
钟山县	Zhongshan	11.57	45.86	24.50	21.36	9.66	35.46	15.70
富川瑶族自治县	Fuchuan	9.10	34.37	18.10	16.27	6.94	26.91	11.54
河池市	**Hechi**	**125.51**	**433.30**	**225.94**	**207.36**	**111.25**	**341.91**	**157.03**
市辖区	District	31.98	101.73	52.59	49.14	33.65	92.30	51.40
金城江区	Jinchengjiang District	11.33	34.87	17.98	16.89	17.51	37.29	27.16
宜州区	Yizhou District	20.64	66.86	34.61	32.25	16.14	55.01	24.24
南丹县	Nandan	9.41	32.77	17.22	15.56	11.85	27.57	14.21
天峨县	Tian'e	5.03	17.65	9.30	8.35	3.93	14.31	6.43
凤山县	Fengshan	6.01	22.17	11.71	10.46	3.11	16.99	6.06
东兰县	Donglan	8.47	31.28	16.56	14.72	4.27	21.96	6.80
罗城仫佬族自治县	Luocheng	12.24	38.74	20.04	18.70	12.19	27.26	12.51
环江毛南族自治县	Huanjiang	11.92	37.87	20.09	17.78	7.66	27.60	11.39
巴马瑶族自治县	Bama	7.84	29.86	15.57	14.29	5.63	23.60	9.28
都安瑶族自治县	Du'an	19.41	72.60	37.70	34.90	20.86	53.82	25.09
大化瑶族自治县	Dahua	13.21	48.63	25.16	23.47	8.10	36.50	13.86
来宾市	**Laibin**	**79.88**	**268.51**	**141.28**	**127.24**	**70.98**	**207.78**	**102.04**
兴宾区	Xingbin District	32.11	114.55	60.59	53.97	33.72	92.71	53.83
忻城县	Xincheng	12.90	42.71	22.22	20.49	8.34	29.85	11.19
象州县	Xiangzhou	11.60	36.77	19.37	17.39	8.45	28.25	11.74
武宣县	Wuxuan	13.43	45.79	24.33	21.46	11.19	34.11	15.41
金秀瑶族自治县	Jinxiu	5.12	15.61	8.02	7.58	4.44	12.95	4.93
合山市	Heshan	4.73	13.08	6.73	6.34	4.83	9.91	4.94
崇左市	**Chongzuo**	**71.38**	**251.42**	**132.84**	**118.59**	**53.27**	**208.77**	**93.64**
江州区	Jiangzhou District	11.21	38.14	20.47	17.67	11.30	43.69	27.00
扶绥县	Fusui	15.00	46.00	24.56	21.44	12.20	40.86	19.59
宁明县	Ningming	11.42	44.32	23.66	20.66	8.18	31.91	10.92
龙州县	Longzhou	8.05	27.43	14.04	13.39	5.39	23.16	8.45
大新县	Daxin	10.28	38.33	19.84	18.49	6.70	28.21	10.44
天等县	Tiandeng	11.95	45.52	24.21	21.32	5.75	27.98	8.97
凭祥市	Pingxiang	3.47	11.69	6.07	5.62	3.76	12.96	8.27

注：本表户籍人口为户籍统计年报数，常住人口为人口抽样调查数据推算数。

Note: Data in this table is based on the annual report on household registration. And the permanent population is estimated by population sample surrey.

2—7 主要年份婚姻情况
Marital Status in Main Years

项 目	Item	2000	2005	2010	2015	2019	2020	2021
内地居民登记结婚（万对）	Registered Marriages of Inland Residents (10 000 couples)	31.86	31.47	52.51	41.97	32.66	29.42	27.28
涉外婚姻（对）	Registered Foreign Marriage (couple)	3700	3411	2018	1613	4258	3018	2555
#国内公民（人）	Domestic Individuals (person)	3700	3411	2017	1611	4258	3018	2543
初婚（万人）	First Marriage (10 000 persons)	43.53	56.53	96.35	73.30	52.36	47.69	43.81
再婚（万人）	Remarriage (10 000 persons)	1.40	2.67	6.83	10.64	12.95	11.76	10.75
离婚人数（万对）	Divorces (10 000 couples)	0.98	2.96	5.49	8.33	12.14	11.58	7.06

注：本表为民政部门统计数。
Note: The data in this table is provided by Civil Affairs Department.

2—8 主要年份各种规模家庭户构成

Composition of Various Size of Family Household in Main Years

单位：%

年份 Year	合计 Total	1人户 One Person	2人户 Two Persons	3人户 Three Persons	4人户 Four Persons	5人户 Five Persons	6人户 Six Persons	7人户 Seven Persons	8人及以上户 Eight Persons and Over	家庭户平均每户人数（人） Average Population of One Family (person)	城镇家庭户平均每户人数 Average Population of One Urban Family	乡村家庭户平均每户人数 Average Population of One Rural Family
1995	100	6.50	9.58	16.84	23.75	19.30	12.50	6.40	5.12	4.31		
2000	100	10.05	13.86	21.67	23.43	17.54	7.63	3.34	2.48	3.81		
2005	100	11.18	20.45	24.71	21.82	13.02	5.25	1.98	1.59	3.37		
2007	100	6.75	18.06	26.33	26.67	13.29	5.67	1.89	1.34	3.56		
2008	100	6.87	19.17	26.56	26.69	12.62	5.31	1.66	1.12	3.48		
2009	100	4.79	9.97	20.81	28.04	20.11	9.28	3.92	3.09	3.53		
2010	100	11.30	12.98	20.23	23.41	16.35	7.97	4.00	3.76	3.34	3.15	
2011	100	13.82	22.09	24.87	19.70	10.99	5.29	1.64	1.61	3.24	3.19	
2012	100	13.27	21.01	23.86	20.68	11.75	5.86	1.87	1.70	3.32	3.03	
2013	100	14.43	20.73	23.32	21.09	10.99	5.61	2.03	1.80	3.29	3.25	
2014	100	13.73	21.13	24.41	19.78	11.29	5.77	2.08	1.81	3.30	3.22	
2015	100	12.57	18.72	22.70	20.96	12.74	6.55	2.81	2.95	3.51	3.46	
2016	100	12.90	19.34	22.91	21.01	12.32	6.36	2.62	2.55	3.46	3.35	3.56
2017	100	13.30	19.96	22.16	20.85	12.17	6.40	2.63	2.53	3.44	3.38	3.50
2018	100	15.16	20.33	21.44	20.13	11.41	6.47	2.62	2.44	3.37	3.31	3.45
2019	100	17.51	22.13	21.27	18.66	10.58	5.66	2.29	1.90	3.20	3.17	3.24
2020	100	25.13	23.71	20.13	15.19	8.28	4.33	1.78	1.45	2.87	2.83	2.91
2021	100	25.45	23.79	20.21	15.12	8.10	4.27	1.73	1.33	2.84	2.78	2.91

注：本表数据为人口普查、人口抽样调查数据推算数，按常住人口口径统计。

Note: Data in this table are estimated by population census and population sample survey, which are calculated by permanent population range.

2-9　主要年份人口年龄构成
Population Composition by Age in Main Years

单位：%　　(%)

年　份 Year	0～14岁占总人口的比重 Ages Ranging from 0 to 14 as Percentage of Total Population	15～64岁占总人口的比重 Ages Ranging from 15 to 64 as Percentage of Total Population	65岁及以上占总人口的比重 Ages in & above 65 as Percentage of Total Population
1990	33.38	61.20	5.42
2000	26.20	66.49	7.31
2005	23.76	66.67	9.57
2007	22.28	68.45	9.27
2008	22.07	68.48	9.45
2009	22.10	68.50	9.40
2010	21.71	69.05	9.24
2011	21.80	68.37	9.83
2012	21.96	68.30	9.74
2013	21.57	68.77	9.66
2014	21.58	68.75	9.67
2015	22.09	67.94	9.97
2016	22.08	67.97	9.95
2017	22.11	67.94	9.95
2018	22.06	67.98	9.96
2019	22.03	67.97	10.00
2020	23.62	64.18	12.20
2021	22.91	64.50	12.59

注：本表数据为人口普查、人口抽样调查数据推算数，按常住人口口径统计。

Note: Data in this table are estimated by population census and population sample survey, which are calculated by permanent population range.

2—10 主要年份人口受教育程度构成

Population Composition of Educational Attainment in Main Years

单位：%　　(%)

年 份 Year	小学 Primary Schools	初中 Junior Secondary Schools	高中（含中职） Senior Secondary Schools (including specialized secondary schools)	大专及以上 Junior Colleges & above
2000	45.60	35.20	10.40	2.60
2005	39.84	38.19	9.89	3.96
2007	34.64	42.50	12.37	4.64
2008	34.70	43.63	11.39	4.51
2009	33.30	44.42	11.38	5.06
2010	34.85	42.64	12.14	6.58
2011	34.80	42.60	12.20	6.60
2012	33.28	43.97	12.40	6.63
2013	32.57	44.17	12.72	6.92
2014	32.32	44.17	12.79	7.10
2015	31.20	41.10	13.65	9.21
2016	31.12	41.08	13.98	9.21
2017	30.75	41.07	14.50	9.22
2018	30.34	41.05	15.10	9.26
2019	30.26	40.88	15.75	9.26
2020	28.97	37.84	13.48	11.24
2021	28.84	37.61	13.59	11.56

注：本表数据为人口普查、人口抽样调查数据推算数，按常住人口口径统计。2020、2021年数据为3岁及以上人口，其余年份为6岁及以上人口。

Note: Data in this table are estimated by population census and population sample survey, which are calculated by permanent population range. Data of 2020, 2021 are for the population aged 3 years and above, and the rest of years are for the population aged 6 years and above.

主要统计指标解释

户数 包括家庭户（含单身独居）和集体户。

人口数 指一定时点、一定地区范围内有生命的个人的总和。

人口出生率 指在一定时期内（通常为一年）一定地区的出生人数与同期平均人数（或期中人数）之比，一般用千分率表示。计算公式：

$$人口出生率=\frac{年出生人口}{年平均人口}\times 1000‰$$

式中：出生人数指活产婴儿，即胎儿脱离母体时（不管怀孕月数），有过呼吸或其他生命现象。年平均人数指年初、年底人口数的平均数，也可用年中人口数代替。

出生人数 指活产婴儿，即胎儿脱离母体时（不管怀孕月数），有过呼吸或其他生命现象。

人口死亡率 指在一定时期内（通常为一年）一定地区的死亡人数与同期平均人数（或期中人数）之比，一般用千分率表示。计算公式：

$$人口死亡率=\frac{年死亡人数}{年平均人数}\times 1000‰$$

人口自然增长率 指在一定时期内（通常为一年）人口自然增加数（出生人数减死亡人数）与该时期内平均人数（或期中人数）之比，一般用千分率表示。计算公式：

$$人口自然增长率=\frac{本年出生人数-本年死亡人数}{年平均人数}\times 1000‰$$

或人口自然增长率=人口出生率－人口死亡率

性别比 反映两性人口间比例的指标，指在总人口中或各年龄组人口中，男性人数与女性人数之比。通常以每100个女性人口相对应的男性人口数来表示。计算公式：

$$性别比=\frac{男性人数}{女性人数}\times 100$$

常住人口 包括：

（一）居住本乡、镇、街道，并已在本乡、镇、街道办理常住户口登记的人；

（二）居住在本乡、镇、街道，户口在外乡、镇、街道，离开户口登记地半年以上的人。

（三）居住本乡、镇、街道，户口待定的人；

（四）原住本乡、镇、街道，在国外工作或者学习，暂无常住户口的人。

Explanatory Notes on Main Statistical Indicators

Households include family household (including single household) and collective households.

Total Population refers to the total number of people alive at a certain point of time within a given area.

Birth Rate refers to the ratio of the number of births to the average population (or mid-period population) during a certain period of time (usually a year) in a certain region, which is often expressed in ‰. The following formula is used:

$$\text{Birth Rate}=\frac{\text{Number of Births}}{\text{Average Annual Population}}\times 1000‰$$

In this formula, number of births refers to live births, i.e. the births babies had breathed or showed any vital phenomena regardless of the length of pregnancy, and annual average number of population refers to the average number of population at the beginning and end of the year. Sometimes it is substituted by the mid-year population.

Number of Births refers to live births, i.e. the births babies had breathed or showed any vital phenomena regardless of the length of pregnancy.

Death Rate refers to the ratio of the number of deaths to the average population (or mid-period population) during a certain period of time (usually a year) which is often expressed in ‰. The following formula is used:

$$\text{Death Rate}=\frac{\text{Number of Deaths}}{\text{Annual Average Population}}\times 1000‰$$

Natural Growth Rate of Population refers to the ratio of natural increase in population (number of births minus number of deaths) in a certain period of time (usually a year) to the average population (or mid-period population) to the same period which is often expressed in ‰. The following formula is applied:

$$\text{Natural Growth Rate of Population}=\frac{\text{Number of Births}-\text{Number of Deaths}}{\text{Average Annual of Population}}\times 1000‰$$

or: Natural Growth Rate of Population = Birth Rate – Death Rate

Sex Ratio is the indicator reflects the ratio of the population of male to female in total population or various age groups. Generally, it is often expressed in the ratio of male population to 100 female. The calculating formula:

$$\text{Sex Ratio}=\frac{\text{Male Population}}{\text{Female Population}}\times 100$$

Permanent Population includes:

1. The population living in the local countries, towns or streets, and registered as permanent residences in the local countries, towns or streets.

2. The population having been living in the local countries, towns or streets and registered as permanent residences in the local countries, towns or streets, but having been apart from the countries, towns or streets where registered their permanent residences for more than half a year.

3. The population living in the local countries, towns or streets, with undetermined residences.

4. The population once living in the local countries, towns or streets, working or studying in foreign countries now, and without permanent residences temporarily.

市人口　指居住在城区区域上的人口。城区是指在市辖区和不设区的市，区、市政府驻地的实际建设连接到的居民委员会和其他区域。

镇人口　指居住在镇区区域上的人口。镇区是指在城区以外的县人民政府驻地和其他镇，政府驻地的实际建设连接到的居民委员会和其他区域。

户籍人口　是指公民依照《中华人民共和国户口登记条例》，已在其经常居住地的公安户籍管理机关登记了常住户口的人。这类人口不管其是否外出，也不管外出时间长短，只要在某地注册有常住户口，则为该地区的户籍人口。

城镇户籍人口　指城镇区域范围内的户籍人口。

家庭户规模　家庭的大小，亦即家庭成员的多少。

City Population refers to the population living in the urban area. Urban area refers to the municipal districts, the cities without district being set up, the neighborhood committees connected with the actual construction of governments of districts and cities and other areas.

Town Population refers to the population living in the town areas. The town area refers to the seat of town governments and other town beside the urban areas, the neighborhood committees connected with the seat of governments and other areas.

Total Household Registered Population refers to the population of citizen registered permanent residence in the public security household registration authorities of their permanent living places in accordance with the Regulations of the People's Republic of China on Residence Registration. Those who registered permanent residence are counted as household registered population, whether and how long they go out.

Urban Household Registered Population refers to the household registered population in the urban areas.

Household Size refers to the size of a family, or the number of family members.

第三篇 国民经济核算

CHAPTER 3 NATIONAL ECONOMIC ACCOUNTING

（编辑：兰佳信）

简要说明

（本篇资料由自治区统计局国民经济核算处提供，电话：0771-5854446）

一、本篇资料主要内容

本篇资料反映广西生产总值的基本情况，包括广西生产总值总量、构成及指数，人均生产总值总量及指数，三次产业贡献率，广西各市生产总值总量、人均生产总值及指数等指标。

二、数据来源和统计方法

省、自治区、直辖市生产总值核算由国家统计局国民经济核算司组织实施，由各省、自治区、直辖市统计局依据国家统计局统一制定的国民经济核算统计报表制度和方法，利用政府有关部门的行政记录以及统计局相关统计调查的数据资料进行核算。广西各市生产总值由广西壮族自治区统计局依据广西生产总值核算制度和方法进行核算。

三、其他情况说明

本篇2021年生产总值有关数据为快报数，其他年份为年度核算数据。

Brief Introduction

(The information is provided by the National Accounts Department of the Guangxi Zhuang Autonomous Region Bureau of Statistics, Tel: 0771-5854446)

Main Content

This material reflects the basic situation of GDP in Guangxi, including Guangxi's GDP, composition and indices of GDP, per capita GDP, indices of per capita GDP, share of contributions of the three strata of industry, GDP and per capita GDP by city and indices of GDP and per capita GDP by city, etc.

3－1 广西生产总值（1978—2021年）
Gross Domestic Product（1978—2021）

（按当年价格计算） (calculated at current prices) 单位：亿元（100 million yuan）

年 份 Year	广西生产总值 Gross Domestic Product	第一产业 Primary Industry	第二产业 Secondary Industry	第三产业 Tertiary Industry	#工业 Industry	#建筑业 Construction	#交通运输、仓储及邮政业 Transport, Storage and Post	#批发、零售和住宿餐饮业 Wholesale, Retail Trade, Hotel and Catering Services	人均地区生产总值（元/人） Per Capita GDP (yuan/person)
1978	75.85	30.77	25.74	19.34	23.29	2.52	3.67	4.43	225
1979	84.59	37.28	27.90	19.41	25.12	2.86	2.94	3.98	246
1980	97.33	43.73	30.70	22.90	27.78	3.01	3.80	5.00	278
1981	113.46	52.17	32.91	28.38	29.71	3.30	4.01	10.40	317
1982	129.15	62.66	34.62	31.87	30.98	3.74	4.25	11.36	354
1983	134.60	63.10	36.99	34.51	32.39	4.70	4.70	11.17	363
1984	150.27	65.75	43.15	41.37	36.97	6.29	5.46	12.31	399
1985	180.97	76.89	54.55	49.53	45.92	8.77	6.11	14.56	471
1986	205.46	84.96	68.85	51.65	58.41	10.62	7.17	12.30	525
1987	241.56	99.17	81.57	60.82	70.96	10.83	9.14	13.55	607
1988	313.28	117.34	100.42	95.52	86.38	14.31	12.46	28.23	770
1989	383.44	148.82	109.67	124.95	97.11	12.86	16.21	44.41	927
1990	449.06	175.40	118.13	155.53	104.79	13.66	20.45	57.53	1066
1991	518.59	193.66	140.64	184.29	123.66	17.36	30.65	62.03	1211
1992	646.60	231.23	186.99	228.38	161.44	26.04	38.96	74.92	1490
1993	871.70	250.11	320.26	301.33	273.03	48.07	48.49	101.66	1982
1994	1198.29	333.79	468.57	395.93	404.59	65.22	55.12	130.96	2675
1995	1497.56	453.15	534.45	509.96	461.25	74.61	73.76	168.97	3304
1996	1697.90	534.88	585.83	577.19	503.32	84.05	88.77	200.72	3706
1997	1817.25	582.74	612.46	622.05	524.49	89.58	95.20	223.52	3928
1998	1911.30	586.70	665.57	659.03	561.34	105.95	98.65	247.04	4346
1999	1971.41	567.72	680.59	723.10	570.76	111.58	114.07	267.96	4444
2000	2080.04	557.38	730.88	791.78	612.33	120.43	125.36	290.02	4652
2001	2279.34	576.34	769.22	933.78	639.54	131.64	145.86	312.68	5058
2002	2523.73	601.99	844.75	1076.99	699.15	147.74	174.63	342.28	5558
2003	2798.17	659.59	955.14	1183.44	788.41	169.15	182.20	376.89	6119
2004	3305.12	810.14	1151.14	1343.84	953.64	200.42	201.05	425.46	7182
2005	3742.14	904.80	1324.25	1513.09	1098.38	229.24	207.27	445.35	8068
2006	4417.77	1024.31	1604.68	1788.78	1343.19	265.61	215.42	493.31	9421
2007	5474.79	1214.87	2073.99	2185.93	1762.12	317.27	247.82	572.21	11542
2008	6455.43	1422.25	2466.03	2567.15	2088.03	384.40	308.75	649.41	13471
2009	7112.91	1425.54	2715.26	2972.11	2241.40	480.73	342.35	743.30	14708
2010	8552.44	1639.67	3465.20	3447.57	2875.51	598.50	427.94	878.62	18070
2011	10299.94	2006.43	4241.18	4052.33	3504.07	747.85	515.73	1081.09	22234
2012	11303.55	2126.41	4503.08	4674.06	3643.80	870.44	541.43	1296.31	24181
2013	12448.36	2290.64	4709.33	5448.39	3699.72	1013.03	580.43	1418.15	26416
2014	13587.82	2413.44	5145.55	6028.83	4023.83	1125.97	624.32	1463.35	28603
2015	14797.80	2565.45	5391.00	6841.35	4159.05	1232.81	689.28	1542.28	30890
2016	16116.55	2800.29	5620.96	7695.30	4307.32	1315.03	737.16	1652.14	33340
2017	17790.68	2878.30	6138.25	8774.13	4680.06	1465.96	804.61	1808.49	36441
2018	19627.81	3021.09	6692.87	9913.85	5101.92	1606.58	867.14	1950.26	39837
2019	21237.14	3389.67	7046.43	10801.04	5246.57	1816.05	902.04	2135.82	42778
2020	22120.87	3645.92	7046.84	11428.11	5172.76	1889.00	889.69	2154.39	44237
2021	24740.86	4015.51	8187.9	12537.45	6074.49	2128.82	1050.46	2442.56	49206

注：1. 表中数据行业分类依据《国民经济行业分类》（GB/T4754—2017）确定。三次产业分类依据国家统计局2018年修订的《三次产业划分规定》确定。
2. 2003—2018年数据依据全国第四次经济普查结果进行修订。

Note: 1. The data in this table has been adjusted by *National Economical Industry Classification* (GB/T4754—2017). Classification of three industries was based on *Regulations on the division of three industries* by National Bureau of statistics 2018.
2. Data from 2003 to 2018 has been revised according to The Fourth National Economic Census.

3-2 广西生产总值构成（1978—2021年）
Composition of Gross Domestic Product（1978—2021）

（按当年价格计算）（calculated at current prices） 单位：%（%）

年 份 Year	广西生产总值 Gross Domestic Product	第一产业 Primary Industry	第二产业 Secondary Industry	第三产业 Tertiary Industry	#工业 Industry	#建筑业 Construction	#交通运输、仓储及邮政业 Transport, Storage and Post	#批发、零售和住宿餐饮业 Wholesale, Retail Trade, Hotel and Catering Services
1978	100.0	40.6	33.9	25.5	30.7	3.3	4.8	5.8
1979	100.0	44.1	33.0	22.9	29.7	3.4	3.5	4.7
1980	100.0	44.9	31.5	23.5	28.5	3.1	3.9	5.1
1981	100.0	46.0	29.0	25.0	26.2	2.9	3.5	9.2
1982	100.0	48.5	26.8	24.7	24.0	2.9	3.3	8.8
1983	100.0	46.9	27.5	25.6	24.1	3.5	3.5	8.3
1984	100.0	43.8	28.7	27.5	24.6	4.2	3.6	8.2
1985	100.0	42.5	30.1	27.4	25.4	4.8	3.4	8.0
1986	100.0	41.4	33.5	25.1	28.4	5.2	3.5	6.0
1987	100.0	41.1	33.8	25.2	29.4	4.5	3.8	5.6
1988	100.0	37.5	32.1	30.5	27.6	4.6	4.0	9.0
1989	100.0	38.8	28.6	32.6	25.3	3.4	4.2	11.6
1990	100.0	39.1	26.3	34.6	23.3	3.0	4.6	12.8
1991	100.0	37.3	27.1	35.5	23.8	3.3	5.9	12.0
1992	100.0	35.8	28.9	35.3	25.0	4.0	6.0	11.6
1993	100.0	28.7	36.7	34.6	31.3	5.5	5.6	11.7
1994	100.0	27.9	39.1	33.0	33.8	5.4	4.6	10.9
1995	100.0	30.3	35.7	34.1	30.8	5.0	4.9	11.3
1996	100.0	31.5	34.5	34.0	29.6	5.0	5.2	11.8
1997	100.0	32.1	33.7	34.2	28.9	4.9	5.2	12.3
1998	100.0	30.7	34.8	34.5	29.4	5.5	5.2	12.9
1999	100.0	28.8	34.5	36.7	29.0	5.7	5.8	13.6
2000	100.0	26.8	35.1	38.1	29.4	5.8	6.0	13.9
2001	100.0	25.3	33.7	41.0	28.1	5.8	6.4	13.7
2002	100.0	23.9	33.5	42.7	27.7	5.9	6.9	13.6
2003	100.0	23.6	34.1	42.3	28.2	6.0	6.5	13.5
2004	100.0	24.5	34.8	40.7	28.9	6.1	6.1	12.9
2005	100.0	24.2	35.4	40.4	29.4	6.1	5.5	11.9
2006	100.0	23.2	36.3	40.5	30.4	6.0	4.9	11.2
2007	100.0	22.2	37.9	39.9	32.2	5.8	4.5	10.5
2008	100.0	22.0	38.2	39.8	32.3	6.0	4.8	10.1
2009	100.0	20.0	38.2	41.8	31.5	6.8	4.8	10.5
2010	100.0	19.2	40.5	40.3	33.6	7.0	5.0	10.3
2011	100.0	19.5	41.2	39.3	34.0	7.3	5.0	10.5
2012	100.0	18.8	39.8	41.4	32.2	7.7	4.8	11.5
2013	100.0	18.4	37.8	43.8	29.7	8.1	4.7	11.4
2014	100.0	17.8	37.9	44.4	29.6	8.3	4.6	10.8
2015	100.0	17.3	36.4	46.2	28.1	8.3	4.7	10.4
2016	100.0	17.4	34.9	47.7	26.7	8.2	4.6	10.3
2017	100.0	16.2	34.5	49.3	26.3	8.2	4.5	10.2
2018	100.0	15.4	34.1	50.5	26.0	8.2	4.4	9.9
2019	100.0	16.0	33.2	50.9	24.7	8.6	4.2	10.1
2020	100.0	16.5	31.9	51.7	23.4	8.5	4.0	9.7
2021	100.0	16.2	33.1	50.7	24.6	8.6	4.2	9.9

3-3 广西生产总值指数（1978—2021年）
Indices of Gross Domestic Product（1978—2021）

（按可比价格计算，以上年为100） (calculated at comparable prices, preceding year = 100)

年 份 Year	广西生产总值 Gross Domestic Product	第一产业 Primary Industry	第二产业 Secondary Industry	第三产业 Tertiary Industry	#工业 Industry	#建筑业 Construction	#交通运输、仓储及邮政业 Transport, Storage and Post	#批发、零售和住宿餐饮业 Wholesale, Retail Trade, Hotel and Catering Services	人均地区生产总值 Per Capita GDP
1978	112.0	102.3	100.3	147.5	100.0	103.9	119.3	123.7	109.9
1979	103.3	105.5	105.4	98.4	105.2	108.9	100.9	91.7	101.3
1980	110.1	112.6	107.4	110.2	108.5	91.9	129.0	115.1	108.0
1981	108.2	102.8	105.5	122.1	106.9	92.7	106.1	205.2	105.8
1982	112.3	118.5	105.0	110.6	104.1	114.7	109.9	106.8	110.2
1983	103.5	99.3	107.0	106.9	105.0	125.6	104.1	100.6	101.9
1984	107.3	97.8	113.6	115.4	112.6	121.9	117.8	108.0	105.5
1985	111.2	105.0	119.1	111.1	117.8	128.4	107.7	109.2	109.2
1986	106.4	105.7	118.1	93.9	119.4	109.2	106.5	79.7	104.5
1987	109.3	105.7	111.9	110.7	114.5	92.6	119.6	103.4	107.6
1988	104.8	94.2	108.8	113.5	108.1	114.9	117.7	137.2	102.3
1989	103.4	112.4	99.2	99.0	100.7	86.0	102.3	82.9	101.8
1990	107.0	108.5	106.4	105.8	106.6	104.5	93.4	96.8	104.9
1991	112.8	109.7	116.0	113.8	114.8	125.0	131.7	106.2	110.9
1992	118.3	112.9	128.0	116.6	127.9	128.5	119.7	112.9	116.8
1993	118.3	99.6	144.9	115.2	145.1	143.8	108.4	116.9	116.7
1994	115.2	106.0	127.3	110.8	128.3	120.0	111.7	104.2	113.2
1995	111.4	115.6	108.6	111.1	108.2	111.4	116.0	111.2	110.0
1996	108.3	107.2	109.3	108.2	109.4	108.8	113.5	113.3	107.2
1997	108.0	111.2	106.3	107.2	106.4	106.1	106.6	111.3	107.0
1998	110.0	106.8	112.8	109.8	112.7	113.7	101.9	117.8	115.7
1999	107.9	107.6	106.6	109.8	106.1	109.5	113.9	109.6	107.0
2000	107.6	100.2	108.3	113.4	108.2	108.9	112.1	108.6	106.8
2001	108.3	103.4	108.0	111.8	108.0	108.2	107.2	109.7	107.4
2002	110.6	107.3	111.3	112.0	110.9	113.1	110.6	110.1	109.7
2003	109.1	104.0	111.5	110.3	111.1	113.9	112.5	109.2	108.4
2004	110.3	104.4	112.6	111.7	112.0	115.2	116.8	103.8	109.6
2005	111.1	107.2	113.8	110.8	113.8	113.6	107.3	110.3	110.2
2006	111.1	106.6	114.2	111.1	114.7	111.8	104.4	104.9	109.9
2007	113.0	104.0	117.6	113.9	119.0	110.6	102.1	107.0	111.7
2008	110.3	104.9	113.2	110.4	114.2	107.6	116.9	104.2	109.1
2009	111.5	105.1	114.7	111.5	112.6	126.8	107.4	113.3	110.4
2010	111.7	104.8	114.9	111.8	114.3	118.0	118.7	111.2	114.2
2011	111.5	104.9	115.3	110.8	115.3	115.1	108.1	115.5	113.9
2012	110.1	105.4	110.4	112.0	109.5	114.7	100.2	114.0	109.1
2013	110.0	104.0	109.4	113.2	107.6	116.7	110.3	108.9	109.1
2014	108.3	103.9	108.0	110.4	108.0	108.2	107.4	105.5	107.5
2015	107.9	103.9	105.6	111.7	104.7	109.4	109.0	103.5	107.0
2016	107.0	103.4	104.9	110.0	104.3	107.3	105.9	106.4	106.0
2017	107.1	104.2	104.1	110.3	104.0	105.0	105.4	108.0	106.0
2018	106.8	105.5	103.8	109.3	104.2	103.1	106.9	106.3	105.8
2019	106.0	105.6	105.5	106.4	104.0	110.4	105.8	105.6	105.2
2020	103.7	105.4	102.1	104.1	101.2	104.8	98.2	100.4	102.9
2021	107.5	108.2	106.7	107.7	108.1	103.1	114.9	110.7	106.9

3—4　广西生产总值指数（1978—2021年）
Indices of Gross Domestic Product（1978—2021）

（按可比价格计算，以1978年为100）　　（calculated at comparable prices, year of 1978 = 100）

年　份 Year	广西生产总值 Gross Domestic Product	第一产业 Primary Industry	第二产业 Secondary Industry	第三产业 Tertiary Industry	#工业 Industry	#建筑业 Construction	#交通运输、仓储及邮政业 Transport, Storage and Post	#批发、零售和住宿餐饮业 Wholesale, Retail Trade, Hotel and Catering Services	人均地区生产总值 Per Capita GDP
1978	100.0	100.0	100.0	100.0	100.0	100.0	100.0	100.0	100.0
1979	103.3	105.5	105.4	98.4	105.2	108.9	100.9	91.7	101.3
1980	113.7	118.8	113.2	108.4	114.1	100.0	130.2	105.5	109.4
1981	123.0	122.1	119.5	132.4	122.0	92.7	138.1	216.5	115.7
1982	138.1	144.8	125.4	146.4	127.0	106.3	151.8	231.3	127.5
1983	143.0	143.7	134.2	156.5	133.4	133.6	158.0	232.8	129.9
1984	153.3	140.6	152.5	180.6	150.2	162.8	186.1	251.4	137.0
1985	170.5	147.6	181.5	200.5	176.9	209.0	200.5	274.6	149.6
1986	181.5	156.0	214.3	188.2	211.2	228.2	213.5	218.9	156.3
1987	198.4	164.9	239.9	208.5	241.8	211.3	255.3	226.2	168.1
1988	207.9	155.4	260.9	236.6	261.4	242.9	300.5	310.5	172.0
1989	214.9	174.7	258.8	234.2	263.3	209.0	307.4	257.5	175.1
1990	229.9	189.5	275.4	247.8	280.6	218.3	287.2	249.2	183.8
1991	259.2	207.8	319.4	282.0	322.2	272.9	378.2	264.6	203.8
1992	306.6	234.6	408.8	328.9	412.0	350.7	452.7	298.6	237.9
1993	362.6	233.7	592.4	378.9	597.9	504.3	490.8	349.1	277.6
1994	417.8	247.7	754.0	419.6	767.1	605.1	548.2	363.8	314.2
1995	465.3	286.4	818.6	466.2	830.0	674.2	636.0	404.5	345.7
1996	504.1	307.0	895.0	504.4	908.0	733.4	721.8	458.3	370.5
1997	544.6	341.4	951.8	541.0	965.9	778.2	769.4	510.1	396.4
1998	599.3	364.4	1073.4	593.8	1088.2	884.4	784.0	600.9	458.8
1999	646.7	392.3	1143.7	652.2	1155.1	968.8	892.9	658.6	490.9
2000	695.9	393.1	1238.5	739.5	1249.8	1055.1	1000.9	715.2	524.2
2001	753.3	406.6	1338.1	827.0	1349.9	1141.6	1073.0	784.6	562.9
2002	832.8	436.3	1488.8	926.5	1497.0	1291.2	1186.8	863.8	617.8
2003	909.0	453.6	1660.5	1021.5	1662.6	1470.7	1335.2	943.6	669.5
2004	1002.5	473.5	1869.0	1141.2	1862.2	1694.3	1559.4	979.0	733.6
2005	1113.7	507.7	2126.0	1264.7	2118.8	1924.7	1673.3	1079.5	808.8
2006	1237.3	541.0	2428.5	1405.0	2431.1	2151.2	1747.1	1131.9	888.8
2007	1397.7	562.7	2855.2	1600.7	2893.1	2378.6	1784.2	1211.5	992.5
2008	1541.0	590.4	3231.2	1766.4	3304.4	2560.0	2086.6	1262.9	1083.3
2009	1717.6	620.7	3707.6	1969.1	3720.5	3246.2	2240.9	1430.3	1196.3
2010	1918.8	650.4	4261.7	2201.5	4253.4	3831.4	2660.6	1590.8	1365.7
2011	2139.1	682.5	4911.7	2439.5	4903.9	4408.2	2876.8	1837.0	1555.5
2012	2355.8	719.5	5420.2	2732.5	5367.6	5054.5	2882.0	2094.0	1697.6
2013	2591.0	748.0	5929.1	3091.8	5773.5	5897.9	3177.7	2279.6	1852.1
2014	2807.0	776.9	6405.6	3412.7	6236.4	6380.9	3412.2	2404.7	1990.5
2015	3029.8	807.5	6765.0	3810.9	6529.5	6979.9	3719.6	2490.0	2130.4
2016	3241.8	835.1	7099.8	4190.3	6808.0	7488.8	3937.5	2649.6	2259.0
2017	3470.5	870.0	7391.1	4621.2	7079.2	7859.7	4151.2	2860.9	2394.6
2018	3705.4	917.5	7673.5	5051.0	7375.6	8103.2	4436.3	3041.8	2533.3
2019	3925.9	968.4	8096.8	5372.8	7672.3	8945.9	4693.6	3211.9	2663.8
2020	4069.6	1020.3	8269.3	5595.4	7768.1	9372.5	4609.8	3225.7	2741.3
2021	4374.1	1103.7	8825.9	6027.7	8399.7	9665.1	5298.1	3570.3	2930.4

3—5 三次产业贡献率（1990—2021年）

Share of Contributions of the Three Strata of Industry（1990—2021）

（按可比价格计算）（calculated at comparable prices） 单位：%

年 份 Year	地区生产总值 Gross Domestic Product	第一产业 Primary Industry	第二产业 Secondary Industry	第三产业 Tertiary Industry	#工业 Industry
1990	100.0	42.6	35.1	22.4	33.0
1991	100.0	29.6	33.0	37.5	27.1
1992	100.0	26.8	41.4	31.8	36.3
1993	100.0	-0.8	72.1	28.7	63.5
1994	100.0	12.0	64.3	23.7	58.6
1995	100.0	38.6	29.9	31.5	25.3
1996	100.0	25.2	43.2	31.7	38.4
1997	100.0	40.2	30.8	29.0	27.3
1998	100.0	20.0	48.9	31.1	42.8
1999	100.0	27.8	32.6	39.6	27.0
2000	100.0	0.8	42.3	57.0	36.8
2001	100.0	11.2	34.3	54.6	28.6
2002	100.0	17.7	37.4	44.9	30.3
2003	100.0	10.8	44.5	44.7	35.6
2004	100.0	10.1	44.0	45.9	35.0
2005	100.0	14.6	45.6	39.8	37.8
2006	100.0	14.3	45.3	40.4	39.0
2007	100.0	7.2	49.3	43.5	44.4
2008	100.0	10.2	48.6	41.2	44.3
2009	100.0	9.1	50.0	40.9	36.4
2010	100.0	7.8	51.0	41.1	40.9
2011	100.0	8.2	53.8	38.0	44.8
2012	100.0	9.7	42.8	47.5	32.5
2013	100.0	6.9	39.5	53.7	26.2
2014	100.0	7.6	40.2	52.2	32.5
2015	100.0	7.8	29.4	62.8	20.0
2016	100.0	8.5	25.8	65.8	17.1
2017	100.0	9.9	20.8	69.3	15.5
2018	100.0	13.1	19.6	67.2	16.5
2019	100.0	15.0	31.3	53.7	17.6
2020	100.0	23.5	19.6	56.9	8.7
2021	100.0	18.0	28.7	53.3	25.4

3−6 各市生产总值、人均地区生产总值（2021年）
GDP and Per Capita GDP by City（2021）

（按当年价格计算）（calculated at current prices） 单位：亿元（100 million yuan）

城 市	City	地区生产总值 Gross Domestic Product	第一产业增加值 Primary Industry	第二产业增加值 Secondary Industry	第三产业增加值 Tertiary Industry	#工业 Industry	人均地区生产总值（元/人） Per Capita GDP (yuan/person)
南宁市	Nanning	5120.94	606.76	1198.76	3315.42	644.84	58241
柳州市	Liuzhou	3057.24	257.85	1277.50	1521.88	1053.49	73328
桂林市	Guilin	2311.06	549.47	506.40	1255.19	293.54	46767
梧州市	Wuzhou	1369.37	196.09	589.39	583.89	500.01	48463
北海市	Beihai	1504.43	225.31	635.74	643.38	565.83	80710
防城港市	Fangchenggang	815.88	119.64	398.52	297.72	335.65	77548
钦州市	Qinzhou	1647.83	315.99	532.75	799.09	393.12	49804
贵港市	Guigang	1501.64	259.52	544.92	697.19	432.71	34632
玉林市	Yulin	2070.61	399.97	605.72	1064.92	389.27	35639
百色市	Baise	1568.71	294.65	670.97	603.08	552.51	43892
贺州市	Hezhou	909.21	164.63	345.37	399.20	246.83	45044
河池市	Hechi	1041.97	230.06	295.39	516.51	225.75	30461
来宾市	Laibin	832.88	195.61	238.85	398.42	171.99	40091
崇左市	Chongzuo	989.09	199.94	347.63	441.52	268.94	47336

3—7 各市生产总值、人均地区生产总值指数（2021年）
Indices of GDP and Per Capita GDP by City（2021）

（按可比价格计算，以上年为100） (calculated at comparable prices, preceding year = 100)

城 市	City	地区生产总值 Gross Domestic Product	第一产业 Primary Industry	第二产业 Secondary Industry	第三产业 Tertiary Industry	#工业 Industry	人均地区生产总值 Per Capita GDP
南宁市	Nanning	106.1	107.9	104.3	106.3	106.4	104.3
柳州市	Liuzhou	102.0	107.0	98.2	105.0	99.0	101.4
桂林市	Guilin	106.6	108.9	104.5	106.4	107.6	106.4
梧州市	Wuzhou	110.0	108.5	112.0	109.1	112.8	110.2
北海市	Beihai	108.8	105.9	109.2	109.4	110.0	107.4
防城港市	Fangchenggang	109.4	106.0	113.5	105.6	118.3	107.8
钦州市	Qinzhou	110.0	107.9	111.8	109.8	112.7	109.7
贵港市	Guigang	106.5	108.8	103.8	107.7	106.1	105.9
玉林市	Yulin	109.9	109.3	110.7	109.7	109.4	109.6
百色市	Baise	109.8	108.9	111.2	109.0	111.1	109.8
贺州市	Hezhou	113.9	109.5	120.4	111.0	128.9	113.3
河池市	Hechi	107.5	109.8	105.5	107.7	103.3	107.5
来宾市	Laibin	110.5	106.2	106.2	115.2	111.2	110.5
崇左市	Chongzuo	109.8	107.2	112.2	109.6	113.7	109.8

主要统计指标解释

国内生产总值（GDP）　指按市场价格计算的一个国家所有常住单位在一定时期内生产活动的最终成果。国内生产总值有三种表现形态，即价值形态、收入形态和产品形态。从价值形态看，它是所有常住单位在一定时期内生产的全部货物和服务价值与同期投入的全部非固定资产货物和服务价值的差额，即所有常住单位的增加值之和；从收入形态看，它是所有常住单位在一定时期内创造并分配给常住单位和非常住单位的初次收入之和；从产品形态看，它是所有常住单位在一定时期内最终使用的货物和服务价值与货物和服务净出口价值之和。在实际核算中，国内生产总值有三种计算方法，即生产法、收入法和支出法。三种方法分别从不同的方面反映国内生产总值及其构成。

对于一个地区来说，称为地区生产总值或地区GDP。

三次产业　三次产业的划分是世界上较为常用的产业结构分类，但各国的划分不尽一致。根据国家统计局《三次产业划分规定》和《国民经济行业分类》（GB/T 4754—2017），我国的三次产业划分是：

第一产业是指农、林、牧、渔业（不含农、林、牧、渔专业及辅助性活动业）。

第二产业是指采矿业（不含开采专业及辅助活动），制造业（不含金属制品、机械和设备修理业），电力、热力、燃气及水生产和供应业，建筑业。

第三产业即服务业，是指除第一、二产业以外的其他行业。

增加值　是指常住单位生产过程中创造的新增价值和固定资产的转移价值。它可以按生产法计算，也可以按收入法计算。按生产法计算，它等于总产出减去中间投入后的差额；按收入法计算，它等于劳动者报酬、生产税净额、固定资产折旧和营业盈余之和。

Explanatory Notes on Main Statistical Indicators

Gross Domestic Product in Guangxi　refers to the final products produced by all resident units in a country during a certain period of time. Gross domestic product (GDP) is expressed in three different perspectives, namely value, income, and products respectively. GDP in it value perspective refers to the balance of total value of all goods and services produced by all resident units during a certain period time, minus the total value of input of goods and services of the nature of non-fixed assets; in other words, it is the sum of the value-added of all residents units. GDP from the perspective of income refers to the sum of all kinds of revenue, including compensation of employees, net taxes on production, depreciation of fixed assets, and operating surplus. GDP from the perspective of products refers to the value of all goods and services for final demand by all resident unit plus the net exports of goods and services during a given period of time. In the practice of national accounting, gross domestic product is calculated by three approaches, namely production approach, income approach and expenditure approach, which reflect gross domestic product and its composition from different angles.

For a region, it is called as gross regional product (GRP) or regional GDP.

Three Strata of Industries　Classification of economic activities into three strata of industries is a common practice in the world, although the grouping varies to some extent from country to country. In China, according to Industrial Classification for National Economic Activities (GB/T 4754—2017) and Rules on Division of Three Strata of Industries, economic activities are categorized into the following three strata of industries:

Primary industry refers to agriculture, forestry, animal husbandry and fishery industries (not including services in support of agriculture, forestry, animal husbandry and fishery industries, and its subsidiary activities).

Secondary industry refers to mining and quarrying (not including support activities for mining), manufacturing (not including repair service of metal products, machinery and equipment), production and supply of electricity, heat, gas and water, and construction.

Tertiary industry refers to all other economic activities not included in the primary or secondary industries.

Value Added　refers to the newly increased value and the transfer value of fixed assets created by all resident units. It can be calculated by production approach and income approach. In terms of product approach, it is the balance of total output minus intimidates input. In terms of income approach, it is the summation of laborers remuneration, net taxes on production, depreciation of fixes assets and operating surplus.

第四篇　从业人员和职工工资

CHAPTER 4　EMPLOYMENT AND WAGES

（编辑：韦　昆）

简要说明

（本篇资料由自治区统计局人口和就业统计处整理编辑，电话：0771-5858494）

一、本篇资料主要内容及来源

（一）广西年度就业及职工工资（劳动报酬）水平情况。（自治区统计局人口处）

（二）基本医疗保险的数据来源为自治区医保局，其他数据来源为自治区人力资源和社会保障厅。

二、调查方法

（一）从4—2表至4—13表的主要数据来源于工资统计调查，调查方法为全面调查与抽样调查相结合，调查范围是城镇地域非私营单位。4—3表中从业人员总计和一、二、三产次从业人员为推算数据，与4—1表相对应。采取抽样调查后，按照最新的工资统计制度要求，5人以下法人单位不纳入统计调查范围也不进行数据推算，所以本篇4—4、4—5、4—11、4—12表相关城镇单位从业人员数据其实并不全面。

（二）4—16表的数据来源于工资统计调查，调查方法主要为抽样调查，调查范围是城镇地域私营单位。抽样代表性仅为省（自治区）一级，没有地级市、县（区）数据。

三、其他情况说明

（一）本篇标题从2022年鉴起，统一由“城镇单位”更改为“城镇非私营单位”。相对应的指标如“城镇单位在岗职工平均工资”均为“城镇非私营单位在岗职工平均工资”。

（二）4—1表中的“劳动力资源总数”“从业人员合计”“城镇从业人员”“乡村从业人员”根据人口普查、人口变动调查及有关统计数据综合推算得出，自2010年起按常住人口口径推算。2010—2019年相关推算数据根据第七次全国人口普查结果进行了修订。

（三）由于国家统计局对报表分组进行调整，从2021年鉴开始，4—4、4—5、4—6、4—7、4—8表中“按企业、事业、机关分”改为“按执行会计类别分”，不再设置“事业”“机关”，统一设置为“政府”。

（四）由于市场监管局从2020年度起取消相关从业人员指标，原4—1表中“私营企业”“个体”从业人员指标自2020年度起相应删除。

（五）原4—18主要年份离休、退休、退职人员和保险福利费用情况表（2019及以前年份统计年鉴），数据来源单位为自治区人力资源和社会保障厅，因人社机构改革职能发生变动，根据数据来源单位提出的要求，该表自2020年鉴起取消。

Brief Introduction

(This information is compiled and edited by the Population and Employment Division of the Guangxi Zhuang Autonomous Region Bureau of Statistics, Tel: 0771-5858494)

Main Content and Source

(i) Annual employment and wage (remuneration) level of employees in Guangxi. (by Population Division of the Guangxi Zhuang Autonomous Region Bureau of Statistics)

(ii) Basic Medical Insurance by Medical Insurance Bureau of Guangxi, Others by Department of Human Resources and Social Security of Autonomous Region.

4-1 主要年份就业和劳动报酬基本情况

指　标	Items	1995	2000	2005
劳动力资源总数（万人）	**Total Resource of Labor Force (10 000 persons)**	**2907**	**3203**	**3536**
占人口总数比重（%）	Proportion in Total Population (%)	64.0	67.4	71.8
劳动力资源利用率（%）	Utilization Ratio of Resource of Labor Force (%)	82.0	80.1	76.4
从业人员合计（万人）	**Total Employed Persons (10 000 persons)**	**2383**	**2566**	**2703**
第一产业	Primary Industry	1583	1571	1519
第二产业	Secondary Industry	282	278	322
第三产业	Tertiary Industry	518	717	862
从业人员构成（%）	**Composition of Employment Person (%)**			
第一产业	Primary Industry	66.4	61.2	56.2
第二产业	Secondary Industry	11.8	10.8	11.9
第三产业	Tertiary Industry	21.8	28.0	31.9
按城乡分从业人员	**Employed Persons by Urban and Rural Areas**			
城镇从业人员（万人）	Urban Employed (10 000 persons)	405	421	785
乡村从业人员（万人）	Rural Employed (10 000 persons)	1965	2145	2275
按登记注册类型分城镇非私营单位就业人员（万人）	**Number of Employed Person in Urban Non-private (10 000 persons)**			
国有单位	State-owned Units	293.45	234.52	199.00
城镇集体单位	Urban Collective-owned Units	48.72	28.36	20.00
股份合作单位	Cooperative Share-holding Units		1.39	2.00
联营单位	Joint-owned Units	0.42	0.34	1.00
有限责任公司	Limited-liability Companies		15.09	34.00
股份有限公司	Share-holding Limited Companies	6.00	8.79	11.00
港澳台商投资单位	Units with funds from Hong Kong, Macao and Taiwan	1.62	2.97	5.50
外商投资单位	Foreign-funded Enterprises	5.66	3.83	6.20
在岗职工人数（万人）	Number of Staff and Workers at Post (10 000 persons)	343.00	283.00	269.00
国有单位	State-owned Units	283.00	225.00	189.00
城镇集体单位	Urban Collective-owned Units	47.00	26.00	18.00
其他类型单位	Others	13.00	32.00	62.00
城镇单位从业人员劳动报酬	**Remuneration of Staff and Workers in Urban Units**			
非私营单位从业人员平均劳动报酬（元）	Average Remuneration of Staff and Workers in Non-private Enterprises (Yuan)	5105	6772	15079
国有单位	State-owned Units	5226	7081	15668
城镇集体单位	Urban Collective-owned Units	4064	4471	10392
城镇私营单位从业人员平均劳动报酬（元）	**Average Remuneration of Staff and Workers in Private Enterprises (Yuan)**			
城镇登记失业人数（万人）	**Registered Unemployment in Urban Areas (10 000 persons)**	**10.10**	**11.30**	**18.51**
城镇登记失业率（%）	**Registered Unemployment Rate in Urban Areas (%)**	**2.4**	**3.2**	**4.2**

注：1. 劳动力资源总数、从业人员人数为人口普查、人口抽样调查数据推算数，自2010年起为常住人口口径。2010—2019年数据根据最新的第七次全国人口普查结果进行了修订。

2. 根据国家劳动统计报表制的统一规定，从2013年年报起，将原属于乡镇企业的“四上”企业（即规模以上工业企业，有资质的建筑业及全部房地产开发经营企业，限额以上批发和零售业、限额以上住宿餐饮业企业，部分规模以上服务业企业）纳入城镇单位从业人员与工资统计范围。

Employment and Remuneration in Main Years

2010	2015	2016	2017	2018	2019	2020	2021
3335	**3449**	**3479**	**3514**	**3543**	**3571**	**3604**	**3630**
72.3	71.7	71.6	71.6	71.6	71.7	71.9	72.1
79.9	75.2	74.3	73.0	72.3	71.6	71.0	70.1
2666	**2595**	**2583**	**2566**	**2562**	**2558**	**2558**	**2544**
1786	1297	1207	1110	1024	951	866	842
315	497	528	556	597	625	655	659
565	801	848	900	941	982	1037	1043
67.0	50.0	46.7	43.3	40.0	37.2	33.9	33.1
11.8	19.2	20.4	21.7	23.3	24.4	25.6	25.9
21.2	30.9	32.8	35.1	36.7	38.4	40.5	41.0
984	1198	1228	1260	1289	1313	1339	1359
1682	1397	1355	1306	1273	1245.0	1219	1185
203.32	202.37	201.82	201.61	199.10	195.52	190.92	187.6
17.27	13.27	13.21	12.44	10.85	10.20	7.51	6.03
2.96	2.06	1.88	1.67	1.51	1.55	2.67	2.48
0.75	0.14	0.11	0.07	0.07	0.04	0.12	0.11
49.82	125.21	123.25	125.95	125.28	146.88	152.44	154.07
15.15	27.55	27.41	24.62	25.41	22.33	23.94	25.87
8.23	16.36	16.17	16.38	11.27	10.06	8.24	8.56
8.99	12.92	12.98	11.39	10.49	12.26	17.28	17.46
291.98	329.60	325.50	316.73	304.44	319.81	325.64	334.3
187.53	178.80	178.36	175.28	173.45	175.55	174.69	171.92
13.57	10.08	9.62	8.78	7.45	6.95	4.81	4.03
90.87	140.72	137.50	132.67	123.54	137.32	146.14	158.35
30673	52982	57878	63821	70606	76479	82751	88170
32587	57247	63751	70407	76904	82203	90320	96057
21533	40510	43064	46457	51855	55747	48952	50220
		36089	**38227**	**39948**	**42949**	**45238**	**48494**
19.07	**18.13**	**18.13**	**14.72**	**16.71**	**19.66**	**22.89**	**22.74**
3.7	**2.9**	**2.9**	**2.2**	**2.3**	**2.6**	**2.77**	**2.49**

Note: 1. Total Resource of Labor Force, Employed Persons in this table are estimated by population census and population sample survey, which are calculated by permanent population range. And data from 2010 to 2019 are revised based on the 7th Population Census.

2. According to the standard of National Statistical System of Labor Report, the enterprises of "four above" (industrial enterprises above designated size, qualified construction enterprises and all of the enterprises of real estate development and management, wholesale and retail trade, hotels and catering above designated size, and some service enterprises above designated size) belonged to rural enterprises have been included to the statistical range of employment and wages of urban units since 2013.

4—2 城乡从业人员及城镇非私营单位在岗职工平均工资（1978—2021年）
Urban Non-Private and Rural Employed Persons, Average Wages of Staff and Workers at Post in Urban Units（1978—2021）

年 份 Year	从业人员（万人） Employed Persons (10 000 persons)			城镇非私营单位在岗职工平均工资 Average Wages of Staff and Workers at Post in Urban Non-Private Units	
	第一产业 Primary Industry	第二产业 Secondary Industry	第三产业 Tertiary Industry	绝对数（元） Absolute Number (yuan)	指数（上年=100） Indices (Preceding year=100)
1978	1171	153	132	462	104.5
1980	1283	125	142	609	108.5
1985	1463	160	207	1077	99.9
1986	1501	177	218	1282	128.6
1987	1529	193	239	1438	108.1
1988	1548	205	259	1720	106.9
1989	1575	203	269	1819	108.9
1990	1614	207	288	2049	137.2
1991	1643	215	313	2262	105.7
1992	1628	235	355	2634	111.8
1993	1594	253	428	3368	111.0
1994	1589	268	479	4468	130.4
1995	1583	282	518	5105	121.4
1996	1600	283	534	5397	118.2
1997	1606	283	565	5540	107.5
1998	1620	283	596	5779	108.2
1999	1619	276	619	6254	108.1
2000	1571	278	717	7650	118.9
2001	1570	275	733	9075	117.1
2002	1571	270	748	10774	121.6
2003	1556	279	766	11953	108.7
2004	1532	283	817	13579	110.1
2005	1519	322	862	15461	115.1
2006	1521	334	905	18064	118.8
2007	1521	419	829	21898	116.3
2008	1528	424	847	25660	115.0
2009	1561	516	771	28302	121.0
2010	1786	315	565	31842	107.0
2011	1697	348	610	34150	104.0
2012	1590	381	661	37614	113.0
2013	1489	417	706	42637	114.5
2014	1391	456	753	46846	110.0
2015	1297	497	801	54983	118.0
2016	1207	528	848	60239	109.5
2017	1110	556	900	66456	108.6
2018	1024	597	941	73553	108.2
2019	951	625	982	79516	104.2
2020	866	655	1037	86111	105.3
2021	842	659	1043	88170	101.5

注：2022年以前出版的广西统计年鉴“城镇单位在岗职工平均工资”均指“城镇非私营单位在岗职工平均工资”。

4—3　按产业、经济类型分组的从业人员（2021年）
Number of Employed Persons Grouped by Industry and the Categories of Economy（2021）

单位：万人　　　　(10 000 persons)

行　业	Sector	从业人员 Employed Persons	其中：城镇非私营单位 Urban Non-Private Units 国有单位 State-owned Units	集体单位 Collective-owned Units	其他类型单位 Others
总　计	**Total**	**2544.00**	**187.61**	**6.03**	**216.66**
第一产业	**Primary Industry**	**842.00**	**1.92**	**0.02**	**1.33**
农、林、牧、渔业	Agriculture, Forestry, Animal Husbandry and Fishery		1.92	0.02	1.33
第二产业	**Secondary Industry**	**659.00**	**2.94**	**4.91**	**114.90**
工业	Industry		2.02	0.52	63.83
采矿业	Mining		0.02	0.00	0.87
制造业	Manufacturing		1.26	0.44	52.51
电力、热力、燃气及水生产和供应业	Electricity, Heat, Gas and Water Production and Supply		0.75	0.07	10.46
建筑业	Construction		0.91	4.39	51.07
第三产业	**Tertiary Industry**	**1043.00**	**182.74**	**1.10**	**100.43**
批发和零售业	Wholesale and Retail Sales		1.10	0.19	12.31
交通运输、仓储和邮政业	Transportation, Storage and Postal Services		1.40	0.12	17.34
住宿和餐饮业	Hotel and Catering Services		0.25	0.03	4.25
信息传输、软件和信息技术服务业	Information Transmission, Software and Information Technology		0.35	0.00	5.51
金融业	Finance		0.48	0.00	18.51
房地产业	Real Estate		0.40	0.13	8.88
租赁和商务服务业	Leasing and Business Service		1.70	0.06	16.12
科学研究和技术服务业	Scientific Research and Technical Services		4.63	0.10	4.12
水利、环境和公共设施管理业	Water Conservancy, Environment and Public Facility Management		4.84	0.01	2.23
居民服务、修理和其他服务业	Services to Households, Repair and Other Services		0.27	0.06	0.83
教育	Education		69.71	0.27	6.99
卫生和社会工作	Public Health and Social Service		36.34	0.10	2.05
文化、体育和娱乐业	Culture, Sports and Entertainment		1.98	0.01	1.26
公共管理、社会保障和社会组织	Public Administration, Social Security and Social Organizations		59.28	0.02	0.01

4—4 城镇非私营单位从业人员（2021年）

Number of Employed Persons in Urban Non-Private Units（2021）

单位：人 (person)

项 目	Item	从业人员年末人数 Total Employed Persons at Year End	在岗职工 Staff and Workers at Post	劳务派遣工 Labor-dispatched Workers	其他从业人员 Others
总 计	**Total**	**4102914**	**3343012**	**501164**	**258738**
按登记注册类型分	**By Registered Style**				
国有单位	State-owned Units	1876054	1719178	75763	81113
集体单位	Collective-owned Units	60259	40282	4063	15913
其他类型单位	Others	2166602	1583552	421338	161712
内资	Domestic Capital	81062	77905	534	2623
港、澳、台投资	Enterprises with Funds from by Hong Kong, Macao and Taiwan	85579	80747	3126	1707
外商投资	Foreign Investment	174594	140264	9183	25147
按执行会计标准类别分	**By Type of Implementing Accounting Standards**				
企业	Enterprise	2276770	1666490	427398	182883
政府	Government	1760039	1613598	73523	72919
民间非营利组织	Nongovernmental Nonprofit Organizations	65546	62376	244	2926
其他	others	559	549	0	10
按国民经济行业分	**By Sector**				
农、林、牧、渔业	Agriculture, Forestry, Animal Husbandry and Fishery	32690	28021	581	4088
采矿业	Mining	8973	8425	526	22
制造业	Manufacturing	542047	495138	33704	13204
电力、热力、燃气及水生产和供应业	Electricity, Heat, Gas and Water Production and Supply	112753	107156	3780	1817
建筑业	Construction	563719	176129	327245	60345
批发和零售业	Wholesale and Retail Sales	136006	128465	3846	3695
交通运输、仓储和邮政业	Transportation, Storage and Postal Services	188658	167261	10355	11043
住宿和餐饮业	Hotel and Catering Services	45318	43522	1111	686
信息传输、软件和信息技术服务业	Information Transmission, Software and Information Technology	58688	52950	2710	3027
金融业	Finance	190003	125644	10913	53445
房地产业	Real Estate	94126	81894	10394	1837
租赁和商务服务业	Leasing and Business Service	178808	138182	19840	20786
科学研究和技术服务业	Scientific Research and Technical Services	88463	82520	2668	3275
水利、环境和公共设施管理业	Water Conservancy, Environment and Public Facility Management	70756	61071	3707	5978
居民服务、修理和其他服务业	Services to Households, Repair and Other Services	11550	10048	729	772
教育	Education	769762	708896	25926	34939
卫生和社会工作	Public Health and Social Service	384847	370656	5726	8464
文化、体育和娱乐业	Culture, Sports and Entertainment	32527	29392	958	2177
公共管理、社会保障和社会组织	Public Administration, Social Security and Social Organizations	593220	527641	36444	29135

4—5　按行业、经济类型分组的城镇非私营单位女性从业人数（2021年）
Number of Female Employed in Urban Non-Private Units Grouped by Industry and the Categories of Economy（2021）

单位：人　　　　　　　　　　　　　　　　　　　　　　　　　　　　(person)

行　业	Sector	合　计 Total	国有单位 State-owned Units	集体单位 Collective-owned Units	其他类型单位 Others
总　　计	**Total**	**1791954**	**1011567**	**14707**	**765680**
按执行会计标准类别分	**By Type of Implementing Accounting Standards**				
企业	Enterprise	776910	42378	12760	721773
政府	Government	963934	963308	433	193
民间非营利组织	Nongovernmental Nonprofit Organizations	50857	5878	1512	43468
其他	Others	253	4	2	247
按国民经济行业分	**By Sector**				
第一产业	**Primary Industry**	**10263**	**5161**	**69**	**5033**
农、林、牧、渔业	Agriculture, Forestry, Animal Husbandry and Fishery	10263	5161	69	5033
第二产业	**Secondary Industry**	**308526**	**8062**	**8595**	**291869**
工业	Industry	238926	6484	2133	230308
采矿业	Mining	2002	44	16	1942
制造业	Manufacturing	206472	3887	1922	200664
电力、热力、燃气及水生产和供应业	Electricity, Heat, Gas and Water Production and Supply	30452	2554	195	27703
建筑业	Construction	69600	1578	6461	61561
第三产业	**Tertiary Industry**	**1473165**	**998344**	**6043**	**468778**
批发和零售业	Wholesale and Retail Sales	74119	3333	780	70006
交通运输、仓储和邮政业	Transportation, Storage and Postal Services	45594	4233	554	40807
住宿和餐饮业	Hotel and Catering Services	28426	1443	223	26759
信息传输、软件和信息技术服务业	Information Transmission, Software and Information Technology	22583	1328	26	21230
金融业	Finance	107525	2003	9	105513
房地产业	Real Estate	40952	1498	526	38927
租赁和商务服务业	Leasing and Business Service	63807	6559	267	56982
科学研究和技术服务业	Scientific Research and Technical Services	31321	16960	348	14013
水利、环境和公共设施管理业	Water Conservancy, Environment and Public Facility Management	34803	23754	21	11028
居民服务、修理和其他服务业	Services to Households, Repair and Other Services	6787	1361	346	5080
教育	Education	507202	448327	2055	56820
卫生和社会工作	Public Health and Social Service	270838	254865	767	15206
文化、体育和娱乐业	Culture, Sports and Entertainment	16344	9972	41	6331
公共管理、社会保障和社会组织	Public Administration, Social Security and Social Organizations	222865	222707	81	77

4—6 城镇非私营单位从业人员工资总额（2021年）
Total Wages of Employed Persons in Urban Non-Private Units（2021）

单位：万元 (10 000 yuan)

指　标	Item	从业人员工资总额 Total Remuneration	在岗职工工资总额 Wages of Staff and Workers at Post	劳务派遣工工资总额 Total Wages of Labor-dispatched Workers	其他从业人员工资总额 Remuneration Payment to Other Employed Persons
总　计	**Total**	**35868733**	**31476520**	**3278996**	**1113217**
按登记注册类型分	**By Registered Style**				
国有单位	State-owned Units	17744346	17172961	288466	282919
集体单位	Collective-owned Units	290288	194711	19473	76104
其他类型单位	Others	17834100	14108849	2971058	754193
内资	Domestic Funds	340613	328086	2019	10507
港、澳、台投资	Enterprises with Funds from by Hong Kong, Macao and Taiwan	552426	520728	19120	12578
外商投资	Foreign Investment	1443159	1305585	59103	78471
按执行会计标准类别分	**By Type of Implementing Accounting Standards**				
企业	Enterprise	18827172	14978234	3000199	848739
政府	Government	16743883	16212363	277913	253608
民间非营利组织及其他	Nongovernmental Nonprofit Organizations and Others	293281	281571	885	10825
其他	others	4397	4352		45
按国民经济行业分	**By Sector**				
农、林、牧、渔业	Agriculture, Forestry, Animal Husbandry and Fishery	233026	215036	2702	15287
采矿业	Mining	68264	65575	2536	154
制造业	Manufacturing	4085329	3820083	199100	66146
电力、热力、燃气及水生产和供应业	Electricity, Heat, Gas and Water Production and Supply	1306528	1274349	24993	7185
建筑业	Construction	4106448	1344559	2447361	314527
批发和零售业	Wholesale and Retail Sales	1053474	1014658	23200	15616
交通运输、仓储和邮政业	Transportation, Storage and Postal Services	1908887	1767342	68831	72714
住宿和餐饮业	Hotel and Catering Services	193853	186878	5026	1949
信息传输、软件和信息技术服务业	Information Transmission, Software and Information Technology	647661	617876	17391	12394
金融业	Finance	2243763	1976031	61868	205865
房地产业	Real Estate	839051	783656	48024	7371
租赁和商务服务业	Leasing and Business Service	1169315	986201	81548	101567
科学研究和技术服务业	Scientific Research and Technical Services	974308	941157	17284	15867
水利、环境和公共设施管理业	Water Conservancy, Environment and Public Facility Management	432546	403870	11970	16705
居民服务、修理和其他服务业	Services to Households, Repair and Other Services	59621	54300	3165	2156
教育	Education	6415902	6234741	79276	101886
卫生和社会工作	Public Health and Social Service	4301666	4212879	36140	52646
文化、体育和娱乐业	Culture, Sports and Entertainment	277120	267944	3767	5409
公共管理、社会保障和社会组织	Public Administration, Social Security and Social Organizations	5551972	5309387	144813	97773

4－7 城镇非私营单位从业人员平均工资（2021年）
Average Wage of Employed Persons in Urban Non-Private Units（2021）

单位：元 (yuan)

指 标	Item	单位从业人员平均工资 Average Remuneration of Employed Persons	国有单位 State-owned Units	集体单位 Collective-owned Units	其他类型单位 Others
总 计	**Total**	**88170**	**96057**	**50220**	**82448**
按执行会计标准类别分	**By Type of Implementing Accounting Standards**				
企业	Enterprise	82834	87652	49926	83444
政府	Government	96719	96734	77030	56443
民间非营利组织	Folk Nonprofit Organization	46176	66162	46596	42902
其他	Others	78664	71000	31913	80873
按国民经济行业分	**By Sector**				
农、林、牧、渔业	Agriculture, Forestry, Animal Husbandry and Fishery	70545	74864	50324	64628
采矿业	Mining	75850	46679	53708	76662
制造业	Manufacturing	76986	67750	52488	77416
电力、热力、燃气及水生产和供应业	Electricity, Heat, Gas and Water Production and Supply	115644	66010	37434	119716
建筑业	Construction	71797	56467	50205	73802
批发和零售业	Wholesale and Retail Sales	76768	151752	38145	70721
交通运输、仓储和邮政业	Transportation, Storage and Postal Services	101606	92957	59992	102596
住宿和餐饮业	Hotel and Catering Services	43101	45906	42330	42939
信息传输、软件和信息技术服务业	Information Transmission, Software and Information Technology	111988	99062	62857	112861
金融业	Finance	112750	145617	20300	111932
房地产业	Real Estate	85939	56764	48686	87772
租赁和商务服务业	Leasing and Business Service	69131	84492	54814	67463
科学研究和技术服务业	Scientific Research and Technical Services	111447	103342	50592	122290
水利、环境和公共设施管理业	Water Conservancy, Environment and Public Facility Management	60212	62396	62664	55147
居民服务、修理和其他服务业	Services to Households, Repair and Other Services	53767	76063	62327	45900
教育	Education	85427	90052	47637	40743
卫生和社会工作	Public Health and Social Service	114421	117110	56065	69325
文化、体育和娱乐业	Culture, Sports and Entertainment	85338	91674	51873	75628
公共管理、社会保障和社会组织	Public Administration, Social Security and Social Organizations	94582	94599	73160	60206

4—8 城镇非私营单位在岗职工平均工资（2021年）
Average Wage of Staff and Workers in Urban Non-Private Units（2021）

单位：元 (yuan)

项 目	Item	在岗职工 Staff and Workers at Post	国有单位 State-owned Units	集体单位 Collective-owned Units	其他类型单位 Others
总 计	**Total**	**91369**	**98833**	**49488**	**85664**
按执行会计标准类别分	**By Type of Implementing Accounting Standards**				
企业	Enterprise	86282	91433	48934	86795
政府	Government	99403	99418	79011	56443
民间非营利组织	Folk Nonprofit Organization	46532	70351	48347	42823
其他	Others	79281	71000	31913	81573
按国民经济行业分	**By Sector**				
农、林、牧、渔业	Agriculture, Forestry, Animal Husbandry and Fishery	75181	80649	51153	67734
采矿业	Mining	76004	46968	53708	76812
制造业	Manufacturing	77684	68820	53784	78084
电力、热力、燃气及水生产和供应业	Electricity, Heat, Gas and Water Production and Supply	116929	67161	37540	120969
建筑业	Construction	73554	60540	48622	75222
批发和零售业	Wholesale and Retail Sales	77863	152329	38298	71693
交通运输、仓储和邮政业	Transportation, Storage and Postal Services	103193	94421	60083	104222
住宿和餐饮业	Hotel and Catering Services	43314	46614	42941	43123
信息传输、软件和信息技术服务业	Information Transmission, Software and Information Technology	115708	101878	62857	116660
金融业	Finance	151295	146073	20300	151499
房地产业	Real Estate	86961	60563	48955	88571
租赁和商务服务业	Leasing and Business Service	72129	86821	57317	70352
科学研究和技术服务业	Scientific Research and Technical Services	113790	105065	50963	125546
水利、环境和公共设施管理业	Water Conservancy, Environment and Public Facility Management	63285	64036	65408	61279
居民服务、修理和其他服务业	Services to Households, Repair and Other Services	55626	77489	63568	47487
教育	Education	88085	93085	48235	40697
卫生和社会工作	Public Health and Social Service	115536	118208	56901	70099
文化、体育和娱乐业	Culture, Sports and Entertainment	89556	95182	86226	80445
公共管理、社会保障和社会组织	Public Administration, Social Security and Social Organizations	97756	97775	74163	61368

4—9　全区城镇非私营单位工资统计主要指标情况（2021年）
Wage of Employed Persons in Urban Non-Private Units（2021）

指　标	Item	城镇非私营单位 in Urban Non-Private Units	国有单位 State-owned Units	集体单位 Collective-owned Units	其他类型单位 Others
在岗职工人数（人）	Staff and Workers at Post (person)	3343012	1719178	40282	1583552
在岗职工平均工资（元）	Average Wage of Staff and Workers at Post (yuan)	91369	98833	49488	85664
从业人员工资总额（万元）	Total Wage of Employed Persons in Urban Units at the Year-end (10 000 yuan)	35868733	17744346	290288	17834100
从业人员平均工资（元）	Average Wage of Employed Persons (yuan)	88170	96057	50220	82448

注：合计包含自治区直管单位。
Note: Data include departments directly managed under Autonomous Region.

4—10　分市城镇非私营单位工资统计主要指标情况（2021年）
Wage of Employed Persons in Urban Non-Private Units by City（2021）

指　标	Item	从业人员工资总额（万元） Wage of Employed Persons in Urban Units at the Year-end (10000 yuan)	从业人员平均工资（元） Average Wage of Employed Persons (yuan)	在岗职工人数（人） Staff and Workers at Post (person)	在岗职工平均工资（元） Average Wage of Staff and Workers at Post (yuan)
南宁市	Nanning	11140787	97978	848241	103013
柳州市	Liuzhou	5035943	91032	373670	92764
桂林市	Guilin	3374447	83542	327178	86209
梧州市	Wuzhou	1359291	76967	160854	79000
北海市	Beihai	1201528	81770	124555	85954
防城港市	Fangchenggang	629386	88133	68352	89053
钦州市	Qinzhou	1496990	79947	182903	80974
贵港市	Guigang	1577385	79153	175802	81821
玉林市	Yulin	2362152	77373	275525	80113
百色市	Baise	1993419	87372	210464	90754
贺州市	Hezhou	981033	80140	105988	86093
河池市	Hechi	1790500	87163	187293	90555
来宾市	Laibin	1019495	76896	111414	79161
崇左市	Chongzuo	1087948	80461	132493	81859

4—11 城镇非私营单位分市分行业从业人员（2021年）

Number of Employed Persons in Urban Non-Private Units by City and Sector（2021）

单位：人 (person)

市别	Region	合计 Total	农、林、牧、渔业 Agriculture, Forestry, Animal Husbandry and Fishery	采矿业 Mining	制造业 Manufacturing	电力、热力、燃气及水生产和供应业 Electricity, Heat, Gas and Water Production and Supply	建筑业 Construction	批发和零售业 Wholesale and Retail Sales	交通运输、仓储和邮政业 Transportation, Storage and Postal Services	住宿和餐饮业 Hotel and Catering Services	信息传输、软件和信息技术服务业 Information Transmission, Software and Information Technology
总　计	**Total**	**4102914**	**32690**	**8973**	**542047**	**112753**	**563719**	**136006**	**188658**	**45318**	**58688**
南宁市	Nanning	1149061	8046	72	103299	60427	228326	55680	55036	22387	30582
柳州市	Liuzhou	530860	2282	639	120244	4079	132454	16879	11934	5182	3801
桂林市	Guilin	410802	1579	259	57213	5743	66447	12697	10389	5555	5123
梧州市	Wuzhou	179601	913	693	34561	4421	5752	6720	5171	1986	1595
北海市	Beihai	148708	2632	503	28081	987	13264	3542	2868	1918	2818
防城港市	Fangchenggang	73530	541	36	6036	3287	11229	1160	6263	584	904
钦州市	Qinzhou	197194	726	44	24770	2267	20528	5360	7378	1522	1415
贵港市	Guigang	202504	570	408	21785	1962	18261	5853	4400	553	1143
玉林市	Yulin	312395	1981	1502	49567	6139	37436	12259	5481	1559	3330
百色市	Baise	229607	1567	1020	21757	7825	7080	4825	4772	1499	2124
贺州市	Hezhou	122301	907	1006	11987	3767	1066	2144	1615	283	1321
河池市	Hechi	206710	2510	2598	18145	5253	6112	4736	5643	1082	2039
来宾市	Laibin	137894	4917	62	22257	2664	13323	2160	1772	326	1086
崇左市	Chongzuo	139081	3523	130	22345	3932	2441	1992	3269	882	1406

注：总计包含自治区直管单位。

Note: The total data include departments directly managed under Autonomous Region.

4－11　续表　continued

单位：人　(person)

市　别	Region	金融业 Finance	房地产业 Real Estate	租赁和商务服务业 Leasing and Business Service	科学研究和技术服务业 Scientific Research and Technical Services	水利、环境和公共设施管理业 Water Conservancy, Environment and Public Facility Management	居民服务、修理和其他服务业 Services to Households Repair and Other Services	教育 Education	卫生和社会工作 Public Health and Social Services	文化、体育和娱乐业 Culture, Sports and Entertainment	公共管理、社会保障和社会组织 Public Administration, Social Security and Social Organizations
总　计	**Total**	**190003**	**94126**	**178808**	**88463**	**70756**	**11550**	**769762**	**384847**	**32527**	**593220**
南宁市	Nanning	75702	34331	77472	43911	15998	3642	148018	77259	13678	95194
柳州市	Liuzhou	19625	12550	17165	9863	7735	1611	59802	48001	2904	54109
桂林市	Guilin	23945	10296	18305	8765	9724	1742	68841	38280	5552	60350
梧州市	Wuzhou	5041	4757	5241	2602	1616	553	40906	22798	1096	33180
北海市	Beihai	7159	3593	4987	2711	5855	284	29878	12586	950	24091
防城港市	Fangchenggang	3569	2286	1004	1583	2854	240	11006	5488	425	15033
钦州市	Qinzhou	3006	3937	16523	2374	2802	374	56360	22709	492	24608
贵港市	Guigang	6099	3530	3383	2031	4416	539	67297	23813	744	35718
玉林市	Yulin	13908	7464	6969	3927	5005	444	76672	36420	2062	40271
百色市	Baise	10516	3538	7507	2248	4985	664	53749	32309	1423	60201
贺州市	Hezhou	5836	1617	4153	1731	1350	440	38542	11970	995	31573
河池市	Hechi	7541	2051	9131	2643	3882	294	54992	22980	1040	54037
来宾市	Laibin	5164	2250	3400	1120	1223	344	30130	14949	597	30151
崇左市	Chongzuo	2894	1928	3570	2955	3310	380	33569	15283	569	34703

4—12 城镇非私营单位分市分行业女性从业人数（2021年）

Number of Female Employed Persons in Urban Non-Private Units by City and Sector（2021）

单位：人 (person)

市别 Region	合计 Total	农、林、牧、渔业 Agriculture, Forestry, Animal Husbandry and Fishery	采矿业 Mining	制造业 Manufacturing	电力、热力、燃气及水生产和供应业 Electricity, Heat, Gas and Water Production and Supply	建筑业 Construction	批发和零售业 Wholesale and Retail Sales	交通运输、仓储和邮政业 Transportation, Storage and Postal Services	住宿和餐饮业 Hotel and Catering Service	信息传输、软件和信息技术服务业 Information Transmission, Software and Information Technology
总计 Total	**1791954**	**10263**	**2002**	**206472**	**30452**	**69600**	**74119**	**45594**	**28426**	**22583**
南宁市 Nanning	469749	2974	21	44101	15565	26048	30522	13612	13961	10619
柳州市 Liuzhou	192414	639	108	30956	1092	10749	10088	3817	3178	1622
桂林市 Guilin	175322	445	46	21795	1884	7502	7477	3184	3262	2382
梧州市 Wuzhou	88270	325	94	15362	1156	1201	3762	1556	1486	605
北海市 Beihai	72797	965	63	12450	315	1876	1987	975	1234	1263
防城港市 Fangchenggang	31859	122	7	1716	745	3123	498	1430	346	372
钦州市 Qinzhou	96450	152	9	11238	614	2444	2522	1848	913	538
贵港市 Guigang	102385	163	76	9589	588	4729	2793	1538	332	499
玉林市 Yulin	149713	379	332	21347	1697	5124	7266	1942	995	1375
百色市 Baise	110275	513	207	7496	2554	1295	2038	1620	1024	794
贺州市 Hezhou	63664	236	238	5233	1032	328	1030	565	151	588
河池市 Hechi	97195	702	746	8037	1510	887	2118	2438	763	856
来宾市 Laibin	68057	1595	22	9056	601	3864	1049	469	213	517
崇左市 Chongzuo	64373	1054	30	8098	1097	430	967	1170	569	553

注：总计包含自治区直管单位。

Note: The total data include departments directly managed under Autonomous Region.

4-12　续表　continued

单位：人　　(person)

市　别	Region	金融业 Finance	房地产业 Real Estate	租赁和商务服务业 Leasing and Business Service	科学研究和技术服务业 Scientific Research and Technical Services	水利、环境和公共设施管理业 Water Conservancy, Environment and Public Facility Management	居民服务、修理和其他服务业 Services to Households Repair and Other Services	教育 Education	卫生和社会工作 Public Health and Social Services	文化、体育和娱乐业 Culture, Sports and Entertainment	公共管理、社会保障和社会组织 Public Administration, Social Security and Social Organizations
总　计	**Total**	**107525**	**40952**	**63807**	**31321**	**34803**	**6787**	**507202**	**270838**	**16344**	**222865**
南宁市	Nanning	45662	15024	30706	15360	8554	2114	96821	54189	6869	37027
柳州市	Liuzhou	11141	5730	6100	3246	4033	932	42064	33613	1557	21748
桂林市	Guilin	12186	4165	4869	2914	4444	1064	46333	27481	2723	21165
梧州市	Wuzhou	2660	2019	1453	893	558	363	26096	15348	510	12822
北海市	Beihai	4061	1642	1863	1144	3287	130	21075	8909	537	9021
防城港市	Fangchenggang	1930	993	311	473	1567	143	7689	3850	241	6303
钦州市	Qinzhou	1551	1741	6226	815	1380	160	37589	15669	241	10799
贵港市	Guigang	2979	1702	1066	774	2130	346	44412	16830	368	11470
玉林市	Yulin	7682	3099	2695	1509	2139	163	51092	25332	932	14613
百色市	Baise	6060	1439	2936	795	2040	561	33380	23908	762	20852
贺州市	Hezhou	3225	749	1376	784	372	185	26467	8246	470	12389
河池市	Hechi	4170	750	1524	931	2244	167	33204	15968	493	19688
来宾市	Laibin	2416	1120	1614	440	295	246	20621	11095	300	12522
崇左市	Chongzuo	1801	780	1068	1242	1760	211	20359	10398	340	12445

4—13 城镇非私营单位分市分行业从业人员平均工资（2021年）
Average Wage of Employed Persons in Urban Non-Private Units by City and Sector (2021)

单位：元 (yuan)

市别	Region	合计 Total	农、林、牧、渔业 Agriculture, Forestry, Animal Husbandry and Fishery	采矿业 Mining	制造业 Manufacturing	电力、热力、燃气及水生产和供应业 Electricity, Heat, Gas and Water Production and Supply	建筑业 Construction	批发和零售业 Wholesale and Retail Sales	交通运输、仓储和邮政业 Transportation, Storage and Postal Services	住宿和餐饮业 Hotel and Catering Service	信息传输、软件和信息技术服务业 Information Transmission, Software and Information Technology
总计	**Total**	**88170**	**70545**	**75850**	**76986**	**115644**	**71797**	**76768**	**101606**	**43101**	**111988**
南宁市	Nanning	97978	80722	78852	73848	129349	82422	79952	92080	44510	106690
柳州市	Liuzhou	91032	89881	73622	101746	92858	73837	70402	78294	46687	111550
桂林市	Guilin	83542	65401	55039	67177	94012	68276	71138	74728	40774	100040
梧州市	Wuzhou	76967	60332	62197	60161	87454	69358	65219	75699	32659	122017
北海市	Beihai	81770	49022	96023	70587	86390	61580	72348	101526	43628	115944
防城港市	Fangchenggang	88133	66387	64975	87450	170580	55791	82095	112259	54632	125316
钦州市	Qinzhou	79947	56027	121239	75359	112212	44990	73703	106129	41940	126471
贵港市	Guigang	79153	74893	95902	54650	99568	65611	72255	77150	36775	129866
玉林市	Yulin	77373	62066	81473	75259	84102	51454	66425	79350	43249	118602
百色市	Baise	87372	72944	112246	79381	96814	51729	90924	83800	38061	126152
贺州市	Hezhou	80140	66438	55897	63496	109827	50968	106096	71378	41468	135177
河池市	Hechi	87163	72697	66108	63909	92261	47311	92756	68986	38091	125059
来宾市	Laibin	76896	65482	44263	62275	119835	41489	84894	68702	35837	131051
崇左市	Chongzuo	80461	69147	64536	67593	83367	55106	92684	85915	40396	120684

注：总计包含自治区直管单位。
Note: The total data include departments directly managed under Autonomous Region.

4－13 续表 continued

单位：元 (yuan)

市 别	Region	金融业 Finance	房地产业 Real Estate	租赁和商务服务业 Leasing and Business Service	科学研究和技术服务业 Scientific Research and Technical Services	水利、环境和公共设施管理业 Water Conservancy, Environment and Public Facility Management	居民服务、修理和其他服务业 Services to Households Repair and Other Services	教育 Education	卫生和社会工作 Public Health and Social Services	文化、体育和娱乐业 Culture, Sports and Entertainment	公共管理、社会保障和社会组织 Public Administration, Social Security and Social Organizations
总 计	**Total**	**112750**	**85939**	**69131**	**111447**	**60212**	**53767**	**85427**	**114421**	**85338**	**94582**
南宁市	Nanning	112598	103249	78325	129641	74414	60149	100374	145301	112301	113516
柳州市	Liuzhou	108002	79812	60615	108576	64552	47890	93264	128914	66959	103000
桂林市	Guilin	145711	74537	62200	91986	48138	49686	92519	103296	54987	91407
梧州市	Wuzhou	130915	64397	74727	84262	66501	42719	77465	95438	56856	79726
北海市	Beihai	98416	92517	67467	101859	47219	66045	89802	99488	69912	89137
防城港市	Fangchenggang	143711	80295	58131	81350	46714	55342	76773	94593	83785	86436
钦州市	Qinzhou	122346	74794	49512	79456	59524	67128	78850	115756	71896	84281
贵港市	Guigang	104472	89450	69338	89032	64135	63438	73202	96953	81620	96298
玉林市	Yulin	107730	72450	55123	90572	50895	56306	76578	107624	58416	75912
百色市	Baise	81404	70598	63548	83676	60153	30474	83075	111182	82586	93270
贺州市	Hezhou	104564	84542	61885	89137	60636	54799	69804	92026	75286	87350
河池市	Hechi	93261	59101	67441	92373	56720	71929	86565	95346	71282	104906
来宾市	Laibin	113676	58763	59578	94669	75401	47913	80590	94507	70022	83564
崇左市	Chongzuo	81100	77671	53484	90834	56455	35887	79474	101476	73221	85460

4—14 参加社会保险人员

Number of Persons Joined Social Insurance in Main Years

单位：人 (person)

项　目	Item	2018	2019	2020	2021
一、截至年末参加城镇职工基本养老保险人员总数	**Total Number of Persons Joined Urban Employees Basic Pension Insurance at Year End**	**8258753**	**8695229**	**9195235**	**9852530**
#离休退休退职人数	Total Retired, VCSR & RRSW	2603388	2683603	2746256	2810947
（一）执行企业养老保险制度	The Enterprise Basic Pension Insurance System	6544217	6926001	7370092	7948904
1. 企业	Enterprises	4238809	4414330	4720758	5255380
国有企业	State-owned Units	1917679	2034302	1825607	2033251
集体企业	Collective-owned Units	203263	200712	188574	194813
其他企业	Others	2009663	2069787	2612868	2963277
港、澳、台及外资企业	Foreign Investment Units and Enterprises with Funds from by Hong Kong, Macau and Taiwan	108204	109529	93709	64039
2. 其他人员	Other Staffs	2305408	2410657	2549543	2693524
（二）执行机关事业单位养老保险制度	The Institution and Agency Basic Pension Insurance System	1714536	1769228	1825143	1903626
1. 机关	Institution	484530	492461	475737	476849
2. 事业	Agency	1224647	1273088	1347271	1421762
3. 其他单位	Others	5359	3679	2135	5015
二、截至年末参加失业保险人员总数	**Total Number of Persons Joined Unemployment Insurance at Year End**	**3235181**	**3629553**	**4105835**	**4750404**
（一）企业	Enterprise	2079279	2398787	2736148	3252254
1. 内资企业	Domestic Capital	1953831	2262550	2567212	3140492
2. 港、澳、台及外资企业	Foreign Investment Units and Enterprises with Funds from by Hong Kong, Macau and Taiwan	125448	136237	168936	111762
（二）事业单位	Agency	1045809	1101704	1197948	1238472
（三）其他单位	Others	110093	129062	171739	259678
三、截至年末参加基本医疗保险人员总数	**Total Number of Persons Joined the Basic Health Care Program at Year End**	**51366880**	**52071526**	**52172359**	**52492701**
（一）城镇职工基本医疗保险参保人数	**Urban Staff and Workers**	**5884697**	**6205149**	**6562271**	**7147712**
#退休人数	Total Number of VCSR	1674729	1760341	1776498	1833517
1. 企业	Enterprise	3224052	3415994	3585308	3870491
2. 事业	Institution	1483509	1588218	1727965	1972853
3. 机关	Agency	500106	518881	536547	579383
4. 其他人员	Other Staffs	677030	682056	712451	724985
（二）城乡居民基本医疗保险参保人数	**Urban and Rural Residents**	**45482183**	**45866377**	**45610088**	**45344992**
四、截至年末参加工伤保险人员总数	**Total Number of Persons Joined the Industrial Injury Insurance at Year End**	**4126025**	**4422273**	**4855651**	**5513076**
五、截至年末参加生育保险人员总数	**Total Number of Persons Joined the Bearing Insurance at Year End**	**3661959**	**4059275**	**4772392**	**5234897**
六、截至年末参加城乡居民基本养老保险人数	**Total Number of Residents Joined the Urban and Rural Basic Pension Insurance at Year End**	**18896170**	**19836785**	**24377344**	**20673970**

注：1. 基本医疗保险数据由自治区医保局提供，其余数据由自治区人社厅提供。
2. 因社会保险制度改革，城镇居民基本医疗保险与新农合从2017年起整合为城乡居民基本医疗保险。
3. “截至年末参加城乡居民基本养老保险人数”指标由于2021年调查口径调整，与2020年数据不具有可比性。

Note: 1. The data about basic health care program in this table is provided by Healthcare Security Administration of Guangxi, and the rest provided by Department of Human Resources and Social Security of Guangxi.
2. Due to the reform on social insurance system, urban residents basic health care insurance and new rural cooperative medical system have been adjusted to urban and rural residents basic health care insurance since 2017.
3.The data of Total Number of Residents Joined the Urban and Rural Basic Pension Insurance at Year End has been adjusted since 2021, which is incomparable with the former years.

4－15　分市社会保险参保人数（2021年）
Number of Persons Joined Social Security by City（2021）

单位：人　　(person)

地　区	City	城镇基本养老保险人数 Number of Persons Participating in The Basic Pension Insurance in Urban Employees	执行企业业职工基本养老保险制度 The Enterprise Basic Pension Insurance System	执行机关事业单位职工基本养老保险制度 The Institution and Agency Basic Pension Insurance System	失业保险人数 Number of Persons Participating in the Unemployment Insurance Program	基本医疗保险人数 Number of Person Participating in the Basic Health Care Program	工伤保险人数 Number of Person Participating in the Industrial Injury Insurance	生育保险人数 Number of Person Participating in the Bearing Insurance	城乡居民基本养老保险参保人数 Number of Residents Participating in the Urban and Rural Basic Pension Insurance
总　计	**Total**	**9852530**	**7948904**	**1903626**	**4750404**	**52492704**	**5513076**	**5234897**	**20673970**
南宁市	Nanning	2061771	1852611	209160	1113119	7447552	1223832	1167597	2403125
柳州市	Liuzhou	1247983	1106688	141295	547267	3750145	571938	583222	1243306
桂林市	Guilin	1104239	919910	184329	500531	5099359	601975	517804	2117531
梧州市	Wuzhou	491840	393959	97881	196648	3233150	245342	230158	1280670
北海市	Beihai	372617	310408	62209	176064	1668873	230172	206993	614914
防城港市	Fangcheng-gang	205809	169902	35907	115285	938161	149267	134795	306855
钦州市	Qinzhou	330866	238066	92800	143197	3680920	162803	198966	1333976
贵港市	Guigang	419636	298956	120680	163949	4912138	222645	230146	2125404
玉林市	Yulin	686376	513959	172417	267431	6148505	307418	336203	2224708
百色市	Baise	461174	325331	135843	244296	3997816	291532	287432	2025177
贺州市	Hezhou	274737	202325	72412	125136	2213552	178830	137081	1002699
河池市	Hechi	442020	305054	136966	189976	4007221	229858	230721	1887762
来宾市	Laibin	275219	196956	78263	125461	2437260	140439	146105	1033657
崇左市	Chongzuo	290908	207618	83290	127720	2415628	176399	161977	1074186

注：1. 此表关于基本医疗保险数据由自治区医保局提供，其余数据由自治区人社厅提供。
2. 总计包括自治区本级。
3. 基本医疗保险人数包括城镇职工基本医疗保险与城镇居民基本医疗保险能参保人数之和。
4. 执行机关事业单位基本养老保险制度的统计指标从2016年起建立。

Note: 1. The data about basic health care program in this table is provided by Healthcare Security Administration of Guangxi, and the rest provided by Department of Human Resources and Social Security of Guangxi.
2. The total item include the Autonomous Region itself.
3. The number of persons participating in the Basic Health Care Program include the number of persons in the urban staff and workers' Basic Health Care Program and the urban residents' Basic Health Care Program.
4. The items about "The Institution and Agency Basic Pension Insurance System" start at 2016.

4－16 城镇私营单位从业人员平均工资（2021年）

Average Wage of Employed Persons in Urban Private Units (2021)

单位：元 (yuan)

行 业	Sector	2018	2019	2020	2021
总计	**Total**	**39948**	**42949**	**45238**	**48494**
农、林、牧、渔业	Agriculture, Forestry, Animal Husbandry and Fishery	33700	36244	38061	47289
采矿业	Mining	43167	45326	46449	54567
制造业	Manufacturing	41201	44638	47420	51694
电力、热力、燃气及水生产和供应业	Electricity, Heat, Gas and Water Production and Supply	40541	44467	48339	51962
建筑业	Construction	39776	43060	45473	48331
批发和零售业	Wholesale and Retail Sales	38881	40765	43442	45090
交通运输、仓储和邮政业	Transportation, Storage and Postal Services	40128	46049	47094	47222
住宿和餐饮业	Hotel and Catering Services	33157	35900	35123	39352
信息传输、软件和信息技术服务业	Information Transmission, Software and Information Technology	46841	51501	55545	63082
金融业	Finance	47627	53144	55481	63343
房地产业	Real Estate	45846	43464	44581	49266
租赁和商务服务业	Leasing and Business Services	40350	44522	46836	48120
科学研究和技术服务业	Scientific Research and Technical Services	46948	49129	53240	58711
水利、环境和公共设施管理业	Water Conservancy, Environment and Public Facility Management	33753	39311	39910	41503
居民服务、修理和其他服务业	Services to Households, Repair and Other Services	34950	38980	36736	39344
教育	Education	33871	34159	32227	33921
卫生和社会工作	Public Health and Social Services	41713	52859	54615	57621
文化、体育和娱乐业	Culture, Sports and Entertainment	32223	35667	37337	40797

注：城镇私营单位工资统计采取抽样调查方式，样本代表性仅为省（自治区）级，无市、县（区）数据。

Note: The data of "Average Wage of Employed Persons in Urban Private Units" comes from sample survey, with the population of that in Autonomous Region, doesn't involve cities and counties.

主要统计指标解释

劳动力资源总数　指在劳动年龄内人口（16周岁及以上）总数中，具有劳动能力，在正常情况下，可能或实际参加社会劳动的人口数。

从业人员　指从事一定社会劳动并取得劳动报酬或经营收入的人员。从业人员按从业身份分组包括：（1）职工；（2）再就业的离退休人员；（3）私营业主；（4）个体户主；（5）私营企业和个体从业人员；（6）乡镇企业从业人员；（7）农村从业人员；（8）其他从业人员（包括现役军人）。

职工　指在国有、城镇集体、联营、股份制、外商和港、澳、台投资、其他单位及其附属机构中工作，并由其支付工资的各类人员。不包括下列人员：（1）乡镇企业从业人员；（2）私营企业从业人员；（3）城镇个体劳动者；（4）离休、退休、退职人员；（5）再就业的离、退休人员；（6）民办教师；（7）其他按有关规定不列入职工统计范围的人员。

城镇登记失业人员　指有非农业户口，在一定的劳动年龄内（16岁及以上男50岁以下，女45岁以下），有劳动能力，无业而要求就业，并在当地就业服务机构进行求职登记的人员。

城镇登记失业率　城镇登记失业人员与城镇单位从业人员（扣除使用的农村劳动力、聘用的离退休人员、港澳台及外方人员）、城镇单位中的不在岗职工、城镇私营业主、个体户主、城镇私营企业和个体从业人员、城镇登记失业人员之和的比。计算公式为：

$$\text{城镇登记失业率}=\frac{\text{城镇登记失业人数}}{\text{（城镇登记单位从业人员－使用的农村劳动力－聘用的离退休人员－聘用的港澳台及外方人员）＋不在岗职工＋城镇私营业主＋城镇个体户主＋城镇私营企业及个体从业人员＋城镇登记失业人数}}\times 100\%$$

工资总额　指各单位在一定时期内直接支付给本单位全部职工的劳动报酬总额。工资总额的计算应以直接支付给职工的全部劳动报酬为根据。各单位支付给职工的劳动

Explanatory Notes on Main Statistical Indicators

Total Resource of Labor Force　refers to the population aged 16 and over who are capable to work , are willing to participate in or participating in social labor.

Employees　refers to the persons who are engaged in social labor and receive remuneration payment or earn business income, including: (1) staff and workers at work; (2) re-employed retirees; (3) employers of private enterprises; (4) self-employed workers; (5) employers in private and individual economy; (6) employees in township; (7) employed persons in the rural areas; (8) other employed persons (including the servicemen).

Staff and Workers　refer to the persons who work in and receive payment there from enterprise and institutions of state ownership, collective ownership, joint ownership, share holding, foreign ownership, and ownership by entrepreneurs from Hong Kong, Macao, and Taiwan, and other types of ownership and their affiliated units, excluding: (1) employed persons in rural enterprises; (2) employed persons in private enterprises; (3) urban individual laborers; (4) retired persons, VCSR and RRSW; (5) re-employed retirees and VCSR; (6) teachers in the schools run by the local people; (7) other persons aren’t included in the statistic range of staff and workers according to related rules.

Registered Urban Unemployed Persons　refer to the persons who are registered as permanent residents in the urban areas engaged in non-agricultural activities, aged within the range of working age (16 age and over, while male below 50 and female below 45), capable to labor, unemployed but desirous to be employed and have been registered at the local employment service agencies to apply for a job.

Registered Urban Unemployment Rate　refers to the ratio of the number of the registered unemployed persons to the sum of the number of persons employed in various units and in private enterprises in urban areas, urban self-employed individuals and the registered urban unemployed persons (excluding the employed rural labor force, re-employed retirees, and Hong Kong, Macao, Taiwan or foreign employees). The formula is as follows:

$$\text{Registered urban unemployment rate}=\frac{\text{Number of registered urban unemployed persons}}{\text{(Number of persons employed in urban units-employed rural labor force-reemployed retirees-HongKong, Macao, Taiwan or foreign employees)+number of staff and workers out of post+number of urban self-employed individuals+number of personnel in urban privately enterprises and self-employed individuals+number of personnel in urban privately enterprises and self-employed laborers+number of the registered urban unemployed persons}}\times 100\%$$

Total Wages of Staff and Workers　refer to the total remuneration payment to staff and workers in various units during a certain period of time. The calculation of total wages is based on the total remuneration payment to

报酬以及其他根据有关规定支付的工资，不论是计入成本的还是不计入成本的，不论是以货币形式支付的还是以实物形式支付的，均应列入工资总额的计算范围。工资总额包括计时工资、计件工资、奖金、津贴和补贴、加班加点工资、特殊情况下支付的工资。

平均工资 指企业、事业、机关等单位的职工在一定时期内平均每人所得的货币工资额。其计算公式为：

$$平均工资=\frac{报告期实际支付的全部职工工资总额}{报告期全部职工平均人数（人）}$$

平均实际工资 是指扣除物价变动因素后的职工平均工资。其计算公式为：

$$平均实际工资=\frac{报告期职工平均工资}{报告期城市居民消费价格指数}$$

参加城镇职工基本养老保险的职工人数 指报告期末参加城镇职工基本养老保险并在社会保险经办机构已建立缴费记录档案的职工人数，包括中断缴费但未终止养老保险关系的职工人数，不包括只登记未建立缴费记录档案的人数。

参加城镇职工基本养老保险的离休、退休、退职人员人数 指报告期末参加城镇职工基本养老保险并由养老保险基金支付养老金的离休人员、退休人员、退职人员人数（包括扩面工作中增加的人员），其中离休人员指离休干部。

参加失业保险人员总数 指报告期末城镇企业、事业单位职工参加失业保险的人数及按地方规定参加失业保险的其他人员人数之和。

参加职工基本医疗保险人员人数 指报告期末参加职工基本医疗保险（实施统帐结合和单建统筹基金）的职工人数和退休人数的合计。

the staff and workers. Therefore, all the wages and salaries and other payments to staff and workers are included in the total wages regardless of their sources, category, and forms (in kind or cash). Total wages of staff and workers includes the wage calculated by time, wage calculated by volume, bonus, subsidies and allowances, wage paid in special.

Average Wage of Staff and Workers refers to the average wage in money terms per person during a certain period of time for staff and workers in enterprises, institutions and government agencies. The formula for calculating Average Wage of Staff and Workers is as follows:

$$\text{Average Wage of Staff and Workers}=\frac{\text{Total Wages of Staff and Workers in Reference Period}}{\text{Average Number of Staff and Workers in Reference Period}}$$

Average Real Wage of Staff and Workers refers to the average wage, which has removed the factor of price change. The formula is as follows:

$$\text{Average Real Wage of Staff and Workers}=\frac{\text{Average Wage of Staff and Workers in Reference Period}}{\text{Urban Consumer Prices Index in Reference Period}}$$

Total Number of Employees Participating in Basic Old-age Insurance for Urban Workers Refers to the number of workers who participated in the for urban employees at the end of the reporting period and who have set up payment records in the social insurance agencies, including those who interrupted payment but did not terminate the endowment insurance relationship, excluding those who only registered but did not set up payment records.

Number of retirees, retirees and retirees participating in basic pension insurance for urban workers Refers to the number of retirees, retirees and retirees (including those who have increased in the expansion work) who participated in the basic old-age insurance for urban workers and paid pensions by the old-age insurance fund at the end of the reporting period. Among them, retirees refer to retired cadres.

Total number of persons participating in unemployment insurance Refers to the total number of employees of urban enterprises and institutions participating in unemployment insurance and other persons participating in unemployment insurance according to local regulations at the end of the reporting period.

Number of employees participating in basic medical insurance Refers to the total number of employees and retirees who participated in the basic medical insurance (Implementing the integration of unified accounts and the unified fund for individual construction) at the end of the reporting period.

第五篇　物　价

CHAPTER 5　PRICE

（编辑：蒋志华　肖静月）

简要说明

一、本篇资料主要内容及来源

本篇价格指数资料，反映生产、流通、消费与投资等环节的价格变动趋势和变动幅度。主要包括居民消费价格指数、商品零售价格指数、农产品生产者价格指数、工业生产者出厂价格指数、工业生产者购进价格指数、固定资产投资价格指数、房地产价格指数、农产品集贸市场价格及指数等。

本篇所有数据均来源于国家统计局广西调查总队。

二、其他说明

价格指数编制由国家统计局城市社会经济调查司和农村社会经济调查司组织实施。由各省、自治区、直辖市及抽选出的市、县调查队依据国家统计局统一制定的价格统计调查制度从基层采集原始数据汇总后上报。

Brief Introduction

Main contents and sources of this information

The price index data in this article reflects the price change trend and range in production, circulation, consumption and investment. It mainly includes consumer price indices, commodity retail price indices, producer price indices for agricultural product, producer price indices for industrial products, purchasing price indices for industrial producers, price indices for investment in fixed assets, real estate price indices, agricultural product market price and indices, etc.

All the data in this article come from Guangxi Investigation Team of National Bureau of Statistics.

5－1 居民消费及商品零售价格总指数（1978—2021年）
Consumer and Retail General Price Indices (1978—2021)

（上年=100）　　(preceding year=100)

年 份 Year	居民消费价格总指数 Consumer Price Index			商品零售价格总指数 Retail Price Index		
	全 区 Total	城 市 Urban Areas	农 村 Rural Areas	全 区 Total	城 市 Urban Areas	农 村 Rural Areas
1978	99.8	99.8		100.0	99.8	100.1
1979	102.8	102.8		102.3	102.9	101.7
1980	112.6	112.6		109.2	113.1	106.1
1981	102.7	102.7		101.7	103.0	100.5
1982	104.1	104.1		103.1	104.4	102.4
1983	103.0	103.0		102.8	103.0	102.7
1984	103.3	104.6	102.4	104.2	104.5	104.1
1985	113.0	114.7	111.8	111.2	114.5	109.3
1986	106.2	106.2	106.2	105.1	106.0	104.4
1987	108.2	110.2	105.8	108.0	110.5	105.5
1988	120.8	123.3	118.4	121.0	123.2	119.4
1989	121.1	119.7	123.3	121.3	119.1	123.5
1990	101.1	98.3	104.4	100.1	97.4	102.4
1991	102.8	102.7	103.0	102.5	102.5	102.5
1992	105.9	107.0	105.4	104.6	106.2	103.9
1993	122.0	123.3	119.1	118.9	121.9	114.8
1994	126.0	125.4	126.5	124.4	122.7	125.6
1995	118.4	118.0	118.6	116.4	115.0	117.7
1996	106.5	105.5	107.4	104.5	104.1	104.9
1997	100.8	100.7	100.8	99.6	99.9	99.4
1998	97.0	97.1	96.8	96.3	96.7	95.9
1999	97.7	97.2	98.2	97.2	96.8	97.6
2000	99.7	100.0	99.5	98.6	98.4	98.8
2001	100.6	101.3	99.6	97.8	97.3	99.0
2002	99.1	98.9	99.3	98.1	98.2	98.0
2003	101.1	100.9	101.3	100.2	99.6	100.8
2004	104.4	104.1	104.9	103.9	103.4	104.4
2005	102.4	103.0	101.6	101.1	101.3	101.0
2006	101.3	101.6	100.9	100.3	100.8	99.8
2007	106.1	105.6	106.8	104.8	104.2	105.3
2008	107.8	107.6	108.5	107.6	107.6	108.3
2009	97.9	97.9	97.5	98.0	98.1	96.9
2010	103.0	102.9	103.4	103.0	103.0	103.2
2011	105.9	105.7	106.4	106.0	105.7	106.6
2012	103.2	103.2	103.3	102.3	102.2	102.4
2013	102.2	102.1	102.4	101.2	101.1	101.3
2014	102.1	102.2	101.9	101.4	101.5	101.1
2015	101.5	101.5	101.5	100.1	100.1	100.1
2016	101.6	101.6	101.7	100.4	100.4	100.3
2017	101.6	101.9	101.1	101.2	101.2	100.8
2018	102.3	102.4	102.2	101.6	101.6	101.7
2019	103.7	103.5	104.1	103.2	103.1	103.5
2020	102.8	102.5	103.5	101.4	101.3	102.1
2021	100.9	101.1	100.5	101.1	101.2	100.4

注：1994年起商品零售价格总指数不包括农资。
Note: Retail General Price Index since 1994 has excluded agricultural means of production.

5—2 各地区商品零售价格指数（2021年）

（上年=100）

地　区	Region	总指数 General Index	一、食品类 Food	粮食 Grain	食用油 Edible Oil and Fats	菜及食用菌 Vegetables & Edible Fungi	畜肉 Livestock Meat	禽肉 Poultry Meat	水产品 Aquatic Products
全区平均	**Average of the Whole Autonomous Region**	**101.1**	**98.0**	**101.1**	**109.3**	**104.2**	**80.1**	**97.1**	**106.4**
南宁市	Nanning	101.1	98.2	100.0	109.9	104.5	81.4	93.9	106.0
柳州市	Liuzhou	100.8	98.8	101.3	110.3	106.9	82.0	96.7	105.6
桂林市	Guilin	101.9	98.3	102.0	112.7	103.8	81.5	97.6	108.0
梧州市	Wuzhou	101.4	97.6	99.2	108.8	104.5	80.5	94.6	106.6
北海市	Beihai	101.8	100.1	99.9	111.1	104.4	77.6	101.3	109.0
防城港市	Fangchenggang	101.6	98.7	101.3	106.6	102.5	77.4	100.9	105.0
钦州市	Qinzhou	101.2	99.0	99.7	104.8	101.5	79.9	105.0	107.6
贵港市	Guigang	101.7	97.5	102.2	106.7	107.8	81.0	95.4	106.3
玉林市	Yulin	101.3	96.8	101.0	108.6	102.7	79.1	98.8	102.2
百色市	Baise	100.7	97.9	103.5	107.2	100.6	80.6	101.8	104.7
贺州市	Hezhou	101.7	97.8	102.1	109.0	103.3	80.5	100.1	105.8
河池市	Hechi	100.8	98.1	102.7	110.0	103.7	80.3	99.9	107.5
来宾市	Laibin	101.2	96.8	102.8	116.8	100.6	77.0	100.6	106.9
崇左市	Chongzuo	101.2	96.9	102.6	109.3	104.5	75.3	99.4	107.6
城市平均	**Average of Urban Areas**	**101.2**	**98.2**	**100.8**	**109.6**	**104.6**	**80.9**	**96.6**	**106.1**
农村平均	**Average of Rural Areas**	**100.4**	**96.3**	**102.3**	**107.0**	**101.3**	**75.6**	**99.7**	**108.0**

Retail Price Indices by Region（2021）

（preceding year=100）

干鲜瓜果 Fruits and Nuts	其他食品 Other Foods	二、饮料、烟酒类 Beverages, Tobacco and Liquor	三、服装、鞋帽类 Garments, Shoes and Hats	服装 Garments	鞋袜帽 Shoes, Socks and Hats	四、纺织品类 Textiles
101.7	**99.6**	**100.7**	**101.0**	**100.9**	**101.4**	**100.1**
102.5	98.3	100.2	101.8	101.8	102.0	99.6
102.7	99.4	100.6	99.4	98.9	102.2	99.3
102.4	100.5	101.4	101.3	101.4	100.9	103.6
100.5	99.4	101.4	101.4	101.4	101.6	100.1
103.7	100.0	100.6	100.5	100.6	100.2	100.0
101.2	99.2	100.5	104.7	105.5	101.7	101.4
102.5	101.1	100.2	102.0	102.3	100.8	102.1
99.1	99.7	101.3	101.1	101.3	99.8	97.0
98.0	101.5	101.7	101.6	101.2	102.6	102.1
100.9	105.4	102.3	100.9	101.4	98.2	99.8
104.2	101.3	101.4	100.6	101.0	98.9	105.9
99.2	100.1	100.9	102.7	102.3	104.7	103.3
103.9	98.6	99.8	101.3	101.6	100.3	99.8
99.1	99.5	100.1	101.2	101.2	101.3	100.1
101.9	**99.6**	**100.7**	**101.1**	**101.0**	**101.6**	**100.1**
100.3	**99.8**	**100.5**	**99.9**	**100.0**	**99.9**	**99.8**

5-2 续表 1

(上年=100)

地 区	Region	五、家用电器及音像器材 Household Appliances, Music and Video Equipments	家庭设备 Household Appliances	文娱用耐用消费品 Durable Consumer Goods for Recreational Use	专业音像器材类 Professional Music and Video Equipments	六、文化办公用品 Culture and Office Appliances	七、日用品 Articles for Daily Use
全区平均	**Average of the Whole Autonomous Region**	**101.8**	**100.9**	**103.5**	**99.9**	**101.4**	**98.9**
南宁市	Nanning	101.0	99.2	104.4	98.3	100.9	98.1
柳州市	Liuzhou	100.8	100.4	101.5	99.9	100.8	99.1
桂林市	Guilin	102.4	104.1	100.1	101.8	101.4	99.8
梧州市	Wuzhou	103.4	102.9	104.4	99.9	101.6	99.9
北海市	Beihai	102.9	103.0	103.2	99.9	101.6	99.7
防城港市	Fangchenggang	105.1	106.6	103.7	99.9	102.5	100.3
钦州市	Qinzhou	102.6	101.0	105.9	99.9	101.5	98.7
贵港市	Guigang	105.8	103.4	110.7	101.0	99.5	97.6
玉林市	Yulin	102.0	100.5	104.4	103.6	105.8	99.6
百色市	Baise	102.4	101.9	103.8	100.1	101.6	99.4
贺州市	Hezhou	100.8	100.1	102.0	100.0	103.1	98.2
河池市	Hechi	102.2	102.4	102.3	99.9	102.0	97.9
来宾市	Laibin	103.3	103.3	104.0	99.9	102.0	99.7
崇左市	Chongzuo	102.1	100.6	104.5	103.0	102.3	98.8
城市平均	**Average of Urban Areas**	**101.9**	**101.0**	**103.6**	**99.9**	**101.4**	**98.8**
农村平均	**Average of Rural Areas**	**101.0**	**100.5**	**102.5**	**100.1**	**101.0**	**99.6**

continued

（preceding year=100）

八、体育娱乐用品 Sports and Recreation Goods	体育户外用品 Sports Articles	娱乐用品 Recreation Goods	九、交通、通信用品 Transportation and Communication Appliances	交通运输机械 Transportation Appliances	通讯器材类 Communication Appliances	十、家具 Furniture
101.9	**101.5**	**102.1**	**99.5**	**98.7**	**101.2**	**100.3**
104.5	104.5	104.5	98.9	97.3	102.6	101.2
100.2	100.2	100.2	100.2	99.9	100.7	96.9
101.1	99.7	101.7	99.2	99.1	99.2	102.7
99.7	98.3	100.3	100.8	99.1	104.3	104.6
100.0	99.7	100.2	100.0	99.7	100.6	101.5
101.9	100.4	102.6	99.7	99.8	99.6	99.6
100.3	99.7	100.5	99.2	96.6	105.4	100.1
99.9	100.8	99.5	101.2	101.5	100.6	95.8
101.1	97.9	102.5	98.3	97.4	100.3	100.7
101.2	101.6	101.0	99.3	99.1	99.6	102.0
101.5	103.0	100.9	99.7	99.7	99.9	100.8
101.5	99.1	102.5	99.1	98.9	99.5	100.2
102.0	102.3	101.8	100.2	100.2	100.2	100.4
99.8	100.0	99.8	100.9	100.7	101.3	99.5
102.0	**101.6**	**102.2**	**99.5**	**98.6**	**101.4**	**100.3**
100.6	**100.3**	**100.7**	**99.6**	**99.7**	**99.2**	**100.5**

5—2 续表 2

(上年=100)

地 区	Region	十一、化妆品类 Cosmetics	十二、金银饰品 Gold and Silver Ornaments	十三、中西药品及医疗保健用品类 Traditional Chinese and Western Medicines and Health Care Articles	医疗卫生器具 Medical Instrument
全区平均	**Average of the Whole Autonomous Region**	**100.1**	**101.4**	**98.2**	**99.0**
南宁市	Nanning	100.6	101.8	96.2	102.0
柳州市	Liuzhou	100.4	100.7	99.2	96.8
桂林市	Guilin	99.2	102.6	99.4	96.6
梧州市	Wuzhou	100.0	101.5	96.1	99.4
北海市	Beihai	99.7	100.6	99.3	100.2
防城港市	Fangchenggang	100.1	97.4	99.5	95.8
钦州市	Qinzhou	99.6	102.5	98.4	89.7
贵港市	Guigang	99.3	100.8	100.1	94.3
玉林市	Yulin	99.5	102.8	101.4	99.4
百色市	Baise	99.8	99.2	97.6	103.9
贺州市	Hezhou	99.1	101.2	99.5	95.7
河池市	Hechi	100.0	100.5	99.0	98.8
来宾市	Laibin	100.1	100.6	98.9	98.9
崇左市	Chongzuo	98.6	100.2	99.6	99.3
城市平均	**Average of Urban Areas**	**100.1**	**101.4**	**98.1**	**99.0**
农村平均	**Average of Rural Areas**	**99.4**	**101.8**	**99.3**	**98.8**

continued

(preceding year=100)

中药 Traditional Chinese Medicines	西药 Western Medicines	保健器具及用品 Health Care Articles	十四、书报杂志及电子出版物类 Books, Newspapers, Magazines and Electronic Publications	十五、燃料 Fuels	十六、建筑材料及五金电料 Building Materials and Hardware
101.3	**96.1**	**99.8**	**101.0**	**116.1**	**101.5**
102.2	91.1	98.6	100.1	117.9	102.4
99.2	99.0	102.5	100.5	115.3	98.0
100.7	99.4	101.1	99.7	117.3	102.4
101.8	90.5	101.3	101.8	115.4	101.6
100.5	98.7	98.4	100.7	113.8	103.1
101.7	99.9	99.4	101.4	112.7	107.1
102.4	99.4	99.0	102.8	113.4	101.7
103.4	102.6	91.3	103.1	118.5	101.8
104.2	100.8	101.3	102.6	115.0	103.7
100.7	92.8	100.0	100.6	110.0	103.3
101.3	99.7	101.3	102.0	119.5	107.3
100.3	97.9	100.9	100.7	113.7	98.1
94.7	100.7	99.6	100.7	116.4	100.5
99.8	99.3	100.8	100.0	115.7	102.7
101.4	**95.7**	**99.8**	**101.0**	**116.4**	**101.3**
100.1	**99.0**	**99.6**	**100.9**	**114.1**	**102.4**

5−3 各地区居民消费价格指数（2021年）

（上年=100）

地 区	Region	总指数 General Index	一、食品烟酒 Food, Tobacco and Liquor	1.食品 Food	(1) 粮食 Grain	(2) 薯类 Tubers	(3) 豆类 Beans	(4) 食用油 Edible Oil and Fats	(5) 菜及食用菌 Vegetables & Edible Fungi	(6) 畜肉类 Livestock Meat
全区平均	**Average of the Whole Autonomous Region**	**100.9**	**98.8**	**97.3**	**101.6**	**95.0**	**105.1**	**108.5**	**103.3**	**78.7**
南宁市	Nanning	101.4	99.6	97.6	100.0	96.4	107.0	110.1	104.5	81.5
柳州市	Liuzhou	100.9	99.6	98.7	101.3	99.9	102.8	110.4	106.9	82.1
桂林市	Guilin	100.7	99.3	98.4	102.0	95.8	103.6	112.9	103.8	81.6
梧州市	Wuzhou	100.8	99.1	97.0	99.2	96.6	106.9	108.9	104.5	80.6
北海市	Beihai	101.3	100.4	99.5	99.9	95.5	108.0	111.2	104.5	77.7
防城港市	Fangchenggang	101.2	99.9	97.8	101.3	96.3	108.8	106.7	102.6	77.6
钦州市	Qinzhou	100.9	99.4	99.2	99.7	96.9	104.8	105.0	101.5	80.1
贵港市	Guigang	100.9	98.8	97.4	102.2	103.3	108.2	106.9	107.8	81.1
玉林市	Yulin	100.7	98.7	96.7	101.0	97.7	102.1	108.7	102.7	79.2
百色市	Baise	100.9	98.9	97.4	103.5	85.3	104.2	107.4	100.6	80.7
贺州市	Hezhou	100.8	99.0	97.9	102.1	87.6	101.1	109.1	103.3	80.6
河池市	Hechi	101.7	99.1	97.5	102.7	95.8	110.0	110.1	103.7	80.4
来宾市	Laibin	100.5	98.2	97.4	102.8	97.8	106.9	117.1	100.6	77.1
崇左市	Chongzuo	100.9	98.3	96.5	102.6	98.6	107.1	109.6	104.5	75.5
城市平均	**Average of Urban Areas**	**101.1**	**99.4**	**98.0**	**101.0**	**96.7**	**105.4**	**110.1**	**104.4**	**80.8**
农村平均	**Average of Rural Areas**	**100.5**	**97.6**	**96.2**	**102.3**	**91.2**	**104.6**	**107.0**	**101.3**	**75.6**

Consumer Price Indices by Region（2021）

（preceding year=100）

(7) 禽肉类 Poultry Meat	(8) 水产品 Aquatic Products	(9) 蛋类 Eggs	(10) 奶类 Milk	(11) 干鲜瓜果类 Fruits and Nuts	(12) 糖果糕点类 Candy and Cake	(13) 调味品 Flavoring	(14) 其他食品类 Other Foods	2.茶及饮料 Tea and Beverages
97.9	**107.0**	**107.3**	**100.4**	**101.4**	**101.1**	**101.2**	**99.6**	**101.0**
94.0	106.1	111.1	101.4	102.5	99.8	101.5	98.3	100.5
96.7	105.7	112.2	101.6	102.7	102.8	100.8	99.4	100.9
97.6	108.1	106.1	102.8	102.4	100.2	102.3	100.4	103.5
94.7	106.7	105.6	100.5	100.5	101.8	100.5	99.4	100.3
101.3	109.1	104.2	102.0	103.7	107.0	102.4	100.0	100.7
101.0	105.1	106.3	101.0	101.2	100.6	101.4	99.3	101.3
105.0	107.7	97.1	101.4	102.5	100.7	102.4	101.1	98.4
95.4	106.4	99.9	98.0	99.1	101.4	101.7	99.7	103.4
98.8	102.3	107.8	101.1	98.0	99.3	105.1	101.5	100.6
101.8	104.7	103.7	100.3	100.9	100.2	101.2	105.4	101.2
100.1	105.8	101.7	98.4	104.2	101.8	104.2	101.3	100.2
99.9	107.5	106.0	101.4	99.2	101.4	99.4	100.1	101.8
100.6	107.0	101.5	100.4	103.9	102.2	98.8	98.5	101.5
99.4	107.6	109.2	98.4	99.1	100.8	100.1	99.5	100.4
97.1	**106.5**	**107.3**	**101.2**	**101.9**	**101.1**	**101.6**	**99.5**	**101.0**
99.4	**108.2**	**107.2**	**99.0**	**100.2**	**101.2**	**100.8**	**99.8**	**100.8**

5—3 续表1

(上年=100)

地 区	Region	3.烟酒 Tobacco and Liquor	(1) 烟草 Tobacco	(2) 酒类 Liquor	4.在外餐饮 Dining Out	二、衣着 Clothing	1.服装 Garments	(1) 男式服装 Male
全区平均	**Average of the Whole Autonomous Region**	**100.6**	**100.4**	**101.0**	**102.1**	**101.0**	**101.0**	**101.3**
南宁市	Nanning	100.2	100.0	100.5	104.1	101.7	101.6	101.6
柳州市	Liuzhou	100.5	100.0	101.8	101.3	99.9	99.3	102.8
桂林市	Guilin	100.8	100.0	102.0	100.7	101.2	101.3	100.7
梧州市	Wuzhou	101.7	101.4	102.2	103.3	101.5	101.3	100.7
北海市	Beihai	100.5	100.6	100.4	102.7	100.8	100.8	100.2
防城港市	Fangchenggang	100.3	100.4	100.1	105.4	104.6	105.1	102.5
钦州市	Qinzhou	100.7	100.0	102.5	99.6	102.0	102.3	101.4
贵港市	Guigang	100.8	100.9	100.3	101.5	101.0	101.3	100.3
玉林市	Yulin	101.9	100.0	106.3	102.8	102.2	102.3	100.3
百色市	Baise	102.6	103.0	101.9	101.1	101.1	101.5	100.9
贺州市	Hezhou	101.7	101.3	102.5	100.8	100.7	101.0	101.1
河池市	Hechi	100.8	100.5	101.4	102.6	102.7	102.2	104.4
来宾市	Laibin	99.3	100.0	97.8	99.8	101.2	101.4	101.0
崇左市	Chongzuo	100.0	100.0	100.0	102.2	101.6	101.5	101.0
城市平均	**Average of Urban Areas**	**100.6**	**100.3**	**101.3**	**102.4**	**101.4**	**101.3**	**101.6**
农村平均	**Average of Rural Areas**	**100.4**	**100.4**	**100.5**	**101.4**	**99.9**	**100.0**	**100.5**

continued

(2) 女式服装 Female	(3) 儿童服装 Child	(4) 衣着材料及配件 Clothing Material and Accessories	(5) 衣着服务费 Clothing Service Fees	5.鞋类 Footwear	三、居住 Residence	1.租赁房房租 Rent of Rental Housing	2.住房保养维修及管理 Housing Maintenance and Management	3.水电燃料 Water, Electricity and Fuels	4.自有住房 Private Housing
100.9	**100.5**	**100.6**	**101.7**	**100.9**	**100.8**	**100.2**	**101.9**	**102.7**	**99.9**
102.1	101.5	101.6	97.9	101.9	101.4	101.3	102.4	103.8	100.4
98.5	93.7	98.5	100.0	102.7	100.1	99.7	97.9	102.0	100.1
101.5	102.7	99.0	100.6	100.6	100.8	102.1	102.2	102.3	99.8
101.8	101.4	100.7	100.4	102.2	100.7	100.1	101.1	102.1	100.2
102.3	97.9	101.2	103.0	100.3	99.4	95.3	103.5	101.3	98.3
107.1	107.0	101.4	100.0	102.1	97.9	95.6	104.6	100.6	95.7
102.5	103.0	103.4	103.7	100.5	100.5	101.1	101.3	100.7	100.1
101.8	101.8	100.6	101.6	99.6	100.1	99.2	102.0	103.8	98.6
101.9	101.3	106.1	123.4	102.0	101.1	100.5	103.0	102.9	100.2
101.3	102.4	99.2	105.9	98.6	100.5	101.3	102.1	99.0	100.4
100.9	100.9	99.5	103.8	99.2	101.1	99.1	103.3	104.3	99.8
101.2	101.1	100.5	102.9	104.9	100.5	100.4	98.7	100.6	100.9
101.8	102.0	97.9	100.0	100.4	100.9	100.4	102.5	102.6	99.9
101.5	101.1	100.1	108.5	102.1	101.1	99.4	103.5	103.2	99.9
101.4	**100.7**	**100.7**	**101.6**	**101.6**	**100.7**	**100.3**	**101.5**	**102.6**	**99.9**
99.5	**100.1**	**100.2**	**102.7**	**99.6**	**100.9**	**99.9**	**102.5**	**102.8**	**100.0**

5—3 续表2

(上年=100)

地 区	Region	四、生活用品及服务 Articles for Daily Use and Services	1.家具及室内装饰品 Furniture and Interior Decorations	2.家用器具 Home Appliances	3.家用纺织品 Home Textiles	4.家庭日用杂品 Household Articles for Daily Use	5.个人护理用品 Personal Care Supplies	6.家庭服务 Household Services	五、交通和通信 Transportation and Communication	1.交通 Transportation	2.通信 Communication
全区平均	**Average of the Whole Autonomous Region**	**100.4**	**100.4**	**101.0**	**99.9**	**100.0**	**99.5**	**102.3**	**102.7**	**104.2**	**98.7**
南宁市	Nanning	100.3	100.9	99.2	99.3	100.8	100.0	102.4	101.7	103.1	98.1
柳州市	Liuzhou	99.8	96.9	100.4	98.6	99.3	99.8	104.5	103.5	105.0	99.3
桂林市	Guilin	101.9	102.8	104.1	100.7	101.3	99.9	100.9	102.6	104.2	98.5
梧州市	Wuzhou	101.5	104.5	102.9	99.5	100.3	99.7	100.9	103.3	104.6	100.4
北海市	Beihai	101.3	101.5	103.0	99.8	100.8	99.1	102.5	103.3	106.0	97.1
防城港市	Fangchenggang	102.2	99.8	106.5	100.8	101.1	100.1	102.1	103.2	104.1	100.3
钦州市	Qinzhou	100.2	100.3	101.0	101.5	98.9	99.8	100.3	101.7	103.1	98.3
贵港市	Guigang	100.8	96.2	103.4	96.5	99.5	99.7	110.3	102.7	104.5	98.4
玉林市	Yulin	100.5	100.6	100.5	101.5	101.1	99.3	100.5	101.0	102.6	97.3
百色市	Baise	101.3	102.2	101.9	102.7	100.6	99.4	102.4	102.9	104.3	98.9
贺州市	Hezhou	99.7	100.8	100.1	104.0	98.1	98.5	99.8	104.0	105.7	99.7
河池市	Hechi	100.0	100.2	102.4	99.9	99.1	99.0	97.4	104.8	104.0	107.0
来宾市	Laibin	100.6	100.4	103.2	100.6	100.2	98.5	99.0	102.3	104.2	97.4
崇左市	Chongzuo	100.0	99.0	100.6	101.9	100.0	98.7	102.2	103.5	105.1	99.4
城市平均	**Average of Urban Areas**	**100.6**	**100.3**	**101.2**	**99.8**	**100.3**	**99.7**	**102.4**	**102.6**	**104.0**	**98.8**
农村平均	**Average of Rural Areas**	**100.1**	**100.5**	**100.5**	**100.0**	**99.7**	**99.2**	**101.6**	**102.9**	**104.6**	**98.5**

continued

(preceding year=100)

六、教育文化和娱乐 Education, Culture and Recreation	1.教育 Education	2.文化娱乐 Culture and Recreation	七、医疗保健 Health Care	1.药品及医疗器具 Medicine and Medical Instrument	2.医疗服务 Medical Services	八、其他用品和服务 Others Articles and Services	1.其他用品类 Other Articles	2.其他服务类 Other Services
103.7	**103.7**	**103.7**	**102.4**	**98.5**	**104.4**	**99.7**	**99.7**	**99.7**
106.4	106.8	105.8	101.0	96.2	104.3	100.3	98.5	101.5
103.6	102.9	104.9	102.5	99.2	104.3	99.2	99.8	98.8
101.2	100.7	102.0	101.2	99.4	102.2	100.4	100.1	100.7
102.2	101.1	104.1	101.0	96.1	104.2	99.6	100.4	99.1
105.6	106.5	103.7	101.8	99.4	103.1	98.5	98.3	98.7
104.8	105.2	103.9	103.8	99.5	106.1	99.7	102.2	97.7
103.6	103.4	104.0	101.9	98.3	104.2	100.7	101.8	100.1
105.5	106.1	104.2	101.8	100.1	102.8	98.8	99.2	98.4
103.2	102.7	104.3	103.1	101.4	104.0	97.8	101.2	95.6
105.0	105.5	104.0	100.8	97.6	102.6	99.3	96.9	101.4
101.7	101.8	101.4	101.6	99.5	102.8	99.9	99.4	100.3
106.4	108.1	102.7	104.8	99.0	107.9	98.5	99.0	98.0
101.9	100.8	104.2	102.2	98.9	104.2	101.3	101.5	101.0
101.3	100.2	103.5	105.6	99.6	108.9	99.3	98.5	99.9
104.3	**104.3**	**104.4**	**101.8**	**98.1**	**104.1**	**99.8**	**99.5**	**99.9**
102.7	**102.9**	**102.1**	**103.3**	**99.3**	**105.0**	**99.6**	**100.2**	**99.0**

5—4 主要年份工业品出厂价格（工业生产者出厂价格）分类指数

Producer Price Indices of Industrial Products in Main Years

（上年=100） (preceding year=100)

指 标	Item	2000	2005	2010	2015	2016	2017	2018	2019	2020	2021
总指数	**General Index**	**105.5**	**104.9**	**112.0**	**97.0**	**99.1**	**107.6**	**103.2**	**99.3**	**99.4**	**108.9**
按轻重工业分	**Grouped by Light and Heavy Industry**										
轻工业	Light Industry	109.0	105.8	115.0	100.6	101.8	104.8	98.8	99.9	102.6	105.1
以农产品为原料	Using Farm Products as Raw Materials	109.9	107.5	118.9	100.8	102.2	105.1	98.3	99.8	103.2	105.5
以非农产品为原料	Using Non-farm Products as Raw Materials	100.4	101.8	105.6	99.7	100.0	103.3	101.2	100.0	99.8	103.7
重工业	Heavy Industry	103.1	104.2	110.3	95.7	98.2	108.6	104.7	99.0	98.3	109.9
采 掘	Mining and Quarrying Industry	106.1	126.5	129.1	97.9	100.8	115.9	103.8	97.8	100.2	110.2
原材料	Raw Materials Industry	106.1	105.2	113.0	96.2	96.7	108.4	105.2	96.7	95.7	112.6
加 工	Processing Industry	96.0	101.5	106.3	95.3	98.7	108.1	104.6	100.3	99.4	108.1
按两大部类分	**Grouped by Production and Living Materials**										
生产资料	Production Materials	103.2	104.0	110.3	95.5	98.1	109.1	104.9	98.6	98.2	110.8
生活资料	Living Materials	110.4	106.8	118.2	101.3	102.4	103.1	97.7	101.2	103.2	101.4
按工业部门分	**Grouped by Department of Industry**										
冶金工业	Metallurgical Industry	108.5	106.4	118.1	89.2	99.0	123.0	106.0	96.4	97.2	121.5
电力工业	Power Industry	112.5	100.9	102.0	99.4	98.0	99.4	99.9	97.7	97.5	102.7
煤炭及炼焦工业	Coal and Coking Industry	104.1	133.1	111.0	93.1	94.6	120.3	103.9	101.9	94.4	114.3
化学工业	Chemical Industry	95.6	108.0	114.7	97.7	98.4	105.3	105.5	99.8	98.5	114.7
机械工业	Machine Building Industry	95.7	100.6	102.3	99.8	99.0	100.3	100.5	100.7	100.3	100.7
建筑材料工业	Building Materials Industry	100.6	98.3	106.6	97.4	94.5	107.0	109.1	102.9	100.9	102.8
森林工业	Timber Industry	101.4	100.5	106.4	99.4	101.6	101.5	102.3	100.2	98.1	102.3
食品工业	Food Industry	111.1	109.4	120.3	101.0	102.9	104.6	96.0	100.4	105.0	104.4
纺织工业	Textile Industry	115.5	99.9	126.8	95.3	101.7	115.4	108.0	89.3	90.8	113.4
造纸工业	Paper Making Industry	111.2	102.0	113.5	101.2	100.3	109.2	105.9	99.2	96.3	107.9
其他工业	Others	98.4	103.8	117.0	98.3	97.6	103.4	103.0	99.6	99.8	104.8

5－4　续表　continued

（上年=100）　　　　(preceding year=100)

指　标	Item	2018	2019	2020	2021
按工业行业分	**Grouped by Industrial Sector**				
煤炭开采和洗选业	Coal Mining and Washing	103.9	101.9	94.4	114.3
石油和天然气开采业	Extraction of Petroleum and Natural Gas	125.1	103.2	70.8	134.5
黑色金属矿采选业	Mining and Processing of Ferrous Metals Ores	99.0	98.8	101.9	108.2
有色金属矿采选业	Mining and Processing of Non-ferrous Metals Ores	101.8	92.5	99.4	121.4
非金属矿采选业	Mining and Processing of Non-metal Ores	110.5	104.2	103.9	98.1
农副食品加工业	Processing of Food from Agricultural Products	94.2	100.0	106.6	106.7
食品制造业	Food Manufacturing	100.6	100.8	98.9	106.4
酒、饮料和精制茶制造业	Alcohol, Beverages and Refined Tea Manufacturing	101.7	101.6	102.4	101.1
烟草制品业	Tobacco Manufacturing	100.6	102.0	100.7	100.0
纺织业	Textile Industry	108.0	89.3	90.8	113.4
纺织服装、服饰业	Textiles, Clothing and Accessories Manufacturing	99.3	99.6	99.9	101.6
皮革、毛皮、羽毛及其制品和制鞋业	Leather, Fur, Feather and Related Products and Shoes Manufacturing	103.4	103.7	100.0	100.3
木材加工和木、竹、藤、棕、草制品业	Timber Processing, Wood, Bamboo, Rattan, Palm Fiber and Straw Products Manufacturing	102.3	100.0	98.1	102.5
家具制造业	Furniture Manufacturing	101.2	101.3	98.9	96.1
造纸和纸制品业	Manufacturing of Paper and Paper Products	105.9	99.2	96.3	107.9
印刷和记录媒介复制业	Printing and Reproduction of Record Media	104.7	101.4	101.5	100.1
文教、工美、体育和娱乐用品制造业	Manufacturing of Articles for Culture, Education, Arts and Crafts, Sports and Entertainment Activities	102.5	100.4	104.4	100.8
石油、煤炭及其他燃料加工业	Processing of Petroleum, Coking and Other Fuels	117.8	96.4	91.7	126.6
化学原料和化学制品制造业	Manufacturing of Raw Chemical Materials and Chemical Products	105.0	97.2	96.3	120.2
医药制造业	Manufacturing of Medical and Pharmaceutical Products	103.3	104.9	101.3	98.2
橡胶和塑料制品业	Manufacturing of Rubber and Plastic Products	108.7	101.7	99.0	100.1
非金属矿物制品业	Manufacturing of Non-metallic Minerals Products	109.3	102.5	100.5	103.7
黑色金属冶炼和压延加工业	Smelting and Pressing of Ferrous Metals	109.5	96.7	95.9	124.4
有色金属冶炼和压延加工业	Smelting and Pressing of Non-ferrous Metals	103.2	95.3	96.1	119.9
金属制品业	Manufacturing of Metal Products	101.5	100.2	100.7	104.0
通用设备制造业	General Purpose Machinery Manufacturing	100.5	101.3	100.3	102.6
专用设备制造业	Manufacturing of Special Purposes Machinery	100.6	99.9	100.6	99.0
汽车制造业	Automobiles Manufacturing	100.8	100.8	100.1	99.2
铁路、船舶、航空航天和其他运输设备制造业	Railway, Ship, Aerospace and Other Transportation Equipments Manufacturing	100.0	104.5	100.0	100.7
电气机械和器材制造业	Manufacturing of Electric Equipment and Apparatus	100.6	100.0	99.2	110.8
计算机、通信和其他电子设备制造业	Computer, Communication and Other Electronic Equipment Manufacturing	99.2	101.3	101.7	100.5
仪器仪表制造业	Measuring Instruments and Machinery Manufacturing	105.7	102.8	100.3	100.2
其他制造业	Other Manufacturing	97.2	99.5	97.7	
废弃资源综合利用业	Utilization of Waste Resources	98.5	97.2	103.0	117.0
电力、热力生产和供应业	Production and Supply of Electricity and Heat	99.9	97.7	97.5	102.7
燃气生产和供应业	Production and Supply of Gas	101.1	103.0	94.6	101.8
水的生产和供应业	Production and Supply of Water	101.0	98.9	98.5	101.7

注：2011年基期轮换后，工业生产者出厂价格行业数据计算有新行业和旧行业之分，但数据对外公布均使用新行业数据，2016年基期轮换后，行业数据计算均为新行业。

Note: The data calculation of producer ex-factory price indices of industrial products is classified by new industry and old industry, and published in new industry after the base period rotation in 2011. The data is calculated completely in new industry after the base period rotation in 2016.

5—5 主要年份工业生产者购进价格指数
Purchasing Price Indices for Industrial Producers in Main Years

(上年=100)　　(preceding year=100)

指标	Item	2000	2005	2010	2015	2016	2017	2018	2019	2020	2021
总指数	**General Index**	**100.9**	**108.2**	**111.2**	**95.7**	**98.3**	**106.5**	**103.4**	**99.5**	**98.5**	**110.7**
燃料、动力类	Fuel and Power	98.9	112.1	109.3	95.1	94.8	108.2	106.9	100.9	95.0	118.5
黑色金属材料类	Ferrous Metals	103.0	111.3	103.7	90.9	96.4	109.4	102.0	99.7	97.3	114.8
其中：钢材	Steel	105.0	105.9	105.7	93.1	96.1	108.1	102.0	98.3	98.2	114.6
有色金属材料及电线类	Non-ferrous Metals and Wire	123.8	114.5	128.6	95.4	99.8	112.5	99.7	96.2	100.0	122.1
化工原料类	Raw Chemical Materials	104.5	110.0	112.3	98.0	97.6	105.8	103.8	98.0	95.5	109.6
木材及纸浆类	Timber and Paper Pulp	99.8	94.4	111.2	99.6	100.6	103.8	104.4	97.2	97.1	104.9
建筑材料及非金属类	Building Materials and Nonmetal Mineral	92.6	103.6	114.6	95.7	98.0	107.2	109.3	102.4	102.1	106.5
其他工业原材料及半成品类	Other Industrial Raw Materials and Semi-manufactured Products	104.7	103.7	110.3	97.9	99.5	103.5	102.1	99.9	100.6	104.1
农副产品类	Agricultural Products	90.3	116.8	116.6	93.8	102.9	105.6	99.7	98.3	102.5	108.4
纺织原料类	Textile Materials	106.3	90.6	121.4	99.7	98.2	101.4	101.1	100.8	95.7	105.8

主要统计指标解释

居民消费价格指数　是反映一定时期内居民所消费商品及服务项目的价格水平变动趋势和变动程度的相对数。居民消费价格水平的变动率在一定程度上反映了通货膨胀（或紧缩）的程度。编制居民消费价格指数的目的，在于分析消费品价格和服务价格变动对社会经济和居民生活的影响，满足各级政府制定政策和计划、进行宏观调控的需要，以及为国民经济核算提供参考依据。

商品零售价格指数　是反映市场商品零售价格的变动趋势和变动程度的相对数。编制商品零售价格指数，其目的在于掌握商品价格的变动趋势，为国家宏观调控和国民经济核算提供参考依据。

工业生产者出厂价格指数　反映工业企业产品第一次出售时的出厂价格的变化趋势和变动幅度。

工业生产者购进价格指数　反映工业企业产品作为中间投入产品的购进价格的变化趋势和变动幅度。

Explanatory Notes on Main Statistical Indicators

Consumer Price Indices　reflect the trend and degree of changes in prices of consumer goods and services purchased by households during a given period. The rate of change of Consumer Price Index (CPI) reflects the degree of currency inflation (or deflation) to a certain extent. The purpose of working out CPI is analyzing the effect of the price changes of consumer goods and services on the social economy and household livelihood, meeting the needs of all levels of governments' policy and plans making, carrying out macroeconomic control, and providing reference for national accounting.

Retail Price Indices　reflect the trend and degree of changes in prices of retail goods in market. The purpose of working out RPI is obtaining the trend of the price changes of goods, and providing reference for macroeconomic control and national accounting.

Producer Price Indices for Industrial Products　reflects the trend and degree of the ex-factory prices of industrial products in the first sale.

Purchasing Price Indices for Industrial Producers　reflects the trend and degree of the purchasing prices of industrial products as intermediate inputs.

第六篇　人民生活

CHAPTER 6　PEOPLE'S LIVELIHOODS

（编辑：陈　娟　张建裕）

简要说明

一、本篇资料主要内容及来源

本篇资料反映广西人民生活现状及变化情况，主要有城镇居民收支情况和消费情况、农村居民收支情况和消费情况。

从2012年四季度起，国家统计局对分别进行的城乡住户调查实施了一体化改革，统一了城乡居民收入指标名称、分类和统计标准，建立了城乡统一的一体化住户调查。广西从2014年开始，正式发布此项改革后的一体化城乡住户收支与生活状况调查数据。

本篇所有数据均来源于国家统计局广西调查总队。

二、调查方式

（一）城镇住户调查数据来源在2012年及以前，由国家统计局城市司组织开展城镇住户调查。调查内容主要包括家庭人口及其构成、家庭现金收支、主要商品购买数量及支出金额、劳动就业状况、居住状况和耐用消费品的拥有量等。调查对象在2001年以前为全国非农业住户，2002至2012年改为全国城市市区和县城关镇区住户。城镇调查户的抽选工作分两步进行。第一步进行一次性的大样本调查；第二步从大样本调查中抽出一个小样本，作为经常性调查户，开展记账工作。

（二）农村住户调查数据在2012年及以前，由国家统计局农村司组织开展农村住户调查。主要内容包括农村居民家庭基本情况、住房情况、收入、生活消费支出、主要食品消费量、耐用消费品拥有量等。为解决调查户的厌烦情绪及样本老化问题，增强抽样调查网点的代表性，更加准确、及时地反映农村社会经济情况，对农村住户调查网点实行样本轮换制度，每五年为一个周期。

Brief Introduction

Main contents and sources of this information

This data reflects the living conditions and changes of Guangxi people, mainly including income and expenditure and consumption of urban and rural households.

Since the fourth quarter of 2012, the National Bureau of Statistics has implemented an integrated reform of urban and rural household surveys, unified the names, classifications and statistical standards of urban and rural residents' income indicators, and established a unified urban and rural integrated household survey. Since 2014, Guangxi has officially released the survey data of income and expenditure and living conditions of integrated urban and rural households after this reform.

All the data in this article come from Guangxi Investigation Team of National Bureau of Statistics.

6-1 城乡居民家庭人均收入及恩格尔系数（1978—2021年）

Per Capita Income and Engle Coefficient of Urban and Rural Households（1978—2021）

年份 Year	全区居民人均可支配收入 Per Capita Disposable Income of Households		城镇居民人均可支配收入 Per Capita Disposable Income of Urban Households		农村居民人均可支配收入 Per Capita Disposable Income of Rural Households		城镇居民家庭恩格尔系数（%） Engle Coefficient of Urban Households (%)	农村居民家庭恩格尔系数（%） Engle Coefficient of Rural Households (%)
	绝对数（元） Value (yuan)	比上年±% Growth Rate Over Previous Year (%)	绝对数（元） Value (yuan)	比上年±% Growth Rate Over Previous Year (%)	绝对数（元） Value (yuan)	比上年±% Growth Rate Over Previous Year (%)		
1980			455		173		57.3	63.5
1981			429	-5.7	204	17.9	58.7	67.6
1982			427	-0.6	235	15.2	61.5	66.2
1983			444	4.1	262	11.5	59.2	66.2
1984			563	26.8	267	1.9	57.2	64.6
1985			683	21.4	303	13.5	56.6	62.2
1986			784	14.7	316	4.3	58.0	61.9
1987			899	14.7	354	12.0	59.1	62.1
1988			1159	28.9	424	19.8	54.6	59.6
1989			1304	12.5	483	13.9	59.3	58.3
1990			1448	11.0	639	3.5	58.6	64.4
1991			1614	11.4	658	3.0	55.3	62.0
1992			2104	30.4	732	11.2	55.9	61.8
1993			2895	37.6	885	20.9	53.7	63.6
1994			3981	37.5	1107	25.1	50.4	59.0
1995			4792	20.4	1446	30.6	51.0	61.3
1996			5033	5.0	1703	17.8	50.4	58.2
1997			5110	1.5	1875	10.1	47.4	58.2
1998			5412	5.9	1972	5.2	46.3	57.2
1999			5620	3.8	2048	3.9	44.3	58.3
2000			5834	3.8	1865	-9.0	39.9	55.4
2001			6666	14.3	1944	4.3	37.7	52.3
2002			7315	9.8	2013	3.5	40.7	51.9
2003			7785	6.4	2095	4.1	40.0	51.3
2004			8177	5.0	2305	10.0	44.0	54.3
2005			8917	9.0	2495	8.2	42.5	50.5
2006			9899	11.0	2771	11.1	42.1	49.5
2007			12200	23.2	3224	16.3	41.7	50.2
2008			14146	16.0	3690	14.5	42.4	53.4
2009			15451	9.2	3980	7.9	39.9	48.7
2010			17064	10.4	4543	14.1	38.1	48.5
2011			18854	10.5	5231	15.1	39.5	43.8
2012			21243	12.7	6008	14.8	39.0	42.8
2013	14082		23305	9.7	6791	13.0	37.9	40.0
2014	15557	10.5	24669	8.7	8683	11.4	35.2	36.9
2015	16873	8.5	26416	7.1	9467	9.0	34.4	35.4
2016	18305	8.5	28324	7.2	10359	9.4	34.4	34.5
2017	19905	8.7	30502	7.7	11325	9.3	33.2	32.2
2018	21485	7.9	32436	6.3	12435	9.8	30.7	30.1
2019	23328	8.6	34745	7.1	13676	10.0	30.5	30.9
2020	24562	5.3	35859	3.2	14815	8.3	33.9	34.6
2021	26767	8.8	38530	7.4	16363	10.4	31.4	33.3

注：自2014年起为一体化城乡住户收支调查后新口径数据，与2013年及以前数据不可比。下同。从2014年开始为农村常住居民可支配收入。

Note: Since 2014, the data is based on the new statistical range of the integration survey of urban and rural residents' income and expenses, and it is not comparable with the data in and before 2013. The same as the following tables. Since 2014, the data is disposable income of permanent rural households.

6—2　主要年份城镇居民家庭基本情况
Basic Conditions of Urban Households in Main Years

单位：人　　(person)

项　目	Item	2015	2016	2017	2018	2019	2020	2021
期内住户常住成员数	**Number of Permanent Residents**	**9218**	**9531**	**9494**	**8340**	**8245**	**8225**	**8306**
调查样本住户数(户)	**Number of Households Surveyed (household)**	**2701**	**2746**	**2733**	**2330**	**2330**	**2330**	**2330**
期内人均自有现住房面积（平方米）	**Per Capita Living Floor Space of Period (sq.m)**	**38.63**	**39.24**	**39.54**	**40.55**	**41.65**	**42.31**	**47.4**
常住成员从业人数	**Number of Employees of Permanent Residents**	**5036**	**5129**	**5049**	**4103**	**3983**	**3845**	**3995**
户主文化程度	**Education of Household**							
1.未上过学	Not on school	31	23	22	18	15	15	10
2.小学	Primary School	319	320	315	400	385	376	257
3.初中	Junior Secondary School	1001	1014	1007	868	873	875	914
4.高中	Senior Secondary School	696	736	743	565	566	577	569
5.大学专科	Junior College	386	388	384	296	308	303	322
6.大学本科	Undergraduate	241	244	238	169	170	172	242
7.研究生	Postgraduate	27	22	24	14	13	12	16
本年度就业类型	**Type of Employment in the Current Year**							
1.雇主	Employer	86	64	61	50	44	22	24
2.公职人员	Public Officials	256	273	273	158	135	112	121
3.事业单位人员	Institutions Personnel	501	479	480	307	295	247	319
4.国有企业雇员	Employees of Nationalized Business	244	235	213	151	151	130	181
5.其他雇员	Other Employees	2182	2348	2399	2102	2160	2177	2179
6.农业自营	Farming Self-employed	903	814	741	749	616	552	539
7.非农自营	Not Farming Self-employed	864	915	882	586	582	605	632
本年度从事主要行业	**Engage Major Industries in the Current Year**							
1.第一产业	Primary Industry	969	870	796	804	686	624	609
2.第二产业	Secondary Industry	954	948	938	725	754	735	800
3.第三产业	Tertiary Industry	3114	3312	3315	2574	2543	2486	2586

注：国家统计局对城乡住户调查实施了一体化改革，统一了城乡居民收入指标名称、分类和统计标准，建立了城乡统一的一体化住户调查。广西从2014年开始，正式发布此项改革后的一体化城乡住户收支与生活状况调查数据。本篇表2至22内的数据均来源于一体化城乡住户收支调查。与2013年及以前公布的年鉴数据不可比。

Note: National Bureau of Statistics has carried out the integrate reforming on the survey of urban and rural residents, unified the names, classification and statistical standards of the indicators on urban and rural residents' income, and built up the integration survey for urban and rural residents. Since 2014, Guangxi has formally released the data on the integration survey of urban and rural residents' income, expenses and livelihood after this reforming. The data in tables from 2 to 22 is based on the integration survey of urban and rural residents' income and expenses, and it is not comparable with the data released before 2013.

6—3 主要年份城镇居民人均可支配收入及构成
Per Capita Disposable Income of Urban Households and Its Composition in Main Years

单位：元 (yuan)

项　目	Item	2015	2016	2017	2018	2019	2020	2021
可支配收入	**Disposable Income**	**26416**	**28324**	**30502**	**32436**	**34745**	**35859**	**38530**
一、工资性收入	Income of Wages and Salaries	15163	16493	17943	18084	19344	20241	20640
(一) 工资	Wages and Salaries	14051	15357	16625	16980	18138	18833	19299
(二) 实物福利	Physical Benefits	63	56	74	110	156	212	267
(三) 其他	Other Income	1050	1079	1244	994	1050	1196	1073
二、经营净收入	Net Business Income	3665	4805	4904	5595	5965	5375	6848
(一) 第一产业经营净收入	Net Business Income of Primary Industry	563	856	908	960	966	680	1557
1.农业	Farming	397	498	540	424	567	437	969
2.林业	Forestry	19	47	42	109	104	51	207
3.牧业	Animal Husbandry	82	137	140	405	280	181	344
4.渔业	Fishery	64	174	187	22	15	11	37
(二) 第二产业经营净收入	Net Business Income of Secondary Industry	371	422	425	761	822	1004	781
(三) 第三产业经营净收入	Net Business Income of Tertiary Industry	2731	3527	3572	3874	4177	3691	4510
三、财产净收入	Property Net Income	2308	2229	2390	2889	2932	3217	4015
四、转移净收入	Transfer Net Income	5280	4798	5265	5868	6504	7026	7027
(一) 转移性收入	Transfer Income	6630	6432	6980	7767	8519	9143	9004
#养老金或离退休金	Pensions for Old People and Retirement	5490	5282	5716	5945	6054	6452	5528
(二) 转移性支出	Transfer Expenditures	1351	1635	1715	1899	2015	2117	1977
#社会保障支出	Social Relief Expenditures	1006	1245	1324	1466	1666	1793	1721

6—4 主要年份城镇居民人均现金可支配收入及构成
Per Capita Cash Disposable Income of Urban Households and Its Composition in Main Years

单位：元 (yuan)

项　目	Item	2015	2016	2017	2018	2019	2020	2021
现金可支配收入	**Cash Disposable income**	**25146**	**27120**	**29200**	**30856**	**32596**	**33602**	**35998**
一、现金工资性收入	Cash Income of Wages and Salaries	15100	16437	17869	17973	19187	20029	20373
(一) 工资	Wages and Salaries	14051	15357	16625	16979	18138	18833	19299
(二) 其他工资性收入	Other Income	1050	1079	1244	994	1049	1196	1073
二、现金经营净收入	Cash Net Income from Business	3895	5115	5250	5966	6165	5620	7065
(一) 第一产业现金经营净收入	Cash Net Income from Business of Primary Industry	469	764	847	862	841	538	1304
1.农业	Farming	263	391	462	325	470	335	774
2.林业	Forestry	1	43	40	101	93	47	188
3.牧业	Animal Husbandry	74	118	119	415	266	148	309
4.渔业	Fishery	132	212	225	21	12	8	33
(二) 第二产业现金经营净收入	Cash Net Income from Business of Secondary Industry	451	496	490	982	978	1154	885
(三) 第三产业现金经营净收入	Cash Net Income from Management of Tertiary Industry	2974	3854	3914	4122	4346	3928	4875
三、现金财产净收入	Cash Property Net Income	1098	1005	1158	1502	1528	1695	2410
四、现金转移净收入	Cash Transfer Net Income	5053	4564	4923	5415	5716	6258	6151
(一) 现金转移性收入	Cash Transfer Income	6417	6198	6638	7315	7731	8375	8128
#养老金或离退休金	Pensions for Old People and Retirement	5490	5282	5716	5945	6054	6452	5528
(二) 现金转移性支出	Cash Transfer Expenditures	1364	1635	1715	1900	2015	2117	1977
#个人缴纳的社会保障支出	Social Relief Expenditures paid by individuals	1006	1245	1324	1466	1666	1793	1721

6—5 主要年份城镇居民人均消费支出
Per Capita Consumption Expenditure of Urban Households in Main Years

单位：元 (yuan)

项 目	Item	2015	2016	2017	2018	2019	2020	2021
消费支出	**Consumption Expenditure**	**16321**	**17268**	**18349**	**20159**	**21591**	**20907**	**22555**
一、食品烟酒	Food, Tobacco and Liquor	5610	5937	6099	6180	6578	7092	7089
二、衣着	Clothing	846	886	908	968	974	874	996
三、居住	Housing	3629	3784	3885	4236	4468	4645	4704
四、生活用品及服务	Daily Necessities and Services	952	1033	1093	1254	1256	1233	1371
五、交通通信	Transportation and Communication	2249	2260	2607	2903	3176	2602	3009
六、教育文化娱乐	Education, Cultural and Recreation Services	1845	2003	2152	2467	2609	2181	2812
七、医疗保健	Health Care and Medical Services	866	1066	1254	1699	2071	1904	2163
八、其他用品和服务	Other Supplies and Services	323	299	351	452	459	376	413

6—6 主要年份城镇居民人均现金消费支出
Per Capita Cash Consumption Expenditure of Urban Households in Main Years

单位：元 (yuan)

项 目	Item	2015	2016	2017	2018	2019	2020	2021
现金消费支出	**Cash Consumption Expenditure**	**13808**	**14654**	**15560**	**16966**	**17910**	**16996**	**18337**
一、食品烟酒	Food, Tobacco and Liquor	5461	5785	5914	5968	6305	6749	6562
二、衣着	Clothing	846	886	908	967	973	873	995
三、居住	Housing	1485	1555	1615	1729	1844	1857	1892
四、生活用品及服务	Daily necessities and services	942	1023	1076	1212	1197	1174	1333
五、交通通信	Transportation and Communication	2243	2250	2599	2899	3173	2599	3004
六、教育文化娱乐	Education Cultural and Recreation Services	1843	2002	2151	2465	2608	2181	2810
七、医疗保健	Health Care and Medical Services	668	860	956	1284	1361	1202	1348
八、其他用品和服务	Other Supplies and Services	319	292	341	442	449	361	393

6—7 主要年份城镇居民人均消费支出细项
Per Capita Consumption Expenditure of Urban Households in Main Years

单位：元 (yuan)

项　目	Item	2015	2016	2017	2018	2019	2020	2021
消费支出	**Consumption Expenditure**	**16321**	**17268**	**18349**	**20159**	**21591**	**20907**	**22555**
一、食品烟酒	Food, Tobacco and Liquor	5610	5937	6099	6180	6578	7092	7089
（一）食品	Food	4470	4739	4784	4499	4657	5275	4944
（二）烟酒	Tobacco and Liquor	272	280	302	317	328	352	418
（三）饮料	Beverages	84	80	92	94	101	108	134
（四）饮食服务	Catering Services	784	838	921	1270	1492	1357	1592
二、衣着	Clothing	846	886	908	968	974	874	996
（一）衣类	Garments	666	700	725	796	808	731	833
（二）鞋类	Shoes	179	186	184	172	166	143	162
三、居住	Housing	3629	3784	3885	4236	4468	4645	4704
（一）租赁房房租	Rent	139	125	142	190	144	115	115
（二）住房维修及管理	Housing Maintenance and Management	489	560	576	717	881	868	878
（三）水电燃料及其他	Water, Electricity, Fuels Fee and Others	884	877	901	831	834	887	919
（四）自有住房折算租金	Conversion Rent of Owner-occupied Housing	2118	2223	2265	2498	2609	2775	2791
四、生活用品及服务	Daily Necessities and Services	952	1033	1093	1254	1256	1233	1371
（一）家具及室内装饰品	Furniture and Interior Decoration	162	169	185	201	175	208	208
（二）家用器具	Household Appliances	279	277	292	298	336	306	379
（三）家用纺织品	Home Textiles	72	88	83	110	112	93	107
（四）家庭日用杂品	Goods for Daily Use	263	273	282	309	288	287	292
（五）个人用品	Personal Items	131	165	184	239	231	245	270
（六）家庭服务	Household Services	45	61	67	97	114	94	115
五、交通通信	Transportation and Communication	2249	2260	2607	2903	3176	2602	3009
（一）交通	Transportation	1513	1498	1840	2170	2514	1910	2300
（二）通信	Communication	737	761	767	733	662	692	708
六、教育文化娱乐	Education, Cultural and Recreation Services	1845	2003	2152	2467	2609	2181	2812
（一）教育	Education	1009	1202	1346	1552	1779	1635	2278
（二）文化娱乐	Consumption Goods for Cultural and Recreational Use	836	801	806	915	830	546	533
七、医疗保健	Health Care and Medical Services	866	1066	1254	1699	2071	1904	2163
（一）医疗器具及药品	Medical Apparatus and Medicine	308	377	405	473	417	439	425
（二）医疗服务	Medical Services	558	689	849	1226	1654	1465	1738
八、其他用品和服务	Other Supplies and Services	323	299	351	452	459	376	413
（一）其他用品	Other Supplies	172	152	144	182	185	146	164
（二）其他服务	Other Services	151	147	207	270	274	230	249

6—8　主要年份城镇居民人均现金消费支出细项

Per Capita Cash Consumption Expenditure of Urban Households in Main Years

单位：元　　(yuan)

项　目	Item	2015	2016	2017	2018	2019	2020	2021
现金消费支出	**Cash Consumption Expenditure**	**13808**	**14654**	**15560**	**16966**	**17910**	**16996**	**18337**
一、食品烟酒	Food, Tobacco and Liquor	5461	5785	5914	5968	6305	6749	6562
（一）食品	Food	4345	4612	4631	4344	4475	5057	4606
（二）烟酒	Tobacco and Liquor	272	280	302	317	328	352	418
（三）饮料	Beverages	84	80	92	94	101	107	134
（四）饮食服务	Catering Services	760	814	890	1213	1401	1233	1404
二、衣着	Clothing	846	886	908	967	973	873	995
（一）衣类	Garments	666	699	724	795	808	730	833
（二）鞋类	Shoes	179	186	184	172	165	143	162
三、居住	Housing	1485	1555	1615	1729	1844	1857	1892
（一）租赁房房租	Rent	139	125	142	190	143	115	115
（二）住房维修及管理	Housing Maintenance and Management	489	560	576	717	881	869	878
（三）水电燃料及其他	Water, Electricity, Fuels Fee, ect.	857	870	896	822	820	873	899
四、生活用品及服务	Daily Necessities and Services	942	1023	1076	1212	1197	1174	1333
（一）家具及室内装饰品	Furniture and Interior Decoration	162	169	184	201	176	205	208
（二）家用器具	Household Appliances	279	277	292	298	336	306	379
（三）家用纺织品	Home Textiles	72	88	83	110	112	93	107
（四）家庭日用杂品	Goods for Daily Use	253	263	265	267	228	231	254
（五）个人用品	Personal Items	131	165	184	239	231	245	270
（六）家庭服务	Household Services	45	61	67	97	114	94	115
五、交通通信	Transportation and Communication	2243	2250	2599	2899	3173	2599	3004
（一）交通	Transportation	1507	1489	1832	2166	2511	1907	2296
（二）通信	Communication	737	761	767	733	662	692	708
六、教育文化娱乐	Education, Cultural and Recreation Services	1843	2002	2151	2465	2608	2181	2810
（一）教育	Education	1009	1202	1346	1552	1779	1635	2278
（二）文化娱乐	Consumption Goods for Cultural and Recreational Use	834	800	805	913	829	546	532
七、医疗保健	Health Care and Medical Services	668	860	956	1284	1361	1202	1348
（一）医疗器具及药品	Medical Apparatus and Medicine	308	376	405	473	416	438	393
（二）医疗服务	Medical Services	360	484	551	811	945	764	955
八、其他用品和服务	Other Supplies and Services	319	292	341	442	449	361	393
（一）其他用品	Other Supplies	171	151	140	177	182	144	157
（二）其他服务	Other Services	147	141	202	265	267	217	236

6—9 主要年份城镇居民人均消费主要食品数量
Per Capita Consumption of Major Foods of Urban Households in Main Years

单位：公斤 (kg)

项 目	Item	2015	2016	2017	2018	2019	2020	2021
食品消费情况（含自产自用）	**Conditions of Foods Consumption (including self production and consumption)**							
一、粮食消费量	Grain Consumption	106.25	102.18	97.69	97.15	95.61	103.28	118.62
（一）谷物消费量	Cereal Consumption	97.84	93.34	89.13	89.53	87.27	95.11	110.78
（二）薯类消费量	Tuber Consumption	1.20	1.25	1.36	1.31	1.29	1.31	1.10
（三）豆类消费量	Beans Consumption	7.22	7.59	7.20	6.31	7.05	6.87	6.69
#大豆	Soybean	0.64	0.57	0.54	0.43	0.38	0.33	0.32
二、油脂类消费量	Edible Oil and Fat	9.25	8.46	8.81	7.62	7.90	8.32	8.77
（一）植物油	Edible Vegetable Oil	8.71	7.91	8.12	6.84	7.26	7.89	8.13
三、蔬菜及菜制品消费量	Vegetables and Its Products Consumption	100.06	100.07	99.08	92.81	94.56	96.89	97.33
（一）鲜菜	Fresh Vegetables	95.31	94.84	94.33	89	90.71	93.24	94.51
四、肉类	Meat	36.65	36.34	36.63	38.31	31.47	27.41	36.14
（一）猪肉	Pork	30.26	29.00	29.25	31.63	25.16	21.75	30.23
（二）牛肉	Beef	2.55	2.95	3.16	2.92	3.16	3.03	2.74
（三）羊肉	Mutton	0.77	1.17	1.24	0.94	0.81	0.71	0.77
五、禽类	Poultry	19.96	20.76	20.06	19.77	24.76	28.96	25.33
六、水产品	Aquatic Products	14.23	14.10	14.28	12.95	16.60	16.47	15.35
七、蛋类及蛋制品	Eggs and Its Products	6.45	6.42	6.45	6.48	6.90	8.15	6.55
八、奶和奶制品	Milk and Its Products	10.38	9.83	9.58	9.20	8.14	9.04	9.50
九、干鲜瓜果类	Dried and Fresh Melons and Fruits	49.35	50.73	51.55	50.87	52.15	50.39	50.30
（一）鲜瓜果	Fresh Melons and Fruits	45.84	47.03	47.84	47.14	48.81	47.20	47.38
（二）坚果类	Nuts and Processed Products	2.69	2.86	2.83	2.86	2.59	2.52	2.32
十、糖果糕点类	Sweets and Cakes	5.87	5.45	5.46	5.59	5.48	5.04	5.00
#食糖	Sugar	1.75	1.66	1.56	1.41	1.22	1.33	1.12

6—10　主要年份城镇居民每百户主要耐用消费品拥有量
Major Durable Consumer Goods Owned Per 100 Urban Households in Main Years

项　目	Item	2015	2016	2017	2018	2019	2020	2021
耐用消费品拥有情况	**Major Durable Consumer Goods Owned**							
1.家用汽车（辆）	Automobile (unit)	30.90	36.06	38.48	40.34	43.34	45.41	48.11
2.摩托车（辆）	Motorcycle (unit)	46.34	43.81	41.80	32.71	31.83	31.23	42.10
3.助力车（辆）	Electric Bicycle (unit)	70.47	81.04	87.17	89.36	98.79	104.89	115.23
4.洗衣机（台）	Washing Machine (set)	92.59	96.51	98.79	98.59	101.52	103.17	102.77
5.电冰箱（台）	Refrigerator (set)	94.66	97.97	99.78	102.82	105.09	106.29	106.46
6.微波炉（台）	Microwave Oven (set)	64.92	65.39	66.43	65.00	67.59	70.24	69.13
7.彩色电视机（台）	Color Television Set (set)	115.87	112.90	113.89	110.31	112.37	112.85	112.73
8.空调器（台）	Air Conditioner (set)	121.13	128.57	133.84	158.49	170.03	177.04	183.18
9.淋浴热水器（台）	Water Heater (set)	95.54	100.43	103.31	103.41	107.03	109.48	105.82
10.排油烟机（台）	Kitchen Ventilator (set)	61.19	62.29	64.41	65.21	69.27	71.36	66.36
11.固定电话（部）	Telephone (set)	38.91	31.93	24.23	19.59	9.05	8.46	4.61
12.移动电话（部）	Mobile Telephone (set)	249.87	260.09	267.69	269.13	276.99	276.24	285.93
13.家用电脑（台）	Computer (set)	88.10	88.69	88.28	79.73	79.23	79.43	63.60
14.照相机（架）	Camera (set)	33.36	24.98	23.46	20.51	18.81	19.23	8.97

6—11 主要年份城镇居民人均第二、三产业生产经营收支情况
Production and Management Income and Expenditure Conditions of per Capita Secondary and Tertiary Industry of Urban Households in Main Years

单位：元 (yuan)

项 目	Item	2015	2016	2017	2018	2019	2020	2021
第二产业经营收入	**Operating Income of Secondary Industry**	**717**	**971**	**805**	**1800**	**1628**	**1852**	**1852**
第二产业经营现金收入	Operating Cash Income from Management of Secondary Industry	717	971	805	1800	1628	1852	1852
第二产业经营费用支出	Operating Expenditures of Secondary Industry	266	474	315	819	650	698	1648
第二产业经营现金费用支出	Operating Cash Expenditures of Secondary Industry	266	474	315	819	650	698	1648
第三产业经营收入	**Operating Income of Tertiary Industry**	**3767**	**4832**	**4764**	**4974**	**5060**	**4867**	**6036**
第三产业经营现金收入	Operating Cash Income of Tertiary industries	3767	4832	4764	4974	5060	4867	6036
第三产业经营费用支出	Operating Expenditures of Tertiary Industry	793	978	850	852	715	940	1161
第三产业经营现金费用支出	Operating Cash Expenditures of Tertiary Industry	793	978	850	852	715	940	1161

6—12 主要年份城镇居民人均可支配收入分五等份收入组
Per Capita Disposable Income of Urban Households by Income Quintile in Main Years

单位：元 (yuan)

年 份	Year	低收入户 (20%) Low Income Households	中等偏下户 (20%) Lower Middle Income Households	中等收入户 (20%) Middle Income Households	中等偏上户 (20%) Upper Middle Income Households	高收入户 (20%) High Income Households
城镇居民人均可支配收入（元）	**Per Capita Disposable Income of Urban Households (yuan)**					
2014		10339	16958	23205	30723	51950
2015		10400	18489	25792	33950	54483
2016		11283	19331	27006	35973	60881
2017		11759	20852	29414	39352	66417
2018		12288	21623	29646	42609	75550
2019		12891	22432	31752	44710	81383
2020		13084	22749	32599	47035	85901
2021		13355	23803	35714	49250	91109

6－13　主要年份农村居民家庭基本情况
Basic Conditions of Rural Households in Main Years

单位：人　(person)

项　目	Item	2015	2016	2017	2018	2019	2020	2021
期内住户常住成员数	**Number of Permanent Residents**	**8361**	**8685**	**8616**	**9787**	**9643**	**9663**	**9630**
调查样本住户数(户)	**Number of Households Surveyed (household)**	**2345**	**2365**	**2365**	**2670**	**2670**	**2670**	**2670**
期内人均自有现住房面积（m^2）	**Per Capita Living Floor Space of Period (sq.m)**	**45.22**	**46.28**	**47.23**	**49.71**	**52.5**	**53.0**	**57**
常住成员从业人数	**Number of Employees of Permanent Residents**	**4907**	**4965**	**4819**	**5327**	**5144**	**5063**	**5243**
户主文化程度	**Education of Household**							
1.未上过学	Not on school	29	25	25	40	29	29	29
2.小学	Primary School	712	749	755	859	833	824	714
3.初中	Junior Secondary School	1246	1288	1281	1325	1340	1353	1483
4.高中	Senior Secondary School	343	281	280	403	423	421	379
5.大学专科	Junior College	15	21	23	38	41	39	52
6.大学本科	Undergraduate		1	1	5	4	4	13
7.研究生	Postgraduate							
本年度就业类型	**Type of Employment in the Current Year**							
一、雇主	Employer	32	20	15	14	10	4	13
二、公职人员	Public Officials	8	12	9	18	14	9	6
三、事业单位人员	Institutions Personnel	31	42	45	71	77	69	106
四、国有企业雇员	Employees of Nationalized Business	5	9	7	10	10	8	6
五、其他雇员	Other Employees	910	1179	1216	1514	1630	1785	1863
六、农业自营	Farming Self-employed	3566	3320	3133	3246	2915	2668	2676
七、非农自营	Not Farming Self-employed	355	383	394	454	488	520	573
本季度从事主要行业	**Engage Major industries in the Current Year**							
一、第一产业	Primary Industry	3578	3391	3198	3261	3032	2899	2870
二、第二产业	Secondary Industry	604	763	745	941	901	936	1001
三、第三产业	Tertiary Industry	725	811	876	1125	1211	1228	1372

6—14 主要年份农村居民人均可支配收入及构成
Per Capita Disposable Income of Rural Households and Its Composition in Main Years

单位：元 (yuan)

项目	Item	2015	2016	2017	2018	2019	2020	2021
可支配收入	**Disposable Income**	**9467**	**10359**	**11325**	**12435**	**13676**	**14815**	**16363**
一、工资性收入	Income of Wages and Salaries	2549	2848	3242	3691	4259	4638	5536
（一）工资	Wages and Salaries	2057	2482	2853	3432	4055	4524	5280
（二）实物福利	Physical Benefits	10	14	23	17	52	60	117
（三）其他	Other Income	481	352	366	242	152	54	139
二、经营净收入	Net Business Income	4359	4759	5103	5393	5619	5868	6391
（一）第一产业经营净收入	Net Business Income of Primary Industry	3509	3788	4010	3961	4016	4066	4270
1.农业	Farming	2299	2417	2433	2436	2405	2409	2653
2.林业	Forestry	326	367	435	517	626	594	691
3.牧业	Animal Husbandry	754	851	930	837	830	908	763
4.渔业	Fishery	130	154	212	171	155	155	163
（二）第二产业经营净收入	Net Business Income of Secondary Industry	135	118	130	177	220	278	278
（三）第三产业经营净收入	Net Business Income of Tertiary Industry	715	852	963	1255	1383	1524	1842
三、财产净收入	Property Net Income	116	149	185	242	340	352	385
四、转移净收入	Transfer Net Income	2442	2603	2795	3109	3458	3957	4051
（一）转移性收入	Transfer Income	2594	2805	3057	3435	3871	4390	4696
#养老金或离退休金	Pensions for Old People and Retirement	424	517	569	793	856	905	942
（二）转移性支出	Transfer Expenditures	152	202	262	326	413	433	645
#社会保障支出	Social Relief Expenditures	125	161	214	259	328	363	526

6—15 主要年份农村居民人均现金可支配收入及构成
Per Capita Cash disposable Income of Rural Households and Its Composition in Main Years

单位：元 (yuan)

项　目	Item	2015	2016	2017	2018	2019	2020	2021
现金可支配收入	**Cash Disposable income**	**8330**	**9378**	**10320**	**11534**	**12449**	**13625**	**14809**
一、现金工资性收入	Cash Income of Wages and Salaries	2539	2834	3219	3674	4207	4578	5419
（一）工资	Wages and Salaries	2057	2482	2853	3432	4055	4524	5280
（二）其他工资性收入	Other Income	481	352	366	242	152	53	139
二、现金经营净收入	Cash Net Income from Business	3439	4015	4397	4954	4905	5256	5637
（一）第一产业现金经营净收入	Cash Net Income from Business of Primary Industry	2498	2946	3203	3340	3135	3288	3356
1.农业	Farming	1447	1692	1740	1817	1739	1806	1873
2.林业	Forestry	250	333	387	458	485	577	611
3.牧业	Animal Husbandry	678	775	875	900	765	766	722
4.渔业	Fishery	124	147	201	165	146	139	150
（二）第二产业现金经营净收入	Cash Net Income from Business of Secondary Industry	149	131	144	215	244	307	303
（三）第三产业现金经营净收入	Cash Net Income from Business of Tertiary Industry	791	939	1050	1399	1526	1661	1978
三、现金财产净收入	Cash Property Net Income	116	149	185	241	340	352	385
四、现金转移净收入	Cash Transfer Net Income	2236	2380	2519	2665	2997	3440	3368
（一）现金转移性收入	Cash Transfer Income	2388	2581	2781	2991	3410	3873	4013
#养老金或离退休金	Pensions for Old People and Retirement	424	517	569	793	856	905	942
（二）现金转移性支出	Cash Transfer Expenditures	152	202	262	326	413	433	645
#个人缴纳的社会保障支出	Social Relief Expenditures Paid by Individuals	125	161	214	259	328	363	526

6—16 主要年份农村居民人均消费支出
Per Capita Consumption Expenditure of Rural Households in Main Years

单位：元 (yuan)

项 目	Item	2015	2016	2017	2018	2019	2020	2021
消费支出	**Consumption Expenditure**	**7582**	**8351**	**9437**	**10617**	**12045**	**12431**	**14165**
一、食品烟酒	Food, Tobacco and Liquor	2681	2880	3043	3195	3724	4297	4715
二、衣着	Clothing	237	252	287	327	373	354	460
三、居住	Housing	1730	1904	2120	2469	2669	2659	2814
四、生活用品及服务	Daily Necessities and Services	456	456	495	604	680	667	784
五、交通通信	Transportation and Communication	822	972	1288	1528	1716	1682	2003
六、教育文化娱乐	Education, Cultural and Recreation Services	842	1001	1128	1247	1498	1408	1821
七、医疗保健	Health Care and Medical Services	710	782	931	1088	1231	1228	1393
八、其他用品和服务	Other Supplies and Services	106	105	145	159	154	136	175

6—17 主要年份农村居民人均现金消费支出
Per Capita Cash Consumption Expenditure of Rural Households in Main Years

单位：元 (yuan)

项 目	Item	2015	2016	2017	2018	2019	2020	2021
现金消费支出	**Cash Consumption Expenditure**	**5577**	**6277**	**7119**	**8201**	**9297**	**9591**	**10735**
一、食品烟酒	Food, Tobacco and Liquor	1931	2151	2248	2579	2964	3365	3700
二、衣着	Clothing	237	252	285	326	373	353	460
三、居住	Housing	634	738	834	1021	1081	1192	1030
四、生活用品及服务	Daily necessities and services	446	449	463	555	605	607	733
五、交通通信	Transportation and Communication	819	965	1284	1527	1713	1681	2003
六、教育文化娱乐	Education, Cultural and Recreation Services	842	1000	1127	1246	1497	1408	1820
七、医疗保健	Health Care and Medical Services	563	623	748	802	921	856	829
八、其他用品和服务	Other Supplies and Services	104	101	130	145	143	129	160

6－18 主要年份农村居民人均消费支出明细
Per Capita Consumption Expenditure of Rural Households in Main Years

单位：元 (yuan)

项　目	Item	2015	2016	2017	2018	2019	2020	2021
消费支出	**Consumption Expenditure**	**7582**	**8351**	**9437**	**10617**	**12045**	**12431**	**14165**
一、食品烟酒	Food, Tobacco and Liquor	2681	2880	3043	3195	3724	4297	4715
（一）食品	Food	2327	2502	2640	2672	3027	3596	3732
（二）烟酒	Tobacco and Liquor	211	212	233	292	332	341	413
（三）饮料	Beverages	44	45	53	54	69	73	97
（四）饮食服务	Catering Services	100	120	117	177	296	287	473
二、衣着	Clothing	237	252	287	327	373	354	460
（一）衣类	Garments	180	193	220	258	295	282	368
（二）鞋类	Shoes	57	59	67	69	78	72	92
三、居住	Housing	1730	1904	2120	2469	2669	2659	2814
（一）租赁房房租	Rent	12	17	18	30	39	26	32
（二）住房维修及管理	Housing Maintenance and Management	321	398	451	599	605	715	450
（三）水电燃料及其他	Water, Electricity, Fuels Fee and Others	375	362	415	519	605	464	629
（四）自有住房折算租金	Conversion Rent of Owner-occupied Housing	1021	1127	1236	1321	1420	1454	1704
四、生活用品及服务	Daily Necessities and Services	456	456	495	604	680	667	784
（一）家具及室内装饰品	Furniture and Interior Decoration	84	72	79	109	115	100	128
（二）家用器具	Household Appliances	131	130	129	157	174	180	217
（三）家用纺织品	Home Textiles	36	31	26	35	42	38	44
（四）家庭日用杂品	Goods for Daily Use	140	143	171	210	236	226	235
（五）个人用品	Personal Items	56	70	82	81	96	107	139
（六）家庭服务	Household Services	9	10	8	12	17	16	21
五、交通通信	Transportation and Communication	822	972	1288	1528	1716	1682	2003
（一）交通	Transportation	560	667	943	1118	1307	1244	1447
（二）通信	Communication	262	305	345	410	409	438	556
六、教育文化娱乐	Education, Cultural and Recreation Services	842	1001	1128	1247	1498	1408	1821
（一）教育	Education	693	844	963	1047	1287	1222	1653
（二）文化娱乐	Consumption Goods for Cultural and Recreational Use	149	157	165	200	211	186	168
七、医疗保健	Health Care and Medical Services	710	782	931	1088	1231	1228	1393
（一）医疗器具及药品	Medical Apparatus and Medicine	134	150	200	245	219	201	279
（二）医疗服务	Medical Services	576	632	731	843	1012	1027	1113
八、其他用品和服务	Other Supplies and Services	106	105	145	159	154	136	175
（一）其他用品	Other Supplies	72	67	83	91	84	68	93
（二）其他服务	Other Services	33	38	62	68	70	68	82

6—19 主要年份农村居民人均现金消费支出明细

Per Capita Cash Consumption Expenditure of Rural Households in Main Years

单位：元 (yuan)

项　目	Item	2015	2016	2017	2018	2019	2020	2021
现金消费支出	**Cash Consumption Expenditure**	**5577**	**6277**	**7119**	**8201**	**9297**	**9591**	**10735**
一、食品烟酒	Food, Tobacco and Liquor	1931	2151	2248	2579	2964	3365	3700
（一）食品	Food	1586	1784	1859	2067	2307	2715	2819
（二）烟酒	Tobacco and Liquor	210	212	233	292	332	341	413
（三）饮料	Beverages	44	45	53	53	67	71	94
（四）饮食服务	Catering Services	92	110	103	167	258	238	374
二、衣着	Clothing	237	252	285	326	373	353	460
（一）衣类	Garments	180	193	219	257	295	281	368
（二）鞋类	Shoes	57	59	66	69	78	72	92
三、居住	Housing	634	738	834	1021	1081	1192	1030
（一）租赁房房租	Rent	12	17	18	30	39	26	32
（二）住房维修及管理	Housing Maintenance and Management	321	398	451	599	605	715	450
（三）水电燃料及其他	Water, Electricity, Fuels Fee, etc.	301	323	365	392	437	451	548
四、生活用品及服务	Daily Necessities and Services	446	449	463	555	605	607	733
（一）家具及室内装饰品	Furniture and Interior Decoration	82	69	68	100	113	99	128
（二）家用器具	Household Appliances	131	130	129	157	174	180	217
（三）家用纺织品	Home Textiles	36	31	26	35	42	38	44
（四）家庭日用杂品	Goods for Daily Use	132	138	150	170	163	167	184
（五）个人用品	Personal Items	56	70	82	81	96	107	139
（六）家庭服务	Household Services	9	10	8	12	17	16	21
五、交通通信	Transportation and Communication	819	965	1284	1527	1713	1681	2003
（一）交通	Transportation	557	660	939	1117	1305	1243	1447
（二）通信	Communication	262	305	345	410	408	438	556
六、教育文化娱乐	Education, Cultural and Recreation Services	842	1000	1127	1246	1497	1408	1820
（一）教育	Education	693	844	962	1046	1287	1222	1652
（二）文化娱乐	Consumption Goods for Cultural and Recreational Use	149	157	165	200	210	186	168
七、医疗保健	Health Care and Medical Services	563	623	748	802	921	856	829
（一）医疗器具及药品	Medical Apparatus and Medicine	134	150	200	245	219	201	247
（二）医疗服务	Medical Services	429	472	548	557	702	655	582
八、其他用品和服务	Other Supplies and Services	104	101	130	145	143	129	160
（一）其他用品	Other Supplies	71	65	74	83	83	67	86
（二）其他服务	Other Services	33	36	56	62	60	62	74

6—20 主要年份农村居民人均消费主要食品数量

Per Capita Consumption of Major Foods by Rural Households in Main Years

单位：公斤 (kg)

项 目	Item	2015	2016	2017	2018	2019	2020	2021
食品消费情况（含自产自用）	**Conditions of Foods Consumption (including self production and consumption)**							
一、粮食消费量	Grain Consumption	172.21	168.27	163.27	154.01	165.74	175.10	171.27
（一）谷物消费量	Cereal Consumption	167.04	162.56	157.48	148.43	158.93	167.66	164.59
（二）薯类消费量	Tuber Consumption	0.65	0.77	0.70	1.02	0.83	0.81	0.77
（三）豆类消费量	Beans Consumption	4.52	4.94	5.05	4.55	5.98	6.63	5.91
1.大豆	Soybean	0.74	0.90	0.77	0.64	0.53	0.49	0.44
二、油脂类消费量	Edible Oil and Fat	7.39	6.80	7.99	8.42	8.66	9.73	10.37
（一）植物油	Edible Vegetable Oil	5.30	4.92	5.90	6.61	7.24	8.42	8.64
三、蔬菜及菜制品消费量	Vegetables and Its Products Consumption	87.44	79.98	78.15	78.83	79.01	83.50	96.04
（一）鲜菜	Fresh Vegetables	86.41	78.88	76.96	77.61	77.62	82.13	94.73
四、肉类	Meat	27.69	27.44	28.35	33.61	27.45	21.82	33.19
（一）猪肉	Pork	26.10	25.49	26.26	30.99	24.81	19.79	30.54
（二）牛肉	Beef	0.38	0.53	0.62	0.96	1.07	0.92	1.04
（三）羊肉	Mutton	0.18	0.36	0.39	0.51	0.41	0.27	0.36
五、禽类	Poultry	17.58	18.44	19.21	17.52	24.87	32.18	26.79
六、水产品	Aquatic Products	7.01	7.59	7.66	7.29	10.62	10.92	10.59
七、蛋类及蛋制品	Eggs and Its Products	5.19	4.49	4.92	4.63	5.72	7.12	6.19
八、奶和奶制品	Milk and Its Products	1.99	2.23	2.44	2.56	2.33	2.56	3.46
九、干鲜瓜果类	Dried and Fresh Melons and Fruits	27.86	30.99	31.08	29.12	30.78	29.63	33.66
（一）鲜瓜果	Fresh Melons and Fruits	26.83	29.43	29.39	27.32	28.86	27.84	31.99
（二）坚果类	Nuts and Processed Products	0.87	1.35	1.40	1.55	1.68	1.56	1.43
十、糖果糕点类	Sweets and Cakes	3.45	3.47	3.48	3.55	4.11	3.75	4.02
#食糖	Sugar	1.20	1.12	1.08	1.04	1.12	1.15	1.08

6—21 主要年份农村居民每百户主要耐用消费品拥有量
Major Durable Consumer Goods Owned Per 100 Rural Households in Main Years

项　目	Item	2015	2016	2017	2018	2019	2020	2021
耐用消费品拥有情况	**Major Durable Consumer Goods Owned**							
一、家用汽车（辆）	Automobile (unit)	6.77	9.98	12.23	15.46	20.41	19.95	23.40
二、摩托车（辆）	Motorcycle (unit)	100.51	101.77	100.50	91.26	92.66	89.41	88.23
三、助力车（辆）	Electric Bicycle (unit)	31.26	39.88	46.17	54.14	67.08	69.55	84.41
四、洗衣机（台）	Washing Machine (set)	54.48	65.40	68.12	73.09	82.77	84.82	90.41
五、电冰箱（台）	Refrigerator (set)	79.56	86.23	88.82	94.56	100.00	101.36	103.64
六、微波炉（台）	Microwave Oven (set)	14.89	16.63	18.84	20.86	26.25	32.40	36.70
七、彩色电视机（台）	Color Television Set (set)	110.74	112.33	113.28	104.02	108.84	107.30	107.41
八、空调（台）	Air Conditioner (set)	16.86	24.40	28.86	37.39	53.33	55.47	76.77
九、热水器（台）	Water Heater (set)	50.32	62.33	68.33	73.90	84.00	88.10	91.79
十、排油烟机（台）	Kitchen Ventilator (set)	6.29	8.62	10.38	11.44	16.89	17.42	22.94
十一、固定电话（部）	Telephone (set)	18.56	15.16	9.13	8.94	5.06	2.55	1.21
十二、移动电话（部）	Mobile Telephone (set)	261.97	274.12	284.27	294.45	295.16	283.42	285.37
十三、计算机（台）	Computer (set)	17.15	20.24	21.79	19.97	22.77	20.76	21.88
十四、照相机（架）	Camera (set)	1.78	1.21	1.23	0.89	0.86	0.68	0.41

6—22 主要年份农村居民人均第一产业生产经营收支情况 Production and Management Income and Expenditure Conditions of Per Capita Primary Industry of Rural Households in Main Years

单位：元 (yuan)

项 目	Item	2015	2016	2017	2018	2019	2020	2021
第一产业经营收入	**Operating Income of Primary industry**	**6078**	**6706**	**7289**	**7232**	**7430**	**7489**	**8422**
一、农业	Farming	3551	3706	3798	4092	4379	4401	4655
二、林业	Forestry	450	594	599	638	771	765	904
三、牧业	Animal Husbandry	1828	2152	2562	2184	2029	2083	2549
四、渔业	Fishery	249	254	330	318	251	240	314
第一产业现金经营收入	**Operating Cash Income of Primary industry**	**4721**	**5498**	**6091**	**6187**	**6175**	**6244**	**7037**
一、农业	Farming	2503	2795	2919	3289	3545	3558	3697
二、林业	Forestry	374	554	551	578	627	746	822
三、牧业	Animal Husbandry	1605	1908	2307	2015	1768	1720	2223
四、渔业	Fishery	239	241	314	305	235	220	295
第一产业经营费用支出	**Operating Expenditures of Primary industry**	**2413**	**2745**	**3124**	**3092**	**3222**	**3222**	**3895**
一、农业	Farming	1139	1178	1262	1542	1856	1874	1896
二、林业	Forestry	123	220	163	120	143	168	211
三、牧业	Animal Husbandry	1035	1253	1586	1289	1132	1097	1641
四、渔业	Fishery	116	94	113	141	91	83	148
第一产业经营现金费用支出	**Operating Cash Expenditures of Primary industry**	**2223**	**2552**	**2887**	**2848**	**3041**	**2956**	**3681**
一、农业	Farming	1056	1103	1179	1472	1806	1752	1824
二、林业	Forestry	123	220	163	120	142	168	211
三、牧业	Animal Husbandry	927	1134	1432	1115	1003	955	1501
四、渔业	Fishery	116	94	113	141	90	81	145

6—23 主要年份农村居民人均可支配收入五等份收入分组 Per Capita Disposable Income of Rural Households by Income Quintile in Main Years

年 份	Year	低收入户 (20%) Low Income Households	中等偏下户 (20%) Lower Middle Income Households	中等收入户 (20%) Middle Income Households	中等偏上户 (20%) Upper Middle Income Households	高收入户 (20%) High Income Households
农村居民人均可支配收入（元）	**Per Capita Disposable Income of Rural Households (yuan)**					
	2014	3252	5835	7911	10647	18307
	2015	4016	6566	8922	12183	21396
	2016	5001	6990	9547	13420	24606
	2017	5670	7546	10504	14699	25972
	2018	6318	8291	11525	16464	27983
	2019	6866	9258	12818	17466	30118
	2020	7414	10024	13611	18457	33066
	2021	7585	10980	15081	20674	36119

6－24　各市城镇和农村居民人均可支配收入

Per Capita Disposable Income of Urban and Rural Households by City

单位：元　　　　(yuan)

地　区	Region	城乡居民人均可支配收入 Per Capita Disposable Income of Urban and Rural Households					城镇居民人均可支配收入 Per Capita Disposable Income of Urban Households					农村居民人均可支配收入 Per Capita Disposable Income of Rural Households				
		2017年	2018年	2019年	2020年	2021年	2017年	2018年	2019年	2020年	2021年	2017年	2018年	2019年	2020年	2021年
南宁市	Nanning	24984	26798	28929	30114	32679	33217	35276	37675	38542	41394	12515	13654	15047	16130	17808
柳州市	Liuzhou	25075	27041	29209	30500	33036	32661	34849	37358	38479	41442	12151	13451	14715	15848	17369
桂林市	Guilin	22480	24289	26381	27745	29964	32534	34649	37178	38145	40739	13345	14626	16045	17345	18993
梧州市	Wuzhou	20330	21936	23827	25140	27338	29359	31209	33518	34591	37185	11085	12238	13474	14660	16331
北海市	Beihai	23536	25374	27684	29196	31602	31912	33954	36602	37956	40727	12749	13998	15510	16797	18460
防城港市	Fangchenggang	23916	25824	27679	28880	31222	32079	34325	36385	37185	39676	13373	14617	15962	17223	19031
钦州市	Qinzhou	19215	20749	22556	24061	26413	31415	33488	35732	37126	40170	11801	12816	14149	15352	17041
贵港市	Guigang	20344	21894	23930	25326	27664	28806	30506	32916	34002	36756	12544	13786	15289	16619	18381
玉林市	Yulin	22371	24041	25882	27401	29912	32159	33960	36133	37362	40314	13597	14984	16348	17721	19635
百色市	Baise	16841	18065	19669	20962	22817	29126	30611	32784	33964	36375	10171	11086	12195	13305	14755
贺州市	Hezhou	18590	20160	21975	23185	25248	28899	30864	33179	34075	36665	10498	11548	12737	13832	15312
河池市	Hechi	14529	15865	17379	18637	20414	25647	27468	29665	30881	33351	8260	9177	10141	11074	12325
来宾市	Laibin	19269	20844	22498	23849	25874	31047	32910	34950	36173	38705	10674	11752	12810	13950	15317
崇左市	Chongzuo	17541	19140	20967	22253	24114	28813	30916	33297	34562	36947	10860	12000	13320	14306	15694

主要统计指标解释

住户　指居住在一个住宅内，共同分享生活开支或收入的一群人。居住在同一房间内、不共同分享生活开支的人群，每个人都视为一个住户。住家保姆、住家家庭帮工视为单独的住户。

常住居民　指住户成员中，经常在家居住,或调查期内居住时间超过一半的人员，以及本住户供养的学生。常住居民是住户收支的调查对象。

居民人均可支配收入　指居民可用于最终消费支出和储蓄的总和，即居民可用于自由支配的收入，既包括现金收入，也包括实物收入。按照收入的来源，可支配收入包含四项，分别为：工资性收入、经营净收入、财产净收入、转移净收入。

工资性收入　指就业人员通过各种途径得到的全部劳动报酬和各种福利，包括受雇于单位或个人、从事各种自由职业、兼职和零星劳动得到的全部劳动报酬和福利。

经营净收入　指住户或住户成员从事生产经营活动所获得的净收入，是全部经营收入中扣除经营费用、生产性固定资产折旧和生产税净额（生产税减去生产补贴）之后得到的净收入。计算公式具体为：

经营净收入＝经营收入–经营费用–生产性固定资产折旧–生产税净额（生产税–生产补贴）

财产净收入　指住户或住户成员将其所拥有的金融资产和自然资源交由其他机构单位、住户或个人支配而获得的回报并扣除相关的费用之后得到的净收入。计算公式为：财产净收入＝财产性收入–财产性支出

转移净收入　指国家、单位、社会团体对住户的各种经常性转移支付和住户之间的经常性收入转移。包括政府、非行政事业单位、社会团体对居民转移的养老金或退休金、社会救济和补助、政策性生活补贴、救灾款、经常性捐赠和赔偿以及报销医疗费等；住户之间的赡养收入、经常性捐赠和赔偿以及农村地区（村委会）在外（含国外）工作的本住户非常住成员寄回带回的收入等。计算公式为：转移净收入=转移性收入–转移性支出

居民收入五等份分组　指将所有调查户按人均收入水平从低到高顺序排列，平均分为五个等份，处于最高20%的收入群体为高收入组，依此类推依次为中高收入组、中等收入组、中低收入组、低收入组。

Explanatory Notes on Main Statistical Indicators

Household　refers to a group of people living in the same residence, sharing the living expenses or incomes together. If the group of people living in the same residence, but not sharing the living expenses or incomes together, then each people in this group is count as one household. The live-in caregiver or live-in journeyman is count as one simply household.

Permanent Resident　refers to the personnel living at home permanently or more than a half survey period in a household, and the students provided by this household. The permanent residents are the objects of the household income and expenses survey.

Disposable Income of Households　refers to the income of households for purpose of final expenditure and savings, namely the income can be arranged freely by household, which includes the incomes in cash and in kind. By sources of income, the disposable income includes four categories: income of wages and salaries, net business income, property net income and net income from transfer.

Income of Wages and Salaries　refers to the total labor reward and various welfares earned by employment in various ways, including the total labor reward and welfares earned by being employed by institutions or individuals, working freelance, working part-time jobs and odd jobs.

Net Business Income　refers to the net income earned by household or member of household with business working, and it is the net income gained after deducting the operating costs, productive depreciation of fixed assets and net amount of productive taxes (deducting productive subsidy from productive taxes) from the total operating income. Its calculating formulation is:

Net Business Income = Total Operating Income–Operating Costs–Productive Depreciation of Fixed Assets–Net Amount of Productive Taxes (Productive Taxes–Productive Subsidy)

Property Net Income　refers to the net income after deducting the relevant costs from the return, which is gained through organizing the financial assets and natural assets owned by the household or member of household by other institutions, households or individuals. Its calculating formulation is:

Property Net Income = Property Income–Property Expenses

Net Income from Transfer　refers to the various usually transferring of incomes from nation, units, and social groups to household and between households. It includes the pension or retirement pay from governments, non-administrative institutions and social groups to household, social relieves and subsidy, policy subsidy for livelihood, relief money, regularly donations, compensations and applies for medical fee, etc. It also includes the supporting income, regularly donations and compensations between households, and the income sent back or brought back by the non-permanent member of the household working out of the rural area (village committee) or overseas. Its calculating formulation is:

Net Income from Transfer = Transfer Income–Transfer Expenses

Five Equal Divides of Residents' Income　refers to equally divide the total survey households into 5 groups according to the capita income degrees, and rank them from low to high. The group whose income in the highest 20% is called high income households, and by analogy are the upper middle income

居民人均生活消费支出 指居民用于满足家庭日常生活消费需要的全部支出，既包括现金消费支出，也包括实物消费支出。根据用途不同，消费支出可划分为食品烟酒、衣着、居住、生活用品及服务、交通通信、教育文化娱乐、医疗保健、其他用品及服务八大类。

households, middle income households, lower middle income households, and low income households.

Per Capita Consumption Expenditure for Livelihood of Household refers to the total expenses meeting the households' needs of daily livelihood consumption, including the consumption expenses in cash and in kind. According to the use, consumption expenses can be divided into 8 broad categories: food, alcohol and tobacco, clothing, residence, daily necessities and services, transportation and communication, education, cultural and recreation services, medical appliances and articles and other supplies and services.

第七篇　财政、金融和保险

CHAPTER 7　FINANCE, BANKING AND INSURANCE

（编辑：黄浩洲）

简要说明

（本篇资料由自治区统计局综合处整理，电话：0771-5893401）

一、本篇资料主要内容及来源

（一）公共财政预算收支总额及指数、主要年份财政分项目收入及支出（广西壮族自治区财政厅）。

（二）主要年份金融机构期末存贷款情况、当年全社会金融机构信贷收支平衡表（中国人民银行南宁中心支行）。

（三）主要年份保险业务（中国银行保险监督管理委员会广西监管局）。

二、其他情况说明

财政数据截止时间为2022年6月15日，仅供参考。

Brief Introduction

(This information is compiled by the General Office of the Guangxi Zhuang Autonomous Region Bureau of Statistics, Tel: 0771-5893401)

Main contents and sources of this information

(i) Total volume and index of public budget revenue and expenditure, local government revenue and expenditure by items in main years (Department of Finance of Guangxi Zhuang Autonomous Region).

(ii) Deposits and loans balanced at end- year of financial institutions in main years, and balance sheet of credit funds of total financial institutions in that year (Nanning Central Sub-branch of the People's Bank of China).

(iii) Insurance business in main years (Guangxi Regulatory Bureau of China Bank & Insurance Regulatory Commission).

7—1 一般公共预算收支总额及指数（1978—2021年）
Total Volume and Index of General Public Budget Revenue and Expenditure（1978—2021）

单位：万元 (10 000 yuan)

年 份 Year	一般公共预算收入 General Public Budget Revenue	一般公共预算支出 General Public Budget Expenditure	收支差额 Revenue and Expenditure Balance	指数（以上年为100）Index (preceding year =100) 一般公共预算收入 General Public Budget Revenue	一般公共预算支出 General Public Budget Expenditure
1978	149029	207838	-58809	123.4	143.2
1979	123898	205987	-82089	83.1	99.1
1980	125791	174440	-48649	101.5	84.7
1981	130329	160412	-30083	103.6	92.0
1982	133183	174422	-41239	102.2	108.7
1983	138862	188416	-49554	104.3	108.0
1984	137567	230558	-92991	99.1	122.4
1985	201773	297485	-95712	146.7	129.0
1986	252306	422199	-169893	125.0	141.9
1987	305368	476958	-171590	121.0	113.0
1988	338871	532723	-193852	111.0	111.7
1989	414130	577433	-163303	122.2	108.4
1990	468305	650005	-181700	113.1	112.6
1991	559225	716089	-156864	119.4	110.2
1992	611953	784754	-172801	109.4	109.6
1993	959269	1074853	-115584	156.8	137.0
1994	622617	1249283	-626666	64.9	116.2
1995	794422	1405892	-611470	127.6	112.5
1996	905102	1570121	-665019	113.9	111.7
1997	991568	1708345	-716777	109.6	108.8
1998	1196720	1983609	-786889	120.7	116.1
1999	1335647	2249775	-914128	111.6	113.4
2000	1470539	2584866	-1114327	110.1	114.9
2001	1786706	3516498	-1729792	121.5	136.0
2002	1867320	4198575	-2331255	104.5	119.4
2003	2036578	4436023	-2399445	109.1	105.7
2004	2377721	5074721	-2697000	116.8	114.4
2005	2830359	6114806	-3284447	119.0	120.5
2006	3425788	7295172	-3869384	121.0	119.3
2007	4188265	9859433	-5671168	122.3	135.2
2008	5184245	12971100	-7786855	123.8	131.6
2009	6209888	16218218	-10008330	119.8	125.0
2010	7719918	20075907	-12355989	124.3	123.8
2011	9477209	25452778	-15975569	122.8	126.8
2012	11660614	29852261	-18191647	123.0	117.3
2013	13176035	32086656	-18910621	113.0	107.5
2014	14222803	34797922	-20575119	107.9	108.4
2015	15151562	40655144	-25503582	106.5	116.8
2016	15562677	44417035	-28854358	102.7	109.3
2017	16151273	49085507	-32934234	103.8	110.5
2018	16814466	53107410	-36292944	104.1	108.2
2019	18118934	58509609	-40390675	107.8	110.2
2020	17169400	61794664	-44625264	94.8	105.6
2021	18001542	58065420	-40063878	104.8	94.0

说明：本表中一般公共预算收入和一般公共预算支出2010年以前为地方财政收入和地方财政支出。财政数据来源于广西壮族自治区财政厅。

Note: The indicators of "General Public Revenue" and "General Public Budget Expenditure" refer to local financial revenue and local financial expenditure before 2010. Data is from Department of Finance of Guangxi.

7-2 主要年份财政分项目收入

单位：万元

指　标	Item	2009	2010	2011
组织财政收入	**Total Financial Revenue**	**9668808**	**12286122**	**15422300**
#上划中央收入	Revenue to the Central Government	3458920	4566204	5945091
一般公共预算收入	**General Public Budget Revenue**	**6209888**	**7719918**	**9477209**
税收收入	**Total Tax Revenue**	**4176820**	**5338656**	**6448003**
增值税	Value-Added Tax	650089	774782	861253
营业税	Business Tax	1548621	2074387	2407465
企业所得税	Enterprises Income Tax	360607	589533	856453
个人所得税	Individual Income Tax	200448	258422	294069
资源税	Resource Tax	53448	69713	85553
城市维护建设税	City Maintenance and Construction Tax	240827	296697	405098
房产税	House Property Tax	113070	116542	142581
印花税	Stamp Tax	53965	70265	81757
城镇土地使用税	Urban Land Use Tax	94409	95713	118644
土地增值税	Land Appreciation Tax	151990	222740	339912
车船税	Tax on Vehicles and Boat Operation	32987	43253	54222
耕地占用税	Farm Land Occupation Tax	336245	309510	339006
契税	Deed Tax	330283	411765	453475
烟叶税	Tobacco Leaf Tax	9798	5670	8525
环境保护税	Environment Protection Tax			
其他税收收入	Other Tax Revenue	35		
非税收入	**Total Non-tax Revenue**	**2033068**	**2381262**	**3029206**
专项收入	Special Program Receipts	180871	226704	303745
行政事业性收费收入	Charge of Administrative and Institutional Units	593492	650728	956031
罚没收入	Penalty Receipts	243914	312924	297410
国有资本经营收入	Government Capital Operating Income	593341	661566	756247
国有资源（资产）有偿使用收入	Use of Stated-owned Resources Income	265671	358740	531203
其他收入	Other Non-tax Receipts	155779	170600	184570

注：1. 上划中央收入包括上划中央的国内增值税、国内消费税（含成品油消费税）、企业所得税、个人所得税、成品油价格和税费改革城市维护建设税划入及成品油价格和税费改革教育费附加收入。

2. "非税收入"下"其他收入"包括捐赠收入、政府住房基金收入、其他收入（款）。

3. 2021年度财政决算尚未完成法定审批程序，表中数据为草案数，非最终确定数据，7-3表同此。

Note: 1. Revenue to the Central Government includes value-added tax, consumption tax, enterprises income tax, individual income tax, tax on refined petroleum price, tax on tax and fees reformed urban maintenance and establishment, tax on added refined petroleum price and value-added of tax and fees reformed education expenses, etc.

2. Under total non-tax revenue, other non-tax receipts include donation income, governmental housing fund income and other incomes, etc.

3. The legal review and approval procedures for the final financial accounts of 2021 have not been completed. The data in the table are draft numbers, and not final, the same applies to table 7-3.

Local Government Revenue by Items in Main Years

(10 000 yuan)

2012	2013	2014	2015	2016	2017	2018	2019	2020	2021
18101386	**20012643**	**21625390**	**23330330**	**24540771**	**26043209**	**27903173**	**29692233**	**28006125**	–
6440772	6836608	7402587	8178768	8978094	9891936	11088707	11573299	10836725	12277607
11660614	**13176035**	**14222803**	**15151562**	**15562677**	**16151273**	**16814466**	**18118934**	**17169400**	**18001542**
7624567	**8757432**	**9780659**	**10316473**	**10362194**	**10576905**	**11220870**	**11467823**	**11132234**	**11910856**
848105	987547	1264512	1399850	2854605	4289926	4677376	4978566	4566426	5012086
2623212	3041956	3212611	3219044	1560017					
859532	940375	1093533	1097392	1170262	1277460	1512423	1678853	1701272	1734802
241900	277433	302214	347596	401563	501884	608237	385634	466591	495952
101929	119681	171015	180612	172170	167753	166851	166389	180940	225857
420483	495948	531407	635556	611496	682807	735014	758724	773933	852819
173472	211833	235635	275218	307071	326690	331671	500633	359125	479637
100136	116984	139617	142669	142017	191137	212241	234534	264790	308296
128883	159986	234488	260456	261403	311135	266135	251568	191179	220860
593007	651611	683037	570897	625848	727915	846525	950580	948686	753493
74962	90121	105881	124882	146200	172217	187407	206972	237783	259993
906846	917856	1041784	1282505	1220729	904305	411623	384375	371797	333678
540723	731220	752373	771470	880330	1013488	1229226	918373	1016734	1178641
11377	14881	12552	8326	8483	10188	8008	6526	8114	9566
						28133	38801	41850	43386
					0	0	7295	3014	1790
4036047	**4418603**	**4442144**	**4835089**	**5200483**	**5574368**	**5593596**	**6651111**	**6037166**	**6090686**
314887	407379	429901	1273125	1201637	1347960	1379025	1306557	1096284	1263728
1214518	1202154	1140393	978068	1051235	971369	894727	924108	890223	940349
381689	381520	352951	400054	409964	450768	550860	684268	874817	1069120
991353	966988	1038912	882447	857632	690621	560521	454963	200184	52943
833992	1163824	1067260	965871	1150319	1616865	1651521	2836298	2355830	2388963
299608	296738	412727	335524	529696	496785	556942	444917	619828	375583

7—3 主要年份财政分项目支出

单位：万元

指 标	Item	2008	2009	2010	2011
一般公共预算支出	**General Public Budget Expenditure**	**12971100**	**16218218**	**20075907**	**25452778**
一般公共服务	General Public Services	2245366	2370751	2687583	3221799
外交	Foreign Affairs				
国防	National Defense	31057	51815	72561	82131
公共安全	Public Security	956563	1077044	1251395	1394382
教育	Education	2512210	2965980	3668362	4568882
#普通教育	Regular Education	2074491	2390167	2982905	3719736
职业教育	Vocational Education	225549	334877	349163	355561
科学技术	Science and Technology	162149	180741	216554	282470
#应用研究	Application Research	23349	30712	31212	32775
技术研究与开发	Technological Research and Development	66849	70661	89541	126866
科学技术普及	Popularization of Science and Technology	14592	11115	12345	13656
文化、旅游、体育与传媒	Culture, Tourism, Sports and Media	292467	292731	327718	374814
社会保障和就业	Social Security and Employment	1289769	2036887	2170733	2506400
#财政对基本养老保险基金的补助	Subsidy of Finance to the Fund of Basic Endowment Insurance	142628	432047	446204	687335
财政对其他社会保险基金的补助	Subsidy of Finance to the Fund of others Social Security				
行政事业单位养老	Retire of Administrative Department	458704	512987	577000	530725
最低生活保障	Minimum Subsistence Allowances				
#城市最低生活保障	Lowest Cost-of-Living of Citizens in Urban Area	97871	116540	129143	158387
农村最低生活保障	Lowest Cost-of-Living of Peasants in Rural Area	84622	144463	254607	353717
卫生健康	Medical and Health Care	787683	1161466	1654911	2328800
节能环保支出	Energy Conservation and Environment Protection	279740	499221	639887	538979
#污染防治	Pollution Prevention and Treatment	106564	161690	181610	113020
退耕还林还草	Returning Land for Farming to Forestry	79393	118652	123239	98495
城乡社区支出	Community Affair in Urban and Rural Area	723033	1040811	1038717	1187324
农林水支出	Expenditure of Agriculture, Forestry and Water Conservancy	1393970	2107419	2602616	3148555
#农业农村	Agriculture and rural area	640248	1135962	1233650	1099138
扶贫	Poverty Alleviation	174651	171991	182179	200648
交通运输	Transportation	584781	815499	937145	2489779
其他支出（类）	Other Expenditures	645738	552905	640716	395567

注：1. 财政对基本养老保险基金的补助，2017年前该指标及数据为“财政对社会保险基金的补助”，与2018年后不可比较。
2. 原“文化、体育与传媒”指标自2019年起调整为“文化、旅游、体育与传媒”，“医疗卫生与计划生育”指标自2019年起调整为“卫生健康”，与往年不可比。

Note: 1. The indicator of “Subsidy of Finance to the Fund of Basic Endowment Insurance” was referred to “Subsidy of Finance to the Fund of Social Security” before 2017, which is not comparable after 2018.
2. The indicator of “Culture, Sports and Media” has been adjusted to “Culture, Tourism, Sports and Media” and “Medical, Health Care and Family Planning” has been adjusted to “Medical and Health Care” since 2019, which is not comparable with the former years.

Local Government Expenditure by Items in Main Years

(10 000 yuan)

2012	2013	2014	2015	2016	2017	2018	2019	2020	2021
29852261	**32086656**	**34797922**	**40655144**	**44417035**	**49085507**	**53107410**	**58509609**	**61794664**	**58065420**
3863708	4131959	4059911	3952989	4507770	4553497	5272465	5923605	5204816	5012438
			4569	1103	107	-135	25	0	0
76619	79199	99268	98706	90216	87757	82208	90830	104138	98747
1523891	1788149	1922172	2205544	2632819	2831720	3133761	3121799	3148679	2883794
5892383	6099303	6605347	7896904	8545468	9202033	9332207	10145198	10611041	10940834
4887114	5022462	5578061	6498328	7012212	7558151	7758862	8370338	8843350	9038563
406955	424441	473987	789090	784253	862985	808957	917548	1007259	1139117
428120	543579	599250	496321	451977	600392	644335	723268	662640	711283
39412	55164	50772	65724	59836	57799	59145	62699	59735	68283
263396	354225	414686	266765	231450	338843	373275	303765	352739	386930
16724	18462	19347	27401	23707	24509	26209	29306	21059	22435
455212	498502	685192	790041	710815	643565	635936	763287	1094901	885109
2823276	3481154	3871792	4606296	5389523	6786517	7697002	8167574	9182490	9230543
988788	1265318	1417965	1882014	2094332	2429290	2530358	2524988	2736132	2908870
					24733	18070	10741	13613	428
483010	588726	709171	876652	1218638	2081257	2787202	2842839	3103183	3220704
			551199	620500	535690	521578	586940	945586	707942
137102	146328	139813	133889	148491	83568	85981	83446	165461	144281
309049	408039	408318	417310	472009	452122	435597	503494	780125	563661
2531744	2856114	3553263	4138687	4681866	5123130	5465216	5652862	6248416	6137485
600090	642258	839981	986801	906993	851119	794489	998405	1007442	834964
146243	145133	155892	179542	241227	272591	230514	373088	408346	332365
94228	91273	78883	86536	66376	55834	35643	28400	8156	4944
1620715	2123282	2693394	3175179	3649854	5296946	6488388	8350912	4193260	3564341
3690650	3718964	3912868	4975252	5734793	6468687	6565799	7472063	9043764	7578036
1347723	1356624	1397472	1642166	1669941	1564502	1489377	1562341	2040125	1937271
270335	302349	367640	590863	1570837	2403265	2740156	3210432	3590210	2758617
2427442	2389886	2049153	2378280	2171215	2440922	2820316	2194908	4177847	3355107
451465	517669	393346	267313	265715	84927	99067	11391	121427	89849

7-4 金融机构存贷款情况（期末余额，2005—2021年）
Deposits and Loans of Financial Institutions（Balance at Year-end, 2005—2021）

单位：亿元 (100 million yuan)

年 份 Year	本外币存款 Deposits in RMB and Foreign Currencies	本外币贷款 Loans in RMB and Foreign Currencies	人民币存款 Deposits in RMB	人民币贷款 Loans in RMB
2005	4262.30	3104.60	4202.84	3056.86
2006	5029.47	3636.90	4971.86	3595.25
2007	5801.04	4331.03	5749.94	4287.79
2008	7075.02	5110.06	7024.10	5066.68
2009	9638.89	7360.43	9583.13	7268.41
2010	11813.90	8979.87	11746.77	8867.52
2011	13527.97	10646.43	13453.20	10408.54
2012	15966.65	12355.52	15856.00	11941.44
2013	18400.48	14081.01	18267.24	13653.38
2014	20298.54	16070.95	20078.97	15585.46
2015	22793.54	18119.30	22566.96	17656.76
2016	25477.80	20640.54	25257.56	20175.77
2017	27899.64	23226.14	27714.24	22781.81
2018	29789.78	26688.31	29620.03	26143.38
2019	31646.01	30497.39	31504.98	29988.52
2020	34665.55	35196.77	34515.57	34738.99
2021	36879.44	39851.13	36706.23	39325.29

7—5　2021年全社会金融机构本外币信贷收支平衡表（期末余额）
Balance Sheet of Credit Funds in RMB and Foreign Currencies of Total Financial Institutions in 2021（Balance at Year-end）

单位：亿元　　（100 million yuan）

资金来源项目	Sources of Capital	2020年 余额 Balance	2020年 比年初增加 Increase Compared to the Beginning of the Year	2021年 余额 Balance	2021年 比年初增加 Increase Compared to the Beginning of the Year
一、各项存款	Total Deposits	34665.55	3019.55	36879.44	2213.89
（一）境内存款	Domestic Deposits	34596.85	2995.50	36813.26	2216.41
1.住户存款	Household Deposits	18988.16	1999.47	21000.85	2009.84
（1）活期存款	Current Deposits	9547.41	876.00	10028.93	478.75
（2）定期及其他存款	Fixed Deposits and Others	9440.74	1123.47	10971.92	1531.09
2.非金融企业存款	Non-financial Enterprises Deposits	9064.74	962.83	9322.95	267.02
（1）活期存款	Current Deposits	4613.30	74.04	4510.36	-96.57
（2）定期及其他存款	Fixed deposits and Others	4451.44	888.78	4812.60	363.59
3.机关团体存款	Organization Financial Deposits	5032.21	-239.98	4863.61	-174.56
4.财政性存款	Financial Deposits	468.14	-52.75	286.55	-181.59
5.非银行业金融机构存款	Non-banking Financial Institution Financial Deposits	1043.61	325.94	1339.31	295.70
（二）境外存款	Overseas Deposits	68.71	24.04	66.18	-2.53
二、金融债券	Financial Bonds	201.96	55.03	347.92	145.96
其中：境外发行	Overseas Issue				
三、卖出回购资产	Financial Assets Sold for Repurchase	2.48	-0.26	2.16	-0.32
四、借款及非银行业金融机构拆入	Borrowing and Loans from Non-banking Financial Institutions	38.32	15.23	16.50	7.43
五、联行往来（净）	Interbank Transactions (net)	3934.60	2305.26	6001.34	2011.93
六、应付及暂收款	Accounts Payable and Receivable	615.14	72.76	749.86	134.21
七、各项准备	Other Reserve Funds	867.14	86.36	1007.21	133.50
八、所有者权益	Creditor's Equity	1805.74	159.83	1929.89	142.45
其中：实收资本	Paid-in Capital	538.82	70.89	558.42	20.00
九、其他	Others	-2183.23	-105.16	-1340.48	852.88
资金来源总计	**Total Capital Sources**	**39947.70**	**5608.61**	**45593.85**	**5641.92**

7—5 续表 continued

单位：亿元 (100 million yuan)

资金运用项目	Application of Funds	2020年 余额 Balance	2020年 比年初增加 Increase Compared to the Beginning of the Year	2021年 余额 Balance	2021年 比年初增加 Increase Compared to the Beginning of the Year
一、各项贷款	Total Loans	35196.77	4699.38	39851.13	4654.35
（一）境内贷款	Domestic Loans	34859.64	4752.49	39555.46	4695.96
1.住户贷款	Household Loans	14060.34	1827.43	15061.40	1000.66
（1）短期贷款	Short-term Loans	1682.05	252.69	1950.67	267.43
消费贷款	Consumption Loans	935.97	136.68	1007.23	71.12
经营贷款	Operating Loans	746.09	116.00	943.44	196.31
（2）中长期贷款	Medium and Long-term Loans	12378.28	1574.74	13110.73	733.23
消费贷款	Consumption Loans	10247.06	1396.95	10946.78	699.13
经营贷款	Operating Loans	2131.22	177.80	2163.95	34.10
2.企（事）业单位贷款	Enterprises and Institutions Loans	20799.30	2925.05	24494.06	3695.30
（1）短期贷款	Short-term Loans	4463.54	357.30	5199.24	735.39
（2）中长期贷款	Medium and Long-term Loans	14846.92	2167.64	17516.01	2669.94
（3）票据融资	Bill Financing	1428.09	397.78	1734.00	305.91
（4）融资租赁	Finance Lease	40.88	8.48	38.18	-2.70
（5）各项垫款	Advance Money	19.87	-6.15	6.63	-13.24
3.非银行业金融机构贷款	Non-banking Financial Institution Financial Loans				
（二）境外贷款	Overseas Loans	337.14	-53.11	295.67	-41.60
二、债券投资	Investment in Bonds	2288.99	680.87	2664.34	366.23
其中：境外债券	Overseas Bonds				
三、股权及其他投资	Stock Rights and Other Investments	1553.53	101.41	1616.98	55.42
四、买入返售资产	Buying Back Assets	248.88	-8.82	496.68	247.80
五、存放非银行业金融机构款项	Deposits of Non-banking Financial Institutions	11.65	-10.09	44.40	32.75
六、联行往来（净）	Interbank Transactions (net)				
其中：境内存放二级准备金	Domestic Deposits of Secondary Reserves	61.15	-355.74	62.39	1.24
七、金银占款	Funds Outstanding for Gold and Silver				
八、中央银行外汇占款	Funds Outstanding for Foreign Exchange				
九、应收及预付款	Accounts Payable and Suspense Credit	329.55	98.01	617.72	301.12
十、投资性房地产	Investment Real Estate	2.53	-0.12	2.41	-0.13
十一、固定资产	Fixed Assets	315.81	47.98	300.18	-15.63
资金运用总计	**Total Capital Applications**	**39947.70**	**5608.61**	**45593.85**	**5641.92**

7-6 2021年全社会金融机构人民币信贷收支平衡表（期末余额）
Balance Sheet of Credit Funds in RMB of Total Financial Institutions in 2021 (Balance at Year-end)

单位：亿元 (100 million yuan)

资金来源项目	Sources of Capital	2020年 余额 Balance	2020年 比年初增加 Increase Compared to the Beginning of the Year	2021年 余额 Balance	2021年 比年初增加 Increase Compared to the Beginning of the Year
一、各项存款	Total Deposits	34515.57	3010.59	36706.23	2190.66
（一）境内存款	Domestic Deposits	34471.77	3006.19	36656.63	2184.86
1.住户存款	Deposits of Households	18936.20	1996.99	20949.82	2010.77
（1）活期存款	Current Deposits	9514.04	872.32	9995.78	478.97
（2）定期及其他存款	Fixed deposits and Others	9422.17	1124.67	10954.05	1531.80
2.非金融企业存款	Non-financial Enterprises Deposits	9008.54	970.19	9225.66	225.93
（1）活期存款	Current Deposits	4570.70	80.10	4434.09	-130.23
（2）定期及其他存款	Fixed Deposits and Others	4437.84	890.09	4791.57	356.17
3.机关团体存款	Organization Financial Deposits	5015.76	-234.59	4856.07	-165.65
4.财政性存款	Financial Deposits	468.14	-52.75	286.55	-181.59
5.非银行业金融机构存款	Non-banking Financial Institution Financial Deposits	1043.13	326.35	1338.52	295.39
（二）境外存款	Overseas Deposits	43.80	4.40	49.60	5.80
二、金融债券	Financial Bonds	201.96	55.03	347.92	145.96
其中：境外发行	Overseas Issue				
三、卖出回购资产	Financial Assets Sold for Repurchase	2.48	-0.26	2.16	-0.32
四、借款及非银行业金融机构拆入	Borrowing and Loans from Non-banking Financial Institutions	31.21	11.38	1.91	-0.04
五、联行往来（净）	Interbank Transactions (net)	3683.16	2362.90	5819.82	2082.53
六、应付及暂收款	Accounts Payable and Receivable	612.37	73.07	735.75	122.88
七、各项准备	Other Reserve Funds	840.67	73.96	982.29	135.10
八、所有者权益	Creditor's Equity	1811.48	176.16	1923.43	129.63
其中：实收资本	Paid-in Capital	538.82	70.89	558.42	20.00
九、其他	Others	-2221.87	-104.27	-1466.95	765.03
资金来源总计	**Total Capital Sources**	**39477.04**	**5658.56**	**45052.57**	**5571.43**

7－6 续表 continued

单位：亿元 (100 million yuan)

资金运用项目	Application of Funds	2020年 余额 Balance	2020年 比年初增加 Increase Compared to the Beginning of the Year	2021年 余额 Balance	2021年 比年初增加 Increase Compared to the Beginning of the Year
一、各项贷款	Total Loans	34738.99	4750.47	39325.29	4586.30
（一）境内贷款	Domestic Loans	34689.20	4748.10	39276.74	4587.66
1.住户贷款	Household Loans	14060.16	1827.68	15061.23	1000.67
（1）短期贷款	Short-term Loans	1681.88	252.93	1950.50	267.43
消费贷款	Consumption Loans	935.79	136.92	1007.06	71.12
经营贷款	Operating Loans	746.09	116.00	943.44	196.31
（2）中长期贷款	Medium and Long-term Loans	12378.28	1574.75	13110.72	733.23
消费贷款	Consumption Loans	10247.05	1396.96	10946.78	699.13
经营贷款	Operating Loans	2131.22	177.80	2163.95	34.10
2.企（事）业单位贷款		20629.05	2920.42	24215.51	3587.00
（1）短期贷款	Short-term Loans	4337.00	359.94	4977.50	640.18
（2）中长期贷款	Medium and Long-term Loans	14803.36	2160.11	17459.49	2656.99
（3）票据融资	Bill Financing	1428.09	397.78	1734.00	305.92
（4）融资租赁	Finance Lease	40.88	8.48	38.18	-2.70
（5）各项垫款	Advance Money	19.72	-5.89	6.34	-13.39
3.非银行业金融机构贷款	Non-banking Financial Institution Financial Loans				
（二）境外贷款	Overseas Loans	49.78	2.37	48.55	-1.36
二、债券投资	Investment in Bonds	2283.76	681.23	2656.08	363.25
其中：境外债券	Overseas Bonds				
三、股权及其他投资	Stock Rights and Other Investments	1553.53	101.41	1616.98	55.42
四、买入返售资产	Buying Back Assets	248.88	-8.82	496.68	247.80
五、存放非银行业金融机构款项	Deposits of Non-banking Financial Institutions	6.74	-13.78	40.01	33.28
六、联行往来（净）	Interbank Transactions (net)				
其中：境内存放二级准备金	Domestic Deposits of Secondary Reserves	61.15	-355.02	62.39	1.24
七、金银占款	Funds Outstanding for Gold and Silver				
八、中央银行外汇占款	Funds Outstanding for Foreign Exchange				
九、应收及预付款	Accounts Payable and Suspense Credit	326.80	100.20	614.93	301.14
十、投资性房地产	Investment Real Estate	2.53	-0.12	2.41	-0.13
十一、固定资产	Fixed Assets	315.81	47.98	300.18	-15.63
资金运用总计	**Total Capital Applications**	**39477.04**	**5658.56**	**45052.57**	**5571.43**

7-7 主要年份保险业务
Major Indicators of Insurance Business in Main Years

单位：万元 (10 000 yuan)

项 目	Item	2005	2010	2015	2018	2019	2020	2021
全部业务	**All Insurance Business**							
保费收入	**Premium Income**	**731142**	**1790516**	**3857457**	**6290312**	**6649211**	**7343295**	**7806048**
保险密度（元）	Insurance Density (yuan)	149.39	389.02	804.31	1277	1341	1465	1555
保险深度（%）	Insurance Depth (%)	1.8	1.9	2.3	3.1	3.1	3.3	3.2
财产保险公司业务	**Property Insurance Company Business**							
保费收入	Premium Income	238790	691943	1606792	2453435	2520244	2827355	2851300
企业财产保险	Enterprise Property Insurance	31204	44305	56043	56075	61859	64864	64081
机动车辆保险	Automobile Insurance	160592	529660	1172478	1577950	1476015	1556095	1628589
货物运输保险	Cargo Transportation Insurance	9228	13727	19597	15472	13138	13050	15151
其他财产保险	Other Property Insurance	9084	16228	55889	82407	87021	107339	111340
责任保险	Liability Insurance	8060	23152	52424	98679	119888	120114	144635
信用保证保险	Credit and Guarantee Insurance	7878	12005	51578	191714	217564	219236	81936
农业保险	Agriculture Insurance	347	7454	63413	168845	192354	251605	366582
短期健康保险	Short-term Health Insurance	308	10517	76974	155181	222513	340905	270868
意外伤害险	Accident Injury Insurance	12089	24078	58395	107113	129892	154146	168117
储金	Deposits From Insured	5611	4901	133093	35476	4352	4335	4318
赔案件数（万件）	Number of Claims (10 000 cases)	28.24	79.93	294.21	433	623	1088	1122
赔款支出	Indemnity Paid	117165	270387	791312	1170145	1458485	1589184	1832037
企业财产保险	Enterprise Property Insurance	13173	10984	42648	26224	28529	25705	22553
机动车辆保险	Automobile Insurance	72637	217688	549783	740799	782432	866551	1013730
货物运输保险	Cargo Transportation Insurance	18904	4831	10080	10906	8626	6798	5651
其他财产保险	Other Property Insurance	3322	5270	28066	34810	36677	45472	35242
责任保险	Liability Insurance	2571	9114	20546	45113	66668	55443	58573
信用保证保险	Credit and Guarantee Insurance	1921	765	19682	40954	89628	159085	214527
农业保险	Agriculture Insurance	116	7148	52591	83090	179385	133448	243241
短期健康保险	Short-term Health Insurance	61	5523	49320	155054	220942	245071	178013
意外伤害险	Personal Accident Insurance	4459	6860	18596	33195	45595	51611	60511
未决赔款	Outstanding Insurance	55668	158487	349303	430752	496453	521053	604253

注：2001—2007年保险密度使用平均总人口计算，2008年及以后保险密度使用平均常住人口计算，请使用时注意口径区别。

Note: The data on "Insurance Density" from 2001 to 2007 is calculated by average total population, while the data in 2008 and after is calculated by average permanent population, please pay attention to the difference of coverage when using.

7—7 续表 continued

单位：万元 (10 000 yuan)

项 目	Item	2005	2010	2015	2018	2019	2020	2021
人身保险公司业务	**Life Insurance Company Business**							
保费收入	Premium Income	492352	1098573	2250665	3836877	4128968	4515940	4954749
个人业务	Personal Business							
人寿保险	Life Insurance	383881	970539	1848424	2921723	2982826	3252424	3453833
分红产品	Participation in Profit Product	250131	837623	882007	1442280	1477903	1440737	1345140
投资连接产品	Investment link Product		603	969	1662	1842	1839	1731
其他产品	Others	133750	132314	965448	1477780	1503081	1809848	2106963
意外伤害险	Accident Injury Insurance	6847	21642	59499	90156	87085	83516	77698
健康险	Health Insurance	21642	57851	193886	594855	713573	786481	800445
团体业务	Group Insurance							
人寿保险	Life Insurance	43950	15804	5773	4465	6801	5692	4029
分红产品	Participation in Profit Product	33443	0	18	60	663	41	26
投资连接产品	Investment link Product				0	0	0	0
其他产品	Others	10507	15804	5755	4405	6138	5651	4003
意外伤害险	Accident Injury Insurance	17875	14765	34242	35500	36640	40313	39457
健康险	Health Insurance	18157	17972	108841	190179	302043	347514	579286
# 新单保费	New Insurance Premium	244075	615763	1257626	1555713	1577401	1753898	2049747
有效保单件数（万件）	Number of Policies In Force (10 000 cases)	590	1063	1594	2494	2759	3036	3147
赔款和给付支出	Reparations and Payment Expenditure	52123	173078	536356	1068416	920826	961870	1102477
个人业务	Personal Business							
年金给付	Annuity Payment	11836	24995	81108	190595	166695	144380	148673
满期给付	Maturity Benefit	6972	90873	313774	478463	288438	271692	194104
死伤医疗给付	Benefit of Deaths, Injury and Medical Treatment	7936	14436	43817	86640	107235	124062	147343
团体业务	Group Insurance							
年金给付	Annuity Payment	2952	6904	8346	8608	7547	4809	5690
满期给付	Maturity Benefit	313	3182	3615	3787	1696	1633	2215
死伤医疗给付	Benefit of Deaths, Injury and Medical Treatment	934	1085	12720	11208	12413	12870	14642
退保	Insurance Cancellation	83367	82797	417756	737414	633196	443887	509659

注：1. 本表由中国银行保险监督管理委员会广西监管局提供。
2. 2005年人身保险公司业务中人寿保险的个人业务和团体业务“投资连接保险”并入其他产品中统计。
3. 2005年赔款和给付支出中“赔款支出”从“死伤医疗给付”中剔除，但包含在赔款和给付支出总额中。

Note: 1. The data in this table is provided by Guangxi Management and Supervision Bureau of Chinese Insurance Management and Supervision Committee.
2. The “Investment link Insurance”, which belonging to personal insurance and group insurance of life insurance business in life insurance company business, was merged into the other business in 2005.
3. The “Reparation Expenditure” was eliminated from “Benefit of Deaths, Injury and Medical Treatment” in “Benefit Paid” in 2005, but it is still included in the “Reparation and Payment Expenditure”.

主要统计指标解释

组织财政收入　指一般公共预算收入与上划中央收入之和，反映本地区当年组织的财政收入规模。

一般公共预算收入　2011年以前统称为“一般预算收入”。指以税收为主体的财政收入，包括各项税收收入、行政事业性收费收入、国有资源（资产）有偿使用收入、转移性收入和其他收入。

一般公共预算支出　以税收为主体的财政收入安排用于保障和改善民生、推动经济社会发展、维护国家安全、维持国家机构正常运转等反面的支出。一般公共预算支出，按照其功能分类，包括一般公共服务支出，外交、公共安全、国防支出，农业、环境保护支出，教育、科技、文化、卫生体育支出，社会保障及就业支出和其他支出；按照其经济性质分类，包括工资福利支出、商品和服务支出、资本性支出和其他支出。

信贷资金　指金融机构以信用方式积聚和分配的货币资金。金融机构信贷资金的来源有各项存款，对省外（国际）金融机构负债、流通中货币、银行自有资金及当年结益等；信贷资金的运用有各项贷款、黄金占款、外汇占款、财政借款及在省外（国际）金融机构中的资产等。

存款　机构或个人在保留资金或货币所有权的条件下，以不可流通的存款凭证为依据，暂时让渡或接受资金使用权所形成的债权或债务。

贷款　机构或个人在保留资金或货币所有权的条件下，以不可流通的贷款凭证或类似凭证为依据，暂时让渡或接受资金使用权所形成的债权或债务。

保险公司　在中国境内的、经过保险监督部门批准设立，并依法登记注册的各类商业保险公司。

保险金额　又叫承保额、保额，是指保险人承担赔偿或者给付保险金责任的最高限额。它是保险合同上的最高责任额，也是计算保费的依据。

保费　又叫保险费，是指投保人为取得保险人在约定范围内所承担赔偿责任而支付给保险人的费用。

赔款　指保险人根据保险合同的规定，向被保险人支付的赔偿保险责任损失的金额。

给付　包括死伤医疗给付和满期给付。死伤医疗给付是指保险人根据人寿保险及长期健康保险合同的规定，因被保险人在保险期内发生保险责任范围内的保险事故支付给被保险人（或受益人）的金额。满期给付是指被保险人生存期满，保险人按人寿保险合同规定支付给被保险人的满期保险金额。

Explanatory Notes on Main Statistical Indicators

Organized Financial Revenue　refers to the sum of general public budget revenue and the central government revenue. It reflects the size of organization financial revenue in the region.

General Public Budget Revenue　was named as general budget revenue before 2011. It refers to the financial revenue with taxation as the main body, including each tax revenue, administrative institution fees income, state-owned resources (asset) paid use income, Transfer income and other income etc..

General Public Budget Expenditure　is the financial revenue with taxed as the main part, which is allocated for expenditures, such as ensuring and improving people's wellbeing, promoting economic and social development, safeguarding national security, and maintaining the normal operation of state institutions. It can classify as follows according to their functions, including expenditures on general public services, foreign affairs, public security, national defense, agriculture, environment protection, education, science and technology, culture, health and sports, social security, employment and other expenditures. And classified by its economic natures, it includes wage and welfare expenditure, goods and services expenditure, capital expenditure and other expenditure.

Credit Funds　refer to the monetary fund accumulated and distributed in the means of credit by the financial institutions. The sources of credit funds of the financial institutions included various deposits, liabilities to other provinces autonomous regions and municipalities (international) financial institutions, currency in circulation, self-owned funds and current retained profits, etc. The credit funds can be used in forms of loans, gold, foreign exchange, government debt and assets in the other provinces, autonomous regions and municipalities (international) financial institutions.

Deposit　refers to creditor's right or debts formed by temporarily transfer or accept the right to use the funds in the reservation of funds or currency ownership, which institutions or individuals take the non-negotiable deposit certificates as the basis.

Loan　refers to creditor's right or debts formed by temporarily transfer or accept the right to use the funds in the retention of funds or monetary ownership, which institutions or individuals take the non-negotiable loan documents or similar document as the basis.

Insurance Companies　refer to commercial insurance companies of various forms registered by law and established in China with the approval of insurance regulatory agencies.

Amount Insured　also called insurance value, refers to the maximum limit of the liability of the insurer to indemnify or pay insurance benefits. It is the highest responsibility value on insurance contract and also the basis for calculating insurance cost.

Premium　is the fee paid by the insurant to the insurer to obtain the obligation of compensation from insurance within the agreed terms.

Settle Claim　is the compensation paid by the insurer to the insurant in accordance with the insurance contact.

Payment　includes payment for death, injury or medical treatment and payment at maturity. Payment for death, injury or medical treatment refers to the money paid to the insurant (of the beneficiary) in accordance with the life or health insurance contract when the insurant encounters accidents within the insured period covered in the contract. Payment at maturity refers to the payment to the insurant in accordance with the life insurance contract at the end of the insured period.

第八篇 资源与环境

CHAPTER 8 NATURAL RESOURCES AND ENVIRONMENT

（编辑：黄浩洲）

简要说明

（本篇资料由自治区统计局综合处整理，电话：0771-5848296）

一、本篇资料主要内容及来源

（一）自然资源情况（广西壮族自治区自然资源厅、海洋局、林业局）。

（二）水及河流资源（广西壮族自治区水利厅）。

（三）气象情况（广西壮族自治区气象局）。

（四）城市市政情况（广西壮族自治区住房城乡建设厅）。

（五）城市交通情况（广西壮族自治区交通运输厅）。

（六）污染及治理情况（广西壮族自治区生态环境厅、广西壮族自治区住房城乡建设厅）。

二、其他情况说明

本篇人均指标的历史数据均未根据2020年全国人口普查修正数调整。

根据第二次全国污染源普查数据，对2016—2019年工业源污染物排放量指标数据进行了修正。

Brief Introduction

(This information is compiled by the General Office of the Guangxi Zhuang Autonomous Region Bureau of Statistics, Tel: 0771-5848296)

Main contents and sources of this information

(i) Natural resources (Department of Natural Resources of Guangxi Zhuang Autonomous Region, Oceanic Administration of Guangxi Zhuang Autonomous Region, Department of Forestry of Guangxi Zhuang Autonomous Region).

(ii) Water and River Resources (Department of Water Resources of Guangxi Zhuang Autonomous Region).

(iii) Meteorological conditions (Meteorological Administration of Guangxi Zhuang Autonomous Region).

(iv) Municipal situation of the city (Department of Housing and Urban-Rural development of Guangxi Zhuang Autonomous Region).

(v) Urban traffic conditions (Department of Transport of Guangxi Zhuang Autonomous Region).

(vi) Pollution and control (Department of Ecology and Environment of Guangxi Zhuang Autonomous Region, Department of Housing and Urban-Rural Development of Guangxi Zhuang Autonomous Region).

8—1 自然资源
Natural Resources

指 标	Indicators	2015	2019	2020	2021
一、土地	**Land**				
土地面积（万平方公里）	Land Area (10 000 sq.km)	23.76	23.76	23.76	23.76
按土地特征分：（平方公里）	By Land Use (10 000 hectares)				
林地面积	Area of Forests Land	133153	132949	160803	160803
农用地面积	Area of Farmland		187645	210519	210519
建设用地面积	Area of Constructionland		12675	11745	11745
二、海洋	**Sea**				
海岸线长度（公里）	Length of Coastline (km)	1629	1629	1629	1629
浅海面积（平方公里）	Shallow Sea Area (sq.km)（Data in 2011）	6488	6488	6488	6488
滩涂面积（平方公里）	Mud Flat Area (sq.km)（Data in 2011）	1005	900	900	900
三、气候	**Climate**				
年平均气温（℃）	Annual Average Temperature (℃)	21.5	21.1	21.2	21.6
年日照时数（小时）	Annual Sunshine Time (hour)	1354	1398	1361	1675
年降水量（毫米）	Annual Precipitation (mm)	1937	1609	1630	1335
四、森林	**Forest**				
森林面积（万公顷）	Forest Area (10 000 hectares)	1478	1484	1485	1486
人均森林面积（亩，按常住人口平均）	Per Capita Forest Area (mu, Average by Permanent Population)	4.81	4.47	4.44	4.43
活立木蓄积量（万立方米）	Stock Volume of Living Stumpage (10 000 cu.m)	70308	93571	94902	97843
森林覆盖率（%）	Forest Coverage Rate (%)	62.24	62.45	62.50	62.55

注：本表资料由自治区自然资源厅、海洋局、林业局、气象局提供。

Note: The data in this table were provided by Guangxi Zhuang Autonomous Region Department of Natural Resources, Bureau of Oceanic, Department of Forestry and Meteorological Bureau.

8－1　续表 1　continued

指　标	Indicators	2015	2019	2020	2021
森林覆盖率按市分（%）	Forest Coverage Rate Grouped by City (%)				
南 宁 市	Nanning	47.66	48.75	48.78	48.86
柳 州 市	Liuzhou	65.02	66.75	67.02	67.22
桂 林 市	Guilin	70.91	71.62	71.87	71.97
梧 州 市	Wuzhou	75.85	75.25	75.27	75.35
北 海 市	Beihai	36.30	32.62	32.64	32.80
防城港市	Fangchenggang	58.53	61.85	61.97	62.33
钦 州 市	Qinzhou	54.21	57.35	57.78	57.83
贵 港 市	Guigang	46.30	46.85	46.96	46.99
玉 林 市	Yulin	61.00	62.33	62.37	62.40
百 色 市	Baise	67.37	72.45	72.81	73.03
贺 州 市	Hezhou	72.87	72.65	72.95	73.19
河 池 市	Hechi	68.73	71.02	71.32	71.54
来 宾 市	Laibin	51.35	53.01	53.45	53.65
崇 左 市	Chongzuo	54.70	55.39	55.50	55.76
五、矿产资源（保有资源储量，万吨）	**Mineral Resources Ensured Reserves (10 000 tons)**				
锰矿（矿石）	Manganese (ore)	46463	44842	48309	44316
锡（Sn）	Tin	68	73	65	52
砷（As）	Arsenic	37	57	48	75
钨（Wo3）	Wolfram	36	48	46	44
锑（Sb）	Stibium	48	53	50	43
铝土矿（矿石）	Bauxite (ore)	87064	108823	93974	70687
滑石（矿石）	Talcum (ore)	1064	1469	1733	1723
重晶石（矿石）	Barite (ore)	4735	5496	5679	4427
镁（白云岩，矿石）	Magnesium (dolomite, ore)	161	161	161	161
硫铁矿（矿石）	Troilite (ore)	25955	31695	32216	34047
煤矿（矿石）	Coal (ore)	207477	203675	196686	184548

8—2 主要河流基本情况（2021年）
Major Rivers（2021）

河流名称	River	流域面积（万平方公里）Drainage Area (10 000 sq.km)	年径流量（亿立方米）Annual Volume of Runoff (100 million cu.m)	水力资源蕴藏量（万千瓦）Water Power Resource (10 000 kW)	流域面积占全区总面积的比重（%）As Percentage of Total Drainage Area of Guangxi (%)
全自治区	**Total**	**23.67**	**1541**	**2173.9**	**100.00**
红水河（含西江下游区）	Hongshuihe River（Include Downstream of Xijiang River）	2.65	219.84	251.6	11.20
郁　江	Yujiang River	3.86	220.72	674.74	16.31
桂　江	Guijiang River	4.20	377.96	408.2	17.74
南流江	Nanliujiang River	2.14	126.55	294.26	9.04
柳　江	Liujiang River	3.05	134.41	221.2	12.89
贺　江	Hejiang River	3.76	172.35	144.46	15.89

注：本表数据由自治区水利厅提供，下表同。

Note: The data in this table and the below one is provided by Guangxi Zhuang Autonomous Region Water Conservancy Department.

8—3 水资源基本情况
Water Resources of Guangxi

年份与市别	Year and City	地表水资源量 (亿立方米) Volume of Surface Water Resources (100 million cu.m)	地下水资源量 (亿立方米) Volume of Underground Water Resources (100 million cu.m)	人均水资源量 (立方米/人) Per Capita Water Resources (cu.m/person)
2000		1592.10	385.01	3375
2001		2415.10	438.78	5031
2002		2372.60	514.50	4942
2003		1807.10	575.30	3740
2004		1604.52	321.53	3282
2005		1720.82	365.69	3494
2006		1881.00	453.20	3792
2007		1377.83	341.30	2891
2008		2282.45	504.77	4739
2009		1484.31	256.84	3069
2010		1823.60	355.80	3962
2011		1350.02	271.21	2909
2012		2086.36	587.34	4476
2013		2057.33	478.12	4360
2014		1978.06	402.97	4163
2015		2432.20	467.28	5074
2016		2177.00	529.15	4503
2017		2386.05	426.57	4889
2018		1830.00	441.00	3717
2019		2103.83	444.96	4244
2020		2114.80	445.37	4219
2021		1541.20	349.20	3060
南宁市	Nanning	97.64	23.64	1105
柳州市	Liuzhou	163.77	28.91	3922
桂林市	Guilin	328.83	68.22	6649
梧州市	Wuzhou	79.42	25.66	2810
北海市	Beihai	16.67	4.40	890
防城港市	Fangchenggang	73.21	19.34	6928
钦州市	Qinzhou	57.58	13.46	1739
贵港市	Guigang	49.52	10.48	1138
玉林市	Yulin	49.81	13.84	856
百色市	Baise	179.70	42.52	5031
贺州市	Hezhou	71.75	15.99	3540
河池市	Hechi	210.01	42.86	6142
来宾市	Laibin	80.59	20.23	3879
崇左市	Chongzuo	82.72	19.65	3962

8—4 供水用水情况（2021年）
Water Supply and Water Use（2021）

单位：亿立方米 (100 million cu.m)

地区	Region	供水总量 Total Volume of Water Supply	# 地表水 Surface Water	用水总量 Total Volume of Water Use	# 农田灌溉用水 Water for Irrigation of Agricultural Land	工业用水 Water Use for Industry	居民生活用水 Water Use for Household
全自治区	**Total**	**268.55**	**258.20**	**268.55**	**189.60**	**36.55**	**36.08**
南宁市	Nanning	41.90	38.05	41.90	23.88	6.88	8.11
柳州市	Liuzhou	16.84	15.86	16.84	11.39	1.73	3.35
桂林市	Guilin	34.29	33.64	34.29	28.86	1.00	3.65
梧州市	Wuzhou	11.47	11.40	11.47	8.37	0.60	2.28
北海市	Beihai	8.87	7.90	8.87	6.64	0.56	1.50
防城港市	Fangchenggang	5.75	5.74	5.75	3.30	1.37	0.97
钦州市	Qinzhou	14.09	13.86	14.09	10.72	1.15	1.98
贵港市	Guigang	28.91	27.76	28.91	19.70	6.11	2.91
玉林市	Yulin	21.98	21.52	21.98	17.56	1.44	2.73
百色市	Baise	17.92	17.25	17.92	13.82	1.67	2.16
贺州市	Hezhou	14.16	14.08	14.16	12.16	0.72	1.17
河池市	Hechi	14.73	14.09	14.73	11.92	0.32	2.34
来宾市	Laibin	26.86	26.58	26.86	12.99	12.18	1.57
崇左市	Chongzuo	10.78	10.47	10.78	8.29	0.83	1.38

注：本表由自治区水利厅提供。
Note: The data in this table is provided by Guangxi Zhuang Autonomous Region Water Conservancy Department.

8－5　主要城市气象站点平均气温（2021年）
Monthly Average Temperature at Meteorological Stations of Major Cities（2021）

单位：℃ （℃）

城　市	City	1月 Jan.	2月 Feb.	3月 Mar.	4月 Apr.	5月 May	6月 Jun.
南　宁	Nanning	13.6	18.4	19.7	21.9	27.0	28.1
柳　州	Liuzhou	10.8	16.1	16.6	18.6	24.3	26.9
桂　林	Guilin	10.2	15.4	15.8	18.3	23.9	28.0
梧　州	Wuzhou	12.9	18.1	20.1	22.5	27.6	27.8
北　海	Beihai	14.2	18.7	21.7	25.0	28.9	29.7
防城港	Fangchenggang	14.4	18.5	20.9	23.2	27.8	29.0
钦　州	Qinzhou	13.9	18.3	20.5	23.0	27.9	28.8
贵　港	Guigang	13.5	18.7	19.8	22.3	27.6	28.5
玉　林	Yulin	14.0	19.0	21.1	23.3	28.2	28.4
百　色	Baise	12.9	18.5	21.5	23.5	28.9	28.9
贺　州	Hezhou	10.8	16.7	17.7	20.3	25.5	27.9
河　池	Hechi	11.0	16.5	17.8	19.9	25.5	27.7
来　宾	Laibin	11.7	17.2	18.5	20.8	26.5	27.8
崇　左	Chongzuo	13.8	19.2	20.7	22.9	28.0	28.8

城　市	City	7月 Jul.	8月 Aug.	9月 Sept.	10月 Oct.	11月 Nov.	12月 Dec.	年平均 Annual Average
南　宁	Nanning	29.3	28.7	28.0	22.4	18.7	15.4	22.6
柳　州	Liuzhou	28.8	28.4	28.6	20.3	15.4	12.5	20.6
桂　林	Guilin	30.2	30.1	29.9	20.7	15.8	12.4	20.9
梧　州	Wuzhou	29.7	28.5	29.0	22.6	18.6	14.4	22.7
北　海	Beihai	30.1	29.2	28.3	23.8	20.7	16.5	23.9
防城港	Fangchenggang	29.6	28.5	28.1	23.1	20.0	16.6	23.3
钦　州	Qinzhou	29.8	28.4	27.8	22.9	19.7	16.0	23.1
贵　港	Guigang	30.2	29.1	29.1	23.4	18.9	15.3	23.0
玉　林	Yulin	29.8	28.5	28.2	23.3	19.4	15.5	23.2
百　色	Baise	29.6	29.9	28.9	22.8	18.3	14.6	23.2
贺　州	Hezhou	29.9	29.1	28.9	21.1	16.3	12.0	21.4
河　池	Hechi	29.3	29.4	28.4	21.5	16.4	13.2	21.4
来　宾	Laibin	29.3	28.8	28.6	22.1	17.0	13.0	21.8
崇　左	Chongzuo	29.4	28.6	27.9	22.4	18.9	15.1	23.0

注：本表资料由自治区气象局提供。
Note: The data in this table is provided by Meteorological Bureau of Guangxi.

8－6 主要城市气象站点降水量（2021年）
Monthly Precipitation at Meteorological Stations of Major Cities（2021）

单位：毫米 (mm)

城市	City	1月 Jan.	2月 Feb.	3月 Mar.	4月 Apr.	5月 May	6月 Jun.
南宁	Nanning	0.5	65.2	13.5	110.2	70.3	173.7
柳州	Liuzhou	12.6	68.9	72.0	110.3	307.2	266.3
桂林	Guilin	2.8	93.7	248.4	198.6	530.5	310.0
梧州	Wuzhou	4.8	88.4	38.3	148.6	92.3	226.3
北海	Beihai	1.3	92.4	19.9	43.1	227.1	154.6
防城港	Fangchenggang	0.8	91.0	31.2	212.9	59.5	142.7
钦州	Qinzhou	1.2	98.2	32.7	268.4	111.5	275.2
贵港	Guigang	0.4	108.6	18.6	140.2	139.7	294.5
玉林	Yulin	1.6	84.1	29.6	144.5	108.0	216.1
百色	Baise	2.0	51.0	1.2	47.1	87.3	213.2
贺州	Hezhou	1.2	121.7	14.5	132.1	484.9	233.1
河池	Hechi	4.6	39.6	38.3	146.3	198.0	226.4
来宾	Laibin	2.2	65.2	48.4	107.3	152.2	286.2
崇左	Chongzuo	0.8	44.8	29.0	101.9	193.4	161.6

城市	City	7月 Jul.	8月 Aug.	9月 Sept.	10月 Oct.	11月 Nov.	12月 Dec.	年 Annual
南宁	Nanning	194.0	123.9	133.3	104.2	19.5	2.4	1010.7
柳州	Liuzhou	62.8	97.2	48.2	117.0	125.7	7.0	1295.2
桂林	Guilin	171.1	138.6	76.7	124.2	235.2	7.0	2136.8
梧州	Wuzhou	94.7	216.9	52.2	134.5	8.0	16.6	1121.6
北海	Beihai	261.1	290.1	126.7	221.4	2.0	9.6	1449.3
防城港	Fangchenggang	275.7	672.8	285.1	276.0	68.9	10.5	2127.1
钦州	Qinzhou	97.7	383.5	310.7	294.6	18.2	13.6	1905.5
贵港	Guigang	66.2	237.5	154.2	74.2	15.8	6.2	1256.1
玉林	Yulin	71.8	164.3	181.9	57.9	15.0	13.6	1088.4
百色	Baise	113.9	116.0	58.3	194.8	44.0	29.7	958.5
贺州	Hezhou	102.8	150.9	80.5	89.1	49.4	11.9	1472.1
河池	Hechi	108.8	231.8	83.2	120.5	102.8	27.9	1328.2
来宾	Laibin	127.2	105.1	99.6	89.7	37.5	4.5	1125.1
崇左	Chongzuo	136.9	116.3	64.6	227.5	26.0	2.6	1105.4

注：本表资料由自治区气象局提供。
Note: The data in this table is provided by Meteorological Bureau of Guangxi.

8－7　主要年份城市公用事业基本情况
Basic Statistics on Urban Public Utilities in Main Years

指　标	Item	2010	2015	2018	2019	2020	2021
全年供水总量（万吨）	Total Volume of Tap Water Supply (10 000 tons)	147291	173266	177183	181326	185974	196368
＃生活用水量	Households	72823	93869	111077	118418	121671	128211
人均日生活用水量（升）	Per Capita Daily Water Consumption (liter)	250	256	264	269	263	262
用水普及率（%）	Percentage of Population with Access Tap Water (%)	94.7	97.5	97.8	98.9	99.4	99.8
人均城市道路面积（平方米）	Area of Roads Owned by per person (sq.m)	14.31	16.28	19.22	19.86	23.76	23.9
建成区路网密度（公里/平方公里）	Road Network Density of Developed Area (km/sq.km)			7	7	8	9
建成区道路面积率（%）	Road Area Ratio of Developed Area (%)			15.0	15.2	16.5	16.8
排水管道总长度（公里）	Length of Drainpipes (km)	6417	10588	13257	17571	19174	20468
污水处理厂座数（座）	Number of Effluent Treatment Plants (unit)	32	41	52	56	63	73
污水处理厂能力（万立方米/日）	Treatment Capacity of Polluted Water (10 000 cu.m/day)	221	303	360	392	452	506
污水处理厂集中处理率（%）	Rate of Centralized Treatment of Polluted Water (%)	46.8	67.8	80.9	88.6	88.7	90.8
液化石油气供气总量（吨）	Total Liquefied Petroleum Gas Supply (ton)	303804	262313	306242	304973	317494	312278
＃家庭用量	Used by Residential Households	263720	212108	234011	226697	233803	211375
人工煤气供气总量（万立方米）	Total Manufactured Gas Supply (10 000 cu.m)	4517	4439	3588	4199	4627	5359
＃家庭用量	Used by Residential Households	3993	3671	2590	2919	3388	3793
天然气供气总量（万立方米）	Total Natural Gas Supply (10 000 cu.m)	10320	38789	73588	87444	156757	191610
＃家庭用量	Used by Residential Households	4403	15726	30461	35767	44231	47016
用气普及率（%）	Rate of Households with Access to Natural Gas (%)	92.4	94.5	98.2	98.8	99.7	99.5
园林绿地面积（公顷）	Area of Gardens and Green Space (hectare)	60225	82382	92127	100426	74719	76105
公园绿地面积（公顷）	Area of Green Space of Parks (hectare)	8331	12111	15469	23671	16332	18529
人均公园绿地面积（平方米）	Per Capita Public Green Space of Parks (sq.m)	9.8	11.6	13.2	13.4	12.9	13.8
建成区绿化覆盖率（%）	Coverage Area of Forestation of Developed Area (%)	35.0	37.6	40.0	40.5	41.3	40.2
公园个数（个）	Number of Parks (unit)	146	216	294	619	346	414
公园面积（公顷）	Area of Parks (hectare)	5842	8579	11716	20078	15222	15937
道路清扫保洁面积（万平方米）	Area Under Cleaning Program (10 000 sq.m)	11005	18189	23202	25962	27715	29136
生活垃圾及粪便清运量（万吨）	Volume of Garbage, Excrement and Urine Disposal (10 000 tons)	268	394	466	498	520	583
公共厕所数（座）	Number of Public Lavatories (unit)	1487	1496	1644	1784	1934	1987
生活垃圾无害化处理率（%）	Rate of Garbage No Harmful Disposal (%)	91.1	98.7	100	100	100	100

注：1. 本篇7至13表2018、2019年数据指14个地级市市辖区（城区，不含所辖各县）和8个县级市（荔浦市、岑溪市、东兴市、桂平市、北流市、靖西市、合山市和凭祥市）等22个城市数据或平均水平。2020年增加平果市，为23个城市；2021年增加横州市，为24个城市数据或平均水平，各年份间不可比。

2. 城市建设资料由自治区住房和城乡建设厅提供；有关公共交通的三个指标由自治区交通厅提供。

Note: 1. Data in Table 7 to 13 of 2018, 2019 refers to data or average data from 14 cities (Only urban area and exclude their counties) and 8 county-level cities (including Lipu, Cenxi, Dongxing, Guiping, Beiliu, Jingxi, Heshan and Pingxiang).Pingguo is added in 2020, and Hengzhou is added in 2021, no comparison with previous years.

2. The data on city construction is provided by the Guangxi Housing and Urban and Rural Construction Department. The data on public transportation is provided by the Guangxi Transportation Department.

8—8 城市市政公用设施水平（2021年）
Level of Urban Public Utilities in Cities（2021）

地　区	Region	人口密度(人/平方公里) Population Density (person/sq.km)	人均日生活用水量(升) Per Capita Daily Consumption of Tap Water for Residential Use (litre)	用水普及率(%) Rate of Population with Access to Water (%)	用气普及率(%) Rate of Population with Access to Gas (%)	建成区排水管道密度(公里/平方公里) Density of Drainpipes of Developed Area	人均城市道路面积(平方米) Area of Roads Owned by per Persons (sq.m)	建成区路网密度(公里/平方公里) Road Network Density of Developed Area (km/sq.km)
全区城市	**All Cities**	**2530**	**262**	**99.8**	**99.5**	**12.1**	**23.9**	**8.5**
南宁市	Nanning	4898	311	100.0	99.9	18.0	20.3	8.1
柳州市	Liuzhou	3761	266	100.0	99.1	8.1	23.5	8.0
桂林市	Guilin	1700	273	99.7	98.6	7.6	20.8	8.1
梧州市	Wuzhou	1272	270	99.6	98.6	7.1	27.3	8.8
北海市	Beihai	2373	260	98.8	98.9	11.7	25.9	9.6
防城港市	Fangchenggang	1129	309	100.0	99.9	14.9	35.6	8.0
钦州市	Qinzhou	1146	279	98.3	100.0	12.4	38.0	6.5
贵港市	Guigang	1577	224	100.0	100.0	11.1	32.4	8.9
玉林市	Yulin	2572	183	100.0	99.9	12.0	17.6	9.0
百色市	Baise	993	256	100.0	99.4	13.0	28.0	8.5
贺州市	Hezhou	3231	240	100.0	100.0	12.7	34.8	9.3
河池市	Hechi	2860	251	100.0	96.4	18.4	23.9	10.6
来宾市	Laibin	3803	227	99.9	99.5	13.1	25.9	5.0
崇左市	Chongzuo	4040	226	100.0	100.0	12.9	26.4	7.4

注：本表为24个设市城市平均水平。
Note: The data in this table refers to the average level of the 24 cities of Guangxi.

8—8 续表 continued

地 区	Region	建成区道路面积率（%）Road Area Ratio of Developed Area (%)	人均公园绿地面积（平方米）Public Green Space of Parks per Population (sq.m)	建成区绿地率（%）Rate of Green Land of Developed Area (%)	建成区绿化覆盖率（%）Coverage Area of Forestation of Developed Area (%)	污水处理率（%）Treatment Rate of Polluted Water (%)	#污水处理厂集中处理率（%）Concentrated Treatment Rate by Factory (%)	生活垃圾无害化处理率（%）Rate of Garbage No Harmful Disposal (%)
全区城市	**All Cities**	**16.8**	**13.8**	**35.4**	**40.2**	**99.1**	**90.8**	**100.0**
南宁市	Nanning	17.1	12.1	31.8	35.3	99.6	95.2	100.0
柳州市	Liuzhou	16.7	13.0	37.0	44.0	99.0	88.3	100.0
桂林市	Guilin	16.1	13.9	35.7	40.9	99.5	99.4	100.0
梧州市	Wuzhou	15.0	15.0	40.1	43.0	98.8	79.9	100.0
北海市	Beihai	19.6	12.7	36.8	41.9	99.7	99.7	100.0
防城港市	Fangchenggang	17.7	25.0	38.2	43.0	99.0	64.4	100.0
钦州市	Qinzhou	16.2	12.4	34.5	40.2	99.7	95.8	100.0
贵港市	Guigang	17.9	12.8	37.5	42.1	98.3	81.2	100.0
玉林市	Yulin	17.5	13.9	35.0	39.7	99.3	90.4	100.0
百色市	Baise	15.7	12.8	34.1	39.5	96.6	79.1	100.0
贺州市	Hezhou	15.3	16.6	37.3	41.3	99.3	97.5	100.0
河池市	Hechi	18.2	11.3	35.1	39.3	97.1	87.6	100.0
来宾市	Laibin	16.9	12.0	33.8	40.0	98.9	98.9	100.0
崇左市	Chongzuo	13.2	21.1	35.4	40.1	97.1	48.9	100.0

8—9 城市人口和建设用地（2021年）
Population and Construction Areas in Cities（2021）

地区	Region	市区人口（万人）Urban Population (10 000 persons)	市区面积（平方公里）Area of Urban (sq. km)	城区人口（万人）Population of Cities (10 000 persons)	城区（县城）暂住人口（万人）Transient Population of cities (counties) (10 000 persons)	城区面积（平方公里）Area of Cities (sq. km)	建成区面积（平方公里）Developed Area (sq. km)	城市建设用地面积（平方公里）Land for Construction in Cities (sq. km)	#居住用地 Land for Residence	公共管理与公共服务用地 Land for Public Utilities	工业用地 Land for Industry
全区城市	**All Cities**	**2677.08**	**78641.38**	**1027.68**	**314.55**	**5305.61**	**1679.09**	**1633.46**	**464.80**	**142.31**	**231.42**
南宁市	Nanning	421.97	9947.00	265.31	158.41	865.08	327.51	321.13	100.06	36.92	19.23
柳州市	Liuzhou	189.13	3555.16	133.45	55.26	501.78	257.90	257.90	65.45	22.70	57.69
桂林市	Guilin	136.88	2767.00	97.28	6.89	612.63	134.67	132.80	43.48	15.21	15.89
梧州市	Wuzhou	81.01	1850.20	49.29	12.38	485.01	73.36	68.86	20.73	6.29	10.60
北海市	Beihai	71.81	957.00	40.29	24.94	274.90	85.98	84.96	28.65	7.60	7.95
防城港市	Fangchenggang	60.40	2816.40	19.78	7.13	238.33	51.21	50.38	11.55	2.99	9.05
钦州市	Qinzhou	154.74	4767.20	33.73	6.88	354.38	90.53	90.16	18.14	6.75	21.68
贵港市	Guigang	206.48	3533.00	45.21	2.33	301.50	86.09	84.14	24.38	7.02	15.53
玉林市	Yulin	117.80	1251.30	61.90	15.79	302.04	78.00	73.57	28.30	3.69	6.16
百色市	Baise	73.36	6096.00	32.39	6.42	390.98	69.09	65.01	21.40	6.17	8.79
贺州市	Hezhou	124.00	5676.60	22.99	2.21	78.00	57.21	56.72	13.66	6.63	9.66
河池市	Hechi	101.73	6209.00	33.64	1.82	124.00	46.47	43.12	9.62	2.79	5.67
来宾市	Laibin	114.64	4363.00	31.92	3.07	92.00	53.50	53.36	12.83	2.76	8.38
崇左市	Chongzuo	37.99	2951.00	17.67	2.53	50.00	40.40	31.79	7.22	2.33	3.11

注：1. 本表为24个设市城市数据。
2. 市区、城区人口及面积统计范围以国家建设部城市（县城）建设统计报表制度为准。即市区面积指的是城市行政区域内的全部土地面积（包括水域面积），城区面积指的是设市城市的城建统计的范围面积，市区、城区人口统计范围同。

Note: 1. The data in this table refers to the average level of the 24 cities of Guangxi.
2. The statistical ranges of population and area of urban area and cities subject to the statistical report system of city (county seat) construction from the Ministry of Construction. The area of city district refers to the total land area (including the area of water) in the administrative areas of city, and the urban area refers to the statistical range of city construction in a city. And so as the statistical range of the population of city district and urban area.

8－10　城市供水情况（2021年）
Water Supply in Cities（2021）

地　区	Region	供水综合生产能力（万立方米/日）Comprehensive Productive Capacity of Water Supply (10 000 cu.m/day)	供水管道长度（公里）Length of Water Supply Pipelines (km)	供水总量（万立方米）Total Volume of Water Supply (10 000 cu.m)	#家庭用量 Households	用水人口（万人）Number of Residents with Access to Tap Water (10 000 persons)
全区城市	**All Cities**	**750.60**	**26161.73**	**196368.20**	**100039.85**	**1339.69**
#南宁市	Nanning	195.50	5955.47	65950.27	37195.87	423.72
柳州市	Liuzhou	87.79	3075.65	33372.55	13459.26	188.69
桂林市	Guilin	76.50	2801.45	14806.86	7286.64	103.83
梧州市	Wuzhou	46.00	754.07	9154.47	4113.37	61.40
北海市	Beihai	30.10	1732.97	8630.54	3930.11	64.45
防城港市	Fangchenggang	24.20	1144.67	5484.74	2324.11	26.91
钦州市	Qinzhou	30.06	1337.99	7347.07	3071.05	39.90
贵港市	Guigang	33.67	1372.69	7852.44	3389.69	47.54
玉林市	Yulin	38.80	1007.86	8823.35	4966.24	77.69
百色市	Baise	25.50	967.06	5253.45	2794.16	38.81
贺州市	Hezhou	10.00	1043.93	3226.47	1971.15	25.20
河池市	Hechi	34.98	550.28	4478.75	3198.34	35.46
来宾市	Laibin	12.00	1080.10	3608.00	2342.85	34.97
崇左市	Chongzuo	12.00	376.57	2794.17	1648.00	20.20

注：本表为24个设市城市数据。
Note: The data in this table refers to the average level of the 24 cities of Guangxi.

8－11 城市园林绿化情况（2021年）
Basic Statistics on Parks, Gardens and Green Areas in Cities（2021）

地 区	Region	绿化覆盖面积（公顷）Coverage Area of Forestation (hectare)	#建成区 Developed Area	园林绿地面积（公顷）Area of Gardens and Green Area (hectare)	#建成区 Developed Area	公园绿地面积 Area of Parks and Green Area (hectare)	公园面积（公顷）Area of Parks (hectare)
全区城市	**All Cities**	**86553.14**	**67556.52**	**76104.71**	**59444.34**	**18529.40**	**15936.93**
#南宁市	Nanning	13510.52	11546.38	12365.51	10401.58	5148.14	4542.30
柳州市	Liuzhou	12223.60	11347.60	10512.34	9545.50	2445.58	2445.58
桂林市	Guilin	5792.80	5509.70	5125.68	4808.57	1447.57	1111.37
梧州市	Wuzhou	4400.02	3155.84	4177.63	2938.62	925.77	954.98
北海市	Beihai	5997.27	3600.50	5567.02	3165.72	828.93	594.45
防城港市	Fangchenggang	2200.60	2200.60	1954.94	1954.94	672.58	676.65
钦州市	Qinzhou	13136.19	3640.33	11378.30	3123.82	505.46	471.77
贵港市	Guigang	3642.16	3623.67	3241.41	3225.90	607.72	317.56
玉林市	Yulin	3388.00	3095.00	3153.94	2732.34	1076.43	1036.71
百色市	Baise	3674.42	2729.69	2630.59	2358.78	498.64	261.78
贺州市	Hezhou	2365.56	2365.56	2135.26	2135.26	418.85	418.85
河池市	Hechi	1890.61	1825.82	1695.38	1630.59	401.09	377.29
来宾市	Laibin	2209.83	2139.79	1877.42	1807.38	419.20	72.97
崇左市	Chongzuo	1683.25	1619.45	1474.27	1429.47	425.97	425.97

注：本表为24个设市城市数据。
Note: The data in this table refers to the average level of the 24 cities of Guangxi.

8—12 城市市政设施情况（2021年）
Basic Statistics on Municipal Utilities in Cities (2021)

地 区	Region	城市道路长度（公里） Length of Roads (km)	城市道路面积（万平方米） Area of Roads (10 000 sq.m)	路灯盏数（盏） Number of Street Lights (unit)	排水管道长度（公里） Length of Drainpipes (km)	污水年排放量（万吨） Discharged Volume of Polluted Water (10 000 tons)	污水处理厂集中处理能力（万吨/日） Concentrated Treatment Capacity of Polluted Water by Factory (10 000 tons/day)	污水处理总量（万吨） Processed Total Volume of Polluted Water (10 000 tons)
全区城市	**All Cities**	**15637.43**	**32100.36**	**831146**	**20468.03**	**167459.45**	**505.55**	**166016.20**
#南宁市	Nanning	3579.72	8600.54	134820	5910.75	60776.41	188.00	60546.30
柳州市	Liuzhou	2205.73	4427.64	97507	2108.97	26698.00	72.00	26433.69
桂林市	Guilin	1094.10	2168.53	58231	1030.07	11919.00	40.00	11856.44
梧州市	Wuzhou	898.64	1680.83	125082	537.56	7415.12	22.60	7327.96
北海市	Beihai	825.92	1687.44	33856	1002.70	6941.30	25.50	6922.86
防城港市	Fangchenggang	438.05	956.85	32785	827.03	4320.00	8.00	4276.50
钦州市	Qinzhou	611.53	1541.45	30425	1125.73	6593.74	22.50	6571.88
贵港市	Guigang	766.72	1540.24	31403	957.52	5740.69	21.40	5640.58
玉林市	Yulin	702.00	1368.61	35657	934.28	7891.60	20.50	7833.20
百色市	Baise	585.73	1086.44	41799	900.40	3895.45	8.00	3762.77
贺州市	Hezhou	531.90	876.82	31206	730.24	2581.18	7.00	2563.39
河池市	Hechi	491.23	847.32	32923	856.89	3829.31	11.00	3718.91
来宾市	Laibin	265.18	906.44	17359	701.98	2922.76	9.00	2890.32
崇左市	Chongzuo	299.74	532.30	16357	519.91	1955.92	3.00	1899.83

注：本表为24个设市城市数据。
Note: The data in this table refers to the average level of the 24 cities of Guangxi.

8－13 城市公共交通、清洁卫生和供气情况（2021年）

Basic Statistics on Public Traffic, Urban Sanitation and Gas Supply in Cities（2021）

地 区	Region	年末实有公共汽车营运车辆（辆）Year-end Operating Public Buses (vehicle)	年末实有公共汽车标台营运车辆（标台）Year-end Operating Public Buses (standard vehicle)	运营线路网长度（公里）Length of Public Transportation Routes (km)	公共汽车客运总量（万人次）Total Passenger Traffic (10 000 person-times)	出租汽车运营车数（辆）Taxis (vehicle)	道路清扫保洁面积（万平方米）Area Under Cleaning Program (10 000 sq.m)	生活垃圾清运量（万吨）Volume of Garbage Disposal (10 000 tons)
全区城市	**All Cities**	**9924**	**11617**	**19912**	**62503.3**	**17401**	**29136**	**583.48**
#南宁市	Nanning	3759	4758	5699.3	21311.3	6695	8182	153.43
柳州市	Liuzhou	1317	1576	3225.8	11452.9	2884	5302	73.19
桂林市	Guilin	815	1102	1412.0	11446.2	2244	2249	49.69
梧州市	Wuzhou	596	636	844.3	5076.5	714	842	23.12
北海市	Beihai	482	549	518.4	500.8	368	2148	37.00
防城港市	Fangchenggang	207	177	811.0	668.8	321	923	13.25
钦州市	Qinzhou	178	202	1102.0	805.5	380	1064	31.07
贵港市	Guigang	429	454	736.4	1057.2	637	1276	18.94
玉林市	Yulin	237	237	494.4	1613.0	554	1001	29.73
百色市	Baise	150	159	302.0	816.0	275	1111	29.18
贺州市	Hezhou	277	304	561.2	1102.1	183	539	20.43
河池市	Hechi	246	246	572.5	2616.3	475	497	15.58
来宾市	Laibin	339	346	345.0	839.4	489	650	26.13
崇左市	Chongzuo	90	87	529.0	86.1	36	453	6.00

注：本表为24个设市城市数据。

Note: The data in this table refers to the average level of the 24 cities of Guangxi.

8－13　续表　continued

地　区	Region	垃圾无害化处理量（万吨）Volume of Garbage & Urine No Harmful Disposal (10 000 tons)	公共厕所座数（座）Number of Public Lavatories (unit)	市容环卫专用车辆设备总数（辆）Environmental Sanitation Equipment (unit)	液化石油气供气总量（吨）Total Volume of Liquid Petrol Gas Supply (ton)	人工煤气供气总量（万立方米）Total Volume of Manufactured Gas Supply (10 000 cu.m)	天然气供气总量（万立方米）Total Volume of Natural Gas Supply (10 000 cu.m)
全区城市	**All Cities**	**583.48**	**1987**	**10609**	**312278**	**5359.24**	**191609.74**
#南宁市	Nanning	153.43	283	5012	114464		34369.76
柳州市	Liuzhou	73.19	272	883	23955	5359.24	17399.66
桂林市	Guilin	49.69	362	449	16702		8994.38
梧州市	Wuzhou	23.12	65	597	9940		18262.53
北海市	Beihai	37.00	174	284	13799		67856.83
防城港市	Fangchenggang	13.25	56	285	5512		3332.96
钦州市	Qinzhou	31.07	108	674	13875		7059.42
贵港市	Guigang	18.94	138	334	18923		4168.65
玉林市	Yulin	29.73	92	190	12000		6885.78
百色市	Baise	29.18	54	537	17723		9295.82
贺州市	Hezhou	20.43	67	96	9582		4169.54
河池市	Hechi	15.58	54	105	11910		1244.45
来宾市	Laibin	26.13	33	51	4717		2500.00
崇左市	Chongzuo	6.00	21	151	3362		1003.77

8—14 主要年份工业污染治理项目建设情况
Construction of Industrial Pollution Management Projects in Main Years

指　标	Item	2005	2010	2015	2018	2019	2020	2021
汇总工业企业数（个）	Total Number of Industrial Enterprises (unit)	255	126	108	151	85	52	81
施工项目本年投资来源合计（万元）	Total Funds of Projects under Construction in This Year (10 000 yuan)	103730	92845	247151	58273	48620	35534	119600
排污费补助	Pollution Charges Subsidies	9533	770	168	0	0	0	0
政府其他补助	Other Government Subsidies	284	388	2367	128	291	275	315
企业自筹	Self-raising Funds	93914	91687	244616	58145	48329	35259	119285
#银行贷款	Loans	32665	30	1260	9	2000	0	3154
施工项目本年完成投资额（万元）	Completed Investment in Construction Projects in This Year (10 000 yuan)	103730	92845	247151	58273	48620	35534	119600
治理废水	Treatment of Waste Water	33678	47388	15939	4025	14708	7644	3323
治理废气	Treatment of Waste Gas	56863	27250	187490	14370	17299	20387	113170
治理固体废物	Treatment of Solid Wastes	1849	17024	26722	35763	30	185	34
治理噪声	Treatment of Noise Pollution	505	80	50	0	175	0	22
治理污染搬迁	Treatment of Moving away for Pollution	10	0	0	0	0	6200	0
治理其他	Treatment of Other Pollution	10824	1104	16950	4116	16408	1117	3005
施工和竣工项目（个）	Projects under Construction and Projects Completed (unit)	695	341	236	182	98	85	143
当年施工项目（个）	Projects under Construction (unit)	389	175	137	98	58	45	82
#治理废水	Treatment of Waste Water	166	109	36	16	13	11	10
治理废气	Treatment of Waste Gas	174	36	65	63	34	17	63
治理固体废物	Treatment of Solid Wastes	34	22	7	5	1	2	2
治理噪声	Treatment of Noise Pollution	7	1	2	0	1	0	1
治理污染搬迁	Treatment of Moving away for Pollution	1	0	0	0	0	1	0
治理其他	Treatment of Other Pollution	7	7	27	14	9	14	6
当年竣工项目（个）	Projects Completed (unit)	307	166	99	84	40	40	61
#治理废水	Treatment of Waste Water	124	104	29	11	11	10	7
治理废气	Treatment of Waste Gas	138	34	45	57	23	14	50
治理固体废物	Treatment of Solid Wastes	30	20	5	4	1	2	2
治理噪声	Treatment of Noise Pollution	7	1	1	0	1	0	1
治理污染搬迁	Treatment of Moving away for Pollution	1	0	0	0	0	0	0
治理其他	Treatment of Other Pollution	7	7	19	12	4	14	1

注：环保类数据提供单位为自治区生态环境厅和自治区住房城乡建设厅。

Note: The environmental protection data were provided by Guangxi Zhuang Autonomous Region Ecological Environment Department & Department of Housing and Urban-Rural Development of Guangxi Zhuang Autonomous Region.

8—15　主要年份工业污染排放及处理利用情况
Discharge, Treatment and Utilization of Industrial Pollution in Main Years

指　标	Item	2005	2010	2015	2018	2019	2020	2021
汇总工业企业数（个）	Total Number of Industrial Enterprises (unit)	1738	4443	3543	2670	3258	3106	3027
工业废水排放量（万吨）	Volume of Industrial Waste Water Discharged (10 000 tons)	145609	165211	63253	36057	37165	30559	30588
#经过处理达标	Treated Waste Water up to Discharge Standard	121873	160139		–	–	–	–
工业废气排放总量（亿标立方米）	Volume of Industrial Waste Gas Discharged (100 million cu.m)	8339	14520	16773	16010	16634	23454	22014
#燃料燃烧过程中废气排放量	Volume of Waste Gas in the Process of Fuel Burning	4370	8584		–	–	–	–
生产工艺过程中废气排放量	Volume of Waste Gas in the Process of Production	3969	5936		–	–	–	–
二氧化硫排放总量（万吨）	Volume of Sulfur Dioxide Discharged (10 000 tons)	97	85	39	10	10	8	7
颗粒物排放量（烟/粉/尘）（万吨）	Volume of Smoke (Dust) Discharged (10 000 tons)			33	16	16	10	8
烟尘排放总量（万吨）	Volume of Soot Discharged (10 000 tons)	54	26		–	–	–	–
工业粉尘排放量（万吨）	Volume of Dust Discharged (10 000 tons)	56	32		–	–	–	–
一般工业固体废物产生量（万吨）	Volume of Industrial Solid Waste Product (10 000 tons)	3489	6232	7023	9769	10278	9030	9386
一般工业固体废物处置量（万吨）	Volume of Industrial Solid Waste Treated (10 000 tons)	109	1563	546	1761	1338	1396	1367
一般工业固体废物综合利用量（万吨）	Volume of Comprehensive Utilization of Industrial Solid Waste (10 000 tons)	2165	4231	4433	4799	5408	4389	4296
一般工业固体废物排放量（万吨）	Volume of Industrial Solid Wastes Discharged (10 000 tons)	110	9	0	0	0	0	0
“三废”综合利用产品产值（万元）	Output Value of Products Made from Utilization of Waste Gas, Waste Water and Waste Residues (10 000 yuan)	238923	510233		–	–	–	–

注：1. 从“十二五”起，环境统计数据不再对烟尘、粉尘细分，统计数据为烟（粉）尘排放总量；2020年起，该指标调整为颗粒物排放量。
2. 本表根据第二次全国污染源普查数据，对2016—2019年工业源污染物排放量指标数据进行了修正。

Note: 1. Since the period of “the 12th Five-Year Plan” ,environmental statistics data are no longer subdivided into smoke and dust, and it is the total amount of smoke and dust emission. And since 2020, the indicator has been adjusted to PM (particulate matter) emissions.
2. Based on data from the second National Survey of Pollution Sources, data about industrial source pollutants emission from 2016 to 2019 in this table have been revised.

8－16　环境污染治理投资情况
Investment in Environment Pollution Treatment

指　标	Item	2015	2016	2017	2018	2019	2020	2021
环境污染源治理投资总额（万元）	**Total Investment in Treatment of Environmental Pollution (10 000 yuan)**	**2329068**	**1908757**	**1799172**	**1356107**	**1192850**	**3478983**	－
一、工业污染源治理项目本年完成投资	Completed Investment in Treatment of Industrial Pollution Sources Projects in This Year	247151	130433	75847	58273	48620	35534	119600
二、当年完成环保验收项目环保投资	Environmental Protection Investment in the Environmental Protection Acceptance Projects in the Year	596962	176712	220897	150309	92953	46470	23411
三、城市环境基础设施建设本年完成投资额（全区口径）	Investment in Urban Environment Basic Facilities Construction Completed in This Year	1484955	1601612	1502428	1147239	1051276	3396979	－
燃气工程建设	Engineering Construction of Gas	115689	117135	124129	93414	78119	113572	－
排水工程建设	Engineering Construction of Drainage	546952	517550	463399	456002	465375	1071503	－
园林绿化工程建设	Engineering Construction of Landscaping	754666	831305	793495	450495	367121	1949115	－
市容环境卫生	Sanitation of Cities	67648	135622	121405	147328	140662	262789	－

主要统计指标解释

自然资源　指人类可以直接从自然界获得，并用于生产和生活的物质资源。自然资源一般可以分成可再生资源和非再生资源两大类。可再生资源指在较短时间内可以再生、可以循环利用的资源，包括土地资源、水资源、气候资源、生物资源和海洋资源等。非再生资源指在使用后不能再生的资源，包括矿产资源和地热能源。

土地资源　土地是指陆地的表层部分，它主要由岩石、岩石的风化物和土壤构成。土地资源按利用类型可以分为农用地、建筑用地和未利用地。农用地包括耕地、园地、林地、牧草地和水面。建筑用地包括居民点及工矿用地、交通用地和水利设施用地。未利用地指家用地和建筑用地以外的土地，包括滩涂、荒漠、戈壁、冰川和石山等。

林地面积　根据《森林法》，林地，是指县级以上人民政府规划确定的用于发展林业的土地。包括郁闭度0.2以上的乔木林地以及竹林地、灌木林地、疏林地、采伐迹地、火烧迹地、未成林造林地、苗圃地等。林地面积指的是县级以上人民政府规划确定的用于发展林业的土地面积。包括郁闭度0.2以上的乔木林地以及竹林地、灌木林地、疏林地、采伐迹地、火烧迹地、未成林造林地、苗圃地等面积。

草地面积　指生长草本植物为主的土地面积，包括乔木郁闭度<0.1的疏林草地、灌木覆盖度<40%的灌丛草地面积，不包括生长草本植物的湿地、盐碱地面积。

海洋　是海和洋的统称。洋为地球表面上相连接的广大咸水水体的主体部分。海为地球表面相连接的广大咸水水体被陆地、岛礁、半岛包围或分隔的边缘部分。

海岸线　指多年大潮平均高潮位时海陆分界痕迹线。

浅海　未有国标定义，在海洋管理部门中一般指0m-10m等深线的海域。

滩涂　未有国标定义，在海洋管理部门中一般指大潮高潮位与低潮位之间的潮侵地带。

森林面积　根据《森林法》，森林，包括乔木林、竹林和国家特别规定的灌木林。森林面积指乔木林、竹林和国家特别规定的灌木林总面积。

活立木蓄积量　指一定范围内土地上全部树木蓄积的总量，包括森林蓄积、疏林蓄积、散生木蓄积和四旁树蓄积。

Explanatory Notes on Main Statistical Indicators

Natural Resources refer to the material resources that can be get from nature directly and used for production and life. Natural resources usually can be divided into two kinds, renewable resources and non-renewable resources. Renewable resources refer to the resources that can reproduce or recycle in a comparatively short time, including land resource, water resource, climate resource, biology resource, ocean and sea resource and so on. Non-renewable resources refer to the resources that cannot reproduce after using, including mineral resources and geothermal resource.

Land Resource Land refers to the surface of the earth, consisting of mainly rocks and its weathering and earth. Land resource can be classified, by its utilization, as land for agriculture, land for construction and unused land. Land for agriculture includes cultivated land, plantation land, forestland, grassland and waters. Land for construction includes land for residential purpose, for manufacturing and mining, for transportation and for water conservancy projects. Unused land refers to land exclude land for agriculture and construction, including mud beaches, deserts, Gobi, glaciers and tor.

Area of Afforested Land refers to land for trees, bamboo, bushes and mangrove, including forest-covered land, bush-covered land, sparse forest land, land planned for forestation and nurseries of young trees.

Area of Grassland refers to areas of grassland, grass-slopes and grass-covered hills with vegetation covering rate of over 5% that are used for animal husbandry or harvesting of grass. It includes natural, cultivated and improved grassland area.

Oceans and Seas Oceans refer to the principal part of the large bodies of saltwater connecting on the surface of the earth. Seas refer to the edges that the large bodies of saltwater connecting on the surface of the earth encircled or isolated by land, islands, reefs and peninsulas.

Coastline refers to the trace line of waterway dividing line at the average high tide of mean spring.

Shallow Sea There is no national standard definition. It refers to the sea area with isobaths of 0-10 meter in marine management departments.

Mud Beaches There is no national standard definition. It generally refers to the tidal invasion zone between high and low tide in marine management departments.

Forest Area refers to the area of forest where arbor species grow with canopy density at and above 0.2 or canopy width 10 meters, that is area of trees planted. It includes coniferous forest area of natural and planted, coniferous and broad-leaved mixed forest area and bamboo forest area, but excluding bush land and thin forestland.

Total Standing Stock Volume refers to total stock volume of wood growing in land, including trees in forest, trees in sparse forest, scattered trees and trees planted by the side of villages, farm houses and along roads and rivers.

森林覆盖率 指一个国家或地区森林面积占土地总面积的百分比。根据《森林法》对于森林的定义，森林面积包括乔木林、竹林和国家特别规定的灌木林。计算公式为：

$$森林覆盖率（\%）=\frac{森林面积}{土地总面积}\times 100\%$$

Forest Coverage Rate refers to the percentage of area of forested land to the area of total land. It is a very important indicator that reflects the status of abundance of forest resource and ecosystem balance. Forest area includes the area of trees and bamboo grow with canopy density above 0.2, the area of shrubby tree according to regulations of the government, the area of forest land inside farm land and the area of trees planted by the side of villages, farm houses and along roads and rivers. The formula for calculating forest coverage rate is as follows:

Forest Coverage Rate (%) = (Area of Forested Land / Area of Total Land) ×100%

矿产资源保有储量 指探明的矿产储量（包括工业储量和远景储量）扣除已开采部分和地下损失量后的年底实有储量。它反映国家矿产资源的现状。

Ensured Reserves of Mineral Resources refer to the proven reserves of mineral resources (including industrial reserves and future reserves), which equal to the basic reserves and volume of resources minus the part mined and underground losses. They reflect the situation of mineral resources of countries.

径流量 指在一定时段内通过河流某一过水断面的水量，用以反映一个国家或地区水资源的丰歉程度。计算公式为：

径流量=降水量－蒸发量

Volume of Runoff refers to the total volume of water that run through a certain cross section of a river during a given period, and it reflects the abundance of water resource in a country or region. The formula for calculating the volume of runoff is as follows:

Volume of Runoff = Amount of Precipitation – Amount of Evaporation

气温 指地面气象观测中测定百叶箱等防辐射装置内距地面1.5m高度的空气温度，简称气温。单位为摄氏度（℃）。

Air Temperature refers to the temperature of the air as observed in an instrument shelter or other radiation protection devices at 1.5m above the ground surface. It is measured in degrees Celsius.

月平均气温 由该月逐日平均气温的总和除以该月总日数求得。

The Monthly Average Temperature is calculated by dividing the sum of the average daily air temperature of the month by the total number of days in the month.

年平均气温 由一年12个月的月平均气温相加除以12求得。

The Annual Average Temperature is calculated by dividing the sum of the monthly average temperature of 12 months in a year by 12.

降水量 指某段时间内的未经蒸发、渗透、流失的降水，在地面上积聚的深度。

Precipitation Amount refers to the depth of the precipitation gathered on the ground without evaporation, infiltration and loss.

月降水量 由该月逐日降水量相加求得。

The Monthly precipitation amounts to the sum of the daily precipitation of the month.

年降水量 由一年12个月的月降水总量相加求得。

The Annual Precipitation amounts to the sum of the monthly precipitation in a year.

日照时数 指在一给定时段内太阳直接辐照度大于或等于120W/m^{2}的各分段时间的总和。统计方法与降水量相同。

Sunshine Duration refers to the sum of the time of the solar direct irradiance greater than or equal to 120 W/m^2 in a given period. The statistical calculating method is the same as precipitation amount.

工业废水排放量 指经过企业厂区所有排放口排到企业外部的工业废水量。包括生产废水、外排的直接冷却水、超标排放的矿井地下水和与工业废水混排的厂区生活污水，不包括外排的间接冷却水（清污不分流的间接冷却水应计算在内）。

Volume of Industrial Waste Water Discharged refers to the volume of industrial waste water discharged through all outlets to the outside of industrial enterprises, including waste water produced, direct-cooling water, underground water from mines from mines that does not meet the standard of discharge, and the domestic sewage mixed up with industrial waste water when discharged, but excluding discharged indirect-cooling water (including indirect-cooling water of pollution clearance and not diffluent).

工业废气排放量 指企业厂内燃料燃烧和生产工艺过程中产生的各种排入空气的含有污染物的气体总量，按标准状态（273K，101325Pa）计算。

Volume of Industrial Waste Gas Emission refers to waste gas emitted from burning of fuels and from production process in the area of factory, and is measured by 10 000 standard cubic meters each year under normal condition (273K, 101325Pa).

二氧化硫排放量 指企业在燃料燃烧和生产工艺过程中排入大气的二氧化硫数量。

Volume of Industrial Sulphur Dioxide Discharged refers to the volume of sulphur dioxide to the air in the process of fuel burning and in the production process.

烟尘排放量 指企业厂内燃料燃烧产生的烟气中夹带的颗粒物数量。

Volume of Industrial Soot Discharged refers to the volume solid soot in the smoke discharged in the process of fuel burning in the area of the factory.

工业粉尘排放量 指企业在生产工艺过程中排放的颗粒物重量，如钢铁企业的耐火材料粉尘、焦化企业的筛焦系统粉尘、烧结机的粉尘、石灰窑的粉尘、建材企业的水泥粉尘等。不包括电厂排入大气的烟尘。

Industrial Dust Discharged refers to the total weight of solid dust discharged by industrial enterprises in the production process, such as dust of refractory materials form iron plants, dust from coke-screening systems or from sintering machines of coking plants, dust form lime kilns, cements dust from building material enterprises, etc., but excluding smoke and dust discharged by power plants.

工业固体废物产生量 指企业在生产过程中产生的固体状、半固体状和高浓度液体废弃物的总量，包括危险废物、冶炼废渣、粉煤灰、炉渣、煤矸石、尾矿、放射性废物和其他废物等；不包括矿山开采的剥离废石和掘进废石（煤矸石和呈酸性或碱性的废石除外）。酸性或碱性废石指采掘的废石其流经水、雨淋水的pH值小于4或pH值大于10.5者。

Volume of Industrial Solid Wastes Produced refers to the total volume of solid, semi-solid and high-concentration liquid residue produced by industrial enterprises in their production process, including dangerous wastes, residues from melting, fly ash, slag, gangue, tailings, radioactive residues and other residues, but excluding stripped and dug stones in mining (except gangue and acid or alkali stones which are stones washed or soaked by water with a PH value smaller than 4 or larger than 10.5).

工业固体废物综合利用量 指通过回收、加工、循环、交换等方式，从固体废物中提取或者使其转化为可以利用的资源、能源和其他原材料的固体废物量（包括当年利用往年的工业固体废物累计贮存量），如用作农业肥料、生产建筑材料、筑路等。综合利用量由原产生固体废物的单位统计。

Volume of Industrial Solid Wastes Comprehensively Utilized refers to the volume of solid wastes form which useful materials can be extracted or which can be changed to be utilizable resources, energy or other materials through ways of reclamation, processing, recycling and exchanging (including the volume of industrial solid wastes stored up in the previous years and utilized in the current year), such as the solid wastes utilized as fertilizers, building materials, for making roads or for other purpose. Solid wastes producing units collect statistical data on comprehensive utilization of industrial solid wastes.

工业固体废物处置量 指将固体废物焚烧或者最终置于符合环境保护规定要求的场所，并不再回取的工业固体废物量（包括当年处置往年的工业固体废物累计贮存量）。处置方法有填埋（其中危险废物应安全填埋）、焚烧、专业贮存场（库）封场处理、深层灌注、回填矿井等。

Volume of Industrial Solid Wastes Disposed refers to solid wastes incinerated or disposed of in a place that meet the requirement of environmental protection and the volume of non-recoverable solid wastes (Including treatment of solid wastes piled up in the previous years), such as burying (The dangerous wastes should be buried safely), burning, piling in designated sites, pouring water into the deep strata, filing of old mines, etc..

工业固体废物排放量 指将所产生的固体废物排到固体废物污染防治设施、场所以外的数量，不包括矿山开采的剥离废石和掘进废石（煤矸石和呈酸性或碱性的废石除外）。

Volume of Industrial Solid Wastes Discharged refers to the volume of industrial solid wastes produced and discharged at the places outside the special facilities or special sites for preventing against pollution, excluding stripped and dug stones in mining (except gangue and acid or alkali waste stones).

“三废”综合利用产品产值 指利用“三废”（废液、废气、废渣）作为主要原料生产的产品价值（现行价）；已经销售或准备销售的应计算产品价值，留作生产自用的不应计算产品价值。

Output Value of Products Made from Utilization of Waste Gas, Waste Water and Industrial Solid Wastes refers to the value of products (calculated at current prices) made by industrial enterprises using recovered waste water, waste gas or solid wastes as main raw materials. The value of the products, which have been sold or are ready, to be sold should be included. The value of the products, which will be used in the production of the enterprises, should not be included.

城市统计范围 根据建设部的新规定，设市城市按城区范围统计，县的统计范围为县城。

Statistical Range of City According to the new regulation of Ministry of Construction, the statistical range of administratively designated city refers to the urban area, and the statistical range of county refers to the county seat.

设市城市的城区 包括：

（一）街道办事处所辖地域；

（二）城市公共设施、居住设施和市政公用设施等连接到的其他镇（乡）地域；

Urban Area of Administratively Designated City includes:

1. The area ruled by sub-district offices;

2. The area of other towns (villages) joint by city public facilities, living facilities and municipal facilities;

（三）常住人口在3000人以上独立的工矿区、开发区、科研单位、大专院校等特殊区域。

县城 包括：

（一）县政府驻地的镇（城关镇）或街道办事处地域；

（二）县城公共设施、居住设施和市政公用设施等连接到的其他镇（乡）地域；

（三）常住人口在3000人以上独立的工矿区、开发区、科研单位、大专院校等特殊区域。

市区面积 指城市行政区域内的全部土地面积（包括水域面积）。地级城市行政区不包括市辖县（市），以国务院批准的行政区划面积为准。

城区面积 指设市城市的城建统计的范围面积。

市区（县）人口 指城市（县）行政区域内有常住户口和未落常住户口的人，以及被注销户口的在押犯、劳改、劳教人员。未落常住户口是指持出生、迁移、复员转业、劳改释放、解除劳教等证件未落常住户口的、无户口的人员以及户口情况不明且定居一年以上的流入人口。

城区（县城）人口 指划定的城区（县城）范围的人口数。

3. The special area of independent industrial and mining areas, development zones, institutions of scientific research and universities and colleges, with the permanent population above 3000 persons.

County includes:

1. The area of towns of county governments or sub-district offices;

2. The area of other towns (villages) joint by public facilities of county seats, living facilities and municipal facilities;

3. The special area of independent industrial and mining areas, development zones, institutions of scientific research and universities and colleges, with the permanent population above 3000 persons.

Area of City District refers to the total land area (including water area) in the administrative areas of the city. The administrative areas of the prefecture-level city excludes the under counties (county-level cities), and subject to the area of administrative divisions authorized by the State Council.

Urban Area refers to the area of the statistical range of the administratively designated cities' construction.

Population of City District (County) refers to the population with permanent residences and not yet with permanent residences, and the residence-canceled population of criminals in custody, reform- through-labor personnel and reeducation- through-labor personnel. The population not yet with permanent residences refers to the personnel that without residences or have not registered their identifications, such as for birth, transferring, demobilization and returning to civilian work, reform- through-labor personnel released and reeducation- through-labor personnel released as permanent residences yet, and also includes the influx of population that have uncertain residences and settle for more than one year.

Population of Urban Area (County) refers to the population in the range of the circumscribed urban area (county).

第九篇　能源生产与消费

CHAPTER 9　ENERGY PRODUCTION AND CONSUMPTION

（编辑：刘　蒙）

简要说明

（本篇资料由自治区统计局能源处调查提供，电话：0771-5876156）

一、本篇资料的主要内容

本篇资料包括的主要内容有能源生产、消费及品种构成，能源利用效益和能源消费水平，能源消费弹性系数和电力消费弹性系数，分行业、分主要能源品种的消费，生活用能源消费量和能源可供量，分行业、分行政区划电力消费量等。从2020年起增加能源加工转换效率等指标。

二、本篇资料的统计范围

9—6表规模以上工业统计范围为年主营业务收入2000万元以上工业企业。其他表的数据统计范围为全社会口径。

三、本篇的资料来源

规模以上工业综合能源消费量由统计范围内企业在联网直报平台报送，自治区统计局、各市统计局按能源统计报表制度汇总整理；电力数据取自广西电网公司统计数据，进口量和出口量采用海关统计数据，其他数据由自治区统计局汇总整理。

四、关于数据口径与计算方法的说明

1.能源加工转换效率表中，电力折标煤系数采用当量值计算。

2. 2018年起数据行业分类按2017年《国民经济行业分类》（GB/T4754—2017）标准执行。

3.价值指标按当年价格计算，因1998年后价值指标做调整，故相关数据资料相应变化。

Brief Introduction

(This information is investigated and provided by the Energy Department of the Guangxi Zhuang Autonomous Region Bureau of Statistics, Tel: 0771-5876156)

I. Main contents of this information

The main contents of this data include production and consumption of energy and composition of energy production and consumption, energy utilization economic results and energy consumption average, elasticity ratio of energy consumption and electricity consumption, consumption by sector and main energy varieties, domestic energy consumption and energy available for consumption, electricity consumption by sector and administrative division, etc. From 2020, the indicator of energy conversion efficiency of process is added.

II. Resources of this information

The comprehensive energy consumption of industrial enterprises above designated size is submitted by enterprises within the statistical scope on the direct network report platform, and the Guangxi Zhuang Autonomous Region Bureau of Statistics and the municipal statistics bureaus summarize and sort out according to the energy statistics report system; the power data is taken from the statistical data of Guangxi Power Grid, the import volume and export volume are collected by statistical data of the customs, and other data are summarized by the Guangxi Zhuang Autonomous Region Bureau of Statistics.

9—1 能源生产、消费总量（1978—2021年）
Production and Consumption of Energy（1978—2021）

单位：万吨标准煤 （10 000 tce）

年 份 Year	能源生产总量 Total Production of Energy	原煤 Raw Coal	原油 Crude Oil	电力及其他能源 Electricity and Other Energy	能源消费总量 Total Consumption of Energy	煤炭 Coal	石油 Petroleum	电力及其他能源 Electricity and Other Energy
1978	508.59	382.26		126.33	781.00	479.53	175.14	126.33
1979	475.57	341.44		134.13	765.00	437.58	193.29	134.13
1980	415.21	287.79		127.42	730.00	413.91	188.69	127.40
1981	440.82	288.59		152.23	717.00	391.55	173.22	152.23
1982	481.92	306.91		175.01	769.00	439.95	154.04	175.01
1983	524.21	333.76	3.07	187.38	810.00	461.21	161.41	187.38
1984	526.19	324.50	4.50	197.19	854.00	487.63	169.18	197.19
1985	638.52	330.16	5.13	303.23	1008.21	530.60	125.70	351.91
1986	571.19	264.64		306.55	1022.77	542.36	125.89	354.52
1987	628.55	315.04	5.39	308.12	1135.66	648.80	133.47	353.39
1988	684.25	417.56	5.20	261.49	1160.21	728.76	121.75	309.70
1989	706.28	465.87	4.67	235.74	1200.28	776.59	127.22	296.47
1990	704.63	416.27	17.14	271.22	1308.21	820.62	151.81	335.78
1991	693.59	426.95	4.49	262.15	1386.88	903.22	155.70	327.96
1992	783.88	492.88	4.59	286.41	1549.30	1034.80	157.16	357.34
1993	958.47	502.35	4.40	451.72	1809.21	1068.67	179.18	561.36
1994	1064.73	575.91	4.61	484.21	2047.95	1232.19	193.60	622.16
1995	1103.39	561.90	14.53	526.96	2256.52	1261.41	227.49	767.62
1996	1035.50	531.33	5.14	499.03	2301.11	1303.05	244.90	753.16
1997	1065.84	472.81	5.60	587.43	2327.74	1190.25	245.92	891.57
1998	975.93	430.71	4.50	540.72	2417.68	1218.87	318.95	879.86
1999	855.47	346.25	5.00	504.22	2472.73	1299.03	327.89	845.81
2000	833.28	300.26	4.70	528.32	2487.40	1226.29	378.09	883.02
2001	838.35	260.31	4.64	573.21	2700.97	1372.09	461.87	867.01
2002	770.23	185.31	5.00	579.93	2778.58	1322.61	536.27	919.71
2003	729.67	188.12	4.69	651.15	3187.66	1632.08	678.97	876.61
2004	908.43	267.06	5.13	636.24	4014.56	1971.15	863.13	1180.28
2005	1220.99	358.78	4.90	857.31	4536.74	2540.57	798.47	1197.70
2006	1359.27	288.54	4.84	1065.88	5022.95	2697.33	863.95	1461.67
2007	1467.60	305.91	4.11	1157.58	5588.61	3297.28	927.71	1363.62
2008	1926.42	191.30	4.09	1730.91	6054.22	3396.42	974.73	1683.07
2009	1820.23	259.86	4.13	1556.24	6592.74	3876.53	1068.02	1648.19
2010	1951.85	428.48	3.84	1519.53	7379.23	3977.40	1224.95	2176.88
2011	1777.24	445.37	3.24	1328.63	8005.79	4315.12	1377.00	2313.67
2012	2129.80	440.96	3.27	1685.57	8530.55	4555.32	1408.13	2567.11
2013	2517.35	369.26	62.50	2084.26	9100.37	5229.98	1443.41	2426.98
2014	2869.84	341.29	83.86	2444.69	9515.34	5025.22	1593.11	2897.01
2015	3274.39	224.60	79.30	2970.49	9805.66	4523.03	1559.77	3722.86
2016	3147.49	227.45	67.72	2852.32	10110.15	4657.47	1757.00	3695.67
2017	3255.17	206.45	62.96	2985.76	10456.02	4744.37	1774.17	3937.48
2018	3756.69	224.80	74.12	3457.77	10823.39	5094.24	1720.49	4008.66
2019	3604.68	180.07	71.80	3352.81	11270.05	5502.72	1555.31	4212.02
2020	3800.42	194.23	69.66	3536.53	12081.05	5904.22	1504.21	4672.62
2021	3495.53	177.43	66.89	3251.21	13189.02	6501.74	1661.39	5025.89

注：1. 本表指标均为常规能源折合标准煤。
2. 从1988年起电力折标系数调整，2000年—2013年因第三次经济普查数据做调整，2015年—2018年部分数据依据第四次经济普查调整。

Note: 1. The items in this table are converted into SCE.
2. Since 1988, the ratio of Hydro-Power converted into SCE has been adjusted. The data from 2000 to 2013 has been adjusted by the 3rd Economic Census. And 2015 to 2018 has been adjusted by the 4th Economic Census.

9—2　能源生产、消费构成（1978—2021年）
Composition of Energy Production and Consumption（1978—2021）

单位：%　　(%)

年 份 Year	能源生产总量 Total Production of Energy	原煤 Raw Coal	原油 Crude Oil	电力及其他能源 Electricity and Other Energy	能源消费总量 Total Consumption of Energy	煤炭 Coal	石油 Oil	电力及其他能源 Electricity and Other Energy
1978	100	75.2		24.8	100	61.4	22.4	16.2
1979	100	71.8		28.2	100	57.2	25.3	17.5
1980	100	69.3		30.7	100	56.7	25.9	17.4
1981	100	65.5		34.5	100	54.6	24.2	21.2
1982	100	63.7		36.3	100	57.2	20.0	22.8
1983	100	63.7	0.5	35.8	100	56.9	19.9	23.2
1984	100	61.7	0.8	37.5	100	57.1	19.8	23.1
1985	100	51.7	0.8	47.5	100	52.6	12.4	35.0
1986	100	46.3	0.9	53.7	100	53.0	12.3	34.7
1987	100	50.1	0.9	49.0	100	57.1	11.8	31.1
1988	100	61.0	0.8	38.2	100	62.8	10.5	26.7
1989	100	66.0	0.7	33.4	100	64.7	10.6	24.7
1990	100	59.1	2.4	38.5	100	62.7	11.6	25.7
1991	100	61.6	0.6	37.8	100	65.1	11.2	23.7
1992	100	62.9	0.6	36.5	100	66.8	10.1	23.1
1993	100	52.4	0.5	47.1	100	59.1	9.9	31.0
1994	100	54.1	0.4	45.5	100	60.2	9.5	30.3
1995	100	50.9	1.3	47.8	100	55.9	10.1	34.0
1996	100	51.3	0.5	48.2	100	56.6	10.6	32.8
1997	100	44.4	0.5	55.1	100	51.1	10.6	38.3
1998	100	44.1	0.5	55.4	100	50.4	13.2	36.4
1999	100	40.5	0.6	58.9	100	52.5	13.6	33.9
2000	100	36.0	0.6	63.4	100	49.3	15.2	35.5
2001	100	31.1	0.6	68.3	100	50.8	17.1	32.1
2002	100	24.1	0.7	75.2	100	47.6	19.3	33.1
2003	100	25.8	0.6	73.6	100	51.2	21.3	27.5
2004	100	32.3	0.8	66.9	100	49.1	21.5	29.4
2005	100	29.4	0.4	70.2	100	56.0	17.6	26.4
2006	100	21.2	0.4	78.4	100	53.7	17.2	29.1
2007	100	20.8	0.3	78.9	100	59.0	16.6	24.4
2008	100	9.9	0.2	89.9	100	56.1	16.1	27.8
2009	100	14.3	0.2	85.5	100	58.8	16.2	25.0
2010	100	22.0	0.2	77.9	100	53.9	16.6	29.5
2011	100	25.1	0.2	74.8	100	53.9	17.2	28.9
2012	100	20.7	0.2	79.1	100	53.4	16.5	30.1
2013	100	18.7	3.2	78.3	100	57.5	15.9	26.6
2014	100	15.6	3.5	82.1	100	52.8	16.7	30.5
2015	100	6.9	2.4	90.7	100	46.1	15.9	38.0
2016	100	7.2	2.2	90.6	100	46.1	17.4	36.6
2017	100	6.3	1.9	91.8	100	45.4	17.0	37.7
2018	100	6.0	2.0	92.0	100	47.1	15.9	37.0
2019	100	5.0	2.0	93.0	100	48.8	13.8	37.4
2020	100	5.1	1.8	93.1	100	48.9	12.5	38.7
2021	100	5.1	1.9	93.0	100	49.3	12.6	38.1

9—3 能源利用效益主要指标
Economic Results Indicators for the Utilization of Energy

年 份 Year	每万元地区生产总值消费能源（吨标准煤） Per 10 000 Yuan GDP Energy Consumption (tce)	每吨能源消费实现的地区生产总值（元） Per Ton Energy Consumption Format Gross Domestic Product (yuan)
1985	5.57	1795
1990	2.91	3431
1991	2.67	3739
1992	2.40	4173
1993	2.08	4818
1994	1.71	5851
1995	1.51	6637
1996	1.36	7379
1997	1.28	7807
1998	1.27	7906
1999	1.27	7973
2000	1.20	8362
2001	1.18	8439
2002	1.10	9083
2003	1.13	8850
2004	1.17	8553
2005	1.14	8182
2006	1.06	9449
2007	0.96	10420
2008	0.86	11597
2009	0.85	11769
2010	0.77	12969
2011	0.68	14640
2012	0.65	15280
2013	0.63	15799
2014	0.61	16156
2015	0.66	15091
2016	0.63	15941
2017	0.59	17015
2018	0.55	18135
2019	0.53	18844
2020	0.55	18310
2021	0.53	18759

注：1. 价值指标按当年价格计算。因1998年后价值指标做调整，故本表资料相应变化。
　　2. 2000年—2013年数据根据第三次经济普查调整，2015年—2018年数据依据第四次经济普查调整。

Note: 1. The data in value terms in this table are calculated at current prices. Due to the indicators of value have been readjusted since 1998, the data in this table have been relatively changed.
　　2. The data from 2000 to 2013 has been adjusted by the 3rd Economic Census. And 2015 to 2018 has been adjusted by the 4th Economic Census.

9—4 能源消费弹性系数
Elasticity Ratio of Energy Consumption

年 份 Year	能源消费 比上年增长（%） Growth Rate of Energy Consumption over Preceding Year (%)	电力消费 比上年增长（%） Growth Rate of Electricity Consumption over Preceding Year (%)	地区生产总值 比上年增长（%） Growth Rate of GDP over Preceding Year (%)	能源消费弹性系数 Elasticity Ratio of Energy Consumption	电力消费 弹性系数 Elasticity Ratio of Electricity Consumption
1985	6.4	15.1	11.0	0.58	1.37
1990	8.2	11.8	7.0	1.17	1.69
1991	6.0	7.8	12.7	0.47	0.61
1992	11.7	13.1	18.3	0.64	0.72
1993	16.8	10.1	18.3	0.92	0.55
1994	13.2	13.0	15.2	0.87	0.85
1995	10.2	19.8	11.4	0.90	1.74
1996	2.0	7.5	8.3	0.24	0.90
1997	1.2	3.3	8.0	0.15	0.41
1998	3.9	7.9	10.0	0.39	0.79
1999	2.3	5.7	8.0	0.29	0.71
2000	8.0	11.4	7.9	1.01	1.44
2001	8.6	3.1	8.3	1.03	0.37
2002	2.8	7.5	10.6	0.26	0.73
2003	14.7	16.5	10.2	1.44	1.58
2004	25.9	9.9	11.8	2.19	0.84
2005	15.6	11.7	13.2	1.18	0.89
2006	10.7	13.6	13.6	0.79	1.00
2007	11.3	17.6	15.1	0.75	1.17
2008	8.3	11.7	12.8	0.65	0.91
2009	8.9	11.7	13.9	0.64	0.84
2010	11.9	16.0	14.2	0.84	1.13
2011	8.5	12.0	12.3	0.69	0.98
2012	6.6	3.7	11.3	0.58	0.33
2013	6.7	7.3	10.2	0.66	0.72
2014	4.6	5.6	8.5	0.54	0.66
2015	2.6	2.0	8.1	0.32	0.25
2016	3.1	1.9	7.0	0.44	0.27
2017	3.4	6.1	7.1	0.48	0.87
2018	3.5	17.8	6.8	0.52	2.63
2019	4.1	12.0	6.0	0.68	2.00
2020	7.2	6.2	3.7	1.95	1.68
2021	9.2	10.2	7.5	1.23	1.36

9—5 主要年份分行业能源消费量和构成

行业名称	Sector	2000		2005	
		消费总量(万吨标准煤) Total Consumption (10 000 tce)	构　成(%) Composition (%)	消费总量(万吨标准煤) Total Consumption (10 000 tce)	构　成(%) Composition (%)
消费总计	**Total Consumption**	**2487.40**	**100.0**	**4536.74**	**100.0**
农、林、牧、渔业	**Agriculture, Forestry, Animal Husbandry and Fishery**	**52.73**	**2.1**	**96.18**	**2.1**
工业	**Industry**	**1893.66**	**76.1**	**3341.76**	**73.7**
采矿业	**Mining**	**83.58**	**3.4**	**92.10**	**2.0**
煤炭开采和洗选业	Mining and Washing of Coal	25.87	1.0	14.06	0.3
石油和天然气开采业	Extraction of Petroleum and Natural Gas	0.50	…	0.45	…
黑色金属矿采选业	Mining and Processing of Ferrous Metal Ores	7.96	0.3	21.78	0.5
有色金属矿采选业	Mining and Processing of Non-Ferrous Metal Ores	40.30	1.6	39.02	0.9
非金属矿采选业	Mining and Processing of Nonmetal Ores	6.47	0.3	13.16	0.3
开采辅助活动	Support Activities for Mining				
其他采矿业	Mining of Other Ores	2.49	0.1	3.18	0.1
制造业	**Manufacturing**	**1679.99**	**67.5**	**3104.04**	**68.4**
农副食品加工业	Processing of Food from Agricultural Products	239.29	9.6	286.72	6.3
食品制造业	Manufacture of Foods	20.65	0.8	12.70	0.3
酒、饮料和精制茶制造业	Liquor, Beverages and Refined Tea Manufacturing	12.93	0.5	24.04	0.5
烟草制品业	Manufacture of Tobacco	3.73	0.2	6.35	0.1
纺织业	Manufacture of Textile	16.17	0.7	20.87	0.5
纺织服装、服饰业	Manufacture of Textile, Wearing Apparel and Accessories	0.99	…	1.36	…
皮革、毛皮、羽毛及其制品业和制鞋业	Manufacture of Leather, Fur, Feather, Related Products and Footwear	2.24	0.1	4.54	0.1
木材加工及木、竹、藤、棕、草制品业	Processing of Timber, Manufacture of Wood, Bamboo, Rattan, Palm and Straw Products	16.91	0.7	25.41	0.6
家具制造业	Manufacture of Furniture	1.49	0.1	3.18	0.1
造纸及纸制品业	Manufacture of Paper and Paper Products	61.94	2.5	120.22	2.7
印刷业和记录媒介的复制	Printing, Reproduction of Recording Media	1.74	0.1	6.35	0.1
文教、工美、体育和娱乐用品制造业	Manufacture of Articles for Culture, Education, Arts and Crafts, Sport and Entertainment Activities	0.25	…	0.45	…
石油加工、炼焦和核燃料加工业	Processing of Petroleum, Coking, Processing of Nuclear Fuel	9.45	0.4	33.12	0.7
化学原料及化学制品制造业	Manufacture of Raw Chemical Materials and Chemical Products	221.63	8.9	355.23	7.8

Consumption and Composition of Energy by Sector in Main Years

2015		2017		2018		2019		2020		2021	
消费总量(万吨标准煤) Total Consumption (10 000 tce)	构成(%) Composition (%)	消费总量(万吨标准煤) Total Consumption (10 000 tce)	构成(%) Composition (%)	消费总量(万吨标准煤) Total Consumption (10 000 tce)	构成(%) Composition (%)	消费总量(万吨标准煤) Total Consumption (10 000 tce)	构成(%) Composition (%)	消费总量(万吨标准煤) Total Consumption (10 000 tce)	构成(%) Composition (%)	消费总量(万吨标准煤) Total Consumption (10 000 tce)	构成(%) Composition (%)
9805.66	**100.0**	**10456.02**	**100.0**	**10823.39**	**100.0**	**11270.05**	**100.0**	**12081.05**	**100.0**	**13189.02**	**100.0**
192.23	**2.4**	**234.47**	**2.2**	**210.45**	**1.9**	**208.95**	**1.9**	**236.12**	**2.0**	**272.95**	**2.1**
7097.92	**70.3**	**7237.33**	**69.2**	**7641.35**	**70.6**	**7737.41**	**68.7**	**8387.70**	**69.4**	**9080.02**	**68.8**
87.74	**0.9**	**116.57**	**1.1**	**115.02**	**1.1**	**127.11**	**1.1**	**117.02**	**1.0**	**116.34**	**0.9**
5.41	0.1	23.40	0.2	5.94	0.1	10.17	0.1	11.70	0.1	5.19	0.0
1.42	…	0.53	…	0.10	…	0.06	0.0	0.10	0.0	0.61	0.0
12.51	0.1	15.25	0.1	14.57	0.1	6.8	0.1	5.04	0.0	3.81	0.0
34.78	0.4	25.11	0.2	23.55	0.2	33.77	0.3	21.18	0.2	25.77	0.2
33.53	0.3	39.15	0.4	47.35	0.4	52.66	0.5	59.78	0.5	64.25	0.5
		13.03	0.1	0.00	…	0	0.0	0.00	0.0	0.00	0.0
0.09	…	0.10	…	23.51	0.2	23.65	0.2	19.23	0.2	16.71	0.1
6512.78	**64.2**	**6655.98**	**63.6**	**7036.03**	**65.0**	**6947.74**	**61.6**	**7756.77**	**64.2**	**8120.54**	**61.6**
425.05	4.3	257.49	2.5	405.19	3.7	443.7	3.9	474.93	3.9	313.51	2.4
64.88	0.7	57.24	0.5	46.25	0.4	47.63	0.4	54.82	0.5	56.93	0.4
61.42	0.6	55.50	0.5	27.89	0.3	28.25	0.3	28.99	0.2	30.26	0.2
3.85	…	3.66	…	5.22	0.0	5.03	0.0	4.30	0.0	4.59	0.0
34.24	0.3	20.32	0.2	27.14	0.3	39.78	0.4	28.86	0.2	33.31	0.3
9.00	0.1	5.02	…	4.34	0.0	6.55	0.1	6.66	0.1	9.99	0.1
7.36	0.1	4.83	…	6.20	0.1	6.58	0.1	6.98	0.1	7.43	0.1
129.65	1.4	112.05	1.1	146.63	1.4	188.21	1.7	203.41	1.7	168.85	1.3
6.70	0.1	6.17	0.1	1.81	0.0	1.93	0.0	2.68	0.0	3.01	0.0
220.10	2.3	284.06	2.7	203.85	1.9	220.71	2.0	201.29	1.7	226.54	1.7
4.95	0.1	3.45	…	3.19	0.0	3.46	0.0	3.44	0.0	4.06	0.0
3.03	…	0.70	…	3.88	0.0	4.05	0.0	4.14	0.0	5.35	0.0
222.97	2.3	356.33	3.4	286.79	2.6	317.59	2.8	249.62	2.1	413.27	3.1
544.19	5.6	347.11	3.3	316.10	2.9	249.19	2.2	205.67	1.7	280.37	2.1

9—5 续表

行业名称	Sector	2000 消费总量(万吨标准煤) Total Consumption (10 000 tce)	2000 构成(%) Composition (%)	2005 消费总量(万吨标准煤) Total Consumption (10 000 tce)	2005 构成(%) Composition (%)
医药制造业	Manufacture of Medicines	9.95	0.4	19.51	0.4
化学纤维制造业	Manufacture of Chemical Fibers	11.94	0.5	5.44	0.1
橡胶和塑料制品业	Manufacture of Rubber and Plastic Products	12.19	0.5	9.53	0.2
非金属矿物制品业	Manufacture of Non-metallic Mineral Products	493.00	19.8	587.05	12.9
黑色金属冶炼及压延加工业	Smelting and Pressing of Ferrous Metals	242.52	9.8	1043.45	23.0
有色金属冶炼及压延加工业	Smelting and Pressing of Nonferrous Metals	211.18	8.5	370.65	8.2
金属制品业	Manufacture of Metal Products	13.18	0.5	21.78	0.5
通用设备制造业	Manufacture of General Purpose Machinery	13.93	0.6	19.96	0.4
专用设备制造业	Manufacture of Special Purpose Machinery	4.48	0.2	7.26	0.2
汽车制造业	Manufacture of Automobiles	9.20	0.4	40.38	0.9
铁路、船舶、航空航天和其他运输设备制造业	Railway, Ship, Aerospace and Other Transportation Equipments Manufacturing				
电气机械及器材制造业	Manufacture of Electrical Machinery and Equipment	7.71	0.3	9.53	0.2
通信设备、计算机及其他电子设备制造业	Manufacture of Communication Equipments, Computers and Other Electronic Equipment	1.49	0.1	3.18	0.1
仪器仪表制造业	Manufacture of Measuring Instruments and Machinery	0.50	…	0.91	…
其他制造业	Other Manufacturing			51.72	1.1
废弃资源综合利用业	Utilization of Waste Resources			5.44	0.1
金属制品业、机械和设备修理业	Metal Product, Machinery and Equipment Repair Services				
电力、燃气及水的生产和供应业	**Electric Power, Gas and Water Production and Supply**	**130.09**	**5.2**	**145.63**	**3.2**
电力、热力的生产和供应业	Production and Distribution of Electric Power and Heat Power	118.90	4.8	119.77	2.6
燃气生产和供应业	Production and Distribution of Gas	0.25	…	8.17	0.2
水的生产和供应业	Production and Distribution of Water	10.70	0.4	17.69	0.4
建筑业	**Construction**	**7.46**	**0.3**	**33.12**	**0.7**
交通运输储运业和邮政业	**Transportation, Storage and Post**	**213.67**	**8.6**	**382.90**	**8.4**
批发、零售业和住宿、餐饮业	**Wholesale and Retail Trade, Hotel and Catering Services**	**35.32**	**1.4**	**109.34**	**2.4**
其他行业	**Others**	**46.76**	**1.9**	**117.96**	**2.6**
生活消费	**Households Consumption**	**237.80**	**9.6**	**455.49**	**10.0**

注：2000年、2005年、2011年、2012年和2013年数据根据第三次经济普查作调整。2018年起行业分类按2017年《国民经济行业分类》(GB/T4754—2017) 标准。2015—2018年数据依据第四次经济普查调整。

Note: The data in 2000, 2005, 2011, 2012 and 2013 has been adjusted by the 3rd Economic Census, and the industry classification is based on the standard of *National Economic Industry Classification* (GB/T4754—2017) in 2011. And 2015 to 2018 has been adjusted by the 4th Economic Census.

continued

2015		2017		2018		2019		2020		2021	
消费总量（万吨标准煤）Total Consumption (10 000 tce)	构成（%）Composition (%)	消费总量（万吨标准煤）Total Consumption (10 000 tce)	构成（%）Composition (%)	消费总量（万吨标准煤）Total Consumption (10 000 tce)	构成（%）Composition (%)	消费总量（万吨标准煤）Total Consumption (10 000 tce)	构成（%）Composition (%)	消费总量（万吨标准煤）Total Consumption (10 000 tce)	构成（%）Composition (%)	消费总量（万吨标准煤）Total Consumption (10 000 tce)	构成（%）Composition (%)
32.29	0.3	30.18	0.3	23.95	0.2	24.07	0.2	23.65	0.2	24.89	0.2
0.03	…	2.03	…	1.43	0.0	1.12	0.0	0.95	0.0	0.83	0.0
49.30	0.5	115.72	1.1	115.75	1.1	34.96	0.3	40.96	0.3	48.27	0.4
1374.95	14.1	1394.23	13.3	1484.91	13.7	1522.91	13.5	1685.02	13.9	1637.28	12.4
2030.19	20.8	2307.03	22.1	2338.49	21.6	2119.11	18.8	2666.43	22.1	2802.55	21.2
776.67	8.0	1001.54	9.6	1379.41	12.7	1459.13	12.9	1628.17	13.5	1769.92	13.4
50.95	0.5	92.93	0.9	54.97	0.5	59.04	0.5	55.58	0.5	54.62	0.4
28.67	0.3	33.98	0.3	33.20	0.3	30.5	0.3	31.51	0.3	33.28	0.3
19.25	0.2	32.84	0.3	16.81	0.2	6.28	0.1	7.69	0.1	7.40	0.1
89.72	0.9	80.27	0.8	28.97	0.3	38.31	0.3	39.49	0.3	41.94	0.3
5.53	0.1	7.69	0.1	11.30	0.1	9.39	0.1	8.10	0.1	5.60	0.0
43.34	0.4	20.45	0.2	2.63	0.0	6.39	0.1	10.35	0.1	16.12	0.1
15.61	0.2	12.15	0.1	15.14	0.1	15.78	0.1	19.17	0.2	30.77	0.2
1.89	…	3.91	…	1.32	0.0	0.72	0.0	0.71	0.0	0.81	0.0
3.88	…	2.99	…	33.69	0.3	44.02	0.4	43.92	0.4	51.25	0.4
1.44	…	4.11	…	3.99	0.0	6.16	0.1	11.90	0.1	29.73	0.2
0.16	…	…	…	5.60	0.1	7.19	0.1	7.40	0.1	7.81	0.1
505.11	**5.2**	**464.79**	**4.4**	**490.29**	**4.5**	**662.56**	**5.9**	**513.91**	**4.3**	**843.14**	**6.4**
487.54	5.0	424.34	4.1	456.36	4.2	623.97	5.5	471.80	3.9	792.88	6.0
1.34	…	10.79	0.1	4.31	0.0	4.18	0.0	3.92	0.0	5.49	0.0
16.23	0.2	29.65	0.3	29.62	0.3	34.41	0.3	38.20	0.3	44.77	0.3
59.90	**0.6**	**69.00**	**0.7**	**97.78**	**0.9**	**117.2**	**1.0**	**153.80**	**1.3**	**173.33**	**1.3**
932.88	**9.6**	**1078.80**	**10.3**	**1078.12**	**10.0**	**1115.76**	**9.9**	**970.79**	**8.0**	**1059.13**	**8.0**
233.90	**2.4**	**257.26**	**2.5**	**250.56**	**2.3**	**286.0**	**2.5**	**288.85**	**2.4**	**348.41**	**2.6**
310.49	**3.2**	**354.32**	**3.4**	**420.04**	**3.9**	**450.38**	**4.0**	**490.24**	**4.1**	**569.36**	**4.3**
1125.77	**11.5**	**1227.29**	**11.7**	**1293.11**	**11.9**	**1354.36**	**12.0**	**1553.55**	**12.9**	**1685.8**	**12.8**

9—6 主要年份规模以上工业分行业综合能源消费量

单位：万吨标准煤

指 标	Sector
规模以上工业企业合计	**Industry above Designated Size**
采矿业	**Mining and Quarrying**
煤炭开采和洗选业	Mining and Washing of Coal
石油和天然气开采业	Extraction of Petroleum and Natural Gas
黑色金属矿采选业	Mining and Processing of Ferrous Metal Ores
有色金属矿采选业	Mining and Processing of Non-Ferrous Metal Ores
非金属矿采选业	Mining and Processing of Nonmetal Ores
开采辅助活动	Support Activities for Mining
其他采矿业	Mining of Other Ores
制造业	**Manufacturing**
农副食品加工业	Processing of Food from Agricultural Products
食品制造业	Manufacture of Foods
酒、饮料和精制茶制造业	Liquor, Beverages and Refined Tea Manufacturing
烟草制品业	Manufacture of Tobacco
纺织业	Manufacture of Textile
纺织服装、服饰业	Manufacture of Textile, Wearing Apparel and Accessories
皮革、毛皮、羽毛及其制品和制鞋业	Manufacture of Leather, Fur, Feather, Related Products and Footwear
木材加工和木、竹、藤、棕、草制品业	Processing of Timber, Manufacture of Wood, Bamboo, Rattan, Palm and Straw Products
家具制造业	Manufacture of Furniture
造纸和纸制品业	Manufacture of Paper and Paper Products
印刷和记录媒介复制业	Printing, Reproduction of Recording Media
文教、工美、体育和娱乐用品制造业	Manufacture of Articles for Culture, Education, Arts and Crafts, Sport and Entertainment Activities
石油加工、炼焦和核燃料加工业	Processing of Petroleum, Coking, Processing of Nuclear Fuel
化学原料和化学制品制造业	Manufacture of Raw Chemical Materials and Chemical Products
医药制造业	Manufacture of Medicines
化学纤维制造业	Manufacture of Chemical Fibers
橡胶和塑料制品业	Manufacture of Rubber and Plastic Products
非金属矿物制品业	Manufacture of Non-metallic Mineral Products
黑色金属冶炼和压延加工业	Smelting and Pressing of Ferrous Metals
有色金属冶炼和压延加工业	Smelting and Pressing of Nonferrous Metals
金属制品业	Manufacture of Metal Products
通用设备制造业	Manufacture of General Purpose Machinery
专用设备制造业	Manufacture of Special Purpose Machinery
汽车制造业	Manufacture of Automobiles
铁路、船舶、航空航天和其他运输设备制造业	Railway, Ship, Aerospace and Other Transportation Equipment Manufacturing
电气机械和器材制造业	Manufacture of Electrical Machinery and Equipment
计算机、通信和其他电子设备制造业	Manufacture of Communication Equipment, Computers and Other Electronic Equipment
仪器仪表制造业	Manufacture of Measuring Instruments and Machinery
其他制造业	Other Manufacturing
废弃资源综合利用业	Utilization of Waste Resources
金属制品、机械和设备修理业	Metal Product, Machinery and Equipment Repair Services
电力、燃气及水的生产和供应业	**Electric Power, Gas and Water Production and Supply**
电力、热力生产和供应业	Production and Distribution of Electric Power and Heat Power
燃气生产和供应业	Production and Distribution of Gas
水的生产和供应业	Production and Distribution of Water

注：本表中数据统计范围为年主营业务收入2000万元以上工业企业。数据采用电热当量计算法。

Note: The data refer to industrial enterprises with annual income of the major business over 20 million yuan. The data of this table was calculated the Electra-thermal Equivalent Calculation Method.

Consumption of Comprehensive Energy by Sector above Designated Size in Main Years

(10 000 tce)

2010	2013	2014	2015	2016	2017	2018	2019	2020	2021
4549.11	**6084.62**	**6116.29**	**5802.01**	**5929.64**	**6148.87**	**6543.56**	**6967.68**	**7399.74**	**8453.28**
35.91	**51.76**	**55.01**	**60.39**	**58.80**	**58.27**	**59.54**	**48.00**	**38.98**	**44.63**
3.85	3.47	2.39	2.83	1.68	2.44	1.99	1.78	1.57	1.49
	1.33	2.12	2.17	2.66	2.76	2.52	3.12	2.95	2.92
11.08	18.95	20.36	23.26	25.10	21.43	25.08	19.12	4.24	3.78
12.99	14.51	14.71	15.48	11.36	12.32	9.69	7.38	8.03	12.82
7.91	13.49	15.43	16.55	17.84	19.16	20.19	16.61	22.19	23.62
	0.01	0.01	0.01	0.02	0.01	…	0.00	0.00	0
0.09			0.10	0.15	0.13	0.08	0.00	0.00	0
3583.14	**4762.61**	**4966.20**	**4904.69**	**4972.24**	**5148.87**	**5167.11**	**5317.79**	**5703.65**	**6533.66**
350.12	429.13	433.79	386.23	366.50	363.11	355.06	317.75	271.96	273.64
19.59	33.38	38.62	37.64	38.02	35.31	30.48	29.28	30.06	34.9
44.71	53.57	45.21	44.96	43.24	43.63	27.74	25.75	25.94	27.98
2.76	2.31	2.15	2.11	1.85	1.88	1.98	1.80	1.63	1.61
20.19	20.23	21.56	25.15	22.59	21.69	21.34	23.98	23.82	26.51
0.94	3.14	3.53	3.63	3.60	3.88	3.95	3.67	1.83	2.02
4.08	3.59	3.09	3.26	2.87	2.87	2.54	2.25	2.14	2.33
43.69	67.91	75.37	79.74	83.34	82.93	75.54	77.17	71.28	81.54
1.17	2.08	2.40	2.62	2.66	2.76	2.07	0.62	0.67	0.44
123.52	197.88	198.64	176.69	172.85	196.36	186.84	188.47	173.45	183.41
1.25	2.28	1.66	1.90	2.10	2.38	1.94	0.96	0.80	0.96
0.25	0.95	1.18	1.38	1.27	1.50	1.24	1.02	1.04	1.25
84.78	213.60	264.13	247.17	253.73	275.83	299.89	250.96	190.96	360.38
302.90	376.84	381.40	342.58	286.50	269.53	233.23	170.21	173.99	211.36
18.89	22.57	20.84	20.46	22.01	20.85	17.16	15.71	14.21	14.2
0.01		0.00	0.01	0.01	0.02	0.00	0.00	0.00	0
13.43	18.68	19.66	22.78	21.12	18.50	10.45	10.81	13.17	14.55
896.25	1180.43	1163.39	1146.94	1261.36	1337.57	1318.04	1388.50	1483.32	1478.38
1077.81	1518.67	1635.54	1621.92	1649.38	1678.14	1623.82	1707.53	2091.73	2488.46
500.08	521.56	553.60	628.51	626.29	673.56	863.36	1022.42	1054.09	1221.9
11.54	19.37	20.71	24.85	24.57	24.87	12.84	9.65	10.15	13.01
16.80	11.80	11.32	10.24	12.19	12.24	8.62	7.69	8.49	8.47
6.72	7.46	7.88	7.78	8.46	9.54	7.87	4.45	3.80	3.58
27.44	32.06	32.73	35.80	36.24	38.20	34.05	28.91	25.70	26.92
	2.15	2.29	2.19	2.03	1.41	1.61	1.29	1.33	1.43
7.64	14.25	17.44	18.24	16.14	16.79	13.68	12.71	11.96	9.59
2.77	4.47	5.37	6.10	7.06	8.78	7.73	7.83	10.80	17.23
0.47	0.29	0.43	0.68	0.66	1.16	0.40	0.22	0.20	0.28
1.99	1.21	1.54	2.39	2.43	1.99	1.07	0.95	0.88	0.75
1.35	0.74	0.71	0.71	1.15	0.95	1.88	4.54	3.72	25.98
	0.01	0.00	0.01	0.01	0.64	0.69	0.68	0.53	0.62
930.06	**1270.25**	**1095.08**	**836.92**	**898.59**	**941.74**	**1316.90**	**1601.89**	**1657.11**	**1874.99**
924.48	1264.50	1088.66	829.85	888.21	933.84	1307.13	1590.31	1644.76	1858.93
0.14	0.42	0.64	0.76	3.70	0.87	1.73	2.43	1.69	1.49
5.45	5.33	5.78	6.31	6.69	7.03	8.04	9.14	10.66	14.57

9-7 主要年份电力消费量

单位：亿千瓦时

指 标	Item
消费总计	**Total Consumption**
农、林、牧、渔业	**Agriculture, Forestry, Animal Husbandry and Fishery**
工业	**Industry**
采矿业	**Mining**
煤炭开采和洗选业	Mining and Washing of Coal
石油和天然气开采业	Extraction of Petroleum and Natural Gas
黑色金属矿采选业	Mining & Processing of Ferrous Metal Ores
有色金属矿采选业	Mining and Processing of Non-Ferrous Metal Ores
非金属矿采选业	Mining and Processing of Nonmetal Ores
开采辅助活动	Mining Assist Activities
其他采矿业	Support Activities for Mining
制造业	**Manufacturing**
农副食品加工业	Processing of Food from Agricultural Products
食品制造业	Manufacture of Foods
酒、饮料和精制茶制造业	Liquor, Beverages and Refined Tea Manufacturing
烟草制品业	Manufacture of Tobacco
纺织业	Manufacture of Textile
纺织服装、服饰业	Manufacture of Textile, Wearing Apparel and Accessories
皮革、毛皮、羽毛及其制品业和制鞋业	Manufacture of Leather, Fur, Feather, Related Products and Footwear
木材加工及木、竹、藤、棕、草制品业	Processing of Timber, Manufacture of Wood, Bamboo, Rattan, Palm and Straw Products
家具制造业	Manufacture of Furniture
造纸及纸制品业	Manufacture of Paper and Paper Products
印刷和记录媒介的复制	Printing, Reproduction of Recording Media
文教、工美、体育和娱乐用品制造业	Manufacture of Articles for Culture, Education, Arts and Crafts, Sport and Entertainment Activities
石油加工、炼焦及核燃料加工业	Processing of Petroleum, Coking, Processing of Nuclear Fuel
化学原料及化学制品制造业	Manufacture of Raw Chemical Materials and Chemical Products
医药制造业	Manufacture of Medicines
化学纤维制造业	Manufacture of Chemical Fibers
橡胶和塑料制品业	Manufacture of Rubber and Plastic Products
非金属矿物制品业	Manufacture of Non-metallic Mineral Products
黑色金属冶炼及压延加工业	Smelting and Pressing of Ferrous Metals
有色金属冶炼及压延加工业	Smelting and Pressing of Nonferrous Metals
金属制品业	Manufacture of Metal Products
通用设备制造业	Manufacture of General Purpose Machinery
专用设备制造业	Manufacture of Special Purpose Machinery
汽车制造业	Manufacture of Automobiles
铁路、船舶、航空航天和其他运输设备制造业	Railway, Ship, Aerospace and Other Transportation Equipment Manufacturing
电气机械及器材制造业	Manufacture of Electrical Machinery and Equipment
通信设备、计算机和其他电子设备制造业	Manufacture of Communication Equipment, Computers and Other Electronic Equipment
仪器仪表制造业	Manufacture of Measuring Instruments and Machinery
其他制造业	Other Manufacturing
废弃资源综合利用业	Utilization of Waste Resources
金属制品、机械和设备修理业	Metal Product, Machinery and Equipment Repair Services
电力、燃气及水的生产和供应业	**Electric Power, Gas and Water Production and Supply**
电力、热力的生产和供应业	Production and Distribution of Electric Power and Heat Power
燃气生产和供应业	Production and Distribution of Gas
水的生产和供应业	Production and Distribution of Water
建筑业	**Construction**
交通运输储运业和邮政业	**Transportation, Storage and Post**
批发、零售业和住宿、餐饮业	**Wholesale and Retail Trade, Hotel and Catering Services**
其他行业	**Others**
生活消费	**Households Consumption**

注：2018年起行业分类按2017年《国民经济行业分类》（GB/T4754—2017）标准。

Note: The industry classification has been based on the standard of *National Economic Industry Classification* (GB/T4754—2017) since 2018.

Consumption of Electricity in Main Years

(100 million kwh)

2000	2005	2010	2015	2017	2018	2019	2020	2021
322.02	**510.15**	**993.24**	**1334.32**	**1422.34**	**1702.75**	**1907.17**	**2025.25**	**2236.23**
13.17	**14.01**	**20.09**	**26.61**	**30.38**	**32.56**	**34.29**	**35.33**	**46.46**
211.41	**384.44**	**737.55**	**892.63**	**917.88**	**1096.56**	**1234.10**	**1291.70**	**1400.92**
14.80	**16.56**	**18.91**	**20.58**	**22.23**	**29.03**	**33.63**	**29.65**	**30.52**
4.30	2.53	2.94	1.52	1.37	1.83	1.87	1.71	1.50
0.16	0.13	0.50	0.32	0.53	0.03	0.02	0.03	0.19
0.87	2.96	1.80	1.32	6.45	2.60	1.19	1.04	0.70
9.00	8.11	8.54	9.97	7.62	6.62	10.25	6.35	6.54
0.22	1.80	3.87	7.45	6.26	10.57	12.89	14.46	16.28
							0.00	0.00
0.25	0.83	1.26		0.35	7.39	7.42	6.06	5.30
179.80	**306.51**	**618.13**	**732.21**	**777.12**	**905.11**	**1056.60**	**1102.73**	**1198.96**
15.03	18.13	34.14	35.50	32.93	41.21	44.48	42.03	44.17
1.26	1.56	4.32	8.19	9.23	7.84	8.93	11.20	11.14
0.89	1.40	6.59	6.86	6.71	2.09	2.89	3.13	3.05
0.33	0.89	1.14	0.75	0.73	1.27	1.23	1.06	1.18
3.58	4.01	3.55	5.82	3.68	3.74	3.62	3.38	4.18
0.21	0.35	0.58	2.73	1.69	1.29	2.04	2.09	3.09
0.45	0.65	1.15	1.53	0.88	1.53	1.66	1.82	1.98
3.35	4.73	10.71	19.55	22.85	27.55	30.15	31.76	40.35
0.38	0.76	0.27	1.72	1.78	0.41	0.57	0.78	0.94
7.67	9.95	15.86	31.92	32.34	34.25	36.12	37.25	40.93
0.54	0.96	0.57	1.51	1.01	0.99	1.04	1.07	1.28
0.05	0.05	0.04	0.92	0.14	1.17	1.25	1.29	1.69
0.83	0.92	4.03	14.73	15.98	16.81	17.60	14.28	21.51
26.18	36.01	50.77	61.00	43.77	38.85	38.09	38.66	50.40
0.65	1.86	1.99	5.40	3.60	3.54	3.95	4.26	4.64
3.73	1.21	2.14	0.01	0.02	0.45	0.35	0.30	0.26
1.99	3.12	5.96	12.07	8.16	8.13	9.69	11.21	13.46
24.27	40.98	89.03	111.26	107.52	121.95	132.90	145.43	147.98
30.56	94.12	192.27	225.49	211.24	240.19	280.04	293.69	318.21
41.74	52.62	148.67	117.64	215.54	292.17	375.95	390.56	412.07
2.50	5.06	9.08	13.12	10.09	16.73	17.83	16.85	16.66
3.11	3.77	4.52	6.64	5.81	9.19	9.00	9.21	9.73
1.00	1.16	2.37	5.66	4.50	2.11	1.68	2.15	2.17
2.18	6.45	8.45	20.79	20.68	9.06	8.69	10.08	10.71
			1.41	1.73	3.55	2.84	2.44	1.71
1.63	2.06	4.63	13.39	7.36	0.82	1.71	2.82	4.47
0.49	0.68	1.29	4.89	4.65	4.75	4.94	5.86	9.42
0.12	0.22	0.25	0.51	0.68	0.23	0.22	0.22	0.25
5.07	11.73	13.38	0.74	0.93	10.35	13.59	13.64	16.12
	1.10	0.38	0.41	0.82	1.12	1.45	1.98	2.86
			0.05	0.06	1.76	2.12	2.23	2.35
16.81	**61.37**	**100.51**	**139.84**	**118.54**	**162.41**	**143.86**	**159.33**	**171.44**
13.45	56.73	94.65	134.54	108.46	152.10	131.99	146.08	156.31
0.02	0.94	0.19	0.21	1.09	1.02	1.10	1.22	1.63
3.34	3.70	5.68	5.09	8.99	9.30	10.77	12.02	13.50
1.00	**5.02**	**9.84**	**16.79**	**20.43**	**21.14**	**25.76**	**31.90**	**37.66**
4.39	**6.87**	**11.52**	**23.29**	**34.35**	**40.00**	**43.93**	**44.06**	**51.03**
5.97	**13.11**	**23.92**	**43.13**	**50.07**	**54.09**	**37.94**	**67.06**	**83.68**
9.67	**17.26**	**46.20**	**80.86**	**101.63**	**122.78**	**160.85**	**148.74**	**173.90**
49.58	**69.44**	**144.12**	**251.01**	**287.61**	**335.62**	**370.30**	**406.46**	**442.57**

9—8 按行政区域分广西全社会用电量（2021年）

Consumption of Electricity by City（2021）

单位：亿千瓦时 (100 million kwh)

各市名称	City	2020年	2021年
全　区	**Total**	**2025.25**	**2236.23**
南 宁 市	Nanning	262.34	295.93
柳 州 市	Liuzhou	193.23	205.09
桂 林 市	Guilin	145.54	164.4
梧 州 市	Wuzhou	94.82	110.8
北 海 市	Beihai	93.2	101.56
防城港市	Fangchenggang	109.58	110.07
钦 州 市	Qinzhou	105.48	122.15
贵 港 市	Guigang	114.53	123
玉 林 市	Yulin	106.99	120.22
百 色 市	Baise	419.07	446.88
贺 州 市	Hezhou	81.14	100.89
河 池 市	Hechi	90.45	97.99
来 宾 市	Laibin	140.24	139.2
崇 左 市	Chongzuo	88.16	98.03

注：数据来源于广西电网公司。
Note: The data is from Guangxi Power Grid Company.

9—9 能源加工转换效率（2021年）

Energy Conversion Efficiency of Proces（2021）

单位：% (%)

指　标	Item	2020年	2021年
总效率	**Total**	**68.25**	**69.34**
发电及电站供热	Power Generation and Heating	43.52	43.43
炼焦	Coking	97.13	95.78
炼油	Oil Refining	97.85	96.29

注：本表中数据采用电热当量计算法。
Note: The data of this table was calculated by using the Electra-thermal Equivalent Calculation Method.

9—10　能源消费水平
Annual Average Per Capita Energy Consumption

年　份 Year	每人每年平均用能 (千克标准煤) Annual Average Per Capita Energy Consumption (kilo of SCE)	每人每年平均用电 (千瓦小时) Annual Average Per Capita Electricity Consumption (kwh)	每人每年平均生活用能 (千克标准煤) Annual Average Per Capita Household Energy Consumption (kilo of SCE)	每人每年生活用电 (千瓦小时) Annual Average Per Capita Household Electricity Consumption (kwh)
1985	251	197	25	27
1990	299	275	25	41
1991	313	293	31	48
1992	345	327	31	51
1993	408	379	38	59
1994	456	424	36	64
1995	497	502	38	69
1996	501	535	42	73
1997	502	547	48	78
1998	517	585	49	84
1999	525	613	51	92
2000	526	678	52	104
2001	566	696	56	101
2002	578	743	60	115
2003	659	857	63	127
2004	824	938	69	123
2005	974	1095	98	149
2006	1071	1228	102	171
2007	1178	1429	112	195
2008	1263	1580	120	226
2009	1363	1771	140	267
2010	1559	2099	152	305
2011	1730	2405	177	367
2012	1829	2474	194	393
2013	1936	2633	213	450
2014	2009	2760	217	503
2015	2038	2773	234	522
2016	2082	2799	253	556
2017	2131	2899	250	586
2018	2188	3442	261	678
2019	2262	3828	272	743
2020	2407	4035	310	810
2021	2618	4440	335	879

注：从2005年起按常住人口调整，2000年—2013年因第三经济普查数据作相应调整。2015—2018年数据依据第四次经济普查调整。

Note: The data in this table is adjusted by permanent population since 2005. The data from 2000 to 2013 has been adjusted by the 3rd Economic Census. And 2015 to 2018 has been adjusted by the 4th Economic Census.

9—11 能源主要产品生活消费量
Household Energy Consumption of Main Energy Products

年 份 Year	生活用能合计 (万吨标准煤) Total Household Energy Consumption (10 000 tce)	液化石油气 (万吨) Liquefied Petroleum Gas (10 000 tons)	电力 (亿千瓦时) Electricity (100 million kwh)
1985	76.12	0.07	10.56
1990	106.83	0.09	17.45
1991	133.21	6.03	20.59
1992	135.10	6.06	22.14
1993	169.27	7.89	25.97
1994	161.79	8.46	28.66
1995	174.69	15.66	31.19
1996	193.14	22.42	33.31
1997	221.23	24.40	36.30
1998	228.79	27.81	39.50
1999	238.00	32.26	43.27
2000	255.07	32.24	49.58
2001	273.02	38.94	48.44
2002	296.32	43.11	55.31
2003	316.72	45.76	61.48
2004	372.42	50.26	60.07
2005	493.28	54.26	69.44
2006	552.73	65.70	80.53
2007	582.82	70.04	93.01
2008	635.55	74.57	109.09
2009	682.64	75.80	129.00
2010	772.44	79.52	144.12
2011	878.67	84.56	169.89
2012	969.77	96.58	183.43
2013	1003.04	50.46	211.56
2014	1028.90	51.61	238.50
2015	1064.58	62.45	251.01
2016	1148.17	64.66	270.21
2017	1173.78	51.04	287.61
2018	1292.98	38.62	335.62
2019	1354.36	21.78	370.30
2020	1553.55	51.69	406.45
2021	1685.82	54.39	442.57

注：2000年—2013年数据因第三次经济普查调整。2015—2018年数据依据第四次经济普查调整。

Note: The data from 2000 to 2013 has been adjusted by the 3rd Economic Census. And from 2015 to 2018 has been adjusted by the 4th Economic Census.

9—12　主要年份石油及燃料消费量
Consumption of Petroleum and Fuel in Main Years

品　名	Type	2000	2005	2010	2015	2017	2018	2019	2020	2021
原　油（万吨）	Crude Oil (10 000 tons)	61.41	97.71	396.02	1428.77	1563.03	1599.33	1637.28	1276.20	1698.17
汽　油（万吨）	Gasoline (10 000 tons)	65.87	127.75	182.68	270.89	356.97	334.15	256.68	286.16	305.09
煤　油（万吨）	Kerosene (10 000 tons)	3.79	7.00	2.73	56.36	50.95	52.2	46.36	20.27	23.53
柴　油（万吨）	Diesel Oil (10 000 tons)	136.82	234.06	332.37	485.34	535.01	486.67	487.19	435.86	452.77
燃料油（万吨）	Fuel Oil (10 000 tons)	7.67	20.96	24.64	24.10	10.45	16.28	17.99	19.96	33.75
液化石油气（万吨）	Liquefied Petroleum Gas (10 000 tons)	35.27	50.70	84.85	91.32	88.65	84.23	83.26	94.83	107.14
煤　气（亿立方米）	Coal Gas (100 million cu.m)	5.83	12.31	228.97	337.40	393.92	400.42	448.98	536.27	588.86

注：2015—2018年部分数据依据第四次经济普查调整。
Note: Some of the data from 2015 to 2018 has been adjusted by the 4th Economic Census.

9—13　能源可供量（2021年）
Energy Available for Consumption（2021）

品　名	Type	综合能源可供量 Total Energy Available	生产量 Output	调入量 Transfer From Other Regions	进口量 Imports	调出量 Transfer to Other Province Regions	年初年末库存差额 Stock Balance in This Year
综合能源（万吨标准煤）	Total Energy (10 000 tce)	13189.02	3495.53	12603.65	85.49	-2868.44	-127.03
煤炭（万吨）	Coal (10 000 tons)	8969.90	352.03	8825.04	47.00	-43.38	-210.79
原油（万吨）	Crude Oil (10 000 tons)	1698.17	46.82	1716.98	46	-115.51	3.88
电力（亿千瓦时）	Electricity (100 million kwh)	2309.11	2081.94	321.77	0	94.60	

注：电力可供生产量为水电、火电可供生产量，未包括回收能。
Note: Data on electricity available output refers to the total available output of hydro-power and thermal power, excluding the recycled energy.

主要统计指标解释

能源生产总量 指一定时期内一个国家或地区一次能源生产量的总和，是观察全国能源生产水平、规模、构成和发展速度的总量指标。一次能源生产量包括原煤、原油、天然气、水电、核能及其他动力能（如风能、地热能等）发电量，不包括低热值燃料生产量、生物质能、太阳能等的利用和由一次能源加工转换而成的二次能源产量。

能源消费总量 指一定时期内一个国家或地区物质生产部门、非物质生产部门和生活消费的各种能源的总和，是观察能源消费水平、构成和增长速度的总量指标。能源消费总量包括原煤和原油及其制品、天然气、电力，不包括低热值燃料、生物质能和太阳能等的利用。能源消费总量分为终端能源消费量、能源加工转换损失量和损失量三部分。

（1）终端能源消费量：指一定时期内一个国家或地区生产和生活消费的各种能源在扣除了用于加工转换二次能源消费量和损失量以后的数量。

（2）能源加工转换损失量：指一定时期内一个国家或地区投入加工转换的各种能源数量之和与产出各种能源产品之和的差额，是观察能源在加工转换过程中损失量变化的指标。

（3）能源损失量：指一定时期内一个国家或地区能源在输送、分配、储存过程中发生的损失和由客观原因造成的各种损失量，不包括各种气体能源放空、放散量。

能源加工转换效率 指一定时期内，能源经过加工、转换后，产出的各种能源产品的数量与同期内投入加工转换的各种能源数量的比率。该指标是观察能源加工转换装置和生产工艺先进与落后、管理水平高低等的重要指标。

能源消费弹性系数 是反映能源消费增长速度与国民经济增长速度之间比例关系的指标。计算公式为：

$$\text{能源消费弹性系数}=\frac{\text{能源消费量年平均增长速度}}{\text{国民经济年平均增长速度}}$$

电力消费弹性系数 反映电力消费增长速度与国民经济增长速度之间比例关系的指标。计算公式为：

Explanatory Notes on Main Statistical Indicators

Total Energy Production refers to the total production of primary energy by all energy production enterprises in a country or region in a given period of time. It is a comprehensive indicator to show the capacity, scale, composition and pace of development of energy production of the country. The production of primary energy includes that of coal, crude oil, natural gas, hydro-power and electricity generated by nuclear energy and other means such as wind power and geothermal power. However, it excludes the production of fuels of low calorific value, bio-energy and solar energy and the secondary energy converted from the primary energy.

Total Energy Consumption refers to the total consumption of energy of various kinds by material production sectors, non-material production sectors and households in a country or region in a given period of time. It is a comprehensive indicator to show the scale, composition and pace of development of energy consumption. The total energy consumption includes that of coal, crude oil and their products, natural gas and electricity. However, it excludes the consumption of fuel of low calorific value, bio-energy and solar energy. Total energy consumption can be divided into three parts: end-use energy consumption, loss during the process of energy conversion and energy loss.

(1) Volume of End-use Energy Consumption refers to the total energy consumption by the production sectors and the households in a country or region during a given period. It does not include the consumption during the conversion of primary energy into secondary energy and the loss in the process of energy conversion.

(2) Volume of Loss During the Process of Energy Conversion refers to the total input of various kinds of energy for conversion, minus the total output of various kinds of energy in the country or region in a given period of time. It is an indicator to show the loss that occurs during the process of energy conversion.

(3) Volume of Energy Loss refers to the total loss of energy in transportation, distribution and storage and the loss caused by any objective reason in a given period of time. It excludes the loss of various kinds of gas due to gas discharges and stocktaking.

Efficiency of Energy Transformation refers to the ratio of the total output of various kinds of energy products after transformation to the total input various kinds of energy for transformation during the given period. It is an important indicator to show the current conditions of energy transformation equipment, production technique and management.

Elasticity Ratio of Energy Consumption is an indicator to show the relationship between the growth rate of energy consumption and the growth rate of the national economy. The formula is:

$$\textbf{Elasticity Ratio of Energy Consumption} = \frac{\text{Average Annual Growth Rate of Energy Consumption}}{\text{Average Annual Growth Rate of National Economy}}$$

Elasticity Ratio of Electricity Consumption is an indicator to show the relationship between the growth rate of electricity consumption and the growth rate of the national economy. The formula is:

$$\textbf{电力消费弹性系数}=\frac{\text{电力消费量年平均增长速度}}{\text{国民经济年平均增长速度}}$$

发电煤耗计算方法　指电力按当年平均火力发电煤耗换算成标准煤。

电热当量计算法　指电力按自身热功当量换算成标准煤。

$$\textbf{Elasticity Ratio of Electricity Consumption} = \frac{\text{Average Annual Growth Rate of Electricity Consumption}}{\text{Average Annual Growth Rate of National Economy}}$$

Calculation Method of Generation Electricity and Coal Consumption Electricity is converted into standard coal (SCE) according to the average coal-fired power consumption of the year.

Electro-thermal Equivalent Calculation Method Electricity is converted into SCE according to its own thermal equivalent.

第十篇　固定资产投资

CHAPTER 10　INVESTMENT IN FIXED ASSETS

（编辑：李泰锋）

简要说明

（本篇资料由自治区统计局固定资产投资处调查提供，电话：0771-5876651）

一、本篇资料主要内容

本篇资料反映广西固定资产投资的基本情况，包括全社会固定资产投资及增长速度、国有单位固定资产投资增长速度、按登记注册类型分的固定资产投资增长速度、按登记注册类型分的投资资金来源增长速度、按登记注册类型分的新增固定资产增长速度、 分行业固定资产投资增长速度、工业分行业固定资产投资增长速度、基本建设分行业固定资产投资增长速度、工业行业基本建设投资增长速度、 基本建设分行业投资项目和新增固定资产、分行业更新改造投资增长速度、工业分行业更新改造投资增长速度、分行业更新改造投资项目和新增固定资产、国有单位分行业投资项目和新增固定资产、集体分行业投资项目和新增固定资产、私营个体固定资产投资和新增固定资产及主要年份房地产开发主要指标等。

二、调查方法

固定资产投资统计由国家统计局投资司组织实施。由各省、自治区、直辖市统计局依据国家统计局统一制定的固定资产投资统计报表制度和房地产开发统计报表制度从基层采集原始数据后上报。

固定资产投资统计的统计起点为辖区内计划总投资500万元及以上项目的投资情况，不包括农户投资。其中计划总投资500万元至5000万元的项目由企业填报纸质报表后交由县区统计局通过中国投资信息管理及监测系统报送，计划总投资5000万元及以上项目由企业直接通过联网直报平台报送。

三、其他情况说明

根据国家统计局制度规定，2018年起固定资产投资项目到位资金统计范围由计划总投资500万元及以上调整为5000万元及以上项目（不包含房地产开发）。

Brief Introduction

(This information is provided by Department of Fixed Assets Investment of the Guangxi Zhuang Autonomous Region Bureau of Statistics, Tel: 0771-5876651)

Main contents of this information

This information reflects the basic situation of fixed assets investment in Guangxi, including total investment in fixed assets and its growth rate, investment and growth rate in fixed assets of state-owned units, growth rate of investment in fixed assets grouped by registration status, growth rate of sources of funds for investment in fixed assets grouped by registration status, growth rate of sources of newly increased fixed assets grouped by registration status, growth rate of investment in fixed assets by sector, growth rate of investment in fixed assets by industrial sector, growth rate of investment in fixed assets in basic construction by sector, growth rate of investment in basic construction by industrial sector, basic construction projects and newly increased fixed assets by sector, growth rate of investment in innovation by sector, growth rate of investment in innovation by industrial sector, investment in innovation projects and newly increased fixed assets by sector, investment projects and newly increased fixed assets of states-owned units, investment projects by sector and newly increased fixed assets of collective-owned units, investment in fixed assets and newly increased fixed assets of private and individual units and major indicators of real estate development in main years, etc.

10－1　全社会固定资产投资增长速度（1978—2021年）
Total Investment in Fixed Assets Growth Rate（1978—2021）

单位：%　　　　(%)

年份 Year	全社会投资总额 Total Investment	按管理渠道分 By Channel of Management					农村投资 Village Investment	全社会投资总额中住宅 Residential Buildings
		城镇投资 Urban Investment	基本建设投资 Basic Investment	更新改造投资 Innovation	其他固定资产投资 Others	房地产开发投资 Real Estate Development		
1978	22.1		22.1					17.2
1980	24.2		7.4	809.7				84.2
1985	49.9		54.9	55.9	129.4			72.7
1990	-4.6		2.5	-13.1	-33.5			16.4
1991	30.7	32.1	35.7	30.1	19.8	6.3	27.8	29.1
1992	57.3	68.7	80.7	54.9	79.1	94.8	31.3	32.5
1993	97.2	117.8	110.6	54.4	173.7	596.8	36.9	79.9
1994	37.6	22.4	28.0	24.8	-30.4	3.8	108.3	62.0
1995	10.7	14.5	11.6	4.1	11.2	56.8	0.2	9.7
1996	12.5	6.2	11.1	4.0	-35.4	-16.1	32.2	27.2
1997	0.7	0.9	4.9	-17.1	38.1	-22.4	0.3	8.3
1998	19.2	23.2	31.5	18.0	8.1	-2.5	9.0	11.3
1999	8.5	10.1	9.3	0.5	151.0	0.9	3.9	3.6
2000	6.4	12.5	7.0	14.4	50.4	17.3	-11.9	-14.3
2001	10.8	13.6	15.2	8.0	9.2	43.7	0	5.5
2002	14.2	16.4	14.9	21.9	-6.2	58.8	4.4	15.7
2003	18.2	22.3	20.5	35.3	2.7	58.9	-1.5	27.0
2004	28.0	32.3	39.6	39.1	36.0	50.9	1.6	12.3
2005	40.0	35.7	43.7	38.3	-29.2	35.5	73.9	19.3
2006	27.0	31.1	29.9	35.5	38.0	29.0	1.7	16.5
2007	32.2	31.6	22.9	41.6	51.4	44.9	36.7	39.8
2008	27.2	27.6	25.5	45.9	20.7	15.9	25.5	19.8
2009	50.8	53.9	44.8	101.9	18.1	29.7	27.2	38.1
2010	37.7	38.8	33.1	42.7	45.7	48.2	27.4	33.5
2011	29.3	29.6	20.3	37.9	100.8	25.8	26.2	26.7
2012	24.4	23.7	18.9	39.4	32.9	2.5	31.0	3.0
2013	21.4	19.8	17.8	30.0	14.6	3.8	38.5	7.3
2014	16.3	17.2	20.4	16.7	-2.7	13.9	7.2	10.2
2015	17.2	17.8	23.3	17.0	15.9	3.8	11.6	7.1
2016	12.4	12.8	21.9	10.6	63.6	25.6	1.9	17.0
2017	12.4	12.8	40.5	-18.4	-21.3	11.9	1.2	-6.9
2018	10.2	10.8	16.9	-9.7	-6.6	11.9	0.9	12.0
2019	9.2	9.5	3.8	-9.6	44.9	27.0	3.9	24.4
2020	3.7	4.2	1.2	31.3	-7.0	0.8	-5.5	3.1
2021	7.7	7.6	14.9	1.1	6.4	-2.9	10.3	-2.0

注：1. 1978年至1981年为全民投资总额，1982年以后为全社会投资总额。2008年的数据根据经济普查数予以调整。

2. 根据相关制度要求，2013年我区固定资产投资统计起点由项目计划总投资50万元提高到500万元；2013年各增长数据根据2012年度国家口径作为基数计算；2013年度全区固定资产投资与国家公布的各省数据口径完全一致（不包含跨省项目投资），各市投资包含跨省项目投资，因此各市投资合计与全区固定资产投资不一致。

3. 根据制度设计，2016年制度取消城乡分组，故农村投资仅包含农村居民家庭固定资产，增速为同口径增速。

Note: 1. Investment in fixed assets during the years 1978 to 1981 refer to total people investment, and has been revised into total social investment since 1982. The data in 2008 was adjusted according to the 2nd Economic Census.

2. According to the National Statistical System, the statistical floor level of total planned projects investment in fixed assets of Guangxi has been raised from 500 000 Yuan to 5 000 000 Yuan in 2013. The data on growth rates in 2013 is calculated on the data of national statistical range in 2012. The statistical range of data on investment in fixed assets of Guangxi is completely the same as the data of other provinces published by National Bureau of Statistic (excluding investment in inter-provincial projects). Due to the investment in inter-provincial projects is included in the investment of cities separately, there are differences between the summary of investment of cities and investment of Guangxi.

3. According to the National Statistical System, group of urban and rural area investment was canceled in 2016. So village investment only includes fixed assets of residential in rural area. Growth rate is the same as caliber growth rate.

10－2　国有单位固定资产投资及增长速度（1978—2021年）
Investment and Growth Rate in Fixed Assets of State-owned Units（1978—2021）

单位：%　　(%)

年　份 Year	投资总额 Total Investment	中央项目 Central	地方项目 Local	地方投资占总额比重（%） Proportion of Local Investment in Total Investment (%)	新增固定资产 Newly Increased Fixed Assets
1978	20.9	32.3	18.8		-8.5
1980	24.2	-4.3	36.5		13.0
1985	50.6	57.4	47.0		19.6
1990	-0.6	-8.0	1.6		2.5
1991	31.7	44.4	28.3		11.8
1992	70.9	79.6	68.2		45.5
1993	82.7	71.3	86.5		57.5
1994	14.5	31.6	9.3		13.5
1995	11.5	20.2	8.3		76.0
1996	9.2	-11.7	17.6		-8.6
1997	-5.6	-15.1	-2.8		11.0
1998	24.1	24.4	24.0		10.0
1999	9.7	18.6	7.4		-1.4
2000	8.3	44.3	-2.2		48.7
2001	8.8	-7.3	15.7		-25.7
2002	12.5	7.4	14.3		-2.7
2003	11.7	6.3	13.4		38.4
2004	20.1	-11.5	29.7		4.9
2005	31.2	21.8	33.2		28.9
2006	16.2	4.8	18.4		-3.3
2007	22.3	-1.9	26.3		24.4
2008	26.3	23.8	26.6		7.5
2009	85.1	166.4	74.7		92.1
2010	30.4	44.5	27.7		6.9
2011	13.6	-6.6	18.1		41.1
2012	10.1	4.2	11.1		17.0
2013	9.1	-48.3	18.5		28.3
2014	13.7	7.6	14.1		12.8
2015	18.7	-8.5	20.6		16.3
2016	10.5	11.2	10.4		12.6
2017	20.2	-42.9	23.4		23.2
2018	9.3	22.4	8.9		10.7
2019	6.6	191.4	-15.8		-26.3
2020	6.7	8.8	7.5		56.7
2021	-3.2	-59.8	6.1		-32.5

注：2006年以后国有单位固定资产投资包含了农村非农户投资，2006年数据做相应调整。根据经普对2008年数据进行调整。

Note: Investment in fixed assets of state-owned units has included investment from rural non-agriculture households in fixed assets since 2006, and the data of 2006 is adjusted relevantly. The data in 2008 has been adjusted according to the 2nd Economic Census.

10－3　按登记注册类型分的固定资产投资增长速度（2021年）

单位：%

指　标	Item	投资合计 Total Investment
合　计	**Total**	**7.6**
内资	**Domestic Fund**	**7.6**
国有	State-owned	6.0
集体	Collective-owned	-30.2
股份合作	Cooperative Share Holding	8.8
国有联营	State Joint-owned	-98.6
集体联营	Collective Joint-owned	-24.4
国有与集体联营	State and Collective Joint-owned	346.4
其他联营	Other Joint-owned	-87.4
国有独资公司	State Sole Investment	-10.1
其他有限责任公司	Other Limited Companies	22.2
股份有限公司	Share Holding Limited	-25.2
私营	Individual	6.1
其他	Others	-12.5
港澳台商投资	**Funds from Hong Kong, Macao and Taiwan**	**18.9**
合资经营	Joint Venture	5.6
合作经营	Cooperative Operation	-57.0
独资	Sole Investment	28.9
股份有限	Share Holding Limited	63.6
其他	Others	
外商投资	**Foreign-funded**	**5.8**
合资经营	Joint Venture	-14.2
合作经营	Cooperative Operation	316.8
独资	Sole Investment	-0.7
股份有限	Share Holding Limited	704.6
其他	Others	
个体经营	**Individual**	**27.0**
个体户	Private	18.6
个人合伙	Individual Partnership	225.0

注：本表数据合计含城镇基建、更改、其他和房地产四部分。

Note: Total investment in this table includes basic construction, innovation, other investment and real estate development above designated size.

Growth Rate of Investment in Fixed Assets Grouped by Registration Status（2021）

(%)

基本建设 Basic Construction	更新改造 Innovation	其他 Others	房地产 Real Estate Development
14.9	**1.1**	**6.4**	**-2.9**
14.0	**1.6**	**5.3**	**-1.8**
5.4	28.1	-14.0	15.1
-31.5	-57.4	-40.9	4.5
-4.1	-78.4	…	361.7
-98.6	…	…	
2.9	…	-100.0	
346.4	…	…	
-87.4	…	…	
-2.1	-52.6	-46.9	-10.5
36.3	44.7	113.9	4.6
-14.3	-36.8	11.8	-67.8
23.7	43.0	-19.0	-8.8
-11.7	-27.2	29.2	
118.6	**-20.3**	**-31.8**	**-15.9**
86.7	39.3	-90.5	-34.3
…	…	…	-57.0
129.0	-35.4	392.6	-0.9
9723.3	25.4	…	
33.3	**11.6**	**443.7**	**-29.1**
-20.7	-36.9	50.2	32.4
307.2	…	…	
129.6	49.0	167.0	-52.7
877.3	1583.0	…	-100.0
41.8	**-49.8**	**546.7**	
32.4	-49.8	546.7	
225.0	…	…	

10—4 按登记注册类型分的投资资金来源增长速度（2021年）

单位：%

指　标	Item	本年资金来源小计 Sources of Fund in This Year	预算内资金 Budgetary Appropriation
合　计	**Total**	**20.4**	**-1.3**
内资企业	**Domestic Fund**	**19.8**	**-1.3**
国有企业	State-owned	10.5	1.1
集体企业	Collective-owned	21.1	…
股份合作企业	Cooperative Share Holding	-43.4	…
联营企业	Joint-owned		
国有联营企业	State Joint-owned		
集体联营企业	Collective Joint-owned		
国有与集体联营企业	State & Collective Joint-owned		
其他联营企业	Other Joint-owned		
有限责任公司	Limited Companies	22.0	-5.7
国有独资公司	State Sole Investment	-5.4	-28.2
其他有限责任公司	Other Limited Companies	42.6	57.1
股份有限公司	Share Holding Limited	-11.2	673.7
私营企业	Individual	29.5	349.4
其他企业	Others	-17.1	90.6
港、澳、台商投资企业	**Funds from Hong Kong, Macao and Taiwan**	**63.6**	…
合资经营企业（港或澳、台资）	Joint Venture	12.9	…
合作经营企业（港或澳、台资）	Cooperative Operation	…	…
港、澳、台商独资经营企业	Sole Investment	83.7	…
港、澳、台商投资股份有限公司	Share Holding Limited	…	…
外商投资企业	**Foreign invested enterprises**	**28.9**	…
中外合资经营企业	Joint Venture	-41.5	…
中外合作经营企业	Cooperative Operation	548.7	…
外资企业	Foreign Operation	52.1	…
外商投资股份有限公司	Foreign Investment Share Holding Limited	1487.6	…
个体经营	**Individual**	**615.3**	…
个体户	Private	-100.0	…
个人合伙	Individual Partnership	…	…

Growth Rate of Sources of Funds for Investment in Fixed Assets Grouped by Registration Status（2021）

(%)

国内贷款 Domestic Loans	利用外资 Foreign Investment	自筹资金 Fundraising	其他资金 Others
36.9	**52.1**	**19.9**	**22.6**
35.9	**-31.4**	**18.7**	**24.5**
46.1	-44.7	22.2	-12.2
-100.0	…	28.9	319.4
86.0	…	-44.6	…
34.3	-9.0	18.3	27.4
14.6	…	-15.8	3.1
49.4	-93.1	38.0	43.4
0.7	…	-26.5	356.7
31.8	-14.3	26.2	54.2
-95.1	…	-17.8	-9.7
64.2	**1588.1**	**61.2**	**-65.8**
7.6	-85.7	36.8	-81.1
…	…	…	
96.6	10495.2	65.9	-47.4
…	…	…	…
483.7	**-90.2**	**39.7**	**-64.1**
355.0	-92.9	-37.8	-80.2
5048.2	***	225.8	…
-60.2	-26.7	49.1	…
…	…	1471.5	…
…	…	**615.3**	…
…	…	-100.0	…
…	…	…	…

10—5 按登记注册类型分的新增固定资产增长速度（2021年）
Growth Rate of Sources of Newly Increased Fixed Assets Grouped by Registration Status（2021）

单位：%　　　　(%)

指　标	Item	新增固定资产合计 Newly Increased Fixed Assets	基本建设 Basic Construction	更新改造 Innovation	其他 Others	房地产 Real Estate Development
合　计	**Total**	**10.7**	**35.3**	**-35.6**	**38.8**	**-4.3**
内资	**Domestic Fund**	**13.7**	**32.8**	**-38.2**	**38.8**	**8.2**
国有	State-owned	17.2	8.6	62.2	62.9	…
集体	Collective-owned	26692.2	25220.9	…	…	…
股份合作	Cooperative Share Holding	88.2	2427.1	-100.0	…	…
国有联营	State Joint-owned	…	…			
集体联营	Collective Joint-owned	…	…			
国有与集体联营	State and Collective Joint-owned	…	…			
其他联营	Other Joint-owned	…	…			
国有独资公司	State Sole Investment	-25.7	7.8	-94.2	-85.2	27.1
其他有限责任公司	Other Limited Companies	28.2	40.6	54.4	10.8	10.4
股份有限公司	Share Holding Limited	0.1	18.2	-50.0	…	190.9
私营	Individual	24.1	91.8	-21.7	0.2	4.0
其他	Others	678.5	720.8	265.4	…	
港澳台商投资	**Funds from Hong Kong, Macao and Taiwan**	**-32.4**	**43.5**	**2.5**	**-15.8**	**-56.6**
合资经营	Joint Venture	142.9	44.2	352.0	-49.1	…
合作经营	Cooperative Operation	0	…	…	…	0
独资	Sole Investment	-51.4	37.6	-64.8	81.4	-56.6
股份有限	Share Holding Limited		…	…	…	
其他	Others		…	…	…	-77.6
外商投资	**Foreign-funded**	**-48.0**	**1042.9**	**21.9**	…	**-77.6**
合资经营	Joint Venture	162.0	1207.6	-29.8	…	223.7
合作经营	Cooperative Operation	…	…	…	…	
独资	Sole Investment	-79.6	443.5	325.9	…	-94.4
股份有限	Share Holding Limited	1157.9	…	267.9	…	…
其他	Others	…	…	…	…	
个体经营	**Individual**	**10845.5**	**9991.3**	…	…	
个体户	Private	10143.0	9288.8	…	…	
个人合伙	Individual Partnership	…	…	…	…	

注：本表仅含城镇基建、更改、其他和房地产四部分。

Note: The investment in fixed assets in this table just contains four parts by urban areas, including investment in basic construction, innovation, others and real estate development.

10－6 分行业固定资产投资增长速度（2021）
Growth Rate of Investment in Fixed Assets by Sector（2021）

单位：% (%)

指 标	Item	投资总额 Total Investment	按隶属关系分 By Administrative Relationship 中 央 Central	地 方 Local
总 计	**Total**	**12.8**	**-29.2**	**10.9**
按三次产业分	**Grouped By Three Strata of Industry**			
第一产业	Primary Industry	13.7	60.1	34.2
第二产业	Secondary Industry	26.0	-24.4	-9.8
第三产业	Tertiary Industry	5.8	-33.3	15.6
按国民经济行业分	**By Sector**			
农、林、牧、渔业	Agriculture, Forestry, Animal Husbandry and Fishery	13.7	60.1	34.2
＃农业	Farming	0.6	79.5	34.5
林业	Forestry	-29.0	…	-52.5
工业	Industry	27.5	-22.9	-9.3
采矿业	Mining	20.0	…	-48.5
制造业	Manufacturing	37.4	-63.3	0.3
电力燃气及水的生产供应业	Power, Gas and Water Production and Supply	1.6	-14.9	-26.5
建筑业	Construction	-12.1	-89.1	-17.0
交通运输、仓储及邮政业	Transportation, Storage and Postal	33.8	83.4	29.1
交通运输业	Transportation	34.3	96.8	29.0
仓储业	Storage	15.7	-58.7	37.0
邮政业	Postal	811.7	…	
信息传输、计算机服务和软件业	Information Transmission, Computer Service and Software Industries	-14.8	-1.5	-43.5
批发和零售业	Wholesale and Retail Trades	14.5	213.9	17.8
批发业	Wholesale Trade	-18.7	110.7	-15.7
零售业	Retail Trade	35.4	436.7	27.7
住宿和餐饮业	Hotel and Catering Services	-16.3		-23.2
＃餐饮业	Catering Services	-55.5		***
金融业	Finance	-32.5	-38.7	-2.8
房地产业	Real Estate	-18.4	-16.6	-23.0
租赁和商务服务业	Leasing and Business Services	-31.3	-90.5	-36.5
科学研究、技术服务地质勘查业	Scientific Research, Technical Services and Geological Prospecting	-1.9	-19.5	-12.8
水利、环境和公共设施管理业	Management of Water Conservancy, Environment and Public Facilities	-9.4	-86.2	25.3
水利管理业	Water Conservancy	1.2	-21.1	-4.0
公共设施管理业	Management of Public Facilities	-10.1	-94.7	37.4
居民服务和其他服务业	Services to Households and Others	22.8	-100.0	138.5
教育事业	Education	0.2	-46.2	5.5
卫生、社会保障和社会福利业	Public Health, Social Security and Social Welfare	-0.7	76.0	13.4
卫生事业	Public Health	0.5	64.3	14.0
文化、体育和娱乐业	Culture, Sports and Entertainment	-8.1	-82.3	-0.8
公共管理和社会组织	Public Management and Social Organizations	-35.8	98.1	-29.1
国际组织	International Organizations			

注：本表仅含城镇基建、更改、其他三部分，不含房地产开发投资。

Note: The investment in fixed assets in this table just contains three parts by urban areas: investment in basic construction, innovation and others. It excludes real estate development.

10—7 工业分行业固定资产投资增长速度（2021年）
Growth Rate of Investment in Fixed Assets by Industrial Sector (2021)

单位：% (%)

指 标	Item	投资总额 Total Investment	按隶属关系分 By Administrative Relationship 中央 Central	地方 Local
合 计	**Total**	**27.5**	**-22.9**	**-9.3**
煤炭采选业	Coal Mining and Processing	152.4		
石油和天然气开采	Extraction of Petroleum and Natural Gas	…	…	
黑色金属矿采选业	Mining and Processing of Ferrous Metal Ores	152.5		
有色金属矿采选业	Nonferrous Metals Mining and Processing	68.1	…	-80.2
非金属矿采选业	Mining and Processing of Non-metal Ores	-15.5	…	202.5
开采辅助活动	Support Activities for Mining	-37.8		
其他采矿业	Mining of Other Ores	165.4		-66.6
农副食品加工	Major Grain and Sideline Food Processing	68.2	1461.1	34.5
#制糖业	Sugar Production	3.7	…	-45.0
食品制造业	Food Production	61.2		160.0
饮料制造业	Beverage Production	-0.2		88.7
烟草加工业	Tobacco Processing	-40.8	-38.1	-100.0
纺织业	Textile Industry	181.8		176.7
纺织服装、鞋帽制造业	Textile Clothes, Shoes and Caps Producing	39.0		973.6
皮革、毛皮、羽毛（绒）及其制品业	Leathers, Furs, Feather and Related Products	5.5		-17.0
木材加工及竹、藤、棕、草制品业	Timber, Bamboo, Rattan, Palm Fiber, Straw Products	69.5	…	89.2
家具制造业	Furniture Manufacturing	49.9		220.9
造纸及纸制品业	Papermaking and Paper Products	80.1		-59.7
印刷业、记录、媒介的复制	Printing, Record and Medium Reproduction	97.7		1812.1
文教体育用品制造业	Culture, Education and Sports Facilities Producing	57.3		7398.8
石油、煤炭及其他燃料加工业	Petroleum, Coal and Other Fuels Processing	-52.6	-53.1	-98.6
化学原料及化学制品制造业	Raw Chemical Materials and Chemical Products	102.9	-77.0	104.8

注：本表仅含基建、更改、其他三部分。

Note: The investment in fixed assets in this table just contains three parts: investment in basic construction, innovation and others.

10－7 续表 continued

单位：% (%)

指 标	Item	投资总额 Total Investment	按隶属关系分 By Administrative Relationship 中 央 Central	地 方 Local
医药制造业	Medical and Pharmaceutical Products	-0.1	-82.9	72.9
化学纤维制造业	Chemical Fiber	-29.5		-100.0
橡胶和塑料制品业	Rubber and Plastic Products	0.1	-55.1	-40.6
非金属矿物制品业	Nonmetal Mineral Products	54.9	-18.3	43.4
＃水泥制造业	Cements Products	60.1	-55.0	250.3
黑色金属冶炼及压延加工业	Smelting and Pressing of Ferrous Metals	-0.2		-55.6
有色金属冶炼及压延加工业	Smelting and Pressing of Nonferrous Metals	16.1	267.1	-74.8
金属制品业	Metal Products	5.7		306.8
通用机械制造业	General Machinery Manufacturing	12.1	-100.0	12.8
专用设备制造业	Special Purpose Equipment	60.0	-92.7	99.2
汽车制造业	Automobile Manufacturing Industry	-2.9	-79.6	75.1
交通运输设备制造业	Transport Equipment	-4.7		…
电气、机械及器材制造业	Electric Equipment and Machinery Manufacturing	69.1	-81.2	66.8
通信设备、计算机及其他电子设备制造业	Communications Equipment, Computer and Other Electric Equipment Manufacturing	52.8	-67.3	1.2
仪器仪表及文化、办公用机械制造业	Instruments and Apparatus, Cultural and Office Machinery	215.0	…	7.1
工艺品及其他制造业	Artworks and Other Products Manufacturing	125.0	…	1229.6
废弃资源和废旧材料回收加工业	Abandoned Resources and Junk Materials Recycling and Processing	-4.7	…	-20.5
金属制品、机械和设备修理业	Metal Products, Machinery and Equipment Repair Services	68.1	-37.7	-76.5
电力、蒸气、热水的生成和供应业	Electricity, Steam, Hot Water Production and Supply	-4.8	-14.7	-51.2
＃水电	Hydro Power	10.4	…	-75.7
火电	Thermal Power	68.8	95.5	-68.3
煤气生成和供应业	Production and Supply Gas	-90.5		-83.5
自来水的生成和供应业	Tap Water Production and Supply	22.8	-21.0	32.0

10—8 基本建设分行业固定资产投资增长速度（2021年）
Growth Rate of Investment in Fixed Assets in Basic Construction by Sector（2021）

单位：% (%)

指 标	Item	投资总额 Total Investment	按隶属关系分 By Administrative Relationship	
			中 央 Central	地 方 Local
总 计	**Total**	**14.9**	**-35.9**	**15.6**
按三次产业分	**Grouped By Three Strata of Industry**			
第一产业	Primary Industry	13.9	60.1	32.1
第二产业	Secondary Industry	36.4	-40.3	5.6
第三产业	Tertiary Industry	6.7	-33.6	16.8
按国民经济行业分	**By Sector**			
农、林、牧、渔业	Agriculture, Forestry, Animal Husbandry and Fishery	13.9	60.1	32.1
#农业	Farming	-3.7	79.5	25.6
林业	Forestry	-28.7	…	-52.3
工业	Industry	39.2	-38.8	8.8
采矿业	Mining	20.7	…	-70.5
制造业	Manufacturing	55.5	-63.7	21.6
电力燃气及水的生产供应业	Power, Gas and Water Production and Supply	3.9	-38.1	-8.0
建筑业	Construction	-12.2	-88.8	-18.5
交通运输、仓储及邮政业	Transportation, Storage and Postal	35.7	88.9	29.6
交通运输业	Transportation	35.9	98.3	29.5
仓储业	Storage	21.5	-46.8	36.7
邮政业	Postal	811.7	…	
信息传输、计算机服务和软件业	Information Transmission, Computer Service and Software Industries	2.5	4.0	-12.3

10－8　续表　continued

单位：%　　(%)

指　标	Item	投资总额 Total Investment	按隶属关系分 By Administrative Relationship	
			中　央 Central	地　方 Local
批发和零售业	Wholesale and Retail Trades	11.0	522.4	7.4
批发业	Wholesale Trade	-23.0	699.2	-13.8
零售业	Retail Trade	33.1	497.2	13.8
住宿和餐饮业	Hotel and Catering Services	-11.3		-27.3
#餐饮业	Catering Services	-54.3		…
金融业	Finance	-20.2	-38.7	68.6
房地产业	Real Estate	-19.5	-21.3	-24.0
租赁和商务服务业	Leasing and Business Services	-29.5	-90.5	-35.0
科学研究、技术服务地质勘查业	Scientific Research, Technical Services and Geological Prospecting	-2.9	-20.4	-16.4
水利、环境和公共设施管理业	Management of Water Conservancy, Environment and Public Facilities	-10.3	-86.6	26.9
水利管理业	Water Conservancy	3.0	-18.5	-6.9
公共设施管理业	Management of Public Facilities	-11.3	-94.7	41.5
居民服务和其他服务业	Services to Households and Others	21.8	-100.0	140.9
教育事业	Education	0.3	-39.1	3.5
卫生、社会保障和社会福利业	Public Health, Social Security and Social Welfare	0	45.0	24.7
卫生事业	Public Health	0.9	33.3	24.8
文化、体育和娱乐业	Culture, Sports and Entertainment	-6.7	-82.3	0.3
公共管理和社会组织	Public Management and Social Organizations	-38.0	98.1	-33.2
国际组织	International Organizations			

10—9 工业行业基本建设投资增长速度（2021年）

Growth Rate of Investment in Basic Construction by Industrial Sector（2021）

单位：%　　　　(%)

指标	Item	投资总额 Total Investment	按隶属关系分 By Administrative Relationship	
			中央 Central	地方 Local
合计	**Total**	**39.2**	**-38.8**	**8.8**
煤炭采选业	Coal Mining and Processing	…		
石油和天然气开采	Extraction of Petroleum and Natural Gas	…	…	
黑色金属矿采选业	Mining and Processing of Ferrous Metal Ores	1475.2		
有色金属矿采选业	Nonferrous Metals Mining and Processing	77.8	…	-100.0
非金属矿采选业	Mining and Processing of Non-metal Ores	-21.7	…	149.9
开采辅助活动	Support Activities for Mining	-57.2		
其他采矿业	Mining of Other Ores	209.4		-66.6
农副食品加工	Major Grain and Sideline Food Processing	78.7	-100.0	67.7
#制糖业	Sugar Production	-18.9		…
食品制造业	Food Production	88.1		225.4
饮料制造业	Beverage Production	4.6		111.5
烟草加工业	Tobacco Processing			
纺织业	Textile Industry	140.2		240.3
纺织服装、鞋帽制造业	Textile Clothes, Shoes and Caps Producing	37.7		973.6
皮革、毛皮、羽毛（绒）及其制品业	Leathers, Furs, Feather and Related Products	24.5		-61.4
木材加工及竹、藤、棕、草制品业	Timber, Bamboo, Rattan, Palm Fiber, Straw Products	98.7	…	385.2
家具制造业	Furniture Manufacturing	50.5		254.3
造纸及纸制品业	Papermaking and Paper Products	87.7		324.0
印刷业、记录、媒介的复制	Printing, Record and Medium Reproduction	119.6		1782.3
文教体育用品制造业	Culture, Education and Sports Facilities Producing	43.4		7398.8
石油、煤炭及其他燃料加工业	Petroleum, Coal and Other Fuels Processing	-52.5		-100.0
化学原料及化学制品制造业	Raw Chemical Materials and Chemical Products	129.2		136.0

10—9 续表 continued

单位：%　　　　　　　　　　　　　　　　　　　　　　　　(%)

指　标	Item	投资总额 Total Investment	按隶属关系分 By Administrative Relationship	
			中　央 Central	地　方 Local
医药制造业	Medical and Pharmaceutical Products	18.3	-84.3	479.7
化学纤维制造业	Chemical Fiber	32.1		-100.0
橡胶和塑料制品业	Rubber and Plastic Products	-12.6		-61.8
非金属矿物制品业	Nonmetal Mineral Products	63.4	223.3	5.8
#水泥制造业	Cements Products	-5.6	…	-99.9
黑色金属冶炼及压延加工业	Smelting and Pressing of Ferrous Metals	77.2		-93.8
有色金属冶炼及压延加工业	Smelting and Pressing of Nonferrous Metals	18.4	542.2	-77.6
金属制品业	Metal Products	7.9		713.1
通用机械制造业	General Machinery Manufacturing	13.9	-100.0	14.5
专用设备制造业	Special Purpose Equipment	93.3	-99.5	98.2
汽车制造业	Automobile Manufacturing Industry	-0.9	-89.7	-35.3
交通运输设备制造业	Transport Equipment	-20.0		…
电气、机械及器材制造业	Electric Equipment and Machinery Manufacturing	99.5		22.0
通信设备、计算机及其他电子设备制造业	Communications Equipment, Computer and Other Electric Equipment Manufacturing	73.3	-79.2	151.1
仪器仪表及文化、办公用机械制造业	Instruments and Apparatus, Cultural and Office Machinery	217.4	…	-2.3
工艺品及其他制造业	Artworks and Other Products Manufacturing	116.1		1312.2
废弃资源和废旧材料回收加工业	Abandoned Resources and Junk Materials Recycling and Processing	-15.2	…	-29.9
金属制品、机械和设备修理业	Metal Products, Machinery and Equipment Repair Services	-20.5		-73.0
电力、蒸气、热水的生成和供应业	Electricity, Steam, Hot Water Production and Supply	-6.8	-37.8	-43.3
#水电	Hydro Power	27.8		-84.9
火电	Thermal Power	-91.3	-100.0	-100.0
煤气生成和供应业	Production and Supply Gas	-99.7		
自来水的生成和供应业	Tap Water Production and Supply	33.4	-75.9	43.8

10—10 基本建设分行业投资项目和新增固定资产（2021年）
Basic Construction Projects and Newly Increased Fixed Assets by Sector（2021）

项 目	Item	施工项目（个）Project Under Construction (unit)	全部建成投产项目（个）Projects Fully Completed Put into Operation (unit)	项目建成投产率（%）Rate of Investment of Projects Completed (%)
总 计	**Total**	**13774**	**4189**	**30.4**
按三次产业分	**Grouped By Three Strata of Industry**			
第一产业	Primary Industry	1389	597	43.0
第二产业	Secondary Industry	4223	1147	27.2
第三产业	Tertiary Industry	8162	2445	30.0
按国民经济行业分	**By Sector**			
农、林、牧、渔业	Agriculture, Forestry, Animal Husbandry and Fishery	1389	597	43.0
#农业	Farming	318	141	44.3
林业	Forestry	69	25	36.2
工业	Industry	4134	1135	27.5
采矿业	Mining	190	77	40.5
制造业	Manufacturing	3186	876	27.5
电力燃气及水的生产供应业	Power, Gas and Water Production and Supply	758	182	24.0
建筑业	Construction	89	12	13.5
交通运输、仓储及邮政业	Transportation, Storage and Postal Services	1563	413	26.4
交通运输业	Transportation	1375	365	26.5
仓储业	Storage	169	37	21.9
邮政业	Postal	19	11	57.9
信息传输、计算机服务和软件业	Information Transmission, Computer Service and Software Industries	184	22	12.0

10—10 续表 continued

项 目	Item	施工项目（个）Project Under Construction (unit)	全部建成投产项目（个）Projects Fully Completed Put into Operation (unit)	项目建成投产率（%）Rate of Investment of Projects Completed (%)
批发和零售业	Wholesale and Retail Trades	222	91	41.0
批发业	Wholesale Trade	57	17	29.8
零售业	Retail Trade	165	74	44.8
住宿和餐饮业	Hotel and Catering Services	144	54	37.5
#餐饮业	Catering Services	18	12	66.7
金融业	Finance	20	3	15.0
房地产业	Real Estate	507	88	17.4
租赁和商务服务业	Leasing and Business Services	311	81	26.0
科学研究、技术服务地质勘查业	Scientific Research, Technical Services and Geological Prospecting	70	11	15.7
水利、环境和公共设施管理业	Management of Water Conservancy, Environment and Public Facilities	2866	1005	35.1
水利管理业	Water Conservancy	641	266	41.5
公共设施管理业	Management of Public Facilities	2071	691	33.4
居民服务和其他服务业	Services to Households and Others	64	16	25.0
教育事业	Education	1060	325	30.7
卫生、社会保障和社会福利业	Public Health, Social Security and Social Welfare	524	126	24.0
卫生事业	Public Health	451	102	22.6
文化、体育和娱乐业	Culture, Sports and Entertainment	356	136	38.2
公共管理和社会组织	Public Management and Social Organizations	271	74	27.3
国际组织	International Organizations			

10－11　分行业更新改造投资增长速度（2021年）
Growth Rate of Investment in Innovation by Sector（2021）

单位：%　　　　(%)

指　标	Item	投资总额 Total Investment	按隶属关系分 By Administrative Relationship 中　央 Central	地　方 Local
总　计	**Total**	**1.1**	**-12.4**	**-16.9**
按三次产业分	**Grouped By Three Strata of Industry**			
第一产业	Primary Industry	45.8		166.7
第二产业	Secondary Industry	0.9	-9.0	-35.6
第三产业	Tertiary Industry	1.1	-39.3	14.6
按国民经济行业分	**By Sector**			
农、林、牧、渔业	Agriculture, Forestry, Animal Husbandry and Fishery	45.8		166.7
#农业	Farming	313.2		4493.1
林业	Forestry	-100.0		-100.0
工业	Industry	1.0	-8.8	-35.6
采矿业	Mining	15.4	…	200.8
制造业	Manufacturing	6.5	-62.9	-27.8
电力燃气及水的生产供应业	Power, Gas and Water Production and Supply	-18.8	19.2	-55.4
建筑业	Construction	-50.8	-100.0	34.3
交通运输、仓储及邮政业	Transportation, Storage and Postal Services	22.4	-89.3	34.1
交通运输业	Transportation	24.9	-90.2	34.3
仓储业	Storage	-35.9	-78.8	-100.0
邮政业	Postal			
信息传输、计算机服务和软件业	Information Transmission, Computer Service and Software Industries	-85.3	-37.2	-99.8

10－11 续表 continued

单位：% (%)

指 标	Item	投资总额 Total Investment	按隶属关系分 By Administrative Relationship	
			中 央 Central	地 方 Local
批发和零售业	Wholesale and Retail Trades	52.0	-42.5	609.1
批发业	Wholesale Trade	-27.8	-58.8	-83.1
零售业	Retail Trade	67.1	…	752.9
住宿和餐饮业	Hotel and Catering Services	-58.2		144.6
#餐饮业	Catering Services	-69.8		…
金融业	Finance	-96.9		-96.9
房地产业	Real Estate	12.1		0.2
租赁和商务服务业	Leasing and Business Services	-36.1		-2.8
科学研究、技术服务地质勘查业	Scientific Research, Technical Services and Geological Prospecting	-48.2		60.4
水利、环境和公共设施管理业	Management of Water Conservancy, Environment and Public Facilities	6.4	-33.5	17.0
水利管理业	Water Conservancy	-24.6	-83.9	60.3
公共设施管理业	Management of Public Facilities	8.6	…	11.9
居民服务和其他服务业	Services to Households and Others	77.8		8.1
教育事业	Education	-19.8		78.1
卫生、社会保障和社会福利业	Public Health, Social Security and Social Welfare	-27.6	…	-46.5
卫生事业	Public Health	-19.8	…	-37.4
文化、体育和娱乐业	Culture, Sports and Entertainment	-86.2		-71.9
公共管理和社会组织	Public Management and Social Organizations	36.4		88.6
国际组织	International Organizations			

10—12　工业分行业更新改造投资增长速度（2021年）

Growth Rate of Investment in Innovation by Industrial Sector（2021）

单位：%　　　　　　　　　　　　　　　　　　　　　　　　　　　　(%)

指　标	Item	投资总额 Total Investment	按隶属关系分 By Administrative Relationship	
			中　央 Central	地　方 Local
合　计	**Total**	**1.0**	**-8.8**	**-35.6**
煤炭采选业	Coal Mining and Processing	-8.3		
石油和天然气开采	Extraction of Petroleum and Natural Gas			
黑色金属矿采选业	Mining and Processing of Ferrous Metal Ores	56.7		
有色金属矿采选业	Nonferrous Metals Mining and Processing	11.9	…	127.4
非金属矿采选业	Mining and Processing of Non-metal Ores	14.8		1245.1
开采辅助活动	Support Activities for Mining	1.0		
其他采矿业	Mining of Other Ores	17.4		
农副食品加工	Major Grain and Sideline Food Processing	54.5	…	-41.3
# 制糖业	Sugar Production	-17.4	…	-45.4
食品制造业	Food Production	35.1		89.3
饮料制造业	Beverage Production	2.8		-44.0
烟草加工业	Tobacco Processing	-40.8	-38.1	-100.0
纺织业	Textile Industry	448.1		-73.7
纺织服装、鞋帽制造业	Textile Clothes, Shoes and Caps Producing	46.0		
皮革、毛皮、羽毛（绒）及其制品业	Leathers, Furs, Feather and Related Products	12.8		…
木材加工及竹、藤、棕、草制品业	Timber, Bamboo, Rattan, Palm Fiber, Straw Products	0		-24.4
家具制造业	Furniture Manufacturing	20.3		-100.0
造纸及纸制品业	Papermaking and Paper Products	-18.3		-77.4
印刷业、记录、媒介的复制	Printing, Record and Medium Reproduction	32.9		…
文教体育用品制造业	Culture, Education and Sports Facilities Producing	652.0		
石油、煤炭及其他燃料加工业	Petroleum, Coal and Other Fuels Processing	-53.0	-53.1	…
化学原料及化学制品制造业	Raw Chemical Materials and Chemical Products	13.6	-77.0	-85.1

10—12 续表 continued

单位：% (%)

指 标	Item	投资总额 Total Investment	按隶属关系分 By Administrative Relationship 中 央 Central	地 方 Local
医药制造业	Medical and Pharmaceutical Products	-35.9	-100.0	-36.9
化学纤维制造业	Chemical Fiber	-100.0		
橡胶和塑料制品业	Rubber Products	-1.5	-55.1	55.7
非金属矿物制品业	Nonmetal Mineral Products	24.4	-97.4	207.2
#水泥制造业	Cements Products	118.4	-97.3	300.9
黑色金属冶炼及压延加工业	Smelting and Pressing of Ferrous Metals	-9.5		-50.3
有色金属冶炼及压延加工业	Smelting and Pressing of Nonferrous Metals	-7.0	-66.4	-49.2
金属制品业	Metal Products	-1.6		31.4
通用机械制造业	General Machinery Manufacturing	30.1		4.5
专用设备制造业	Special Purpose Equipment	1.0	…	362.2
汽车制造业	Automobile Manufacturing Industry	-6.9	-100.0	178.5
交通运输设备制造业	Transport Equipment	311.1		
电气、机械及器材制造业	Electric Equipment and Machinery Manufacturing	0.3	-100.0	714.7
通信设备、计算机及其他电子设备制造业	Communications Equipment, Computer and Other Electric Equipment Manufacturing	20.2	…	-86.0
仪器仪表及文化、办公用机械制造业	Instruments and Apparatus, Cultural and Office Machinery	124.9		157.3
工艺品及其他制造业	Artworks and Other Products Manufacturing	184.5	…	1032.3
废弃资源和废旧材料回收加工业	Abandoned Resources and Junk Materials Recycling and Processing	45.3		138.4
金属制品、机械和设备修理业	Metal Products, Machinery and Equipment Repair Services	135.4	-37.7	
电力、蒸气、热水的生成和供应业	Electricity, Steam, Hot Water Production and Supply	-18.3	15.3	-62.0
#水电	Hydro Power	-76.1	…	…
火电	Thermal Power	-76.6	-72.8	58.6
煤气生成和供应业	Production and Supply Gas	-83.5		-83.5
自来水的生成和供应业	Tap Water Production and Supply	-20.3	1177.5	-16.2

10－13 分行业更新改造投资项目和新增固定资产（2021年）

Investment in Innovation Projects and Newly Increased Fixed Assets by Sector (2021)

指 标	Item	施工项目（个）Project Under Construction (unit)	全部建成投产项目（个）Projects Fully Completed Put into Operation (unit)	项目建成投产率（%）Rate of Investment of Projects Completed (%)
总 计	**Total**	**2700**	**844**	**31.3**
按三次产业分	**Grouped By Three Strata of Industry**			
第一产业	Primary Industry	31	14	45.2
第二产业	Secondary Industry	1947	603	31.0
第三产业	Tertiary Industry	722	227	31.4
按国民经济行业分	**By Sector**			
农、林、牧、渔业	Agriculture, Forestry, Animal Husbandry and Fishery	31	14	45.2
＃农业	Farming	12	3	25.0
林业	Forestry	1		0
工业	Industry	1940	600	30.9
采矿业	Mining	79	30	38.0
制造业	Manufacturing	1581	480	30.4
电力燃气及水的生产供应业	Power, Gas and Water Production and Supply	280	90	32.1
建筑业	Construction	7	3	42.9
交通运输、仓储及邮政业	Transportation, Storage and Postal Services	151	29	19.2
交通运输业	Transportation	143	28	19.6
仓储业	Storage	8	1	12.5
邮政业	Postal			
信息传输、计算机服务和软件业	Information Transmission, Computer Service and Software Industries	11	9	81.8

10－13 续表 continued

指 标	Item	施工项目（个）Project Under Construction (unit)	全部建成投产项目（个）Projects Fully Completed Put into Operation (unit)	项目建成投产率（%）Rate of Investment of Projects Completed (%)
批发和零售业	Wholesale and Retail Trades	27	14	51.9
批发业	Wholesale Trade	4	3	75.0
零售业	Retail Trade	23	11	47.8
住宿和餐饮业	Hotel and Catering Services	17	7	41.2
#餐饮业	Catering Services	2		0
金融业	Finance	1		0
房地产业	Real Estate	60	12	20.0
租赁和商务服务业	Leasing and Business Services	18	5	27.8
科学研究、技术服务地质勘查业	Scientific Research, Technical Services and Geological Prospecting	3	2	66.7
水利、环境和公共设施管理业	Management of Water Conservancy, Environment and Public Facilities	322	103	32.0
水利管理业	Water Conservancy	60	20	33.3
公共设施管理业	Management of Public Facilities	238	79	33.2
居民服务和其他服务业	Services to Households and Others	6	3	50.0
教育事业	Education	38	11	28.9
卫生、社会保障和社会福利业	Public Health, Social Security and Social Welfare	47	22	46.8
卫生事业	Public Health	42	19	45.2
文化、体育和娱乐业	Culture, Sports and Entertainment	8	2	25.0
公共管理和社会组织	Public Management and Social Organizations	13	8	61.5
国际组织	International Organizations			

10－14 国有单位分行业投资项目和新增固定资产（2021年）
Investment Projects and Newly Increased Fixed Assets of States-owned Units（2021）

指 标	Item	施工项目（个）Project Under Construction (unit)	全部建成投产项目（个）Projects Fully Completed Put into Operation (unit)	项目建成投产率（%）Rate of Investment of Projects Completed (%)
总 计	**Total**	**7173**	**2249**	**31.4**
按三次产业分	**Grouped By Three Strata of Industry**			
第一产业	Primary Industry	365	130	35.6
第二产业	Secondary Industry	808	196	24.3
第三产业	Tertiary Industry	6000	1923	32.1
按国民经济行业分	**By Sector**			
农、林、牧、渔业	Agriculture, Forestry, Animal Husbandry and Fishery	365	130	35.6
#农业	Farming	137	58	42.3
林业	Forestry	47	18	38.3
工业	Industry	765	188	24.6
采矿业	Mining	6	1	17
制造业	Manufacturing	354	55	15.5
电力燃气及水的生产供应业	Power, Gas and Water Production and Supply	405	132	32.6
建筑业	Construction	43	8	18.6
交通运输、仓储及邮政业	Transportation, Storage and Postal Services	1163	332	28.5
交通运输业	Transportation	1103	315	28.6
仓储业	Storage	52	9	17.3
邮政业	Postal	8	8	100.0
信息传输、计算机服务和软件业	Information Transmission, Computer Service and Software Industries	41	10	24.4

注：本表仅含基建、更改、其他三部分。

Note: The investment in fixed assets in this table just contains three parts: investment in basic construction, innovation and others.

10－14　续表　continued

指　标	Item	施工项目（个）Project Under Construction (unit)	全部建成投产项目（个）Projects Fully Completed Put into Operation (unit)	项目建成投产率（%）Rate of Investment of Projects Completed (%)
批发和零售业	Wholesale and Retail Trades	45	20	44.4
批发业	Wholesale Trade	8	4	50.0
零售业	Retail Trade	37	16	43.2
住宿和餐饮业	Hotel and Catering Services	20	5	25.0
#餐饮业	Catering Services	3	1	33.3
金融业	Finance	3	1	33
房地产业	Real Estate	305	52	17.0
租赁和商务服务业	Leasing and Business Services	142	47	33.1
科学研究、技术服务地质勘查业	Scientific Research, Technical Services and Geological Prospecting	41	6	14.6
水利、环境和公共设施管理业	Management of Water Conservancy, Environment and Public Facilities	2259	821	36.3
水利管理业	Water Conservancy	611	248	40.6
公共设施管理业	Management of Public Facilities	1526	532	34.9
居民服务和其他服务业	Services to Households and Others	35	6	17.1
教育事业	Education	961	319	33.2
卫生、社会保障和社会福利业	Public Health, Social Security and Social Welfare	558	164	29.4
卫生事业	Public Health	511	153	29.9
文化、体育和娱乐业	Culture, Sports and Entertainment	200	76	38.0
公共管理和社会组织	Public Management and Social Organizations	227	64	32.0
国际组织	International Organizations			

10—15 集体分行业投资项目和新增固定资产（2021年）
Investment Projects by Sector and Newly Increased Fixed Assets of Collective-owned Units（2021）

指 标	Item	施工项目（个）Project Under Construction (unit)	全部建成投产项目（个）Projects Fully Completed Put into Operation (unit)	项目建成投产率（%）Rate of Investment of Projects Completed (%)
总 计	**Total**	**59**	**29**	**49.2**
按三次产业分	**Grouped By Three Strata of Industry**			
第一产业	Primary Industry	7	5	71.4
第二产业	Secondary Industry	8	1	12.5
第三产业	Tertiary Industry	44	23	52.3
按国民经济行业分	**By Sector**			
农、林、牧、渔业	Agriculture, Forestry, Animal Husbandry and Fishery	7	5	71.4
# 农业	Farming	1	1	100.0
林业	Forestry			
工业	Industry	6	1	16.7
采矿业	Mining			
制造业	Manufacturing	5	1	20.0
电力燃气及水的生产供应业	Power, Gas and Water Production and Supply	1		0
建筑业	Construction	2		0
交通运输、仓储及邮政业	Transportation, Storage and Postal Services	1		0
交通运输业	Transportation			
仓储业	Storage	1		0
邮政业	Postal			
信息传输、计算机服务和软件业	Information Transmission, Computer Service and Software Industries			

注：本表仅含基建、更改、其他三部分。
Note: The investment in fixed assets in this table just contains three parts: investment in basic construction, innovation and others.

10－15 续表 continued

指 标	Item	施工项目（个）Project Under Construction (unit)	全部建成投产项目（个）Projects Fully Completed Put into Operation (unit)	项目建成投产率（%）Rate of Investment of Projects Completed (%)
批发和零售业	Wholesale and Retail Trades	5	2	40.0
批发业	Wholesale Trade	2	0	0
零售业	Retail Trade	3	2	66.7
住宿和餐饮业	Hotel and Catering Services	2		0
#餐饮业	Catering Services	1		0
金融业	Finance	1	1	100.0
房地产业	Real Estate	11	4	36.4
租赁和商务服务业	Leasing and Business Services	5	3	60.0
科学研究、技术服务地质勘查业	Scientific Research, Technical Services and Geological Prospecting			
水利、环境和公共设施管理业	Management of Water Conservancy, Environment and Public Facilities	10	7	70.0
水利管理业	Water Conservancy	1	1	100.0
公共设施管理业	Management of Public Facilities	9	6	66.7
居民服务和其他服务业	Services to Households and Others			
教育事业	Education	1		0
卫生、社会保障和社会福利业	Public Health, Social Security and Social Welfare	2	1	50.0
卫生事业	Public Health	2	1	50.0
文化、体育和娱乐业	Culture, Sports and Entertainment	2	2	100
公共管理和社会组织	Public Management and Social Organizations	4	3	75.0
国际组织	International Organizations			

10－16 私营个体固定资产投资和新增固定资产（2021年）
Investment in Fixed Assets and Newly Increased Fixed Assets of Private and Individual Units（2021）

指 标	Item	施工项目（个）Project Under Construction (unit)	全部建成投产项目（个）Projects Fully Completed Put into Operation (unit)	项目建成投产率（%）Rate of Investment of Projects Completed (%)
总 计	**Total**	**4413**	**1468**	**33.3**
按三次产业分	**Grouped By Three Strata of Industry**			
第一产业	Primary Industry	563	244	43.3
第二产业	Secondary Industry	3032	964	31.8
第三产业	Tertiary Industry	818	260	31.8
按国民经济行业分	**By Sector**			
农、林、牧、渔业	Agriculture, Forestry, Animal Husbandry and Fishery	563	244	43.3
#农业	Farming	77	25	32.5
林业	Forestry	10	4	40.0
工业	Industry	3026	963	31.8
采矿业	Mining	165	70	42.4
制造业	Manufacturing	2787	873	31.3
电力燃气及水的生产供应业	Power, Gas and Water Production and Supply	74	20	27.0
建筑业	Construction	6	1	16.7
交通运输、仓储及邮政业	Transportation, Storage and Postal Services	139	43	30.9
交通运输业	Transportation	75	29	38.7
仓储业	Storage	58	12	20.7
邮政业	Postal	6	2	33.3
信息传输、计算机服务和软件业	Information Transmission, Computer Service and Software Industries	12	2	16.7

注：本表仅含基建、更改、其他三部分。
Note: The investment in fixed assets in this table just contains three parts: investment in basic construction, innovation and others.

10—16 续表 continued

指 标	Item	施工项目（个）Project Under Construction (unit)	全部建成投产项目（个）Projects Fully Completed Put into Operation (unit)	项目建成投产率（%）Rate of Investment of Projects Completed (%)
批发和零售业	Wholesale and Retail Trades	120	52	43.3
批发业	Wholesale Trade	28	8	28.6
零售业	Retail Trade	92	44	47.8
住宿和餐饮业	Hotel and Catering Services	86	32	37.2
#餐饮业	Catering Services	13	8	61.5
金融业	Finance Intermediation	3	1	33
房地产业	Real Estate	80	19	23.8
租赁和商务服务业	Leasing and Business Services	75	14	18.7
科学研究、技术服务地质勘查业	Scientific Research, Technical Services and Geological Prospecting	15	4	26.7
水利、环境和公共设施管理业	Management of Water Conservancy, Environment and Public Facilities	94	23	24.5
水利管理业	Water Conservancy	3	1	33.3
公共设施管理业	Management of Public Facilities	72	19	26.4
居民服务和其他服务业	Services to Households and Others	19	8	42.1
教育事业	Education	55	19	34.5
卫生、社会保障和社会福利业	Public Health, Social Security and Social Welfare	38	14	36.8
卫生事业	Public Health	28	9	32.1
文化、体育和娱乐业	Culture, Sports and Entertainment	81	29	35.8
公共管理和社会组织	Public Management and Social Organizations	1		0
国际组织	International Organizations			

10—17 主要年份房地产开发主要指标

指标	Item	2000	2005	2010
一、企业（单位）个数（个）	**Number of Enterprises (unit)**	**528**	**1730**	**3212**
内资企业	Domestic Funds	407	1542	3035
#国有	State-owned	164	205	159
集体	Collective-owned	78	74	42
港澳台商投资企业	Funds from Hongkong, Macao and Taiwan	92	112	99
外商投资企业	Foreign Funded	29	76	78
二、土地开发及购置（万平方米）	**Land Development and Purchase (10 000 sq.m)**			
购置土地面积	Land Space Purchased	195.30	1218.06	1193.71
三、完成投资（万元）	**Investment Completed (10 000 yuan)**	**386747**	**2867915**	**12062211**
#住宅	Residential Building	207861	1907662	8788924
四、本年实际到位资金（万元）	**Actual Funds Available for Investment (10 000 yuan)**	**502039**	**3395656**	**15383429**
#国内贷款	Domestic Loans	92998	555493	2473098
利用外资	Foreign Investment	12916	59114	85861
自筹资金	Self-raised Funds	131654	1128707	5417241
五、房屋建筑面积及价值	**Floor Space and Value of Buildings**			
施工面积（万平方米）	Floor Space Under Construction (10 000 sq.m)	766.19	4082.76	12048.73
#住宅	Residential Building	595.25	3164.96	9767.64
竣工面积（万平方米）	Floor Space Completed (10 000 sq.m)	226.74	1330.74	1564.31
#住宅	Residential Building	191.17	1090.30	1342.87
竣工价值（万元）	Value of Floor Space Completed (10 000 yuan)	164650	1167764	2306901
#住宅	Residential Building	131042	913452	1922323
六、商品房屋销售	**Sales of Commercial Buildings**			
销售面积（万平方米）	Floor Space of Sales (10 000 sq.m)	191.36	1438.40	2793.92
#住宅	Residential Building	177.80	1314.37	2607.15
销售额（万元）	Total Sales of Commercial Buildings (10 000 yuan)	277384	2896410	9951860
#住宅	Residential Building	245721	2398083	8817021
七、商品房待售面积（万平方米）	**Space of Commercial Buildings for Sale (10 000 sq.m)**	**119.29**	**269.86**	**192.49**
#住宅	Residential Building	74.15	145.09	181.02
八、新增固定资产（万元）	**Newly Increased Fixed Assets (10 000 yuan)**	**183837**	**1635726**	**3164161**
九、实收资本（万元）	**Total Capital Hold (10 000 yuan)**	**543513**	**2099130**	**4812635**
十、营业收入（万元）	**Total Revenue (10 000 yuan)**	**338043**	**192426**	**643311**
#土地转让收入	Land Transferred	44056	79030	45917

注：2021年为快报数。
Note: Data in 2021 are quick statistics data.

Major Indicators of Real Estate Development in Main Years

2015	2016	2017	2018	2019	2020	2021
2423	**2470**	**2451**	**2684**	**3056**	**3277**	**3370**
2329	2377	2368	2622	2985	3198	3291
52	35	32	27	21	17	16
11	10	7	6	6	5	5
57	58	48	37	36	38	38
37	35	35	25	35	41	41
415.94	639.10	675.19	602.95	1186.93	1434.53	811.19
19090933	**23979862**	**26834830**	**30041257**	**38144125**	**38456156**	**37339329**
14077508	17252858	19835172	22174998	29241851	29835115	29028894
23392870	**31597167**	**35180380**	**39895083**	**50538887**	**49793028**	**43318270**
3320395	4683828	4866248	5048379	6932708	6807497	5230564
15667		3400	502	9097	2427	967
8237208	11150353	10650091	10678283	14229356	13432206	13602783
18608.36	21134.65	22689.62	25399.02	29807.03	32184.05	34175.70
13750.52	15339.29	16453.90	18522.84	22061.19	23779.14	25219.48
1675.18	1735.05	1856.24	2192.94	2037.85	2129.16	2433.25
1310.52	1373.27	1478.96	1654.54	1515.99	1561.89	1887.69
4704296	4337348	5181252	6198818	5824455	8053305	8058440
3589766	3350444	3958877	4663146	4268624	5987451	6355046
3523.41	4215.39	5170.99	6212.90	6711.77	6729.02	6178.26
3181.51	3864.01	4687.41	5589.89	6076.88	6007.45	5281.50
17477650	22074664	30166388	38265045	43662356	42514679	36724887
14594268	19482272	26357435	33307489	39134020	38035549	31644134
1677.60	**1772.74**	**1598.85**	**1380.19**	**1268.96**	**1281.21**	**1461.10**
1124.51	1187.21	989.74	792.46	702.44	668.82	730.03
5858064	**507952**	**6638749**	**8507388**	**7400453**	**9952491**	**9527642**
10763586	**10421965**	**10314624**	**12303602**	**14874143**	**15998125**	**20982926**
11496584	**13950467**	**15926898**	**21682105**	**24368725**	**23196057**	**30260310**
80760	221189	238491	110334	169482	193711	209023

主要统计指标解释

全社会固定资产投资 是以货币形式表现的在一定时期内全社会建造和购置固定资产活动的工作量以及与此有关的费用的总称，它是反映固定资产投资规模、结构和发展速度的综合性指标，又是观察工程进度和考核投资效果的重要依据。全社会固定资产投资按登记注册类型可分为国有、集体、个体、联营、股份制、外商、港澳台商、其他等。按照管理渠道可分为：基本建设、更新改造、房地产开发和其他固定资产投资四个部分。

基本建设投资 基本建设指企业、事业、行政单位以扩大生产能力或工程效益为主要目的的新建、扩建工程及有关工作。其范围为总投资500万元以上（含500万元）的基本建设项目。

更新改造投资 更新改造指企业、事业单位对原有设施进行技术改造（包括固定资产更新）以及相应配套的辅助性生产、生活福利设施等工程和有关工作。其范围为总投资500万元以上的更新改造单位（或项目）。

其他固定资产投资 指全社会固定资产投资中未列入基本建设、更新改造和房地产开发投资的建造和购置固定资产的活动。

固定资产投资的资金来源 根据固定资产投资的资金来源不同，分为国家预算内资金、国内贷款、利用外资、自筹资金和其他资金来源。2018年起固定资产投资项目到位资金统计范围由计划总投资500万元及以上调整为5000万元及以上项目（不包含房地产开发）。

（1）国家预算内资金：指中央财政和地方财政中由国家统筹安排的基本建设拨款和更新改造拨款，以及中央财政安排的专项拨款中用于基本建设的资金和基本建设拨款改贷款的资金等。

（2）国内贷款：指报告期内企、事业单位向银行及非银行金融机构借入的用于固定资产投资的各种国内借款。

（3）利用外资：指报告期内收到的用于固定资产投资的国外资金，包括统借统还、自借自还的国外贷款，中外合资项目中的外资，以及对外发行债券和股票等。国家统借统还的外资指由我国政府出面同外国政府、团体或金融组织签订贷款协议、并负责偿还本息的国外贷款。

Explanatory Notes on Main Statistical Indicators

Total Investment in Fixed Assets refers to the volume of activities in construction and purchases of fixed assets and related fees, expressed in monetary terms during the reference period. It is a comprehensive indicator, which shows the size, composition and pace of the investment in fixed assets, providing basis for observing the progress of construction projects and evaluating results of investment. Total investment in fixed assets includes, by registration type of ownership, the investment by the state-owned units, collective units, individuals, joint ownership units, share-holding units, as well as investment by businessmen from foreign countries and from Hong Kong, Macao and Taiwan, and by other units. According to Chinese current management systems, the investment in fixed assets is classified into the following four parts: investment in capital construction, investment in innovation, investment in real estate development and other investment in fixed assets.

Investment in Capital Construction refers to the new construction projects or extension projects and the related work of the enterprises, institutions or administrative units mainly for the purpose of expanding production capacity or improving project efficiency covering only projects each with a total investment of 5,000,000 RMB and over.

Investment in Renovation and Reformation refers to technological innovation (including the renewal of fixed assets) of the original facilities by the enterprises and institutions as well as the corresponding accessory facilities projects for production or for living and welfare purpose and the related work covering only projects each with a total investment of 5,000,000 RMB and over.

Other Investment in Fixed Assets refers to the construction and purchases of fixed assets not listed in the investment capital construction, investment in innovation and investment in real estate development.

Sources of Funds for Investment in Fixed Assets According to various sources of funds of investment in fixed assets, it is divided into funds from the State budget, domestic loans, foreign investment, self-raised funds, and other sources of funds. The statistical scope of available funds for fixed asset investment projects was adjusted from the planned total investment of 5 million yuan or above to 50 million yuan or above (excluding real estate development) since 2018.

(1) Funds from the State budget refers to appropriation in the budget of the central and local governments earmarked for capital construction and for innovation projects, and the special appropriation from the budget of the central government for capital construction and for the transfer fund to banks to be issued as loans for capital construction projects.

(2) Domestic loans refer to various funds borrowed by enterprises and institutions from banks and non-bank financial institutions during the reference period for the purpose of investment in fixed assets.

(3) Foreign investment refers to foreign funds received during the reference period for the purpose of investment in fixed assets, including foreign funds borrowed and managed by the government, by individual units, foreign fund in joint venture program, and issue of bonds and stocks at the international financial markets. The foreign funds borrowed and managed by the government refer to foreign loans borrowed by the government from foreign governments, organizations, or financial institutions under official agreements signed by both parties, under which government is responsible for the repayment of both the principal and interests of the foreign loans.

（4）自筹资金：指建设单位报告期内收到的，用于进行固定资产投资的上级主管部门、地方和企、事业单位自筹资金。

(4) Self-raised funds refer to funds received by construction enterprises from their higher responsible authorities, local governments, or raised by enterprises or institutions themselves for the purpose of investment in fixed assets during the reference period.

（5）其他资金来源：指报告期内收到的除以上各种拨款、借款、自筹资金以外其他用于固定资产投资的资金。

(5) Others refer to funds received during the reference period, which are not included in the above-mentioned sources.

固定资产投资按国民经济行业分　建设项目归哪个行业，按其建成投产后的主要产品或主要用途及社会经济活动性质来确定。基本建设按建设项目划分国民经济行业，更新改造、国有单位其他固定资产投资根据整个企业、事业单位所属的行业来划分。一般情况下，一个建设项目或一个企业、事业单位只能属于一种国民经济行业。为了更准确地反映国民经济各行业之间的比例关系，联合企业（总厂）所属分厂属于不同行业的，原则上按分厂划分行业。

Investment in Fixed Assets by Sector The classification of construction projects by sector is determined by the major products or the purpose of the projects when they are put into production or use, and by the nature of their social economic activities. The investment in capital construction is classified by construction projects, while investment in innovation, other investment by state-owned units are classified according to the sector which the whole enterprises or institution belongs to. In general, one project or one enterprise or institution can only belong to one sector. In order to reflect more accurately the proportions among various sectors, the branch factories of integrated complex are classified into different sectors according to their economic activities. Industries are divided by branch factory in principle.

固定资产投资按建设性质分　建设项目的性质一般分为新建、扩建、改建、迁建、恢复。基本建设按建设项目划分建设性质，更新改造、国有单位其他固定资产投资等按整个企业、事业单位的建设情况确定建设性质，房地产开发单位、农村投资等投资不划分建设性质。

Investment in Fixed Assets by Type of Construction The construction projects in general can be classified by the type of construction into new construction, expansion, reconstruction, moving and restoration. In capital construction, the type of construction is determined by the condition of the project. In investment, in innovation, in other investment by state-owned units and investment by collective-owned units, the type of construction is determined by the condition of the whole enterprise or institution. Investment by type of construction is not applied to investment by real-estate development units, investment in rural areas.

（1）新建：一般是指从无到有、“平地起家”新开始建设的单位。有的单位原有的基础很小，经过建设后其新增加的固定资产价值超过原有固定资产价值（原值）三倍以上的也算新建。

(1) New construction in general refers to newly constructed units. In the case in which the value of the original fixed assets is quite small, and the value of newly added fixed assets exceeds the original ones by three times, the expansion construction is considered as new construction.

（2）扩建：一般是指为扩大原有产品的生产能力，在厂内或其他地点增建主要生产车间（或主要工程）、独立的生产线或分厂的企业，事业单位和行政单位在原单位增建业务用房（如学校增建教学用房、医院增建门诊部或病床用房、行政机关增建办公楼等）也作为扩建。

(2) Expansion refers to construction of new major production workshop or independent production line within a factory or in other locations, or construction of a branch factory so as to increase the production capacity of the original products. Newly constructed business houses in institutions and administrative organizations (such as the newly constructed teaching buildings in schools, clinics or bed building in hospitals, and office buildings in administrative agencies, etc.) are also classified as expansion.

（3）改建：一般是指现有企业、事业单位为了技术进步，提高产品质量，增加花色品种，促进产品升级换代，降低消耗和成本，加强资源综合利用和三废治理、劳保安全等，采用新技术、新工艺、新设备、新材料等对现有设施、工艺条件进行技术改造或更新（包括相应配套的辅助性生产、生活福利设施）。有的企业为充分发挥现有生产能力，进行填平补齐而增建不增加本单位主要产品生产能力的车间等，也属于改建。

(3) Reconstruction refers to technical conditions undertaken by enterprises and institutions for the purposes of technological advancement, improvement in product quality, enlarging variety of products, promoting new generation of products, reducing production consumption and cost, promoting comprehensive utilization of resources, strengthening treatment of waste gas, waste water and solid wastes, and safety in production, etc. through application of new technologies and techniques, use of new equipment and new materials (including accessory facilities for production or for living and welfare purposes).

Construction of new workshops for improving existing production capacity rather than increasing production capacity is also considered as reconstruction.

大中小型基本建设项目划分 是根据基本建设项目的建设总规模（设计生产能力或工程效益）或计划总投资，按照《基本建设项目大中小型划分标准》划分的建设项目类型。建设项目总规模或计划总投资划分标准原则上应按照上级批准的设计任务书或初步设计所确定的总规模或总投资为准；没有正式批准设计任务书或初步设计的，按国家或省、自治区、直辖市基本建设投资计划中所列的总规模或总投资划分；上述两条均不具备的，按本年计划施工工程的建设总规模或总投资划分。

Capital Construction Projects by Size is the types of construction projects based on the total scale (designed producing capacity or project efficiency) or total investment set, according to *Standards for the Classification of Construction Projects into Large, Medium-sized and Small Ones*. The classification of size of construction projects or total plan investment should be determined according to the total scale or total investment set in the approved construction plan by higher responsible authorities or in the tentative design, otherwise according to the total scale or total investment set in the current capital construction plan of the state, provinces, autonomous regions, and municipalities directly under central government. If not equipped the above, it is divided by the total construction scale or total investment of planned construction project in current year.

施工项目 指报告期内曾进行建筑或安装工程施工活动的建设项目，凡是报告期内施过工的建设项目，不论施工时间长短，均作为施工项目统计。施工项目个数可以反映一定时期固定资产投资的实际规模，与同期建成投产的建设项目个数相比，可以从建设速度的角度反映固定资产投资的效果。根据建设项目施工活动的不同性质，施工项目又分为本年正式施工项目，本年收尾项目和以前年度全部停缓建项目。

Projects Under Construction refer to projects having construction and installation activities undertaken in the reference period, irrespective of the length of construction. The number of projects under construction can reflect the actual size of investment in fixed assets during a certain period, and when compared with the number of projects completed and put into use, it can reflect the efficiency of investment in fixed assets from the perspective of the speed of construction. Depending on the nature of construction activities, projects under construction can also be classified into projects under construction in current year, winding-up projects in current year and stopped or suspended projects in previous years.

全部建成投产项目 工业项目是指设计文件规定形成生产能力的主体工程及其相应配套的辅助设施全部建成，经负荷试运转，证明具备生产设计规定合格产品的条件，并经过验收鉴定合格或达到竣工验收标准，与生产性工程配套的生活福利设施可以满足近期正常生产的需要，正式移交生产的建设项目。非工业项目是指设计文件规定的主体工程和相应的配套工程全部建成，能够发挥设计规定的全部效益，经验收鉴定合格或达到竣工验收标准，正式移交使用的建设项目。

Projects Completed and Put into Use Industrial projects refer to the major projects and accessory facilities completed which result in forming production capacity and have been checked and accepted while the living and welfare facilities have been completed and can ensure normal production and formally put into production. Non-industrial projects refer to the major projects and accessory facilities completed which posses the designed capacity and have been checked, accepted and formally put into production.

新增生产能力 指通过固定资产投资活动而增加的设计能力或工程效益，它是用实物形态表示的固定资产投资的成果的指标，也是考核投资经济效果的重要依据之一。

Newly Increased Production Capacity refers to the increase of designed capacity and project efficiency through investment in fixed assets, which reflects the accomplishment of investment in fixed assets in kind and is one of the important indicators of observing efficiency the economic efficiency of investment.

房屋建筑面积 指从房屋外墙线算起的各层平面面积的总和，包括可供使用的有效面积和房屋结构（如柱、墙）占用的面积。多层建筑按各层（包括地下室）面积总和计算。

Floor Space of Buildings Under Construction and Completed refers to total floor space in each story of buildings calculated from the outside line of building walls, including both usable space and the space occupied by constructions like pillars or walls. The floor space of multi-story buildings includes the total floor space of each story (including basement).

住宅建筑面积 指施工和竣工房屋建筑面积中供居住用的施工和竣工房屋建筑面积。

Floor Space of Residential Buildings refers to the floor space of the residential buildings under construction and completed among the total space of buildings under construction and completed.

施工面积 指报告期内施工的全部房屋建筑面积。包括本期新开工的面积、上期跨入本期继续施工的房屋面积、上期停建在本期恢复施工的房屋面积、本期竣工及本

Floor Space under Construction refers to total floor space of all buildings under construction during the reference period, including floor space of newly started buildings during the reference period, floor space of

期施工后又停缓建的房屋面积。

construction extended from the previous period to the current period, floor space of construction suspended during the previous period and resumed in the current period, floor space of construction completed in the current period, and floor space of construction started and the suspended in the current period.

竣工面积 指在报告期内房屋建筑按照设计要求已全部完工，达到住人和使用条件，经验收鉴定合格（或达到竣工验收标准），正式移交使用单位的各栋房屋建筑面积的总和。

Floor Space of Buildings Completed refers to the total floor space of buildings completed in the reference period, which have come up to the designed standards and have been put into use. It is the summation of floor space of each building that is formally transferred to the using unit after inspection and getting acceptance certificate (or reaches the completion acceptance standard).

房屋建筑面积竣工率 指一定时期内房屋竣工面积占同期房屋施工面积的比率。它是从房屋建筑施工速度的角度反映投资效果和建筑业经济效益的指标。

Completed Rate of Floor Space of Buildings refers to the ratio of the floor space of buildings completed in certain period of time to the floor space of buildings under construction in the same period that reflects the investment result and economic efficiency of the construction industry from the angle of the speed of project construction.

新增固定资产 指报告期内已经完成建造和购置过程，并已交付生产或使用单位的固定资产价值。该指标是表示固定资产投资成果的价值指标，也是反映建设进度，计算固定资产投资效果的指标。

Newly Increased Fixed Assets refers to the value of investment in fixed assets which completed the construction and purchases and put into production or use. It is a value indicator of achievements of investment in fixed assets, reflecting the progress of construction and calculating the efficiency of investment in fixed assets.

建设项目投产率 指一定时期内全部建成投入生产项目个数与同期正式施工项目个数的比率。它是从项目建设速度的角度反映投资效果的指标。

Rate of Construction Projects Completed and Put into Use refers to the ratio of the number of construction projects completed and put into use in certain period of time to the number of projects under construction in the same period. This reflects the investment efficiency from the angle of the speed of projects construction.

固定资产交付使用率 指一定时期新增固定资产与同期完成投资额的比率。它是反映各个时期固定资产动用速度，衡量建设过程中投资效果的一个综合性指标。

Rate of Projects of Fixed Assets Completed and Put into Operation refers to the ratio of the newly increase fixed assets to the total investment made in the same period. This is a comprehensive indicator, reflecting the speed of the employment of fixed assets and the investment efficiency.

房地产开发投资 指各种登记注册类型的房地产开发公司、商品房建设公司及其他房地产开发法人单位和附属于其他法人单位实际从事房地产开发或经营的活动单位统一开发的包括统代建、拆迁还建的住宅、厂房、仓库、饭店、宾馆、度假村、写字楼、办公楼等房屋建筑物和配套的服务设施，土地开发工程（如道路、给水、供电、供热、通讯、平整场地等基础设施工程）的投资，不包括单纯的土地交易活动。

Real Estate Development and Investment It includes the investment by the real estate development companies of various registration types, commercial buildings construction companies and other real estate development units of various types of ownership in the construction of house buildings, such as residential buildings, factory buildings, warehouses, hotels, guesthouses, holiday villages, office buildings, and the complementary service facilities and land development projects, such as roads, water supply, power supply, heating, telecommunications, land leveling and other projects of infrastructure. It excludes the activities in simple land transactions.

商品房建设投资额 是指房地产开发企业（单位）开发建设的供出售、出租用的商品住宅、厂房、仓库、饭店、度假村、写字楼、办公楼、拆迁、回迁还建用房等房屋工程及其配套的服务设施所完成的投资额。

Investment in Commercial Buildings refers to the investment in residential buildings, workshops, warehouses, hotels, official buildings, houses completed pulled down and returned, unified construction buildings and related service establishment for sale or rent by real estate development enterprises.

住宅 是指专供居住的房屋，包括别墅、公寓、职工家属宿舍和集体宿舍、职工单身宿舍和学生宿舍等。但不包括住宅楼中作为人防用、不住人的地下室等。

Residential Buildings refers to houses simply for resident, including villas, apartments, dormitory for staff and workers and students. It excludes the basements without people living in residential buildings.

商业营业用房 是指商业、粮食、供销、饮食服务业等部门对外营业的用房，如度假村、饭店、商店、门市部、粮店、书店、供销店、饮食店、菜店、加油站、日杂等房屋。

Commercial Buildings refer to buildings for external business belongs to commercial, grain, supply-sales and catering departments and so on. Such as buildings of holiday villages, hotels, shops, grain shops, bookstores, supply-sales stores, catering restaurants, vegetable stores, gas stations and daily facilities stores.

完成开发土地面积　是指报告期内对土地进行开发并已完成七通一平等前期开发工程，具备进行房屋建筑物施工或出让条件的土地面积。

购置土地面积　是指报告期内通过各种方式获得土地使用权的土地面积。

商品房销售面积　指报告期内出售商品房屋合同总面积（即双方签署的正式买卖合同中所确定的建筑面积），由现房销售建筑面积和期房销售建筑面积两部分组成。

商品房销售额　指报告期内出售商品房屋的合同总价款（即双方签署的正式买卖合同中所确定的合同总价）。该指标与商品房销售面积同口径，由现房销售额和期房销售额两部分组成。

商品房待售面积　指报告期末已竣工的可供销售或出租的商品房屋建筑面积中，尚未销售或出租的商品房屋面积，包括以前年度竣工和本期竣工的房屋面积，但不包括报告期已竣工的拆迁还建、统建代建、公共配套建筑、房地产公司自用及周转房等不可销售或出租的房屋面积。

实收资本　是指企业实际收到的所有投资人投入的资本，包括以实物形式、货币形式、发明创造或技术成果等无形资产投入企业的资本。

Developed Land Area Completed　refers to the land area of land development and prophase development projects completed, which can carry out construction or remise.

Purchased Land Area　refers to the land area accessible by various means in reporting period.

Area of Commercialized Housing Sold　refers to total contracted area of commercialized housing (i.e. area of floor space as designated in the formal contracts signed by both sides) during the reference time. It constitutes floor space of completed housing and floor space of future housing.

Value of Commercialized Housing Sold　refers to the total contracted value (i.e. value of sales/purchase for selling/purchase of commercialized housing as designated in the contract signed by both sides) during the reference time. This indicator has the same coverage as the area of commercialized housing sold, which constitutes as the area of commercialize housing sold, which constitutes floor space of completed housing and floor space of future housing.

Space of Commercial Houses for Sale　refers to the space of commercial houses which are completed, for sale or rent but not yet in report period. It includes space of houses completed in former years and this period, but excludes space of houses completed during report period but unable to be sell or rent, such as houses completed pulled down and returned, unified construction buildings, public complementary buildings, houses for real estate companies owner-occupied and houses for turnover.

Actually Got Capital　refers to capital that enterprises actually got from all the investors, including capital in kind, in form of money, as intangible assets participating enterprises such as inventions or technological achievements.

第十一篇　城市概况

CHAPTER 11　GENERAL SURVEY OF CITIES

（编辑：叶长芬）

简要说明

（本篇资料由自治区统计局城市处整理，电话：0771-5855876）

一、本篇资料主要内容及来源

（一）广西各市市辖区主要社会经济指标。

（二）根据国家城市年报统计报表制度收集整理。

二、其他情况说明

本篇数据为初步统计数,截止出版前（2022年9月30日）未经国家统计局审核反馈，仅供参考，请谨慎使用。

Brief Introduction

(This information is compiled by the Urban Department of the Guangxi Zhuang Autonomous Region Bureau of Statistics, Tel: 0771-5855876)

Main contents and sources of this information

(i) Main social and economic indicators of municipal districts of cities in Guangxi.

(ii) Information is collected according to statistical report system of the national city annual report.

All the data in this chapter are preliminary data, has not yet to be verified by National Bureau of Statistic before the date of publication (September 30, 2021). All data are for reference only, please use them with caution.

11－1 广西各市市辖区社会经济主要指标（2021）

指 标	Item	南宁市 Nanning	柳州市 Liuzhou	桂林市 Guilin
一、人口规模	Population Size			
年末户籍人口（万人）	Total Household Registered Population at the Year-end (10 000 persons)	419.98	189.13	136.88
其中：城镇户籍人口	Urban Household Registered Population	275.64	141.46	101.4
年平均人口（万人）	Annual Average Population (10 000 persons)	414.65	187.96	136.2
年出生人口（人）	Annual Birth Population (person)	47094	16020	11032
年死亡人口（人）	Annual Mortality Population (person)	16671	7306	6350
年末总户数（万户）	Total Households at the Year-end (10 000 households)	142.84	59.26	43.91
二、资源环境	Natural Resources and Environment			
建成区面积（平方公里）	Developed Area (sq.km)	328	258	135
城市现状建设用地面积（平方公里）	Area of Construction of City (sq.km)		257.90	132.80
其中：居住用地	Area of Living Space		65.45	43.48
本年征用土地面积（平方公里）	Area of Expropriation (sq.km)		5.18	1.06
绿化覆盖面积（公顷）	Area of Forestation (hectare)	13511	12224	5510
建成区绿化覆盖率（%）	Coverage Area of Forestation of Developed Area (%)	35.26	44.00	40.81
绿地面积（公顷）	Area of Green Space (hectare)	12365	10512	4809
建成区绿地率（%）	Rate of Green Land of Developed Area (%)	31.76	37.01	35.62
公园绿地面积（公顷）	Park Green Area (hectare)	5148	2446	1448
公园面积（公顷）	Area of Park (hectare)	4542	2446	1111
三、经济发展	Economic Development			
（一）地区生产总值（当年价格，亿元）	Gross Domestic Product (current prices, 100 million yuan)	4140.94	2337.65	974.89
其中：第一产业增加值	Value Added of Primary Industry	325.97	78.06	63.58
第二产业增加值	Value Added of Secondary Industry	937.75	1064.81	268.80
#工业增加值	Industrial Added Value	466.33	907.06	159.89
第三产业增加值	Value Added of Tertiary Industry	2877.22	1194.78	642.51
人均地区生产总值（元）	Per Capita Gross Domestic Product (yuan)	68855	92516	56344
地区生产总值（2020年价格，亿元）	Gross Domestic Product (Prices in the year of 2020, 100 million yuan)	4015.83	2407.97	961.36
地区生产总值增长率	Growth Rate of Gross Domestic Product (%)	5.8	1.1	5.2
（二）财政	Government Finance			
地方一般公共预算收入（万元）	Local Government Revenue (10 000 yuan)	1452742	1452000	755099

注：本篇为上报数，出版前尚未经国家统计局审核反馈，仅供参考。
Note: The data in this chapter are report statistics data, which has not yet to be verified by National Bureau of Statistics, FYI only.

Main Social and Economic Indicators of Cities in Guangxi（2021）

梧州市 Wuzhou	北海市 Beihai	防城港市 Fangchenggang	钦州市 Qinzhou	贵港市 Guigang	玉林市 Yulin	百色市 Baise	贺州市 Hezhou	河池市 Hechi	来宾市 Laibin	崇左市 Chongzuo
81.01	71.81	60.4	155.04	206.54	117.86	73.37	123.89	101.72	114.55	38.14
60.9	43.32	25.57	49.29	60.49	63.08	27.53	22.29	33.65	33.72	11.30
80.89	71.36	60.19	154.64	206.40	117.40	73.28	123.67	101.82	114.63	38.10
7110	7608	6932	15479	18181	13959	5724	13196	7766	10624	3387
4478	1962	2684	6920	12244	6976	5176	7128	6959	7976	2930
26.29	20.37	14.97	35.87	63.68	35.01	20.41	33.23	31.98	32.11	11.00
73	86	51	91	90	78	69	57	46	54	40
68.86	84.96	50.38	90.16	179.23	73.57	65.01	56.72	43.12	53.36	31.79
20.73	28.65	11.55	18.14	77.59	28.30	21.40	13.66	9.62	12.83	7.22
0.33	2.89	8.92	1.71	4.87	9.51	2.67	2.64	2.73	0.93	2.10
4400	3601	2201	13136	3642	3095	3674	2366	1891	2210	1683
43.02	41.88	42.97	40.21	41.66	39.68	39.51	41.44	39.29	38.90	40.09
4178	5567	1955	11378	3241	2732	2631	2135	1695	1877	1474
40.06	36.82	38.17	34.51	37.47	35.03	34.14	37.41	35.09	33.26	35.38
926	829	673	464	608	1076	499	419	401	419	426
955	594	677	443	318	1037	262	419	377	73	426
693.09	1153.01	648.00	726.21	788.50	685.04	543.95	557.96	385.35	413.09	238.76
26.71	107.92	64.29	159.69	96.00	57.51	82.13	74.15	80.07	77.58	36.52
351.06	548.90	362.87	187.04	348.84	212.66	245.99	240.48	85.42	128.92	78.14
310.15	499.73	315.28	87.62	272.67	142.37	211.78	180.13	74.32	99.03	59.67
315.32	496.19	220.84	379.47	343.66	414.87	215.83	243.33	219.86	206.59	124.10
80442	115897	101369	51742	46111	55707.00	69581	52349	41741	44572	54705
573.27	1042.25	638.72	682.40	753.72	644.72	522.76	521.89	369.68	404.21	221.30
10.9	8.2	10.4	8.6	8.0	8.8	9.4	17.9	9.0	11.6	7.3
145607	581755	402440	544987	575449	353668	367191	362764	100411	265588	145152

11−1 续表 1

指 标	Item	南宁市 Nanning	柳州市 Liuzhou	桂林市 Guilin
其中：税收收入	Various Taxes	1164516	1038371	469313
地方一般公共预算支出（万元）	General Public Budget Expenditure of Local Government	2975374	2696688	1690400
其中：一般公共服务支出	Expenditure for General Public Services	291485	249510	209363
科学技术支出	Expenditure for Science and Technology	78344	45827	17859
教育支出	Expenditure for Education	693126	533673	307261
文化旅游体育与传媒支出	Expenditure for Culture,Tourism,Sport and Media	19678	40616	35269
卫生健康支出	Expenditure for Health Care	230366	318151	170976
节能环保支出	Expenditure for Energy Conservation and Environment Protection	50130	56841	27184
城乡社区支出	Expenditure for Community Affair in Urban and Rural Area	284029	341876	111277
交通运输支出	Expenditure for Transportation	29250	20148	37426
社会保障和就业支出	Expenditure for Social Security and Employment	425808	329468	289517
住房保障支出	Housing Security Expenditure	183297	106070	75358
（三）金融	Finance			
年末金融机构人民币各项存款余额（万元）	Year-end Deposit Balance of Financial Institutions in RMB (10 000 yuan)	108997171	35745960	27179528
其中：住户存款余额	Household Savings Deposits	39791949	16807575	13474433
年末金融机构人民币各项贷款余额（万元）	Year-end Loans Balance of Financial Institutions in RMB (10 000 yuan)	158688371	34463706	20900771
（四）房地产	Real Estate Development			
房地产开发投资（万元）	Investment in Real Estate Development	12723710	3617326	2036260
其中：住宅	Residential Buildings	9002927	2892766	1693942
商品房销售面积（万平方米）	Floor Space of Selling Commercial Houses (10 000 sq.m)	1337.38	536.98	383.12
其中：住宅	Residential Building	986.44	472.69	245.22
商品房销售额（万元）	Total Sales of Commercial Buildings (10 000 yuan)	11642824	3985841	2240934
其中：住宅	Residential Building	9415800	3534778	1635431
待售面积（万平方米）	Space of Commercial Buildings for Sale (10 000 sq.m)	246.52	69.07	31.08
（五）对外经济贸易	Foreign Economic Relations and Trade			
新设立外商直接投资企业数（个）	Number of newly established Projects for Contracted Foreign Direct Investment (unit)	288	21	29

continued

梧州市 Wuzhou	北海市 Beihai	防城港市 Fangchenggang	钦州市 Qinzhou	贵港市 Guigang	玉林市 Yulin	百色市 Baise	贺州市 Hezhou	河池市 Hechi	来宾市 Laibin	崇左市 Chongzuo
102415	366708	306095	347596	425209	240079	173888	236947	67088	133535	77872
362248	1241195	937301	1470106	1491615	1201978	1213664	1247572	522718	1060726	698261
39347	146996	105173	126089	140302	87445	86833	107394	45850	112870	64957
6692	5265	4215	8185	21500	6533	13133	8076	1228	4105	2063
83186	242339	135426	238861	286323	226321	185941	214967	118257	195168	98135
1093	38397	9812	15186	13285	12871	13989	18490	3079	7129	7031
23298	166427	103757	234426	314834	374010	264632	168775	56431	124704	59130
46844	17251	36995	17633	10164	5307	18921	15258	5490	13936	10861
21048	167477	142817	251159	102725	34725	88058	180524	6223	53683	102380
4025	14132	26141	63271	22882	49164	106129	23376	40251	42967	44585
42723	90465	105016	156866	165640	158790	116776	118042	107196	127213	70546
2550	34297	39596	30065	45331	28925	16724	46861	16686	34318	20366
8378088	10150048	7067838	8565670	8780950	10147070	6277309	5457406	5622607	4559869	2927710
4844908	5554014	3066249	4925274	5806734	5952406	3458350	3408827	3848032	2322938	1330378
8290851	8421749	7138525	8782013	8801236	9294225	6794792	5408989	3907801	5353886	2995273
801998	1202718	600101	978214	1291337	1804789	901913	544011	262450	283904	223276
614535	1014887	460079	891432	991002	1412224	679234	414747	204389	226288	193921
183.40	195.72	125.17	205.47	216.40	308.41	209.01	103.32	71.10	62.80	45.93
159.95	181.31	106.87	191.09	203.65	279.09	175.36	94.09	65.31	60.05	42.22
965162	1367276	663019	987383	1175436	1602134	973979	563376	340292	267798	200014
785877	1264985	573726	935705	1112538	1407058	858836	513704	309145	251656	187863
40.70	88.67	25.25	124.95	45.96	23.11	51.52	6.89	13.52	68.87	17.06
25	30	7	136	8	8	2	6	2	3	6

11—1 续表 2

指 标	Item	南宁市 Nanning	柳州市 Liuzhou	桂林市 Guilin
（六）规模以上工业	Industrial Enterprises Above Designated Size			
工业企业数（个）	Number Industrial Enterprises (unit)	935	822	187
其中：内资企业	Domestic Investment	847	779	167
#国有企业	State-owned Enterprises	5	1	2
私营企业	Private Enterprises	615	592	99
港、澳、台商投资企业	Enterprises with Funds from Hong Kong, Macao and Taiwan	45	7	5
外商投资企业	Foreign Funded Enterprises	43	36	15
资产总计（万元）	Total Assets (10 000 yuan)	31621239	34407901	7641327
流动资产合计（万元）	Total Current Assets (10 000 yuan)	17390786	19948562	4075115
营业收入（万元）	Business Income (10 000 yuan)	21506659	39099210	5240517
营业成本（万元）	Operating Cost (10 000 yuan)	17480895	33946322	4250564
利润总额（万元）	Total After-tax Profits (10 000 yuan)	957202	1496971	484648
（七）贸易	Trade			
社会消费品零售总额（万元）	Total Retail Sales of Consumer Goods (10 000 yuan)	21144827	11356372	5040624
限额以上批发零售业法人企业数（个）	Number of Enterprises Above Designated Size in Wholesale and Retail Trades (unit)	1478	824	290
其中：零售业	Retail Trade	523	332	179
限额以上批发零售业商品销售额（万元）	Total Sales of Enterprises Above Designated Size in Wholesale and Retail Trades (10 000 yuan)	1071725	18836680	4515664
四、公共服务	Public Service			
（一）教育	Education			
中等职业教育学校数（所）	Number of Secondary Schools for Vocational Education (unit)	22	14	6
普通中学学校数（所）	Number of Regular Secondary Schools (unit)	229	90	65
普通小学学校数（所）	Number of Primary Schools (unit)	552	188	168
中等职业教育专任教师数（人）	Number of Full-time Teachers of Secondary Schools for Vocational Education (person)	2216	2341	676
普通中学专任教师数（人）	Number of Full-time Teachers of Regular Secondary Schools (person)	21660	10109	6620
普通小学专任教师数（人）	Number of Full-time Teachers of Primary Schools (person)	30375	10993	8279
中等职业教育在校学生数（人）	Student Enrollment of Secondary Schools for Vocational Education (person)	78870	60671	16020

continued

梧州市 Wuzhou	北海市 Beihai	防城港市 Fangchenggang	钦州市 Qinzhou	贵港市 Guigang	玉林市 Yulin	百色市 Baise	贺州市 Hezhou	河池市 Hechi	来宾市 Laibin	崇左市 Chongzuo
237	194	88	368	664	174	113	210	101	151	96
210	168	74	344	646	159	108	199	97	141	83
2	6	1	1	6	2	1	0	0	1	1
144	109	42	263	602	119	74	158	72	103	61
20	17	5	18	9	5	4	5	1	5	2
7	9	9	6	9	10	1	5	3	5	11
6598440	11510549	24121792	13614958	7263870	5923261	6864413	5630444	2577081	4953599	2427941
3657671	6503002	8505171	6113371	4098055	3357421	2321484	2798176	909609	2261388	1108980
9566582	18584807	20282764	15461841	10488534	4604122	5748882	6179839	1989432	4060639	2018194
8128662	15914639	17989958	12917718	9835034	4004778	5121616	5667172	1760790	3274123	1755710
978144	1234286	1281078	839881	316308	200283	346361	433183	102200	529092	136706
1791824	3081246	1037501	2927903	2673741	4933586	1949104	1360858	1429743	634850	685563
174	133	58	228	192	273	152	91	166	78	58
98	87	30	77	101	150	111	49	103	38	32
4006531	3251332	4278835	11670975	3112423	4752442	5900436	5921445	3605602	2269668	1512865
8	4	1	7	6	12	13	9	5	3	3
37	61	32	59	81	58	34	58	44	46	22
136	100	192	340	349	231	70	158	168	114	25
434	720	178	823	481	1239	509	383	592	526	213
3899	4529	2903	7208	10487	6597	3823	5275	3526	2029	2341
4388	5121	3564	9481	9964	6823	3843	7061	4797	5625	1793
14220	19706	6150	19161	27949	37431	19665	11445	16070	14732	4440

11—1 续表 3

指 标	Item	南宁市 Nanning	柳州市 Liuzhou	桂林市 Guilin
普通中学在校学生数（万人）	Student Enrollment of Regular Secondary Schools (10000 persons)	29.91	14.16	9.00
普通小学在校学生数（万人）	Student Enrollment of Primary Schools (10000 persons)	51.90	18.16	13.91
（二）文体	Culture and Sports			
公共图书馆数（个）	Number of Public Libraries (unit)	11	6	3
公共图书馆图书藏量（万册）	Total Collection of Public Libraries (10000 copies)	1074.58	160.02	371.70
体育场地数（个）	Sports Fields (unit)	18474	7761	4742
（三）医疗	Health Care			
医疗卫生机构数（个）	Number of Hospitals and Health Institutions (unit)	3231	1324	1275
其中：医院数（个）	Number of Hospitals	110	52	37
医疗卫生机构床位数（张）	Total Number of Beds in Hospitals and Health Institutions (bed)	43919	19438	12373
其中：医院床位数（张）	Number of Beds in Hospitals	36085	16842	11512
卫生技术人员数（人）	Number of Health Technical Personnel (person)	68347	27917	19912
其中：执业（助理）医师数（人）	Number of Doctors (Licensed and Licensed Assistant Doctors)	25523	9990	7326
注册护士（人）	Registered Nurses (person)	31903	13413	9640
（四）社会保障	Social Security			
城镇职工基本养老保险参保人数（人）	Number of Urban Staff and Workers Joined Basic Pension Insurance (person)	1752607	986149	618065
城乡居民基本养老保险参保人数（人）	Number of Persons Joined the Urban Basic Pension Insurance (person)	1071723	343351	372883
职工基本医疗保险参保人数（人）	Number of Workers Joined the Basic Health Care Program (person)	1357660	804529	504637
城乡居民基本医疗保险参保人数（人）	Number of Persons Joined the Urban Basic Health Care Program (person)	2588282	1126402	917013
失业保险参保人数（人）	Number of Persons Joined Unemployment Insurance (person)	994511	454815	334026
工伤保险参保人数（人）	Number of Persons Joined Industrial Injury Insurance (person)	1064503	471366	380482
城镇居民最低生活保障人数（人）	Number of Urban Residents under Lowest Cost-of-living Level (person)	36140	21568	11856

continued

梧州市 Wuzhou	北海市 Beihai	防城港市 Fangchenggang	钦州市 Qinzhou	贵港市 Guigang	玉林市 Yulin	百色市 Baise	贺州市 Hezhou	河池市 Hechi	来宾市 Laibin	崇左市 Chongzuo
5.52	6.05	4.17	11.23	17.12	10.20	6.40	7.52	5.58	7.39	3.36
8.38	9.22	6.68	17.49	19.28	14.31	6.50	12.94	8.54	9.90	3.35
1	2	3	1	4	3	3	2	1	2	1
66.27	71.67	75.64	44.40	267.93	91.13	80.60	42.96	13.47	74.20	22.38
2069	3471	2129	4973	16854	1650	2083	2987	3655	3818	1148
550	618	394	624	1553	953	530	627	629	552	199
21	18	10	21	37	25	18	19	15	9	9
7331	4247	3358	10571	10517	13912	8610	5700	8922	5980	1980
6421	3503	2405	7808	8236	11554	7070	4028	8525	4225	1381
11153	8203	4700	12482	12111	14965	10508	7611	13170	6890	3107
3483	2836	1558	4029	4111	4959	3325	2695	3538	2139	911
5599	3896	2140	6066	5806	7733	5262	3485	5223	3205	1463
293775	2728074	103075	105597	221743	250808	199953	173786	110046	118435	73985
194212	225830	257502	646709	799318	308031	352788	622683	439731	390127	194254
221257	207659	122770	178022	186902	232489	162481	135735	72819	105569	57701
562258	510199	445132	1219257	1683189	864049	555955	1004086	809791	889404	309378
110500	132502	88898	43474	87303	129068	95633	83133	44110	65367	38552
128000	174707	111386	52464	131569	165419	112823	113742	55598	69628	53926
6510	5156	3436	6044	7401	10065	4118	3944	5716	5450	1685

11－1 续表 4

指 标	Item	南宁市 Nanning	柳州市 Liuzhou	桂林市 Guilin
五、基础设施	Infrastructure			
（一）交通运输	Transportation			
年末实有公共汽（电）车营运车辆数（辆）	Year-end Total Operating Public Buses and Trolleys (unit)	3781	1317	725
公共汽（电）车客运总量（万人次）	Passenger Traffic Volume of Public Buses and Trolleys (10 000 person-times)	19657.06	11449.35	9725.80
年末实有巡游出租汽车运营车数（辆）	Year-end Total Number of Cruise Taxi (unit)	6138	2479	2249
（二）邮电	Postal and Telecommunication			
快递业务收入（万元）	Income of Express Delivery Business (10 000 yuan)	547907	122581	54221
（三）生活设施	Living Facilities			
年末排水管道长度（公里）	Length of Sewer Pipelines at the Year-end (km)	5782	2109	1030
年末公共供水管道长度（公里）	Length of Public Water Supply Pipelines (km)	5955	2289	2721
公共供水综合生产能力（万立方米/日）	Public Comprehensive Productive Capacity of Water Supply (10 000 cu.m/day)	196	66	74
公共供水总量（万立方米）	Public Volume of Water Supply (10 000 cu.m)	65350	25457	14519
供气总量（人工煤气、天然气）（万立方米）	Total Volume of Gas Supply Including Manufactured and Natural Gas (10 000 cu.m)	35413	22759	8994
其中：居民家庭用量（万立方米）	Residential Use	18945	10062	3969
液化石油气供气总量（吨）	Total Volume of Liquid Petrol Gas Supply (ton)	488610	23955	16702
其中：居民家庭用量（吨）	Households Use	409860	13823	14686

continued

梧州市 Wuzhou	北海市 Beihai	防城港市 Fangchenggang	钦州市 Qinzhou	贵港市 Guigang	玉林市 Yulin	百色市 Baise	贺州市 Hezhou	河池市 Hechi	来宾市 Laibin	崇左市 Chongzuo
596	482	207	426	430	237	268	266	246	372	90
5076.50	500.80	669.00	765.32	1663.11	1613.00	1119.86	1112.23	2616.00	908.00	263.10
714	368	321	380	636	554	300	183	475	489	36
24441	25983	12429	22413	25535	36827	12616	11837	10883	8677	804
538	1003	827	1126	958	934	900	730	857	702	468
671	1733	1145	1337	1258	1008	967	1044	550	1080	372
43	30	24	30	30	39	26	10	26	12	10
8204	8607	5485	7326	6632	8823	5253	3226	4328	3608	2689
18263	67857	3333	7059	4169	6886	9296	4170	1244	2500	1004
1772	3495	806	1777	2076	2714	697	282	507	1020	1004
9940	13799	5512	13875	18923	12000	17723	9582	11910	4717	3362
9900	9912	4357	12458	16185	9000	10228	5500	11260	4195	3100

主要统计指标解释

建成区面积 指城市行政区内实际已成片开发建设、市政公用设施和公共设施基本具备的区域。对核心城市，它包括集中连片的部分以及分散的若干个已经成片建设起来，市政公用设施和公共设施基本具备的地区；对一城多镇来说，它包括由几个连片开发建设起来的，市政公用设施和公共设施基本具备的地区组成。因此建成区范围，一般是指建成区外轮廓线所能包括的地区，也就是这个城市实际建设用地所达到的范围。

居住用地 指住宅和相应服务设施的用地。

绿地面积 指报告期末用作园林和绿化的各种绿地面积。包括公园绿地、生产绿地、防护绿地、附属绿地和其他绿地的面积。

公园绿地面积 指城市中向公众开放的、以游憩为主要功能，有一定的游憩设施和服务设施，同时有健全生态、美化景观、防灾减灾等综合作用的绿化用地面积总和。

绿化覆盖面积 指城市中的乔木、灌木、草坪等所有植被的垂直投影面积。包括公园绿地、防护绿地、生产绿地、附属绿地、其他绿地的绿化种植覆盖面积、屋顶绿化覆盖面积以及零散树木的覆盖面积，不含各类绿地中的水域面积以及没有被植被覆盖的面积（硬化道路、无屋顶绿化的建筑物等）。乔木树冠下重叠的灌木和草本植物不能重复计算。

城市居民最低生活保障人数 指在报告期末，家庭平均收入在当地规定的最低生活保障线以下的城市居民。包括“三无对象”，失业人员和在职、下岗、退休人员等。

年末排水管道长度 指年末所有排水总管、干管、支管、检查井及连接井进出口等长度之和。计算时应按单管计算，即在同一条街道上如有两条或两条以上并排的排水管道时，应按每条排水管道的长度相加计算。

年末供水综合生产能力 指年末按供水设施取水、净化、送水、出厂输水干管等环节设计能力计算的综合生产能力。包括在原设计能力的基础上，经挖、革、改增加的生产能力。计算时，以四个环节中最薄弱的环节为主确定能力。原则上按设计能力填报，对于经过更新改造后，实际生产能力与设计能力相差很大的，按实际能力填报。

公共供水总量 指报告期内供水企业（单位）供出的全部水量，包括有效供水量和漏损水量。

Explanatory Notes on Main Statistical Indicators

Developed Area refers to an area within an urban administrative district that has been actually developed and constructed, and where municipal public facilities are basically available. For core city, it includes areas where concentrated parts and several decentralized parts have been developed and equipped with municipal public facilities. And for a city with many towns, it includes area where several contiguous parts have been developed and equipped with municipal public facilities. The range of developed area generally refers to the area that the contour can include outside the developed area. That is the range reached by the city actually developed area.

Area of Land for Residence refers to lands for residential buildings corresponding service facilities.

Area of Green Areas refers to the area of all kinds of green land used as gardens and green areas by the end of reporting period, including the area of park green land, production green land, protection green land, accessory green land and other kinds of green land.

Park Green Area refers to green areas open to the public for amusement and rest with the facilities of amusement, rest and services. Its function includes perfecting ecology, beautifying landscape, and preventing and reducing disaster.

Coverage Area of Green land refers to the area of vertical projections of trees, shrubs and lawn, including green plantation coverage area of park green land, protection green land, production green land accessory green land and other kinds of green land, roof green coverage area and scattered trees coverage area. It excludes water area in various green lands and land without vegetational covering (such as hardening of road, buildings without roof green). Shrubs and herbs that overlap under the canopy of trees cannot be calculated repeatedly.

Number of Residents with Lowest Cost-of-living Protected in Urban Area refers to number of residents whose average household income is below the minimum subsistence level stipulated by the local government at the end of the reporting period. It includes persons without fixed habitation and work and effective identity, unemployed persons, in-service and lay-off staff, retired persons and so on.

Year-end Total Length of Drainage Pipelines refers to the summation of length of all drainage main pipes, trunk pipes, branch pipes, inspection wells and connection wells inlet and outlet. The calculation shall be based on a single pipe, that is, if there are two or more parallel drainage pipes on the same street, the calculation shall be based on the added length of each drainage pipe.

Comprehensive Productive Capacity of Water Supply refers to the comprehensive productive capacity which calculated by capacity in all parts, including catching water, cleaning, transportation and supply of water sources at the year-end. It includes the productive capacity increased by digging, lathering and modifying on the basis of original design capacity. When being calculated, it gives priority to the weakest link of these four links. In generally, it is filled in according to design capability. But after renewal and transformation, it is filled in according to actual capability because of the large gap between actual productive capability and design capability.

Volume of Water Supply refers to the total volume of water supply by the tap water works, including the effective water supply and loss.

有效供水量 指水厂将水供出厂外后，各类用户实际使用到的水量，包括售水量和免费供水量。

年末实有公共汽（电）车营运车辆数 指年末实际运营的公共汽车、公共电车的数量。

公共汽（电）车客运总量 指一年内公共汽车、公共电车总共搭载的人次。

年末实有出租汽车运营车数 指已经领取出租汽车专用牌照的运营车辆，包括技术完好的、在修的、长期行驶的以及拟报废尚未经上级机关批准的车辆。

Effective Water Supply refers to the amount of water actually used by various users after water supplied by the water works, including water supply for sale and free.

Year-end Total Operating Public and Trolley Buses refers to total number of buses and trams in actual operation at the end of the year.

Total Passenger Transportation of Public and Trolley Buses refers to total person-times of passengers by public and trolley buses in a year.

Year-end Total Number of Taxi refers to the total number of operating vehicles approved by relevant departments and has been issued with a special taxi license, including vehicles with technically sound, under repairing and long-term driving, as well as plan to scrap but not approved by higher authorities.

第十二篇　对外经济贸易

CHAPTER 12　FOREIGN TRADE AND ECONOMY COOPERATION

（编辑：张　茵）

简要说明

（本篇资料由自治区统计局贸经处整理，电话：0771-5851921）

一、本篇资料主要内容及来源

（一）主要年份广西外贸进出口总额、广西同主要国家（地区）进出口商品总值、广西与东盟进出口商品总值、各市进出口商品总值、主要出口商品、进口商品的数量及金额。数据提供时间为2022年1月25日（南宁海关）。

（二）广西对外经济合作情况、主要年份广西及各市实际利用外资情况（广西壮族自治区商务厅）。

Brief Introduction

(This information is compiled by the Department of Trade and Economy of the Guangxi Zhuang Autonomous Region Bureau of Statistics, Tel: 0771-5851921)

Main contents and sources of this information

(i) Total import and export value of Guangxi's foreign trade in main years, total import and export value by major countries (regions), total import and export value from Guangxi to ASEAN, total import and export value by city, volume and value of the major export and import commodities. The data is provided on January 25, 2022 (Nanning Customs).

(ii) Guangxi's foreign economic cooperation, basic statistics of foreign capital actually utilized in Guangxi and different cities in main years (Department of Commerce of Guangxi Zhuang Autonomous Region).

12—1 外贸进出口总额（1978—2021年）
Total Import and Export Value of Foreign Trade（1978—2021）

年 份 Year	按人民币计算（万元） Calculated by RMB (10 000 yuan)				按美元计算（万美元） Calculated by USD (USD 10 000)			
	进出口总额 Total Import and Export Value	出口总额 Total Export Value	进口总额 Total Import Value	差额顺差+、逆差- Balance +, -	进出口总额 Total Import and Export Value	出口总额 Total Export Value	进口总额 Total Import Value	差额顺差+、逆差- Balance +, -
1978	45783	42305	3478	38827	26931	24885	2046	22839
1980	57112	55234	1878	53356	37823	36579	1244	35335
1985	153619	109260	44359	64901	52310	37205	15105	22100
1990	429517	348906	80611	268295	89797	72944	16853	56091
1991	544732	443062	101670	341392	102351	83248	19103	64145
1992	903567	611189	292378	318811	163850	110831	53019	57812
1993	1197113	763413	433700	329713	207760	132491	75269	57222
1994	2119857	1380777	739080	641697	245983	160222	85761	74461
1995	2689369	1880944	808425	1072519	321111	224585	96526	128059
1996	2349656	1590216	759440	830776	283132	191620	91512	100108
1997	2543484	1975177	568307	1406870	306821	238266	68555	169711
1998	2469994	2001785	468209	1533576	298377	241817	56560	185257
1999	1451332	1032287	419045	613242	175322	124701	50621	74080
2000	1686986	1236078	450908	785170	203789	149319	54470	94849
2001	1487461	1022629	464832	557797	179715	123554	56161	67393
2002	2011854	1248137	763717	484420	243032	150775	92257	58518
2003	2642161	1630853	1011308	619545	319173	197007	122166	74841
2004	3550058	1983071	1566987	416084	428847	239554	189293	50261
2005	4182696	2322127	1860569	461558	518289	287741	230548	57193
2006	5257761	2835001	2422761	412240	667398	359863	307535	52328
2007	6915250	3811510	3103740	707770	927686	511317	416369	94948
2008	9041850	5019577	4022274	997303	1324179	735117	589062	146055
2009	9699570	5715622	3983955	1731667	1420599	837110	583490	253620
2010	11808365	6408922	5399443	1009480	1770609	960988	809621	151367
2011	14818350	7912949	6905395	1007554	2333084	1245859	1087224	158635
2012	18525688	9722669	8803012	919657	2947369	1546841	1400527	146314
2013	20020330	11398148	8622181	2775967	3283690	1869499	1414191	455308
2014	24911476	14947146	9964330	4982816	4055305	2433004	1622301	810703
2015	31903077	17398601	14504476	2894125	5126215	2802570	2323645	478925
2016	31704215	15238340	16465875	-1227535	4789694	2302934	2486760	-183826
2017	38663414	18552015	20111398	-1559383	5721023	2745579	2975444	-229865
2018	41043509	21755161	19288348	2466813	6233834	3279902	2953932	325970
2019	46947028	25971475	20975553	4995922	6820238	3774054	3046184	727870
2020	48679681	27075009	21604672	5470337	7038496	3917643	3120853	796790
2021	59306259	29391052	29915208	-524156	9170155	4544965	4625189	-80224

注：1. 外贸进出口数自1999年起（含1999年）采用海关统计数据；外贸进出口数据自2015年起（含2015年）包含边民互市贸易数据。
2. 按当年12月汇率计算。

Note: 1. The import and export figure of the foreign trade have adopted customs statistics data since 1999 (including 1999). The total import and export value has included the border trade since 2015 (including 2015).
2. The change rate of RMB yuan to US dollar is calculated as the change rate of December of current year.

12－2 主要年份外贸进出口总额（按贸易方式分）
Total Import and Export Value of Foreign Trade in Main Years（By Type of Trade）

单位：万元 (RMB 10 000)

项 目	Item	2016	2017	2018	2019	2020	2021
合 计	**Total**	**31704215**	**38663414**	**41043509**	**46947028**	**48679681**	**59306259**
一般贸易	Original Trade	8284297	14235946	13807716	16566188	15305672	18472368
国家间、国际组织无偿援助和赠送的物资	Donation Between Countries and from International Organizations	83			257	52	
华侨、港澳台同胞、外籍华人捐赠物资	Donation from Overseas Chinese Compatriots in Hong Kong, Macao and Foreign Chinese					6773	2640
补偿贸易	Compensation Trade						
来料加工装配贸易	Processing and Assembly Trade with Customers Materials	1889135	1766039	760655	232026	313333	296389
进料加工贸易	Processing Trade with Imported Materials	4640842	6276506	8395240	7894855	9073894	11103967
寄售、代销贸易	Consign and Commission Trade						
边境小额贸易	Frontier Small Value Trade	7868045	8363041	10762344	10908276	11253080	10716340
来料加工装配进口的设备	Import Equipments for Processing and Assembly Trade with Customers Materials						
对外承包工程出口货物	Export Commodities for Contracted Projects with Foreign Countries and Regions	41508	30116	48867	110130	13030	7463
租赁贸易	Leasing Trade	1	33866	32342		147	2220
外商投资企业作为投资进口的设备物资	Import Equipments and Materials as Investment of Foreign Investment Enterprises	3556	26227	1402	2470	2424	29435
易货贸易	Barter Trade					10	
免税外汇商品	Tax Free Foreign Exchange Commodities						
保税监管场所进出境货物	Import and Export Commodities in Bonded Supervision Areas	591498	680892	843649	1135956	2466712	3515519
海关特殊监管区域物流货物	Logistics Goods in Customs Special Supervision Areas	1686912	880359	981467	6066877	7342532	10684864
海关特殊监管区域进口设备	Imported Equipment in Customs Special Supervision Areas	2269	16779	16496	28925	46320	60447
其他	Others	6696069	6353643	5416917	4001068	2855703	4414607

注：2016年起，外贸进出口数据以人民币计价。
Note: The data of import and export value of foreign trade has been calculated by RMB since 2016.

12—3 主要年份外贸出口总额（按贸易方式分）
Total Export Value of Foreign Trade in Main Years（By Type of Trade）

单位：万元 (RMB 10 000)

项　目	Item	2016	2017	2018	2019	2020	2021
合　计	**Total**	**15238340**	**18552015**	**21755161**	**25971475**	**27075009**	**29391052**
一般贸易	Original Trade	3079074	5393717	5489430	8168811	7104108	6899566
国家间、国际组织无偿援助和赠送的物资	Donation Between Countries and from International Organizations	83			257	52	
华侨、港澳台同胞、外籍华人捐赠物资	Donation from Overseas Chinese Compatriots in Hong Kong, Macao and Foreign Chinese					3762	2640
补偿贸易	Compensation Trade						
来料加工装配贸易	Processing and Assembly Trade with Customers Materials	847703	828798	353025	152636	190195	176910
进料加工贸易	Processing Trade with Imported Materials	2556821	3451510	4797411	4337903	4803310	5533215
寄售、代销贸易	Consign and Commission Trade						
边境小额贸易	Frontier Small Value Trade	7525758	7990166	10324950	10605324	10979250	10480310
对外承包工程出口货物	Export Commodities for Contracted Projects with Foreign Countries and Regions	41508	30116	48867	110130	13030	7463
租赁贸易	Leasing Trade	1	0	206		0	2188
易货贸易	Barter Trade					10	
保税监管场所进出境货物	Import and Export Commodities in Bonded Supervision Areas	84085	90633	98621	103402	148269	211408
海关特殊监管区域物流货物	Logistics Goods in Customs Special Supervision Areas	348169	283448	448419	2251502	3368019	5394054
其他	Others	755138	483628	200505	241512	465005	683298

注：2016年起，外贸进出口数据以人民币计价。

Note: The data of import and export value of foreign trade has been calculated by RMB since 2016.

12—4　主要年份外贸进口总额（按贸易方式分）
Total Import Value of Foreign Trade in Main Years（By Type of Trade）

单位：万元　　　　　　　　　　　　　　　　　　　　　　　　　　（RMB 10 000）

项　目	Item	2016	2017	2018	2019	2020	2021
合　计	**Total**	**16465875**	**20111398**	**19305660**	**20975553**	**21604672**	**29915208**
一般贸易	Original Trade	5205224	8842230	8318286	8397377	8201564	11572802
国家间、国际组织无偿援助和赠送的物资	Donation Between Countries and from International Organizations				0	0	
华侨、港澳台同胞、外籍华人捐赠物资	Donation from Overseas Chinese Compatriots in Hong Kong, Macao and Foreign Chinese					3011	
补偿贸易	Compensation Trade						
来料加工装配贸易	Processing and Assembly Trade with Customers Materials	1041432	937241	407630	79391	123138	119479
进料加工贸易	Processing Trade with Imported Materials	2084021	2824996	3597829	3556952	4270584	5570753
寄售、代销贸易	Consign and Commission Trade						
边境小额贸易	Frontier Small Value Trade	342287	372875	437394	302952	273830	236030
来料加工装配进口的设备	Import Equipments for Processing and Assembly Trade with Customers Materials						
租赁贸易	Leasing Trade		33866	32135		147	32
外商投资企业作为投资进口的设备物资	Import Equipments and Materials as Investment of Foreign Investment Enterprises	3556	26227	1402		0	29435
易货贸易	Barter Trade					0	
保税监管场所进出境货物	Import and Export Commodities in Bonded Supervision Areas	507413	590259	745028	1032554	2318443	3304111
海关特殊监管区域物流货物	Logistics Goods in Customs Special Supervision Areas	1338743	596911	533048	3815375	3974513	5290810
海关特殊监管区域进口设备	Imported Equipment in Customs Special Supervision Areas	2269	16779	16496	28925	46320	60447
其他	Others	5940931	5870015	5216412	3759557	2390698	3731309

注：2016年起，外贸进出口数据以人民币计价。
Note: The data of import and export value of foreign trade has been calculated by RMB since 2016.

12—5 主要年份外贸进出口总额（按企业性质分）

单位：万元

项　目	Item	2016 出口 Export	2016 进口 Import	2017 出口 Export	2017 进口 Import
总　计	**Total**	**15238340**	**16465875**	**18552015**	**20111398**
国有企业	State-owned Enterprises	1645782	3486276	1258119	4985329
外商投资企业	Foreign Funded Enterprises	2836282	3587751	3772075	5797114
#合作企业	Sino-foreign Cooperation	12434	4272	8599	2789
合资企业	Sino-foreign Joint Venture	1518568	2272419	2187572	4079646
独资企业	Wholly Foreign-owned	1305281	1311059	1575904	1714679
民营企业	Civilian-owned Enterprises	10001358	3464390	13055750	3458460
# 集体企业	Collective-owned Enterprises	60764	1054	52656	1515
私营企业	Private Enterprises	9937953	3463142	13000579	3456870
个体工商户	Individual-owned Business	2640	194	2515	76

注：2016年起，外贸进出口数据以人民币计价。

Note: The data of import and export value of foreign trade has been calculated by RMB since 2016.

Total Import and Export Value in Main Years (By Nature of Enterprises)

(RMB 10 000)

2018		2019		2020		2021	
出口 Export	进口 Import	出口 Export	进口 Import	出口 Export	进口 Import	出口 Export	进口 Import
21755161	**19288348**	**25971475**	**20975553**	**27075009**	**21604672**	**29391052**	**29915208**
816036	4222599	702061	4567532	654707	5049489	1043969	7118246
4870790	5622486	3909770	3769010	3669135	4149929	4878384	5422605
6526	1077	7151	1642	3015	83	2649	269
1715230	2728392	998811	1362894	919905	1439653	1494651	2024596
3149034	2893017	2903808	2404475	2746215	2710193	3381084	3397740
15874470	4236599	21118412	8877579	22287131	10016067	22993430	13646360
35247	1816	35617	870	16587	536	20973	345
15837185	4234734	21081344	8876682	22268549	10015521	22970339	13645959
2039	49	1451	28	1995	10	2118	56

12—6 广西同主要国家（地区）进出口商品总值（2021年）

Total Import and Export Value by Country and Region（2021）

单位：万元 (RMB 10 000)

国别（地区）	Country (region)	进出口 Import and Export	出口 Export	进口 Import	2021年比2020年增减% 2021 as % of 2020		
					进出口 Import and Export	出口 Export	进口 Import
总　值	**Total**	**59306259**	**29391052**	**29915208**	**21.8**	**8.6**	**38.3**
亚洲	**Asia**	**42177653**	**25016339**	**17161314**	**17.9**	**10.4**	**31.0**
中国香港	Hong Kong, China	7283278	6924401	358877	14.0	22.2	-50.5
印度	India	377456	280399	97057	4.8	-0.1	22.1
印度尼西亚	Indonesia	905727	289556	616171	63.8	42.2	76.4
日本	Japan	851981	249076	602905	9.3	-19.9	28.6
马来西亚	Malaysia	1224919	822382	402537	44.2	34.8	68.2
菲律宾	The Philippines	407684	154990	252694	41.2	22.1	56.2
新加坡	Singapore	344270	273298	70972	-20.5	-21.8	-14.9
韩国	Republic of Korea	782493	184986	597507	8.7	-33.1	34.7
泰国	Thailand	5004729	572129	4432600	31.5	22.6	32.8
越南	Vietnam	200393478	14256860	5782488	13.7	6.1	38.1
中国台湾	Taiwan, China	2278453	141038	2137415	29.2	-22.0	35.0
非洲	**Africa**	**2001167**	**400085**	**1601082**	**32.1**	**-6.3**	**47.1**
加蓬	Gabon	32899	4152	28747	-26.5	17.8	-30.3
南非	South Africa	908515	38257	870258	51.4	-26.7	58.9
欧洲	**Europe**	**2218727**	**1214800**	**1003927**	**-8.0**	**-21.9**	**17.1**
比利时	Belgium	82410	77341	5070	-30.0	-19.5	-76.5
英国	United Kingdom	205334	173918	31416	-32.9	-33.5	-28.9
德国	Germany	280015	149603	130413	-17.4	-27.8	-1.0
法国	France	106514	77744	28770	-11.0	-10.5	-12.1
意大利	Italy	96140	71771	24369	8.3	9.7	4.4
荷兰	Netherlands	223032	218870	4163	-29.4	-25.6	-81.0
西班牙	Spain	159194	85919	73275	-4.0	-7.9	1.0
芬兰	Finland	111331	2851	108480	470.7	-26.7	594.7
瑞典	Sweden	47621	21158	26464	-47.4	-50.7	-44.3
俄罗斯联邦	Russia Federation	213993	97252	116740	0.6	12.1	-7.2
拉丁美洲	**Latin America**	**6758615**	**770660**	**5987955**	**50.4**	**71.9**	**48.0**
北美洲	**North America**	**3763150**	**1717236**	**2045914**	**43.7**	**1.9**	**119.1**
加拿大	Canada	1248601	108327	1140274	62.1	-38.2	91.7
美国	United States	2514549	1608909	905640	36.0	6.6	167.4
大洋洲	**Oceanic**	**2360158**	**271931**	**2088228**	**26.9**	**-6.2**	**33.1**
澳大利亚	Australia	2146529	241738	1904791	25.7	-6.2	31.4
东南亚国家联盟	**Association of Southeast Asian Nations**	**28211715**	**16572945**	**11638771**	**18.8**	**8.1**	**38.4**
欧洲联盟	**European Union**	**1349630**	**893989**	**455641**	**-14.4**	**-22.6**	**8.1**
亚太经济合作组织	**Asia Pacific Economic Cooperation**	**49991130**	**26413567**	**23577563**	**22.3**	**10.6**	**38.7**

注：东南亚国家联盟包括：文莱、印度尼西亚、马来西亚、菲律宾、新加坡、泰国、越南、缅甸、柬埔寨、老挝。

欧洲联盟包括：比利时、丹麦、英国、德国、法国、爱尔兰、意大利、卢森堡、荷兰、希腊、葡萄牙、西班牙、奥地利、芬兰、瑞典、塞浦路斯、匈牙利、马耳他、波兰、爱沙尼亚、拉脱维亚、立陶宛、斯洛文尼亚、捷克、斯洛伐克、罗马尼亚、保加利亚、克罗地亚。

亚太经济合作组织包括：文莱、香港、印度尼西亚、日本、马来西亚、菲律宾、新加坡、韩国、泰国、中华人民共和国、台湾地区、智利、墨西哥、加拿大、美国、澳大利亚、新西兰、巴布亚新几内亚、越南、俄罗斯、秘鲁。

Note: Association of Southeast Asian Nations includes: Brunei, Indonesia, Malaysia, the Philippines, Singapore, Thailand, Vietnam, Myanmar, Cambodia, Laos.

European Union includes: Belgium, Denmark, United Kingdom, Germany, France, Ireland, Italy, Luxembourg, Holland, Greece, Portugal, Spain, Portugal, Spain, Austria, Finland, Sweden, Cyprus, Hungary, Malta, Poland, Estonia, Lithuania , Latvia, Slovenia ,Czech , Slovakia, Romania, Bulgaria, Croatia.

Asia Pacific Economic Cooperation includes: Brunei, Hong Kong, Indonesia, Japan, Malaysia, the Philippines, Singapore, Republic of Korea, Thailand, People's Republic of China, Taiwan Province, Chile, Mexico, Canada, United States, Australia, New Zealand, Papua New Guinea, Vietnam, Russia, Peru.

12－7　广西与东盟进出口商品总值（2019—2021年）
Total Import and Export Value from Guangxi to ASEAN（2019—2021）

单位：亿元　　(RMB 100 million)

主要贸易方式	Main Form of Trade	2019			2020			2021		
		进出口 Import and Export	出口 Export	进口 Import	进出口 Import and Export	出口 Export	进口 Import	进出口 Import and Export	出口 Export	进口 Import
合　计	**Total**	**2334.65**	**1402.98**	**931.68**	**2374.41**	**1533.44**	**840.96**	**2821.17**	**1657.29**	**1163.88**
边境小额贸易	Frontier Small Value Trade	1090.81	1060.52	30.29	1125.63	1098.18	27.46	1071.62	1048.02	23.6
一般贸易	Original Trade	418.02	246.40	171.62	387.41	209.48	177.93	467.94	222.17	245.77
其他贸易	Other Trade	395.37	22.05	373.32	283.31	45.08	238.24	440.54	68	372.55
海关特殊监管区域物流货物	Logistics Goods in Customs Special Supervision Areas	366.64	36.62	330.02	470.07	114.93	355.14	680.21	225.43	454.78
主要贸易国别	**Main Countries of Trade**									
#合计	Total	2334.65	1402.98	931.68	2374.41	1533.44	840.96	2821.17	1657.29	1163.88
越南	Vietnam	1753.92	1204.59	549.32	1762.14	1343.56	418.58	2003.93	1425.69	578.25
印度尼西亚	Indonesia	75.91	36.1	39.81	55.56	20.36	35.19	90.57	28.96	61.62
新加坡	Singapore	61.93	53.06	8.87	43.29	34.95	8.34	34.43	27.33	7.1
马来西亚	Malaysia	83.88	55.09	28.79	84.95	61.02	23.93	122.49	82.24	40.25
泰国	Thailand	318.71	31.77	286.94	380.46	46.65	333.81	500.47	57.21	443.26
菲律宾	The Philippines	27.48	10.89	16.59	28.77	12.69	16.07	40.77	15.5	25.27
柬埔寨	Cambodia	5	4.65	0.35	6.39	6.10	0.29	10.47	9.86	0.61
老挝	Laos	1.57	1.35	0.22	5.94	1.77	4.17	10.59	4.95	5.64
缅甸	Myanmar	5.95	5.33	0.62	6.71	6.13	0.57	7.36	5.47	1.88
文莱	Brunei	0.32	0.14	0.17	0.20	0.20	…	0.09	0.09	0

12—8 各市进出口商品总值（2019—2021年）
Total Import and Export Value by City（2019—2021年）

单位：万元 （RMB 10 000）

地 区	Region	2019			2020			2021		
		进出口 Import and Export	出口 Export	进口 Import	进出口 Import and Export	出口 Export	进口 Import	进出口 Import and Export	出口 Export	进口 Import
全 区	**Guangxi**	**46947028**	**25971475**	**20975552**	**48679681**	**27075009**	**21604672**	**59306259**	**29391052**	**29915208**
南宁市	Nanning	7477891	3639055	3838836	9858849	4707921	5150929	12319194	5819455	6499740
柳州市	Liuzhou	2191028	847800	1343228	2318018	795772	1522246	3535109	1552487	1982622
桂林市	Guilin	705771	622966	82805	720010	645661	74349	916073	821351	94723
梧州市	Wuzhou	658527	347053	311473	644850	314402	330448	808065	405866	402199
北海市	Beihai	2941002	1288768	1652234	2687232	1287168	1400063	3001521	1126015	1875506
防城港市	Fangchenggang	8049484	2413149	5636335	7083267	2419837	4663431	8855611	779627	8075985
钦州市	Qinzhou	2042392	800544	1241847	2177208	816755	1360453	2560273	418469	2141804
贵港市	Guigang	389127	189057	200070	361457	166643	194814	457562	211325	246237
玉林市	Yulin	401653	250420	151232	315399	204924	110476	388607	260588	128019
百色市	Baise	2618062	2313534	304528	3330395	3017475	312920	4263338	3830328	433010
贺州市	Hezhou	143773	104815	38958	175306	119316	55990	212625	164762	47863
河池市	Hechi	303147	76667	226480	452546	99314	353231	584903	190150	394753
来宾市	Laibin	91259	75272	15987	110671	94011	16660	132289	120061	12228
崇左市	Chongzuo	18933912	13002374	5931537	18444472	12385811	6058662	21271089	13690568	7580521

12－9　主要出口商品数量及金额（2021年）
Volume and Value of Major Export Commodities（2021）

单位：万元　　(RMB 10 000)

商品名称	Item	2020		2021	
		数量 Volume	金额 Value	数量 Volume	金额 Value
肉类（包含杂碎）（吨）	Meat (including entrails) (10 000 tons)	30	95	21	59
水产品（吨）	Aquatic and Seawater Products (ton)	34654	103830	36333	130582
蔬菜及食用菌（吨）	Vegetables & Edible Fungi (ton)	424184	423580	385429	389556
鲜或冷藏蔬菜（吨）	Vegetables (ton)	412577	402651	375570	371352
干鲜瓜果及坚果（吨）	Fresh, Dried Fruits and Nuts (ton)	33872	44728	31231	39682
茶叶（吨）	Tea (ton)	1121	20109	1587	32982
粮食（吨）	Grain (ton)	96664	90491	83734	70777
罐头（吨）	Canned Food (ton)	19762	13520	15137	13183
酒类及饮料	Alcohol and Beverages	–	4071	–	3707
制盐（吨）	Salt Manufacturing (ton)	148	13	1	3
水泥及水泥熟料（吨）	Cement (ton)	25780	1284	131136	2313
钨品（吨）	Tungsten Products (ton)	2	67	6	216
煤及褐煤（吨）	Coal and Lignite (10 000 tons)	227	45	48	19
焦炭及半焦炭（吨）	Coke and Semi-coke (10 000 tons)	10283	1337	5870	1479
成品油（吨）	Petroleum Products Refined (10 000 tons)	30	459	100	267
氧化铝（吨）	Oxide of Aluminum (ton)	22	36	65	148
稀土及其制品（吨）	Rare Earth and Its Products (ton)	24	1428	164	12329
中药材（吨）	Medicinal Materials (ton)	5024	16593	6535	25346
中式成药（吨）	Medicaments of Chinese Type (ton)	417	7179	482	9630
抗菌素（制剂除外）（吨）	Antibiotics (except preparations) (ton)	166	8235	127	5936
医用敷料（吨）	Medical Dressing (ton)	222	1191	147	2040
肥料（吨）	Chemical Fertilizers (10 000 tons)	85706	15238	166573	36389
合成有机染料（吨）	Synthetic Organic Dyestuffs (ton)	335	704	297	604
美容化妆品及洗护用品（吨）	Beauty Cosmetics and Toiletries (ton)	2773	9705	2078	7309
烟花、爆竹（吨）	Fireworks and Firecrackers (ton)	20732	34258	18074	30167
塑料制品	Plastic Articles	–	1101151	–	950512
橡胶轮胎（吨）	Rubber Tire (tons)	14642	31092	18231	34016
皮革、毛皮及其制品	Leather, Fur and Their Products	–	89557	–	86647
箱包及类似容器（吨）	Luggage and Similar Containers (10 000 tons)	22086	239925	14556	150998
木及其制品（吨）	Wood and Its Products (10 000 tons)	254501	175079	353163	220347
纸浆、纸及其制品（吨）	Pulp, Paper and Its Products (10 000 tons)	120762	304647	220211	331126

12-9 续表 continued

单位：万元 (RMB 10 000)

商品名称	Item	2020		2021	
		数量 Volume	金额 Value	数量 Volume	金额 Value
纺织纱线、织物及其制品	Spin Yarn, Fabric and the Products	–	1742847	–	1945708
服装及衣着附件	Garments and Clothing Accessories	–	1961502	–	1577205
鞋靴（万双）	Footwear (10 000 pairs)	5809	552483	3456	340582
帽类（万个）	Hat Class (10 000 units)	3782	24234	19178	25746
伞（万把）	Umbrellas (10 000 units)	308	20473	224	14050
花岗岩石材及其制品（吨）	Granite Stone and Its Products (10 000 tons)	17746	8000	6295	1868
陶瓷产品（吨）	Porcelain and Pottery Wares (ton)	284719	657248	266121	614061
玻璃及其制品	Glass and Its Products	–	324847	–	303864
珍珠、宝石及半宝石	Pearls, Precious or Semi-Stones	–	5537	–	10028
贵金属或包贵金属的首饰（吨）	Precious Metal or Jewelry of Rolled Precious Metal (ton)	7811	86016	1161	552
钢材（吨）	Rolled Steel (ton)	218409	182677	182745	149900
未锻轧铜及铜材（吨）	Unwrought Copper and Related Products (ton)	24700	103559	6829	42874
未锻轧铝及铝材（吨）	Unwrought Aluminum and Related Products (ton)	115869	219754	123267	272733
家具及其零件	Furniture and Parts	–	301479	–	206627
玩具	Toys	–	471723	–	312324
体育用品及设备	Sports and	–	134840	–	148321
笔及其零件	Pen and Its Parts	–	30355	–	26465
压缩机（万台）	Compressor (10 000 sets)	14	16123	18	13420
平板电脑（万台）	Tablet (10 000 units)	14	8156	67	44288
笔记本电脑（万台）	Laptop (10 000 units)	8	10334	40	68335
原电池（万个）	Primary Cells and Batteries (10 000 units)	4051	3675	4672	5546
蓄电池（万个）	Electric Accumulators (10 000 units)	4451	90730	6569	121097
手机（万台）	Cellphone (10 000 units)	212	43130	248	49358
电扇（万台）	Fan (10 000 units)	1338	69223	667	40489
电视机（万个）	TV set (10 000 units)	158	82115	82	74117
自行车（万辆）	Bicycle (10 000 units)	37	29533	34	35665
摩托车（万辆）	Motorcycle (10 000 units)	13	25769	14	24927
汽车(包含底盘)（辆）	Motor Vehicles and Chassis (unit)	40626	265618	97448	769267
灯具、照明装置及其零件	Lights, Lighting Apparatus and Component	–	661849	–	439603
农产品（包括本目录已具体列名的农产品）	Agriculture Products (Including Those Have Been Show in This Content)	–	1198911	–	1171510
机电产品（包括本目录已具体列名的机电产品）	Mechanical and Electrical Products (Including Those Have Been Show in This Content)	–	14759729	–	17445142
高新技术产品（包括本目录已具体列名的机电产品）	High and New-tech Products (Including Those Have Been Show in This Content)	–	6573997	–	8864998

12－10 主要进口商品数量及金额（2021年）
Volume and Value of Major Import Commodities（2021）

单位：万元 (RMB 10 000)

商品名称	Item	2020		2021	
		数量 Volume	金额 Value	数量 Volume	金额 Value
鲜、干水果及坚果（吨）	Fresh and Dry Fruit, Nuts (ton)	551603	826489	467163	1077985
大豆（万吨）	Soybean (10 000 tons)	655	1770570	599	2222766
食用植物油（万吨）	Edible Vegetable Oil (10 000 tons)				
天然橡胶（包括胶乳,吨）	Natural Rubber (including Latex, ton)				
合成橡胶（包括胶乳,吨）	Synthetic Rubber (including Latex, ton)				
原木（万立方米）	Logs (10KM³)	32260	32106	53841	66478
锯材（万立方米）	Wood Saw (10KM³)	4767	11778	9069	23460
纸浆（吨）	Paper Pulp (ton)	347357	123616	757280	337544
纺织用合成纤维（吨）	Synthetic Fibers Suitable for Spinning (ton)				
铁矿砂及其精矿（万吨）	Iron Ore (10 000 tons)	2759	2096017	3246	3711805
锰矿砂及其精矿（万吨）	Manganese Ores and Concentrates (10 000 tons)				
煤及褐煤（万吨）	Coal and Lignite (10 000 tons)	729	408317	657	835920
成品油（万吨）	Petroleum Products Refined (10 000 tons)	1	4146	1	4411
医药品（吨）	Pharmaceutical Products (ton)	8152	18470	13453	15167
初级形状的塑料（吨）	Primary Plastic (ton)	89031	73849	67736	78841
牛皮革及马皮革（吨）	Cattle Hide and Horsehide (ton)	36268	23821	36518	22202
棉纱线（吨）	Cotton Yarn (ton)	612	1969	298	1505
合成纤维纱线（吨）	Synthetic Fibers, Continuous Filament and Yarn (ton)	173	624	190	431
合成纤维长丝机织物（万米）	Synthetic Fibers, Continuous Filament Woven Fabrics (10 000 m)				
针织或钩编织物	Garments, knitted or Crocheted				
原油（万吨）	Crude Oil (ton)	13	25629	51	188736
钢材（吨）	Rolled Steel (ton)	3217	4422	5580	8416
未锻轧的铜及铜材（吨）	Unwrought Copper and Related Products (ton)	60911	282615	46001	264643
未锻轧的铝及铝材（吨）	Unwrought Aluminum and Related Products (ton)	2645	3279	16166	26819
液泵及液体提升机（台）	Liquid Pump and Machine with Liquid Exaltation (unit)				
活塞式内燃机的零件（吨）	Accessories of Gas Engine with Liquid Exaltation (ton)				
空气调节器（台）	Air Conditioners (set)				
机械提升搬运装卸设备及零件	Portage, Load and Unload Equipments and Accessories with Machine Exaltation				
建筑及采矿用机械及零件	Building, Mining Machinery and Accessories				
食品.饮料工业用加工机械及零件	Food and Drink Processing Machinery and Accessories				
制造纸及纸制品用机械及零件	Papermaking and Paper Products Machinery and Accessories				
印刷、装订机械及零件	Printing and Binding Machinery and Accessories	–	53426	–	52121
纺织机械及零件	Spinning Machinery and Accessories				
金属加工机床（台）	Machine Tools (unit)				
橡胶或塑料加工机械及零件	Rubber or Plastic Processing Machinery and Accessories				
阀门（万套）	Valves (10 000 sets)	9	35130	17	30149
自动数据处理设备及其部件（万台）	Automatic Data Processing Machines and Components (10 000 sets)	–	2792380	–	3893817
电话机（万台）	Telephone sets (10 000 set)				
通断及保护电路装置及零件	Electrical Apparatus for Switching or Protecting Electrical Circuit				
电线和电缆（吨）	Electric Wires and Cables (ton)	5499	381084	4801	346468
汽车（包括底盘）（辆）	Motor Vehicles (including Complete set of spare parts) (unit)	959	37567	265	15783
汽车零配件	Parts of Motor Vehicles	–	1881	–	5567
机电产品（包括本目录具体列名的机电产品）	Mechanical and Electrical Products (Including Those Have Been Show in This Content)	–	8189402	–	10221382
高新技术产品（包括本目录已具体列名的机电产品）	High and New-tech Products (Including Those Have Been Show in This Content)	–	6063120	–	8573988

12－11 广西对外经济合作情况

Guangxi Economic Cooperation with Foreign Countries or Regions

单位：万美元 (USD 10 000)

指 标	Item	2020	2021
一、对外直接投资	**Foreign Direct Investment**		
协议投资企业数	Number of Contracted Investment Enterprises	46	30
协议投资总额	Total Value of Contracted Investment	188426	21708
其中：中方协议投资额	Among: From China	79701	20662
实际投资额	Actual Investment Value	47458	57980
二、对外承包工程	**Contracted Projects**		
新签合同（份）	New Contracted Projects (unit)	27	24
合同额	Contracted Value	39820	122613
营业额	Volume of Business Fulfilled	27009	37389
期末在外劳务人数（人）	Workers Abroad by the End of Year (person)	1482	986
三、对外劳务合作	**Labor Services**		
合同工资总额	Total Contracted Wage	254	450
实际收入总额	Actual Total Income	545	440
期末在外人数（人）	Workers Abroad by the End of Year (person)	209	325

12－12 广西及各市实际利用外资情况（2021年）

Actual Utilization of Foreign Direct Investment by City（2021）

城 市	City	2021 总量（万美元） Total Amount (USD 10 000)	2021 比上年增减（%） Increase or Decrease over the Previous Year (%)
全 区	**Total**	**165205**	**25.4**
南宁市	Nanning	57809	31.3
柳州市	Liuzhou	8553	19.8
桂林市	Guilin	7095	26.6
梧州市	Wuzhou	6267	80.4
北海市	Beihai	17886	44.3
防城港市	Fangchenggang	7396	28.3
钦州市	Qinzhou	27652	2.3
贵港市	Guigang	6717	24.3
玉林市	Yulin	12473	10.1
百色市	Baise	3963	64.2
贺州市	Hezhou	1345	23.6
河池市	Hechi	1915	50.9
来宾市	Laibin	2502	43.2
崇左市	Chongzuo	3631	18.6

主要统计指标解释

进出口总额 海关进出口总额指实际进出我国国境的货物总金额，它可用以观察一个国家在对外贸易方面的总规模。进出口总额统计范围包括：对外贸易实际进出口货物，来料加工装配进出口货物，国家间、联合国及国际组织无偿援助物资和赠送品，华侨、港澳台同胞和外籍华人捐赠品，租赁期满归承租人所有的租赁货物，进料加工进出口货物，边境地方贸易及边境地区小额贸易进出口货物，中外合资、合作、外商独资企业进出口货物和公用物品，到、离岸价格在规定限额以上的进出口货样和广告品（无商业价值、无使用价值和免费提供出口的除外），从保税仓库提取在中国境内销售的进口货物，以及其他进出口货物。我国规定出口货物按离岸价格统计，进口货物按到岸价格统计。

外商直接投资 指外方投资者在我国境内通过设立外商投资企业、合作企业、与中方投资者共同进行石油、天然气和煤层气等资源的合作勘探开发以及设立外国公司分支机构等方式进行投资。外方投资者可以用现金、实物、无形资产、股权等投资。

对外承包工程 根据《对外承包工程管理条例》，对外承包工程是指中国的企业或者其他单位承包境外建设工程项目的活动。

对外承包项目分为十一大类：房屋建筑项目、工业建设项目、制造加工设施建设项目、水利建设项目、废水（物）处理项目、交通运输建设项目、危险品处理项目、电力工程建设项目、石油化工项目、通讯工程项目、其他。

Explanatory Notes on Main Statistical Indicators

Total Import and Export Value refers to the total value of commodities imported into and exported from the boundary of China. It can be used to observe the total scale in foreign trade of a country. It includes: the actual imports and exports through foreign trade, imported and exported goods under the processing and assembling trades and materials, supplies and gifts as aid given gratis between countries and by the United Nations and other international organizations, the donated products of overseas Chinese, compatriot from Hong Kong, Macao and Taiwan and Chinese of foreign nationality, lease goods belonging to lessee after expiring leasing period, the imports and exports of processing with imported materials, the local trade in the border and cargoes imported and exported of small trade of border area, the imported and exported commodities and articles for public use of the Sino-foreign joint ventures, cooperative enterprises and ventures exclusively with foreign own investment, imported and exported sample of regulation and advertising product that are in the stipulated above-norm of the cost insurance and freight (CIF) and free on board (FOB) (excluding which have no commercial value, using value and which export for free), the imports that are picked up from the bonded warehouse and sale in china, and other imports and exports. In our country, exports are calculated according to FOB, and imports are calculated according to CIF.

Foreign Direct Investment refers to the investment made in Chinese area by foreign investors in establishing foreign-funded enterprises, cooperative enterprises, cooperating with Chinese investors on the exploration and development of oil, natural gas and coal bed methane resources, and investment in the form of branches of foreign companies, etc. Foreign investors can invest in cash, real assets, intangible assets and equities.

Overseas Contracted Projects according to The Regulations on the Administration of oversea Contracted Projects, overseas contracted projects refers to the activities of Chinese enterprises or other entities contracting overseas construction projects.

The foreign contracting project is divided into eleven categories: Housing construction projects, industrial construction projects, manufacturing and processing facilities construction projects, water conservancy projects, waste water (material) treatment projects, transportation construction projects, dangerous goods treatment projects, electrical engineering construction projects, petrochemical projects, communication engineering projects, etc.

第十三篇　农　业

CHAPTER 13　AGRICULTURE

（编辑：杨海玲）

简要说明

（本篇资料由自治区统计局农村处整理，电话：0771-5862758）

一、本篇资料主要内容及来源

（一）农村基本情况及农业生产条件基本情况（自治区民政厅、自然资源厅、农机局、水利厅）。

（二）农林牧渔业总产值及其构成、指数情况，主要农作物播种面积及其构成、主要农作物产品产量、单位面积产量等情况（自治区统计局、国家统计局广西调查总队共同完成）。

（三）林业生产情况（由统计部门与林业部门共同布置）。

（四）畜牧水产主要产品生产情况（由统计部门与畜牧、水产等部门共同布置）。

二、其他情况说明

1. 1995年乡(镇)村从业人员为“乡（镇）村实有劳动力”。

2. 按照国家统计口径，2003年起农林牧渔业总产值包括农业、林业、牧业、渔业以及农林牧渔专业及辅助性活动产值。

3. 2006和2007年农林牧渔业总产值数据根据第二次全国农业普查数据进行了衔接修订，2016和2017年根据第三次全国农业普查数据进行了衔接修订。

4. “农作物播种面积”“经济和其他农作物”“蔬菜”中均不包含食用菌面积。

5. 2000年以后的水果产量包括园林水果和果用瓜；2009年起薯类包括马铃薯；2000年以前的木材和毛竹采伐量为村及村以下数量，2005年以后为全社会数量。

6. 1996年以前水产品产量按旧标准统计，即贝类5斤折1斤计量。1997年起按新标准统计，即海蜇按三矾后的成品、海藻按干品计量，其余所有的水产品均按捕捞起水时的鲜活实际重量计量。

7. 2007—2015年主要农作物播种面积及其构成、主要农作物产品产量、单位面积产量等数据已根据第三次全国农业普查数据进行了衔接修订；肉猪出栏头数、肉类总产量（包括猪肉、牛肉、羊肉、禽肉）、牛奶、禽蛋从2013年至2017年，蜂蜜、蚕茧从2015年至2017年，水产品产量从2016年至2018年，根据第三次全国农业普查数据进行了衔接修订。

Brief Introduction

(This information is compiled by the Rural Department of the Guangxi Zhuang Autonomous Region Bureau of Statistics, Tel: 0771-5862758)

Main contents and sources of this information

(i) Basic statistics of rural areas and agricultural production conditions (obtained from the Department of Civil Affairs, Department of Natural Resources, Agricultural Machinery Bureau, Department of Water Resources and other departments).

(ii) Gross output value of agriculture, forestry, animal husbandry and fishery, its composition and indices, the sown area and composition of major farm crops, the output of major farm crop, the output per hectare, etc. (Guangxi Zhuang Autonomous Region Bureau of Statistics, Survey Office of the National Bureau of Statistics in Guangxi).

(iii) Basic statistics on forestry (arranged by department of statistics and department of forestry).

(iv) Basic statistics on main products of animal husbandry and fishery (arranged by department of statistics, department of animal husbandry, department of fishery and other departments).

13－1 主要年份农村和农业生产基本情况
Basic Statistics of Rural Area and Agricultural Production Conditions in Main Years

指　标	Item	2010	2015	2019	2020	2021
乡镇个数（个）	Number of Township and Town (unit)	1126	1123	1118	1118	1118
#镇个数	Number of Town	702	773	806	806	806
村委会个数（个）	Number of Villagers' Committees (unit)	14355	14273	14221	14220	14172
乡（镇）村户数（万户）	Number of Rural (Town) Households (10 000 households)	1029.14	1112.03	1182.49	1201.21	1233.53
乡（镇）村人口（万人）	Rural Population (10 000 persons)	4203.98	4403.58	4592.23	4615.60	4610.56
乡（镇）村从业人员（万人）	Number of Rural (Town) Laborers (10 000 persons)	2387.20	2489.85	2495.32	2505.33	2441.14
#男	Male	1262.17	1323.32	1341.24	1347.48	1320.44
女	Female	1125.03	1166.53	1154.07	1157.85	1120.70
机耕面积（千公顷）	Tractor Ploughed Area (1 000 hectares)	3163.7	4628.5	4814.92	4655.48	4537.77
农村用电量（亿千瓦小时）	Electricity Consumed in Rural Areas (100 million kwh)	50.22	83.91	126.47	141.30	184.63
化肥施用量（折纯量）（万吨）	Consumption of Chemical Fertilizers (10 000 tons)	237.16	259.86	252.04	247.85	251.89
氮肥	Nitrogenous Fertilizer	69.94	74.23	72.82	71.2	68.2
磷肥	Phosphate Fertilizer	28.85	31.06	29.49	28.56	27.62
钾肥	Potash Fertilizer	53.23	58.34	55.09	54.38	51.95
复合肥	Compound Fertilizer	85.15	96.23	94.63	93.73	104.12
农田有效灌溉面积（千公顷）	Irrigated Area (1 000 hectares)	1523.0	1618.8	1500.09	1503.06	1484.01

13－2　农林牧渔业总产值（1978—2021年）
Gross Output Value of Agriculture, Forestry, Animal Husbandry and Fishery（1978—2021）

（当年价格）（At current prices）　　单位：亿元（100 million yuan）

年　份	Year	农林牧渔业总产值 Total	农业产值 Agriculture	林业产值 Forestry	牧业产值 Animal Husbandry	渔业产值 Fishery	农林牧渔专业及辅助性活动 Output Value of Service Industry for Agriculture, Forestry, Animal Husbandry and Fishery and Subsidiary Activities
一、总产值	**Gross Output Value**						
1978		46.17	36.99	2.28	6.37	0.53	
1980		63.31	44.41	4.39	13.64	0.87	
1985		108.02	66.34	8.09	30.43	3.16	
1990		252.22	149.69	18.05	75.50	8.98	
1991		278.15	164.73	20.87	81.99	10.56	
1992		333.12	188.65	26.77	100.71	16.99	
1993		378.62	214.24	27.47	114.15	22.76	
1994		516.46	283.71	31.78	164.02	36.95	
1995		698.28	384.17	32.56	225.57	55.98	
1996		821.55	450.52	38.14	263.80	69.09	
1997		882.60	482.48	38.64	280.67	80.81	
1998		865.90	476.24	37.75	263.96	87.95	
1999		844.78	454.85	37.48	261.87	90.58	
2000		828.97	418.83	38.76	275.33	96.05	
2001		872.90	439.93	39.44	292.34	101.19	
2002		916.50	465.47	39.81	306.50	104.72	
2003		1030.89	500.82	53.80	342.83	115.53	17.91
2004		1294.53	623.09	58.07	460.68	133.78	18.91
2005		1448.37	711.89	61.68	511.60	143.61	19.59
2006		1622.22	807.90	79.75	540.17	135.40	59.00
2007		2026.22	970.55	99.78	710.17	178.32	67.40
2008		2389.79	1106.74	124.26	871.66	206.98	80.15
2009		2380.51	1134.98	132.27	812.46	216.95	83.85
2010		2720.99	1339.58	173.47	870.73	247.16	90.05
2011		3323.37	1602.48	217.41	1096.58	303.11	103.79
2012		3490.72	1724.00	245.26	1072.77	331.74	116.95
2013		3755.19	1868.30	287.64	1101.23	366.65	131.37
2014		3947.73	1993.98	303.17	1087.25	413.12	150.21
2015		4197.12	2146.37	313.90	1140.30	429.82	166.73
2016		4560.23	2342.20	323.53	1281.46	423.70	189.31
2017		4698.71	2538.87	346.43	1128.57	470.97	213.87
2018		4909.24	2717.48	379.86	1072.32	504.29	235.29
2019		5498.81	3102.27	410.54	1189.68	538.93	257.39
2020		5913.28	3268.80	437.36	1423.75	508.30	275.07
2021		6524.39	3690.73	538.10	1437.58	555.06	302.93

13－2 续表 continued

（当年价格） (At current prices) 单位：亿元（100 million yuan）

年 份 Year	农林牧渔业总产值 Total	农业产值 Agriculture	林业产值 Forestry	牧业产值 Animal Husbandry	渔业产值 Fishery	农林牧渔专业及辅助性活动 Output Value of Service Industry for Agriculture, Forestry, Animal Husbandry and Fishery and Subsidiary Activities
二、构成（以总产值合计为100） Composition(Gross Output Value=100)						
1978	100.0	80.1	4.9	13.8	1.2	
1980	100.0	70.1	6.9	21.6	1.4	
1985	100.0	61.4	7.5	28.2	2.9	
1990	100.0	59.3	7.2	29.9	3.6	
1991	100.0	59.2	7.5	29.5	3.8	
1992	100.0	56.6	8.1	30.2	5.1	
1993	100.0	56.6	7.3	30.1	6.0	
1994	100.0	54.9	6.1	31.8	7.2	
1995	100.0	55.0	4.7	32.3	8.0	
1996	100.0	54.8	4.7	32.1	8.4	
1997	100.0	54.7	4.4	31.8	9.1	
1998	100.0	55.0	4.4	30.5	10.1	
1999	100.0	53.9	4.4	31.0	10.7	
2000	100.0	50.6	4.6	33.2	11.6	
2001	100.0	50.4	4.5	33.5	11.6	
2002	100.0	50.8	4.4	33.4	11.4	
2003	100.0	48.6	5.2	33.3	11.2	1.7
2004	100.0	48.1	4.5	35.6	10.3	1.5
2005	100.0	49.1	4.3	35.3	9.9	1.4
2006	100.0	49.8	4.9	33.3	8.4	3.6
2007	100.0	47.9	4.9	35.1	8.8	3.3
2008	100.0	46.3	5.2	36.5	8.7	3.3
2009	100.0	47.7	5.6	34.1	9.1	3.5
2010	100.0	49.2	6.4	32.0	9.1	3.3
2011	100.0	48.2	6.6	33.0	9.1	3.1
2012	100.0	49.4	7.0	30.7	9.5	3.4
2013	100.0	49.7	7.7	29.3	9.8	3.5
2014	100.0	50.5	7.7	27.5	10.5	3.8
2015	100.0	51.1	7.5	27.2	10.2	4.0
2016	100.0	51.4	7.1	28.1	9.3	4.2
2017	100.0	54.0	7.4	24.0	10.0	4.6
2018	100.0	55.4	7.7	21.8	10.3	4.8
2019	100.0	56.4	7.5	21.6	9.8	4.7
2020	100.0	55.3	7.4	24.1	8.6	4.7
2021	100.0	56.6	8.2	22.0	8.5	4.6

注：1. 按照国家统计口径，2003年起农林牧渔业总产值包括农业、林业、牧业、渔业以及农林牧渔专业及辅助性活动。
2. 本表2006和2007年数据为第二次全国农业普查衔接数；2016和2017年为第三次全国农业普查衔接数。

Note: 1. According to the statistic standard of our country, the gross output value of agriculture, forestry, animal husbandry and fishery has included the output value of the service industry of agriculture, forestry, animal husbandry and fishery and subsidiary activities since 2003.
2. Data of 2006 and 2007 in this table is in accordance with the Second National Agriculture Census. Data of 2016 and 2017 in this table is in accordance with the Third National Agriculture Census.

13—3　农林牧渔业总产值指数（1978—2021年）
Indices of Gross Output Value of Agriculture, Forestry, Animal Husbandry and Fishery（1978—2021）

（按可比价格计算，以上年为100）（at comparable prices, preceding year =100）　　单位：%（%）

年　份 Year	农林牧渔业总产值 Total	农业产值 Agriculture	林业产值 Forestry	牧业产值 Animal Husbandry	渔业产值 Fishery	农林牧渔专业及辅助性活动 Output Value of Service Industry for Agriculture, Forestry, Animal Husbandry and Fishery and Subsidiarity Activities
1978	101.8	101.9	100.8	105.0	72.8	
1979	104.8	106.1	109.7	96.9	85.2	
1980	104.2	105.2	98.9	99.0	112.8	
1981	106.0	104.1	122.7	111.7	106.4	
1982	116.2	115.4	104.6	123.5	126.3	
1983	100.7	100.6	92.5	102.7	112.0	
1984	99.7	97.0	113.7	105.6	104.2	
1985	102.1	99.6	110.5	107.2	112.5	
1986	103.4	103.1	104.2	103.3	114.5	
1987	104.9	106.6	93.1	102.7	112.5	
1988	98.1	96.7	102.7	100.4	107.0	
1989	110.3	111.4	94.5	111.8	109.4	
1990	108.0	105.4	125.1	111.3	113.9	
1991	108.1	105.3	113.0	112.9	112.2	
1992	114.9	115.3	106.7	116.1	122.9	
1993	104.7	101.3	104.2	108.9	126.6	
1994	107.3	102.4	108.0	111.5	136.0	
1995	114.9	114.0	96.2	117.2	135.9	
1996	105.0	99.6	100.3	112.5	120.4	
1997	109.9	110.7	97.4	107.7	120.4	
1998	105.2	106.5	95.5	102.9	110.1	
1999	107.9	111.4	99.8	103.6	106.2	
2000	100.2	94.7	101.9	109.4	105.3	
2001	104.9	104.9	103.5	106.0	103.4	
2002	107.8	111.2	100.7	105.2	102.7	
2003	104.3	100.0	114.8	109.2	106.9	104.0
2004	106.3	105.8	103.4	109.0	104.8	101.6
2005	107.4	105.8	107.0	110.6	105.0	101.1
2006	107.2	105.9	121.4	107.7	105.5	104.9
2007	105.8	108.1	110.3	102.0	105.2	104.7
2008	105.4	103.6	121.4	105.9	102.4	109.7
2009	105.4	105.3	102.1	105.6	106.2	106.3
2010	104.7	103.0	115.8	105.1	105.8	104.3
2011	104.8	105.8	110.9	101.4	105.9	108.7
2012	105.7	106.0	109.2	104.5	105.4	109.2
2013	104.4	104.7	108.2	102.3	105.4	108.9
2014	103.7	105.2	102.8	100.4	104.3	110.8
2015	103.7	105.1	106.3	99.7	104.0	107.8
2016	103.3	104.7	105.9	98.3	104.3	111.3
2017	104.4	105.3	105.1	101.4	104.2	110.2
2018	105.6	106.8	106.3	102.7	104.8	107.4
2019	104.8	107.4	107.3	96.1	106.2	106.8
2020	105.0	106.5	107.7	102.1	101.1	104.0
2021	109.2	106.4	107.6	119.0	102.6	108.0

13-4 主要年份主要农作物播种面积
Sown Area of Major Farm Crops in Main Years

单位：千公顷 (1 000 hectares)

指 标	Item	2010	2015	2017	2018	2019	2020	2021
农作物总播种面积	Total Sown Area	5815.5	5978.0	5969.6	5974.7	5989.2	6107.32	6177.58
#粮食作物	Grain Crops	3003.7	2950.6	2853.1	2802.1	2747.0	2806.1	2822.94
占总播种面积比重(%)	Percentage to Total Area (%)	51.6	49.4	47.8	46.9	45.9	45.9	45.7
#稻　谷	Rice	2040.8	1871.4	1801.7	1752.6	1712.9	1760.12	1756.74
#早　稻	Early Rice	940.1	837.9	810.7	790.5	767.9	805.18	807.52
晚　稻	Late Rice	954.6	894.1	849.9	826.6	810.9	821.2	811.93
玉　米	Corn	536.4	617.0	591.2	584.4	580.1	596.97	615.05
大　豆	Soybean	106.1	90.7	94.3	97.7	93.9	96.42	101.51
薯　类	Tubers	244.6	274.4	267.2	267.7	263.4	267.27	267.35
#经济和其他农作物	Economic and Others Crops	2811.8	3027.4	3116.5	3172.6	3242.2	3301.23	3354.64
花　生	Peanuts	163.5	195.5	206.0	211.5	218.5	223.3	226.25
油菜籽	Rape Seeds	14.1	19.7	20.8	24.4	28.4	32.5	35.13
芝　麻	Sesame	4.0	3.0	2.8	3.0	3.1	3.0	2.96
黄红麻	Jute and Ambary Hemp	3.6	1.9	1.7	2.0	2.2	2.1	2.17
苎　麻	Ramie	0.4	0.3	0.3	0.4	0.4	0.4	0.41
甘　蔗	Sugarcane	1041.8	918.4	876.1	886.4	890.2	874.8	857.81
烤　烟	Flue-Cured Tobacco	11.6	12.1	9.9	8.9	8.5	8.9	8.51
木　薯	Cassava	233.0	213.3	201.0	182.3	178.0	173.8	165.50
蔬　菜（含菜瓜）	Vegetables (Including Vegetable Melons)	1033.2	1291.8	1399.7	1439.7	1485.2	1535.9	1596.33

注：1.“农作物总播种面积”“经济和其他农作物”“蔬菜”中均不包含食用菌面积。
　　2. 本表2010—2017年根据第三次全国农业普查数据进行了衔接修订。

Note: 1. The indicators of “Planting Area of Farm Crops”, “Economic and Others Crops” and “Vegetables” do not include the area of eatable mushrooms.
　　2. Data of 2010—2017 in this table is in accordance with the Third National Agriculture Census.

13－5 主要年份主要农作物产品产量
Output of Major Farm Crops in Main Years

单位：万吨 (10 000 tons)

指 标	Item	2010	2015	2017	2018	2019	2020	2021
粮食作物	Grain Crops	1374.08	1433.15	1370.49	1372.8	1332.0	1370.0	1386.54
#稻 谷	Rice	1092.60	1073.47	1019.78	1016.2	991.95	1013.74	1017.90
#早 稻	Early Rice	517.92	498.90	470.15	470.5	452.60	476.75	480.00
晚 稻	Late Rice	496.39	484.08	452.80	451.4	444.81	443.19	439.83
玉 米	Corn	207.63	277.45	271.64	273.4	261.21	273.33	285.15
大 豆	Soybean	15.87	13.42	15.32	16.2	14.87	15.44	15.94
薯 类	Tubers	47.84	53.67	47.83	50.71	48.69	52.60	53.10
油 料	Oil-bearing Crops	44.04	59.21	64.93	66.66	71.63	73.88	75.86
#花 生	Peanuts	41.72	55.23	60.80	62.67	67.20	69.23	71.12
油菜籽	Rapeseeds	1.33	2.08	2.16	2.34	2.80	3.14	3.36
芝 麻	Sesame	0.80	1.47	1.67	1.18	1.17	1.14	1.15
黄红麻	Jute and Ambary Hemp	0.84	0.49	0.47	0.61	0.64	0.65	0.67
苎 麻	Ramie	0.11	0.11	0.11	0.08	0.09	0.09	0.10
甘 蔗	Sugarcane	6936.77	7078.19	7132.35	7292.76	7490.65	7412.47	7365.11
烤 烟	Flue-Cured Tobacco	1.97	2.01	2.10	1.43	1.26	1.53	1.59
蔬 菜（含菌类）	Vegetables (including fungus)	2182.42	2944.78	3282.63	3432.16	3636.36	3830.77	4047.46
木 薯	Cassava	173.21	175.94	172.05	166.67	168.56	167.48	162.71
茶 叶	Tea	3.89	6.25	7.19	7.52	8.28	8.84	9.60
水 果（含园林和瓜果类）	Fruits (Including Grove and Melon Fruits)	1057.12	1592.94	1900.40	2116.28	2472.14	2785.74	3121.14
#园林水果	Grove Fruits	816.63	1279.41	1577.07	1790.27	2140.17	2461.11	2798.08
#蕉 类	Banana	190.97	311.79	371.57	351.2	343.03	337.61	348.12
沙田柚	Shatian Pomelo	44.92	60.18	64.98	73.41	88.61	99.93	108.74
柑桔橙	Citrus and Orange	268.29	459.07	620.41	759.12	1032.8	1281.52	1496.78
菠 萝	Pineapple	2.76	3.43	3.55	3.6	3.69	3.68	3.18
龙 眼	Longan	35.07	41.38	41.26	51.88	50.74	50.28	60.69
荔 枝	Litchi	41.42	48.97	50.80	61.68	58.34	64.10	80.68
芒 果	Mango	15.62	48.98	68.41	63.57	79.81	94.66	110.53

注：本表2010—2017年根据第三次全国农业普查数据进行了衔接修订。
Note: Data of 2010—2017 in this table is in accordance with the Third National Agriculture Census.

13－6 主要年份主要农作物单位面积产量
Output of Major Farm Crops Per Hectare in Main Years

单位：公斤/公顷 (kg/hectare)

指 标	Item	2010	2015	2017	2018	2019	2020	2021
粮食作物	Grain Crops	4575	4857	4804	4899	4849	4882	4912
#稻　谷	Rice	5354	5736	5660	5799	5791	5759	5794
#早　稻	Early Rice	5509	5954	5799	5952	5894	5921	5944
晚　稻	Late Rice	5200	5414	5328	5461	5485	5397	5417
玉　米	Corn	3870	4497	4595	4678	4503	4579	4636
大　豆	Soybean	1497	1480	1625	1655	1584	1601	1570
薯　类	Tubers	1956	1956	1790	1895	1849	1968	1986
花　生	Peanuts	2551	2825	2951	2964	3076	3100	3144
甘　蔗	Sugarcane	66583	77073	81409	82274	84146	84730	85859
烤　烟	Flue-Cured Tobacco	1694	1658	2122	1615	1482	1709	1870

13－7 主要年份农作物播种面积构成

Sowing Areas Structure of Farm Crops in Main Years

（以总播种面积为100） (Total Planting Area=100) 单位：%（%）

指 标	Item	2010	2015	2017	2018	2019	2020	2021
农作物播种面积	Total Sown Area	100	100	100	100	100	100	100
一、粮食作物	Grain Crops	51.6	49.4	47.8	46.9	45.9	45.9	45.7
#稻 谷	Rice	35.1	31.3	30.2	29.3	28.6	28.8	28.4
#早 稻	Early Rice	16.2	14.0	13.6	13.2	12.8	13.2	13.1
晚 稻	Late Rice	16.4	15.0	14.2	13.8	13.5	13.4	13.1
小 麦	Wheat	0.1	0	0.1	0.1	0.1	0.1	0.1
玉 米	Corn	9.2	10.3	9.9	9.8	9.7	9.8	10.0
大 豆	Soybean	1.8	1.5	1.6	1.6	1.6	1.6	1.6
薯 类	Tubers	4.2	4.6	4.5	4.5	4.4	4.4	4.3
二、经济及其他农作物	Economic and Others Crops	48.4	50.6	52.3	53.1	54.1	54.1	54.3
#油料合计	Total of Oil-bearing Crops	3.2	3.8	4.0	4.1	4.2	4.3	4.3
#花 生	Peanuts	2.8	3.3	3.5	3.5	3.6	3.7	3.7
油菜籽	Rapeseeds	0.2	0.3	0.3	0.4	0.5	0.5	0.6
芝 麻	Sesame	0.1	0.1	0	0	0.1	0	0
麻 类	Fiber Crops	0.1	0	0	0	0	0	0
#黄红麻	Jute and Ambary Hemp	0.1	0	0	0	0	0	0
甘 蔗	Sugarcane and Fruit Canes	17.9	15.4	14.7	14.8	14.9	14.3	13.9
#糖 蔗	Sugarcane	17.8	15.4	14.7	14.4	14.4	13.9	13.5
烟 叶	Tobacco	0.3	0.2	0.2	0.2	0.2	0.2	0.2
#烤 烟	Flue-Cured Tobacco	0.2	0.2	0.2	0.1	0.1	0.1	0.1
木 薯	Cassava	4.0	3.5	3.3	3.1	3.0	2.8	2.7
蔬 菜（含菜用瓜）	Vegetables (including vegetable melons)	17.8	21.6	23.5	24.1	24.8	25.1	25.8
绿 肥	Green Manure	0.9	1.1	1.2	1.2	1.2	1.2	1.2

注：1.“农作物总播种面积”“经济及其他农作物”“蔬菜”中均不包含食用菌面积。
2. 本表2010—2017年面积构成根据第三次全国农业普查衔接修订数计算。

Note: 1. The indicators of “Planting Area of Farm Crops”, “Economic and Others Crops” and “Vegetables” do not include the area of eatable mushrooms.
2. Data of 2010—2017 in this table is in accordance with the Third National Agriculture Census.

13—8 主要年份林业生产情况
Basic Statistics on Forestry in Main Years

指 标	Item	2010	2015	2017	2018	2019	2020	2021
人工造林面积（年末成活率达85%以上，千公顷）	Afforested Area (Survival Rate above 85% at Year-end, 1 000 hectares)	143.3	159.4	129.8	140.6	113.6	115	73.39
#飞机播种	Sown by Airplane							
用材林	Timber Forest	108	76.58	40.45	27.80	38.6	4.8	5.17
经济林	Economic Forest	9.3	29.90	20.93	28.65	38.8	15.0	26.2
防护林	Shelter-forest	25.6	23.30	15.48	8.02	9.73	5.5	5.87
当年迹地更新面积（千公顷）	Slash Reforestation Areas of the Current Year (1 000 hectares)	119.9	141.9	159.03	154.10	148.23	162.24	165.30
育苗面积（千公顷）	Grow Seedlings Area (1 000 hectares)	1.8	16.3	19.80	16.39	18.37	22.83	8.91
当年四旁零星植树（按实际成活计，万株）	Oddly (All Around) Tree Planting of the Current Year (by actual survival rate, 10 000 roots)	5052.00	7099.37	7248.43	6769.03	5076.4	6235.45	8104.00
森林抚育面积（千公顷）	Area of Forest Fostering (1 000 hectares)					728.62	861.89	927.53
林产品产量（吨）	Output of Forestry Products (ton)							
油茶籽	Tea-oil Seeds	143749	192762	225785	233218	261593	299387	350566
油桐籽	Tung-oil Seeds	72536	83546	85374	85473	85851	82562	73665
松 脂	Pine Resin	495750	651234	695549	704013	720900	724102	747705
八 角	Anise	99626	135105	143919	148227	149254	177201	193384
桂 皮	Cassia Bark	28655	36707	40556	35153	39228	42287	36145
板 栗	Chestnuts	73059	100744	109563	109313	110609	112453	111093
核 桃	Walnuts	929	1455	2426	2467	2546	4294	4767
白 果	Ginkgo	7878	9001	8760	8945	8913	9054	9246
茴 油	Fennel Oil	2973	4152	4553	4686	4652	4186	2463
桂 油	Laurel Oil	1036	1330	1396	1186	1359	1354	1349
竹笋干	Bamboo Shoots	24477	34046	35344	35726	37506	43111	40045
橡 胶	Rubber	378	117	121	38	10	0	0
木材采伐量（万立方米）	Felling Amount of Timber (10 000 cu.m)	1743.02	2980.00	3810.00	3512.20	4109.03	4203.52	4701
毛竹采伐量（万根）	Felling Amount of Mao Bamboo (10 000 pieces)	8712.93	17030.02	14797.57	15247.34	15884	16277.13	17194.19

注：2000年以前的木材和毛竹采伐量为村及村以下数量，2005年以后为全社会数量。

Note: Felling amount of timber and mao bamboo before 2000 only contains the amount of village and below. The amount after 2005 contains all amounts in every aspect.

13－9 主要年份畜牧水产主要产品生产情况
Basic Statistics on Main Products of Animal Husbandry and Fishery in Main Years

指 标	Item	2010	2015	2017	2018	2019	2020	2021
一、畜禽产品产量	**Output of Animal Products**							
肉猪出栏头数（万头）	Number of Slaughtered Fattened Hogs (10 000 heads)	3230.00	3581.73	3355.06	3465.78	2505.76	2281.24	3113.89
肉类总产量（万吨）	Output of Meat (10 000 tons)	387.77	441.00	420.50	426.85	380.01	380.25	440.97
#猪 肉	Pork	241.50	271.27	254.97	263.89	192.11	174.05	245.24
牛 肉	Beef	13.70	11.52	11.71	12.32	12.41	13.62	14.03
羊 肉	Mutton	3.30	4.11	3.32	3.37	3.46	3.64	4.02
禽 肉	Poultry	124.93	145.80	141.96	138.83	162.85	179.95	169.15
牛 奶（吨）	Milk (ton)	82000	81500	81400	88700	87100	111800	130900
蜂 蜜（吨）	Honey (ton)	9286	13422	15044	16128	18532	26300	26431
蚕 茧（吨）	Silkworm Cocoons (ton)	264716	327215	355363	368872	378657	376507	407384
禽 蛋（吨）	Eggs (ton)	200000	251700	242000	223100	250900	267000	270800
二、水产品产量（吨）	**Aquatic Products (ton)**	**2750934**	**3456249**	**3207683**	**3298098**	**3403345**	**3439560**	**3529400**
#海水产品产量	Seawater Aquatic Products	1540362	1794194	1919010	1922233	1976790	1990730	2066611
按生产性质分	By Production Character							
天然生产	Naturally Grow	662954	652028	619658	559066	552131	484058	479415
人工养殖	Artificially Cultured	877408	1142166	1299352	1363167	1424659	1506672	1587196
淡水产品产量	Freshwater Aquatic Products	1210572	1662055	1288673	1375865	1426555	1448830	1462789
按生产性质分	By Production Character							
天然生产	Naturally Grow	116871	140014	104605	101030	97558	87677	85469
人工养殖	Artificially Cultured	1093701	1522041	1184068	1274835	1328997	1361153	1377319

注：1996年以前水产品产量按旧标准统计，即贝类5斤折1斤计量。1997年起按新标准统计，即海蜇按三矾后的成品、海藻按干品计量，其余所有的水产品均按捕捞起水时的鲜活实际重量计量。畜禽产品产量从2013年至2017年，其中蜂蜜、蚕茧从2015年至2017年，水产品产量从2016年至2018年，根据第三次全国农业普查数据作了调整衔接。

Note: Output of aquatic products before 1996 was calculated according to old standard, namely 5kg of shellfish were equivalent to 1kg to count. According to new standard statistics from 1997, the jellyfish was measured according to finished product after three vitriol, marine alga was measured according to the dry product , and other aquatic products are all measured according to the lifelike actual weight while being caught from water. Output of animal products in 2013 to 2017, among these honey and silkworm cocoons of 2015 to 2017, aquatic products of 2016 to 2018, was adjusted according to the third Agricultural Census.

13—10 各市农林牧渔业总产值及构成（2021年）
Gross Output Value and Its Composition of Agriculture, Forestry, Animal Husbandry and Fishery by City（2021）

（按当年价格计算） (at current prices)

各市名称	City	农林牧渔业总产值 Total	农业 Agriculture	林业 Forestry	牧业 Animal Husbandry	渔业 Fishery	农林牧渔专业及辅助性活动 Output Value of Service Industry for Agriculture, Forestry, Animal Husbandry and Fishery and subsidiary Activities
一、分市总产值合计（亿元）	**Gross Output Value (100 million yuan)**	**6665.6**	**3760.2**	**529.1**	**1521.8**	**554.4**	**300.2**
南宁市	Nanning	959.2	597.4	55.9	243.8	36.0	26.1
柳州市	Liuzhou	415.7	250.6	43.7	93.0	9.5	18.9
桂林市	Guilin	896.8	659.9	39.2	152.4	14.9	30.4
梧州市	Wuzhou	333.0	183.7	58.4	66.2	11.3	13.4
北海市	Beihai	351.8	91.2	6.6	37.1	205.5	11.5
防城港市	Fangchenggang	187.0	53.2	27.0	15.7	81.1	10.1
钦州市	Qinzhou	506.0	265.8	39.1	94.1	82.7	24.2
贵港市	Guigang	432.9	223.2	29.4	116.0	40.1	24.1
玉林市	Yulin	657.8	315.2	32.6	234.5	23.9	51.6
百色市	Baise	459.8	273.1	53.5	97.3	12.7	23.3
贺州市	Hezhou	280.6	173.3	24.3	53.2	10.6	19.2
河池市	Hechi	409.7	188.3	40.5	156.2	8.9	15.8
来宾市	Laibin	376.4	204.8	28.2	117.5	8.4	17.5
崇左市	Chongzuo	398.8	280.5	50.7	44.7	8.7	14.2
二、构成（%）	**Composition (%)**						
南宁市	Nanning	100.0	62.3	5.8	25.4	3.8	2.7
柳州市	Liuzhou	100.0	60.3	10.5	22.4	2.3	4.5
桂林市	Guilin	100.0	73.6	4.4	17.0	1.7	3.4
梧州市	Wuzhou	100.0	55.2	17.5	19.9	3.4	4.0
北海市	Beihai	100.0	25.9	1.9	10.5	58.4	3.3
防城港市	Fangchenggang	100.0	28.4	14.4	8.4	43.4	5.4
钦州市	Qinzhou	100.0	52.5	7.7	18.6	16.3	4.8
贵港市	Guigang	100.0	51.6	6.8	26.8	9.3	5.6
玉林市	Yulin	100.0	47.9	5.0	35.7	3.6	7.8
百色市	Baise	100.0	59.4	11.6	21.2	2.8	5.1
贺州市	Hezhou	100.0	61.8	8.7	19.0	3.8	6.8
河池市	Hechi	100.0	46.0	9.9	38.1	2.2	3.9
来宾市	Laibin	100.0	54.4	7.5	31.2	2.2	4.7
崇左市	Chongzuo	100.0	70.3	12.7	11.2	2.2	3.6

13－11　各市农作物播种面积构成（2021年）
Sowing Areas Structure of Farm Crops by City（2021）

（以总播种面积为100）（Total Planting Area=100）　　单位：%（%）

各市名称	City	农作物播种面积 Planting Area of Farm Crops	一、粮食作物 Grain Crops	#稻谷 Rice	玉米 Corn	二、经济和其他农作物 Economic and Others Crops	#油料 Oil-bearing Crops	甘蔗 Sugarcane	木薯 Cassava	蔬菜（含菜用瓜）Vegetables (Including Vegetable Melons)
广西全区	Total	100.0	45.7	28.4	10.0	54.3	4.3	13.9	2.7	25.8
南 宁 市	Nanning	100.0	43.8	27.5	11.8	56.2	5.1	12.8	1.6	28.6
柳 州 市	Liuzhou	100.0	37.1	28.7	4.4	63.0	3.6	20.2	0.4	32.1
桂 林 市	Guilin	100.0	47.4	30.8	6.1	52.6	3.9	0.4	1.0	31.9
梧 州 市	Wuzhou	100.0	47.0	34.6	3.6	53.0	5.3	0.6	6.2	36.2
北 海 市	Beihai	100.0	37.7	21.4	6.5	62.3	8.9	18.0	6.4	26.5
防城港市	Fangchenggang	100.0	37.6	21.1	8.3	62.4	2.8	32.8	1.8	23.2
钦 州 市	Qinzhou	100.0	49.0	35.9	5.2	51.1	3.1	11.4	7.6	25.0
贵 港 市	Guigang	100.0	59.8	44.8	7.2	40.2	7.0	5.7	5.0	18.4
玉 林 市	Yulin	100.0	56.8	44.2	4.9	43.2	3.8	2.7	4.8	27.9
百 色 市	Baise	100.0	55.1	17.6	26.9	44.9	3.1	9.9	0.3	25.8
贺 州 市	Hezhou	100.0	46.0	33.3	5.8	54.0	6.2	0.6	2.9	33.5
河 池 市	Hechi	100.0	52.6	17.9	23.7	47.4	3.4	10.3	1.9	22.1
来 宾 市	Laibin	100.0	37.6	24.9	7.7	62.4	4.3	29.2	1.3	18.6
崇 左 市	Chongzuo	100.0	22.6	11.3	8.2	77.4	2.4	53.4	1.7	12.6

注：“农作物总播种面积”“经济和其他农作物”“蔬菜”中均不包含食用菌面积。本表为全面调查数据。

Note: The indicators of “Planting Area of Farm Crops”, “Economic and Others Crops” and “Vegetables” do not include the area of eatable mushrooms. Data of this table comes from overall statistical survey.

13－12 各市主要农作物播种面积（2021年）

单位：千公顷

各市名称	City	农作物播种面积 Planting Area of Farm Crops	一、粮食作物 Grain Crops	#稻谷 Rice	玉米 Corn
广西全区	Total	6177.58	2822.94	1756.74	615.05
南宁市	Nanning	972.47	425.54	267.61	114.52
柳州市	Liuzhou	399.62	148.05	114.63	17.76
桂林市	Guilin	717.28	340.01	220.62	43.89
梧州市	Wuzhou	298.67	140.36	103.32	10.74
北海市	Beihai	177.24	66.87	37.90	11.58
防城港市	Fangchenggang	121.20	45.59	25.54	10.11
钦州市	Qinzhou	386.12	189.01	138.61	19.93
贵港市	Guigang	460.45	275.55	206.35	32.94
玉林市	Yulin	514.57	292.28	227.65	24.99
百色市	Baise	469.21	258.59	82.77	126.41
贺州市	Hezhou	257.58	118.48	85.69	15.00
河池市	Hechi	479.75	252.45	85.95	113.81
来宾市	Laibin	409.12	153.84	102.00	31.41
崇左市	Chongzuo	514.30	116.32	58.09	41.98

注：“农作物总播种面积”、“经济和其他农作物”、“蔬菜”中均不包含食用菌面积。本表为全面调查数据。

Note: The indicators of “Planting Area of Farm Crops”, “Economic and Others Crops” and “Vegetables” do not include the area of eatable mushrooms. Data of this table comes from overall statistical survey.

Sown Area of Major Farm Crops by City (2021)

(1 000 hectares)

二、经济和其他农作物 Economic and Others Crops	#油料 Oil-bearing Crops	甘蔗 Sugarcane	木薯 Cassava	蔬菜（含菜用瓜） Vegetables (Including Vegetable Melons)
3354.64	267.05	857.81	165.50	1596.33
546.93	49.07	124.41	15.66	277.64
251.57	14.17	80.78	1.77	128.10
377.27	27.61	3.14	7.47	228.85
158.31	15.81	1.64	18.36	107.96
110.37	15.77	31.97	11.30	46.89
75.61	3.39	39.76	2.12	28.08
197.11	12.02	44.18	29.19	96.41
184.90	32.16	26.40	22.93	84.88
222.29	19.78	13.95	24.65	143.53
210.62	14.71	46.56	1.22	120.80
139.10	16.02	1.62	7.54	86.38
227.30	16.50	49.59	9.27	106.11
255.28	17.70	119.26	5.42	76.10
397.98	12.34	274.56	8.60	64.60

13—13 各市主要农作物产量（2021年）

单位：万吨

各市名称	City	粮食作物 Grain Crops	#稻谷 Rice	玉米 Corn	大豆 Soybean	薯类 Tubers	#油料 Oil-bearing Crops	#花生 Peanuts
广西全区	Total	1386.54	1017.90	285.15	15.94	53.10	75.86	71.12
南宁市	Nanning	211.55	147.75	56.23	2.53	4.20	15.02	14.95
柳州市	Liuzhou	74.79	64.04	8.07	0.44	1.97	3.26	2.87
桂林市	Guilin	179.16	139.07	22.64	3.81	9.20	8.45	7.27
梧州市	Wuzhou	70.46	60.88	4.59	0.78	3.13	4.93	4.85
北海市	Beihai	31.01	21.29	5.87	0.06	3.61	4.96	4.95
防城港市	Fangchenggang	17.71	11.36	4.36	0.13	1.70	0.73	0.71
钦州市	Qinzhou	93.58	78.06	9.94	0.33	4.54	3.53	3.46
贵港市	Guigang	147.90	121.49	18.26	0.39	6.67	13.22	13.03
玉林市	Yulin	163.51	141.25	13.19	0.49	7.57	7.19	7.15
百色市	Baise	113.49	49.09	57.45	2.43	2.50	2.10	1.18
贺州市	Hezhou	61.33	50.81	7.19	0.35	2.33	3.88	3.71
河池市	Hechi	98.70	48.13	44.46	2.44	2.82	1.83	0.61
来宾市	Laibin	72.36	54.73	14.62	0.68	1.57	4.00	3.67
崇左市	Chongzuo	51.02	29.96	18.29	1.08	1.28	2.76	2.73

注：本表为全面调查数据。薯类是折薯产量。

Note: Data of this table comes from overall statistical survey.

Output of Major Farm Crops by City（2021）

(10 000 tons)

麻类 Fiber	甘蔗 Sugarcane	烤烟 Tobacco	木薯 Cassava	蔬菜（含食用菌）Vegetables (Including Edible Mushrooms)	茶叶 Tea	园林水果 Fruits	肉类总产量 Meats	水产品产量 Aquatic Products
0.78	7365.11	1.59	162.71	4047.46	9.60	2798.08	440.97	352.94
0.03	1049.62	0	19.81	697.44	0.53	453.91	64.73	23.42
0.03	646.07	0	1.29	302.90	1.74	126.72	22.40	7.08
0.10	26.98	0	5.03	562.21	0.56	894.66	56.73	10.64
0	10.80	0	13.71	307.40	0.68	106.77	22.03	8.31
0.10	280.43	0	26.07	124.21	0	16.21	12.71	117.83
0	315.19	0	2.14	38.70	0.06	13.38	5.44	55.84
0	321.81	0	25.20	221.69	1.74	266.04	33.99	59.08
0.16	251.63	0	23.89	232.67	0.54	57.31	37.60	20.94
0.03	155.77	0	19.07	455.34	0.31	154.40	87.84	14.78
0	284.22	1.17	1.03	327.76	1.58	210.45	26.64	9.38
0	10.94	0.35	6.34	253.74	1.57	140.44	18.62	6.65
0.02	331.22	0.07	5.56	199.80	0.04	81.05	22.92	6.80
0.02	1066.25	0	4.72	173.46	0.13	167.58	15.88	6.13
0.29	2614.16	0	8.84	150.14	0.12	109.14	13.44	6.06

13－14 各市主要农产品人均占有量（2021年）

Ownership of Per Capita Major Agricultural Products by City（2021）

单位：公斤 (kg)

各市名称	City	粮食产量 Grain	油料产量 Oil-bearing Crops	甘蔗产量 Sugarcane	蔬菜产量（含菌类） Vegetable (Including Edible Mushrooms)	园林水果产量 Fruits	肉类总产量 Meats	水产品产量 Aquatic Products
全　区	Total	275.76	15.09	1464.82	804.98	556.50	87.70	70.19
南宁市	Nanning	240.60	17.08	208.75	793.21	516.24	73.62	26.64
柳州市	Liuzhou	179.38	7.82	128.49	726.51	303.94	53.73	16.98
桂林市	Guilin	362.55	17.10	5.37	1137.70	1810.45	114.80	21.53
梧州市	Wuzhou	249.36	17.45	2.15	1087.91	377.87	77.96	29.41
北海市	Beihai	166.34	26.61	55.77	666.36	86.96	68.18	632.14
防城港市	Fangchenggang	168.34	6.94	62.69	367.84	127.17	51.66	530.75
钦州市	Qinzhou	282.83	10.67	64.00	670.04	804.09	102.73	178.56
贵港市	Guigang	341.10	30.49	50.05	536.60	132.17	86.72	48.29
玉林市	Yulin	281.43	12.38	30.98	783.72	265.75	151.19	25.44
百色市	Baise	317.54	5.88	56.53	917.07	588.84	74.55	26.25
贺州市	Hezhou	303.82	19.22	2.18	1257.07	695.76	92.25	32.95
河池市	Hechi	288.53	5.35	65.88	584.09	236.94	66.99	19.88
来宾市	Laibin	348.30	19.25	212.06	834.95	806.64	76.42	29.51
崇左市	Chongzuo	244.15	13.21	519.92	718.55	522.33	64.31	29.00

注：本表按两年常住人口平均计算。
Note: Data in the table are calculated by average of permanent population.

主要统计指标解释

农林牧渔业总产值 农林牧渔业总产值是以货币表现的农林牧渔业的全部产品总量和农林牧渔服务业产值（即对农林牧渔业生产活动进行的各种支持性服务活动的价值）之和。它反映一定时期内农林牧渔业生产总规模和总成果，是观察农林牧渔业生产水平和发展速度，研究农林牧渔业内部比例关系、农林牧渔业与工业、农林牧渔业与国家建设、人民生活比例关系的重要指标，同时也是计算农林牧渔业劳动生产率和农林牧渔业增加值的基础资料。

农林牧渔业增加值 指农、林、牧、渔及农林牧渔服务业生产货物或提供服务活动而增加的价值，为农林牧渔业现价总产值扣除农林牧渔业现价中间投入后的余额。

农业机械总动力 指全部农业机械动力的额定功率之和。农业机械是指用于农业生产及其产品初加工等相关农事活动的机械和设备。总动力按法定计算单位千瓦计算。（注：1马力=735.5瓦特=0.735千瓦）

有效灌溉面积 指具有一定的水源，地块比较平整，灌溉工程或设备已经配套，在一般年景下能够进行正常灌溉的耕地面积。在一般的情况下，有效灌溉面积应等于灌溉工程或设备已经配套，能够进行正常灌溉的水田和水浇地面积之和。

农用化肥施用量 指在本年度内实际用于农业生产的化肥数量。包括：氮肥、磷肥、钾肥和复合肥。施用量分为按实物量及折纯量两种方法计算。按折纯量计算化肥数量，即把氮肥、磷肥、钾肥分别按含氮、含五氧化二磷、含氧化钾百分之一百折算。复合肥：是指多营养成分或元素组成的肥料，如磷铵等。其折纯量按所含的主要成分来折算。

农作物总播种面积 是指应该在本日历年度内收获农产品的各种农作物播种面积之和。其计算公式为：

农作物播种面积=上年秋冬播作物面积+本年春播作物面积+本年夏播作物面积

=本年春收作物播种面积+本年夏收作物播种面积+本年秋收作物播种面积

Explanatory Notes on Main Statistical Indicators

Gross Output Value of Agriculture, Forestry, Animal Husbandry and Fishery refers to the total amount of agriculture, forestry, animal husbandry, fishery products and the output value of services (refer to the supporting activities for agriculture, forestry, animal husbandry and fishery) that behave with the currency. It reflects the total achievement or total scale of agricultural production in form of magnitude of value during a certain period. It is an important synthesis index to observe the agricultural production level and development speed, and study proportionate relationship inside agriculture, proportionate relationship between agriculture and industry, agriculture and national construction, and proportionate relationship of people’s livelihood. And it is also the basic data for calculating the agricultural productivity of labor and agricultural added value.

The Added Value of Agriculture, Forestry, Animal Husbandry and Fishery refers to the added value of products of agriculture, forestry, animal husbandry, fishery and relative services, or the added value of providing services. It is calculated by subtracting the intermediate inputs from the gross output value of agriculture, forestry, animal husbandry and fishery which calculated by the current prices.

Total Power of Farm Machinery refers to the summary of power rating of total power of agricultural machinery. Agricultural machinery refers to the machines and equipment for relative agricultural activities, which including agricultural producing and primary processing for relative products. The total power of farm machinery is calculated by the statutory unit of measurement: kw (note: 1 horsepower=735.5W=0.7355kw).

Effective Irrigated Area refers to the cultivated areas whose irrigated project or equipment is in suit, have water source, have been ploughed, and could normally irrigated in usual years. Under normal circumstances, the effective irrigated area should include the total area of paddy fields and irrigated lands which are fitted irrigating projects or equipment and can be irrigated normally.

Consumption of Chemical Fertilizers refers to the chemical fertilizers actually used in agricultural production during the year, including nitrogenous fertilizer, phosphate fertilizer, potash fertilizer and compound fertilizer. Consumption of chemical fertilizers is calculated by two methods: practical amount and pure amount. Calculating by pure amount is separately converting the nitrogenous fertilizer, phosphate fertilizer and potash fertilizer into 100% according to their content of nitrogen, phosphorus pent oxide, potassium oxide. Compound fertilizer refers to fertilizer composed by various of nutritional components or elements, such as ammonium phosphate etc. Pure quantity is calculated by the percentage of its content of major component.

Total Sown Area of Farm Crops refers to the total sown area of farm crops which supposed to be harvested as products in the calendar year. Its calculation formula is:

Total Sown Area of Farm Crops

= Autumn and Winter Sown Area of Last Year + Spring Sown Area of Current Year + Summer Sown Area of Current Year

= Spring Harvesting Area of Current Year + Summer Harvesting Area of

粮食产量 指全社会产量。包括国有经济经营、集体统一经营和农民家庭经营的粮食产量，还包括工矿企业家庭办的农场和其他生产单位的产量。

粮食：按三大类进行统计，一是谷物，包括稻谷、小麦、玉米、高粱、谷子及其他杂粮，谷物产量一律按脱粒后的原粮（晒干）计算（玉米按脱粒后的干粒计算）；二是豆类，包括大豆、绿豆、红小豆等，按去荚后的干豆计算；三是薯类（包括红薯、马铃薯，不包括芋头、木薯），1963年以前按4公斤鲜薯折1公斤粮食计算，从1964年以后改为按5公斤鲜薯折1公斤粮食计算；按国家制度，2015年开始，薯类按鲜薯重量计算，但在粮食合计中仍按5公斤鲜薯折1公斤粮食计算。2009年以前广西的马铃薯统计在蔬菜中，2009年以后统计在粮食的薯类中；2014年以前的甜玉米按粮食统计，自2014年年报始，甜玉米不在粮食统计中，纳入蔬菜统计。

林产品产量 指从人工栽培的竹木上，不经砍伐竹木的根本而取得的各种林产品产量。包括生漆、棕片、五倍子、松脂、笋干、油茶籽、油桐籽、乌桕子、核桃、板栗等各种林木籽实以及修剪竹木所获得的枝叶（包括荆条、柳条、蒲葵叶5等。不包括桑叶、茶叶和水果。也不包括野生的林产品）。如果某些林产品人工栽培的和野生的混在一起，不易划分，应根据它的主要来源决定其应计入林产品产量还是其他农业的采集野生植物产量，不要两方面都算，以免重复。

水果产量 指农业生产经营者日历年度内生产的乔木类和藤本类水果、多年草本水果及果用瓜。包括园林水果和非园林水果（瓜果类），不包括采集的野生水果。按鲜果产量计算。经脱水、晾干等处理的干果，如干枣、葡萄干、柿饼、桔饼等一律折合成鲜果计算。

园林水果：指农业生产经营者日历年度内在专业性果园、林地及零星种植果树（藤）上生产的水果。包括苹果、梨、柑桔类、热带及亚热带水果和其他园林水果如桃、葡萄、红枣等，不包括采集的野生水果。按实收的鲜果计算产量。经脱水、晾干等处理的干果，如干枣、葡萄干、柿饼、桔饼等一律折合成鲜果计算。

肉类总产量 指调查期内各种牲畜及家禽、兔等动物肉产量总计。猪、牛、羊、马、驴、骡、骆驼肉产量按去掉头蹄下水后带骨肉的胴体重量计算,兔禽肉产量按屠宰后去毛和内脏后的重量计算。猪牛羊禽四个品种肉产量由主要畜禽监测抽样调查获得，马、驴、骡、骆驼、兔肉产量

Current Year + Autumn Harvesting Area of Current Year

The Output of Grain refers to the output of the whole society. It includes the grain output from state-owned economy, collective-owned economy and farmer family management, and also includes the output from farms run by industrial and mining enterprises and families and other production units.

The statistics of grains is divided into three broad categories. 1. Cereals, including rice, wheat, corn, sorghum, millet and other coarse cereals, the output of cereals are calculated by the threshed and dried grains. 2. Beans, including soybeans, mung beans and red beans etc. Its output is calculated by the dried one without pods. 3. Tubers, including sweet potatoes and potatoes, excluding taros and cassavas, is converted into that of grain at the ratio 4:1, i.e. 4kg of fresh tubers was equivalent to 1 kg of grain before 1963, since 1964, the ratio for conversion has been 5:1. According to national system, the tubers are calculated by the fresh weight since 2015, and 5 kg of fresh tubers is still calculated as 1 kg of grain. Potatoes in Guangxi are calculated as vegetable before 2009, and since 2009 it is calculated as tubers of grains. The sweet corn was calculated as grain before 2014, and it's calculated as vegetables instead of grain since 2014.

The Output of Forestry refers to the output of various forestry products which are gained from artificial planted bamboos and trees without felling them down. It includes raw lacquer, palm sheets, Chinese gallnuts, pine resin, bamboo shoots, tea-oil seeds, bancoul nuts, Chinese tallow tree seeds, walnuts, chestnuts and various seeds of trees and branches and leaves trimmed from bamboos and trees (including twigs of the chaste trees, twigs of the willow trees, leaves of palms etc. It excludes leaves of mulberry, leaves of tea trees and fruits and also excludes the products from wild forests). If it is difficult to discriminate certain kinds of mixed forestry products from artificial ones to wild ones, it should be accounted into the output of forestry or the output of wild plants of other agriculture according to its major resource, and it shouldn't be calculated in both sides so as to avoiding repetition.

Output of Fruits refers to the output of fruits of trees, vines, perennial herbs and fruited melons produced by agricultural operators in the calendar year. It includes grove fruits and non-grove fruits (melons), but excludes collected wild fruits. The output of fruits is calculated with fresh weight. The dried fruits which have been dehydrated or dried out, such as dried dates, raisins, dried persimmon, tangerine cake, etc. should be converted into the fresh fruit and calculated in unison.

The grove fruits: refers to the fruits produced in professional groves, forestlands and sporadically planted trees (vines) by agricultural operators in the calendar year. It includes apples, pears, oranges, tropical and subtropical fruits and other grove fruit such as peaches, grapes and dates, excludes collected wild fruits. The output of fruits is calculated with fresh weight of fruits actually harvested. The dried fruits which have been dehydrated or dried out, such as dried dates, raisins, dried persimmon, tangerine cake, etc. should be converted into the fresh fruit and calculated in unison.

Total Output of Meat refers to total output of animal meat of various livestock, poultry and rabbits. The output of meat of pigs, cattle, sheep, horses, donkeys, mules and camels is calculated with the weight of carcasses gotten rid of heads, hooves and entrails, and the output of meat of rabbits and poultry is calculated with the weight of carcasses slaughtered and gotten rid of feather

由全面统计获得，其他特种养殖肉产量可用住户调查资料推算获得。

水产品产量 指渔业（捕捞和养殖）生产活动的最终有效成果，包括全部海水和淡水鱼类、甲壳类（虾、蟹）、贝类、头足类、藻类和其他类渔业产品的最终产量。不包括渔业生产过程中的中间成果，如鱼苗、鱼种、亲鱼、转塘鱼、存塘鱼和自用作饵料的产品等。水产品在上岸前已经腐烂变质，不能供人食用或加工成其他制品的，不统计在水产品产量中。

and entrails. The output of meat of pigs, cattle, sheep and poultry is gained from the sample monitor investigation of major livestock and poultry, the output of meat of horses, donkeys, mules, camels and rabbits is gained from the full investigation, and the output of meat of other culture of special species could be calculated by the data of household investigation.

Output of Aquatic Products refers to the final effective products of fishery (fishing and cultivating) producing activities, including the final volume of products of all the marine fishes, freshwater fishes, crustaceans (shrimps, crabs), shellfishes, cephalopods, algae and other fishery products, excluding the intermediate products in the fishery producing activities, such as fries, fingerlings, parent fishes, pond fishes, storage pond fishes and products for self-use of fodder. The aquatic products, which have rotten before shoring and cannot be eaten or processing to other products, should not be calculated as the output, too.

第十四篇　工　业

CHAPTER 14　INDUSTRY

（编辑：覃钲超　王永旭）

简要说明

（本篇资料由自治区统计局工业处调查提供，电话：0771-5854417/2448090）

一、本篇资料主要内容

本篇资料反映广西工业经济的基本情况，包括规模以上工业企业按工业门类、企业规模、企业登记注册类型、工业行业分类和按地区分组的主要经济指标，以及规模以上工业主要工业产品产量等。

二、调查方法

本篇工业企业统计数据主要根据工业统计年度报表有关资料整理汇总。

三、数据使用注意事项

规模以上工业企业主要指标数据与之前年份所公布的同指标数据之间存在不可比因素：（一）根据统计制度，每年定期对规模以上工业企业调查范围进行调整。每年有部分企业达到规模标准纳入调查范围，也有部分企业因规模变小而退出调查范围，还有新建投产企业、破产、注（吊）销企业等变化。（二）加强统计执法，对统计执法检查中发现的不符合规模以上工业统计要求的企业进行了清理，对相关基数依规进行了修正。（三）加强数据质量管理，剔除跨地区、跨行业重复统计数据。根据国家统计局最新开展的企业组织结构调查情况，对企业集团（公司）跨地区、跨行业重复计算进行了剔重。（四）“营改增”政策实施后，服务业企业改交增值税且税率较低，工业企业逐步将内部非工业生产经营活动剥离，转向服务业，使工业企业财务数据有所减小。

Brief Introduction

(This information is provided by Department of Industries of the Guangxi Zhuang Autonomous Region Bureau of Statistics, Tel: 0771-5854417/2448090)

Main contents of this information

This data reflects the basic statistics of Guangxi's industrial economy, including the main economic indicators of industrial enterprises above designated size by industrial category, enterprise-scale, enterprise registration type, industrial sector classification, and regional grouping, and the output of main industrial products of industrial enterprises above designated size.

14－1 主要年份工业企业主要指标

指 标	Item	企业单位数（个）Number of Enterprises (unit)				
		2010	2015	2019	2020	2021
总 计	**Total**	**6583**	**5518**	**6185**	**7099**	**8065**
内资企业	**Civil Funded Enterprises**	**6039**	**5057**	**5804**	**6681**	**7618**
国有经济	State-owned	384	151	47	71	37
中央企业	Central Enterprises	45	19	1	3	4
地方企业	Local Enterprises	339	132	46	68	33
集体经济	Collective-owned	256	98	35	33	28
股份合作企业	Cooperative Enterprises	50	16	5	5	5
联营企业	Joint Ownership Enterprises	9	3	1	3	0
有限责任公司	Limited Liability Corporations	1128	1544	1513	1266	1503
股份有限公司	Share Holding Enterprises	212	210	189	99	85
私营企业	Private Enterprises	3931	2995	4013	5204	5952
其他企业	Other Enterprises	69	40	1	0	8
港澳台商投资企业	**Enterprises with Funds from Hong Kong, Macao and Taiwan**	**293**	**272**	**208**	**217**	**229**
外商投资企业	**Foreign Funded Enterprises**	**251**	**189**	**173**	**201**	**218**
在总计中:	Of the Total:					
国有控股企业	State Holding Enterprises	632	570	589	657	713
在总计中:	Of the Total:					
轻工业	Light Industry	2442	2061	1847	2026	2244
重工业	Heavy Industry	4141	3457	4338	5073	5821
在总计中:	Of the Total:					
大型企业	Large-scale Industrial Enterprises	48	195	95	86	95
中型企业	Medium-scale Industrial Enterprises	798	1270	792	758	734
小型企业	Small-scale Industrial Enterprises	5737	3820	4767	5471	6250
微型企业	Micro-enterprises		233	531	784	986

注：本表的统计范围2000年为全部国有和年产品销售收入500万元及以上非国有工业法人企业，2005—2010年为年主营业务收入500万元及以上工业法人企业，2011年以后为年主营业务收入2000万元及以上工业法人企业。

Note: The statistic in the table of 2000 refers to all state-owned industrial enterprises and the non-state-owned industrial enterprises with an annual sales income of over 5 million yuan, and data from 2005 to 2010 refer to industrial enterprises with annual business income of the main products over 5 million yuan, since 2011, the data has been refered to industrial enterprises with annual income of the major business over 20 million yuan.

Major Indicators of Industrial Enterprises in Main Years

资产总计（万元） Total Capital (10 000 yuan)					流动资产合计（万元） Total Circulating Funds (10 000 yuan)				
2010	2015	2019	2020	2021	2010	2015	2019	2020	2021
86674477	**151222995**	**180209750.6**	**207099265**	**236220576**	**37005538**	**69815219**	**89458064**	**99903103**	**115408484**
70530596	**122819897**	**147584932.8**	**171012001**	**196349194**	**27707681**	**55272118**	**70857505**	**78793290**	**91571739**
17593341	9190004	806802	3302197	680335	5079458	3796361	261483	1231381	378625
8469133	1542788	94078	355196	395960	1738270	777201	57933	76628	241707
9124209	7647216	712724.5	2947001	284375	3341188	3019160	203550	1154753	136917
644112	664068	171182	129569	103424	372093	339404	124267	94881	61076
1382840	160513	20871	48032	20514	314936	66341	10624	34873	7711
114206	23003	1520	85822	0	50299	15742	230	57021	0
24963740	57366667	85631098	98036338	116231004	9029878	24256669	34923183	35873880	43465340
9131153	20382381	20807192	16557227	18452849	4319642	8145931	10147614	7452905	8369091
16312037	34614603	40144028	52852816	60846850	8280640	18440760	25388958	34048349	39277541
389166	418658	2239	0	14218	260736	210910	1145	0	12355
5068378	**8768632**	**10656722**	**10858332**	**11584249**	**2206277**	**4101874**	**5232874**	**5857159**	**6539657**
11075503	**19634467**	**21968096**	**25228932**	**28287134**	**7091581**	**10441228**	**13367685**	**15252654**	**17297088**
43684077	66257467	86810917	101622601	112813714	15727556	25559237	33767069	36742759	40914386
21304016	40505858	36304990	37805142	43558362	10784576	21275188	21613718	22986073	26723856
65370461	110717137	143904760	169294122	192662215	26220962	48540031	67844346	76917030	88684628
25311258	55857438	69678617	80641636	87542800	10757623	26536901	32924051	34767329	38272786
34583275	52394365	48507972	55370386	58278405	16173669	23140180	24505215	27909783	30748339
26779945	40418920	54275333	63844692	80355410	10074246	19071854	28989544	33748067	41767005
	2552272	7747828	7242551	10043961		1066285	3039253	3477924	4620355

14—1 续表 1

单位：万元

指 标	Item	应收账款（万元） Account Receivable (10 000 yuan)				
		2010	2015	2019	2020	2021
总　计	**Total**	**6051252**	**13927991**	**20276493**	**22632256**	**27742898**
内资企业	**Civil Funded Enterprises**	**4647241**	**11281937**	**15244663**	**17145134**	**21125382**
国有经济	State-owned	503488	580190	34999	330050	82713
中央企业	Central Enterprises	217480	215808	15642	26722	69436
地方企业	Local Enterprises	286007	364382	19357	303328	13277
集体经济	Collective-owned	78884	80802	22800	21496	12901
股份合作企业	Cooperative Enterprises	41540	12772	5374	25999	5564
联营企业	Joint Ownership Enterprises	12826	8146	20	24012	0
有限责任公司	Limited Liability Corporations	1463613	4708351	6741636	6715585	9464643
股份有限公司	Share Holding Enterprises	780315	1221741	1367515	922284	805711
私营企业	Private Enterprises	1648293	4614754	7071937	9105709	10751479
其他企业	Other Enterprises	118283	55182	383	0	2372
港澳台商投资企业	**Enterprises with Funds from Hong Kong, Macao and Taiwan**	**625567**	**1538277**	**1476424**	**2047104**	**2887897**
外商投资企业	**Foreign Funded Enterprises**	**778444**	**1107777**	**3555405**	**3440018**	**3729619**
在总计中:	Of the Total:					
国有控股企业	State Holding Enterprises	1834127	3492966	5302206	6367321	7221724
在总计中:	Of the Total:					
轻工业	Light Industry	1528364	3857582	3267384	3542917	4421690
重工业	Heavy Industry	4522888	10070409	17009108	19089338	23321209
在总计中:	Of the Total:					
大型企业	Large-scale Industrial Enterprises	1173185	4236384	5962342	5821047	6189225
中型企业	Medium-scale Industrial Enterprises	2580651	4539335	4361556	5031994	5542138
小型企业	Small-scale Industrial Enterprises	2297416	4918050	9049207	10674338	14016729
微型企业	Micro-enterprises		234222	903388	1104877	1994806

continued

(10 000 yuan)

存货（万元） Inventory (10 000 yuan)					负债合计（万元） Total Liabilities (10 000 yuan)				
2010	2015	2019	2020	2021	2010	2015	2019	2020	2021
10802775	**16711492**	**19604051**	**20831140**	**24729607**	**54132948**	**94028112**	**114648666**	**131850657**	**148946956**
8459668	**13329634**	**16133079**	**17134605**	**20184484**	**44287260**	**76601490**	**95383421**	**110495000**	**125371321**
1879074	1197474	52544	210468	92424	12182305	6219571	438119	1810024	342275
622009	160252	17542	21679	75634	6050848	950589	42199	220736	153326
1257065	1037222	35002	188789	16790	6131457	5268982	395920	1589287	188949
88818	81118	34594	19909	18509	398331	230894	68033	45660	43825
130958	16379	2122	5416	1158	784013	90743	12886	35638	12356
17341	5162	138	10229	0	64081	9004	814	78568	0
2550688	5601226	8198048	8133661	9470406	16144204	38223442	56150846	62413421	72643703
1073576	1659019	1699154	1003848	1671094	5084569	11114025	11704907	9932575	11105563
2653638	4699929	6146309	7751075	8926800	9452050	20474977	27007422	36179115	41210731
65575	69328	171	0	4093	177708	238833	396	0	12867
578210	**881977**	**1008514**	**1047215**	**1222555**	**2774814**	**4899449**	**5187101**	**5146388**	**6112073**
1764898	**2499881**	**2462457**	**2649319**	**3322568**	**7070873**	**12527174**	**14078145**	**16209269**	**17463562**
4847222	6390989	7868670	7927479	8820792	29019882	43679344	57067176	65925409	70657123
[illegible]	5401978	5649104	6091223	7051586	11830719	22920311	21981050	23143236	27319422
[illegible]	11309515	13954947	14739916	17678021	42302229	71107801	92667616	108707421	121627535
[illegible]	6382230	7264577	7366028	8618355	17013726	36771160	46585824	53343458	54667498
[illegible]	[illegible]	[illegible]	[illegible]	[illegible]	[illegible]	31265998	29425923	32492102	34835287
2930143	4803808	6230417	7112795	8488135	16129064	[illegible]	[illegible]	[illegible]	[illegible]

14—1 续表 2

单位：万元

指 标	Item	营业收入 Business Revenue				
		2010	2015	2019	2020	2021
总 计	**Total**	**92358467**	**204425005**	**174411072**	**176463012**	**222740708**
内资企业	**Civil Funded Enterprises**	**73048098**	**166875608**	**138899275**	**141394576**	**182677967**
国有经济	State-owned	12307051	8647019	484515	2450571	319554
中央企业	Central Enterprises	3407872	1118161	34157	59117	123613
地方企业	Local Enterprises	8899179	7528858	450357	2391454	195941
集体经济	Collective-owned	1178772	2172943	374889	207368	159565
股份合作企业	Cooperative Enterprises	983230	441146	26827	52937	9461
联营企业	Joint Ownership Enterprises	119806	42129	4014	106024	0
有限责任公司	Limited Liability Corporations	23025787	64524536	68873830	69351903	88178413
股份有限公司	Share Holding Enterprises	7091970	16610899	16285986	8291200	16261758
私营企业	Private Enterprises	27384971	73246126	52848027	60934574	77723799
其他企业	Other Enterprises	956511	1190809	1188	0	25417
港澳台商投资企业	**Enterprises with Funds from Hong Kong, Macao and Taiwan**	**5349221**	**14020883**	**9925874**	**8314082**	**9206130**
外商投资企业	**Foreign Funded Enterprises**	**13961148**	**23528515**	**25585924**	**26754354**	**30856611**
在总计中：	Of the Total:					
国有控股企业	State Holding Enterprises	36027399	56807658	71662393	72241263	92041718
在总计中：	Of the Total:					
轻工业	Light Industry	24893120	55354189	36343633	34414309	41481364
重工业	Heavy Industry	67465346	149070816	138067440	142048703	181259344
在总计中：	Of the Total:					
大型企业	Large-scale Industrial Enterprises	26390575	71744161	65274381	65810531	82748413
中型企业	Medium-scale Industrial Enterprises	32014676	66019977	48336757	46585848	55658225
小型企业	Small-scale Industrial Enterprises	33953216	65035250	56681087	60001632	79325094
微型企业	Micro-enterprises		1625616	4118847	4065001	5008976

注：主营业务收入（产品销售收入）栏2000年为产品销售收入，2005—2017年为主营业务收入；2017年及以前数据为主营业务收入和主营业务成本，2018年以后为主营业务收入和营业成本，以下相关表均同。

Note: In the table, data of Business Income of the Main Products (Sales Revenue) of 2000 is figure of Sales Revenue, and that from 2005 to 2017 are Business Income of the Main Products. 2017 and before is Business Revenue of Main Products and Business Cost, and adjust to Main Products Business Revenue and Business Cost after 2018, the same as the other table.

continued

(10 000 yuan)

营业成本 Business Cost					销售费用 Selling Expenses				
2010	2015	2019	2020	2021	2010	2015	2019	2020	2021
77074150	**171981433**	**149311952**	**151004696**	**191712358**	**2390077**	**4730686**	**3917728**	**3815084**	**3998198**
61314675	**140413864**	**118857655**	**121026774**	**157043455**	**1578527**	**3553713**	**2797992**	**2694263**	**2833270**
10631171	7994233	397237	2101822	261493	142464	65138	16968	23439	9886
2743397	998725	25762	44701	100929	32451	7421	1550	1227	1498
7887774	6995508	371476	2057122	160565	110012	57717	15418	22212	8388
1024794	1734908	314557	180409	135944	25214	52728	10440	4634	4421
705123	337678	24694	49967	7611	30883	10495	141	460	187
91871	28405	3987	96223	0	2165	341	6	1784	0
19135167	54128371	59201141	59067817	75177400	461732	1473897	993021	822637	941670
5602425	12610071	12421698	6140363	13099834	317867	492197	585684	402297	339003
23338361	62554848	46493379	53390173	68336556	582582	1433531	1191701	1439013	1537961
785764	1025351	960	0	24616	15622	25385	30	0	142
4333197	**12085639**	**8142162**	**6717834**	**7670875**	**127797**	**211924**	**173762**	**175147**	**194567**
11426278	**19481929**	**22312135**	**23260088**	**26998029**	**683753**	**965049**	**945975**	**945674**	**970360**
30044929	47094313	60046717	60732352	78088150	982397	1250171	1572955	1389196	1360067
19701759	44646236	29989942	27761316	34025150	803343	1675940	1349160	1188382	1229316
57372391	127335197	119322010	123243380	157687208	1586735	3054746	2568568	2626701	2768882
21947370	60688280	56013319	56664015	71358655	798205	1991775	1619138	1442068	1409690
26539427	54296105	40140071	38534783	45904399	817888	1274600	868527	895468	932708
28587353	55487812	49360046	52207268	69965168	773984	1446817	1394849	1430373	1596405
	1509235	3798517	3598629	4484136		17495	35214	47175	59395

14—1 续表 3

单位：万元

指 标	Item	管理费用 Administrative Expenses 2010	2015	2019	2020	2021
总 计	**Total**	**6482988**	**8467973**	**4983364**	**4776663**	**5226448**
内资企业	**Civil Funded Enterprises**	**5477603**	**7044572**	**4241591**	**4122714**	**4478702**
国有经济	State-owned	1189017	478626	41206	66344	32231
中央企业	Central Enterprises	484001	77571	4070	5163	13262
地方企业	Local Enterprises	705016	401054	37136	61181	18969
集体经济	Collective-owned	85737	140174	21665	14169	15196
股份合作企业	Cooperative Enterprises	44597	31690	773	1271	747
联营企业	Joint Ownership Enterprises	3206	7130	10	3802	0
有限责任公司	Limited Liability Corporations	1581042	2501329	1947899	1803538	2072025
股份有限公司	Share Holding Enterprises	484893	730143	460863	309565	319214
私营企业	Private Enterprises	2047321	3117130	1769124	1924025	2038861
其他企业	Other Enterprises	41791	38350	52	0	429
港澳台商投资企业	**Enterprises with Funds from Hong Kong, Macao and Taiwan**	**351299**	**429279**	**276732**	**215545**	**238776**
外商投资企业	**Foreign Funded Enterprises**	**654086**	**994122**	**465041**	**438404**	**508969**
在总计中：	Of the Total:					
国有控股企业	State Holding Enterprises	2463436	2301143	1843631	1784064	1928266
在总计中：	Of the Total:					
轻工业	Light Industry	1674655	2667869	1458035	1304567	1421788
重工业	Heavy Industry	4808334	5800104	3525330	3472096	3804659
在总计中：	Of the Total:					
大型企业	Large-scale Industrial Enterprises	1073339	2682943	1299521	1243930	1371966
中型企业	Medium-scale Industrial Enterprises	2749395	3157673	1696236	1361220	1360411
小型企业	Small-scale Industrial Enterprises	2660254	2533678	1904506	2043456	2347079
微型企业	Micro-enterprises		93679	83102	128058	146992

continued

(10 000 yuan)

财务费用 Financial Expenses					利润总额 Total Profits					全部从业人员年平均人数（人） Average Employed Persons (person)				
2010	2015	2019	2020	2021	2010	2015	2019	2020	2021	2010	2015	2019	2020	2021
1347695	**2402757**	**1750372**	**2061682**	**2029923**	**7715895**	**12790565**	**9237754**	**9904899**	**13466618**	**1505050**	**1677994**	**1177347**	**1187007**	**1249319**
1248842	**2103337**	**1601726**	**1823989**	**1879725**	**5753715**	**9854346**	**6924951**	**7470953**	**10874747**	**1263500**	**1398837**	**987454**	**1000846**	**1052233**
368568	221504	3308	30950	-152	482639	-49094	23637	165620	11818	150499	75162	7826	18288	5123
168302	23163	-186	2349	-1568	227554	12800	1242	4739	5884	28358	14730	589	774	756
200266	198341	3494	28601	1416	255086	-61894	22395	160881	5934	122141	60432	7237	17514	4367
9356	12181	652	373	521	58512	176504	24773	7980	2452	37757	22233	5693	4783	3494
30430	1465	188	418	221	139148	57940	694	479	445	15680	3020	223	243	225
1566	10	6	1837	0	22429	5484	1	1860	0	2031	466	52	791	0
464953	1066018	1010809	1067880	1236545	1900513	3923457	3630074	3770335	5331065	359050	498153	391187	346030	386231
114925	261808	117330	136148	114245	802764	933516	762943	578191	1159708	118552	117878	75567	49219	50871
255740	527666	469396	586384	528330	2247046	4719419	2482724	2946489	4369114	567856	670339	506863	581492	606289
3306	12685	37	0	14	100663	87120	105	0	144	12075	11586	43	0	0
65357	**84018**	**60782**	**54951**	**62649**	**616372**	**1229916**	**1099653**	**1115571**	**1010941**	**116632**	**157183**	**94058**	**82541**	**83886**
33496	**215402**	**87864**	**182742**	**87550**	**1345808**	**1706303**	**1213150**	**1318376**	**1580931**	**124918**	**121974**	**95835**	**103620**	**113200**
765634	1076506	840697	980000	978684	2275089	2324215	3042708	3382879	4858355	389784	363822	297040	305008	302993
282303	678297	419185	499322	449644	2683730	4052161	1559342	2003560	2361630	575986	649037	373729	345557	356790
1065392	1724461	1331187	1562359	1580279	5032165	8738405	7678412	7901339	11104988	929064	1028957	803618	841450	892529
415770	751862	494671	670776	580026	1816122	4161190	3084807	3106472	4769735	265881	507829	281413	278160	290139
463274	835136	555018	586639	487770	2957365	4760550	2926864	3454607	4658220	535571	697617	422177	394783	383969
468651	769772	637168	701496	834941	2942408	3927666	3081121	3179951	3897208	703598	465241	460046	503602	561060
	45987	63516	102771	127186		-58841	144961	163870	141456		7307	13711	10462	14151

14—2 工业企业分行业主要指标（2021年）

单位：万元

行 业	Sector	企业单位数（个）Number of Enterprises (unit)	资产总计 Total Capital
工业企业	**Industrial Enterprises**	**8065**	**236220576**
煤炭的开采和洗选业	Mining and Washing of Coal	10	529584
石油和天然气开采业	Extraction of Petroleum and Natural Gas	1	376126
黑色金属矿采选业	Mining and Processing of Ferrous Metal Ores	13	65976
有色金属矿采选业	Mining and Processing of Nonferrous Metals Ores	51	2488935
非金属矿采选业	Mining and Processing of Nonmetal Ores	270	2516098
开采辅助活动	Mining Assist Activities	0	0
其他采矿业	Mining of Other Ores	0	0
农副食品加工业	Processing of Food from Agricultural Products	620	16872487
#制糖业	Carbohydrate Processing	83	7044651
食品制造业	Foods Manufacturing	204	2380431
#罐头制造业	Canned Food Manufacturing	14	99011
酒、饮料和精制茶制造业	Liquor, Beverages and Refined Tea Manufacturing	153	3056303
#酒的制造	Liquor Manufacturing	27	1572840
烟草制品业	Tobacco Manufacturing	2	2393410
#卷烟制造	Cigarettes Manufacturing	1	2338058
纺织业	Textile Industry	181	1663277
纺织服装、服饰业	Textiles, Wearing Apparel and Accessories Manufacturing	70	355626
皮革、毛皮、羽毛及其制品和制鞋业	Leather, Fur, Feather and Related Products and Footwear Manufacturing	87	409222
木材加工及木、竹、藤、棕、草制品业	Timber Processing, Bamboo, Rattan, Palm and Straw Products	1647	7073414
家具制造业	Furniture Manufacturing	53	384079
造纸及纸制品业	Papermaking and Paper Products Manufacturing	165	7754686
#造纸	Papermaking	77	6025384
印刷和记录媒介复制业	Printing and Reproduction of Recording Media	53	529862

注：工业企业分行业主要指标统计范围为年主营业务收入2000万元及以上工业法人企业。
Note: The statistic coverage of major indicators of industrial enterprises by industrial sectors is enterprises with business income of the main products of over 20 million yuan.

Major Indicators of Industrial Enterprises by Industrial Sector（2021）

（10 000 yuan）

流动资产合计 Total Current Assets	应收账款 Account Receivable	存货 Inventories	负债合计 Total Liabilities	营业收入 Business Revenue	营业成本 Business Cost	销售费用 Selling Expenses	管理费用 Administrative Expenses	财务费用 Financial Expenses	利润总额 Total Profits
115408484	**27742898**	**24729607**	**148946956**	**222740708**	**191712358**	**3998198**	**5226448**	**2029923**	**13466618**
267876	29206	27199	303481	374341	336136	4591	12769	2429	13195
48434	0	1049	58706	146718	24581	235	584	1791	111692
48668	10269	14554	42825	56757	41696	2366	4184	53	7481
742226	146688	101292	903644	1146033	811493	8385	68680	16454	184181
1231984	389368	186570	1673668	2019659	1439422	169253	154503	14253	150380
0	0	0	0	0	0	0	0	0	0
0	0	0	0	0	0	0	0	0	0
11713310	1470532	2537234	11647098	21488194	19680190	282897	472256	232864	769451
4751356	356779	717285	5043823	4339687	3737463	70858	179834	151647	210350
1342233	326815	347241	1348278	2397386	1915964	155353	101073	36146	161153
70834	13435	15151	44286	57217	42564	8348	3342	189	1196
1680652	199209	765904	1693799	2125632	1521642	152109	99159	22274	247818
815539	52034	489329	937045	870498	594887	45224	57027	12718	88463
1677139	41233	851172	831368	2780120	754108	52892	147206	-8029	163441
1626638	39771	848796	822893	2772238	750595	52892	142546	-8029	163921
967489	167123	465284	1080524	1372154	1241246	14516	60585	19745	54446
240640	50224	62209	149183	443130	368045	5471	36046	2141	26837
300972	120449	112957	249284	596608	546538	7709	18391	4137	14745
4566456	1411685	1174843	4516972	15470655	14140144	164263	266560	73474	744780
241510	71337	73615	249154	391301	317797	15080	14863	3776	36683
3452510	595032	543278	5435803	3356758	2735879	93491	126495	81006	258500
2511761	336601	356230	4097128	2170628	1743654	51107	62669	63906	204344
285695	98794	52150	222048	387343	305295	7359	23562	3566	42260

14－2 续表

单位：万元

行 业	Sector	企业单位数（个）Number of Enterprises (unit)	资产总计 Total Capital
文教、工美、体育和娱乐用品制造业	Culture, Education, Arts and Crafts, Sport and Entertainment Goods Manufacturing	89	376736
石油加工、炼焦及核燃料加工业	Oil Processing, Coking and Nuclear Fuel Processing	31	6195978
化学原料及化学制品制造业	Raw Chemical Materials and Chemical Products	390	7230819
医药制造业	Medical and Pharmaceutical Products	157	3449255
化学纤维制造业	Chemical Fiber Manufacturing	0	0
橡胶和塑料制品业	Rubber and Plastic Products Manufacturing	170	1594956
非金属矿物制品业	Nonmetal Mineral Products Manufacturing	1352	18291116
#水泥制造	Cement Products	110	6039685
黑色金属冶炼及压延加工业	Smelting and Pressing of Ferrous Metals	158	26395140
有色金属冶炼及压延加工业	Smelting and Pressing of Nonferrous Metals	168	19485429
金属制品业	Metal Products Manufacturing	261	2186389
通用设备制造业	General Purpose Machinery Manufacturing	121	3739296
专用设备制造业	Special Purposes Machinery Manufacturing	174	6467088
汽车制造业	Automobile Manufacturing	359	16569761
#汽车整车制造	Vehicle Manufacturing	9	8234886
铁路、船舶、航空航天和其他运输设备制造业	Railway, Ship, Aerospace and Other Transportation Equipment Manufacturing	64	859560
电气机械及器材制造业	Electrical Machinery and Apparatus Manufacturing	230	3428040
计算机、通信和其他电子设备制造业	Computer, Communication and Other Electronic Equipment Manufacturing	258	11819957
仪器仪表制造业	Measuring Instruments and Machinery Manufacturing	32	258429
其他制造业	Other Manufacturing	9	72672
废弃资源综合利用业	Waste Resources Comprehensive Utilization	53	1169419
金属制品、机械和设备修理业	Metal Product, Machinery and Equipment Repair Services	10	498573
电力、热力的生产和供应业	Production and Supply of Electric Power and Heat Power	289	51205916
#电力生产	Electric Power Production	238	33243377
#火力发电	Thermal Power	21	5062192
水力发电	Hydropower	90	12797445
燃气生产和供应业	Production and Supply of Gas	41	1356482
水的生产和供应业	Production and Supply of Water	69	4720054

continued

(10 000 yuan)

流动资产合计 Total Current Assets	应收账款 Account Receivable	存货 Inventories	负债合计 Total Liabilities	营业收入 Business Revenue	营业成本 Business Cost	销售费用 Selling Expenses	管理费用 Administrative Expenses	财务费用 Financial Expenses	利润总额 Total Profits
268929	77193	88619	225024	779018	685673	12748	28066	4121	45607
3447029	276255	762734	2787814	10234883	7467381	34120	123666	-11270	661691
4025681	1010698	971376	4009793	6771020	5675466	148115	212728	59003	566319
1993068	362666	431830	1765579	1769842	909932	335129	126077	12350	362026
0	0	0	0	0	0	0	0	0	0
837669	272801	261020	944464	1353261	1171521	33034	55796	11934	49070
10205638	3637690	1695365	9717744	16136046	12545860	652886	649603	123165	1919113
2499776	281116	361808	2428628	4454802	3108389	72835	147443	26846	1026273
12172437	930407	3558087	16027828	36668647	33145812	202748	411881	161214	2277253
9673846	844954	2754785	13939561	24731675	22008114	117200	300640	249471	1708302
1406959	479147	363420	1439149	2586721	2330355	46206	98389	19207	68774
2721103	553959	658701	2141401	3540278	3099915	104833	99972	3831	118470
4211663	1552422	773294	3769328	4034545	3364485	133417	164695	29465	267164
11186475	2193016	1780611	11534631	18112557	15903533	807756	469624	-82834	361008
5597409	698221	613265	6074085	10707927	9308648	664157	187662	-115087	151202
429417	110380	109165	497195	712112	629144	9078	34202	2735	24099
2380023	857682	569578	2128253	3483149	3034001	57488	118344	38613	154355
9872241	5953946	1675743	8444226	13319383	12300043	84537	188271	24229	663350
181444	54863	37346	132185	184012	132192	6439	16636	602	22392
39454	6466	8658	43450	52890	44845	1689	3989	263	1187
861524	309281	116207	751800	4231172	4011583	17868	24027	9869	215953
338481	143110	72759	227806	264964	225388	1815	21558	-1520	9968
8776087	2715349	612964	34207820	17365254	15358528	4844	381647	803341	815195
5402212	1738190	529418	22637343	6219843	4860518	968	164643	554123	653322
1217426	424565	241478	4119474	3153445	3227396	397	57345	119782	-248794
1735463	379119	43417	7227221	1127858	568021	413	67168	156636	318595
476100	129592	52122	834965	1220077	1073097	24771	23481	7949	91583
1095421	143058	58674	2971107	636413	415319	25508	66241	58104	76698

14—3 国有控股工业企业主要指标（2021年）

单位：万元

行　业	Sector	企业单位数（个）Number of Enterprises (unit)	资产总计 Total Capital
国有控股工业企业	**State-holding Industrial Enterprises**	**713**	**112813714**
在总计中:	**Of the Total:**		
轻工业	Light Industry	131	9040580
重工业	Heavy Industry	582	103773133
在总计中:	**Of the Total:**		
大型企业	Large-scale Industrial Enterprises	37	59075530
中型企业	Medium-scale Industrial Enterprises	175	23326741
小型企业	Small-scale Industrial Enterprises	407	26120099
微型企业	Micro-enterprises	94	4291344
煤炭的开采和洗选业	Mining and Washing of Coal	2	24582
石油和天然气开采业	Extraction of Petroleum and Natural Gas	0	0
黑色金属矿采选业	Mining and Processing of Ferrous Metal Ores	2	13830
有色金属矿采选业	Mining and Processing of Nonferrous Metals Ores	11	698746
非金属矿采选业	Mining and Processing of Nonmetal Ores	12	383948
开采辅助活动	Mining Assist Activities	0	0
其他采矿业	Mining of Other Ores	0	0
农副食品加工业	Processing of Food from Agricultural Products	62	4097039
#制糖业	Carbohydrate Processing	36	2778910
食品制造业	Foods Manufacturing	8	151541
#罐头制造业	Canned Food Manufacturing	0	0
酒、饮料和精制茶制造业	Liquor, Beverages and Refined Tea Manufacturing	9	633581
#酒的制造	Liquor Manufacturing	4	537769
烟草制品业	Tobacco Manufacturing	2	2393410
#卷烟制造	Cigarettes Manufacturing	1	2338058
纺织业	Textile Industry	7	189230
纺织服装、服饰业	Textiles, Wearing Apparel and Accessories Manufacturing	11	135979
皮革、毛皮、羽毛及其制品和制鞋业	Leather, Fur, Feather and Related Products and Footwear Manufacturing	0	0
木材加工及木、竹、藤、棕、草制品业	Timber Processing, Bamboo, Rattan, Palm and Straw Products	14	672318
家具制造业	Furniture Manufacturing	1	25449
造纸及纸制品业	Papermaking and Paper Products Manufacturing	10	398222
#造纸	Papermaking	4	277609
印刷和记录媒介复制业	Printing and Reproduction of Recording Media	11	195629

Major Indicators of State-owned and State-holding Industrial Enterprises（2021）

(10 000 yuan)

流动资产合计 Total Current Assets	应收账款 Account Receivable	存货 Inventories	负债合计 Total Liabilities	营业收入 Business Revenue	营业成本 Business Cost	销售费用 Selling Expenses	管理费用 Administrative Expenses	财务费用 Financial Expenses	利润总额 Total Profits
40914386	**7221724**	**8820792**	**70657123**	**92041718**	**78088150**	**1360067**	**1928266**	**978684**	**4858355**
5295366	454064	1726477	4998692	9490768	6480301	257862	374652	94554	523439
35619020	6767660	7094315	65658431	82550950	71607850	1102205	1553614	884130	4334917
21714130	3154322	5446854	38914201	57128522	49775239	1026985	969939	407848	2352933
10209785	1582521	1953177	12689821	23061791	18280492	198440	535038	149831	1764407
7647751	2083010	1151493	16139146	10370838	8767427	129004	380490	348876	679197
1342721	401871	269269	2913956	1480567	1264993	5638	42800	72129	61819
16356	14242	191	22461	4461	3825	13	2222	-4	-1792
0	0	0	0	0	0	0	0	0	0
10232	1837	258	5657	9464	6878	1	1327	-12	803
325292	109728	28500	332999	321370	161597	705	21051	5139	105837
206279	28224	44843	191497	379829	290952	7295	19940	2329	46915
0	0	0	0	0	0	0	0	0	0
0	0	0	0	0	0	0	0	0	0
2244828	205955	670331	2810694	5277417	4870022	59005	116669	95594	113759
1304693	123142	270891	1926730	2045111	1805408	29959	90606	61491	62293
46291	12751	17717	73819	132765	107819	3360	4022	3670	9369
0	0	0	0	0	0	0	0	0	0
331302	41976	53138	261979	451068	250054	38323	37014	-1492	90183
254593	33092	25429	203246	397135	222368	33953	32573	-1645	73516
1677139	41233	851172	831368	2780120	754108	52892	147206	-8029	163441
1626638	39771	848796	822893	2772238	750595	52892	142546	-8029	163921
112085	18765	35747	121800	95443	85693	994	7534	783	5073
75910	1585	2845	24028	69418	46247	409	13728	126	8499
0	0	0	0	0	0	0	0	0	0
279669	40923	67154	457070	281297	239663	16267	11254	12776	899
17380	9975	1670	23087	13878	12513	99	423	858	54
184824	31041	22044	404362	174298	149646	2329	16106	6730	-1731
117095	14889	5667	355889	67094	68613	552	7259	6378	-14823
113703	48714	24555	78600	149309	113868	2263	10661	-245	20888

14—3 续表

单位：万元

行业	Sector	企业单位数（个）Number of Enterprises (unit)	资产总计 Total Capital
文教、工美、体育和娱乐用品制造业	Culture, Education, Arts and Crafts, Sport and Entertainment Goods Manufacturing	1	6680
石油加工、炼焦及核燃料加工业	Oil Processing, Coking and Nuclear Fuel Processing	9	5554787
化学原料及化学制品制造业	Raw Chemical Materials and Chemical Products	33	1507068
医药制造业	Medical and Pharmaceutical Products	7	585063
化学纤维制造业	Chemical Fiber Manufacturing	0	0
橡胶和塑料制品业	Rubber and Plastic Products Manufacturing	3	174798
非金属矿物制品业	Nonmetal Mineral Products Manufacturing	83	3408149
#水泥制造	Cement Products	19	1600522
黑色金属冶炼及压延加工业	Smelting and Pressing of Ferrous Metals	14	15061368
有色金属冶炼及压延加工业	Smelting and Pressing of Nonferrous Metals	28	8824642
金属制品业	Metal Products Manufacturing	16	449364
通用设备制造业	General Purpose Machinery Manufacturing	12	453411
专用设备制造业	Special Purposes Machinery Manufacturing	21	3861393
汽车制造业	Automobile Manufacturing	29	10446387
#汽车整车制造	Vehicle Manufacturing	5	7442526
铁路、船舶、航空航天和其他运输设备制造业	Railway, Ship, Aerospace and Other Transportation Equipment Manufacturing	8	486330
电气机械及器材制造业	Electrical Machinery and Apparatus Manufacturing	6	125921
计算机、通信和其他电子设备制造业	Computer, Communication and Other Electronic Equipment Manufacturing	16	1654983
仪器仪表制造业	Measuring Instruments and Machinery Manufacturing	1	2421
其他制造业	Other Manufacturing	0	0
废弃资源综合利用业	Waste Resources Comprehensive Utilization	5	248573
金属制品、机械和设备修理业	Metal Product, Machinery and Equipment Repair Services	5	483302
电力、热力的生产和供应业	Production and Supply of Electric Power and Heat Power	195	44781084
#电力生产	Electric Power Production	152	27386575
#火力发电	Thermal Power	12	3032067
水力发电	Hydropower	64	11854279
燃气生产和供应业	Production and Supply of Gas	9	427752
水的生产和供应业	Production and Supply of Water	50	4256736

continued

(10 000 yuan)

流动资产合计 Total Current Assets	应收账款 Account Receivable	存货 Inventories	负债合计 Total Liabilities	营业收入 Business Revenue	营业成本 Business Cost	销售费用 Selling Expenses	管理费用 Administrative Expenses	财务费用 Financial Expenses	利润总额 Total Profits
5727	2	0	971	5886	2698	0	1336	0	1784
3128028	197162	676077	2274008	9469214	6764045	30805	106191	-22602	634049
705021	101506	153824	661395	1149190	901961	34859	47743	6208	125100
331763	37670	43661	287179	327398	79354	93686	13965	-2222	141186
0	0	0	0	0	0	0	0	0	0
130122	43087	32172	101495	119709	85288	7765	6986	567	16339
1640307	566664	292292	1670013	2841382	2114217	62195	107534	17151	476152
470603	38272	96795	632350	1511590	1019770	41987	47666	6525	362545
5547377	378667	2017281	8599140	21602271	20025518	65856	230334	127550	968862
3553310	209872	1308960	6421813	10300625	9251779	50044	139800	105491	577720
322248	137114	60591	326614	488657	458580	2103	12460	2574	7050
368492	104846	79290	312066	418377	383795	8607	10857	-1610	2187
2471935	957386	498446	2119774	2335625	2000730	69941	82584	4685	190094
7119878	1046905	872001	7902596	13578822	11945538	702605	285022	-114770	187408
5155189	484718	565869	5773759	10616379	9221014	662648	179030	-118056	156947
225946	63515	57077	256577	258517	230595	4083	17494	1292	-5011
41077	17174	8921	111351	24977	19502	934	7612	3100	-28428
1003555	342994	283907	667172	2515851	2141145	10474	28886	10307	307757
2384	1278	1039	693	3122	2391	35	148	-1	558
0	0	0	0	0	0	0	0	0	0
156278	42702	4717	95413	447243	404721	422	8101	-933	47298
326138	136571	72027	218203	245476	208107	1311	19670	-1564	10022
7106031	2089867	476581	30084567	14861928	13282944	3523	327061	668282	567774
3935798	1200785	399239	18807414	4402922	3386899	726	123707	422959	469948
691729	258908	122592	2691288	1917219	2073382	195	37923	71149	-264074
1459270	361005	43058	6711612	1039016	523509	373	59561	137637	297708
87809	13229	6011	222290	379247	346272	6009	7994	3904	14388
999675	126564	55751	2684374	528066	346088	20857	57334	53049	53868

14－4 国有工业企业主要指标（2021年）

单位：万元

行　业	Sector	企业单位数（个）Number of Enterprises (unit)	资产总计 Total Capital
国有工业企业	**State-holding Industrial Enterprises**	**37**	**680335**
在总计中:	**Of the Total:**		
轻工业	Light Industry	12	47521
重工业	Heavy Industry	25	632814
在总计中:	**Of the Total:**		
大型企业	Large-scale Industrial Enterprises	0	0
中型企业	Medium-scale Industrial Enterprises	2	111952
小型企业	Small-scale Industrial Enterprises	32	306056
微型企业	Micro-enterprises	3	262327
煤炭的开采和洗选业	Mining and Washing of Coal	0	0
石油和天然气开采业	Extraction of Petroleum and Natural Gas	0	0
黑色金属矿采选业	Mining and Processing of Ferrous Metal Ores	0	0
有色金属矿采选业	Mining and Processing of Nonferrous Metals Ores	0	0
非金属矿采选业	Mining and Processing of Nonmetal Ores	0	0
开采辅助活动	Mining Assist Activities	0	0
其他采矿业	Mining of Other Ores	0	0
农副食品加工业	Processing of Food from Agricultural Products	5	3252
#制糖业	Carbohydrate Processing	0	0
食品制造业	Foods Manufacturing	1	2236
#罐头制造业	Canned Food Manufacturing	0	0
酒、饮料和精制茶制造业	Liquor, Beverages and Refined Tea Manufacturing	0	0
#酒的制造	Liquor Manufacturing	0	0
烟草制品业	Tobacco Manufacturing	0	0
#卷烟制造	Cigarettes Manufacturing	0	0
纺织业	Textile Industry	0	0
纺织服装、服饰业	Textiles, Wearing Apparel and Accessories Manufacturing	0	0
皮革、毛皮、羽毛及其制品和制鞋业	Leather, Fur, Feather and Related Products and Footwear Manufacturing	0	0
木材加工及木、竹、藤、棕、草制品业	Timber Processing, Bamboo, Rattan, Palm and Straw Products	0	0
家具制造业	Furniture Manufacturing	0	0
造纸及纸制品业	Papermaking and Paper Products Manufacturing	0	0
#造纸	Papermaking	0	0
印刷和记录媒介复制业	Printing and Reproduction of Recording Media	4	12573

Major Indicators of State-owned Industrial Enterprises（2021）

（10 000 yuan）

流动资产合计 Total Current Assets	应收账款 Account Receivable	存货 Inventories	负债合计 Total Liabilities	营业收入 Business Revenue	营业成本 Business Cost	销售费用 Selling Expenses	管理费用 Administrative Expenses	财务费用 Financial Expenses	利润总额 Total Profits
378625	**82713**	**92424**	**342275**	**319554**	**261493**	**9886**	**32231**	**-152**	**11818**
38854	9912	8427	39748	94773	81651	5366	5808	291	1353
339771	72801	83997	302527	224781	179843	4520	26423	-443	10465
0	0	0	0	0	0	0	0	0	0
71865	17169	24896	66422	48774	40526	1989	4273	-79	-282
146025	21093	11527	176716	207286	168918	7834	19589	1381	10049
160734	44451	56001	99137	63494	52050	63	8369	-1454	2051
0	0	0	0	0	0	0	0	0	0
0	0	0	0	0	0	0	0	0	0
0	0	0	0	0	0	0	0	0	0
0	0	0	0	0	0	0	0	0	0
0	0	0	0	0	0	0	0	0	0
0	0	0	0	0	0	0	0	0	0
0	0	0	0	0	0	0	0	0	0
2126	221	219	4954	67729	62599	2472	2233	4	489
0	0	0	0	0	0	0	0	0	0
1388	681	159	3719	2116	1475	714	174	12	-260
0	0	0	0	0	0	0	0	0	0
0	0	0	0	0	0	0	0	0	0
0	0	0	0	0	0	0	0	0	0
0	0	0	0	0	0	0	0	0	0
0	0	0	0	0	0	0	0	0	0
0	0	0	0	0	0	0	0	0	0
0	0	0	0	0	0	0	0	0	0
0	0	0	0	0	0	0	0	0	0
0	0	0	0	0	0	0	0	0	0
0	0	0	0	0	0	0	0	0	0
0	0	0	0	0	0	0	0	0	0
0	0	0	0	0	0	0	0	0	0
9953	3270	2769	6645	14319	11223	621	1476	-4	1141

14—4 续表

单位：万元

行 业	Sector	企业单位数（个）Number of Enterprises (unit)	资产总计 Total Capital
文教、工美、体育和娱乐用品制造业	Culture, Education, Arts and Crafts, Sport and Entertainment Goods Manufacturing	0	0
石油加工、炼焦及核燃料加工业	Oil Processing, Coking and Nuclear Fuel Processing	0	0
化学原料及化学制品制造业	Raw Chemical Materials and Chemical Products	0	0
医药制造业	Medical and Pharmaceutical Products	2	29460
化学纤维制造业	Chemical Fiber Manufacturing	0	0
橡胶和塑料制品业	Rubber and Plastic Products Manufacturing	0	0
非金属矿物制品业	Nonmetal Mineral Products Manufacturing	2	15789
#水泥制造	Cement Products	1	2469
黑色金属冶炼及压延加工业	Smelting and Pressing of Ferrous Metals	0	0
有色金属冶炼及压延加工业	Smelting and Pressing of Nonferrous Metals	0	0
金属制品业	Metal Products Manufacturing	0	0
通用设备制造业	General Purpose Machinery Manufacturing	0	0
专用设备制造业	Special Purposes Machinery Manufacturing	0	0
汽车制造业	Automobile Manufacturing	0	0
#汽车整车制造	Vehicle Manufacturing	0	0
铁路、船舶、航空航天和其他运输设备制造业	Railway, Ship, Aerospace and Other Transportation Equipment Manufacturing	1	98632
电气机械及器材制造业	Electrical Machinery and Apparatus Manufacturing	0	0
计算机、通信和其他电子设备制造业	Computer, Communication and Other Electronic Equipment Manufacturing	0	0
仪器仪表制造业	Measuring Instruments and Machinery Manufacturing	0	0
其他制造业	Other Manufacturing	0	0
废弃资源综合利用业	Waste Resources Comprehensive Utilization	0	0
金属制品、机械和设备修理业	Metal Product, Machinery and Equipment Repair Services	2	273554
电力、热力的生产和供应业	Production and Supply of Electric Power and Heat Power	5	60037
#电力生产	Electric Power Production	3	34954
#火力发电	Thermal Power	0	0
水力发电	Hydropower	3	34954
燃气生产和供应业	Production and Supply of Gas	0	0
水的生产和供应业	Production and Supply of Water	15	184802

continued

(10 000 yuan)

流动资产合计 Total Current Assets	应收账款 Account Receivable	存货 Inventories	负债合计 Total Liabilities	营业收入 Business Revenue	营业成本 Business Cost	销售费用 Selling Expenses	管理费用 Administrative Expenses	财务费用 Financial Expenses	利润总额 Total Profits
0	0	0	0	0	0	0	0	0	0
0	0	0	0	0	0	0	0	0	0
0	0	0	0	0	0	0	0	0	0
25387	5740	5281	24430	10609	6355	1559	1925	280	-18
0	0	0	0	0	0	0	0	0	0
0	0	0	0	0	0	0	0	0	0
7579	496	5619	19647	38878	33979	501	1132	16	2666
378	62	68	86	30848	27192	10	70	1	3354
0	0	0	0	0	0	0	0	0	0
0	0	0	0	0	0	0	0	0	0
0	0	0	0	0	0	0	0	0	0
0	0	0	0	0	0	0	0	0	0
0	0	0	0	0	0	0	0	0	0
0	0	0	0	0	0	0	0	0	0
0	0	0	0	0	0	0	0	0	0
64665	16736	19346	46861	40744	33738	1498	3211	-94	405
0	0	0	0	0	0	0	0	0	0
0	0	0	0	0	0	0	0	0	0
0	0	0	0	0	0	0	0	0	0
0	0	0	0	0	0	0	0	0	0
0	0	0	0	0	0	0	0	0	0
171568	52538	55798	102244	73929	58757	0	8652	-1463	5448
14001	1292	651	21447	20671	18909	0	3288	270	-848
7860	1015	160	17206	6941	5923	0	1829	281	-1003
0	0	0	0	0	0	0	0	0	0
7860	1015	160	17206	6941	5923	0	1829	281	-1003
0	0	0	0	0	0	0	0	0	0
81959	1739	2584	112327	50560	34459	2521	10140	829	2793

14—5 非公经济工业企业主要指标（2021年）

单位：万元

行 业	Sector	企业单位数（个）Number of Enterprises (unit)	资产总计 Total Capital
非公经济工业企业	**Non-public Industrial Enterprises**	**7297**	**121794937**
在总计中:	**Of the Total:**		
轻工业	Light Industry	2093	33600323
重工业	Heavy Industry	5204	88194614
在总计中:	**Of the Total:**		
大型企业	Large-scale Industrial Enterprises	56	28170718
中型企业	Medium-scale Industrial Enterprises	552	34611170
小型企业	Small-scale Industrial Enterprises	5800	53266996
微型企业	Micro-enterprises	889	5746054
煤炭的开采和洗选业	Mining and Washing of Coal	8	505003
石油和天然气开采业	Extraction of Petroleum and Natural Gas	1	376126
黑色金属矿采选业	Mining and Processing of Ferrous Metal Ores	11	52145
有色金属矿采选业	Mining and Processing of Nonferrous Metals Ores	40	1790189
非金属矿采选业	Mining and Processing of Nonmetal Ores	256	2124027
开采辅助活动	Mining Assist Activities	0	0
其他采矿业	Mining of Other Ores	0	0
农副食品加工业	Processing of Food from Agricultural Products	552	12072352
#制糖业	Carbohydrate Processing	47	4265741
食品制造业	Foods Manufacturing	193	2198468
#罐头制造业	Canned Food Manufacturing	14	99011
酒、饮料和精制茶制造业	Liquor, Beverages and Refined Tea Manufacturing	143	2422040
#酒的制造	Liquor Manufacturing	23	1035071
烟草制品业	Tobacco Manufacturing	0	0
#卷烟制造	Cigarettes Manufacturing	0	0
纺织业	Textile Industry	173	1461955
纺织服装、服饰业	Textiles, Wearing Apparel and Accessories Manufacturing	59	219647
皮革、毛皮、羽毛及其制品和制鞋业	Leather, Fur, Feather and Related Products and Footwear Manufacturing	87	409222
木材加工及木、竹、藤、棕、草制品业	Timber Processing, Bamboo, Rattan, Palm and Straw Products	1632	6397234
家具制造业	Furniture Manufacturing	52	358631
造纸及纸制品业	Papermaking and Paper Products Manufacturing	152	7308721
#造纸	Papermaking	70	5700033
印刷和记录媒介复制业	Printing and Reproduction of Recording Media	41	328365

Major Indicators of Non-public Industrial Enterprises (2021)

(10 000 yuan)

流动资产合计 Total Current Assets	应收账款 Account Receivable	存货 Inventories	负债合计 Total Liabilities	营业收入 Business Revenue	营业成本 Business Cost	销售费用 Selling Expenses	管理费用 Administrative Expenses	财务费用 Financial Expenses	利润总额 Total Profits
73522432	**20361051**	**15763810**	**77341975**	**129732102**	**112796343**	**2610392**	**3250460**	**1038704**	**8479106**
20802729	3935619	5260028	21684421	31470503	27085916	961844	1028303	347272	1737496
52719703	16425432	10503782	55657554	98261599	85710427	1648548	2222157	691431	6741610
16326403	2951357	3129509	15566941	25446253	21460300	371635	391883	168471	2408152
20425528	3941656	4907753	22060340	32479536	27525871	729479	814483	335860	2877506
33496506	11875504	7258565	35496994	68278320	60591409	1455523	1940108	479315	3113597
3273996	1592534	467983	4217699	3527993	3218763	53756	103986	55057	79851
251520	14964	27008	281021	369880	332311	4578	10547	2432	14987
48434	0	1049	58706	146718	24581	235	584	1791	111692
38436	8432	14296	37168	47294	34818	2364	2857	64	6679
416934	36961	72792	570645	824663	649896	7680	47629	11315	78344
1020461	360742	140390	1476556	1633705	1147180	160997	131050	11928	103272
0	0	0	0	0	0	0	0	0	0
0	0	0	0	0	0	0	0	0	0
9017933	1248058	1848778	8331959	15852818	14475030	219571	350548	133035	565109
3446663	233637	446394	3117093	2294576	1932056	40899	89228	90156	148057
1268592	312723	319021	1258895	2237725	1787747	151432	95802	32375	145931
70834	13435	15151	44286	57217	42564	8348	3342	189	1196
1348955	157140	712484	1431508	1668766	1265926	113760	62106	23765	157586
560947	18942	463900	733799	473363	372519	11271	24454	14364	14947
0	0	0	0	0	0	0	0	0	0
0	0	0	0	0	0	0	0	0	0
846126	145355	423515	947421	1263603	1144396	13444	52440	18497	48828
164730	48639	59364	125155	373711	321798	5062	22318	2015	18337
300972	120449	112957	249284	596608	546538	7709	18391	4137	14745
4286685	1370700	1107684	4057921	15188395	13899649	147996	255240	60698	743822
224130	61363	71945	226067	377423	305285	14981	14440	2919	36629
3247149	561665	515833	4987379	3142826	2551919	89894	106903	72767	259392
2374129	319386	345163	3697177	2063900	1640726	49288	51923	56019	218328
166441	49188	27410	142576	237009	190383	5096	12774	3811	21575

14—5 续表

单位：万元

行业	Sector	企业单位数（个） Number of Enterprises (unit)	资产总计 Total Capital
文教、工美、体育和娱乐用品制造业	Culture, Education, Arts and Crafts, Sport and Entertainment Goods Manufacturing	87	369517
石油加工、炼焦及核燃料加工业	Oil Processing, Coking and Nuclear Fuel Processing	22	641190
化学原料及化学制品制造业	Raw Chemical Materials and Chemical Products	349	5671380
医药制造业	Medical and Pharmaceutical Products	150	2864193
化学纤维制造业	Chemical Fiber Manufacturing	0	0
橡胶和塑料制品业	Rubber and Plastic Products Manufacturing	166	1419316
非金属矿物制品业	Nonmetal Mineral Products Manufacturing	1261	14852170
#水泥制造	Cement Products	90	4437965
黑色金属冶炼及压延加工业	Smelting and Pressing of Ferrous Metals	144	11333772
有色金属冶炼及压延加工业	Smelting and Pressing of Nonferrous Metals	140	10660787
金属制品业	Metal Products Manufacturing	244	1737024
通用设备制造业	General Purpose Machinery Manufacturing	105	3056711
专用设备制造业	Special Purposes Machinery Manufacturing	150	2471614
汽车制造业	Automobile Manufacturing	325	5812667
#汽车整车制造	Vehicle Manufacturing	4	792360
铁路、船舶、航空航天和其他运输设备制造业	Railway, Ship, Aerospace and Other Transportation Equipment Manufacturing	54	366555
电气机械及器材制造业	Electrical Machinery and Apparatus Manufacturing	223	3293907
计算机、通信和其他电子设备制造业	Computer, Communication and Other Electronic Equipment Manufacturing	242	10164974
仪器仪表制造业	Measuring Instruments and Machinery Manufacturing	30	245208
其他制造业	Other Manufacturing	9	72672
废弃资源综合利用业	Waste Resources Comprehensive Utilization	48	920845
金属制品、机械和设备修理业	Metal Product, Machinery and Equipment Repair Services	4	15151
电力、热力的生产和供应业	Production and Supply of Electric Power and Heat Power	93	6409112
#电力生产	Electric Power Production	85	5841083
#火力发电	Thermal Power	8	2014405
水力发电	Hydropower	26	943166
燃气生产和供应业	Production and Supply of Gas	32	928730
水的生产和供应业	Production and Supply of Water	19	463317

continued

(10 000 yuan)

流动资产合计 Total Current Assets	应收账款 Account Receivable	存货 Inventories	负债合计 Total Liabilities	营业收入 Business Revenue	营业成本 Business Cost	销售费用 Selling Expenses	管理费用 Administrative Expenses	财务费用 Financial Expenses	利润总额 Total Profits
262700	77178	88600	223783	770497	680789	12629	26466	4119	43762
319002	79093	86656	513806	765669	703335	3315	17475	11332	27641
3295582	905363	803715	3316786	5539925	4704301	111709	161508	52107	438509
1661305	324995	388170	1478399	1442444	830577	241444	112112	14572	220841
0	0	0	0	0	0	0	0	0	0
706798	229220	228764	841194	1230796	1083880	25269	48020	11367	33361
8555564	3068263	1400438	8036265	13268423	10409736	589136	540128	105798	1441279
2028457	243105	264375	1795308	2937672	2083280	30830	99686	20322	663587
6625061	551740	1540806	7428688	15066376	13120294	136892	181547	33664	1308391
6120537	635082	1445824	7517749	14431050	12756335	67156	160841	143980	1130582
1084711	342033	302829	1112535	2098064	1871775	44103	85928	16633	61724
2189073	368171	539623	1675429	2987692	2616308	87464	82252	2479	109379
1616167	574205	250414	1568911	1585753	1274663	60035	75197	23199	73872
3965618	1127191	892253	3569315	4443103	3883661	100060	177736	31192	155643
442220	213504	47396	300326	91548	87634	1509	8632	2969	-5745
197917	44272	50749	237672	436249	383019	4995	13918	1445	29470
2331104	838410	560332	2010283	3446001	3003405	56550	109722	35514	182776
8868686	5610952	1391835	7777054	10803532	10158898	74063	159385	13921	355593
169110	53332	32373	129952	175797	126138	6399	15032	660	21810
39454	6466	8658	43450	52890	44845	1689	3989	263	1187
705246	266579	111490	656387	3783929	3606861	17447	15926	10802	168655
12224	6539	732	9593	15976	13478	504	1401	44	497
1665040	622732	135988	4113056	2477615	2050535	1321	53853	134967	247183
1461398	534655	129785	3819733	1791210	1448570	243	40202	131072	183136
520681	162907	118491	1417991	1210515	1128965	202	18688	48540	15042
276194	18114	359	515609	88842	44513	41	7607	18999	20887
388292	116364	46111	612675	840830	726825	18762	15487	4045	77195
95746	16494	2923	286733	108347	69231	4652	8907	5054	22829

14－6 私营工业企业主要指标（2021年）

单位：万元

行 业	Sector	企业单位数（个）Number of Enterprises (unit)	资产总计 Total Capital
私营工业企业	**Collective-owned Industrial Enterprises**	**5952**	**60846850**
在总计中:	**Of the Total:**		
轻工业	Light Industry	1591	15283885
重工业	Heavy Industry	4361	45562965
在总计中:	**Of the Total:**		
大型企业	Large-scale Industrial Enterprises	17	10627495
中型企业	Medium-scale Industrial Enterprises	306	13591686
小型企业	Small-scale Industrial Enterprises	4879	33590578
微型企业	Micro-enterprises	750	3037091
煤炭的开采和洗选业	Mining and Washing of Coal	5	192420
石油和天然气开采业	Extraction of Petroleum and Natural Gas	0	0
黑色金属矿采选业	Mining and Processing of Ferrous Metal Ores	11	52145
有色金属矿采选业	Mining and Processing of Nonferrous Metals Ores	30	1409855
非金属矿采选业	Mining and Processing of Nonmetal Ores	212	1685880
开采辅助活动	Mining Assist Activities	0	0
其他采矿业	Mining of Other Ores	0	0
农副食品加工业	Processing of Food from Agricultural Products	399	6616103
#制糖业	Carbohydrate Processing	24	2636899
食品制造业	Foods Manufacturing	143	788272
#罐头制造业	Canned Food Manufacturing	11	32163
酒、饮料和精制茶制造业	Liquor, Beverages and Refined Tea Manufacturing	103	1125816
#酒的制造	Liquor Manufacturing	14	438699
烟草制品业	Tobacco Manufacturing	0	0
#卷烟制造	Cigarettes Manufacturing	0	0
纺织业	Textile Industry	147	946698
纺织服装、服饰业	Textiles, Wearing Apparel and Accessories Manufacturing	49	137500
皮革、毛皮、羽毛及其制品和制鞋业	Leather, Fur, Feather and Related Products and Footwear Manufacturing	71	264158
木材加工及木、竹、藤、棕、草制品业	Timber Processing, Bamboo, Rattan, Palm and Straw Products	1592	5371839
家具制造业	Furniture Manufacturing	47	282169
造纸及纸制品业	Papermaking and Paper Products Manufacturing	120	1262504
#造纸	Papermaking	59	490302
印刷和记录媒介复制业	Printing and Reproduction of Recording Media	37	283989

Major Indicators of Private Owned Industrial Enterprises (2021)

(10 000 yuan)

流动资产合计 Total Current Assets	应收账款 Account Receivable	存货 Inventories	负债合计 Total Liabilities	营业收入 Business Revenue	营业成本 Business Cost	销售费用 Selling Expenses	管理费用 Administrative Expenses	财务费用 Financial Expenses	利润总额 Total Profits
39277541	**10751479**	**8926800**	**41210731**	**77723799**	**68336556**	**1537961**	**2038861**	**528330**	**4369114**
10435582	1958189	2801491	10428069	16206263	14193890	433851	568059	198494	706434
28841960	8793290	6125309	30782662	61517536	54142666	1104110	1470802	329836	3662680
5927159	704416	1244223	6848214	11520686	9700329	132092	164213	60823	1095156
8981956	1228719	2124930	9271210	14759648	12609129	325394	368069	140184	1256369
22364873	8016475	5175533	22825854	48927356	43696941	1034834	1429524	305199	1987634
2003553	801869	382114	2265453	2516109	2330156	45641	77055	22124	29956
110318	6322	24257	192375	279931	270220	3452	3662	561	-105
0	0	0	0	0	0	0	0	0	0
38436	8432	14296	37168	47294	34818	2364	2857	64	6679
210967	23188	39562	294051	565480	461995	5721	29205	9654	47136
810198	276485	119777	1165149	1349666	961104	132306	101752	10942	80370
0	0	0	0	0	0	0	0	0	0
0	0	0	0	0	0	0	0	0	0
5123711	692499	957160	4860737	7678113	7054511	88975	204260	101484	216230
2316090	136847	155841	2084470	1050258	885920	11035	44984	62695	37714
484277	146647	171149	494005	1090592	872264	94054	48504	10179	58852
22424	7043	8433	26137	33339	28121	2929	1889	773	-573
610186	104991	282947	653408	867175	698337	44792	30423	16201	53339
206096	10529	139854	257037	316822	257668	4168	13148	8647	15957
0	0	0	0	0	0	0	0	0	0
0	0	0	0	0	0	0	0	0	0
611921	107071	301556	708538	978709	884539	10087	30627	13634	35110
108067	24016	41122	75414	254902	209885	4108	17578	1887	16930
209640	77353	79871	188572	395947	368088	4561	7431	3127	10218
3882597	1305538	1010570	3652455	14581912	13399798	124986	230443	54940	679202
169728	58684	61327	171737	338685	274342	11338	10869	2587	36659
670921	131272	151460	936100	1295068	1124274	39608	58763	12147	42063
193902	34154	61729	347464	575605	522521	7955	18213	4970	16259
152355	42062	22655	126742	208343	168987	4650	10435	3650	17980

14—6 续表

单位：万元

行　业	Sector	企业单位数（个） Number of Enterprises (unit)	资产总计 Total Capital
文教、工美、体育和娱乐用品制造业	Culture, Education, Arts and Crafts, Sport and Entertainment Goods Manufacturing	61	230273
石油加工、炼焦及核燃料加工业	Oil Processing, Coking and Nuclear Fuel Processing	17	333567
化学原料及化学制品制造业	Raw Chemical Materials and Chemical Products	256	2740713
医药制造业	Medical and Pharmaceutical Products	89	1117671
化学纤维制造业	Chemical Fiber Manufacturing	0	0
橡胶和塑料制品业	Rubber and Plastic Products Manufacturing	146	799183
非金属矿物制品业	Nonmetal Mineral Products Manufacturing	1073	7840494
#水泥制造	Cement Products	64	961367
黑色金属冶炼及压延加工业	Smelting and Pressing of Ferrous Metals	118	9657595
有色金属冶炼及压延加工业	Smelting and Pressing of Nonferrous Metals	104	3991805
金属制品业	Metal Products Manufacturing	212	1362353
通用设备制造业	General Purpose Machinery Manufacturing	86	455741
专用设备制造业	Special Purposes Machinery Manufacturing	112	1883856
汽车制造业	Automobile Manufacturing	243	2635241
#汽车整车制造	Vehicle Manufacturing	0	0
铁路、船舶、航空航天和其他运输设备制造业	Railway, Ship, Aerospace and Other Transportation Equipment Manufacturing	46	193434
电气机械及器材制造业	Electrical Machinery and Apparatus Manufacturing	172	1769874
计算机、通信和其他电子设备制造业	Computer, Communication and Other Electronic Equipment Manufacturing	142	3723264
仪器仪表制造业	Measuring Instruments and Machinery Manufacturing	24	162325
其他制造业	Other Manufacturing	6	45764
废弃资源综合利用业	Waste Resources Comprehensive Utilization	38	791424
金属制品、机械和设备修理业	Metal Product, Machinery and Equipment Repair Services	4	15151
电力、热力的生产和供应业	Production and Supply of Electric Power and Heat Power	25	602529
#电力生产	Electric Power Production	24	598510
#火力发电	Thermal Power	0	0
水力发电	Hydropower	14	215512
燃气生产和供应业	Production and Supply of Gas	7	45221
水的生产和供应业	Production and Supply of Water	5	30027

continued

(10 000 yuan)

流动资产合计 Total Current Assets	应收账款 Account Receivable	存货 Inventories	负债合计 Total Liabilities	营业收入 Business Revenue	营业成本 Business Cost	销售费用 Selling Expenses	管理费用 Administrative Expenses	财务费用 Financial Expenses	利润总额 Total Profits
175777	38518	52941	147086	356304	309391	9757	13809	2685	17945
115643	25536	26869	292622	385541	359085	1938	12326	7044	6416
1648352	363995	473985	1616213	3088496	2641115	71009	98436	22582	192736
701958	158235	191370	618056	567003	389643	65408	42074	8992	49865
0	0	0	0	0	0	0	0	0	0
496300	186288	142618	534645	767582	671843	16723	32210	9774	23728
5039453	2102431	909475	4999734	8537662	7042661	426948	371449	75897	493225
526419	59834	104092	575464	903355	737017	20917	33568	7739	83675
5525236	422455	1321812	6313349	13057653	11321631	120923	146885	15501	1184342
2495407	286219	697015	3286411	6557024	5843088	42142	87557	48942	478160
895272	289501	240873	895644	1809636	1612382	37529	74916	14685	56147
293821	106209	97896	312208	402674	343826	8816	22188	5829	14895
1138320	412725	141893	1182757	1070777	842231	37918	52626	18576	55935
1850313	459528	416616	1866392	2315846	2024824	43634	113451	19504	61834
0	0	0	0	0	0	0	0	0	0
102279	18130	23910	114880	239419	205701	1513	9503	882	19074
1292010	451199	311836	1063066	1658814	1442117	25491	58055	10707	110766
3286456	2001431	469860	3292472	3176725	2989524	29316	76463	-46	77224
105059	37033	20978	95607	142806	105842	5386	10689	609	15967
28361	3193	4180	29243	29902	25264	949	2782	40	133
608025	263370	99129	564965	3388970	3219796	16443	12790	8631	163073
12224	6539	732	9593	15976	13478	504	1401	44	497
239593	104120	2176	371977	147047	87583	0	7642	15648	42461
237120	103269	2110	369054	143621	85404	0	7452	15646	41584
0	0	0	0	0	0	0	0	0	0
72161	4460	137	150937	32519	16497	0	4553	5917	5422
22469	9856	2528	35469	41019	36917	1545	1631	351	524
11893	409	401	11891	35110	25451	3071	3169	399	3505

14—7　大中型工业企业分行业主要指标（2021年）

单位：万元

行　业	Sector	企业单位数（个）Number of Enterprises (unit)	资产总计 Total Capital
大中型工业企业	**Large-scale and Medium-scale Industrial Enterprises**	**829**	**145821206**
在总计中：	**Of the Total:**		
轻工业	Light Industry	325	26135679
重工业	Heavy Industry	504	119685527
在总计中：	**Of the Total:**		
大型企业	Large-scale Industrial Enterprises	95	87542800
中型企业	Medium-scale Industrial Enterprises	734	58278405
煤炭的开采和洗选业	Mining and Washing of Coal	2	306645
石油和天然气开采业	Extraction of Petroleum and Natural Gas	0	0
黑色金属矿采选业	Mining and Processing of Ferrous Metal Ores	0	0
有色金属矿采选业	Mining and Processing of Nonferrous Metals Ores	10	731086
非金属矿采选业	Mining and Processing of Nonmetal Ores	6	196621
开采辅助活动	Mining Assist Activities	0	0
其他采矿业	Mining of Other Ores	0	0
农副食品加工业	Processing of Food from Agricultural Products	94	9031051
#制糖业	Carbohydrate Processing	66	6397332
食品制造业	Foods Manufacturing	26	1062505
#罐头制造业	Canned Food Manufacturing	2	50943
酒、饮料和精制茶制造业	Liquor, Beverages and Refined Tea Manufacturing	15	1392665
#酒的制造	Liquor Manufacturing	5	974305
烟草制品业	Tobacco Manufacturing	2	2393410
#卷烟制造	Cigarettes Manufacturing	1	2338058
纺织业	Textile Industry	30	841542
纺织服装、服饰业	Textiles, Wearing Apparel and Accessories Manufacturing	12	103748
皮革、毛皮、羽毛及其制品和制鞋业	Leather, Fur, Feather and Related Products and Footwear Manufacturing	15	148866
木材加工及木、竹、藤、棕、草制品业	Timber Processing, Bamboo, Rattan, Palm and Straw Products	51	1012574
家具制造业	Furniture Manufacturing	3	56343
造纸及纸制品业	Papermaking and Paper Products Manufacturing	27	6605514
#造纸	Papermaking	9	5456268
印刷和记录媒介复制业	Printing and Reproduction of Recording Media	4	171390

注：工业企业分行业主要指标统计范围为年主营业务收入2000万元及以上工业法人企业。

Note: The statistic coverage of major indicators of industrial enterprises by industrial sectors is enterprises with business income of the main products of over 20 million yuan.

Major Indicators of Large-scale and Medium-scale Industrial Enterprises by Industrial Sector（2021）

（10 000 yuan）

流动资产合计 Total Current Assets	应收账款 Account Receivable	存货 Inventories	负债合计 Total Liabilities	营业收入 Business Revenue	营业成本 Business Cost	销售费用 Selling Expenses	管理费用 Administrative Expenses	财务费用 Financial Expenses	利润总额 Total Profits
69021124	**11731363**	**15502839**	**89502785**	**138406638**	**117263054**	**2342398**	**2732376**	**1067796**	**9427955**
15499821	1946440	3889241	15312417	19519754	14356517	791822	753509	251040	1544833
53521303	9784923	11613598	74190368	118886884	102906538	1550576	1978867	816756	7883121
38272786	6189225	8618355	54667498	82748413	71358655	1409690	1371966	580026	4769735
30748339	5542138	6884484	34835287	55658225	45904399	932708	1360411	487770	4658220
138901	8473	2624	84759	87314	58564	1127	6232	1829	16771
0	0	0	0	0	0	0	0	0	0
0	0	0	0	0	0	0	0	0	0
360851	101600	31120	309056	426742	237453	2113	27257	6151	131361
100871	23103	17146	32039	212173	144272	11326	10522	79	37692
0	0	0	0	0	0	0	0	0	0
0	0	0	0	0	0	0	0	0	0
6332742	616648	1100421	6026583	7938070	7061281	117908	225377	144490	374687
4454921	338071	688961	4544437	4057087	3470823	68766	164850	141466	219528
559705	128275	133031	479815	1227196	964582	97506	36020	12107	102993
33202	2219	7492	12496	25775	17290	4598	1404	-486	1823
728828	64122	377370	794781	1033579	691095	101362	52079	6914	127284
511033	34289	317506	596565	584865	377085	36579	37758	5357	76502
1677139	41233	851172	831368	2780120	754108	52892	147206	-8029	163441
1626638	39771	848796	822893	2772238	750595	52892	142546	-8029	163921
464391	72233	254590	468091	610601	568404	3728	26779	8228	26482
72837	29798	28733	57189	175824	160147	1662	10288	401	2984
94741	41451	33357	78951	205338	182484	4590	12063	1703	2525
509469	119379	189345	649293	1526911	1334465	25437	35874	14275	108617
31789	8116	13817	31460	54405	44072	2920	3659	561	2599
2879236	436712	390633	4497331	2147544	1641502	72963	75610	66163	241176
2255698	275704	279781	3661251	1551597	1176689	41885	40968	56482	194878
93378	44091	18031	69284	145031	108034	2129	9411	1691	20980

14－7 续表

单位：万元

行　业	Sector	企业单位数（个）Number of Enterprises (unit)	资产总计 Total Capital
文教、工美、体育和娱乐用品制造业	Culture, Education, Arts and Crafts, Sport and Entertainment Goods Manufacturing	24	150900
石油加工、炼焦及核燃料加工业	Oil Processing, Coking and Nuclear Fuel Processing	7	5429095
化学原料及化学制品制造业	Raw Chemical Materials and Chemical Products	33	2590276
医药制造业	Medical and Pharmaceutical Products	20	2103671
化学纤维制造业	Chemical Fiber Manufacturing	0	0
橡胶和塑料制品业	Rubber and Plastic Products Manufacturing	17	838033
非金属矿物制品业	Nonmetal Mineral Products Manufacturing	93	8087841
#水泥制造	Cement Products	25	4343190
黑色金属冶炼及压延加工业	Smelting and Pressing of Ferrous Metals	30	24819126
有色金属冶炼及压延加工业	Smelting and Pressing of Nonferrous Metals	46	17358520
金属制品业	Metal Products Manufacturing	12	393483
通用设备制造业	General Purpose Machinery Manufacturing	12	3007915
专用设备制造业	Special Purposes Machinery Manufacturing	19	4833950
汽车制造业	Automobile Manufacturing	52	12781401
#汽车整车制造	Vehicle Manufacturing	5	7950653
铁路、船舶、航空航天和其他运输设备制造业	Railway, Ship, Aerospace and Other Transportation Equipment Manufacturing	11	522802
电气机械及器材制造业	Electrical Machinery and Apparatus Manufacturing	23	1809176
计算机、通信和其他电子设备制造业	Computer, Communication and Other Electronic Equipment Manufacturing	70	5879218
仪器仪表制造业	Measuring Instruments and Machinery Manufacturing	4	111767
其他制造业	Other Manufacturing	1	13063
废弃资源综合利用业	Waste Resources Comprehensive Utilization	3	162394
金属制品、机械和设备修理业	Metal Product, Machinery and Equipment Repair Services	3	209748
电力、热力的生产和供应业	Production and Supply of Electric Power and Heat Power	40	27241385
#电力生产	Electric Power Production	13	10034581
#火力发电	Thermal Power	9	3288328
水力发电	Hydropower	3	468806
燃气生产和供应业	Production and Supply of Gas	4	718624
水的生产和供应业	Production and Supply of Water	8	2704859

continued

(10 000 yuan)

流动资产合计 Total Current Assets	应收账款 Account Receivable	存货 Inventories	负债合计 Total Liabilities	营业收入 Business Revenue	营业成本 Business Cost	销售费用 Selling Expenses	管理费用 Administrative Expenses	财务费用 Financial Expenses	利润总额 Total Profits
105007	37935	52763	97681	264738	236376	5632	14622	1634	5873
2996540	123946	683769	2166594	9100527	6390625	26000	102435	-24579	648857
1367459	147200	287253	1198505	2058395	1600444	44006	77504	21118	261793
1154608	177527	217701	846763	1063059	400006	274771	60221	-94	316584
0	0	0	0	0	0	0	0	0	0
361066	93613	126695	424236	669486	571123	19187	25132	3664	29753
4017159	704212	784424	3393228	6053588	4216768	162439	217567	30661	1325378
1990740	230151	228802	1493193	2965413	1925226	50134	103737	7352	830348
11097001	742151	3251002	15016408	34079853	30720814	172772	373822	154458	2197806
8290200	585338	2400434	12349046	19065344	16597396	84595	234474	223137	1603483
188530	56729	46628	275929	686874	637883	12106	14245	3953	21400
2202220	394491	517510	1751494	2932487	2590977	90072	68126	-618	82895
3036817	1101596	544004	2763407	2718318	2285682	87195	71875	18648	182896
8533919	1448589	1188351	8861965	15074947	13205393	744838	322573	-102762	322008
5461227	671935	572002	5932537	10668766	9269909	661612	181177	-116530	167342
268425	68466	68836	315175	439130	390962	5123	17895	1640	18065
1194664	377881	332330	1074529	1906878	1665742	29928	48620	23657	132933
4518023	2395865	1016270	3264861	8946616	8181080	51109	97952	21114	545239
61617	14915	18456	67192	71601	52849	2603	6615	519	7563
5933	2136	1868	7812	7519	6744	416	411	6	89
88551	6549	4078	78764	383655	322380	6082	7766	-19	45818
154570	84033	16229	115959	171547	149350	1311	11019	-101	4574
4667702	1311006	469376	18770211	13355842	12509356	3345	246066	397902	198655
1522463	415597	390155	7491734	2975568	2684649	391	51703	154244	101400
915545	338117	177394	2515072	2261826	2297898	391	33514	74722	-141650
44952	15971	716	193464	142624	70501	0	10016	4821	52959
223746	60802	20746	417750	435513	355496	7081	7287	3677	63338
442493	61151	12728	1835276	349874	225146	14126	27774	33619	53363

14－8 主要年份主要工业产品产量

产品名称	Item	2000	2005	2010	2015
锰矿石（万吨）	Manganese Ore (10 000 tons)	118.65	75.18	564.39	821.99
铁矿石（万吨）	Iron Ore (10 000 tons)	68.61	62.16	353.06	799.28
粗钢（万吨）	Crude Steel (10 000 tons)	104.73	496.29	1204.57	2146.05
生铁（万吨）	Pig Iron (10 000 tons)	125.32	485.39	1113.46	1222.00
钢材（万吨）	Rolled Steel (10 000 tons)	102.63	519.88	1560.34	3545.75
铁合金（万吨）	Ferroalloys (10 000 tons)	41.58	126.28	269.44	542.39
十种有色金属（吨）	10 Nonferrous Metal (ton)	605902	666284	1405548	1576687
#铝	Aluminum	185867	246263	667180	575629
锌	Zinc	235535	170110	500762	501797
锡	Tin	45874	35338	29306	11664
氧化铝（万吨）	Oxide of Aluminum (10 000 tons)	40.81	92.46	528.84	846.01
发电量（亿千瓦小时）	Electricity Generation (100 million kwh)	289.09	446.04	1032.15	1299.90
#水电	Hydropower	168.87	195.82	475.26	749.30
原煤（万吨）	Coal (10 000 tons)	706.67	700.34	757.57	425.50
硫酸（万吨）	Sulfuric Acid (10 000 tons)	86.04	171.77	264.27	368.32
烧碱（吨）	Caustic Soda (ton)	140719	240172	430064	437556
农用化肥（折100%，万吨）	Chemical Fertilizers (10 000 tons)	53.30	84.02	86.90	116.91
水泥（万吨）	Cement (10 000 tons)	2198.35	3306.13	7516.51	11144.43

Output of Major Industrial Products in Main Years

2016	2017	2018	2019	2020	2021
977.48	1127.52	82.70	103.72	83.56	158.36
495.82	283.32	80.35	17.15	10.87	0
2109.57	2265.26	2243.43	2662.71	3452.23	3660.88
1216.59	1310.75	1426.77	1466.12	1457.30	3015.29
3645.08	3271.11	3194.09	3346.74	4731.54	5282.09
521.08	521.15	346.55	324.79	306.94	286.34
1804491	2302130	2859201	3737872	4139839.26	4280419
783554	1205529	1676019	2278022	2177657.57	2304442
462049	461717	498538	502591	660998	570746
11028	15033	9227	8036	10117	9185
906.00	1045.80	818.58	846.46	941.06	1133.45
1346.50	1401.11	1752.02	1846.27	1970.88	
654.40	629.34	701.12	593.41	614.47	
432.50	442.68	487.90	406.16	413.58	
367.37	385.32	337.35	383.34	444.10	432.84
462022	957397	537121	617227	823733	865580
95.56	84.90	41.15	30.54	54.11	41.22
12056.42	12218.75	11327.73	11938.45	12148.76	11432.9

14—8 续表

产品名称	Item	2000	2005	2010	2015
汽车（辆）	Motor Vehicles (set)	131238	377184	1366096	2294032
#客车	Buses	59137	288683	1076891	5340
小型拖拉机（台）	Mini-tractors (set)	90966	117804	282254	163181
纱（万吨）	Yarn (10 000 tons)	9.22	11.87	11.01	9.76
布（万米）	Cloth (10 000 m)	8714	5472	4633	4506
机制纸及纸板（万吨）	Machine-made Paper and Paperboard (10 000 tons)	82.55	125.37	225.11	284.05
成品糖（万吨）	Machine-made Sugar (10 000 tons)	325.76	504.34	705.46	925.74
发酵酒精（万吨）	Liquor (10 000 tons)	21.46	22.45	55.76	69.56
化学药品原药（吨）	Chemical Medicine (ton)	2482	5449	5920	7197
中成药（吨）	Traditional Chinese Medicine (ton)	49719	74712	213336	344856
表（万只）	Watches (10 000 units)	1016.88	95.34	102.15	76.34
原盐（万吨）	Salt (10 000 tons)	15.62	10.72	8.80	7.90
卷烟（万箱）	Cigarettes (10 000 cases)	72.33	106.90	143.30	156.84
罐头（吨）	Canned Food (ton)	135747	171994	478805	565830
饮料酒（千升）	Alcoholic Beverages (kilo-liter)	546848	832112	1878833	2391867
原油加工量（万吨）	Volume of Crude Oil Processing (10 000 tons)			418.93	1428.80
发动机（万千瓦）	Engine (10 000 kW)			15377.04	18551.83

注：本表统计范围为全部工业产品产量。

Note: The statistical range of this table is the total output of industrial enterprises.

continued

2016	2017	2018	2019	2020	2021
2454531	2486056	2148946	1830327	1744888	1900836
6286	4616	2910	2627	2949	2919
150438	138258	19277	6002	3952	5792
10.08	10.44	7.64	6.85	5.33	6.17
4478	21077	4005	5247	3648	8150
289.03	301.21	281.44	324.16	313.70	336.22
914.69	936.20	647.44	792.2	688.90	702.74
59.74	79.25	30.60	38.20	55.14	49.50
7237	9260	28679	16599	26913	36163
437518	502580	322078	186481	130087	134184
32.21	52.93	41.38	51.06	50.75	60.22
7.08	3.84	3.02	…	0	0
147.73	144.26	140.01	140.26	141.34	143.29
541756	589115	226270	185744	171509	84339
2186628	1933313	1672929	1322559	1230514	1220882
1339.94	1562.50	1598.76	1637.28	1276.20	
19657.61	20585.59	19300.72	18162.94	19938.78	20576.96

14—9 广西分市规模以上工业企业主要经济指标（2021年）

单位：万元

分市名称	Sector	企业单位数（个）Number of Enterprises (unit)	资产总计 Total Capital	流动资产合计 Total Circulating Funds
广西	Guangxi	8065	236220576	115408484
南宁市	Nanning	1323	37909033	20673868
柳州市	Liuzhou	1168	38259622	21728070
桂林市	Guilin	615	14204400	6965656
梧州市	Wuzhou	581	10952294	5352329
北海市	Beihai	313	13620459	7465674
防城港市	Fangchenggang	164	25173494	8976676
钦州市	Qinzhou	368	13614958	6113371
贵港市	Guigang	1005	12798279	5760309
玉林市	Yulin	725	12081449	6369280
百色市	Baise	436	21205033	9581786
贺州市	Hezhou	328	7783327	3573355
河池市	Hechi	288	8939134	3252154
来宾市	Laibin	334	8229965	3548928
崇左市	Chongzuo	431	8907127	5109348

Major Indicators Economic of Industrial Enterprises above Designated Size by City（2021）

(10 000 yuan)

应收账款 Account Receivable	存货 Inventory	负债合计 Total Liabilities	营业收入 Business Income	营业成本 Business Costs	销售费用 Selling Expenses	管理费用 Administrative Expenses	财务费用 Financial Expenses	利润总额 Total Profits
27742898	24729607	148946956	222740708	191712358	3998198	5226448	2029923	13466618
8818022	3589706	25703283	27090978	22413799	518110	766315	268295	1259842
4355932	4531650	24147891	43187957	37599180	1174949	1048301	51156	1634577
1781169	1511164	8998226	9781243	8110570	368216	407173	129996	721128
1393549	1336648	6064295	13988276	11772652	285919	381317	79404	1358265
2004543	1891478	8149711	20771655	17501392	162804	247096	54644	1715189
1107513	2829037	16229117	21013413	18590044	199478	232352	227685	1336804
1035305	1158039	7848012	15461841	12917718	179040	295574	136918	839881
1478183	1172570	7291101	13118974	11630689	153886	245440	105507	857245
1409992	1424855	7451944	13057091	11382312	260794	454181	93866	643735
1341910	1586467	14655107	15876230	13369381	162366	322849	272451	1447282
842164	710006	5417956	8128137	7213374	189830	161498	95703	394049
462736	1068860	6435875	5748279	4746391	58985	192282	102316	550322
827984	628597	5939764	6173183	5074188	120634	192283	103891	616306
900115	1244450	5635112	8672368	7183490	160675	213420	108814	898770

主要统计指标解释

工业 指从事自然物质资源采掘和对工业品原料及农产品原料进行加工和再加工的物质生产部门。具体包括：（1）对自然资源的开采，如采矿、晒盐等，但不包括禽兽捕猎和水产捕捞；（2）对农副产品的加工、再加工，如粮油加工、食品加工、缫丝、纺织、制革等；（3）对采掘品的加工、再加工，如炼铁、炼钢、化工生产、石油加工、机器制造、木材加工等，以及电力、自来水、煤气的生产和供应等；（4）对工业品的修理、翻新，如机器设备的修理、交通运输工具（如汽车）的修理等。

独立核算法人工业企业 指从事工业生产经营活动的单位。独立核算法人工业企业应同时具备以下条件：①依法成立，有自己的名称、组织机构和场所，能够承担民事责任；②独立拥有和使用资产，承担负债，有权与其他单位签订合同；③独立核算盈亏，并能够编制资产负债表。

集体企业 指企业资产归集体所有，并按《中华人民共和国企业法人登记管理条例》规定登记注册的经济组织。是社会主义公有制经济的组成部分。包括城乡所有使用集体投资举办的企业，以及部分个人通过集资自愿放弃所有权并依据工商行政管理机关认定为集体所有制的企业。

国有控股：包括：（1）在企业的全部实收资本中，国有经济成分的出资人拥有的实收资本（股本）所占企业全部实收资本（股本）的比例大于50%的国有绝对控股。（2）在企业的全部实收资本中，国有经济成分的出资人拥有的实收资本（股本）所占比例虽未大于50%，但相对大于其他任何一方经济成分的出资人所占比例的国有相对控股；或者虽不大于其他经济成分，但根据协议规定拥有企业实际控制权的国有协议控股。（3）投资双方各占50%，且未明确由谁绝对控股的企业，若其中一方为国有经济成分的，一律按国有控股处理。

股份制经济 是指以合作制为基础，由企业职工共同出资入股，吸收一定比例的社会资产投资组建，实行自主经营，自负盈亏，按劳分配与按股分红相结合的一种集体经济组织。

联营企业 是指两个及两个以上相同或不同所有制性质的企业法人或事业单位法人，按自愿、平等、互利的原则，共同投资组成的经济组织。包括国有联营、集体联营、国有与集体联营、其他联营等。

有限责任公司 是指根据《中华人民共和国公司登记管理条例》规定登记注册，由两个以上，五十个以下的股东共同出资，每个股东以其所认缴的出资额对公司承担

Explanatory Notes on Main Statistical Indicators

Industry refers to the material production sector which is engaged in excavation of natural material resources, processing and reprocessing of industrial and agricultural raw materials, including: (1) exploitation of natural resources, such as mining, solar salt, but not including hunting and fishing; (2) processing and reprocessing of farm and sideline products, such as grain and edible oil, silk reeling, spinning and weaving and leather making; (3) manufacture of industrial products, such as steel making, iron smelting, chemicals manufacturing, petroleum processing , machine building, timber processing; water and gas production and electricity generation and supply; (4) repairing of industrial products such as the repairing of machinery and means of transport (such as cars) .

Corporate Industrial Enterprises with Independent Accounting System refer to enterprises engaging in industrial production activities, which meet the following requirements: 1. They are established legally, having their own names, organizations, location, able to take civil liability; 2. They possess and use their assets independently, assume liabilities, and are entitled to sign contracts with other units; 3. They are financially independent, and compile their own balance sheets.

Collective-owned Enterprises refer to economic organization registered in accordance with Regulation of the People's Republic of China on the Registration and Administration of Enterprise Legal Persons, which enterprise asset shall be collectively owned. It is part of socialist public ownership of the economy. It includes urban and rural enterprises invested by collectives and some enterprises which were formerly owned privately but have been registered in industrial and commercial administration agency as collective units through raising fund from the public.

State-holding Enterprises includes: (1) absolutely state-holding enterprises whose state paid-up capital (stock) shares are more than 50%. (2) Relatively state-holding enterprises that state shares are less than 50%, but relatively more than other economic units or no more than other economic units, but according to agreement, the state have actuary controlling ability to the enterprises. (3) Enterprises that one of the two 50-50 investors is state-owned, without conforming which investor is absolute holding.

Share-holding Enterprises refer to economic units set up on cooperative basis, with funding party from members of the enterprises and partly from social investment, where the operation and management is decided by the members who also participate in the production, and the distribution of income is based both on work (labor input) and on shares (capital input).

Joint-operation Enterprises refer to economic units that are established by joint investment by two or more corporate enterprise or institution of the same or different types of ownership on voluntary, equal and mutual-beneficial basis. They include state-owned joint-operation enterprises, collective joint-operation enterprises, state-collective joint-operation enterprises, other joint-operation etc.

Share-holding Liability Corporations refers to economic units registered in accordance with the Regulation of the People's Republic of China on the Registration of Corporation Enterprises, assets are collected by above

有限责任，公司以其全部资产对其债务承担责任的经济组织。包括国有独资公司以及其他有限责任公司。

two investors, bellow 50 investors, each investor bears limited liability to the corporation depending on the holding of shares, and the corporation bears liability to its debt to the maximum of its total assets. They include state-owned enterprises and other share-holding liability corporations.

股份有限公司 是指根据《中华人民共和国公司登记管理条例》规定登记注册，其全部注册资本由等额股份构成并通过发行股票筹集资本，股东以其认购的股份对公司承担有限责任，公司以其全部资产对其债务承担责任的经济组织。

Share-holding Corporations Ltd. refers to economic units registered in accordance with the *Regulation of the People's Republic of China on the Management of Registration of Corporation Enterprises*, with total registered capital divided into equal shares and raised through issuing stocks. Each investor bears limited liability to the corporation depending on the holding of shares, and the corporation bears to its debt to the maximum of its total assets.

私营企业 是指由自然人投资设立或由自然人控股，以雇佣劳动为基础的营利性经济组织。包括按照《公司法》《合伙企业法》《私营企业暂行条例》以及《个人独资企业法》规定登记注册的私营独资企业、私营合伙企业、私营有限责任公司、私营股份有限公司和个人独资企业。

Private Enterprises refer to economic units invested or controlled (by holding the majority of the shares) by natural persons who hire labors for profit-making activities. Included in this category are private limited liability corporations, private share-holding corporations Ltd., private partnership and private sole investment enterprises registered in accordance with the *Corporation Law, Partnership Enterprise Law, Tentative Regulation on Private Enterprises and Individual Proprietorship Enterprise Law.*

轻工业 指主要提供生活消费品和制作手工工具的工业。按其所使用的原料不同，可分为两大类：（1）以农产品为原料的轻工业，是指直接或间接以农产品为基本原料的轻工业。主要包括食品制造、饮料制造、烟草加工、纺织、缝纫、皮革和毛皮制作、造纸以及印刷等工业；（2）以非农产品为原料的轻工业，是指以工业品为原料的轻工业。主要包括文教体育用品、化学药品制造、合成纤维制造、日用化学制品、日用玻璃制品、日用金属制品、手工工具制造、医疗器械制造、文化和办公用机械制造等工业。

Light Industry refers to the industry that produces consumer goods and hand tools. It consists of two categories, depending on the materials used: (1) Industries using farm products as raw materials. These are branches of light industry which directly or indirectly use farm products as basic raw materials, including the manufacture of food and beverages, tobacco processing, textile, clothing, fur and leather manufacturing, paper making, printing, etc. (2) Industries using non farm products as raw materials. These are branches of light industry which use manufactured goods as raw materials, including the manufacture of cultural, educational articles and sports goods, chemicals, synthetic fiber, chemical products for daily use, glass products for daily use, metal products for daily use, hand tools, medical apparatus and instruments, and the manufacture of cultural and clerical machinery.

重工业 指为国民经济各部门提供物质技术基础的主要生产资料的工业。按其生产性质和产品用途，可以分为下列三类：（1）采掘（伐）工业，是指对自然资源的开采，包括石油开采、煤炭开采、金属矿开采、非金属矿开采和木材采伐等工业；（2）原材料工业，指向国民经济各部门提供基本材料、动力和燃料的工业。包括金属冶炼及加工、炼焦及焦炭化学、化工原料、水泥、人造板以及电力、石油和煤炭加工等工业；（3）加工工业，是指对工业原材料进行再加工制造的工业。包括装备国民经济各部门的机械设备制造工业、金属结构、水泥制品等工业，以及为农业提供的生产资料如化肥、农药等工业。

根据上述划分原则，修理业中以重工业产品为修理作业对象的划为重工业，反之划为轻工业。

Heavy Industry refers to the industry whose produces capital goods, and provides various sectors of the national economy with necessary material and technical basis. It consists of the following three branches according to the purpose of production or the use of products: (1) Mining, quarrying and logging industry refers to the industry that extracts natural resources, including extraction of petroleum, coal, metal and non metal ores and logging. (2) Raw materials industry refers to the industry that provides various sectors of the national economy with raw materials, fuels and power. It includes smelting and processing of metals, coking and coke chemistry, chemical materials and building materials such as cement, plywood, and power, petroleum refining and coal processing. (3) Manufacturing industry refers to the industry that processes raw materials. It includes machine manufacturing industry which equips sectors of the national economy, industries of metal structure and cement products, industries producing means of agricultural production, such as chemical fertilizers and pesticides.

According to the above principle of classification, the repairing trades that are engaged primarily in repairing products of heavy industry are classified into heavy industry while these engaged in repairing products of light industry are classified into light industry.

资产总计 指企业过去的交易或者事项形成的、由企

Total Assets refer to all resources that are owned or controlled by

业拥有或者控制的、预期会给企业带来经济利益的资源。资产一般按流动性分为流动资产和非流动资产。其中流动资产可分为货币资金、交易性金融资产、应收票据、应收账款、预付款项、其他应收款、存货等；非流动资产可分为长期股权投资、固定资产、无形资产及其他非流动资产等。

流动资产合计 资产满足以下条件之一应归为流动资产：（1）预计在一个正常营业周期中变现、出售或耗用，主要包括存货、应收账款等；（2）主要为交易目的而持有；（3）预计在资产负债表日起一年内（含一年）变现；（4）自资产负债日起一年内，交换其他资产或清偿负债的能力不受限制的现金或现金等价物。包括货币资金、应收票据、应收账款、存货等项目。

负债合计 指企业过去的交易或者事项形成的，预期会导致经济利益流出企业的现时义务。负债一般按偿还期长短分为流动负债和非流动负债。来源于会计“资产负债表”中“负债合计”项目的期末余额数。

应收账款 指企业因销售商品、提供劳务等经营活动所形成的债权，包括应向客户收取的货款、增值税款和为客户代垫的运杂费等。

存货 指企业在日常活动中持有以备出售的产成品或商品、处在生产过程中的在产品、在生产过程或提供劳务过程中耗用的材料或物料等，通常包括原材料、在产品、半成品、产成品、商品以及周转材料等。

产成品 指企业已经完成全部生产过程并验收入库，可以按照合同规定的条件送交订货单位，或者可以作为商品对外销售的产品。

营业收入 指企业经营主要业务和其他业务所确认的收入总额。营业收入包括“主营业务收入”和“其他业务收入”。

营业成本 指企业经营主要业务和其他业务所发生的成本总额。包括企业（单位）在报告期内从事销售商品、提供劳务等日常活动发生的各种耗费。包括“主营业务成本”和“其他业务成本”。

销售费用 指企业在销售商品和材料、提供劳务的过程中发生的各种费用，包括保险费、包装费、展览费和广告费、商品维修费、预计产品质量保证损失、运输费、装卸费等以及为销售本企业商品而专设的销售机构（含销售网点、售后服务网点等）的职工薪酬、业务费、折旧费等经营费用。

管理费用 指企业为组织和管理企业生产经营所发生

enterprises through previous trades or transactions with expectation of making economic profits. Classified by the degree of liquidity, total assets include current assets and non-current assets. Current assets can be classified into monetary capital, trading financial assets, notes receivable, accounts receivable, advanced payments, other receivables and inventories. Non-current assets can be divided into long-term equity investment, fixed assets, intangible assets and other non-current assets.

Total Current Assets refer to the assets that meet one of the following requirements: (1) expected to be cashed, sold or used in a normal operation cycle, mainly including inventory and accounts receivable; (2) be owned for trading purpose mainly; (3) expected to be cashed in one year (including one year) from the day of the *Balance Sheet*; (4) unlimited cash or cash equivalents that can be exchanged with other assets or being capable of settling debts during one year since the day of the *Balance Sheet*. Included are monetary capital, notes receivable, accounts receivable and inventories.

Total Liabilities refer to payable liabilities of enterprises that accumulated from previous trades or transactions with expectation of economic profits leaking out. In terms of payment, it can be divided into liquid liabilities and long-term liabilities. Data on this indicator can be obtained from the year-end figures of total liabilities in the *Balance Sheet* of accounting records.

Accounts Receivable refers to creditor's rights formed by business activities such as selling goods, providing labor, which includes payment for goods that should be charged to the customer, value-added tax and advance freight for the clients.

Inventories refers to finished goods or commodities held in preparation for sale in enterprises' daily activities, goods in the production process, material or the physical materials consumed in the production process or in the process of providing labor, usually include raw materials, goods in the production process, semi-finished products, finished products, goods and materials in flow.

Finished Goods refers to the products that the enterprises have completed all of the production process and accepted and put in storage, and can be sent to the ordering units in accordance with the contract stipulations, or can be on sale.

Business Revenue refers to the total revenue recognized by the enterprise from the operation of its main business and other businesses. It includes “revenue from principal business” and “revenue from other business”.

Business Cost refers to the total cost occurred from the principal business of the enterprise. It includes various expenditures incurred by enterprises (units) in their daily activities of selling goods and providing labor services during the reporting period. It includes “cost of principal business” and “cost of other business”.

Selling Expense refers to the cost during the sale of goods and materials, providing labor services, including insurance, packing, exhibition fees and advertising fees, merchandise maintenance costs, expected product quality guarantee loss, transportation fees, handling fees, and operating expenses for the sales of the company's products such as employee compensation, business expenses, depreciation costs for dedicated sales offices (including sales outlets, after-sales service outlets, etc.).

Administrative Expense refers to the expenses for the organization and

的费用，包括企业在筹建期间内发生的开办费、董事会和行政管理部门在企业经营管理中发生的，或者应当由企业统一负担的公司经费等。

财务费用　指企业为筹集生产经营所需资金等而发生的筹资费用，包括企业生产经营期间发生的利息支出（减利息收入）、汇兑损失（减汇兑收益）以及相关的手续费等。

利润总额　指企业在一定会计期间的经营成果，是生产经营过程中各种收入扣除各种耗费后的盈余，反映企业在报告期内实现的盈亏总额。来源于会计“利润表”中“利润总额”项目的本年累计数。

management of enterprise operating, including the start-up costs during the construction of enterprises, funds occurred during enterprises operating by board of directors and executive management in the enterprise management, or burden by enterprises.

Financial Expenses　refers to cost of raising fund for enterprises to raise funds for production and operation, including interest payments (a reduction in interest income), exchange loss (less exchange gains) and related fees during the period of production.

Total Profits　refers to the operation results in a certain accounting period, and it is the balance of various incomes minus various spending in the course of operation, reflecting the total profits and losses of enterprises in reference period. Data are obtained from the amount of total profits in the profit statement of the accounting record of enterprise.

第十五篇　建筑业

CHAPTER 15　CONSTRUCTION

（编辑：何志雄）

简要说明

（本篇内容由自治区统计局投资处调查提供，电话0771-2441315）

一、本篇资料的主要内容

建筑业企业基本情况，建筑业企业所属产业活动单位基本情况，从业人员及工资总额情况，财务状况，生产经营情况，信息化和电子商务交易情况等。

二、统计范围和统计原则

年报的统计范围为广西区内具有建筑业资质的所有独立核算建筑业企业（包括没有工作量的建筑业企业）及所属产业活动单位，建筑业企业资质执行住房和城乡建设部新的资质管理办法，辖区内有资质的建筑业企业按照法人单位注册地原则进行统计。

三、资料来源和报送方法

建筑业企业生产经营情况表、财务状况表、房屋竣工面积及价值表及劳务分包建筑业企业生产经营情况表的统计资料取自具有建筑业资质的所有独立核算建筑业企业的基层表，具有建筑业资质的所有独立核算建筑业企业直接从网上报送。

Brief Introduction

(Provided by Department of Investment of the Guangxi Zhuang Autonomous Region Bureau of Statistics, Tel: 0771-2441315)

The main contents of this information

Basic situation of construction enterprises, basic statistics of industrial units of construction enterprises, employees and total wages, financial status, production and operation, informationization and e-commerce transactions, etc.

15－1 主要年份三级及三级以上建筑业企业主要指标
Major Indicators of the Third and Higher Grade Construction Enterprises in Main Years

指 标	Item	2005	2010	2015	2018	2019	2020	2021
企业个数（个）	**Number (unit)**	**1047**	**1160**	**1152**	**1481**	**1703**	**1913**	**2351**
#国有及国有控股企业	State-owned and State-holding Enterprises	216	169	137	135	139	157	181
城镇集体企业	Urban Collective-owned Enterprises	314	229	167	145	144	132	115
1. 内资企业	Domestic Enterprises	1042	1153	1149	1481	1703	1913	2351
2. 港澳台商投资企业	Enterprises with Funds from Hong Kong, Macao and Taiwan	4	5	3	0	0	0	0
3. 外商投资企业	Foreign Funded Enterprises	1	2	0	0	0	0	0
总产值（亿元）	**Gross Output Value (10 000 yuan)**	**425.21**	**1222.31**	**2953.42**	**4401.25**	**5407.31**	**5853.24**	**6699.59**
#国有及国有控股企业	State-owned and State-holding Enterprises	248.35	645.72	1335.06	1954.48	2349.51	2456.35	3184.34
城镇集体企业	Urban Collective-owned Enterprises	63.89	117.02	192.34	220.86	257.82	197.91	1748.98
1. 内资企业	Domestic Enterprises	422.85	1200.77	2952.50	4401.25	5407.31	5853.24	6699.59
2. 港澳台商投资企业	Enterprises with Funds from Hong Kong, Macao and Taiwan	0.17	0.88	0.92	0	0	0	0
3. 外商投资企业	Foreign Funded Enterprises	2.19	20.65	0	0	0	0	0
年末从业人员（万人）	**Year-end Number of Employed Persons (10 000 persons)**	**43.0**	**59.06**	**85.67**	**122.37**	**141.97**	**92.00**	**118.51**
#国有及国有控股企业	State-owned and State-holding Enterprises	20.4	26.4	35.02	51.50	52.41	37.14	50.92
城镇集体企业	Urban Collective-owned Enterprises	10.5	7.39	6.83	7.56	7.60	5.34	5.01
1. 内资企业	Domestic Enterprises	42.8	58.01	85.65	122.37	141.97	92.00	118.51
2. 港澳台商投资企业	Enterprises with Funds from Hong Kong, Macao and Taiwan	0.03	0.01	0.02	0	0	0	0
3. 外商投资企业	Foreign Funded Enterprises	0.1	1.03	0	0	0	0	0
房屋建筑施工面积（万平方米）	**Floor Space of Buildings Under Construction (10 000 sq.m)**	**5518.1**	**10742.3**	**23431.97**	**26135.05**	**29487.83**	**28695.30**	**29484.21**
房屋建筑竣工面积（万平方米）	**Floor Space of Buildings Completed (10 000 sq.m)**	**2209.7**	**4093.82**	**7720.70**	**8480.06**	**8685.74**	**8295.81**	**8596.73**

15－2 主要年份国有及国有控股建筑企业主要指标
Major Indicators of State-owned and State-holding Construction Enterprises in Main Years

指 标	Item	2005	2010	2015	2018	2019	2020	2021
企业个数（个）	Number of Enterprises (unit)	216	169	137	134	134	157	181
计算建筑业劳动生产率的平均人数（万人）	Average Number of Staff and Workers to Calculate Labor Productivity (10 000 persons)	19.7	25.1	38.7	48.4	48.5	45.8	50.1
建筑业总产值（万元）	Gross Output Value of Construction (10 000 yuan)	2483506	6457240	13350594	19544833	23495064	24563459	31843369
竣工产值（万元）	Output Value of Construction Completed (10 000 yuan)	1600790	3109693	6927922	9542049	12000359	10792276	17255446
房屋建筑施工面积（万平方米）	Floor Space of Buildings Under Construction (10 000 sq.m)	2380.9	4640.4	11767.78	14056.78	15348.09	12913.58	15603.59
#本年新开工	Newly Started Buildings in the Year	1069	1658.8	2388.66	3082.33	3295.61	2856.62	3087.53
房屋建筑竣工面积（万平方米）	Floor Space of Buildings Completed (10 000 sq.m)	808.1	1260.6	2157.42	2901.31	3160.25	2784.58	3572.90
#住 宅	Residential Building	529.6	844.2	1284.77	2176.23	2190.08	1782.55	2348.33
年末自有机械设备总台数（台）	Number of Machinery and Equipment Owned at Year-end (set)	46905	36782	37146	33062	26844	25698	23431
年末自有机械设备净值（万元）	Net Value of Machinery and Equipment Owned at Year-end (10 000 yuan)	174423	183742	185266	138336	126770	108286	93820
年末自有机械设备总功率（万千瓦）	Total Power of Machinery and Equipment Owned at Year-end (10 000 kW)	104.6	107.4	114.3	91.6	83.8	59.0	57.2
年末固定资产原值（万元）	Original Value of Fixed Assets (10 000 yuan)	758096	782614	1033633	1034578	1174131	1127687	1183250
年末固定资产净值（万元）	Net Value of Fixed Assets (10 000 yuan)	505996	477123	577324	577846	–	–	–
本年固定资产折旧（万元）	Depreciation of Fixed Assets (10 000 yuan)	32117	53040	64642	81958	105287	60931	64986
利润总额（万元）	Total Profits (10 000 yuan)	15102	51373	127681	305148	420663	356997	716249
利税总额（万元）	Total Pre-tax Profits (10 000 yuan)	95195	251929	511979	401567	451478	420163	790624
按建筑业总产值计算的劳动生产率（元/人）	Overall Labor Productivity in Terms of Gross Output Value (yuan/person)	125917	257132	344720	404019	484409	536561	635419
按竣工面积计算的劳动生产率（平方米/人）	Overall Labor Productivity in Terms of Floor Space of Buildings Completed (sq.m/person)	41	50.2	55.7	60.0	65.2	60.8	71.3
产值利润率（%）	Ratio of Profit to Gross Output Value (%)	0.6	0.8	1.0	1.5	1.8	1.5	2.2
产值利税率（%）	Ratio of Pre-tax Profit to Gross Output Value (%)	3.8	3.9	3.8	2.1	1.9	1.7	2.5
房屋建筑面积竣工率（%）	Rate of Floor Space of Buildings Completed (%)	33.9	27.2	18.3	20.6	20.6	21.6	22.9
技术装备率（元/人）	Value of Machines Per Laborer (yuan/person)	8843	6960	5292	2686	2419	2365	1843
动力装备率（千瓦/人）	Power of Machines Per Laborer (kW/person)	5	4	3	2	1.7	1.3	1.1

15—3 主要年份地方国有建筑企业主要指标
Major Indicators of Local State-owned Construction Enterprises in Main Years

指标	Item	2005	2010	2015	2018	2019	2020	2021
企业个数（个）	Number of Enterprises (unit)	200	156	96	83	83	104	117
计算建筑业劳动生产率的平均人数（万人）	Average Number of Staff and Workers to Calculate Labor Productivity (10 000 persons)	16.7	20.3	28.1	21.81	19.51	40.89	41.90
建筑业总产值（万元）	Gross Output Value of Construction (10 000 yuan)	1949218	4878699	9059867	8359283	9452467	19277589	25046827
竣工产值（万元）	Output Value of Construction Completed (10 000 yuan)	1213806	2560959	5425079	4420475	5080693	8982027	15202292
房屋建筑施工面积（万平方米）	Floor Space of Buildings Under Construction (10 000 sq.m)	2203.8	4415.9	9265.25	6464.94	6014.35	12347.65	14648.91
#本年新开工	Newly Started Buildings in the Year	961.1	1490.9	2015.00	1824.69	1267.60	2600.94	2771.48
房屋建筑竣工面积（万平方米）	Floor Space of Buildings Completed (10 000 sq.m)	702.3	1238.1	1669.52	1252.45	1361.99	2707.33	3457.48
#住　宅	Residential Building	446.7	838.5	965.83	974.35	967.62	1743.73	2296.03
年末自有机械设备总台数（台）	Number of Machinery and Equipment Owned at Year-end (set)	34397	23962	19042	9435	8608	13770	15019
年末自有机械设备净值（万元）	Net Value of Machinery and Equipment Owned at Year-end (10 000 yuan)	107045	86709	114434	55407	67699	68991	79942
年末自有机械设备总功率（万千瓦）	Total Power of Machinery and Equipment Owned at Year-end (10 000 kW)	63.2	57.6	59.5	26.04	28.04	26.28	32.32
年末固定资产原值（万元）	Original Value of Fixed Assets (10 000 yuan)	427785	423670	488910	240373	232610	510366.6	487116.5
年末固定资产净值（万元）	Net Value of Fixed Assets (10 000 yuan)	299639	298090	321051	181826	–	–	–
本年固定资产折旧（万元）	Depreciation of Fixed Assets (10 000 yuan)	3118	15029	25981	30485	57775	38777	32590
利润总额（万元）	Total Profits (10 000 yuan)	7854	33002	85246	162108	220777	317423	493042
利税总额（万元）	Total Pre-tax Profits (10 000 yuan)	61464	186674	344675	211159	246208	371000	553711
按建筑业总产值计算的劳动生产率（元/人）	Overall Labor Productivity in Terms of Gross Output Value (yuan/person)	116991	239954	322102	383292	484605	471473	597715
按竣工面积计算的劳动生产率（平方米/人）	Overall Labor Productivity in Terms of Floor Space of Buildings Completed (sq.m /person)	42.2	60.9	59.4	57.4	69.8	66.2	82.5
产值利润率（%）	Ratio of Profit to Gross Output Value (%)	0.4	0.7	0.9	5.1	3.8	1.6	2.0
产值利税率（%）	Ratio of Pre-tax Profit to Gross Output Value (%)	3.2	3.8	3.8	2.5	2.6	1.9	2.2
房屋建筑面积竣工率（%）	Rate of Floor Space of Buildings Completed (%)	31.9	28	18.0	19.4	22.6	21.9	23.6
技术装备率（元/人）	Value of Machines Per Laborer (yuan/person)	6425	3900	4472	3995	4155	1687	1776
动力装备率（千瓦/人）	Power of Machines Per Laborer (kW/person)	4	3	2	1	1.4	1.0	0.7

15－4　建筑企业生产情况（2021年）
Major Production Indicators of Construction Enterprises（2021）

指　标	Item	总　计 Total	# 国有经济 State-owned Economic	中央企业 Central	地方企业 Local	# 城镇集体经济 Urban Collective-owned Economic
企业个数（个）	Number of Enterprises (unit)	2351	181	28	117	115
#亏损企业个数	Number of Loss-making Enterprises	675	29	2	20	30
建筑业总产值（万元）	Gross Output Value of Construction (10 000 yuan)	66995927	31843369	6216225	25046827	1748978
建筑工程	Construction Projects	58242472	28873597	5306613	23116533	1628691
安装工程	Installation Projects	4584349	1725093	698314	976027	42037
其他	Others	4169106	1244678	211298	954267	78250
竣工产值（万元）	Output Value of Construction Completed (10 000 yuan)	31788051	17255446	1770483	15202292	1063577
房屋建筑施工面积（万平方米）	Floor Space of Buildings Under Construction (10 000 sq.m)	29484.21	15603.59	668.65	14648.91	1053.16
#本年新开工	Newly Started Buildings in the Year	7490.56	3087.53	227.25	2771.48	444.06
#投标承包	Number of Bidding Projects					
房屋建筑竣工面积（万平方米）	Floor Space of Buildings Completed (10 000 sq.m)	8596.73	3572.90	50.35	3457.48	438.27
#住宅面积	Residential Buildings	5051.52	2348.33	31.96	2296.03	208.51
年末自有机械设备总台数（台）	Number of Machinery and Equipment Owned at Year-end (set)	96264	23431	7782	15019	9669
年末自有机械设备总功率（万千瓦）	Total Power of Machinery and Equipment Owned at Year-end (10 000 kW)	207.29	57.17	21.75	32.32	15.90
年末自有机械设备净值（万元）	Net Value of Machinery and Equipment Owned at Year-end (10 000 yuan)	503243	93820	9349	79942	32383
计算建筑业劳动生产率的平均人数（万人）	Average Number of Staff and Workers to Calculate Labor Productivity (10 000 persons)	125.63	50.11	7.02	41.90	5.26

15—5 按主要行业分组的建筑企业生产情况（2021年）
Major Production Indicators of Construction Enterprises by Sector（2021）

指 标	Item	总 计 Total	房屋建筑业 Housing Industry	土木工程建筑业 Civil Engineering	建筑安装业 Construction and Installation	建筑装饰和其他建筑业 Building Decoration and Other Construction
企业个数（个）	Number of Enterprises (unit)	2351	1479	572	130	170
#亏损企业个数	Number of Loss-making Enterprises	675	420	149	40	66
建筑业总产值（万元）	Gross Output Value of Construction (10 000 yuan)	66995927	45749615	19189901	1112109	944302
建筑工程	Construction Projects	58242472	40125437	16765574	507158	844303
安装工程	Installation Projects	4584349	2658613	1368931	498788	58017
其他	Others	4169106	2965565	1055396	106163	41982
竣工产值（万元）	Output Value of Construction Completed (10 000 yuan)	31788051	22857816	8150074	563968	216193
房屋建筑施工面积（万平方米）	Floor Space of Buildings Under Construction (10 000 sq.m)	29484.21	27285.98	1871.88	198.38	127.98
#本年新开工	Newly Started Buildings in the Year	7490.56	6747.67	624.32	65.94	52.64
#投标承包	Number of Bidding Projects					
房屋建筑竣工面积（万平方米）	Floor Space of Buildings Completed (10 000 sq.m)	8596.73	8036.96	455.97	92.99	10.80
#住宅面积	Residential Buildings	5051.52	4746.56	302.45	0.17	2.34
年末自有机械设备总台数（台）	Number of Machinery and Equipment Owned at Year-end (set)	96264	63334	23360	7372	2198
年末自有机械设备总功率（万千瓦）	Total Power of Machinery and Equipment Owned at Year-end (10 000 kW)	207.29	94.96	103.58	4.79	3.96
年末自有机械设备净值（万元）	Net Value of Machinery and Equipment Owned at Year-end (10 000 yuan)	503243	219190	241300	13582	29171
计算建筑业劳动生产率的平均人数（万人）	Average Number of Staff and Workers to Calculate Labor Productivity (10 000 persons)	125.63	93.85	27.51	2.08	2.19

15－6 建筑企业主要财务状况（2021年）
Major Financial Indicators of Construction Enterprises (2021)

单位：万元 (10 000 yuan)

指 标	Item	总 计 Total	# 国有经济 State-owned Economic	中央企业 Central	地方企业 Local	# 城镇集体经济 Urban Collective-owned Economic
实收资本合计	Total Capital Hold	7350815	3099950	1281931	1717593	208641
流动资产合计	Total Circulating Funds	42271230	23933345	4811479	18531295	808979
固定资产合计	Total Fixed Assets					
固定资产原价	Original Value of Fixed Assets	2691001	1183250	665461	487117	110075
累计折旧	Add Up Depreciation	1369308	662568	449007	195434	39603
#本年折旧	Depreciation of the Year	174326	64986	29976	32590	3187
资产总计	Total Assets	51471155	30466893	7639643	22155753	962900
流动负债合计	Total Current Liabilities	35871139	22472497	5245657	16675516	574203
非流动负债合计	Total Non-current Liabilities	2392062	1748737	259049	1465803	8430
所有者权益合计	Total Owners' Equity	12331730	5815442	1748890	3970296	362800
主营业务收入	Income from Major Business	45412934	24389881	4569674	19297901	1211019
主营业务成本	Cost of Major Business	42232440	22719740	4203017	18036334	1131197
主营业务税金及附加	Taxes and Extra Charges of Major Business	220427	68390	8041	57267	13260
其他业务利润	Other Profits	37651	26253	5444	20757	735
管理费用	Management Expenses	1404863	581356	143040	413014	42587
财务费用	Property Expenses	284655	178266	67500	106645	1274
利润总额	Total Profits	1213246	716249	213226	493042	25905
利税总额	Total Pre-tax Profits	1453373	790624	223808	553711	39691

15—7 按主要行业分组的建筑企业财务状况（2021年）

Major Financial Indicators of Construction Enterprises by Sector（2021）

单位：万元 （10 000 yuan）

指 标	Item	总 计 Total	房屋建筑业 Housing Industry	土木工程建筑业 Civil Engineering	建筑安装业 Construction and Installation	建筑装饰和其他建筑业 Building Decoration and Other Construction
实收资本合计	Total Capital Hold	7350815	4006962	2971499	228444	143911
流动资产合计	Total Circulating Funds	42271230	27758150	12643197	1273769	596113
固定资产合计	Total Fixed Assets					
固定资产原价	Original Value of Fixed Assets	2691001	1215276	1257570	151343	66811
累计折旧	Add Up Depreciation	1369308	545290	721363	73143	29512
#本年折旧	Depreciation of the Year	174326	76171	84297	8271	5587
资产总计	Total Assets	51471155	30870347	18264097	1468709	868002
流动负债合计	Total Current Liabilities	35871139	22642040	11562580	1053902	612617
非流动负债合计	Total Non-current Liabilities	2392062	1081359	1221548	79592	9563
所有者权益合计	Total Owners' Equity	12331730	6400035	5404120	327136	200438
主营业务收入	Income from Major Business	45412934	27922478	15494027	1201019	795411
主营业务成本	Cost of Major Business	42232440	26485082	13960093	1081496	705768
主营业务税金及附加	Taxes and Extra Charges of Major Business	220427	144449	67504	5194	3280
其他业务利润	Other Profits	37651	14505	22482	560	104
管理费用	Management Expenses	1404863	761959	496259	81492	65154
财务费用	Property Expenses	284655	164965	102535	14841	2315
利润总额	Total Profits	1213246	419626	765352	9952	18316
利税总额	Total Pre-tax Profits	1453373	575841	840370	15422	21740

15-8 各种分组的建筑企业主要经济效益指标（2021年）
Major Economic Efficiency Indicators of Construction Enterprises by Various Groups（2021）

指 标	Item	劳动生产率 Labor Productivity			房屋建筑面积竣工率（%） Rate of Floor Space of Buildings Completed (%)
		按总产值计算（元/人） Calculated by Gross Output Value (yuan/person)	按竣工产值计算（元/人） Calculated by Completed Output Value (yuan/person)	按房屋竣工面积计算（平方米/人） Calculated by Floor Space of Building Completed (sq.m/person)	
总 计	**Total**	**533283**	**253031**	**68.43**	**29.2**
按经济类型分	By Economic units				
#国有经济	State-owned Economic	635419	344324	71.30	22.9
中央企业	Central Enterprises	885464	252195	7.17	7.5
地方企业	Local Enterprises	597715	362786	82.51	23.6
集体经济	Collective-owned Economic	332689	202312	83.37	41.6
按企业资质等级分	By the Classes of Enterprises				
〇、一级	Zero, One Classes	575324	291032	73.25	26.6
二、三级	Two, Three Classes	462575	188943	60.39	36.4
按行业分	By Sector				
房屋建筑业	Building Construction	487481	243560	85.64	29.5
土木工程建筑业	Civil Engineering	697541	296250	16.57	24.4
建筑安装业	Construction	535930	271779	44.81	46.9
建筑装饰和其他建筑业	Building Decoration and Other Construction	430324	98520	4.92	8.4

15－8 续表 continued

指　标	Item	资产利润率(%) Ratio of Profit to Funds (%)	资产利税率(%) Ratio of Per-tax Profit to Funds (%)	产值利润率(%) Ratio of Profit to Gross Output Value (%)	产值利税率(%) Ratio of Pre-tax Profit to Gross Output Value (%)
总　计	**Total**	**2.4**	**2.8**	**1.8**	**2.2**
按经济类型分	By Economic units				
#国有经济	State-owned Economic	2.4	2.6	2.2	2.5
中央企业	Central Enterprises	2.8	2.9	3.4	3.6
地方企业	Local Enterprises	2.2	2.5	2.0	2.2
集体经济	Collective-owned Economic	2.7	4.1	1.5	2.3
按企业资质等级分	By the Classes of Enterprises				
○、一级	Zero, One Classes	2.6	3.0	2.0	2.3
二、三级	Two, Three Classes	1.8	2.5	1.4	1.9
按行业分	By Sector				
房屋建筑业	Building Construction	1.4	1.9	0.9	1.3
土木工程建筑业	Civil Engineering	4.2	4.6	4.0	4.4
建筑安装业	Construction	0.7	1.1	0.9	1.4
建筑装饰和其他建筑业	Building Decoration and Other Construction	2.1	2.5	1.9	2.3

主要统计指标解释

建筑业统计单位 指从事房屋、构筑物建造和设备安装活动的法人企业。

建筑业总产值 建筑业总产值是以货币表现的建筑业企业在一定时期内生产的建筑业产品和提供的服务的总和。建筑业总产值包括:

（1）建筑工程产值：指列入建筑工程预算内的各种工程价值。

（2）安装工程产值：指设备安装工程价值，不包括被安装设备本身价值。

（3）其他产值：建筑业总产值中除建筑工程、安装工程以外的产值。包括房屋构筑物修理产值、非标准设备制造产值、总包企业向分包企业收取的管理费以及不能明确划分的施工活动所完成的产值。

竣工产值 指以货币表现的建筑业生产所形成的成品的价值。竣工产值一般是以单位工程为对象，当该工程按照设计所规定工程内容全部完成，达到了设计规定的交工条件，经有关部门检查验收鉴定合格的单位工程价值。竣工产值包括报告期内竣工单位工程从开工到竣工的全部自行完成的价值。如果一个单位工程跨两个年度施工，其竣工价值应当包括上年度完成的价值。竣工产值不包括附属辅助企业或内部核算的其他单位为外单位生产和服务的价值。

房屋建筑施工面积 是指报告期内施工的全部房屋建筑面积，它包括本期新开工的面积、上期跨入本期继续施工的房屋面积、上期停缓建在本期恢复施工的房屋面积、本期竣工的房屋面积以及本期施工后又停缓建的房屋面积。

房屋竣工面积 是指在报告期内房屋建筑按照设计要求已全部完工，达到了使用条件，经检查验收鉴定合格的房屋建筑面积。计算房屋竣工面积，必须严格执行房屋竣工验收标准。

自有机械设备年末总功率 是指本企业（或单位）自有施工机械、生产设备、运输设备以及其他设备等列为固定资产的生产性机械设备年末总功率，按设定能力或查定能力计算。包括机械本身的动力和为该机械服务的单独动力设备，如电动机等。计量单位用千瓦，动力换算可按1马力=0.735千瓦折合成千瓦数。电焊机、变压器、锅炉不计算动力。

Explanatory Notes on Main Statistical Indicators

Statistical Unit in Construction Industry refers to corporate enterprise engaged in the construction of buildings and structures and in the installation of equipment.

Gross Output Value of Construction refers to total of construction products and services, expressed in money terms, produced or rendered by construction and installation enterprises during a given period of time. It includes:

(1)Output value of construction projects, that is the value of projects covered by the project budgets;

(2)Output value of installation projects, that is the value of the installation equipment (excluding the value of the equipment to be installed);

(3)Output value of others, refers to the output value of construction industry excluding of construction projects and installation projects. It includes: output value of repairs of buildings or structures; output value of non-standard equipment manufacturing; overhead expenses received by contracted enterprises the sub-contracted enterprises and the completed output value of construction activities that have no clear definition.

Output Value Completed refers to the value of the finished products make from construction producing that displays with the currency. It is the value of unit projects completed, which has come up to the designed standards and has been checked and accepted as qualified project by related departments. Output value completed includes the value of unit project completed that is all finished by itself from going into operation to completing during the report period. If the project of a unit is stepped for two years, its completed value should include the value that is finished in prior year. Output value completed does not include the value of attaching auxiliary enterprises or other checked-inside units that produce and serve for the other unit.

Floor Space of Buildings Under Construction refers to floor space of buildings under construction during the reference period including newly started buildings, buildings started earlier and continued during the reference period and buildings suspended earlier but has restarted during the reference period, buildings completed during the reference period, and building under construction and then suspended during the reference period.

Floor Space of Buildings Completed refers to the floor space of buildings that are completed in reference period in accordance with the requirements of the design, up to the standard for putting into use, and have been checked and accepted by concerned departments as qualified ones.

Total Power of Machinery and Equipment Owned by the End of Year refers to the total power of machinery and equipment owned by the enterprises, and listed as the fixed assets of the enterprises by the end of the year, including machinery and equipment for construction, production and transportation. The power of the machinery is calculated on basis of the designed or verified capacity covering the power of the machinery / equipment and the separate power equipment serving the machinery / equipment (such as electric motors) . The unit used for the calculation of power is kilowatt, with horsepower converted to kilowatt by 1 horsepower = 0.735 kilowatt. Arc welding generator, voltage transformer and boiler don't calculate power.

自有机械设备净值 是指本企业（或单位）自有机械设备经过使用、磨损后实际存在的价值，即原值减去折旧后的净额。

房屋建筑面积竣工率 是指报告期内房屋建筑竣工面积占同期房屋建筑施工面积的比重。

技术装备率 指在报告期末自有机械设备净值与期末从业人数的比重。

动力装备率 指在报告期末自有机械设备总功率与期末从业人数的比重。

产值利润率 指在报告期内每百元产值所实现的利润。它的计算方法是：利润总额除以建筑业总产值。

产值利税率 指在报告期内每百元产值所实现的利税。它的计算方法是：利税总额除以建筑业总产值。

Net Value of Machinery and Equipment Owned refers to the actual value of machinery and equipment owned by the enterprises after being used and broken, is obtained by deducting net value after depreciation from original value.

Rate of Floor Space of Buildings Completed refers to the proportion of the floor space of buildings completed in certain period of time to the floor space of buildings under construction in the same period.

Rate of Technical Equipment refers to the proportion of the net value of self-owned mechanical equipment and the number of employees at the end of reporting period.

Rate of Power Equipment refers to the proportion of the total power of self-owned mechanical equipment and the number of employees at the end of reporting period.

Ratio of Profit to Gross Output Value refers to the profits that per 100 yuan make during the reporting period. It can be calculated as: total profits divide gross output value of construction.

Ratio of Tax and Profit to Gross Output Value refers to tax and profits that per 100 yuan make during the reporting period. It can be calculated as: total tax and profits divide gross output value of construction.

第十六篇 批发和零售业

CHAPTER 16 WHOLESALE AND RETAIL TRADES

（编辑：闫室丞）

简要说明

（本篇资料由自治区统计局贸经处调查整理，电话：0771-5846015）

一、本篇资料主要内容

主要包括限额以上批发和零售业法人企业基本情况、经营状况，批发和零售业连锁企业基本情况，亿元以上商品交易市场基本情况，个体工商业发展情况，社会消费品零售总额等统计资料。限额以上批发和零售业统计单位是指：批发业年主营业务收入2000万元及以上，零售业年主营业务收入500万元及以上。

二、调查方法

本篇数据按国家统计报表制度规定的调查方法获取。

（一）限额以上批发和零售业法人企业、批发和零售业连锁企业基本情况、经营状况：数据主要来源于限额以上批发和零售业法人企业、批发和零售业连锁经营企业。对限额以上批发和零售业法人企业、批发和零售业连锁经营企业进行全数调查。

（二）亿元以上商品交易市场基本情况：数据主要来源于亿元以上商品交易市场。对亿元以上商品交易市场进行全数调查。

（三）社会消费品零售总额：数据主要来源于限额以上单位和限额以下单位（注：包括法人单位、产业活动单位、个体经营户）。对限额以上单位进行全数调查，对限额以下单位进行抽样调查。

三、其他情况说明

1993—2019年广西社会消费品零售总额数据按照第四次经济普查资料数据进行了修订。

Brief Introduction

(This information was investigated and collated by Department of Trade and Economy of the Guangxi Zhuang Autonomous Region Bureau of Statistics, Tel: 0771-5846015)

Main contents of this information

It mainly includes the basic and operating conditions of legal person enterprises above designated size in wholesale and retail trades, the basic conditions of wholesale and chain-retail enterprises, the basic conditions of commodity exchange markets with transaction value over 100 million yuan, the development of individual industry and commercial enterprises, and the total retail sales of consumer goods. Statistical units of wholesale and retail industry above designated size refer to those whose annual main business income of wholesale industry is 20 million yuan and above, and the annual main business income of retail industry is 5 million yuan and above.

16－1 限额以上批发和零售业企业基本情况（2021年）

Basic Conditions of Enterprises above Designated Size in Wholesale and Retail Trades（2021）

项 目	Item	2019 法人企业（个）Corporation Enterprises (unit)	2019 年末从业人员（人）Year-end Persons Employed (person)	2020 法人企业（个）Corporation Enterprises (unit)	2020 年末从业人员（人）Year-end Persons Employed (person)	2021 法人企业（个）Corporation Enterprises (unit)	2021 年末从业人员（人）Year-end Persons Employed (person)
总 计	**Total**	**4418**	**208197**	**5120**	**217493**	**6059**	**230400**
一、批发业	**Ⅰ.Wholesale**	**1823**	**77784**	**2365**	**83145**	**2917**	**89288**
1.按登记注册类型分组	**1. Grouped by Status of Registration**						
内资企业	Domestic Funded Enterprises	1807	75515	2337	79779	2878	84654
国有企业	State-owned Industry	37	8427	40	7961	30	7517
集体企业	Collective-owned Industry	6	630	7	517	6	285
股份合作企业	Cooperative Enterprises			3	459	1	219
联营企业	Joint Ownership Enterprises			1	27		
有限责任公司	Limited Liability Corporations	438	26238	421	24073	550	26901
国有独资公司	State Sole-proprietorship Corporations	81	6425	87	5064	100	5384
其他有限责任公司	Other Limited Liability Corporations	357	19813	334	19009	450	21517
股份有限公司	Share Holding Enterprises	38	6495	22	5766	18	4519
私营企业	Private Enterprises	1273	32591	1829	39775	2259	43865
私营独资企业	Private Sole-proprietorship Enterprises	6	54	9	148	8	61
私营合伙企业	Private Partnership Enterprises			3		2	
私营有限责任公司	Private Limited Liability Corporations	1244	31621	1797	38634	2229	42628
私营股份有限公司	Private Share Holding Enterprises	23	916	20	993	20	1176
其他企业	Others Enterprises	15	1134	14	1201	14	1348
港、澳、台商投资企业	Enterprises with Funds from Hong Kong, Macao and Taiwan	7	111	12	116	12	121
合资经营企业	Joint Venture Enterprises	2	52	4	40	3	38
合作经营企业	Cooperative Enterprises					1	3
独资经营企业	Sole-proprietorship Enterprises	5	59	8	76	8	80
投资股份有限公司	Share-holding Corporations Ltd. with Investment						
其他港澳台投资企业	Others Enterprises with Funds from Hong Kong, Macao and Taiwan						
外商投资企业	Foreign-investment Enterprise	9	2158	16	3250	27	4513
中外合资经营企业	Joint Venture Enterprises	2	263	3	624	4	205
中外合作经营企业	Cooperative Enterprises						
外资企业	Enterprises with Sole Foreign Investment	4	303	8	1439	20	3892
外商投资股份有限公司	Share-holding Corporations Ltd. with Foreign Investment	3	1592	5	1187	3	416
其他外商投资企业	Others Foreign Funded Enterprises						
2. 按批发行业小类分组	**2. Grouped by Sector of Wholesale**						
农、林、牧、渔产品批发	Wholesale of the Agricultural, Forestry, Animal and Fishery Products	86	1730	89	1197	101	1640
食品、饮料及烟草制品批发	Wholesale of Food, Beverage and Tobacco Products	253	20875	321	21022	423	22473
#米、面制品及食用油批发	Wholesale of Rice, Flour Products and Edible Oil	40	2403	45	2609	62	2739

16－1　续表1　continued

项　目	Item	2019		2020		2021	
		法人企业（个）Corporation Enterprises (unit)	年末从业人员（人）Year-end Persons Employed (person)	法人企业（个）Corporation Enterprises (unit)	年末从业人员（人）Year-end Persons Employed (person)	法人企业（个）Corporation Enterprises (unit)	年末从业人员（人）Year-end Persons Employed (person)
烟草制品批发	Wholesale of Tobacco Products	14	7015	15	7000	14	6895
纺织、服装及家庭用品批发	Wholesale of Textile, Garments and Household Articles	103	4692	108	4505	129	5284
#服装批发	Wholesale of Garments	11	590	10	507	14	775
文化、体育用品及器材批发	Wholesale of Culture, Sports Goods and Apparatus	33	1035	36	1065	44	1197
医药及医疗器材批发	Wholesale of Medicine and Medical Apparatus	200	13969	242	15385	276	16549
矿产品、建材及化工产品批发	Wholesale of Mineral Products, Building Materials and Chemical Products	834	23845	1181	26372	1506	28699
#煤炭及制品批发	Wholesale of Coal and Related Products	75	1333	90	1456	114	1736
石油及制品批发	Wholesale of Petroleum and Related Products	95	10618	126	10789	161	10770
金属及金属矿批发	Wholesale of Metal and Metallic Ore	270	5143	441	6812	586	7959
建材批发	Wholesale of Building Materials	214	3166	312	3712	393	4168
化肥批发	Wholesale of Chemical Fertilizer	56	1225	60	1296	64	1388
机械设备、五金产品及电子产品批发	Wholesale of Mechanical Equipment, Hardware, Electrical Equipment and Electronic Products	268	9611	322	11659	356	11365
#汽车及零配件批发	Wholesale of Motor Vehicles	74	2314	96	3154	107	2821
计算机、软件及辅助设备批发	Wholesale of Computer, Software and Auxiliary Equipment	31	943	35	1001	38	1152
贸易经纪与代理	Trade Broker and Agency	5	91	12	77	10	25
其他批发业	Others Wholesale not Classified Elsewhere	41	1936	54	1863	72	2056
二、零售业	**Ⅱ. Retail Trades**	**2595**	**130413**	**2755**	**134348**	**3142**	**141112**
1. 按登记注册类型分组	**1. Grouped by Status of Registration**						
内资企业	Domestic Funded Enterprises	2550	119549	2711	124171	3092	129704
国有企业	State-owned Industry	17	982	20	1066	17	713
集体企业	Collective-owned Industry	9	181	8	135	10	129
股份合作企业	Cooperative Enterprises	2	57	3	57	2	59
联营企业	Joint Ownership Enterprises						
国有联营企业	State Joint Ownership Enterprises						
集体联营企业	Collective Joint Ownership Enterprises						
国有与集体联营企业	Joint State-Collective Ownership Enterprises						
其他联营企业	Other Joint Ownership Enterprises						
有限责任公司	Limited Liability Corporations	619	45357	491	40100	574	42779
国有独资公司	State Sole-proprietorship Corporations	86	3522	97	3468	96	3459
其他有限责任公司	Other Limited Liability Corporations	533	41835	394	36632	478	39320
股份有限公司	Share Holding Enterprises	45	7744	20	5574	16	3222
私营企业	Private Enterprises	1855	65198	2167	77217	2471	82780
私营独资企业	Private Sole-proprietorship Enterprises	104	1416	101	1504	117	1639
私营合伙企业	Private Partnership Enterprises	17	523	16	506	21	577
私营有限责任公司	Private Limited Liability Corporations	1701	62040	2037	74528	2323	79932
私营股份有限公司	Private Share Holding Enterprises	33	1219	13	679	10	632
其他企业	Others	3	30	2	22	2	22

16－1 续表2 continued

项目	Item	2019		2020		2021	
		法人企业（个）Corporation Enterprises (unit)	年末从业人员（人）Year-end Persons Employed (person)	法人企业（个）Corporation Enterprises (unit)	年末从业人员（人）Year-end Persons Employed (person)	法人企业（个）Corporation Enterprises (unit)	年末从业人员（人）Year-end Persons Employed (person)
港、澳、台商投资企业	Enterprises with Funds from Hong Kong, Macao and Taiwan	36	6502	30	5953	32	5881
合资经营企业	Joint Venture Enterprises	9	1609	5	857	5	807
合作经营企业	Cooperative Enterprises	1	122				
独资经营企业	Enterprises with Sole Investment	20	3777	24	5094	27	5074
投资股份有限公司	Share-holding Corporations Ltd. with Investment	1	11				
其他港澳台投资企业	Others Enterprises with Funds from Hong Kong, Macao and Taiwan	5	983	1	2		
外商投资企业	Foreign-investment Enterprise	9	4362	14	4224	18	5527
中外合资经营企业	Joint Venture Enterprises	1	215	4	126	5	203
中外合作经营企业	Cooperative Enterprises	1	10				
外资企业	Enterprises with Sole Foreign Investment	5	3934	9	4088	11	4525
外商投资股份有限公司	Share-holding Corporations Ltd. with Foreign Investment	1	163	1	10	2	799
其他外商投资企业	Others Foreign Funded Enterprises	1	40				
2. 按零售行业小类分组	**2. Grouped by Sector of Retail Trades**						
综合零售	Comprehensive Retail	361	45928	404	44332	439	42681
#百货零售	Retail of Consumer Goods	131	13789	150	12627	158	12433
超级市场零售	Retail of Supermarket	205	30819	221	30728	248	29485
食品、饮料及烟草制品专门零售	Special Retail of Food, Beverage and Tobacco Products	215	4421	270	4819	392	7155
纺织、服装及日用品专门零售	Wholesale of Textile, Garments and Household Articles	82	3219	71	2676	97	3730
#服装零售	Retail of Garments	20	1418	22	1132	31	1649
文化、体育用品及器材专门零售	Special Retail of Culture, Sports Goods and Apparatus	137	4786	147	4329	157	4080
#体育用品及器材零售	Retail of Sports Goods and Apparatus	5	952	7	599	8	327
图书、报刊零售	Retail of Books and Newspapers	88	2868	93	2862	92	2820
医药及医疗器材专门零售	Special Retail of Medicine and Medical Apparatus	135	19120	149	25901	165	26893
#西药零售	Retail of Western Medicines	108	17230	117	23879	116	24603
中药零售	Retail of Chinese Medicines	17	1724	17	1812	33	2026
汽车、摩托车、零配件和燃料及其他动力零售	Special Retail of Motor Vehicles, Motorcycles, Parts, Fuel and Other Powers	1033	35418	1027	35100	1134	38199
#汽车新车零售	Retail of Motor Vehicles	806	30577	801	30297	852	32299
机动车燃油零售	Fuel Retail of Motor Vehicles	130	3313	133	3402	175	4319
家用电器及电子产品专门零售	Special Retail of Household Appliances and Electronic Products	402	11061	413	10333	431	10453
#日用家电零售	Retail of Home Electronic and Electrical Appliances	150	4964	152	3978	160	3821
#计算机、软件及辅助设备零售	Retail of Computer, Software and Auxiliary Equipments	136	2729	149	2992	154	2951
通信设备零售	Retail of Communication Apparatus	66	2343	66	2432	69	2635
五金、家具及室内装饰材料专门零售	Special Retail of Hardware, Furniture and Indoor Renovation Material	105	1489	118	1467	140	1885
货摊、无店铺及其他零售业	Stall, Retail without Shop and Others	125	4971	156	5391	187	6036

16－2　主要年份限额以上批发和零售业企业商品购进、销售和库存总额

Total Purchases, Sales and Stock of Enterprises above Designated Size in Main Years in Wholesale and Retail Sale Trade in Main Years

单位：万元　(10 000 yuan)

项　目	Item	2005	2010	2015	2017	2018	2019	2020	2021
一、法人企业数（个）	**Ⅰ. Number of Corporation Enterprises (unit)**	**902**	**1465**	**2920**	**3624**	**3940**	**4418**	**5120**	**6059**
二、年末从业人员（人）	**Ⅱ. Number of Persons Employed at Year-end (person)**	**119358**	**122788**	**180103**	**205096**	**205705**	**208197**	**217493**	**230400**
三、商品购进总额	**Ⅲ. Total Purchases**	**11143383**	**24393191**	**48709342**	**66307177**	**74755273**	**96071046**	**123544779**	**153087947**
#进　口	Imports	136366	399495	949068	1910310	1140325	1819298	2549921	4596522
四、商品销售总额	**Ⅳ. Total Sales**	**11682006**	**25892641**	**57516783**	**74307630**	**83027228**	**104100431**	**131185288**	**160905266**
1.批　发	1.Wholesale	8699573	18000452	39614680	52724015	61674203	81545439	108946745	135459701
#出　口	Exports	331529	465449	1802295	3225646	1838154	2673703	1803735	1601270
2.零　售	2. Retail	2982433	7892189	17902103	21583615	20996595	22372580	22006897	25135015
五、年末库存总额	**Ⅴ. Total Inventory at Year-end**	**694048**	**1887898**	**3792495**	**4518135**	**4780403**	**5550527**	**6159506**	**6651441**

16—3 限额以上批发和零售业企业商品购进、销售、库存总额（2021年）
Total Purchases, Sales and Stock of Enterprises above Designated Size in Wholesale and Retail Sale（2021）

单位：万元 （10 000 yuan）

项 目	Item	购进总额 Total Purchases	#进口 Imports	销售总额 Total Sales 合计 Total	批发 Wholesale	#出口 Exports	零售 Retail Sale	年末库存总额 Total Inventory at Year-end
总 计	**Total**	**153087947.2**	**4596521.8**	**160905266.0**	**135459700.5**	**1601270.1**	**25135014.9**	**6651441.0**
一、批发业	**Ⅰ. Wholesale**	**133861588.9**	**4253024.3**	**139592560.3**	**133681074.0**	**1590131.8**	**5623728.9**	**4796723.5**
1.按登记注册类型分组	**1. Grouped by Status of Registration**							
内资企业	Domestic Funded Enterprises	126382611.1	4067100.9	132098526.8	128368641.9	1551606.3	3442127.5	4601212.3
国有企业	State-owned Industry	4179359.5	241.2	5899538.1	5802126.2		97411.9	252215.7
集体企业	Collective-owned Industry	38541.8		41860.2	41860.2			2932.0
股份合作企业	Cooperative Enterprises			349137.0	146808.9		202328.1	
联营企业	Joint Ownership Enterprises							
有限责任公司	Limited Liability Corporations	78191645.5	2465851.3	79556383.6	78830775.5	172288.2	661547.7	2223172.0
国有独资公司	State Sole-proprietorship Corporations	13747618.3	138253.7	14156545.3	13975886.3	9439.7	135322.9	444014.6
其他有限责任公司	Other Limited Liability Corporations	64444027.2	2327597.6	65399838.3	64854889.2	162848.5	526224.8	1779157.4
股份有限公司	Share Holding Enterprises	4810058.5		4249019.4	2725027.5		1523991.9	280052.6
私营企业	Private Enterprises	39094184.4	1601008.4	41925189.9	40744645.0	1379318.1	956847.9	1842328.7
私营独资企业	Private Sole-proprietorship Enterprises	122377.7		137275.7	51070.9		614.1	387.8
私营合伙企业	Private Partnership Enterprises							
私营有限责任公司	Private Limited Liability Corporations	38648465.5	1588100.3	41439388.2	40356186.7	1362811.9	945583.8	1816691.6
私营股份有限公司	Private Share Holding Enterprises	323341.2	12908.1	348526.0	337387.4	16506.2	10650.0	25249.3
其他企业	Others Enterprises	68821.4		77398.6	77398.6			511.3
港、澳、台商投资企业	Enterprises with Funds from Hong Kong, Macao and Taiwan	757959.2	183989.9	798130.3	798130.3	34441.0		17247.9
合资经营企业	Joint Venture Enterprises	3912.9		5402.7	5402.7			747.4
合作经营企业	Cooperative Enterprises	18586.6		19097.2	19097.2			
独资经营企业	Sole-proprietorship Enterprises	735459.7	183989.9	773630.4	773630.4	34441.0		16500.5
投资股份有限公司	Share-holding Corporations Ltd. with Investment							
其他港澳台投资企业	Others Enterprises with Funds from Hong Kong, Macao and Taiwan							

16－3　续表1　continue

单位：万元　　　　　　　　　　　　　　　　　　　　　　　　(10 000 yuan)

项　目	Item	购进总额 Total Purchases	#进口 Imports	销售总额 Total Sales 合计 Total	批发 Wholesale	#出口 Exports	零售 Retail Sale	年末库存总额 Total Inventory at Year-end
外商投资企业	Foreign-investment Enterprise	6721018.6	1933.5	6695903.2	4514301.8	4084.5	2181601.4	178263.3
中外合资经营企业	Joint Venture Enterprises	259541.6		256590.5	241489.0		15101.5	12616.8
中外合作经营企业	Cooperative Enterprises							
外资企业	Enterprises with Sole Foreign Investment	6434752.0	1933.5	5874675.5	3952541.5	4084.5	1922134.0	162629.2
外商投资股份有限公司	Share-holding Corporations Ltd. with Foreign Investment	26725.0		564637.2	320271.3		244365.9	3017.3
其他外商投资企业	Others Foreign Funded Enterprises							
2. 按批发行业小类分组	**2. Grouped by Sector of Wholesale**							
农、林、牧、渔产品批发	Wholesale of the Agricultural, Forestry, Animal and Fishery Products	2615350.1	386722.5	2750103.5	2701292.8	49364.1	46354.8	172360.9
食品、饮料及烟草制品批发	Wholesale of Food, Beverages and Tobacco Products	18470494.8	115846.7	20443160.9	20250323.0	305323.4	179340.8	796148.6
#米、面制品及食用油批发	Wholesale of Rice, Flour Products and Edible Oil	2440148.5	8417.7	2484041.5	2435173.1		48868.4	45366.2
烟草制品批发	Wholesale of Tobacco Products	3708129.8	241.2	5273730.2	5273730.2			226823.6
纺织、服装及家庭用品批发	Wholesale of Textile, Garments and Household Articles	3189263.4	228364.9	3274168.2	3210286.0	340822.4	62262.3	259562.8
#服装批发	Wholesale of Garments	301418.6	226453.3	311734.6	297051.7	232468.0	13063.0	17706.2
文化、体育用品及器材批发	Wholesale of Culture, Sports Goods and Apparatus	827107.3	15659.0	866174.4	861930.4	30875.2	4244.0	57744.9
医药及医疗器材批发	Wholesale of Medicine and Medical Apparatus	6632329.4	23160.7	7184996.5	6322596.7	146.1	856538.1	530421.3
矿产品、建材及化工产品批发	Wholesale of Mineral Products, Building Materials and Chemical Products	89426273.3	3305189.7	91177357.0	86991152.7	427908.1	4013259.8	2394700.9
#煤炭及制品批发	Wholesale of Coal and Related Products	7297956.4	1619401.8	7601477.5	7522072.6	105.4	66383.4	243968.6
石油及制品批发	Wholesale of Petroleum and Related Products	16333829.9	592890.6	16519622.6	12775298.5	68598.8	3680470.3	591961.8
金属及金属矿批发	Wholesale of Metal and Metallic Ore	49040604.7	701813.6	49864723.5	49658295.9	144833.6	192642.4	1160084.7
建材批发	Wholesale of Building Materials	8235125.2	313089.7	8418561.2	8293073.5	11986.6	60217.3	236456.3
化肥批发	Wholesale of Chemical Fertilizer	732617.3		748710.4	739035.8		122.7	82173.6
机械设备、五金产品及电子产品批发	Wholesale of Mechanical Equipment, Hardware and Electrical Equipment and Electronic Product	7211262.7	170785.7	7605675.2	7168418.2	423798.2	435443.9	426047.9
#汽车及零配件批发	Wholesale of Motor Vehicles and Parts	2664507.4	4329.9	2823319.6	2630535.3	7735.2	192624.4	153259.5
计算机、软件及辅助设备批发	Wholesale of Computer, Software and Auxiliary Equipment	284116.6	16730.3	297195.8	267043.7	16507.7	30152.1	28087.7
贸易经纪与代理	Trade Broker and Agency	17644.8		15464.9	11461.9	4764.5		6722.6
其他批发业	Others Wholesale not Classified Elsewhere	5471863.1	7295.1	6275459.7	6163612.3	7129.8	26285.2	153013.6

16—3 续表2 continue

单位：万元 (10 000 yuan)

项 目	Item	购进总额 Total Purchases	#进口 Imports	销售总额 Total Sales 合计 Total	批发 Wholesale	#出口 Exports	零售 Retail Sale	年末库存总额 Total Inventory at Year-end
二、零售业	**Ⅱ. Retail Trades**	**19226358.3**	**343497.5**	**21312705.7**	**1778626.5**	**11138.3**	**19511286.0**	**1854717.5**
1. 按登记注册类型分组	**1. Grouped by Status of Registration**							
内资企业	Domestic Funded Enterprises	17053548.2	268785.6	18868056.9	1722992.9	11138.3	17122270.8	1682898.4
国有企业	State-owned Industry	35177.2		41669.6	313.6		41356.0	8324.6
集体企业	Collective-owned Industry	12047.2		14775.0	314.7		14460.3	944.5
股份合作企业	Cooperative Enterprises	1729.2		2113.7	175.4		1938.3	55.2
联营企业	Joint Ownership Enterprises							
有限责任公司	Limited Liability Corporations	7300898.4	164184.2	8130918.2	830499.6	3525.0	7279238.7	642526.9
国有独资公司	State Sole-proprietorship Corporations	803216.4		846812.5	339323.8		507488.7	72942.2
其他有限责任公司	Other Limited Liability Corporations	6497682.0	164184.2	7284105.7	491175.8	3525.0	6771750.0	569584.7
股份有限公司	Share Holding Enterprises	387565.7	1206.8	448219.9	21290.1	1084.4	426929.8	17632.1
私营企业	Private Enterprises	9314484.6	103394.6	10228671.5	870399.5	6528.9	9356658.7	1013412.0
私营独资企业	Private Sole-proprietorship Enterprises	129241.5		147384.9	6525.9		140859.0	10442.8
私营合伙企业	Private Partnership Enterprises	57234.9		63581.0	883.2		62697.8	1381.8
私营有限责任公司	Private Limited Liability Corporations	9100754.9	103394.6	9981839.1	862133.4	6528.9	9118092.4	997758.6
私营股份有限公司	Private Share Holding Enterprises	27253.3		35866.5	857.0		35009.5	3828.8
其他企业	Others Enterprises	1645.9		1689.0			1689.0	3.1
港、澳、台商投资企业	Enterprises with Funds from Hong Kong, Macao and Taiwan	925150.7	74711.9	1042634.5	10360.5		1032274.0	70223.0
合资经营企业	Joint Venture Enterprises	175192.0		168320.6	1000.0		167320.6	33023.0
合作经营企业	Cooperative Enterprises							
独资经营企业	Sole-proprietorship Enterprises	749958.7	74711.9	874313.9	9360.5		864953.4	37200.0
投资股份有限公司	Share-holding Corporations Ltd. with Investment							
其他港澳台投资企业	Others Enterprises with Funds from Hong Kong, Macao and Taiwan							

16－3　续表3　continue

单位：万元　　　　（10 000 yuan）

项　目	Item	购进总额 Total Purchases	#进口 Imports	销售总额 Total Sales 合计 Total	批发 Wholesale	#出口 Exports	零售 Retail Sale	年末库存总额 Total Inventory at Year-end
外商投资企业	Foreign-investment Enterprise	1247659.4		1402014.3	45273.1		1356741.2	101596.1
中外合资经营企业	Joint Venture Enterprises	725042.9		735480.0			735480.0	103.8
中外合作经营企业	Cooperative Enterprises							
外资企业	Enterprises with Sole Foreign Investment	474790.2		538079.9	45273.1		492806.8	86025.5
外商投资股份有限公司	Share-holding Corporations Ltd. with Foreign Investment	47826.3		128454.4			128454.4	15466.8
其他外商投资企业	Others Foreign Funded Enterprises							
2. 按零售行业小类分组	**2. Grouped by Sector of Retail Trades**							
综合零售	Comprehensive Retail	2906738.0	2715.1	3473366.9	278944.8	1209.1	3194422.1	283962.0
#百货零售	Retail of Consumer Goods	1044061.6	2167.0	1344417.1	155036.2		1189380.9	103267.3
超级市场零售	Retail of Supermarket	1816001.7	19.9	2075158.8	116004.2		1959154.6	171758.3
食品、饮料及烟草制品专门零售	Special Retail of Food, Beverage and Tobacco Products	978360.9	190.6	1109801.8	194204.3	3594.1	915593.7	71179.2
纺织、服装及日用品专门零售	Wholesale of Textile, Garments and Household Articles	176034.5	355.8	271229.4	11938.2		259291.2	39653.8
#服装零售	Retail of Garments	77611.1		101709.7	4310.5		97399.2	22839.3
文化、体育用品及器材专门零售	Special Retail of Culture, Sports Goods and Apparatus	594942.1	2327.3	640049.9	77717.2	1161.4	562332.7	115555.3
#体育用品及器材零售	Retail of Sports Goods and Apparatus	111047.4		131180.3	37454.3		93726.0	44017.1
图书、报刊零售	Retail of Books and Newspapers	420119.6		436545.5	30555.6		405989.9	59334.9
医药及医疗器材专门零售	Special Retail of Medicine and Medical Apparatus	1152802.9	23024.9	1395069.2	162481.9	1069.7	1232587.3	232034.9
#西药零售	Retail of Western Medicines	1074849.8	22932.9	1290751.0	142733.0		1148018.0	215934.2
中药零售	Retail of Chinese Medicines	56382.4	55.0	74506.8	7981.8	1069.7	66525.0	13247.7
汽车、摩托车、零配件和燃料及其他动力零售	Special Retail of Motor Vehicles, Motorcycles, Parts, Fuel and Other Powers	10631239.5	308321.2	11304147.2	780994.3	527.8	10501973.0	894341.0
#汽车新车零售	Retail of Motor Vehicles	8644323.3	307890.6	9053127.9	330148.4	527.8	8722979.5	781527.3
机动车燃油零售	Fuel Retail of Motor Vehicle	1716724.6	430.6	1962463.0	434181.1		1507102.0	72749.3
家用电器及电子产品专门零售	Special Retail of Household Appliances and Electronic Products	1341135.7	4803.0	1470428.0	160680.7	3525.0	1309714.8	148826.5
#日用家电零售	Retail of Home Electronic and Electrical Appliances	753979.5	3326.7	787291.5	75951.0		711308.0	80458.9
计算机、软件及辅助设备零售	Retail of Computer, Software and Auxiliary Equipments	238068.2		263620.8	29667.1		233953.7	27306.6
通信设备零售	Retail of Communication Apparatus	209156.0		267884.1	33960.7		233923.4	22064.0
五金、家具及室内装饰材料专门零售	Special Retail of Hardware, Furniture and Indoor Renovation Materials	213587.3	1577.0	230182.8	34285.1		195897.7	30776.7
货摊、无店铺及其他零售业	Stall, Retail without Shop and Others	1231517.4	182.6	1418430.5	77380.0	51.2	1339473.5	38388.1

16—4 限额以上批发和零售业企业主要财务指标（2021年）

单位：万元

项　目	Item	流动资产合计 Circulating Funds	#存货 Deposit Products	固定资产原价 Original Value of Fixed Assets	累计折旧 Add Up Depreci-ation	#本年折旧 Depreciat-ion of the Year	资产总计 Total Assets	负债合计 Total Liabilities
总　计	**Total**	**53016706.6**	**6720375.9**	**5195558.5**	**2037863.3**	**304163.5**	**68603280.4**	**49414453.3**
一、批发业	**Ⅰ. Wholesale**	**45285046.6**	**4891771.5**	**3298868.0**	**1269583.5**	**180072.6**	**58020651.8**	**41945057.0**
1. 按登记注册类型分组	**1. Grouped by Status of Registration**							
内资企业	Domestic Funded Enterprises	43839791.2	4710510.2	2608437.7	973466.8	153649.0	55330159.8	40014152.7
国有企业	State-owned Industry	1402068.8	308651.4	375336.7	215627.3	18566.1	1788667.9	471852.5
集体企业	Collective-owned Industry	7747.1	1457.5	544.1	639.1	44.0	8421.5	5757.6
股份合作企业	Cooperative Enterprises	4104.0	354.8	43908.6	14350.7	-168.3	81883.5	-16847.4
联营企业	Joint Ownership Enterprises							
有限责任公司	Limited Liability Corporations	24356344.5	2193006.8	1209500.0	321932.1	51007.4	32396030.8	23518023.0
国有独资公司	State Sole-proprietorship Corporations	4897168.1	418953.1	419093.3	150978.2	24356.9	7962627.8	5346566.5
其他有限责任公司	Other Limited Liability Corporations	19459176.4	1774053.7	790406.7	170953.9	26650.5	24433403.0	18171456.5
股份有限公司	Share Holding Enterprises	1652682.7	250596.4	295479.3	152138.9	24630.5	2991312.9	822914.6
私营企业	Private Enterprises	16409263.6	1954355.0	678417.8	266583.9	59066.9	18049442.0	15207246.7
私营独资企业	Private Sole-proprietorship Enterprises	105887.0	651.9	364.5	184.4	35.2	106067.8	8592.1
私营合伙企业	Private Partnership Enterprises							
私营有限责任公司	Private Limited Liability Corporations	15903269.3	1925041.5	643465.4	250630.4	57683.8	17151752.2	14697263.6
私营股份有限公司	Private Share Holding Enterprises	400107.3	28661.6	34587.9	15769.1	1347.9	791622.0	501391.0
其他企业	Others Enterprises	7580.5	2088.3	5251.2	2194.8	502.4	14401.2	5205.7
港、澳、台商投资企业	Enterprises with Funds from Hong Kong, Macao and Taiwan	771827.6	13892.8	852.1	562.7	95.9	775666.7	728756.3
合资经营企业	Joint Venture Enterprises	9945.1	662.1	237.1	156.5	20.9	10927.3	6048.2
合作经营企业	Cooperative Enterprises	5924.3	734.4				5924.3	6151.6
独资经营企业	Sole-proprietorship Enterprises	755958.2	12496.3	615.0	406.2	75.0	758815.1	716556.5
投资股份有限公司	Share-holding Corporations Ltd. with Investment							
其他港澳台投资企业	Others Enterprises with Funds from Hong Kong, Macao and Taiwan							
外商投资企业	Foreign-investment Enterprise	673427.8	167368.5	689578.2	295554.0	26327.7	1914825.3	1202148.0
中外合资经营企业	Joint Venture Enterprises	72798.3	4444.3	2484.6	626.2	509.4	76197.1	65149.3
中外合作经营企业	Cooperative Enterprises							

Main Financial Indicators of Enterprises above Designated Size in Wholesale and Retail Sale Trade（2021）

（10 000 yuan）

所有者权益合计 Total Creditors Equity	#实收资本 Capital Hold	营业收入 Business Revenue	主营业务收入 Business Income of the Main Products	营业成本 Business Cost	税金及附加 Business Tax and Extra Charges	销售费用 Operating Cost	管理费用 Manage-ment Expenses	财务费用 Financial Expenses	#利息费用 Interest Expenses	营业利润 Business Profits	利润总额 Gross Profits
17825433.2	**17778692.5**	**143646754.8**	**142271134.8**	**136614395.8**	**909982.5**	**2904019.9**	**1665512.6**	**522831.9**	**614895.3**	**1351171.8**	**1476664.3**
14768663.9	**15154568.2**	**124283304.0**	**123398587.0**	**119449546.2**	**854791.2**	**1624431.2**	**1066723.4**	**433178.1**	**555560.6**	**1177463.6**	**1279654.1**
13980556.5	14335777.0	117700722.1	116962900.6	113170063.7	848118.2	1461567.3	1008396.9	416015.1	544415.3	1077223.8	1186398.6
1316815.4	212541.4	5269966.4	5245694.5	3855046.0	634977.2	110688.5	228586.4	-15905.5	9355.7	473924.8	476711.8
1910.4	823.0	45892.9	40715.0	42482.0	344.7	749.7	931.0	21.0		1128.9	1149.4
98730.9		291353.8	280603.7	270915.8	259.8	11499.4	2887.8	901.5	814.0	5051.2	4294.8
8743059.7	5128734.6	70362973.7	70023265.6	68931450.7	127789.9	502159.3	313917.0	305994.7	382266.7	407618.4	464767.8
2485491.1	964472.9	12651699.2	12549603.2	12421302.9	42724.0	84796.4	79836.5	68881.6	121222.9	7210.1	42969.5
6257568.6	4164261.7	57711274.5	57473662.4	56510147.8	85065.9	417362.9	234080.5	237113.1	261043.8	400408.3	421798.3
1431539.6	38485.3	3684200.4	3640844.8	3450872.8	9112.6	111389.9	33486.0	10773.6	18957.1	89536.8	87712.8
2379307.0	8950429.3	37969236.6	37654887.4	36551053.3	75630.0	722380.3	425261.9	114002.9	132897.5	97757.1	149549.4
1739.4	1780.0	122066.5	46271.7	114258.4	4079.7	369.1	607.7	28.0		12519.5	12803.0
2087649.2	8800454.2	37513891.7	37289465.2	36140740.1	70816.0	707925.3	406483.7	99178.4	131100.0	107512.3	157891.0
289918.4	148195.1	333278.4	319150.5	296054.8	734.3	14085.9	18170.5	14796.5	1797.5	-22274.7	-21144.6
9193.5	4763.4	77098.3	76889.6	68243.1	4.0	2700.2	3326.8	226.9	124.3	2206.6	2212.6
46910.4	39904.0	712042.4	708241.3	702954.3	686.1	1876.4	1752.3	1780.5	1245.4	3277.0	3421.9
4879.1	2000.0	4878.8	4878.8	2994.6	19.0	690.2	556.8	5.4	4.9	612.4	707.8
-227.3		16900.1	16900.1	17048.8	18.6		3.2	0.3		-170.7	-170.7
42258.6	37904.0	690263.5	686462.4	682910.9	648.5	1186.2	1192.3	1774.8	1240.5	2835.3	2884.8
741197.0	778887.2	5870539.5	5727445.1	5576528.2	5986.9	160987.5	56574.2	15382.5	9899.9	96962.8	89833.6
11047.8	7100.0	228841.3	226751.2	224327.9	325.9	1697.1	1155.0	288.5	140.4	1173.5	1130.4

16—4 续表 1

单位：万元

项目	Item	流动资产小计 Circulating Funds	#存货 Deposit Products	固定资产原价 Original Value of Fixed Assets	累计折旧 Add Up Depreciation	#本年折旧 Depreciation of the Year	资产合计 Total Assets	负债合计 Total Liabilities
外资企业	Enterprises with Sole Foreign Investment	502588.8	141879.2	620423.8	253303.9	24040.7	1571764.9	1019202.1
外商投资股份有限公司	Share-holding Corporations Ltd. with Foreign Investment	98040.7	21045.0	66669.8	41623.9	1777.6	266863.3	117796.6
其他外商投资企业	Others Foreign Funded Enterprises							
2. 按批发行业小类分组	**2. Grouped by Sector of Wholesale**							
农、林、牧、渔产品批发	Wholesale of the Agricultural, Forestry, Animal and Fishery Products	985051.1	153951.7	100701.2	29584.0	7368.8	1171018.2	920030.1
食品、饮料及烟草制品批发	Wholesale of Food, Beverages and Tobacco Products	8528729.5	828940.7	545447.7	286480.0	29683.0	10291976.3	7636498.5
#米、面制品及食用油批发	Wholesale of Rice, Flour Products and Edible Oil	1386737.0	86848.6	36643.0	10940.6	2169.8	1636134.0	1325022.9
烟草制品批发	Wholesale of Tobacco Products	1025122.9	233965.3	333170.3	195246.0	15003.4	1269076.9	170934.0
纺织、服装及家庭用品批发	Wholesale of Textile, Garments and Household Articles	1569759.6	218574.3	49325.5	16179.2	2023.9	1635144.0	1481087.0
#服装批发	Wholesale of Garments	51175.6	16753.6	1466.0	820.4	89.6	52454.6	47317.1
文化、体育用品及器材批发	Wholesale of Culture, Sports Goods and Apparatus	918196.8	69868.7	28795.6	13204.0	1334.2	1191242.7	842824.9
医药及医疗器材批发	Wholesale of Medicine & Medical Apparatus	4382147.2	528766.2	281666.2	101971.5	19873.1	4911889.6	3677840.5
矿产品、建材及化工产品批发	Wholesale of Mineral Products, Building Materials and Chemical Products	24036171.3	2421994.3	1976582.7	696515.8	93993.5	32952200.9	22464677.7
#煤炭及制品批发	Wholesale of Coal and Related Products	3032681.2	240318.7	125801.0	27710.0	4133.6	3903544.2	2652967.0
石油及制品批发	Wholesale of Petroleum and Related Products	2252948.8	576313.7	1194298.2	506547.0	56967.0	4812392.8	2279596.6
金属及金属矿批发	Wholesale of Metal and Metallic Ore	12416064.2	1082230.0	433039.6	111523.6	20971.2	16912692.2	11960392.4
建材批发	Wholesale of Building Materials	4177448.9	286143.3	153422.5	25195.3	9046.8	4908267.0	3793536.3
化肥批发	Wholesale of Chemical Fertilizer	232010.4	78149.0	8669.9	3652.2	506.9	244910.6	195096.6
机械设备、五金产品及电子产品批发	Wholesale of Mechanical Equipment, Hardware and Electrical Equipment and Electronic Product	3691318.6	512185.7	155500.0	74310.0	16570.3	4378789.2	3504366.1
#汽车及零配件批发	Wholesale of Motor Vehicles and Parts	1232998.9	119410.5	30059.5	11699.4	2681.8	1515154.1	1232352.2
计算机、软件及辅助设备批发	Wholesale of Computer, Software and Auxiliary Equipment	121352.3	27647.5	2129.5	1369.7	237.9	387467.8	109934.0
贸易经纪与代理	Trade Broker and Agency	12386.2	6722.7	92.0	28.4	9.9	12449.9	13588.4
其他批发业	Others Wholesale not Classified Elsewhere	1161286.3	150767.2	160757.1	51310.6	9215.9	1475941.0	1404143.8

continued

（10 000 yuan）

所有者权益合计 Total Creditors Equity	#实收资本 Capital Hold	营业收入 Business Revenue	主营业务收入 Business Income of the Main Products	营业成本 Business Cost	税金及附加 Business Tax and Extra Charges	销售费用 Operating Cost	管理费用 Management Expenses	财务费用 Financial Expenses	#利息费用 Interest Expenses	营业利润 Business Profits	利润总额 Gross Profits
552562.8	750140.7	5307970.0	5176363.6	5038020.9	5183.3	147266.1	51523.7	12699.5	9637.7	90284.5	83708.7
177586.4	21646.5	333728.2	324330.3	314179.4	477.7	12024.3	3895.5	2394.5	121.8	5504.8	4994.5
247450.3	472667.2	2595192.6	2590180.3	2511828.7	2808.3	27646.5	17950.4	6713.8	7109.4	27573.3	31945.0
2638584.4	1808948.5	18339103.3	18207512.5	16553716.4	651966.4	307890.2	342014.8	33792.5	82373.0	457802.3	468811.3
311111.1	140245.8	2252340.4	2214148.0	2170905.4	4270.2	55007.5	26203.4	8995.2	21515.1	-44830.4	-42804.6
1098142.9	25470.7	4689500.8	4676315.1	3298370.7	634061.0	95232.9	221579.7	-23777.2	1.2	478266.0	477836.7
149278.8	139622.6	2747441.2	2737612.8	2628515.9	3788.8	69909.0	33502.8	4619.7	7658.7	8651.8	9613.5
5137.3	3986.5	318842.9	316526.6	306881.2	1030.7	9002.8	1664.0	222.9	231.9	63.9	89.5
348417.8	171699.1	810716.9	809168.8	750666.2	1140.4	27502.1	20498.4	-1773.1	2614.2	17670.0	16376.9
1217432.4	6460471.6	6397218.6	6365988.1	5793287.8	14946.8	231896.2	160161.9	44576.3	36038.2	144704.7	143865.7
9322924.1	5511624.8	80893137.1	80406221.5	78980912.6	109699.5	734610.6	371653.6	304504.2	404472.9	623234.3	678519.0
1039042.9	431366.4	6809471.0	6760529.4	6624013.5	8487.5	78041.1	60195.8	44473.1	60657.3	38037.0	39856.2
1794606.9	913902.4	14506785.7	14257618.6	13875388.9	18608.4	311024.3	86250.2	39896.4	46043.6	258957.4	251320.2
4910788.3	3161848.2	44321151.9	44238678.5	43654892.4	62361.2	166996.4	140713.4	168228.8	229524.6	115131.3	145628.8
950397.5	653187.9	7390065.2	7310564.5	7218518.8	8279.3	78760.1	50390.5	37737.9	57487.1	105041.4	132806.0
47017.6	25104.5	692024.3	688821.3	647341.5	625.8	23160.8	8082.2	1376.5	1041.5	9953.4	10192.2
871029.5	499654.1	6908900.8	6770115.0	6612782.6	9149.5	214506.0	102696.8	33201.6	11075.1	-49595.6	-52536.0
282574.7	345270.1	2458289.0	2436791.1	2430335.6	2906.5	69347.0	26291.5	22913.7	3369.3	-78067.5	-85950.6
277533.8	18144.9	275215.5	273870.8	258136.8	614.3	5733.2	7321.1	1064.1	725.2	2255.5	2445.1
-2594.1	500.0	14233.9	10691.4	14054.4	21.4	214.9	168.2	58.4	4.0	-283.4	-279.8
-23859.3	89380.3	5577359.6	5501096.6	5603781.6	61270.1	10255.7	18076.5	7484.7	4215.1	-52293.8	-16661.5

16—4 续表 2

单位：万元

项　目	Item	流动资产小计 Circulating Funds	#存货 Deposit Products	固定资产原价 Original Value of Fixed Assets	累计折旧 Add Up Depreciation	#本年折旧 Depreciation of the Year	资产合计 Total Assets	负债合计 Total Liabilities
二、零售业	**Ⅱ. Retail Trades**	**7731660.0**	**1828604.4**	**1896690.5**	**768279.8**	**124090.9**	**10582628.6**	**7469396.3**
1. 按登记注册类型分组	**1. Grouped by Status of Registration**							
内资企业	Domestic Funded Enterprises	7173848.9	1679646.3	1419488.4	600047.4	103240.2	9498865.4	6803776.2
国有企业	State-owned Industry	16641.8	8813.4	6629.8	3952.9	189.5	24448.1	23057.7
集体企业	Collective-owned Industry	12010.0	1356.2	2737.8	1272.4	172.3	13826.6	2395.3
股份合作企业	Cooperative Enterprises	416.8	1.2	264.6	118.3	4.8	785.1	389.6
联营企业	Joint Ownership Enterprises							
国有联营企业	State Joint Ownership Enterprises							
集体联营企业	Collective Joint Ownership Enterprises							
国有与集体联营企业	Joint State-Collective Ownership Enterprises							
其他联营企业	Other Joint Ownership Enterprises							
有限责任公司	Limited Liability Corporations	3199985.9	620373.8	586401.4	235643.4	42839.0	4430174.0	3107241.6
国有独资公司	State Sole-proprietorship Corporations	412176.2	63481.6	85823.0	32265.5	5976.8	635591.4	341305.3
其他有限责任公司	Other Limited Liability Corporations	2787809.7	556892.2	500578.4	203377.9	36862.2	3794582.6	2765936.3
股份有限公司	Share Holding Enterprises	132414.5	20815.5	180835.3	88347.2	8099.6	300838.0	157775.5
私营企业	Private Enterprises	3811893.9	1028134.5	642092.3	270618.4	51906.6	4728016.8	3512749.8
私营独资企业	Private Sole-proprietorship Enterprises	56540.7	10976.9	14107.6	4858.8	1416.8	71704.3	46295.0
私营合伙企业	Private Partnership Enterprises	25732.9	1631.8	4037.7	1530.5	269.4	29324.7	18814.2
私营有限责任公司	Private Limited Liability Corporations	3705580.7	1011606.0	620892.1	262578.8	49816.2	4599725.0	3432275.2
私营股份有限公司	Private Share Holding Enterprises	24039.6	3919.8	3054.9	1650.3	404.2	27262.8	15365.4
其他企业	Others Enterprises	486.0	151.7	527.2	94.8	28.4	776.8	166.7
港、澳、台商投资企业	Enterprises with Funds from Hong Kong, Macao and Taiwan	271689.9	52839.8	220011.9	99961.8	9480.3	439777.1	252557.4
合资经营企业	Joint Venture Enterprises	49931.6	9953.9	114615.3	32473.9	3227.6	147647.4	117329.1
合作经营企业	Cooperative Enterprises							
独资经营企业	Sole-proprietorship Enterprises	221758.3	42885.9	105396.6	67487.9	6252.7	292129.7	135228.3
投资股份有限公司	Share-holding Corporations Ltd. with Investment							
其他港澳台投资企业	Others Enterprises with Funds from Hong Kong, Macao and Taiwan							

continued

（10 000 yuan）

所有者权益合计 Total Creditors Equity	#实收资本 Capital Hold	营业收入 Business Revenue	主营业务收入 Business Income of the Main Products	营业成本 Business Cost	税金及附加 Business Tax and Extra Charges	销售费用 Operating Cost	管理费用 Manage-ment Expenses	财务费用 Financial Expenses	#利息费用 Interest Expenses	营业利润 Business Profits	利润总额 Gross Profits
3056769.3	**2624124.3**	**19363450.8**	**18872547.8**	**17164849.6**	**55191.3**	**1279588.7**	**598789.2**	**89653.8**	**59334.7**	**173708.2**	**197010.2**
2638626.2	2405724.4	17246970.3	16831275.3	15343285.5	45947.5	1101849.6	546562.0	80125.5	52626.3	120962.8	141498.2
1390.4	1970.8	35541.5	35532.0	29993.3	90.8	3229.3	2300.2	400.8	281.3	901.3	1427.2
10771.0	642.0	13511.8	12631.2	10269.1	42.0	1151.1	864.7	-4.5	9.2	1167.3	1250.5
395.5	185.4	1975.2	1863.0	1457.0	5.2	274.8	282.0	6.1	6.0	-50.0	-49.0
1303457.6	683396.9	7369267.4	7166372.3	6529298.0	21437.8	534130.9	166012.7	34991.8	23054.5	84532.0	95911.0
293778.1	143781.7	800787.2	788219.2	676637.7	2181.6	53497.0	32816.8	3935.2	4081.1	33056.8	36093.7
1009679.5	539615.2	6568480.2	6378153.1	5852660.3	19256.2	480633.9	133195.9	31056.6	18973.4	51475.2	59817.3
141934.5	64053.3	408137.3	398319.7	358494.8	3155.4	23603.2	20324.1	2370.0	2265.8	1581.0	1779.0
1180067.1	1654931.5	9416848.4	9214868.4	8412332.0	21216.0	539460.1	356620.0	42360.3	27008.5	32743.4	41091.7
23770.9	9378.1	133520.8	129884.9	114446.5	526.3	8081.9	6774.3	1158.6	834.3	3102.8	2935.2
9724.6	4526.8	60122.3	59815.1	52644.2	84.5	1939.7	2395.0	109.7	77.6	1428.5	1647.9
1135562.5	1633385.5	9188631.8	8990857.7	8219522.5	20481.5	525189.0	344883.3	40877.7	25934.4	27390.2	35553.5
11009.1	7641.1	34573.5	34310.7	25718.8	123.7	4249.5	2567.4	214.3	162.2	821.9	955.1
610.1	544.5	1688.7	1688.7	1441.3	0.3	0.2	158.3	1.0	1.0	87.8	87.8
187219.7	80816.1	938791.8	898668.8	787657.7	5324.5	97640.7	23322.9	4060.8	3607.0	23066.9	24034.5
30318.3	35000.0	137010.2	124919.9	113629.3	596.1	7830.7	8735.9	3448.0	3187.3	3687.2	3811.9
156901.4	45816.1	801781.6	773748.9	674028.4	4728.4	89810.0	14587.0	612.8	419.7	19379.7	20222.6

16—4 续表 3

单位：万元

项　目	Item	流动资产小计 Circulating Funds	#存货 Deposit Products	固定资产原价 Original Value of Fixed Assets	累计折旧 Add Up Depreciation	#本年折旧 Depreciation of the Year	资产合计 Total Assets	负债合计 Total Liabilities
外商投资企业	Enterprises With Foreign Investment	286121.2	96118.3	257190.2	68270.6	11370.4	643986.1	413062.7
中外合资经营企业	Joint Venture Enterprises	41934.3	4882.1	4490.4	3017.8	252.4	47914.8	9949.6
中外合作经营企业	Cooperative Enterprises							
外资企业	Enterprises with Sole Foreign Investment	154520.0	83323.1	133633.1	25190.7	7991.6	396708.0	320482.5
外商投资股份有限公司	Share-holding Corporations Ltd. with Foreign Investment	89666.9	7913.1	119066.7	40062.1	3126.4	199363.3	82630.6
其他外商投资企业	Others Foreign Funded Enterprises							
2. 按零售行业小类分组	**2. Grouped by Sector of Retail Trades**							
综合零售	Comprehensive Retail	1328885.9	272505.5	782749.3	352151.7	36397.7	2301376.7	1706388.4
#百货零售	Retail of Consumer Goods	670504.5	78208.3	513323.0	195236.9	17674.6	1168047.0	748225.4
超级市场零售	Retail of Supermarket	623975.9	185075.1	263424.1	154507.7	17911.4	1091289.6	930286.0
食品、饮料及烟草制品专门零售	Special Retail of Food, Beverages and Tobacco Products	500327.7	91834.6	74196.5	19272.8	5321.5	704357.0	488544.5
纺织、服装及日用品专门零售	Wholesale of Textile, Garments and Household Articles	108602.1	44032.2	8545.9	4918.2	852.8	130184.7	122416.6
#服装零售	Retail of Garments	44370.8	20474.8	1492.3	1098.3	185.0	49912.8	59338.0
文化、体育用品及器材专门零售	Special Retail of Culture, Sports Goods and Apparatus	414892.5	92557.2	99043.1	42157.7	6819.3	552742.7	278922.4
#体育用品及器材零售	Retail of Sports Goods and Apparatus	46252.2	42965.2	8866.7	4175.5	2491.2	51626.4	50733.1
图书、报刊零售	Retail of Books and Newspapers	307407.2	34391.9	83867.2	34685.3	3935.8	428517.1	174145.4
医药及医疗器材专门零售	Special Retail of Medicine and Medical Apparatus	565223.5	203911.8	75457.9	31705.9	6564.7	841459.5	621670.2
#西药零售	Retail of Western Medicines	507447.1	187645.9	71291.8	29438.5	5906.3	772147.3	572023.5
中药零售	Retail of Chinese Medicines	36319.1	14134.4	2538.0	1299.9	241.5	47233.8	35445.6
汽车、摩托车、零配件和燃料及其他动力零售	Special Retail of Motor Vehicles, Motorcycles, Parts, Fuel and Other Powers	3253800.0	880200.9	611967.0	258751.2	54557.8	4116876.2	2778664.0
#汽车新车零售	Retail of Motor Vehicles	2862002.0	756184.3	494848.7	223062.1	45617.4	3446549.6	2450370.2
机动车燃油零售	Fuel Retail of Motor Vehicle	285256.4	75225.3	104299.0	31104.9	7336.0	546880.6	236427.8
家用电器及电子产品专门零售	Special Retail of Household Appliances and Electronic Products	1151940.5	169586.9	66619.4	25715.3	4816.8	1286047.5	1061574.7
#日用家电零售	Retail of Home Electronic and Electrical Appliances	761762.3	92863.2	22434.2	9426.5	1182.5	819158.3	736790.5
计算机、软件及辅助设备零售	Retail of Computer, Software and Auxiliary Equipments	168624.1	30619.2	9919.8	5174.2	1154.8	179902.9	110444.9
通信设备零售	Retail of Communication Apparatus	119841.0	25265.3	4015.0	1175.2	338.4	129338.3	83764.6
五金、家具及室内装饰材料专门零售	Special Retail of Hardware, Furniture and Indoor Renovation Material	124248.4	26904.8	86673.5	4858.3	2788.8	238191.6	179065.0
货摊、无店铺及其他零售业	Stall, Retail without Shop and Others	283739.4	47070.5	91437.9	28748.7	5971.5	411392.7	232150.5

continued

（10 000 yuan）

所有者权益合计 Total Creditors Equity	#实收资本 Capital Hold	营业收入 Business Revenue	主营业务收入 Business Income of the Main Products	营业成本 Business Cost	税金及附加 Business Tax and Extra Charges	销售费用 Operating Cost	管理费用 Manage-ment Expenses	财务费用 Financial Expenses	#利息费用 Interest Expenses	营业利润 Business Profits	利润总额 Gross Profits
230923.4	137583.8	1177688.7	1142603.7	1033906.4	3919.3	80098.4	28904.3	5467.5	3101.4	29678.5	31477.5
37965.2	15579.5	615202.7	592554.0	580062.5	458.5	10986.3	922.0	20.0	129.4	23048.0	23024.3
76225.5	63668.2	501085.3	488951.8	410571.0	1830.0	64098.4	19316.5	4427.2	1923.1	3272.1	4740.0
116732.7	58336.1	61400.7	61097.9	43272.9	1630.8	5013.7	8665.8	1020.3	1048.9	3358.4	3713.2
592142.4	330714.9	3030855.0	2857011.7	2478013.4	13179.9	400765.6	136086.4	32399.7	18665.6	-37977.3	-35056.4
419178.1	158661.6	1109274.4	1037817.5	905741.9	9198.9	121246.3	62455.0	11541.5	9951.2	7014.1	8686.3
158984.5	161528.4	1873216.1	1771404.9	1534334.9	3857.4	273857.7	69821.4	20374.3	8542.0	-45212.2	-44082.8
206128.8	142398.5	1058190.2	1046162.4	931414.8	2495.6	47828.1	40488.3	5726.6	4741.0	27550.4	29841.1
7025.6	216836.0	246598.3	245289.6	190178.6	732.9	45350.8	10936.8	1057.0	565.9	-1470.5	-1104.6
-9425.2	5939.4	90504.1	90387.0	66347.2	259.8	24606.0	3350.0	387.6	203.6	-4180.4	-4054.4
263998.2	115613.7	615833.8	595654.8	493151.9	2061.3	55352.0	39662.3	186.0	396.1	27773.8	27868.2
893.3	2196.0	116659.0	116646.6	105972.2	137.9	8411.1	4336.9	49.6	45.2	-645.1	-514.0
244549.6	98592.8	432848.6	412988.0	329749.8	1547.3	44165.1	31066.4	-222.4	114.2	27978.3	27416.0
216141.7	738849.3	1297396.0	1274929.1	985582.3	3749.8	211485.1	71087.5	8625.1	5816.1	17924.3	23585.2
196476.2	316732.3	1204099.2	1182129.2	915901.1	3284.8	197945.6	63916.3	8098.1	5460.2	15384.3	21008.7
11788.2	419310.3	68591.1	68094.2	50570.5	357.5	12088.3	4399.7	452.5	312.7	1307.4	1369.3
1322326.6	775063.4	10284875.0	10077306.1	9552722.1	26797.8	355857.1	200539.4	31181.0	23625.1	149612.0	159192.9
981939.6	616903.0	8298613.7	8130316.0	7738696.7	23615.8	287209.9	170905.6	25729.2	19547.4	82116.9	92084.4
309457.4	139065.8	1713054.3	1675339.7	1560451.8	2437.5	60992.4	22722.4	4372.4	3234.9	63490.5	62875.9
212923.2	158130.2	1345721.1	1313231.3	1199227.2	2265.5	70501.6	52190.7	8616.4	4009.9	-11026.8	-10854.8
81935.3	60202.7	702223.2	698946.2	655617.8	706.3	34146.3	16941.4	3885.1	1500.5	-14194.5	-14028.2
67404.7	42661.1	259825.6	252247.0	219937.6	683.6	11278.7	19740.2	1691.9	1082.4	5108.6	5650.2
36672.2	30646.1	246176.0	227604.9	203051.5	369.2	15502.5	8474.3	1113.3	357.7	819.5	803.6
58352.1	64150.3	207598.2	203962.9	181455.6	1128.8	11790.1	16276.1	1435.3	1033.7	-4681.2	-4287.7
177730.7	82368.0	1276383.2	1258999.9	1153103.7	2779.7	80658.3	31521.7	426.7	481.3	6003.5	7826.3

16—5 按登记注册类型分连锁批发和零售企业基本情况（2021年）

Basic Conditions of Chain-retail Enterprises by Categories of Registration（2021）

项 目	Item	总店数（个）Number of Head Offices	门店总数（个）Number of Stores (unit)	年末从业人数（人）Year-end Engaged Persons (10 000 persons)	年末零售营业面积（平方米）Year-end Operating Area (10 000 sq.m)	商品销售总额（万元）Total Sales of Commodities (10 000 yuan)	商品购进总额（万元）Total Purchases Value (10 000 yuan)	统一配送商品购进额（万元）Centralized Purchases and Delivery (10 000 yuan)
总 计	**Total**	**90**	**8688**	**40931**	**5118875**	**9521447**	**8592429**	**8152654**
内资企业	Domestic Funded Enterprises	82	7634	36292	4071317	6260378	5438800	4999025
国有企业	State-owned Industry	1	6	74	22644	13314	12871	12871
集体企业	Collective-owned Industry							
股份合作企业	Cooperative Enterprises	1	95	225	31500	349137	349137	349137
联营企业	Joint Ownership Enterprises							
有限责任公司	Limited Liability Corporations	31	4340	19156	1901838	3263296	3080688	2805517
国有独资公司	State Sole-proprietorship Corporations	6	472	1996	599034	1397772	1393558	1393558
其他有限责任公司	Other Limited Liability Corporations	25	3868	17160	1302804	1865525	1687130	1411960
股份有限公司	Share Holding Enterprises	19	787	6520	1845419	2301340	1714867	1561312
私营企业	Private Enterprises	30	2406	10317	269916	333291	281237	270188
私营独资企业	Private Sole-proprietorship Enterprises							
私营合伙企业	Private Partnership Enterprises							
私营有限责任公司	Private Limited Liability Corporations	29	2374	10106	265071	329527	277262	266213
私营股份有限公司	Private Share Holding Enterprises	1	32	211	4845	3763	3975	3975
其他企业	Others Enterprises							
港、澳、台商投资企业	Enterprises with Funds from Hong Kong, Macao and Taiwan							
合资经营企业（港或澳、台资）	Joint Venture Enterprises							
合作经营企业（港或澳、台资）	Cooperative Enterprises							
港、澳、台商独资经营企业	Enterprises with Sole Investment							
港、澳、台商投资股份有限公司	Share-holding Corporations Ltd. with Investment with Funds from Hong Kong, Macao and Taiwan							
其他港澳台商投资	Others Enterprises							
外商投资企业	Enterprises with Foreign Investment	8	1054	4639	1047558	3261069	3153629	3153629
中外合资经营企业	Joint Venture Enterprises	2	179	889	402250	887738	811189	811189
中外合作经营企业	Cooperative Enterprises							
外资企业	Enterprises with Sole Foreign Investment	1	419	1997	75083	90674	59782	59782
外商投资股份有限公司	Share-holding Corporations Ltd. with Foreign Investment	4	312	1006	405825	1690008	1690008	1690008
其他外商投资	Others Foreign Funded Enterprises	1	144	747	164400	592650	592650	592650

16－6 亿元以上商品交易市场基本情况（2021年）
Basic Conditions of Commodity Exchange Markets of Transaction Value over 100 Million Yuan（2021）

项　目	Item	市场数量（个）Number of Markets (unit)	摊位数（个）Number of Booths (unit)	营业面积（平方米）Operating Area (sq.m)	成交额（万元）Turnover (10 000 yuan)
总　计	**Total**	**61**	**72779**	**3308120**	**9768110**
1. 综合市场	**Integrated Markets**	**20**	**38103**	**1032898**	**2884880**
工业消费品综合市场	Industrial Consumable Comprehensive Markets	1	5340	200000	109436
农产品综合市场	Farm Production Comprehensive Markets	12	23277	643382	2318877
其他综合市场	Other Comprehensive Markets	7	9486	189516	456567
2. 专业市场	**Special Markets**	**41**	**34676**	**2275222**	**6883230**
生产资料市场	Production Markets	9	3143	285811	860877
#农用生产资料市场	Agricultural Production Markets	2	715	52000	179000
木材市场	Wood Markets				
建材市场	Building Material Markets	5	1340	168180	139877
金属材料市场	Metal Material Markets	1	588	35631	532000
机械设备市场	Mechanical Equipment Markets	1	500	30000	10000
其他生产资料市场	Others				
农产品市场	Farm Production Markets	17	17496	1146556	3666407
#粮油市场	Grain and Oil Markets				
肉禽蛋市场	Meat, Poultry and Eggs Markets	7	8485	121682	777659
水产品市场	Aquatic Products Markets	2	900	20683	121423
蔬菜市场	Vegetables Markets	3	3800	567000	1484095
干鲜果品市场	Dried and Fresh Melons and Fruits Markets	2	775	194676	194806
其他农产品市场	Others	3	3536	242515	1088424
食品、饮料及烟酒市场	Food, Beverages, Tobacco and Liquor Markets	2	230	12500	69865
#食品饮料市场	Food and Beverages Markets	1	112	6000	29594
茶叶市场	Tea Markets	1	118	6500	40271
其他食品饮料及烟酒市场	Others				
纺织、服装、鞋帽市场	Textiles, Clothing, Shoes and Hats Markets	6	9402	356651	595889
#服装市场	Clothing Markets	5	8202	323001	552592
其他纺织服装鞋帽市场	Others	1	1200	33650	43297
电器、通讯器材、电子设备市场	Electrical Appliances, Communication Appliances and Electronical Appliances Markets	1	780	20678	58138
#计算机及辅助设备市场	Computer and Accessory Equipment Markets	1	780	20678	58138
医药、医疗用品及器材市场	Medicine, Medical Materials and Medical Instruments Markets	1	1555	23000	794000
#中药材市场	Traditional Chinese Medicinal Materials Markets	1	1555	23000	794000
家具、五金及装饰材料市场	Furniture, Hardware and Decoration Materials Markets	4	2014	404026	317677
#家具市场	Furniture Markets	1	610	148526	203635
装饰材料市场	Decoration Materials Markets	2	1004	205500	84042
厨具、盥洗设备市场	Kitchen Utensils, Washing Equipments Markets				
五金材料市场	Hardware Materials Markets	1	400	50000	30000
其他装修市场	Others				
汽车、摩托车及零配件市场	Cars, Motorcycles and Spare Parts Markets	1	56	26000	520377
#汽车市场	Cars Markets	1	56	26000	520377
摩托车市场	Motorcycles Markets				

16—7 社会消费品零售总额及指数
Total Retail Sales of Consumer Goods and Relate Indices

年 份 Year	绝对数（万元） Absolute Number (10 000 yuan)	指数（上年=100） Relate Indices (Preceding year=100)
1978	335918	
1980	457228	117.9
1985	886005	129.1
1990	1754369	103.2
1991	2002276	114.1
1992	2436189	121.7
1993	3136905	128.8
1994	3957947	126.2
1995	4919345	124.3
1996	5623946	114.3
1997	6171840	109.7
1998	6699356	108.5
1999	7191902	107.4
2000	7777957	108.1
2001	8435005	108.4
2002	9206357	109.1
2003	10286618	111.7
2004	11675341	113.5
2005	13373878	114.5
2006	15355179	114.8
2007	18240974	118.8
2008	22522647	123.5
2009	26114597	115.9
2010	30834656	118.1
2011	36184000	117.3
2012	41622469	115.0
2013	47086520	113.1
2014	52693426	111.9
2015	57714969	109.5
2016	63497565	110.0
2017	70379797	110.8
2018	76635181	108.9
2019	82008671	107.0
2020	78310050	95.5
2021	85385035	109.0

注：本表1993—2019年数据已按第四次经济普查资料重新修订。

Note: The data in this table from 1993 to 2019 was adjusted by the 4th Economic Census.

16—8　各市社会消费品零售总额
Total Retail Sales of Consumer Goods by City

单位：亿元　　(100 million yuan)

地　区	Region	2009	2010	2015	2016	2017	2018	2019	2020	2021
全　区	**Total**	**2611.46**	**3083.47**	**5771.50**	**6349.76**	**7037.98**	**7663.52**	**8200.87**	**7831.01**	**8538.50**
南宁市	Nanning	720.96	868.45	1673.36	1846.54	2053.33	2234.27	2327.80	2180.36	2364.17
柳州市	Liuzhou	379.58	455.43	868.77	956.07	1054.64	1152.16	1333.15	1270.19	1332.26
桂林市	Guilin	307.06	362.92	664.83	732.73	808.38	879.43	967.47	888.91	942.55
梧州市	Wuzhou	132.38	143.81	224.36	234.00	252.39	266.34	300.74	284.01	316.33
北海市	Beihai	100.98	116.73	233.53	262.56	296.22	321.88	344.65	314.23	350.01
防城港市	Fangchenggang	43.93	52.86	105.20	117.03	130.75	143.27	148.76	129.34	137.71
钦州市	Qinzhou	131.82	155.72	282.64	312.64	341.36	369.88	401.28	402.51	470.11
贵港市	Guigang	156.73	179.09	299.29	325.40	355.95	376.12	412.42	411.47	457.65
玉林市	Yulin	254.64	299.39	578.26	634.81	701.58	776.05	735.82	753.48	841.23
百色市	Baise	102.52	122.70	253.23	286.10	326.59	358.79	386.72	380.15	421.24
贺州市	Hezhou	60.24	71.27	124.91	135.13	148.79	161.63	173.03	181.50	199.53
河池市	Hechi	105.55	120.47	210.26	228.93	255.36	277.60	296.57	277.64	309.39
来宾市	Laibin	56.76	66.23	106.92	114.41	126.96	136.10	145.65	129.77	144.07
崇左市	Chongzuo	58.32	68.40	145.93	163.41	185.67	210.01	226.80	227.44	252.26

注：本表2009—2019年数据已按第四次经济普查资料重新修订。
Note: The data in this table from 2009 to 2019 was adjusted by the 4th Economic Census.

主要统计指标解释

商品购进额 指从本企业以外的单位和个人购进（包括从国外直接进口）作为转卖或加工后转卖的商品金额（含增值税）。本指标反映批发和零售业从国内外市场上购进商品的总价。商品购进包括：（1）从工农业生产者、批发和零售业、住宿和餐饮业、出版社或报社的出版发行部门和其他服务业等企事业单位和个体经营户购进的商品；（2）从机关、社会团体购进的商品；（3）从海关、市场管理部门购进的缉私和没收的商品；（4）从居民收购的废旧商品等。不包括：（1）企业为本单位自身经营用，不是作为转卖而购进的商品，如材料物资、包装物、低值易耗品、办公用品等；（2）未通过买卖行为而收入的商品，如接受其他部门移交的商品、借入的商品、收入代其他单位保管的商品、其他单位赠送的样品、加工回收的成品等；（3）经本单位介绍，由买卖双方直接结算，本单位只收取手续费的业务；（4）销售退回和买方拒付货款的商品；（5）商品溢余；（6）期货交易商品。

商品销售额 指对本单位以外的单位和个人出售的商品金额（包括售给本单位消费用的商品，含增值税），在批发和零售业中，本指标反映在国内市场上销售商品以及出口商品的总价。商品销售包括：（1）售给个人和社会集团消费用的商品；（2）售给农业、工业、建筑业、服务业等国民经济各行业用于生产、经营用的商品，包括售予批发和零售业作为转卖或加工后转卖的商品；（3）对国（境）外直接出口的商品。不包括：（1）未通过买卖行为付出的商品，如因机构变动移交给其他企业单位的商品、借出的商品、归还受其他单位委托代保管的商品、付出的加工原料和赠送给其他单位的样品等；（2）促销返券所销售的、不计入营业收入的商品；（3）经本单位介绍，由买卖双方直接结算，本单位只收取手续费的业务；（4）未发生所有权转移的商品预付卡销售，如加油卡；（5）汽车维修、电话卡销售等服务性经济活动；（6）购货退回的商品；（7）商品损耗和损失；（8）出售本单位自用的废旧物资。（9）期货交易商品；（10）自来水供应企业、电力企业、天然气供应企业提供的水、电、气。

批发额 指售给国民经济各行业用于生产、经营用的商品金额。

零售额 指售给个人用于生活消费和社会集团用于公共消费的商品金额。

期末商品库存额 对于批发和零售业法人单位和个体

Explanatory Notes on Main Statistical Indicators

Total Purchases of Commodities refer to the total value of purchases of commodities by enterprises (establishments) from other establishments or individuals (including direct import from abroad) for the purpose of re-selling, either with or without further processing of the commodities purchased. This indicator is used to show the total value of purchases of commodities by wholesale and retail establishments from domestic and overseas markets. The purchases include: (1) commodities purchased from agricultural and industrial producers, wholesaler, retailer, publishing house and other service business; (2) commodities purchased from institutions and government departments; (3) confiscated goods purchased from the customs authorities or market management agencies; (4) second-hand goods and waste purchased from residents; The commodities exclude, (1) commodities purchased by enterprises (establishment) for use in their own business operation, commodities obtained without buying or selling procedures such as materials, consumable goods of low value, office appliance, etc.; (2)received goods without trading, such as goods handed over from others, borrowed goods, preserved goods for others, donated goods from others, processed and retrieved goods, etc.; (3) goods of direct settlement between buyer and seller with handling fees introduced by others; (4) goods returned of refused to pay by buyer; (5) excessive goods; (6) future trading goods.

Total Sales of Commodities refer to value of commodities sold by the establishments to other establishments and individuals (including goods sold for self consumption and the value-added taxes). This indicator is used to show the total value of sales of commodities at domestic markets and export. The sales include: (1) commodities sold to individual and social institutions for their consumption; (2) commodities sold to establishments in all industries for their production and operation, including agriculture, industry, construction and catering services including commodities sold to wholesale and retail establishment for re-selling, with or without further processing; (3) commodities for direct export to abroad. Excluded are: (1) commodities transferred without buying or selling procedures, such as hand-over commodities to other enterprises with institution changing, lent commodities, returned commodities that had been administered by other enterprises, processing raw materials sent out and samples present to other enterprises etc. (2) goods sold with promotional vouchers and not included in operating income; (3) goods of direct settlement between buyer and seller with handling fees introduced by others; (4) goods without transfer of ownership occurring in sale of prepaid card, such as gas filling card; (5) service economic activities, such as automobile maintenance and telephone card sales; (6) goods returned after purchase; (7) damaged and spoiled goods; (8) waste and used goods of self use; (9) future trading goods; (10) water, electricity and gas provided by water supply enterprises, electric power enterprises and natural gas supply enterprises.

Sales of Wholesale Trades refer to the amount value of commodities sold to various national economic industries for producing and operating.

Sales of Retail Trades refer to the amount value of commodities sold to individual consumption and to social institutions for public consumption.

Total Stock of Commodities of the End of Period For the legal entities

经营户，是指报告期末取得所有权的全部商品金额（含增值税）；对于批发和零售业产业活动单位，是指报告期末实际在库且归属法人具有所有权的全部商品金额（含增值税）。这个指标反映批发和零售业的商品库存情况，以及对市场商品供应的保证程度。库存商品包括：（1）存放在本单位（如门市部、批发站、采购站、经营处）的仓库、货场、货柜和货架中的商品；（2）挑选、整理、包装中的商品；（3）已记入购进而尚未运到本单位的商品，即发货单或银行承兑凭证已到而货未到的商品；（4）寄放他处的商品，如因购货方拒绝付款而暂时存在购货方的商品；（5）委托其他单位代销（未作销售或调出）尚未售出的商品；（6）代其他单位购进尚未交付的商品。不包括：（1）所有权不属于本单位的商品，如商品已作销售但买方尚未取走的商品，代替他人保管、运输、加工的商品，代其他单位销售（未做购进或调入）而未售出的商品；（2）委托外单位加工的商品（包括本单位所属加工厂和其他生产单位加工生产尚未收回成品的商品）；（3）外贸企业代理其他单位从国外进口，尚未付给订货单位的商品；（4）代国家储备部门保管的商品。

and self-employed individuals engaged in wholesale and retail trade, it refers to total commodities possessed at the end of report periods (including value-added taxes); to wholesale and retail corporation units, it refers to total commodities actually in stock and possessed at the end of report periods (including value-added taxes). This indicator reflects the commodity stock level of various wholesale and retail enterprises and the potential for market supply. It includes: (1) commodities located in storage, garages, counters, and shelves of operating units (such as sale stores, wholesale centers, and operating offices) of wholesale and retail enterprises; (2) commodities in the process of being selected, sorted, and packed; (3) commodities not arrived but recorded as purchase in the account, i.e. commodities not arrived but payment receipts for the commodities from the sellers or the banks arrived; (4) commodities deposited in other places rather than places mentioned above, for instance: commodities in the hold of purchasers temporarily due to the refusal of payment and commodities not taken back after going through the formalities; (5) commodities entrusted to other units to sell but not sold yet; (6) commodities purchased for other units but not delivered yet. Commodities not included as: (1) stock are those not owned by the enterprises (units), for example goods have been sold but have not been taken away by the buyer, goods that have been kept, transported and processed by others and goods that sold (not purchased or transferred) on behalf of other units but have not been sold; (2) commodities entrusted outside units to process (including commodities produced but not recalled finished products, which processed by processing factory affiliated to self company and other production units); (3) imported commodities of agency of foreign trade enterprise but not yet delivered to ordering units, (4) finally those put in stock on behalf of the state material reserves units.

亿元以上商品交易市场　指年成交额在亿元及以上的商品交易市场。商品交易市场是指经有关部门和组织批准设立，有固定场所、设施，有经营管理部门和监管人员，若干市场经营者入内，常年或实际开业三个月以上，集中、公开、独立地进行生活消费品、生产资料等现货商品交易以及提供相关服务的交易场所，包括各类消费品市场、生产资料市场等。

Volume of Transaction at Large Commodity Markets with Transaction Value over 100 Million Yuan　refers to the commodity markets with an annual transaction at and above 100 million yuan markets approved by the industrial and commercial administration departments. There are fixed sites, facilities, managers and administration offices, where there is certain number of traders to operate for three months and above or all the year, where the commodities including the articles for daily consumption and capital goods and service are traded in centralized, independent and open way. Such market includes markets of daily goods and production materials market.

连锁总店（总部）　负责连锁企业资源（商号、商誉、经营模式、服务标准、管理模式等等）的开发、配置、控制或使用等功能的企业核心管理机构。连锁经营是指经营同类商品或服务，使用统一商号的若干店铺，在同一总店（总部）的管理下，采取统一采购或特许经营等方式，实现规模效益的组织形式，包括直营连锁、特许连锁和自愿连锁三种形式。

直营连锁是指连锁店铺由连锁公司全资或控股开设，在总部的直接控制下，开展统一经营的连锁经营形式；特许连锁是指拥有注册商标、企业标志、专利、专有技术等经营资源的企业（特许人），以合同形式将其拥有的经营资源许可其他经营者（被特许人）使用，被特许人按合同约定在统一的经营模式下开展经营，并向特许人支付特许经营费用的连锁经营形式；自愿连锁是指若干个店铺或企

Head Chain Store (Headquarter)　refers to the core managing institution in charge of development, allocation, controlling or using chain enterprise's resources (such as firms, business credits, operating modes, servicing standards and managing modes etc.). Chain operation refers to the type of organization of several stores selling the same commodities or providing the same services use a uniform firm, and they under the management of the same head store (headquarter), realizing scaled efficient by modes of uniform purchases or franchise operating. The modes of chain operation include Regular Chain, Franchise Chain and Voluntary Chain.

Regular Chain refers to chain that are invested or controlled by the headquarters. They operate under direct and unified management from the headquarters. Franchise chain refers to chain that enterprises (franchisees) owning operating resources like registered trade mark, enterprise's symbols, patents and special techniques license their resources to other operators

业自愿组合起来，在不改变各自资产所有权关系的情况下，以同一个品牌形象面对消费者，以共同进货为纽带开展的连锁经营形式。

社会消费品零售总额 指企业（单位、个体户）通过交易直接售给个人、社会集团非生产、非经营用的实物商品金额，以及提供餐饮服务所取得的收入金额。个人包括城乡居民和入境人员，社会集团包括机关、社会团体、部队、学校、企事业单位、居委会或村委会等。

(franchisees) in type of contracts. Franchisors operate in uniform operation mode according to contracts, and pay the franchised fees to licensing units. Voluntary Chain refers to chain that various stores or enterprises combine together voluntarily, and face the consumers with the same brand image while the own ship of assets did not changed.

Total Retail Sales of Consumer Goods refer to the summary of retail sales of commodities sold directly by wholesale and retail trades, catering services and other service industries to individual consumption and to social institutions for public consumption. Individual includes urban and rural households and foreigners arrival. Social institutions include departments, social institutions, armies, schools, enterprises and public institutions, neighborhood committees or village committees etc.

第十七篇　住宿餐饮业和旅游

CHAPTER 17　HOTELS, CATERING SERVICES AND TOURISM

（编辑：钟业宁　郑　雪）

简要说明

（本篇资料由自治区统计局贸经处整理，电话：0771-5862669）

一、本篇资料的主要内容及来源

（一）主要包括限额以上住宿和餐饮业基本情况、经营情况、财务状况等方面的统计资料。限额以上住宿和餐饮业统计单位是指：年主营业务收入200万元及以上。（自治区统计局）

（二）主要包括旅游机构、人数、消费、景区情况等方面的统计资料。（旅游产业有关资料主要来自广西壮族自治区文化和旅游厅）

二、调查方法

本篇资料中限额以上住宿和餐饮业法人企业统计数据是根据国家统计局《住宿和餐饮业统计报表制度》，采用全面调查的方法进行搜集和加工整理而得。

Brief Introduction

(This information was investigated and collated by the Department of Trade and Economy of the Guangxi Zhuang Autonomous Region Bureau of Statistics, Tel: 0771-5862669)

The main contents and sources of this information

(i) It mainly includes statistical data on the basic conditions, operation, and financial situation of accommodation and catering service business above the designated size. Statistical units of accommodation and catering service business above designated size refer to those with the annual main business income of 2 million yuan or more. (Guangxi Zhuang Autonomous Region Bureau of Statistics)

(ii) It mainly includes the statistical data of tourism institutions, number of visitors, consumption, scenic spots and other aspects. (The relevant information of the tourism industry mainly comes from the Department of Culture and Tourism of Guangxi Zhuang Autonomous Region.)

17－1 限额以上住宿和餐饮业企业基本情况（2021年）
Basic Conditions of Hotels and Catering Service above Designated Size（2021）

项 目	Item	2019 法人企业（个）Corporation Enterprises (unit)	2019 年末从业人员（人）Year-end Persons Employed (person)	2020 法人企业（个）Corporation Enterprises (unit)	2020 年末从业人员（人）Year-end Persons Employed (person)	2021 法人企业（个）Corporation Enterprises (unit)	2021 年末从业人员（人）Year-end Persons Employed (person)
总　计	**Total**	**1166**	**86109**	**1330**	**84610**	**1680**	**96763**
一、住宿业	**Ⅰ. Accommodation**	**751**	**51556**	**799**	**47993**	**935**	**50684**
1. 按登记注册类型分组	**1. Grouped by Status of Registration**						
内资企业	Domestic Funded Enterprises	731	46630	776	43220	911	45888
国有企业	State-owned Industry	36	4426	28	5232	16	1376
集体企业	Collective-owned Industry	3	114	4	117	3	67
股份合作企业	Cooperative Enterprises	1	26	1	28	1	28
联营企业	Joint Ownership Enterprises						
国有联营企业	State Joint Ownership Enterprises						
集体联营企业	Collective Joint Ownership Enterprises						
国有与集体联营企业	Joint State-Collective Ownership Enterprises						
其他联营企业	Other Joint Ownership Enterprises						
有限责任公司	Limited Liability Corporations	193	15341	128	9872	170	15131
国有独资企业	State Sole-proprietorship Corporations	12	1521	13	1080	27	4305
其他有限责任公司	Other Limited Liability Corporations	181	13820	115	8792	143	10826
股份有限公司	Share Holding Enterprises	19	1721	7	817	2	254
私营企业	Private Enterprises	478	24907	608	27154	719	29032
私营独资企业	Private Sole-proprietorship Enterprises	29	1156	27	1044	27	1005
私营合伙企业	Private Partnership Enterprises	15	524	12	300	13	326
私营有限责任公司	Private Limited Liability Corporations	423	22381	566	25554	676	27487
私营股份有限公司	Private Share Holding Enterprises	11	846	3	256	3	214
其他企业	Others	1	95				
港、澳、台商投资企业	Enterprises with Funds from Hong Kong, Macao and Taiwan	17	4486	16	3772	16	3472
合资经营企业	Joint Venture Enterprises	3	472	3	486	4	510
合作经营企业	Cooperative Enterprises	1	203	1	128	1	126
独资经营企业	Enterprises with Sole Investment	13	3811	12	3158	11	2836
投资股份有限公司	Share-holding Corporations Ltd. with Investment						
其他港澳台投资企业	Others						
外商投资企业	Foreign-investment Enterprise	3	440	7	1001	8	1324
中外合资经营企业	Joint Venture Enterprises	1	58	2	251	2	206
中外合作经营企业	Cooperative Enterprises						
外资企业	Enterprises with Sole Foreign Investment	1	65	5	750	6	1118
外商投资股份有限公司	Share-holding Corporations Ltd. with Foreign Investment						
其他外商投资企业	Others Foreign Investment Enterprises	1	317				
2. 按住宿业行业小类分组	**2. Grouped by Sector of Accommodation**						
旅游饭店	Tourist Hotel	426	37544	409	33070	450	33862
一般旅馆	General Hotel	305	12995	365	13948	452	15603
民宿服务	Homestay	1	25	2	66	5	105
露营地服务	Camp	1	83	1	83	1	99
其他住宿业	Other Accommodation Services	18	909	22	826	27	1015

17—1　续表　continued

项　目	Item	2019 法人企业（个）Corporation Enterprises (unit)	2019 年末从业人员（人）Year-end Persons Employed (person)	2020 法人企业（个）Corporation Enterprises (unit)	2020 年末从业人员（人）Year-end Persons Employed (person)	2021 法人企业（个）Corporation Enterprises (unit)	2021 年末从业人员（人）Year-end Persons Employed (person)
二、餐饮业	**Ⅱ. Catering Trades**	**415**	**34553**	**531**	**36617**	**745**	**46079**
1. 按登记注册类型分组	**1. Grouped by Status of Registration**						
内资企业	Domestic Funded Enterprises	410	28901	525	31430	738	39925
国有企业	State-owned Industry	7	210	4	151	5	213
集体企业	Collective-owned Industry	2	94	2	79	2	73
股份合作企业	Cooperative Enterprises	1	66	1	40	1	36
联营企业	Joint Ownership Enterprises						
国有联营企业	State Joint Ownership Enterprises						
集体联营企业	Collective Joint Ownership Enterprises						
国有与集体联营企业	Joint State-Collective Ownership Enterprises						
其他联营企业	Other Joint Ownership Enterprises						
有限责任公司	Limited Liability Corporations	81	10121	58	5236	82	7845
国有独资企业	State Sole-proprietorship Corporations	3	305	5	1052	10	2794
其他有限责任公司	Other Limited Liability Corporations	78	9816	53	4184	72	5051
股份有限公司	Share Holding Enterprises	6	295				
私营企业	Private Enterprises	313	18115	460	25924	648	31758
私营独资企业	Private Sole-proprietorship Enterprises	41	1621	50	1649	55	1739
私营合伙企业	Private Partnership Enterprises	6	236	6	176	6	139
私营有限责任公司	Private Limited Liability Corporations	263	16130	402	23985	586	29735
私营股份有限公司	Private Share Holding Enterprises	3	128	2	114	1	145
其他企业	Others						
港、澳、台商投资企业	Enterprises with Funds from Hong Kong, Macao and Taiwan	4	386	4	362	5	558
合资经营企业	Joint Venture Enterprises	2	255	2	221	2	260
合作经营企业	Cooperative Enterprises						
独资经营企业	Enterprises with Sole Investment	2	131	2	141	2	155
投资股份有限公司	Share-holding Corporations Ltd. with Investment						
其他港澳台投资企业	Others					1	143
外商投资企业	Foreign-investment Enterprise	1	5266	2	4825	2	5596
中外合资经营企业	Joint Venture Enterprises			1	25	1	20
中外合作经营企业	Cooperative Enterprises						
外资企业	Enterprises with Sole Foreign Investment	1	5266	1	4800	1	5576
外商投资股份有限公司	Share-holding Corporations Ltd. with Foreign Investment						
其他外商投资企业	Others Foreign Investment Enterprises						
2. 按餐饮业行业小类分组	**2. Grouped by Sector Catering Trades**						
正餐服务	Dinner	362	21220	459	23652	632	30562
快餐服务	Fast Food	27	10789	30	8671	52	10148
饮料及冷饮服务	Beverage and Cold Drink	5	289	9	486	18	862
餐饮配送及外卖送餐服务	Catering Distribution and Delivery	12	1057	22	2888	29	3638
其他餐饮业	Others	9	1198	11	920	14	869

17－2 限额以上住宿和餐饮业企业经营情况（2021年）

Business of Enterprises Above Designated Size of Hotels and Catering Services（2021）

单位：万元 (10 000 yuan)

项　目	Item	营业额 Business Revenue	客房收入 From Hotels	餐费收入 From Catering
总　计	Total	1874389	601150	1067643
一、住宿业	Ⅰ. Accommodation	929955	576117	243264
1.按登记注册类型分组	1. Grouped by Status of Registration			
内资企业	Domestic Funded Enterprises	831748	532508	200457
国有企业	State-owned Industry	14040	8858	2719
集体企业	Collective-owned Industry	1217	585	80
股份合作企业	Cooperative Enterprises	141	129	
联营企业	Joint Ownership Enterprises			
有限责任公司	Limited Liability Corporations	296443	143532	90414
国有独资企业	State Sole-proprietorship Corporations	84707	19530	27520
其他有限责任公司	Other Limited Liability Corporations	211737	124002	62894
股份有限公司	Share Holding Enterprises	3922	1445	1858
私营企业	Private Enterprises	515986	377959	105386
私营独资企业	Private Sole-proprietorship Enterprises	17504	10894	6196
私营合伙企业	Private Partnership Enterprises	4677	3418	1249
私营有限责任公司	Private Limited Liability Corporations	491568	362922	96692
私营股份有限公司	Private Share Holding Enterprises	2238	725	1249
其他企业	Others			
港、澳、台商投资企业	Enterprises with Funds from Hong Kong, Macao and Taiwan	69565	29276	31349
合资经营企业	Joint Venture Enterprises	5989	2475	2584
合作经营企业	Cooperative Enterprises	2537	1148	757
独资经营企业	Enterprises with Sole Investment	61039	25654	28007
投资股份有限公司	Share-holding Corporations Ltd. with Investment			
其他港澳台投资企业	Others			
外商投资企业	Foreign-investment Enterprise	28642	14333	11459
中外合资经营企业	Joint Venture Enterprises	5650	3350	1809
中外合作经营企业	Cooperative Enterprises			
外资企业	Enterprises with Sole Foreign Investment	22992	10983	9650
外商投资股份有限公司	Share-holding Corporations Ltd. with Foreign Investment			
其他外商投资企业	Others Foreign Investment Enterprises			
2. 按住宿业行业小类分组	2. Grouped by Sector of Accommodation			
旅游饭店	Tourist Hotel	628177	335082	196468
一般旅馆	General Hotel	283821	226611	44663
民宿服务	Homestay	1489	1154	294
露营地服务	Camp	858	351	181
其他住宿业	Other Accommodation Services	15610	12918	1658

17—2　续表　continued

单位：万元　　(10 000 yuan)

项　目	Item	营业额 Business Revenue	客房收入 From Hotels	餐费收入 From Catering
二、餐饮业	**Ⅱ. Catering Trades**	**944434**	**25033**	**824379**
1. 按登记注册类型分组	**1. Grouped by Status of Registration**			
内资企业	Domestic Funded Enterprises	841247	25033	724946
国有企业	State-owned Industry	3179	316	2703
集体企业	Collective-owned Industry	837		821
股份合作企业	Cooperative Enterprises	1011	11	973
联营企业	Joint Ownership Enterprises			
有限责任公司	Limited Liability Corporations	179751	10108	142293
国有独资企业	State Sole-proprietorship Corporations	55962	4128	38773
其他有限责任公司	Other Limited Liability Corporations	123789	5981	103519
股份有限公司	Share Holding Enterprises			
私营企业	Private Enterprises	656470	14598	578156
私营独资企业	Private Sole-proprietorship Enterprises	29670	3331	25794
私营合伙企业	Private Partnership Enterprises	2296	585	1679
私营有限责任公司	Private Limited Liability Corporations	623014	10683	549194
私营股份有限公司	Private Share Holding Enterprises	1490		1490
其他企业	Others			
港、澳、台商投资企业	Enterprises with Funds from Hong Kong, Macao and Taiwan	12333		11336
合资经营企业	Joint Venture Enterprises	5573		5573
合作经营企业	Cooperative Enterprises			
独资经营企业	Enterprises with Sole Investment	2708		2708
投资股份有限公司	Share-holding Corporations Ltd. with Investment			
其他港澳台投资企业	Others	4052		3055
外商投资企业	Foreign-investment Enterprise	90855		88097
中外合资经营企业	Joint Venture Enterprises	672		671
中外合作经营企业	Cooperative Enterprises			
外资企业	Enterprises with Sole Foreign Investment	90183		87426
外商投资股份有限公司	Share-holding Corporations Ltd. with Foreign Investment			
其他外商投资企业	Others Foreign Investment Enterprises			
2. 按餐饮业行业小类分组	**2. Grouped By Sector Catering Trades**			
正餐服务	Dinner	633470	25021	552675
快餐服务	Fast Food	194348		187757
饮料及冷饮服务	Beverage and Cold Drink	25951		23202
餐饮配送及外卖送餐服务	Catering Distribution and Delivery	69758		41919
其他餐饮业	Others	20908	12	18827

17—3 限额以上住宿和餐饮业企业主要财务指标（2021年）

单位：万元

项 目	Item	流动资产小计 Circulating Funds	#存货 Deposit Products	固定资产原价 Original Value of Fixed Assets	累计折旧 Add Up Depreciation	#本年折旧 Depreciation of the Year	资产合计 Total Assets	负债合计 Total Liabilities
总 计	**Total**	**1849494**	**66736**	**2480080**	**1068027**	**184495**	**4396760**	**3324143**
一、住宿业	**Ⅰ. Accommodation**	**1460568**	**39277**	**2212649**	**974703**	**166847**	**3648759**	**2786460**
1. 按登记注册类型分组	**1. Grouped by Status of Registration**							
内资企业	Domestic Funded Enterprises	1322183	26332	1534643	630620	103679	3080080	2410501
国有企业	State-owned Industry	23269	708	142026	85683	34656	130404	68238
集体企业	Collective-owned Industry	1460	37	2770	1372	116	2913	1367
股份合作企业	Cooperative Enterprises	303	36	1932	1584	64	651	51
联营企业	Joint Ownership Enterprises							
其他联营企业	Other Joint Ownership Enterprises							
有限责任公司	Limited Liability Corporations	389971	8344	748803	288198	25755	1253266	780805
国有独资企业	State Sole-proprietorship Corporations	56526	1922	289952	89576	7303	497516	210578
其他有限责任公司	Other Limited Liability Corporations	333444	6422	458851	198622	18452	755751	570227
股份有限公司	Share Holding Enterprises	4451	103	12654	6116	268	33665	29188
私营企业	Private Enterprises	902730	17104	626458	247668	42821	1659181	1530852
私营独资企业	Private Sole-proprietorship Enterprises	10488	235	23201	8814	1619	41102	13202
私营合伙企业	Private Partnership Enterprises	4088	68	12606	5385	583	12764	5536
私营有限责任公司	Private Limited Liability Corporations	885715	16769	590003	232905	40605	1602488	1511119
私营股份有限公司	Private Share Holding Enterprises	2439	33	648	563	14	2827	996
其他企业	Others							
港、澳、台商投资企业	Enterprises with Funds from Hong Kong, Macao and Taiwan	123635	12780	502284	277130	57458	392333	305646
合资经营企业	Joint Venture Enterprises	6473	255	41847	22704	1750	41028	63956
合作经营企业	Cooperative Enterprises	4078	67	20080	17105	236	8292	8800
独资经营企业	Enterprises with Sole Investment	113085	12457	440357	237320	55471	343014	232890
投资股份有限公司	Share-holding Corporations Ltd. with Investment							
其他港澳台投资企业	Others Foreign Investment Enterprises							
外商投资企业	Foreign-investment Enterprise	14749	165	175721	66953	5710	176346	70314
中外合资经营企业	Joint Venture Enterprises	3129	26	35685	16055	981	24483	16410
中外合作经营企业	Cooperative Enterprises							
外资企业	Enterprises with Sole Foreign Investment	11621	139	140037	50898	4729	151863	53904
外商投资股份有限公司	Share-holding Corporations Ltd. with Foreign Investment							
其他外商投资企业	Others							
2. 按住宿业行业小类分组	**2. Grouped by Sector of Accommodation**							
旅游饭店	Tourist Hotel	1069064	32530	1804096	853479	141147	2740282	2100020
一般旅馆	General Hotel	362404	6221	385402	115856	24145	844194	632590
民宿服务	Homestay	1497	85	1916	263	99	6841	1799
露营地服务	Camp	8639	127	9038	1146	592	17129	12039
其他住宿业	Other Accommodation Services	18963	314	12198	3960	865	40314	40012

Main Financial Indicators of Enterprises Above Designated Size for Hotels and Catering Services（2021）

（10 000 yuan）

所有者权益合计 Total Creditors Equity	#实收资本 Capital Hold	营业收入 Business Revenue	主营业务收入 Business Income of the Main Products	营业成本 Business Cost	税金及附加 Business Tax and Extra Charges	销售费用 Operating Cost	管理费用 Management Expenses	财务费用 Financial Expenses	#利息费用 Interest Expenditure	营业利润 Business Profits	利润总额 Gross Profits
1075616	**2856329**	**1808135**	**1749379**	**946597**	**14965**	**510946**	**430579**	**62137**	**41763**	**-133744**	**-126588**
868676	**2206243**	**897372**	**857976**	**386564**	**12001**	**282748**	**323592**	**49765**	**34269**	**-137671**	**-136774**
650220	1959476	800623	763049	354059	8130	258524	270222	42294	28136	-112552	-111626
62166	19421	14197	13575	4815	342	7976	7958	2342	2393	-8554	-10165
1546	753	1201	1201	189	20	613	337	-9		-30	-5
601	81	179	141	17	1	23	43	1	1	95	95
471727	909791	283341	267731	141111	3779	82066	106139	11825	10069	-37630	-35742
286937	80777	81133	73693	54627	1677	27337	19478	2252	2208	-6160	-5366
184790	829014	202208	194039	86484	2102	54729	86661	9573	7861	-31470	-30376
4477	11028	3635	3563	1672	11	1292	1410	9	1	-760	-737
109703	1018402	498070	476838	206255	3977	166555	154335	28127	15673	-65674	-65073
19553	7548	16595	15947	9371	120	2601	2249	425	243	881	898
7228	3190	4573	4546	2748	21	668	791	152	126	209	212
81092	1006665	474800	454485	192771	3828	163058	150835	27546	15300	-66690	-66139
1831	1000	2102	1860	1366	9	229	461	4	4	-74	-45
112424	188589	72259	70535	21413	3216	18888	40019	6344	5740	-18149	-17015
2807	49000	5756	5265	2432	213	1556	5354	1235	1411	-4903	-4598
-508	13909	2393	2311	1630	284	178	251	240	239	-190	-162
110124	125680	64111	62958	17351	2720	17154	34414	4869	4090	-13056	-12254
106032	58178	24490	24393	11092	655	5336	13351	1127	393	-6970	-8134
8073	16590	3481	3481	2230	2	542	2421	415	393	-2130	-2880
97960	41589	21010	20912	8862	653	4794	10930	712		-4840	-5255
661373	1358330	605296	576336	242566	10291	200175	222752	37022	27226	-94648	-95103
196869	838777	274525.6	264226	134614	1650	78655	95767	10897	5931	-40715	-39438
5042	1250	1486.3	1486	1121	5	86	230	17	3	8	49
5091	4480	858.4	858	843	1	204	124	603		-916	-891
301	3407	15205.6	15069	7421	54	3628	4719	1227	1110	-1399	-1391

17—3 续表

单位：万元

项　目	Item	流动资产 Circulating Funds	#存货 Deposit Products	固定资产原价 Original Value of Fixed Assets	累计折旧 Add Up Depreciation	#本年折旧 Depreciation of the Year	资产合计 Total Assets	负债合计 Total Liabilities
二、餐饮业	**Ⅱ.Catering Trades**	**388926**	**27459**	**267431**	**93324**	**17648**	**748001**	**537683**
1. 按登记注册类型分组	**1. Grouped by Status of Registration**							
内资企业	Domestic Funded Enterprises	375004	26466	249068	84740	16011	692808	505695
国有企业	State-owned Industry	1881	62	3666	1141	17	6799	6603
集体企业	Collective-owned Industry	286	11	110	106		291	35
股份合作企业	Cooperative Enterprises	362		1514	802	63	1174	1122
联营企业	Joint Ownership Enterprises							
有限责任公司	Limited Liability Corporations	109154	6084	100914	23144	6433	258648	179444
国有独资企业	State Sole-proprietorship Corporations	32635	1259	46039	8167	3800	109732	80703
其他有限责任公司	Other Limited Liability Corporations	76519	4825	54876	14977	2633	148917	98741
股份有限公司	Share Holding Enterprises							
私营企业	Private Enterprises	263322	20309	142863	59547	9498	425896	318491
私营独资企业	Private Sole-proprietorship Enterprises	14512	3011	16151	6278	634	28648	16038
私营合伙企业	Private Partnership Enterprises	2046	61	1395	554	36	3111	1132
私营有限责任公司	Private Limited Liability Corporations	246282	17179	125017	52546	8782	393344	300599
私营股份有限公司	Private Share Holding Enterprises	482	59	300	170	47	794	723
其他企业	Others							
港、澳、台商投资企业	Enterprises with Funds from Hong Kong, Macao and Taiwan	10745	84	2808	1415	182	14060	2950
合资经营企业	Joint Venture Enterprises	165	44	685	369	49	518	612
合作经营企业	Cooperative Enterprises							
独资经营企业	Enterprises with Sole Investment	1584	21	1931	949	72	3172	1786
投资股份有限公司	Share-holding Corporations Ltd. with Investment							
其他港澳台投资企业	Others	8997	19	192	97	61	10370	553
外商投资企业	Foreign-investment Enterprise	3177	909	15556	7169	1455	41133	29039
中外合资经营企业	Joint Venture Enterprises	62	7	52	35	11	295	50
中外合作经营企业	Cooperative Enterprises							
外资企业	Enterprises with Sole Foreign Investment	3115	902	15504	7134	1444	40838	28989
外商投资股份有限公司	Share-holding Corporations Ltd. with Foreign Investment							
其他外商投资企业	Others Foreign Investment Enterprises							
2. 按餐饮业行业小类分组	**2. Grouped by Sector Catering Trades**							
正餐服务	Dinner	319286	22981	209447	66930	13472	585386	429586
快餐服务	Fast Food	26776	3120	41301	19152	2578	97199	67487
饮料及冷饮服务	Beverage and Cold Drink	9554	255	9488	4899	544	16865	8843
餐饮配送及外卖送餐服务	Catering Distribution and Delivery	25619	689	4465	1051	460	34607	25420
其他餐饮业	Others	7691	415	2729	1293	594	13944	6347

continued

(10 000 yuan)

所有者权益合计 Total Creditors Equity	#实收资本 Capital Hold	#个人资本 Personal Capital	营业务收入 Business Revenue	主营业务收入 Business Income of the Main Products	营业成本 Business Cost	税金及附加 Business Tax and Extra Charges	销售费用 Operating Cost	管理费用 Management Expenses	财务费用 Financial Expenses	#利息费用 Interest Expenditure	营业利润 Business Profits	利润总额 Gross Profits
206940	**650086**	**29970**	**910763**	**891403**	**560033**	**2964**	**228198**	**106987**	**12372**	**7494**	**3927**	**10187**
183736	645427	29870	814515	797375	509284	2899	202481	98974	11201	6559	-6714	-458
196	1100		3040	3040	2181	12	324	362	3		144	140
256	50		790	790	108	2	197	119	1	1	-64	-50
52			1011	973	682	3		343	1	6	-19	56
79511	55270	3913	174065	171439	105305	738	53488	22956	3598	3436	-1074	2022
29028	30814		55187	54927	36103	467	15105	12177	2092	2054	286	427
50482	24457	3913	118879	116512	69202	271	38383	10779	1506	1382	-1360	1594
103721	589007	25957	635609	621133	401008	2144	148472	75194	7598	3116	-5702	-2626
12493	5047	2860	28904	28379	19168	334	3830	2996	372	213	1981	1986
1792	1423	30	2264	2198	1473	13	536	174	18	2	-10	-9
89366	582037	23067	603001	589118	379340	1797	143688	71982	7206	2900	-7587	-4517
71	500		1439	1439	1026		418	42	2	1	-86	-85
11110	2174	100	11291	11291	5470	8	5340	1050	340	21	-942	-942
-93	130	100	4822	4822	2787	2	2017	41	19	19	-45	-45
1386	1238		2609	2609	1095	1	1129	561	3	2	-179	-165
9817	806		3860	3860	1588	5	2194	448	319		-718	-733
12094	2485		84958	82737	45279	58	20378	6964	831	914	11583	11587
245	250		645	645	184	1	382	67	1		10	41
11849	2235		84313	82092	45095	57	19996	6896	830	914	11573	11546
152817	625848	24980	613618	599054	381229	2658	151798	77927	9986	5406	-10039	-8010
29592	12498	2440	183548	181080	95229	139	59207	15834	1906	1640	11245	15082
8021	3293	153	24678	23605	12691	65	8271	2434	212	196	1159	1232
8914	4548	1711	69011	68340	60835	87	3400	8096	216	172	407	702
7597	3899	686	19907	19323	10049	15	5522	2697	52	79	1155	1181

17－4　主要年份限额以上住宿和餐饮业企业经营情况

Business Circumstance of Enterprises Above Designated Size in Hotel and Catering Services in Major Years

单位：万元　　(10 000 yuan)

项　目	Item	2000	2005	2010	2015	2018	2019	2020	2021
一、法人企业数（个）	Number of Corporation Enterprises (unit)	85	393	581	828	997	1166	1330	1680
二、年末从业人员（人）	Year-end Number of Persons Employed (person)	21621	59652	70818	75538	79850	86109	84610	96763
三、营业额（万元）	Business Revenue (10 000 yuan)	70028	352590	675506	1003531	1350653	1586127	1439588	1874389
四、客房间数（间）	Number of Guest Rooms (room)			63915	115733	166821	150037	152425	186910
五、床位数（个）	Number of Beds (bed)		80315	112690	189627	266174	233828	229837	273955
六、餐位数（位）	Number of Catering Seatings (seat)		213534	292875	399120	755051	726366	568397	685672
七、年末餐饮营业面积（平方米）	Area of Catering Business (sq.m)		680358	812365	1916088	2687885	4409237	4633970	5180534

注：1. 2005年住宿业为星级以上住宿企业，未设置“客房间数”指标。
　　2. 2000年统计范围为限额以上餐饮业，未包括住宿业；未设置四至七项指标。

Note: 1. The data on hotel in 2005 refers to the hotels above star-rate, and the indicator of “Number of Guest Rooms” has not been set.
　　2. The statistical range in 2000 is the catering enterprises above designated size, excluding hotel enterprises, and the relative indicators have not been set.

17—5 旅游机构数（2021年）
Number of Tourism Institutions (2021)

单位：家 (unit)

城 市	City	旅游管理部门 Tourist Management Departments	旅行社 Travel Agencies	星级饭店 Star-rated Hotels	五星 5 Star	四星 4 Star	三星 3 Star	二星 2 Star
总 计	**Total**	**310**	**937**	**419**	**13**	**109**	**243**	**54**
区直		**4**	–	–	–	–	–	–
南宁市	Nanning	31	161	45	2	14	27	2
柳州市	Liuzhou	24	52	43	2	10	25	6
桂林市	Guilin	53	415	47	5	14	25	3
梧州市	Wuzhou	15	27	35		2	19	14
北海市	Beihai	13	86	27	1	7	15	4
防城港市	Fangchenggang	11	39	19		3	16	
钦州市	Qinzhou	12	13	16	1	1	13	1
贵港市	Guigang	17	20	14		6	7	1
玉林市	Yulin	17	24	22		7	10	5
百色市	Baise	26	21	24		7	17	
贺州市	Hezhou	16	22	26		7	15	4
河池市	Hechi	34	37	46		12	29	5
来宾市	Laibin	17	9	10	1	2	5	2
崇左市	Chongzuo	20	11	45	1	17	20	7

注：旅游管理部门包括旅游行政主管部门、具有旅游管理职能的二层机构和旅游行业协会。

Note: Tourist Management Departments mainly include departments of tourism administration, two-layer organizations operated by independent legal person and tourism associations. (Only data of departments of tourism administration were collected in the previous years.)

17－6 主要年份旅游人数及消费
Number of Visitors and Tourism Consumption in Main Years

指 标	Item	2000	2005	2010	2015	2018	2019	2020	2021
接待入境旅游者人数（人次）	**Number of Oversea Visitor Arrivals (person-time)**	**1240265**	**1461605**	**2502363**	**4500562**	**5623253**	**6239568**	**246815**	**61909**
港澳和台湾同胞	Compatriots from Hong Kong, Macao and Taiwan	730706	585557	1088493	2108234	2921363	3291555	125489	24635
外国人	Foreigners	506288	873103	1413870	2392328	2701890	2948013	121326	37274
#越南	Vietnam	66327	140396	292332	453556	533262	615763	33362	454
马来西亚	Malaysia	11672	145537	190128	281679	285399	331633	7873	794
韩国	South Korea	86769	57304	94461	369949	317074	320692	11529	2090
印度尼西亚	Indonesia	14351	19065	67624	121311	155604	176202	5474	575
新加坡	Singapore	6174	15545	53995	151725	156924	168290	6183	895
美国	United States	58517	78709	101540	125262	149837	145905	5456	5732
泰国	Thailand	8256	48322	30552	105457	110856	127080	5283	521
英国	United Kingdom	15795	24757	53996	62462	86648	99005	3417	2705
法国	France	40519	43425	85921	63252	76871	86734	3601	2506
日本	Japan	86469	91117	84576	48944	67844	79483	4052	2767
德国	Germany	27802	32045	51535	51057	65458	70032	3980	3545
加拿大	Canada	6376	15969	38181	57282	65719	59676	2170	1834
菲律宾	The Philippines			6778	37297	54999	59780	3552	160
澳大利亚	Australia	7782	20036	45321	42282	49892	55008	1924	1273
印度	India			4428	28069	36914	42143	2073	557
意大利	Italy	8732	15079	17164	23387	35963	35639	1563	735
俄罗斯	Russia			2950	13507	24469	26086	1371	993
新西兰	New Zealand	1440	3168	8626	13519	20477	24374	834	524
国内游客人数（万人次）	**Number of Domestic Visitors (10 000 person-times)**	**3951**	**6493**	**14074**	**33661**	**67767**	**86995**	**66092**	**79832**
国际旅游外汇消费（亿美元）	**Foreign Exchange from International Tourism (100 million dollars)**	**3.07**	**3.59**	**8.07**	**19.17**	**27.78**	**35.11**	**0.79**	**0.20**
国内旅游消费（亿元）	**Domestic Tourism Consumption (100 million yuan)**	**146.8**	**277.8**	**898.1**	**3136.4**	**7436.1**	**9998.8**	**7262.1**	**9063.0**
旅游总消费（亿元）	**Total Tourism Expenditure (100 million yuan)**	**168.6**	**303.7**	**952.9**	**3254.2**	**7619.9**	**10241.4**	**7267.5**	**9064.4**
星级饭店数（个）	**Number of Star-rated Hotels (unit)**	**162**	**350**	**423**	**466**	**457**	**470**	**444**	**419**

注：2000年及以前的星级饭店总数为涉外饭店数。
Note: The number of star-rated hotels before 2000 refers to the number of hotels for foreign tourists.

17－7　主要年份各市接待入境旅游者人数

Number of Overseas Visitor Arrivals Receipts by City in Main Years

单位：人次

城　市	City	2010 合计 Total	2010 外国人 Foreigners	2015 合计 Total	2015 外国人 Foreigners	2018 合计 Total	2018 外国人 Foreigners	2019 合计 Total	2019 外国人 Foreigners	2020 合计 Total	2020 外国人 Foreigners	2021 合计 Total	2021 外国人 Foreigners
南宁市	Nanning	167527	123267	510850	396336	644327	406654	689900	423448	42786	28235	8854	4049
柳州市	Liuzhou	81100	59153	181221	126170	241911	173409	262622	180753	10874	6825	4782	2394
桂林市	Guilin	1486202	897491	2163406	1216381	2746996	1418994	3145903	1609793	98322	49990	42631	29418
梧州市	Wuzhou	90017	8736	196278	16172	220582	16025	237268	20637	8049	1236	1975	157
北海市	Beihai	73008	37249	129053	65264	160644	89796	176872	93634	2681	1958	1156	851
防城港市	Fangcheng-gang	70122	66388	160987	150294	186585	171927	197533	181832	8790	7123	186	89
钦州市	Qinzhou	24367	2950	53573	7300	76089	3429	83680	3743	1588	147	2	1
贵港市	Guigang	40485	9992	86921	11897	102328	10232	107720	10264	4500	491	691	126
玉林市	Yulin	33128	10209	105432	19511	154466	30845	172621	31465	5296	1210	421	25
百色市	Baise	26741	7466	73928	37585	90892	45565	96974	48666	2524	1520	135	24
贺州市	Hezhou	164018	41557	351569	64722	422460	24902	455134	22181	26021	1144	973	51
河池市	Hechi	30155	9935	100570	35080	119786	33741	128589	35877	5675	1996	65	26
来宾市	Laibin	8163	3703	19629	6437	25028	5337	26635	4909	1897	310		
崇左市	Chongzuo	207330	135774	367145	239179	431159	271034	458117	280811	27812	19141	38	22

17-8 主要年份各市国际旅游消费
International Tourism Expenditure by City in Main Years

单位：万元 (10 000 yuan)

城 市	City	2000	2005	2010	2015	2017	2018	2019	2020	2021
南宁市	Nanning	5736	20320	37858	125962	175520	191190	262264	9543	1075
柳州市	Liuzhou	1031	9560	18241	44579	63892	80811	92919	2535	833
桂林市	Guilin	188712	191951	341244	638154	888722	1008636	1425035	24483	10836
梧州市	Wuzhou	3004	3195	15589	43284	54143	61352	68458	1384	308
北海市	Beihai	8367	5326	14768	31259	41032	47663	56310	445	321
防城港市	Fangchenggang			11731	32476	42681	47896	56176	1791	22
钦州市	Qinzhou			5589	11929	18719	21859	26193	263	3
贵港市	Guigang			8129	20157	26870	30605	34914	891	189
玉林市	Yulin			9947	28799	41312	48182	58970	1119	76
百色市	Baise			7298	18031	24202	28774	32989	544	26
贺州市	Hezhou			28408	73613	97727	113312	129387	4156	142
河池市	Hechi			7744	25541	34009	39193	46756	1367	16
来宾市	Laibin			2368	5545	7361	8288	9659	346	
崇左市	Chongzuo			39591	78582	101294	110375	126171	5675	7

17－9 主要年份各市接待入境旅游者平均每人消费额
Per Capita Expenditure of Overseas Visitor Arrivals by City in Main Years

单位：元 (yuan)

城 市	City	2000	2005	2010	2015	2017	2018	2019	2020	2021
南宁市	Nanning	1258	2439	2260	2466	2968	2967	3801	2231	1214
柳州市	Liuzhou	509	2830	2249	2460	3189	3341	3538	2332	1742
桂林市	Guilin	1986	1918	2296	2950	3571	3672	4530	2490	2542
梧州市	Wuzhou	603	849	1732	2205	2587	2781	2885	1719	1561
北海市	Beihai	2197	1762	2023	2422	2822	2967	3183	1659	2774
防城港市	Fangchenggang			1673	2017	2417	2567	2844	2038	1205
钦州市	Qinzhou			2294	2227	2721	2873	3129	1656	13450
贵港市	Guigang			2008	2319	2791	2991	3242	1980	2730
玉林市	Yulin			3003	2732	3021	3119	3417	2114	1794
百色市	Baise			2729	2439	2911	3166	3401	2156	1896
贺州市	Hezhou			1732	2094	2512	2682	2843	1597	1459
河池市	Hechi			2568	2540	3021	3272	3636	2408	2398
来宾市	Laibin			2901	2825	3238	3311	3631	1826	
崇左市	Chongzuo			1910	2140	2513	2560	2754	2040	1779

17－10 各市接待国内游客人数

Number of Domestic Visitors by City

单位：万人次　　(10 000 persons-times)

城　市	City	2010	2014	2015	2017	2018	2019	2020	2021
南宁市	Nanning	3542.70	6905.19	8159.14	11001.08	13094.60	15209.74	11584.60	13739.15
柳州市	Liuzhou	1300.25	2605.43	2901.14	4018.78	5336.40	6976.65	5452.29	6436.02
桂林市	Guilin	2097.71	3737.84	4253.61	7983.89	10640.61	13519.07	10231.37	12234.88
梧州市	Wuzhou	655.91	1279.13	1527.79	2205.06	3123.46	4197.05	3167.74	3815.74
北海市	Beihai	938.43	1770.67	2143.69	3069.82	3935.24	5278.85	4119.74	5124.13
防城港市	Fangchenggang	550.08	1168.40	1345.77	2016.35	2746.71	3651.69	2767.39	3395.92
钦州市	Qinzhou	469.33	868.31	1077.07	2564.30	3641.70	4988.03	3875.58	4634.88
贵港市	Guigang	623.02	1266.25	1435.85	2090.70	2733.31	3591.84	2701.83	3340.06
玉林市	Yulin	712.55	1653.75	2027.02	3989.88	5243.63	6970.25	5111.37	6353.56
百色市	Baise	952.24	1997.80	2321.92	3265.21	4208.38	5582.65	4281.82	5044.36
贺州市	Hezhou	487.43	1257.17	1526.53	2171.47	3210.58	4299.17	3309.29	3993.97
河池市	Hechi	728.01	1530.09	1841.95	2635.58	3410.39	4493.01	3446.45	4229.90
来宾市	Laibin	353.36	1197.65	1539.39	2260.28	2830.02	3510.53	2568.46	3199.96
崇左市	Chongzuo	662.48	1327.35	1560.50	2539.48	3612.36	4726.46	3474.18	4289.29

17－11 各市国内旅游消费
Tourist Consumption of Domestic Visitors by City

单位：亿元 (100 million yuan)

城 市	City	2010	2014	2015	2017	2018	2019	2020	2021
南宁市	Nanning	234.78	598.73	729.93	1109.80	1368.42	1699.02	1215.49	1529.14
柳州市	Liuzhou	88.59	229.09	281.02	443.49	598.14	814.75	601.75	742.57
桂林市	Guilin	134.17	373.77	453.51	882.89	1290.89	1731.75	1231.09	1501.79
梧州市	Wuzhou	50.02	123.22	153.78	240.33	343.42	463.86	331.00	416.65
北海市	Beihai	67.17	173.11	219.74	364.52	499.67	694.63	514.27	666.92
防城港市	Fangchenggang	27.89	76.73	97.40	164.83	235.40	329.39	245.42	314.17
钦州市	Qinzhou	27.04	75.67	101.12	252.68	370.08	519.21	390.95	476.17
贵港市	Guigang	34.53	107.53	135.62	235.16	319.62	433.81	323.97	400.26
玉林市	Yulin	49.55	147.53	196.44	415.49	576.60	803.94	570.05	729.09
百色市	Baise	56.64	156.01	200.02	334.46	456.00	624.99	454.91	560.63
贺州市	Hezhou	34.87	124.96	162.44	262.84	384.90	538.73	389.87	492.36
河池市	Hechi	43.32	144.39	179.60	297.22	407.05	548.22	425.02	514.03
来宾市	Laibin	15.86	70.59	101.18	180.23	242.19	325.14	229.78	291.85
崇左市	Chongzuo	33.66	93.66	124.59	234.67	343.71	471.38	338.51	427.34

17—12 各市旅游总消费

Total Tourist Consumption by City

单位：亿元 (100 million yuan)

城市	City	2010	2014	2015	2017	2018	2019	2020	2021
南宁市	Nanning	238.57	608.79	742.53	1127.35	1387.54	1725.24	1216.45	1529.25
柳州市	Liuzhou	90.42	233.14	285.48	449.88	606.22	824.05	602.01	742.66
桂林市	Guilin	168.30	432.07	517.33	971.76	1391.75	1874.25	1233.54	1502.88
梧州市	Wuzhou	51.58	127.24	158.11	245.75	349.55	470.71	331.14	416.68
北海市	Beihai	68.64	176.03	222.86	368.62	504.43	700.27	514.32	666.95
防城港市	Fangchenggang	29.07	79.75	100.64	169.10	240.19	335.01	245.60	314.17
钦州市	Qinzhou	27.60	76.75	102.31	254.55	372.26	521.83	390.98	476.17
贵港市	Guigang	35.34	109.41	137.64	237.85	322.68	437.30	324.06	400.28
玉林市	Yulin	50.54	150.12	199.32	419.62	581.42	809.83	570.16	729.10
百色市	Baise	57.37	157.66	201.82	336.88	458.88	628.29	454.96	560.64
贺州市	Hezhou	37.71	131.59	169.80	272.62	396.23	551.67	390.28	492.37
河池市	Hechi	44.10	146.57	182.16	300.62	410.97	552.89	425.16	514.03
来宾市	Laibin	16.10	71.09	101.74	180.97	243.02	326.10	229.82	291.85
崇左市	Chongzuo	37.62	100.95	132.45	244.79	354.74	483.99	339.07	427.34

17—13　广西国家A级旅游景区一览表（2021年）
National A-Grade Scenic Spots in Guangxi（2021）

类 别 Classification	风景名胜区名称	Name	所在地	Location
AAAAA	南宁青秀山风景旅游区	Qingxiu Mountain Scenic Spot of Nanning	南宁市	Nanning
	桂林漓江景区	Lijiang River Scenic Spot of Guilin	桂林市	Guilin
	桂林两江四湖・象山景区	Two Rivers Four Lakes and Xiangshan Scenic Spot of Guilin		
	桂林独秀峰・王城景区	Duxiu Peak and Imperial City Scenic Spot of Guilin		
	桂林乐满地休闲世界	Lemandi Scenic Spot of Guilin		
	北海涠洲岛南湾鳄鱼山景区	E'yushan Hill Scenic Spot of Weizhoudao Island National Geopark	北海市	Beihai
	百色起义纪念园	Memorial Park of Baise Uprising	百色市	Baise
	德天跨国瀑布景区	Detian Transnational Waterfall Scenic Spot	崇左市	Chongzuo
AAAA	南宁嘉和城景区	Jiahe Town Scenic Spot of Nanning	南宁市	Nanning
	南宁九曲湾温泉景区	Jiuquwan Hotspring Scenic Spot of Nanning		
	广西八桂田园	Bagui Fields and Gardens of Guangxi		
	南宁市动物园	Nanning Zoo		
	广西药用植物园	Guangxi Medicinal Botanical Garden		
	南宁大明山风景旅游区	Damingshan Mountain Scenic Spot of Nanning		
	广西科技馆	Guangxi Science and Technology Museum		
	广西民族博物馆	Guangxi Ethnographical Museum		
	南宁市乡村大世界景区	World of Countryside of Nanning		
	南宁市武鸣区伊岭岩景区	Yilingyan Rock Scenic Spot of Wuming in Nanning		
	南宁市良凤江森林旅游区	Liangfengjiang Forest Tourist Area of Nanning		
	广西规划馆景区	Guangxi Planning Exhibition Hall		
	南宁市民歌湖景区	Minge Lake of Nanning		
	隆安县龙虎山旅游景区	Longhu Mountain Scenic Spot of Long'an County		
	南宁市凤岭儿童公园	Fengling Children's Park of Nanning		
	南宁马山金伦洞景区	Jinlun Cave Scenic Spot of Mashan County in Nanning		
	上林县金莲湖景区	Jinlian Lake Scenic Spot of Shanglin County		
	南宁市人民公园	People's Park in Nanning City		
	南宁花花大世界景区	Huahua Flower World in Nanning City		
	南宁昆仑关旅游风景区	Kunlun Pass Scenic Spot of Nanning		
	南宁上林县大龙湖景区	Dalong Lake Scenic Spot of Shanglin County in Nanning		
	九龙瀑布景区	Jiulong Waterfall Scenic Spot		
	水锦・顺庄	Shuijin Shunzhuang Scenic Spot		
	龙门水都景区	Longmen Watertown Scenic Spot		
	广西马山弄拉旅游景区	Nongla Tourism Scenic Spot in Mashan County in Guangxi		
	南宁园博园景区	Garden Expo Scenic Spot in Nanning		
	南宁万达茂景区	Wandamao Scenic Spot in Nanning		
	南宁市那贵坡樱花园	Cherry Blossom Garden in Naguipo in Nanning		
	南宁金花茶公园	Golden Camellia Park of Nanning		
	广西百益上河城旅游景区	Baiyi the Up Town Scenic Spot in Nanning		
	邕宁区蒲津公园	Pujin Park in Yongning District, Nanning		

注：2021年广西共有2A及以上旅游景区661个，其中5A级8个，4A级307个，3A级335个，2A级11个。景区（点）英文翻译仅供参考。

Note: There are national 2A-grade scenic spots in Guangxi in 2021, including 8 5A scenic spots, 307 4A scenic spots, 335 3A scenic spots and 11 2A scenic spots. The translation are only for reference.

17－13 续表1 continued

类别 Classification	风景名胜区名称	Name	所在地	Location
AAAA	融晟天河海悦城	Rongsheng Tianhe Hai Yuecheng Polar Ocean World in Nanning	南宁市	Nanning
	南宁花雨湖生态休闲旅游区	Huayu Lake Eco-leisure Tourist Attraction of Nanning		
	古辣稻花香里旅游区	Daohuaxiangli Tourism Area in Gula, Binyang County		
	广西高峰森林公园	Guangxi Gao Feng Forest Park		
	江宇梦想小镇	Jiangyu Dream Small Town in Nanning		
	秀美邕江・邕州古韵旅游景区	Beautiful Yongjiang River Yongzhou Tourist Area with Archaic Chinese Rhyme		
	上林县大庙江生态旅游景区	Damiaojiang River Eco-tourism Scenic Spot of Shanglin County		
	五象湖公园	Five-Elephant Lake Park		
	顶蛳山田园风光区	Dingshishan Rural Scenery Area		
	会展・东博文化旅游区	Exhibition · CAEXPO Culture Tourist Attraction		
	柳州龙潭景区	Longtan Scenic Spot of Liuzhou	柳州市	Liuzhou
	柳侯公园	Liuhou Park		
	柳州市立鱼峰风景区	Yufeng Mountain Scenic Spot of Liuzhou		
	三江程阳侗族八寨景区	Dong Bazhai Scenic Spot of Sanjiang Chengyang		
	柳州博物馆	Liuzhou Museum		
	广西鹿寨香桥岩风景区	Xiangqiao Rock Scenic Spot of Luzhai County in Guangxi		
	柳州市三江县丹洲景区	Danzhou Scenic Spot of Sanjiang County in Liuzhou		
	柳州文庙景区	Confucian Temple Scenic Spot of Liuzhou		
	柳州城市规划展览馆	Liuzhou Urban Planning Exhibition Hall		
	柳州市马鹿山奇石博览园景区	Malu Hill Stones Exposition Garden of Liuzhou		
	柳州市三江县大侗寨景区	Dadongzhai Scenic Spot in Sanjiang County of Liuzhou		
	柳州市工业博物馆景区	Industrial Museum Scenic Spot of Liuzhou		
	柳州市百里柳江旅游景区	Liujiang River Scenic Spot of Liuzhou		
	柳州市园博园景区	Liuzhou Garden Expo Scenic Spot		
	柳州市融安石门仙湖旅游景区	Liuzhou Rongan Xianhu Shimen Tourist Attractions		
	柳州柳城县知青城景区	Educated Youth Town Scenic Spot in Liucheng County		
	柳州市都乐岩景区	Dule Cave Scenic Spot of Liuzhou		
	柳州市融水・元宝山龙女沟景区	Longnv Ravine Scenic Spot of Yuanbao Mountain of Rongshui County in Liuzhou		
	柳江县凤凰河生态旅游度假区	Fenghuang River Original Scenic Spot of Liujiang County		
	柳州市动物园	The Liuzhou City Zoo		
	柳州融水・民族体育公园	Folk Sports Park of Rongshui County in Liuzhou		
	柳州市融水县老君洞景区	Rongshui Laojun Hole Scenic Spot of Liuzhou		
	柳州市雀儿山公园景区	Que'er Mountain Park of Liuzhou		
	三江县仙人山景区	Xianren Mountain Scenic Spot in Shanjiang County		
	融水双龙沟原始森林度假区	Shuanglonggou Primeval Forest Resort in Rongshui of Liuzhou		
	柳州螺蛳粉产业园旅游景区	River Snail Rice Noodle Industrial Area in Lizhou		
	祥荷乡韵景区	Xianghe Xiangyu Lotus Scenic Spot		
	卡乐星球欢乐世界旅游景区	Happy World Scenic Spot of Colorful Planet of Liuzhou		
	鹿寨县中渡古镇	Zhongdu Ancient Town in Luzhai County		
	广西柳工机械股份有限公司旅游景区	Scenic Spot of Guangxi Liugong Machinery Co., Ltd		

17－13　续表2　continued

类别 Classification	风景名胜区名称	Name	所在地	Location
AAAA	上汽通用五菱宝骏基地	SAIC-GM-Wuling Baojun Base	柳州市	Liuzhou
	仙草堂生态灵芝透明工厂	Xiancaotang Ecological Transparent Factory for Lucid Ganoderma		
	克里湾水乐园	Crete Bay Water Park		
	梦呜苗寨民俗文化体验园	Mengwu Miao Village Folk Culture Park		
	螺蛳粉小镇	Small Town for River Snail Rice Noodle		
	白莲洞洞穴科学博物馆	Bailiandong Cave Science Meseum		
	百朋荷苑景区	Baipeng Lotus Garden Scenic Spot		
	月也侗寨	Yueye Dong Village		
	岜公塘公园景区	Bigongtang Park Scenic Spot		
	东方梦工场—柳空文创园	Orential Dream Factory, Liukong Cultural and Creative Park		
	山岔湾景区	Shanchawan Scenic Spot		
	古岭龙景区	Gulinglong Scenic Spot		
	三江侗天宫文化景区	Cultural Scenic Spot of Dong's Heavenly Palace in Sanjiang		
	七星景区	Qixing Scenic Spot	桂林市	Guilin
	桂林穿山景区	Chuanshan Scenic Spot of Guilin		
	桂林尧山景区	Yaoshan Mountain Scenic Spot of Guilin		
	桂林市南溪山景区	Nanxishan Hill Scenic Spot of Guilin		
	芦笛景区	Ludi Scenic Spot		
	桂林经典刘三姐大观园景区	Scenery Park of Liusanjie in Guilin		
	桂林桂花公社景区	Guilin Osmanthus Commune Scenic Area		
	桂林西山景区	Guilin Xishan Scenic Spot		
	桂林冠岩景区	Guanyan Rock Scenic Spot of Guilin		
	桂林愚自乐园艺术园	Art Garden in Yuzi Fairyland of Guilin		
	桂林旅苑景区	Guilin Lvyuan Scenic Area		
	桂林在水一汸景区	Zaishuiyifang Scenic Spot		
	桂林新区环城水系景区	Water System Around the City Scenic Spot in New District		
	桂林罗山湖玛雅水上乐园景区	Maya Water World of Luoshan Lake in Liuzhou		
	桂林红溪景区	Hongxi Scenic Spot in Guilin		
	桂林世外桃源旅游区	Shiwaitaoyuan Scenic Spot of Guilin		
	阳朔图腾古道・聚龙潭景区	Totem Ancient Road and Julong Lake Scenic Spot of Yangshuo County		
	桂林阳朔县蝴蝶泉旅游景区	Butterfly Spring Scenic Spot in Yangshuo County of Guilin		
	阳朔西街景区	Yangshuo West Street Scenic Spot		
	诗画遇龙景区	Poetic and Picturesque Yulong River Scenic Spot		
	阳朔三千漓中国山水人文度假区	San Qian Li Leisure Tourism Resort		
	红军长征突破湘江烈士纪念碑园景区（红色景区）	Memorial Park for the Battle of the Red Army Breaking Through the Xiangjiang River of Xing'an County		
	兴安灵渠景区	Lingqu Scenic Spot of Xing'an County		
	桂林市猫儿山景区	Mao'er Moutain Scenic Spot of Guilin City		
	老山界龙潭江景区	Longtan River Scenic Spot in Laoshanjie Mountain		
	桂林龙胜温泉旅游度假区	Longsheng Hotspring Scenic Spot of Guilin		
	龙胜龙脊梯田景区	Longji Rice Terrace Scenic Spot of Longsheng County		

17—13 续表3 continued

类别 Classification	风景名胜区名称	Name	所在地	Location
AAAA	桂林银子岩旅游度假区	Yinzi Rock Scenic Spot of Guilin	桂林市	Guilin
	桂林丰鱼岩旅游度假区	Fengyu Rock Scenic Spot of Guilin		
	荔水青山·荔江国家湿地公园	Green Hills and Li Waters · Lijiang National Wetland Park		
	荔浦荔江湾景区	Lijiang Bay Scenic Spot of Lipu		
	恭城三庙两馆景区	Three Temples and Two Hall Scenic Spot in Gongcheng County		
	恭城红岩村景区	Hongyan Village Scenic Spot in Gongcheng County		
	红军长征湘江战役新圩狙击战纪念园（红色景区）	Memorial Park of Xinxu Sniper in the Battle of Xiangjiang River of the Red Army's Long March		
	灌阳千家洞文旅度假区	Qianjiadong Culture Tourism Resort in Guanyang County		
	灵川县大圩古镇景区	Daxu Ancient Town Scenic Spot in Lingchuan County		
	灵川县漓水人家景区	Lishui Folks Scenic Spot in Lingchuan County		
	桂林古东瀑布景区	Gudong Waterfall Scenic Spot of Guilin		
	桂林市逍遥湖景区	Xiaoyao Lake Scenic Spot in Guilin		
	大碧头国际旅游度假区	Dabitou International Tourism and Resort Scenic Spot		
	红军长征湘江战役纪念园（红色景区）	Memorial Park for the Battle of Xiangjiang River of the Red Army's Long March		
	桂林全州县湘山·湘源历史文化旅游区	Xiangshan, Xiangyuan Historical Culture Tourism Scenic Spot		
	永福金钟山旅游度假区	Jinzhongshan Hill Tourist Scenic Spot of Yongfu County		
	桂林资江·天门山景区	Zijiang River and Tianmen Mountain Scenic Spot of Guilin		
	桂林八角寨景区	Bajiaozhai Scenic Spot in Guilin		
	桂林资江灯谷景区	Zijiang Light Valley Scenic Spot		
	骑楼城—龙母庙	City of Arcade House -Temple of Dragon Mother	梧州市	Wuzhou
	白云山	White Cloud Hill		
	中山公园	Zhongshan Park		
	梧州军事体育文化园	Military and Sporting Culture Park of Wuzhou		
	梧州市玫瑰湖公园	Rose Lake Park of Wuzhou		
	苍海旅游区	Canghai Tourist Attraction		
	李济深故里文化旅游区	Li Jishen Hometown Cultural Tourist Attraction		
	苍梧县六堡茶生态旅游景区	Liu Pao Tea Eco-tourism Scenic Spot in Cangwu County		
	天龙顶山地公园	Tianlong Peak Mountainous Park		
	东山文化公园	Dongshan Culture Park		
	石表山景区	Shibiao Hill Scenic Spot		
	永安王城景区	Yong'an Royal City Scenic Spot		
	长坪水韵瑶寨景区	Changpin Shuiyun Yaozhai Scenic Spot of Mengshan County		
	梁羽生公园	Liang Yusheng Park of Mengshan County		
	天书侠谷景区	Tianshu Gorge Scenic Spot		
	北海银滩景区	Beihai Silver Beach Scenic Spot	北海市	Beihai
	北海海底世界	Submarine World of Beihai		
	北海海洋之窗	Oceanorama of Beihai		
	北海老城景区	Beihai Old Town Scenic Spot		
	北海金海湾红树林生态旅游区	Jinhaiwan Mangrove Forest Scenic Spot in Beihai		

17—13 续表4 continued

类别 Classification	风景名胜区名称	Name	所在地	Location
AAAA	北海园博园	Beihai Gardening Expo Park	北海市	Beihai
	北海汉闾文化园	Hanlv Cultural World in Beihai		
	涠洲岛圣堂景区	Shengtang Scenic Spot of Beihai		
	星岛湖景区	Star Island Lake Scenic Spot		
	《印象·1876》北海历史文化景区	Impression 1876, Beihai Historical Culture Scenic Spot		
	合浦县东园家酒产业园	Dongyuanjia Wine Industrial Park in Hepu County		
	月饼小镇	Moon Cake Town		
	海丝首港·合浦始发港景区	Maritime Silk Road First Port ·Port of Departure Scenic Spot in Hepu		
	海上丝路文化遗址公园	Maritime Silk Road Culture Heritage Park Scenic Spot		
	高德古镇	Gaode Ancient Town		
	北海银基国际旅游度假区	Beihai Yinji International Tourism Resort Area		
	上思十万大山国家森林公园景区	Shiwandashan Mountain National Forest Park of Shangsi County	防城港市	Fangcheng-gang
	防城港东兴市京岛风景名胜区	Jingdao Island Scenic Spot of Dongxing City in Fangchenggang		
	防城港市江山半岛白浪滩旅游景区	Bailangtan Beach in Jiangshan Peninsula of Fangchenggang		
	防城港西湾旅游景区	West Bay Scenic Spot in Fangchenggang City		
	上思县百鸟乐园景区	Bird Paradise Scenic Spot in Shangsi County		
	东兴国门景区	Dongxing National Gateway Scenic Spot		
	上思县十万大山布透温泉景区	Butou Hotspring among Great Mountains in Shangsi County		
	钦州三娘湾景区	Sanniang Bay Scenic Spot of Qinzhou	钦州市	Qinzhou
	钦州刘冯故居景区	Former Residence of Yongfu Liu and Zicai Feng in Qinzhou		
	钦州八寨沟旅游景区	Bazhai Ravine Scenic Spot of Qinzhou		
	钦州市浦北县五皇山景区	Wuhuang Hill Scenic Spot of Pubei County in Qinzhou		
	钦州园博园景区	Qinzhou Garden Expo Park		
	钦州市灵山县六峰山风景名胜区	Liufeng Hill Scenic Spot of Lingshan in Qinzhou City		
	钦州市浦北县越州天湖景区	Yuezhou Tianhu Lake Scenic Spot in Pubei County of Qinzhou		
	钦州市林湖森林公园	Linhu Forest Park of Qinzhou City		
	钦州市大芦古村文化生态旅游区	Dalu Ancient Village Culture Original Scenic Spot of Qinzhou City		
	钦州市那雾山森林公园	Nawushan Mountain Forest Park of Qinzhou		
	神蜉酒庄园	Shenfu Winery		
	钦州老街景区	Qinzhou Old Street Scenic Spot		
	桂平西山风景名胜区	Xishan Hill Scenic Spot of Guiping	贵港市	Guigang
	广西龙潭国家森林公园	Longtan National Forest Park of Guangxi		
	太平天国金田起义地址景区	The Site of the Jintian Uprising of the Taiping Heavenly Kingdom of Guiping City		
	桂平市西山泉旅游度假景区	Xishan Spring Tourist Resort Area in Guiping		
	雄森动物大世界	Xiongshen Animal World		
	平南县龚州公园	Gongzhou Park of Pingnan County		
	北帝山旅游区	Beiti Mountain Scenic Spot in Pingnan County		
	平南县垌美生态乐园景区	Dongmei Eco-paradise Scenic Spot in Pingnan County		
	平南佛子岭旅游康养度假区	Fozi Hill Health Resort Area in Pingnan County		
	贵港园博园	Guigang Gardening Expo Park		

17—13 续表5 continued

类别 Classification	风景名胜区名称	Name	所在地	Location
AAAA	广西平天山国家森林公园	Guangxi Pingtian Mountain National Forest Park	贵港市	Guigang
	荷美覃塘景区	Qintang Beautiful Lotus Scenic Spot		
	九凌湖旅游风景区	Jiuling Lake Tourism Scenic Spot		
	玉林云天旅游文化城	Yuntian Palace Tourism Cultural Town in Yulin	玉林市	Yulin
	六万大山森林公园	Liuwandashan Mountain Forest Park		
	广西玉林"五彩田园"现代特色农业示范区	"Five-Colors Countryside" Modern Featured Agriculture Demonstration Area in Yulin, Guangxi		
	玉林市福达克拉湾	Fuda Kelawan Water Paradise in Yulin City		
	玉林市陆川谢鲁山庄风景名胜区	Xielu Mountain Villa in Luchuan County, Yulin		
	玉林容州古城	Rongzhou Ancient City		
	玉林容县都峤山风景区	Duqiao Mountain Scenic Spot of Rong County		
	玉林容州·民国小镇	Minguo Small Town		
	大容山国家森林公园	DaRong Mountain National Forest Park		
	广西铜石岭国际旅游度假区	Tongshiling Mountain International Scenic Spot		
	北流市陶瓷小镇	Ceramic Town in Beiliu City		
	北流市会仙河公园	Huixianhe Park in Beiliu		
	那坡县镇安公园景区	Zhen'an Park of Napo County	百色市	Baise
	百色乐业大石围天坑群景区	Leye Dashiwei Sky Hole Cluster Scenic Spot of Baise		
	乐业县龙云山故事小镇景区	Longyunshan Story Small Town in Leye County		
	百色市平果黎明通天河旅游景区	Baise Pingguo Liming Tongtian River Scenic Area		
	百色西林县宫保府景区	Gongbao Palace Scenic Spot in Xilin County of Baise		
	凌云茶山金字塔景区	Pyramid of Tea Hill Scenic Spot of Lingyun County		
	凌云环浩坤湖山水生态体验区景区	Surrounding Haokun Lake Landscape Experience Area in Lingyun County		
	凌云县泗城州府景区	Sicheng Literature Temple of Lingyun County		
	百色市田州古城	Tianzhou Ancient Town of Baise		
	田东县湿地公园景区	Wetland Park in Tiandong County		
	百色市德保县吉星岩景区	Jixing Rock Scenic Spot in Debao County of Baise		
	德保县矮马王国景区	Pony Kingdom Scenic Spot in Debao County		
	德保县芳山文化园景区	Fangshan Cultural Park in Debao County		
	百色市德保红叶森林旅游景区	Red Leaf Forest Scenic Spot in Debao County of Baise		
	靖西通灵大峡谷景区	Tongling Canyon Scenic Spot of Jingxi		
	古龙山大峡谷景区	Gulong Mountain Gorge Scenic Spot		
	百色靖西市鹅泉旅游景区	Baise Jingxi E'quan Spring Scenic Spot		
	靖西市旧州景区	Jiuzhou Scenic Spot in Jingxi City		
	靖西锦绣古镇景区	Jinxiu Ancient Town in Jingxi City		
	靖西小城故事景区	Small Town Story Scenic Spot in Jingxi City		
	百色大王岭景区	Dawang Hill Scenic Spot of Baise		
	百色欢乐小镇	Happy Town of Baise		

17—13　续表6　continued

类别 Classification	风景名胜区名称	Name	所在地	Location
AAAA	西溪森林温泉度假邨	Xixi Forest Hotspring Resort	贺州市	Hezhou
	大桂山国家森林公园	Daguishan National Forest Park		
	姑婆山景区	Gupo Mountain Scenic Spot		
	十八水景区	Shibashui Scenic Spot		
	玉石林景区	Jade Stone Forest Scenic Spot		
	神仙湖景区	Fairy Lake Scenic Spot		
	生态高值农业科技示范园	Ecological High-value Agricultural Science and Technology Demonstration Park		
	神剑石林	Shenjian Stone Forest		
	钟山百里水墨画廊景区	Hundreds of Miles Ink and Wash Painting Gallery in Zhongshan		
	中共广西省工委纪念园景区	Guangxi Working Committee of the Communist Party of China Memorial Park		
	黄姚古镇景区	Huangyao Town Scenic Spot		
	桂江生态旅游景区	Gui River Eco-tourism Scenic Spot		
	南山茶海景区	Tea Plantation Scenic Spot of Nanshan		
	巴马盘阳河景区	Panyang River Scenic Spot of Bama County	河池市	Hechi
	巴马水晶宫景区	Crystal Palace Scenic Spot of Bama County		
	广西凤山国家地质公园景区	Fengshan National Geopark in Guangxi		
	河池市东兰红色旅游区	Red Tourism Area in Donglan County of Hechi		
	河池市宜州刘三姐故里旅游区	Liusanjie's Homeland Scenic Spot in Yizhou City of Hechi		
	河池天峨县龙滩大峡谷景区	Longtan Grand Canyon Scenic Spot of Tian'e County		
	宜州市会仙山景区	Huixian Mountain Scenic Spot of Yizhou City		
	南丹县歌娅思谷·中国白裤瑶生态民俗风情园景区	Geyasigu Baiku Yao Original Folkcustom Scenic Spot of Nandan County		
	广西大化七百弄国家地质公园景区	Qibainong National Geopark in Dahua County		
	广西丹泉洞天酒文化旅游景区	Danquan Dongtian Liquor Culture Scenic Spot of Guangxi		
	河池宜州拉浪生态休闲区	Lalang Woodland Scenic Spot of Yizhou City		
	河池宜州怀远古镇景区	Huaiyuan Town Scenic Spot of Yizhou City		
	河池市珍珠岩风景区	Zhenzhu Rock Scenic Spot in Hechi		
	环江牛角寨瀑布群景区	Niujiaozhai Waterfalls Scenic Spot of Huanjiang County		
	环江木论喀斯特生态旅游景区	Mulun Karst Ecological Tourism Scenic Spot in Huanjiang County		
	广西红水河都安三岛湾国际旅游度假区	Hongshuihe River, Du'an Sandaowan International Resort in Guangxi		
	巴马洞天福地景区	Cave Paradise Scenic Spot in Bama		
	广西罗城棉花天坑度假区	Mianhua Tiankeng (Karst Topography) Resort Area in Luocheng		
	巴马长寿岛景区	Changshou Island Scenic Spot of Bama County		
	大化奇美水城景区	Qimei Watertown Scenic Spot in Dahua		
	环江多彩毛南景区	Colorful Maonan Ethnic Group Scenic Spot in Huangjiang Maonan Autonomous County		
	都安密洛陀文化公园	Miluotu Culture Park in Du'an Yao Autonomous County		
	大化红水河百里风情画廊	Hongshuihe River Hundred Miles Style Gallery in Dahua		
	东兰壮乡将军纪念园	Zhuang Township General Memorial Park in Donglan County		
	东兰红水河第一湾景区	The First Bay of Hongshuihe River Scenic Spot in Donglan County		

17—13 续表7 continued

类别 Classification	风景名胜区名称	Name	所在地	Location
AAAA	南丹县丹炉山景区	Danlushan Scenic Area in Nandan County	河池市	Hechi
	巴马仁寿源景区	Renshouyuan Scenic Spot in Bama Yao Autonomous County		
	都安澄江国家湿地公园	Chengjiang National Wetland Park in Du'an Yao Autonomous County		
	罗城成龙湖景区	Chenglong Lake Scenic Spot in Luocheng County		
	罗城仫佬族自治县长生洞景区	Immortal Cave in Mulao Nationality Autonomous County of Luocheng		
	都安地下河国家地质公园	Underground River National Geopark in Du'an		
	来宾市象州古象旅游区	Guxiang Scenic Spot of Xiangzhou County in Laibin	来宾市	Laibin
	武宣县下莲塘景区	Xialiantang Scenic Spot in Wuxuan County		
	武宣县东乡红色旅游区	Dongxiang "Red" Tourist Attraction in Wuxuan County		
	武宣县八仙天池景区	Eight Immortal's Heavenly Pond in Wuxuan County		
	忻城薰衣草庄园景区	Lavender Plantation Scenic Spot in Xincheng County		
	忻城莫土司衙署景区	Ancient Tusi Government Office of Mo in Xincheng County		
	忻城县乐滩竹海景区	Letan Bamboo Forest in Xincheng County		
	圣堂湖景区	Shengtang Lake Scenic Spot		
	莲花山景区	Lotus Mountain Scenic Spot		
	山水瑶城景区	Mountains-and-waters Yao Nationality Town Scenic Spot		
	圣堂山景区	Shengtang Moutain Scenic Spot		
	银杉森林公园景区	Cathaya Argyrophylla Forest Park Scenic Spot		
	古沙沟景区	Gushagou Scenic Spot		
	合山市国家矿山公园	National Mine Park of Heshan		
	大新县明仕景区	Mingshi Scenic Spot of Daxin County	崇左市	Chongzuo
	崇左大新德天・老木棉景区	Detian Laomumian Garden of Daxin County		
	大新县安平仙河景区	Anping Xianhe Scenic Spot in Daxian County		
	大新县大阳幽谷景区	Dayang Yougu Valley Scenic Spot in Daxin County		
	崇左白头叶猴生态旅游区	White-headed Langur Eco-tourism Area in Chongzuo		
	崇左左江斜塔景区	Leaning Tower Scenic Spot by Zuojiang River in Chongzuo		
	崇左石景林・园博园	Shijinglin Garden Expo Park in Chongzuo		
	崇左市江州区雨花石景区	Riverstones Scenic Spot in Jiangzhou District of Chongzuo		
	国际・如意岛生态景区	International · Ruyi Island Ecological Scenic Spot		
	天等丽川文化森林公园	Forest Park of Lichuan River Culture in Tiandeng County		
	龙州起义纪念馆	Memorial Hall of Longzhou Uprising		
	大新龙宫仙境景区	Longgongxianjing Scenic Spot of Daxin County		
	小连城	Xiaoliancheng Defense Hill		
	发现弄岗景区	Found Nonggang Scenic Spot		
	左江景区	Zuojiang River Scenic Spot		
	崇左市凭祥市友谊关景区	Youyi Gate Scenic Spot in Pingxiang, Chongzuo		
	崇左市凭祥红木文博城景区	Rosewood Exposition Town in Pingxiang, Chongzuo		
	大连城景区	Daliancheng Defense Scenic Spot		
	宁明县花山景区	Huashan Mountain Scenic Spot in Ningming County		
	广西派阳山森林公园	Paiyang Mountain Forest Park of Guangxi		

17－13　续表8　continued

类别 Classification	风景名胜区名称	Name	所在地　Location
AAAA	龙谷湾景区	Longguwan Scenic Spot	崇左市　Chongzuo
	太平古城景区	Taiping Ancient Town Scenic Spot	
AAA	横县西津湖景区	Xijin Lake Scenic Spot in Hengxian County	南宁市　Nanning
	南宁市大王滩风景区	Dawang Beach Scenic Spot of Nanning	
	南宁市凤凰谷景区	Fenghuang Valley Scenic Spot of Nanning	
	南宁海底世界景区	Sea World Scenic Spot of Nanning	
	南宁金湖地王云顶观光旅游景区	Top Tour of Diwang Building of Nanning	
	宾阳县白鹤观旅游度假区	Baihe Taoist Temple Scenic Spot in Binyang County	
	南宁市华南城景区	Huanancheng Scenic Spot of Nanning	
	上林县鼓鸣寨养生旅游度假区	Guming Village Healthy Tourism Resort of Shanglin County	
	上林县禾田农耕文化园	Hetian Farming Culture Garden of Shanglin County	
	上林县霞客桃源壮乡旅游度假区	Xiake Peach Garden Zhuang Minority Village in Shanglin County	
	南宁市江南区扬美古镇景区	Yangmei Ancient Town of Jiangnan District in Nanning City	
	横县中华茉莉园景区	Chinese Jasmine Garden of Hengxian County	
	上林县万古茶园景区	Wangu Tea Garden Scenic Spot of Shanglin County	
	横县莲塘圣茶谷景区	Shengcha Tea Garden of Liantang in Hengxian County	
	南宁市狮山公园	Shishan Park of Nanning	
	广西农垦明阳向阳红现代农业庄园	Sunny Farm	
	南宁海王生命与健康科普馆	Neptunus Group's Science Museum	
	广西金花茶业工业旅游园	Golden Camellia Park of Nanning	
	横县西津国家湿地公园沙埠景区	Shabu Scenic Spot of Xijin National Weland Park in Hengxian County	
	马山县三甲攀岩小镇	Sanjia Rock Climbing Town in Mashan County	
	马山县小都百旅游景区	Xiaodubai Tourism Scenic Spot in Mashan County	
	马山县灵阳寺旅游景区	Lingyang Temple Tourism Area in Mashan County	
	马山县古朗瑶乡金银花公园	Honeysuckle Park in Gulang Yao Village of Mashan County	
	南宁市新秀公园	Xinxiu Park in Nanning	
	广西香流溪谷农业生态旅游区	Xiangliuxigu Agriculture Ecological Tourism Area in Guangxi	
	徐汉林红色教育基地示范点	Xu Hanlin Reveloution Educational Base Demonstration Site	
	南宁不孤湖景区	Buguhu Lake Scenic Spot in Nanning	
	横县顺来茉莉花茶展览馆	Shunlai Jasmine Tea Exhibition Hall in Hengxian County	
	南宁市江南公园	Jiangnan Park in Nanning	
	西乡塘区芦仙山风景区	Luxianshan Scenic Spot in Xixiangtang District, Nanning	
	西乡塘区美丽南方老木棉·匠园	Laomunian Jiangyuan of Meilinanfang in Xixiangtang District, Nanning	
	南宁市花卉公园	Flowers and Plants Park in Nanning	
	南宁博物馆	Nanning Museum	
	武鸣区大明山汉江欢乐谷	Hanjiang Happy Valley of Damingshan Mountain in Wuming District, Nanning	
	振林·澳益渔耕新韵扶贫庄园	Zhenlin Aoyi Poverty Alleviation Park	
	福人湖生态旅游区	Furenhu Ecological Tourism Area	
	卡拉奇遇工业旅游景区	Carla Adventure Industrial Tourist Attraction	

17－13 续表9 continued

类别 Classification	风景名胜区名称	Name	所在地	Location
AAA	南宁289上海天地	289 Shanghai Tiandi Scenic Spot in Nanning	南宁市	Nanning
	明秀园	Mingxiu Park in Nanning		
	雪松灵水壮乡文化小镇	Xuesong Lingshui Zhuang Autonomous Region Culture Town		
	亭子码头	Tingzi Wharf Scenic Spot in Nanning		
	南宁孔庙博物馆	Confucian Temple Museum of Nanning		
	起凤山	Phoenix Hill		
	古辣镇大陆村稻田艺术景区	Rice Field Art Scenic Spot in Dalu Village of Gula Town		
	程思远故居	Former Residence of Cheng Siyuan		
	伏波景区	Fubo Scenic Spot		
	桂合蚕桑丝绸生产体验园	Guihe Silkworm and Mulberry Silk Production Experience Park		
	南宁剧场	Nanning Theatre		
	那马那居康养旅游度假区	Na Ma Na Ju Health Care Resort		
	广西文化艺术中心	Guangxi Culture and Art Center		
	广西美术馆	Guangxi Art Gallery		
	绿地缤纷天地特色街区	Featured Urban Block of Greenland Colorful World		
	柳州花果山生态景区	Huaguo Mountain Natural Scenic Spot of Liuzhou	柳州市	Liuzhou
	三江石门冲景区	Shimenchong Scenic Spot of Sanjiang County		
	柳州市君武森林公园景区	Junwu Forest Park of Liuzhou City		
	鹿寨月岛湖景区	Yuedao Lake Scenic Spot of Luzhai County		
	融水雨卜苗寨景区	Yubu Miaotse Scenic Spot of Rongshui County		
	融水老子山景区	Laozi Hill Scenic Spot of Rongshui County		
	融水县田头苗寨景区	Tiantou Miaotse Scenic Spot of Rongshui County		
	柳城县红马山景区	Hongma Hill Scenic Spot in Liucheng County		
	柳州市万聚休闲农庄	Leisure Farm Wanju of Liuzhou City		
	三江县冠洞景区	Guandong Cave Scenic Spot in Sanjiang County		
	柳州柳城古砦仫佬族乡民俗风情旅游区	Guzhai Mulam Folklore Scenic Spot of Liucheng County		
	融水县龙宝大峡谷景区	Longbao Canyon Scenic Spot of Rongshui County		
	融水县石上人家景区	Village-on-rock Scenic Spot of Rongshui County		
	三江县产口景区	Chankou Scenic Spot of Sanjiang County		
	三江县侗族博物馆	Museum of Dong Minority of Sanjiang County		
	融安县沙子石岩生态旅游景区	Shazishi Cave Original Scenic Spot of Rong'an County		
	融水田塘瑶寨景区	Tiantang Yao Minority Scenic Spot of Rongshui County		
	鹿寨拉沟乡五家景区	Wujia Scenic Spot of Lagou in Luzhai County		
	鹿寨县鹿鸣谷景区	Luming Valley Scenic Spot in Luzhai County		
	鹿寨县笑缘景区	Xiaoyuan Scenic Spot in Luzhai County		
	鹿寨县文化艺术中心	Culture Arts Center in Luzhai County		
	鹿寨县山楂之恋景区	Love the Hornthorn Scenic Spot in Luzhai County		
	融水·西洞景区	Rongshui Xidong Cave Scenic Spot		

17－13　续表10　continued

类别 Classification	风景名胜区名称	Name	所在地	Location
AAA	万福广场·休闲旅游城	Wanfu Plaza Leisure Tourism Town	桂林市	Guilin
	桂林市瓦窑小镇景区	Wayao Small Town		
	象山区侗情水庄景区	Dong Shui Village Scenic Spot in Xiangshan District		
	海之鑫洞藏就文化馆	Haizhixin Wine Hide in Cave Culture Park		
	桂林芦笛岩鸡血玉文化艺术中心景区	Jixue Jade Culture & Art Centro of Ludi Cave in Guilin		
	桂林市神龙水世界景区	Shenlong Water World Scenic Sport in Guilin		
	桂林多耶古寨-蛇王李景区	Guilin Duoye Village-Snake King Li Scenic Spot		
	桂林黄沙秘境大峡谷景区	Huangsha Secret Grand Canyon Scenic Spot		
	美国飞虎队桂林遗址公园	American Flying Tigers Ruins Park in Guilin Scenic Spot		
	李宗仁故居	Li Zongren Former Residence		
	会仙喀斯特国家湿地公园景区	Huixian Karst National Wetland Park		
	临桂十二滩漂流景区	Twelve Beach Drift Scenic Spot of lingui		
	抱璞文化展示中心	Baopu Culture Exibition Center		
	桂林崇华中医街	Chonghua Chinese Medicine Street in Guilin		
	佑子湾景区	Youziwan Folk Park Scenic Spot		
	桂林之花景区	The Flower of Guilin Scenic Spot		
	枫和里文化旅游区	Fengheli Culture Tourist Attraction		
	一院两馆景区	The Grand Theatre, Museum and Library of Guilin Scenic Spot		
	龙胜县白面瑶寨景区（红色景区）	Baimian Yao Minority Scenic Spot of Longsheng County		
	龙胜艺江南中国红玉文化园景区	Yijiangnan Chinese Red Jade Cultural Garde of Longsheng County		
	荔浦县马岭鼓寨民族风情园	Malingguzhai Nationality Park in Lipu County		
	荔浦天河瀑布景区	Tianhe Waterfall Scenic Spot of Lipu County		
	荔浦县柘村景区	Ripe Tangerines Rural Tourism Area of Lipu		
	黄岭景区	Huangling Scenic Spot		
	杨溪景区	Yangxi Scenic Spot		
	瑶族文化村景区	Yao Nationality Cultural Village		
	北洞源景区	Beitongyuan Scenic Spot		
	恭城龙虎关景区	Longhu Pass Scenic Spot in Gongcheng County		
	恭城矮寨景区	Aizhai Scenic Spot in Gongcheng County		
	恭城社山景区	Sheshan Mountain Scenic Spot in Gongcheng County		
	灌阳唐景崧故里景区	Tang ching-sung Hometown in Guanyang County		
	灌阳茶博园	Tea Expo Gaden in Guanyang County		
	灌阳神农稻博园	Shennong Rice Garden in Guanyang County		
	灌阳洞井古民居景区	Dongjing Ancient Village Scenic Spot in Guanyang County		
	灌阳都庞岭大峡谷景区	Dupangling Grand Canyon Scenic Spot in Guanyang County		
	灌阳文市石林景区	Wenshi Stone Park in Guanyang County		
	桂林希宇·欢乐城景区	Xiyu · Happy Town Scenic Spot of Guilin		
	八路军桂林办事处路莫村物资转运站景区（红色景区）	Scenic Spot for Guilin Office of the Eighth Route Army Material Transfer Station in Rumo Village		
	灵川龙门瀑布景区	Longmen Waterfall County Scenic Spot of Lingchuan County		
	灵川县江头景区	Jiang Tou Lingchuan County Area		

17－13 续表11 continued

类别 Classification	风景名胜区名称	Name	所在地	Location
AAA	平乐仙家温泉景区	Xianjia Hotspring Scenic Spot of Pingle County	桂林市	Guilin
	桂林国际茶花谷旅游休闲度假区	International Camellia Valley Tourism and Resort Area		
	桂林湘山酿酒生态园景区	Xiangshan Wine Making Ecological Park		
	全州县炎井温泉	Yanjing Hotspring Scenic Spot of Quanzhou County		
	永福县凤山景区	Fengshan Mountain Scenic Spot in Yongfu County		
	罗汉果小镇	Momordica Grosvenori Town		
	资源县宝鼎景区	Baoding Scenic Spot in Ziyuan County		
	资源县塘洞景区（红色景区）	Tangdong Cave Scenic Spot		
	东乡积翠景区	Dongxiang Jicui Scenic Spot	梧州市	Wuzhou
	古皮橙柿亲情谷	Gupi Orange and Persimmon Family Valley		
	蝴蝶谷景区	Butterfly Valley Scenic Spot		
	菌会会蘑菇小院	Junhuiui Mushroom Yard		
	茂圣六堡茶业文化中心	Maosheng Liu Pao Tea Culture Center		
	神冠胶原蛋白文化博览中心	Shenguan Collagen Culture Expo Center		
	石燕山景区	Shiyan Mountain Scenic Spot		
	丝绸工业旅游景区	Silk Industrial Tourist Attraction		
	甜蜜家生态蜂业园	Tianmijia Ecological Apiculture Garden		
	梧州市太和公园（梧州动物园）	Taihe Park in Wuzhou (Wuzhou Zoo)		
	梧州学院博物馆	Wuzhou University Museum		
	西炮台公园	West Fort Barbette Park		
	夏宜醉美瑶乡景区	Zuimei Yao Nationality Village of Xiayi		
	羽生谷休闲养生基地	Yusheng Valley Leisure and Health-care Base		
	珠山公园	Zhushan Hill Park		
	大江埠民俗风情村	Dajiangbu Folk Custom Village	北海市	Beihai
	北海南珠博物馆	Museum of Nanzhu Pearl in Beihai City		
	北海贝雕博物馆	Museum of Shell Carving in Beihai City		
	槐园景区	Huaiyuan Garden Scenic Spot in Beihai City		
	合浦县观音山生态旅游区	Guanyin Mountain Eco-tourism Area of Hepu County		
	合浦县东坡亭景区	Dongpo Pavilion Scenic Spot of Hepu County		
	合浦县古海角景区	Guhaijiao Scenic Spot of Hepu County		
	合浦县曲樟客家土围城	Quzhang Hakkas Clay Castle		
	合浦县永安大士阁景区	Yongan Dashi Pavilion Scenic Spot		
	合浦县梦唤滨海体育文化园	Dreamlike Coastal Sports Culture Park		
	涠洲岛石螺口景区	Shiluokou Scenic Spot		
	涠洲岛滴水丹屏景区	Dishui Danping Scenic Spot		
	白龙珍珠城景区	White Dragon Pearl Town Scenic Spot		
	北海生巴达科技旅游区	Beihai SBD Science and Technology Tourist Attraction		
	海丝首港·外沙码头景区	Maritime Silk Road First Port · Waisha Port Scenic Spot		
	疍家小镇	Boat Dweller Town		

17—13 续表12 continued

类别 Classification	风景名胜区名称	Name	所在地	Location
AAA	东兴陈公馆景区	Chen Mansion Scenic Spot of Dongxing	防城港市	Fangcheng-gang
	东兴市意景园旅游景区	Yijingyuan Garden Scenic Spot in Dongxing City		
	东兴市百业东兴·红木社区旅游购物景区	Baiyedongxing Rosewood Tourism and Shopping Area of Dongxing City		
	东兴市北仑河口景区	Beilun River Scenic Spot in Dongxing City		
	钦州龙门群岛海上生态公园	Longmen Archipelago Natural Ocean Park of Qinzhou	钦州市	Qinzhou
	钦州市浦北县文昌景区	Wenchang Scenic Spot of Pubei County in Qinzhou		
	钦州市浦北县大朗书院景区	Dalang Ancient College of Pubei County in Qinzhou		
	钦州坭兴陶艺术馆	Nixing Pottery Art Gallery Scenic Spot of Qinzhou		
	钦州市登峰陶艺馆	Dengfeng Pottery Art Gallery in Qinzhou City		
	广西钦州保税港区国际商品直销中心旅游景区	International Merchandise Outlet of Bonded Port Area in Qinzhou City		
	钦州市白石湖景区	Baishi Lake Scenic Spot in Qinzhou City		
	钦州市钦北区碗窑梨花谷景区	Wanyao Pear Valley Scenic Spot of Qinbei District in Qinzhou City		
	广西钦州市浦北县公猪脊景区	Gongzhuji Scenic Spot of Pubei County in Qinzhou City		
	北部湾大学景区	Binhai Campus Scenic Spot of Qinzhou University		
	中国广西东盟商贸城	Guangxi ASEAN Business City in Qinzhou		
	钦州市千年古陶城景区	Millennium Antique Pottery Scenic Spot in Qinzhou		
	钦州市浦北县柑子根党支部旧址景区	Ganzigen Party Branch Site in Pubei County		
	钦州湾辣椒槌滨海旅游度假区	Lajiaochui Costal Tourist Resort in Qinzhou		
	广西钦州北部湾望海岭国际滑翔伞基地	Beibu Gulf Hailing International Paraglider Base in Qinzhou		
	广西钦州林湖自治区级森林公园王岗山景区	Wanggangshan Mountain Scenic Spot in Qinbei District, Qinzhou		
	浦北县博物馆	Pubei Mesume		
	浦北小江瓷艺术馆	Xiaojiang Porcelain Art Gallery in Pubei County		
	苹塘古村红色文化旅游区	Pingtang Ancient Village Red Culture Tourist Attraction		
	中国（广西）自由贸易试验区钦州港片区孔雀湾旅游景区	Peacock Bay Scenic Spot in Qinzhou Port Area of China (Guangxi) Pilot Free Trade Zone		
	桂平市北回归线标志公园	The Tropic of Cancer Sign Park in Guiping City	贵港市	Gugang
	桂平市大藤峡景区	Large Vine Gorge Scenic Spot in Guiping City		
	桂平市中山公园	Guiping Zhongshan Park		
	桂平市滨江文化公园	Guiping Riverside Cultural park		
	桂平市革命烈士纪念碑公园	Guiping Revolutionary Martyrs Monument Park		
	桂平市东塔景区	Guiping East Tower Scenic Spot		
	桂平市罗丛岩景区	Guiping Luocong Rock Scenic Spot		
	平南大安古建筑群景区	Da'an Acienct Architectural Complex Area in Pingnan County		
	平南梁嵩状元纪念馆景区	Liang Song Zhuangyuan Memorial Hall in Pingnan County		
	平南安怀石硖龙眼生态旅游景区	Anhuai Shixia Longan Ecological Tourism Area in Pingnan County		
	平南大新石硖龙眼母本园景区	Daxin Shixia Longan Original Tree Park in Pingnan County		
	平南大五顶森林养生景区	Dawuding Forest and Healthcare Area in Pingnan County		
	平南都兴屯黄花岗烈士公园	Duxingtun Huanghuagang Martyr Cemetery in Pingnan County		
	平南大玉余甘果生态园景区	Dayu Yuganguo Ecological Park in Pingnan County		

17－13 续表13 continued

类别 Classification	风景名胜区名称	Name	所在地	Location
AAA	平南畅岩怀古景区	Changyanhuaigu Scenic Spot in Pingnan County	贵港市	Gugang
	平南江北诗词文化公园	Jiangbei Poetry Culture Park in Pingnan County		
	贵港市马草江生态公园	Machaojiang Ecological Park		
	贵港市民族文化公园	Ethnic Group Culture Park		
	贵港市博物馆	Guigang Museum		
	贵港市体育中心	Sport Center of Guigang		
	贵港市青牛谷景区	Qingniugu Valley		
	贵港市凉水山景区	Liangshuishan Mountain Scenic Spot		
	贵港市达开湖景区河净片区	Hejing Area of Dakai Lake Scenic Spot		
	贵港市龙岩景区	Longyan Scenic Spot in Gangbei District		
	港南区谭寿林故居景区	Former Residence of Tan Shoulin in Gangnan District		
	梦幻冲口景区	Dreamlike Chongkou Scenic Spot		
	新塘草坪旅游区	Xintang Lawn Tourist Attraction		
	香江竞渡景区	Xiangjiang Dragon Boat Race Scenic Spot		
	覃塘花山茶海景区	Flowers and Tea Park in Qintang District		
	覃塘凤凰山景区	Fenghuangshan Mountain in Qintang District		
	覃塘古风岩景区	Gufengyan Scenic Spot in Qintang District		
	覃塘三里罗村景区	Sanliluo Village Scenic Spot in Qintang District		
	覃塘五指山景区	Wuzhishan Scenic Spot in Qintang District		
	覃塘布山古郡景区	Bushangujun Scenic Spot in Qintang District		
	覃塘区凌动世外桃源景区	Lingdong Land of Idyllic Beauty in Qintang District		
	龟山公园景区	Tortoise Hill Park Scenic Spot	玉林市	Yulin
	狮子山公园景区	Lion Hill Park Scenic Spot		
	玉林市园博园	Yulin Gardening Expo Park		
	玉林市博物馆	Yulin Museum		
	陆川县龟岭谷生态旅游景区	Tortoise Mountain Valley Eco-tourism Scenic Spot in Luchuan County		
	陆川县龙颈瀑布旅游景区	Dragon Neck Waterfall Scenic Spot in Luchuan County		
	陆川世客城	Shikecheng Scenic Spot		
	陆川龙珠湖风景名胜区	Longzhu Lake Scenic Spot of Luchuan County		
	水月岩旅游景区	Shuiyue Rock Scenic Spot		
	容县天堂湖温泉度假山庄	Tiantanghu Hotspring Holiday Village of Rongxian County in Yulin		
	容县抗日烈士纪念馆	Memorial Hall for Anti-Japanese Martyrs of Rongxian County		
	容县兰花生态园	Orchid Eco-park of Rongxian County		
	南方黑芝麻博物馆	Nanfang Black Sesami Museum		
	容县黄绍竑故居	Huang Shaohong's Former Residence		
	都峤山森林公园	Duqiao Mountain Forest Park		
	容县沙田柚王国	Plantation of Shatian Pomelo in Rongxian County		
	绿碧山	Lvbi Mountain		
	冠堂红色革命教育基地	Guantang Red Revolution Educational Base		
	北流市城西公园	Beiliu City Chengxi Park		
	北流市陶瓷名城	Beiliu famous ceramic city		

17－13 续表14 continued

类别 Classification	风景名胜区名称	Name	所在地	Location
AAA	梧村狮子峰生态旅游区	Wucun Lion Peak Eco-tourism Scenic Spot	玉林市	Yulin
	广西北流市扶新佰仁生态旅游风景区	Fuxin Bairen Eco-tourism Scenic Spot in Beiliu City, Guangxi		
	金斗岭生态旅游区	Jindou Hill Eco-tourism Attraction		
	北流市九龙湾生态旅游度假区	Jiulongwan Eco-tourism Resort in Beiliu City		
	北流市勾漏洞景区	Goulou Hole Scenic Spot of Beiliu		
	北流市容心谷生态旅游度假区	Rongxin Valley Ecological Tourist Resort		
	宴石山风景区	The Banquet Stone Mountain Scenic Spot		
	乐业县罗妹莲花洞景区	Luomei Lotus Cave Scenic Spot in Leye County of Baise	百色市	Baise
	乐业布柳河仙人桥景区	Xianren Bridge over the Buliu River of Leye County in Baise		
	乐业县红七红八军纪念馆	The Seventh and Eighth Red Army Memorial Hall, Leye County		
	乐业-凤山世界地质公园景区	Leye-Fengshan World Geopark Scenic Spot		
	乐业县穿洞天坑景区	Chuandong Sky Hole Scenic Spot in Leye County		
	乐业县五台山森林公园景区	Wutai Mountain Forest Park in Leye County		
	乐业县兰花和普园景区	Orchid Popularization Garden in Leye County		
	田林县万吉山森林公园景区	Wanji Mountain Forest Park in Tianlin County		
	凌云县泗城文庙景区	Sicheng Literature Temple of Lingyun County		
	凌云县纳灵河谷景区	Naling Valley of Lingyun County		
	凌云县水源洞景区	Shuiyuan Karst Cave in Lingyun County		
	凌云县博物馆景区	Lingyun Museum		
	凌云县独秀峰景区	Duxiu Peak Scenic Spot in Lingyun County		
	凌云县泗水缤纷・红色彩架景区	Sishui Profusion·Caijia Red Scenic Spot in Lingyun County		
	凌云县泗水缤纷・桑梓平怀景区	Sishui Profusion·Sangzi Pinghuai Scenic Spot in Lingyun County		
	田阳敢壮山布洛陀遗址景区	The Site of Buluotuo on Ganzhuang Mountain of Tianyang County		
	田东十里莲塘景区	Shili Lotus Scenic Spot of Tiandong		
	田东县右江工农民主政府旧址景区	The Site of Youjiang Former Workers and Peasants Democratic Government of Tiandong County		
	靖西龙潭湿地公园	Longtan Wetland Park in Jingxi City		
	靖西市渠洋湖景区	Quyang River Scenic Spot of Jingxi City		
	靖西市岜蒙福峒山生态旅游景区	Ho Chi Minh Cave Ecological Tourism Scenic Spot in Jingxi City		
	隆林各族自治县腊仁欢乐水乡景区	Laren Happy Water Town in Longlin Ethnic Autonomous County		
	贺州市博物馆	Museum of Hezhou City	贺州市	Hezhou
	客家围屋	Hakka Round House		
	玉印浮山	Jade Seal Floating Hill		
	紫云仙境景区	Ziyun Karst Cave Wonderland Scenic Spot		
	贺州博学园	Erudition Park of Hezhou		
	平桂区体育文化中心景区	Sports and Culture Center in Pinggui District		
	富川瑞光公园景区	Ruiguang Park in Fuchuan		
	富川秀水状元村景区	Xiushui Zhuangyuan Village Scenic Spot in Fuchuan		
	富川罗丰景区	Luofeng Scenic Spot in Fuchuan		
	富川古明城景区	Gumingcheng Scenic Spot in Fuchuan		
	贺州市华润循环经济工业旅游区	Huarun Circular Economy Industrial Tourism Area		

17－13 续表15 continued

类别 Classification	风景名胜区名称	Name	所在地	Location
AAA	钟山状元峰景区	Zhuangyuanfeng Scenic Spot in Zhongshan County	贺州市	Hezhou
	钟山石龙乡贤文化旅游景区	Shilong Moral Virtue Cultural Tourist Attraction in Zhongshan County		
	钟山县大田古村景区	Datian Ancient Village in Zhongshan County		
	黄姚诗画姚江景区	Poetic and Picturesque Yaojiang River in Huangyao Town		
	故乡茶博园	Homeland Tea Expo Garden		
	走马观画无边界景区	Scenic Spot of A Quick Glance Without Boundary		
	南丹温泉公园	Hotspring Park of Nandan	河池市	Hechi
	河池市天峨县龙滩水电站景区	Longtan Hydroelectric Station of Tian'e County		
	南丹白裤瑶生态博物馆	Eco-museum of Baiku Yao in Nandan County		
	金城江小三峡旅游景区	Xiaosanxia Scenic Spot in Jinchengjiang		
	南丹县铜江公园景区	Tongjiang Park Scenic Spot in Nandan County		
	河池宜州市古龙河漂流景区	Gulong River Rafting Scenic Spot of Yizhou District		
	巴马县西山红色旅游区	Western Hill Red Tourism Scenic Spot of Bama Coutny		
	宜州嘉联丝绸工业园	Jialian Silk Industry Park of Yizhou district		
	巴马活泉水文化景区	Huoquan Spring Cultural Scenic Spot of Bama Coutny		
	东兰民间铜鼓收藏馆	Folk Bronze Drum Collection Hall in Donglan		
	东兰天宝山景区	Tianbaoshan Scenic Spot in Donglan		
	大化县滇桂黔边纵队桂西区指挥部旧址	Dianguiqin Edge Column Guangxi West District Headquarters Site in Dahua		
	凤山县革命烈士公园	Revolutionary Martyr Memorial Park in Fengshan County		
	都安山水瑶景区	Shanshui Yao Scenic Spot in Du'an Yao Autonomous County		
	都安密洛陀野生葡萄红酒酿造基地	Du'an Miluotuo Cultural Park		
	都安民族博物馆	Du'an Ethnography Museum		
	大化“夜街”景区	Yejie Scenic Spot in Dahua		
	大化水岸廊桥景区	Shui'an Gallery Bridge Scenic Spot in Dahua		
	川洞河燕子湖景区	Chuandong River Swallow Lake		
	来宾市桂中水城盘古文化公园	Pan Gu Cultural Park of Guizhong Watertown in Laibin	来宾市	Laibin
	蓬莱洲（时光岛）旅游度假区	Penglai Island (Time Island) Tourist Resort		
	象州县象郡文化公园	Xiangjun Culture Park in Xiangzhou County		
	来宾市象州县罗秀镇纳禄景区	Nalu Scenic Spot in Luoxiu Town in Xiangzhou County of Laibin		
	武宣县百崖大峡谷景区	Baiya Gorge Scenic Spot in Wuxuan County		
	武宣县文庙景区	Wuxuan Confucian Temple		
	广西壮族自治区来宾市忻城县盘鹤岭森林公园	Panhe Mountain Forest Park in Xincheng County of Laibin		
	广西壮族自治区来宾市忻城县神秘湖景区	Mysterious Lake in Xincheng County of Laibin		
	广西壮族自治区来宾市忻城县忻城马泗都宜忻革命根据地景区	Duyixin Revolution Base in Masi Village, Xincheng County of Laibin		
	青山瀑布景区	Qingshan Waterfall Scenic Spot		
	合山市国家矿山公园（里兰园区）	National Mine Park (Lilan Park) in Heshan City		
	合山市红河公园景区	Honghe Park in Heshan City		

17—13 续表16 continued

类别 Classification	风景名胜区名称	Name	所在地	Location
AAA	合山市奇石文化公园	Strange Stones Gallery of Heshan City	来宾市	Laibin
	合山市百年老矿·第一口井历史文化景区	Century-old Mine and the First Well History and Culture Scenic Spot in Heshan City		
	广西合山虎鹰工业旅游景区	Huying Industrial Tourist Attraction in Heshan City		
	龙州县跑马洞景区	Paoma Cave Scenic Spot in Longzhou County	崇左市	Chongzuo
	天等县都康田园景区	Dukang Countryside Scenic Spot in Tiandeng County		
	天等县天椒乐园	Tianjiao Park in Tiandeng County		
	胡志明展馆	Ho Chi Minh Exhibition Hall		
	龙州县业秀园景区	Yexiu Park in Longzhou County		
	龙州（水陇—甫茶）红军路景区	Shuilong-fucha Red Army Road Scenic Spot in Longzhou County		
	独山景区	Dushan Scenic Spot		
	凭祥市浦寨文化旅游不夜城景区	The Never-Sleep-City Cultural Scenic Spot of Puzhai Town of Pingxiang City		
	凭祥市世界珍稀林木生态园景区	The World's Rare Trees Original Scenic Spot of Pingxiang City		
	凭祥市兰花谷景区	Park of Orchids Valley of Pingxiang City		
	凭祥市平岗岭地下长城景区	Pinggangling Greatwall Underground Scenic Spot of Pingxiang City		
	凭祥市城市规划展览馆	City Planning Exhibition Hall of Pingxiang City		
	凭祥市白云山生态公园	Baiyunshan Mountain Ecological Park in Pinxiang		
	宁明县狮子头森林公园	Shizitou Forest Park in Ningming County		
	崇左市壮族博物馆	Chongzuo Museum of Zhuang Ethnic Group		
	大新县小灵珑景区	Xiaolinglong Scenic Spot of Daxin County		
	大新县黑水河景区	Blackwater River Scenic Spot in Daxin County		
	大新县凤凰岭景区	Fenghuang Valley Scenic Spot of Daxin County		
	炎鑫景区	Yanxin Scenic Spot		
	逐羊景区	Zhuyang Scenic Spot		
	天等县立屯天梦景区	Litun Tianmeng Scenic Spot in Tiandeng County		
	凭祥市华夏龟谷生态旅游度假区	China Tortoise Center Eco-tourism Resort in Pingxiang City		
AA	防城港火山岛景区	Volcano Island Scenic Spot of Fangchenggang	防城港市	Fangcheng-gang
	钦州市北部湾坭兴玉陶景区	The Nixing Potery Scenic Spot of Beibu Gulf in Qinzhou	钦州市	Qinzhou
	钦州市灵山县锦泉生态旅游度假村	Jinquan Original Holiday Village of Lingshan County in Qinzhou City		
	玉林欢天喜地园艺场	Joyful Gardening Paradise in Yulin	玉林市	Yulin
	罗城青明山庄园景区	Qingming Villa Scenic Spot of Luocheng County	河池市	Hechi
	罗城县武阳江景区	WuYang River Scenic Spot of Luocheng County		
	大化莲花山景区	Lianhua Mountain Scenic Spot of Dahua County		
	河池市罗城县剑江景区	Jianjiang River Scenic Spot		
	都安县八仙乐园景区	Baxian Fairyland Scenic Spot of Du'an County		
	来宾市金海公园	Jinhai Park in Laibin	来宾市	Laibin
	象州凉泉景区	Cool Spring Scenic Spot in Xiangzhou County		

主要统计指标解释

营业额 指住宿和餐饮业单位在经营活动中，因提供服务或销售商品等取得的全部收入（含增值税），收入主要来源于提供客房、餐费服务、商品销售和其他服务，如商务服务。不包括多产业法人企业附营的其他行业产业活动单位的餐费收入、商品销售收入等各项收入。

客房收入 指住宿和餐饮业单位在经营活动中因提供住宿服务取得的收入（含增值税）。不包括多产业法人企业附营的其他行业产业活动单位的客房收入。

餐费收入 指本单位为顾客提供就餐服务取得的收入（含增值税）。包括：经烹饪、调制加工后出售的各种食品，如主食、炒菜、凉拌菜等的收入。不包括多产业法人企业附营的其他行业产业活动单位的餐费收入。

商品销售额 指对本单位以外的单位和个人出售的商品金额（包括售给本单位消费用的商品，含增值税）。在住宿和餐饮业中，本指标反映住宿和餐饮业单位出售商品的销售总额（含增值税），不包括法人企业附营的其他行业产业活动单位的商品销售额。

其他收入 指提供客房、餐饮服务、商品销售以外的其他服务获得的收入（含增值税），如商务服务、健身娱乐等。

游客 指任何为观光游览、休闲度假、探亲访友、保健疗养、购物娱乐、学习交流、会议培训或开展经济、文化、体育、宗教等活动，离开常住国（或常住地）到其他国家（或地区），其连续停留时间不超过12个月，并且在其他国家（或地方）的主要目的不是通过所从事的活动获取报酬的人。游客不包括因工作或学习在两地有规律往返的人。游客按出游地分入境游客和国内游客；按出游时间分为过夜游客和一日游游客。

入境游客 指报告期内中国（大陆）观光游览、休闲度假、探亲访友、保健疗养、购物娱乐、学习交流、会议培训或开展经济、文化、体育、宗教等活动的外国人、港澳台同胞等游客（即入境旅游人数）。统计时，入境游客按每入境一次统计1人次。入境游客包括入境过夜游客和入境一日游游客。

国内游客 指报告期内在中国（大陆）观光游览、休闲度假、探亲访友、保健疗养、购物娱乐、学习交流、会议培训或开展经济、文化、体育、宗教等活动的中国（大

Explanatory Notes on Main Statistical Indicators

Business Revenue refers to the total revenue (including value-added tax) of hotels and catering units from services providing or goods selling in operating activities, including incomes from hotels, incomes from catering services, incomes from sales of goods and other incomes. It does not include revenue such as meal fees, selling of commodities of other industrial units affiliated with multi-industrial legal entities.

Incomes from Hotels refers to the incomes (including value-added tax) of hotels and catering units gained for providing lodging services through business activities. It excludes the hotel incomes of other industrial units affiliated with multi-industrial legal entities.

Incomes from Catering Services refers to the incomes (including value-added tax) of hotels and catering units gained for providing catering services in operating activities, including various foods being sold after cooking and concocting, such as income from staple food, stir-fry food and salad etc.. It excludes the catering incomes of other industrial units affiliated with multi-industrial legal entities.

Sales of Goods refers to value of goods sold to other units or individuals (including the goods sold to the unit inside, and including value-added tax). This indicator reflects the total sales (including value-added tax) of goods of hotels and catering units. It excludes the sales of goods incomes of other industrial units affiliated with multi-industrial legal entities.

Other Incomes refers to the other incomes in the turnover beside the incomes from hotels, catering services and sales of goods (including value-added tax), such as commercial services, fitness and entertainment.

Revised as: Tourist refers to any person who leaves his or her country of permanent residence (or place of residence) to another country (or region) for the purposes of sightseeing, leisure and vacation, visiting relatives and friends, health and rehabilitation, shopping and entertainment, study and exchanges, attending conferences and training, or to engage in economic, cultural, sports, religious or other activities, and stays for a continuous period of no more than 12 months, with the primary purpose in the destination country (or place) not to be paid for the activities he or she performs. Tourists do not include those who travel regularly between two places for work or study. Tourists are divided into inbound tourists and domestic tourists by the destination, overnight tourists and one-day tourists by the duration.

Revised as: Inbound Tourist refers to any individual from a foreign country or Hong Kong, Macao, or Taiwan who comes to China's mainland for the purposes of sightseeing, leisure and vacation, visiting relatives and friends, health care and rehabilitation, shopping and entertainment, study and exchanges, attending conferences and training, or to engage in economic, cultural, sports, religious or other activities during the report period (i.e. the number of inbound tourists). In statistics, one entry made by one inbound tourist is counted as one person time (visit). Inbound tourists include inbound overnight tourists and inbound one-day tourists.

Revised as: Domestic Tourist refers to any resident of China's mainland who engages in sightseeing, leisure and vacation, visiting relatives and friends, health care and rehabilitation, shopping and entertainment, study and

陆）居民，其出游的目的不是通过所从事的活动谋取报酬。统计时，国内游客按每出游一次统计1人次。国内游客包括国内过夜旅游者和国内一日游游客。

exchanges, conference and training, or economic, cultural, sports, religious or other activities in China's mainland during the report period, with his or her main purpose not to be paid for the activities he or she performs. In statistics, for domestic tourists, one trip is counted as one person time (visit). Domestic tourists include domestic overnight tourists and domestic one-day tourists.

旅游消费　游客在旅游过程中（由游客或游客的代表为游客）支付的一切旅游支出。应包括游客在整个游程中行、游、住、食、购、娱，以及为亲友、家人购买纪念品、礼品等方面的支出，不包括以营利为目的的购物，购买房、地、车、船等资本性投资，赠亲友的现金及给公共机构的捐赠。地方旅游收入包括入境游客收入和国内游客收入。

Revised as: Tourist Consumption　refers to the total expenditure paid by tourists or delegates of tourists during their travel. It should include the tourist expenditure for transportation, visiting, accommodation, catering, shopping, entertainment, and purchasing gifts and souvenirs for families and friends during the whole journey, and exclude profit-oriented shopping, capital investment for buying real estates, lands, motor vehicles and ships, cash given to relatives and friends, and donations for public institutions. Local tourist revenue includes inbound tourist revenue and domestic tourist revenue.

国际旅游（外汇）消费　入境游客在中国（大陆）境内旅行、游览过程中用于交通、参观游览、住宿、餐饮、购物、娱乐等全部花费。

International Tourist (Foreign Exchange) Consumption　refers to the total expenses of inbound tourists during their stay in the mainland of China on transportation, sightseeing, accommodation, food, shopping and entertainment.

国内旅游消费　指国内游客在国内旅行、游览过程中用于交通、参观游览、住宿、餐饮、购物、娱乐等全部花费。

Domestic Tourist Consumption　refers to the total expenses of domestic tourists during their travel in China on transportation, sightseeing, accommodation, food, shopping and entertainment.

第十八篇　交通、运输和邮电通信业

CHAPTER 18　TRANSPORTATION, POSTAL AND TELECOMMUNICATION SERVICES

（编辑：利　杰）

简要说明

（本篇资料由自治区统计局服务业处整理，电话：0771-5879923）

一、本篇资料主要内容及来源

（一）民用车辆保有量情况（公安厅交通管理局、自治区农机中心）；

（二）交通运输和港口基础设施及生产情况（交通运输厅、中国铁路南宁局、广西机场管理集团）；

（三）邮政电信业基础设施及生产情况（自治区通信管理局、自治区邮政管理局）。

二、其他情况说明

1. 2006年起国家交通部将村道纳入公路里程统计范围，公路里程数据与往年不可比。

2. 2019年起，公路货运、港口统计口径调整，二者数据与往年均不可比。

3. 2021年起，电信业务总量和邮政业务总量按2020年不变价格计算，数据与往年不可比。

4. 2014年起，邮政快递网点、邮路总长度、邮政汽车三个指标包含快递服务企业数据，之前仅含邮政公司数。

Brief Introduction

(This information was collated by Department of Service Industry of the Guangxi Zhuang Autonomous Region Bureau of Statistics, Tel: 0771-5879923)

Main contents and sources of this information

(i) Possession of civil vehicles (by Traffic Management Authority of Public Security Department, Agricultural Machinery Center of Guangxi Zhuang Autonomous Region);

(ii) Transportation and port infrastructure and production (by Department of Transportation, Nanning Bureau of China Railway, Guangxi Airport Management Group);

(iii) Infrastructure and production of the postal telecommunications industry (by Communications Administration and Postal Administration of Guangxi Zhuang Autonomous Region).

18－1 主要年份民用车辆保有量

Possession of Civil Vehicles in Main Years

指　标	Item	2000	2005	2010	2015	2018	2019	2020	2021
一、汽车（万辆）	Civil Motor Vehicles (10 000 units)	29.13	63.54	155.73	366.52	590.40	675.72	752.06	832.76
#私人	Private	13.27	33.49	111.71	316.66	533.62	615.13	688.62	765.70
1. 载客汽车（万辆）	Number of Buses and Cars (100 000 units)	15.23	38.00	113.13	302.56	509.85	587.41	653.60	726.07
#私人	Private	6.03	21.07	88.01	274.28	478.19	553.04	618.94	691.05
载客量（万客位）	Passenger Vehicles Seats (10 000 sets)	192.57		793.31	1861.34	3018.35	3428.69	3797.75	4173.22
大型（万辆）	Large (10 000 units)	1.70	2.45	3.22	3.33	3.87	3.92	3.88	3.82
#私人	Private	0.53	0.19	0.12	0.02	0.03	0.03	0.03	0.03
载客量（万客位）	Passenger Vehicles Seats (10 000 sets)	68.60		125.95	144.86	176.49	180.63	183.03	181.84
轿车（万辆）	Car (10 000 units)		16.03	62.81	176.65	300.64	354.21	401.93	455.51
#私人	Private		9.48	52.68	164.28	285.82	337.55	385.78	439.84
2. 载货汽车（万辆）	Ordinary Trucks (10 000 units)	13.16	19.48	36.82	58.71	75.88	83.21	93.31	101.59
#私人	Private	7.15	8.45	20.00	38.99	52.36	58.99	66.53	71.52
载重量（万吨位）	Deadweight Capacity (10 000 tons)	58.20		127.93	182.40	245.14	268.51	322.96	353.48
大（重）型（万辆）	Large (10 000 units)	7.38	9.36	8.97	13.51	19.17	20.94	24.50	28.32
#私人	Private	3.98	3.55	3.14	5.10	7.41	8.49	9.67	10.53
载重量（万吨位）	Deadweight Capacity (10 000 tons)	39.70		83.01	128.93	182.49	202.48	245.52	272.68
3. 其他汽车（万辆）	Other Special Motor Vehicles (10 000 units)	0.75	6.05	5.78	5.24	4.67	5.10	5.15	5.10
#私人	Private	0.09	3.97	3.69	3.40	3.06	3.09	3.15	3.13
二、拖拉机（万辆）	Wheel Tractor (10 000 units)	29.17	49.07	37.95	47.82	37.89	36.97	28.42	18.32
#私人	Private	28.37	49.79	37.95	47.82	37.89	36.97	28.42	18.32
三、摩托车（万辆）	Motorcycles (10 000 units)	160.15	433.80	638.52	671.96	623.16	622.13	673.13	730.60
#私人	Private	145.57	425.97	633.02	668.75	620.06	618.41	668.75	723.63
普通（万辆）	Motor Bikes (10 000 units)	145.50	414.12	633.40	667.73	619.79	604.03	609.15	623.70
#私人	Private	137.09	407.31	627.93	664.53	616.70	600.37	604.99	617.10
四、挂车（万辆）	Trailers (10 000 units)	0.45	0.89	1.46	2.92	4.83	5.68	7.63	9.29
#私人	Private	0.22	0.28	0.38	0.96	1.69	2.01	2.52	2.88

说明：根据2006年口径，2005年民用汽车拥有量及其中私人民用汽车拥有量数据已做调整，不再包含农机部门的三轮汽车和低速汽车。

Note: The number of Civil Motor Vehicles and Private Civil Motor Vehicles in 2005 have been adjusted according to the new standard in 2006, and exclude the motor pedicab and low-speed motor vehicles belonged to the Agricultural Machinery Department.

18－2 主要年份民用运输船舶拥有量
Possession of Civil Transport Vessels in Main Years

指 标	Item	2000	2005	2010	2015	2018	2019	2020	2021
运输船舶总数（艘）	**Ⅰ. Motor Transport Vessels (unit)**	**8472**	**8307**	**8800**	**9000**	**7833**	**6532**	**6989**	**7627**
#私人	Private	3978	3450	3493	2877	2302	887	777	606
载客量(万客位)	Passenger Vehicles Seats (set)	8.37	8.97	11.21	12.00	10.22	2.87	3.08	3.30
净载重量（万吨位）	Net Deadweight Capacity (10 000 tons)	84.93	203.60	514.00	819.74	946.15	1051.89	1214.87	1573.50
总功率（万千瓦）	Total Power (kw)	41.16	67.47	148.54	208.41	214.73	219.73	238.16	266.72
1. 客船（艘）	Passenger Vessels (unit)	1872	2269	2725	2462	1899	345	347	339
#私人	Private	1456	1684	2168	1934	1414	9		
载客量（万客位）	Passenger Vehicles Seats (set)	7.41	8.83	11.07	11.83	9.98	2.67	2.97	3.19
2. 客货船（艘）	Passenger and Cargo Vessels (unit)	166	5	5	4	5	4	2	2
#私人	Private	143	1						
载客量（万客位）	Passenger Vehicles Seats (set)	0.96	0.14	0.14	0.17	0.24	0.19	0.11	0.11
净载重量（万吨位）	Net Deadweight Capacity (10 000 tons)	0.24	0.00	0.26	0.40	0.45	0.40	0.04	0.04
3. 货船（艘）	Cargo Boat (unit)	6403	6030	6060	6532	5929	6183	6640	7286
#私人	Private	2379	1765	1325	943	888	878	777	606
净载重量（万吨位）	Net Deadweight Capacity (10 000 tons)	84.69	203.46	513.13	819.34	945.69	1051.49	1214.83	1573.45

18－3 主要年份港口基本情况
Basic Statistics of Ports of Inland and Coast in Main Years

指 标	Item	码头长度（米） Length of Quay Lines (m)							
		2000	2005	2010	2015	2018	2019	2020	2021
全区港口		–	–	–	–	–	**73984**	**75384**	**76193**
内河港口	**Navigable Inland Waterways**			**17386**	**23451**	**24407**	**33888**	**34454**	**34606**
南宁港	Nanning Port	2197	1643	3417	5796	5894	5619	5766	5636
柳州港	Liuzhou Port	1150	1056	751	1556	1892	1892	1687	1687
桂林港	Guilin Port	–	–	–	–	–	4170	4170	4170
梧州港	Wuzhou Port	6376	4234	3970	5250	4832	5230	5230	5230
贵港港	Guigang Port	5150	5951	7083	7745	8529	8637	9020	9160
百色港	Baise Port	–	–	–	–	–	2635	2635	2777
贺州港	Hezhou Port	–	–	–	–	–	1076	1316	1316
河池港	Hechi port	–	–	–	–	–	197	197	197
来宾港	Laibin Port			2165	3104	3260	3260	3261	3261
崇左港	Chongzuo Port	–	–	–	–	–	1172	1172	1172
广西北部湾港	**Ports of Beibu Gulf in Guangxi**			**24868**	**35937**	**38567**	**40096**	**40930**	**41587**
北海港域	Beihai Port	1900	2504	5142	6739	7672	7672	7672	7672
防城港域	Fangchenggang Port	3211	4080	12194	15260	16343	17326	17669	18326
钦州港域	Qinzhou Port	1730	3696	7532	13938	14552	15098	15589	15589

注：2019年起港口统计口径调整，由规模以上港口调整为全部港口，数据与往年不可比。
Note: The data of ports since 2019 has been adjusted to overall ports from ports above designated size, which is incomparable with the former years.

18—4 主要年份运输线路里程
Length of Transportation Routes in Main Years

单位：公里 (km)

指 标	Item	2000	2005	2010	2015	2018	2019	2020	2021
一、铁路营业里程	Length of Railways in Operation	3109	3097	3174	5086	5202	5206	5206	5216
#高铁里程	Length of High-speed Rail	–	–	–	1703	1771	1792	1771	1771
复线里程	Length of Double Track Lines	408	482	455	2400	2680	2676	2676	2676
电气化里程	Length of Electric Lines			779	3066	3394	3510	3738	3892
二、铁路正线延展里程	Extensive Length of Railway Lines	3349	3462	3675	7501	7895	7896	7884	7834
三、公路里程	Length of Highways	52910	62003	101782	117993	125449	127819	131642	160637
#高速公路里程	Length of Expressway	812	1411	2574	4288	5563	6026	6803	7348
四、内河航道通航里程	Length of Navigable Inland Waterways		5591	5591	5873	5873	5873	5873	5873

18—5 主要年份港口货物吞吐量
Volume of Cargo Handled at Ports in Main Years

单位：万吨 (10 000 tons)

港口名称	Name of Ports	2000	2005	2010	2015	2018	2019	2020	2021
全区港口	**Total Ports**	**2879**	**6877**	**18575**	**31421**	**37866**	**37916**	**46913**	**55659**
内河港口	**Ports of Navigable Inland Waterways**	**1112**	**3208**	**6652**	**10939**	**13880**	**12349**	**17346**	**19837**
南宁港	Nanning Port	58	73	485	1004	736	796	845	980
柳州港	Liuzhou Port	36	56	189	234	45	46	45	38
桂林港	Guilin Port	–	–	–	–	–	–	–	–
梧州港	Wuzhou Port	85	403	1601	3202	4002	2856	4417	6004
贵港港	Guigang Port	468	1507	3807	5334	7003	8063	10552	10227
百色港	Baise Port	–	–	–	–	–	–	399	736
贺州港	Hezhou Port	–	–	–	–	–	–	–	–
河池港	Hechi port	–	–	–	–	–	–	11	22
来宾港	Laibin Port	–	–	569	1166	2093	504	853	1578
崇左港	Chongzuo Port	–	–	–	–	–	84	224	253
广西北部湾港	**Ports of Beibu Gulf in Guangxi**	**1768**	**3669**	**11923**	**20482**	**23986**	**25568**	**29567**	**35822**
北海港域	Beihai Port	265	437	1251	2468	3387	3496	3736	4323
防城港域	Fangchenggang Port	919	2006	7650	11504	10448	10141	12182	14800
钦州港域	Qinzhou Port	140	511	3022	6510	10151	11931	13649	16699

注：2019年起港口统计口径调整，由规模以上港口调整为全部港口，数据与往年不可比。

Note: The data of ports since 2019 has been adjusted to overall ports from ports above designated size, which is incomparable with the former years.

18—6　全社会客运量及旅客周转量（1978—2021年）
Total Passenger Traffic and Passenger-kilometers（1978—2021）

年　份 Year	客运量（万人） Passenger Traffic (10 000 persons)	铁路 Railways	公路 Highways	水运 Waterways	民航 Civil Aviation
1978	6398	1368	4628	383	10
1980	9369	1869	7054	429	17
1985	20018	2456	16993	526	43
1990	26272	2391	22826	984	69
1991	24685	2346	21175	1089	75
1992	27262	2703	23189	1273	95
1993	39398	2980	33968	2344	106
1994	34274	3030	29954	1177	113
1995	34317	2819	30024	1192	283
1996	36066	2385	32582	805	294
1997	38343	2495	34752	802	294
1998	39670	2576	36006	786	302
1999	41009	2496	37412	779	322
2000	42952	2508	39321	766	357
2001	44451	2270	41020	755	373
2002	45868	2148	42459	850	410
2003	43595	1936	40524	785	350
2004	48870	1938	45578	861	439
2005	52197	2037	48740	883	536
2006	56635	2347	52609	1023	656
2007	61716	2578	57213	1119	806
2008	64745	2937	60645	340	823
2009	69740	2956	65045	302	1077
2010	76967	3163	72208	395	1201
2011	84431	3383	79300	417	1331
2012	91656	3310	86449	470	1427
2013	50846	3275	45606	394	1571
2014	49926	4770	42841	512	1803
2015	50986	7046	41522	533	1885
2016	50765	8388	39750	561	2066
2017	51056	9838	38083	657	2478
2018	50696	11100	36134	697	2766
2019	49990	11777	34539	770	2904
2020	36755	7838	26771	339	1808
2021	29843	9088	18326	504	1925

18—6 续表 continued

年 份 Year	旅客周转量（亿人公里） Turnover of Passenger Traffic (100 million passenger-km)	铁路 Railways	公路 Highways	水运 Waterways
1978	41.20	21.64	16.89	2.67
1980	60.25	31.11	25.05	4.09
1985	127.77	55.72	66.50	5.55
1990	174.79	66.79	101.21	6.76
1991	183.70	71.33	105.18	7.19
1992	223.94	83.19	133.39	7.31
1993	283.77	112.00	164.04	7.72
1994	289.39	118.59	165.32	5.48
1995	298.41	112.14	180.78	5.49
1996	323.69	93.79	225.97	3.93
1997	378.18	94.40	280.32	3.46
1998	386.97	91.77	292.63	2.57
1999	440.19	105.36	332.30	2.52
2000	464.96	114.48	347.94	2.54
2001	490.92	116.23	372.07	2.63
2002	502.42	117.02	382.70	2.70
2003	475.09	105.46	367.35	2.27
2004	529.43	116.18	410.64	2.61
2005	573.08	131.73	438.77	2.58
2006	625.34	150.90	471.43	3.01
2007	714.27	174.05	536.93	3.29
2008	753.27	188.10	563.52	1.65
2009	787.42	167.44	618.28	1.70
2010	879.23	182.13	695.32	1.78
2011	973.01	194.48	776.51	2.01
2012	1047.98	187.72	857.98	2.28
2013	611.32	193.67	415.73	1.92
2014	670.05	236.96	430.60	2.48
2015	731.75	318.22	410.82	2.71
2016	743.83	351.08	390.05	2.70
2017	778.31	404.61	370.38	3.32
2018	816.65	462.26	351.10	3.29
2019	817.45	481.29	332.66	3.50
2020	553.96	301.56	250.89	1.51
2021	521.94	335.64	184.22	2.08

18－7　全社会货运量及货物周转量（1978—2021年）
Total Freight Traffic and Freight Ton-Kilometers（1978—2021）

年　份 Year	货运量（万吨） Freight Traffic (10 000 tons)	铁路 Railways	公路 Highways	水运 Waterways	民航 Civil Aviation
1978	5885	2118	2697	1070	
1980	4496	1833	1772	891	0.10
1985	12909	2224	9898	787	0.58
1990	19888	3798	14711	1338	0.50
1991	22469	3920	17146	1403	0.70
1992	23457	4167	17567	1666	0.90
1993	35509	4434	27723	3352	1.00
1994	28132	4920	20391	2820	1.00
1995	28622	5072	20686	2862	1.60
1996	29441	5166	22386	1887	1.70
1997	31473	5315	24349	1808	1.00
1998	32671	5364	25482	1823	1.80
1999	30862	5293	23720	1846	3.20
2000	31270	5843	23514	1910	3.38
2001	33267	6316	23747	2024	3.76
2002	33392	6636	24325	2423	7.64
2003	33457	6516	24164	2774	3.80
2004	37118	7860	25822	3432	4.20
2005	41025	8517	27861	4642	4.80
2006	45454	9374	30525	5549	5.60
2007	50152	10503	32920	6722	6.90
2008	84950	9861	64884	10198	6.80
2009	95076	9564	75766	9738	8.03
2010	113445	7052	93552	12832	9.49
2011	136143	6770	113549	15813	11.00
2012	161368	6846	135112	19398	12.24
2013	151155	6916	124677	19549	12.94
2014	137794	6687	108270	22824	13.30
2015	149727	5779	119194	24741	13.36
2016	160774	5898	128247	26615	14.11
2017	174656	6634	139602	28405	14.61
2018	190668	7140	153389	30123	15.74
2019	183052	8405	142749	31881	16.85
2020	187456	9269	145323	32851	13.48
2021	216184	9119	169019	38030	15.42

注：2019年起公路货运量、货物周转量统计口径调整，数据与往年不可比。
Note: The data of freight and freight ton-kilometers has been adjusted since 2019, which is incomparable with the former years.

18－7 续表 continued

年 份 Year	货物周转量（亿吨公里） Freight Ton-kilometers (100 million ton-km)	铁路 Railways	公路 Highways	水运 Waterways
1978	183.78	153.93	7.54	22.31
1980	160.46	132.52	5.77	22.17
1985	276.26	200.52	47.30	28.44
1990	428.02	268.17	116.95	42.82
1991	429.61	286.31	91.62	51.68
1992	487.27	310.98	102.72	64.42
1993	511.96	335.21	103.23	73.51
1994	588.98	348.14	140.36	100.48
1995	592.93	351.61	143.39	97.93
1996	606.12	346.30	170.58	89.23
1997	642.30	366.73	183.48	92.08
1998	695.35	413.46	190.48	91.41
1999	698.20	414.60	202.10	81.50
2000	770.61	485.14	209.44	76.03
2001	799.42	504.15	212.10	83.16
2002	860.74	540.92	218.51	101.31
2003	942.55	606.39	217.10	119.06
2004	1095.66	713.35	235.62	146.69
2005	1208.91	777.73	258.43	172.75
2006	1338.95	846.02	286.85	206.08
2007	1516.55	928.94	302.23	285.34
2008	2210.23	912.86	799.96	497.41
2009	2365.62	825.25	934.70	605.67
2010	2926.77	891.33	1173.45	861.99
2011	3478.23	895.38	1494.04	1088.81
2012	4110.64	860.01	1878.29	1372.34
2013	3856.37	809.43	1857.18	1189.76
2014	3869.91	770.85	1902.70	1196.36
2015	4061.82	674.53	2122.60	1264.69
2016	4260.41	679.03	2248.46	1332.92
2017	4613.32	709.68	2456.69	1446.95
2018	4983.78	710.09	2683.05	1590.64
2019	3989.18	752.84	1470.88	1765.46
2020	4159.60	754.24	1486.86	1918.50
2021	4882.04	772.72	1873.39	2235.93

18－8　公路线路长度（按等级分类，1978—2021年）
Total Length of Highways（Grouped by Class, 1978—2021）

单位：公里　　(km)

年份 Year	公路里程总计 Total Length of Highways	等级公路合计 Expressway and Class Ⅰ to Ⅳ Highway	高速 Expressway	一级 Class Ⅰ	二级 Class Ⅱ	三级 Class Ⅲ	四级 Class Ⅳ	等外 Below Class Ⅳ	公路等级里程占总里程（%） Proportion of Expressway and Class Ⅰ to Ⅳ Highway in Total Length of Highways(%)
1978	29773							14996	
1979	30692	13771			83	1341	12347	16921	44.87
1980	31624	14703			83	1348	13272	16921	46.49
1981	31823	14902			83	1373	13446	16921	46.83
1982	32156	15264			83	1465	13716	16892	47.47
1983	32529	15740			84	1531	14125	16789	48.39
1984	32757	16061			84	1531	14446	16696	49.03
1985	32972	16329			104	1633	14592	16643	49.52
1986	33222	16703			105	1670	14928	16519	50.28
1987	33928	17604			139	1763	15702	16324	51.89
1988	35400	19193			202	1803	17188	16207	54.22
1989	35945	19829			214	1875	17740	16116	55.16
1990	36214	20098		8	358	2031	17701	16116	55.50
1991	36660	20711		11	428	1919	18353	15949	56.49
1992	37291	21488		11	682	1917	18878	15803	57.62
1993	38495	22754		11	1035	1910	19798	15741	59.11
1994	39550	23890		48	1074	2017	20751	15660	60.40
1995	40904	25509		66	1330	2163	21950	15395	62.36
1996	42696	27375		66	1448	2222	23639	15321	64.12
1997	45378	30283	193	189	1670	2208	26023	15095	66.73
1998	51073	43319	439	389	2107	16741	23643	7754	84.82
1999	51378	43671	575	389	2319	16721	23667	7707	85.00
2000	52910	45430	812	442	2628	16620	24928	7480	85.86
2001	54752	40192	822	449	4316	5213	29392	14560	73.40
2002	56297	42155	822	449	4773	5348	30763	14142	74.86
2003	58451	45284	1011	482	5351	5611	32829	13167	77.47
2004	59704	47304	1157	514	5783	5337	34314	12400	79.23
2005	62003	51046	1411	546	6299	5813	36977	10957	82.33
2006	90318	52101	1545	705	6847	5589	37415	38216	57.69
2007	94202	62861	1879	733	7325	5625	47296	31340	66.73
2008	99273	73051	2181	818	8114	6311	55624	26221	73.58
2009	100491	77154	2395	827	8559	6889	58484	23337	76.78
2010	101782	81239	2574	876	8646	7942	61200	20543	79.82
2011	104889	87296	2754	944	9132	8261	66205	17592	83.23
2012	107906	91583	2883	984	9720	8320	69676	16322	84.87
2013	111384	96343	3305	1008	10392	8258	73380	15041	86.50
2014	114900	100647	3722	1026	10618	8334	76947	14252	87.60
2015	117993	105019	4288	1079	11147	8269	80236	12974	89.00
2016	120547	108947	4603	1372	11934	8016	83021	11600	90.38
2017	123259	112619	5259	1443	12714	8296	84907	10640	91.37
2018	125449	115702	5563	1554	13156	8676	86753	9748	92.23
2019	127819	118793	6026	1591	13789	8950	88437	9026	92.94
2020	131642	124235	6803	1743	14682	9145	91862	7408	94.37
2021	160637	153292	7348	1890	15634	9683	118737	7345	95.43

注：1. 从2001年起以第二次全国公路普查数据为调整基数。
　　2. 2006年度国家交通部将村道纳入公路里程统计范围，与往年数据不可比。

Note: 1. The data in the table have been readjusted based on the data of the Second National Highway Census since 2001.
　　2. Since 2006, the Ministry of Transportation has brought the country roads into the statistical range of highway length, thus the data in 2006 is in comparable with the former years.

18－9 主要年份邮电通信水平
Level of Postal and Telecommunications Services in Main Years

指　标	Item	2000	2005	2010	2015	2018	2019	2020	2021
平均每人每年发函件数（件）	Per Capita Annul Average Number of Letters (piece)	3.6	2.4	1.4	0.8	0.6	0.5	0.3	0.2
平均每百人订有报刊数（件）	Annual Average Number of Newspapers and Magazines Subscribed (piece) Per Hundred People	9.5	4.0	6.2	8.2	7.4	6.0	6.8	5.1
平均每万人拥有电话机数（部）	Average Number of Telephone Subscribers per 10 000 Persons Owned (set)	1102	3853	6177	8572	10772	11004	11304	11830
设有邮电局、所乡（镇）比重（%）	Proportion of Townships with Post and Telecommunication Office (%)	90.3	91.3	95.5	100.0	100.0	100.0	100.0	100.0
通电话的乡（镇）比重（%）	Proportion of Townships with Telephone Communication (%)	100.0	100.0	100.0	100.0	100.0	100.0	100.0	100.0
按固定班期投递邮件的乡（镇）比重（%）	Proportion of Townships with Delivery by Regularly Time (%)	99.9	98.7	100.0	100.0	100.0	100.0	100.0	100.0
通电话的行政村比重（%）	Proportion of Administrative Village with Telephone Communication (%)	91.5	99.1	100.0	100.0	100.0	100.0	100.0	100.0
互联网宽带接入通达的行政村比重（%）	Proportion of Administrative Village with Broadband Internet (%)					100.0	100.0	100.0	100.0

说明：表中2021年电信数据为快报数。

Note: Data about telecommunication in 2021 is quick statistics data.

18－10 主要年份邮政和电信主要指标
Major Indicators of Postal and Telecommunications Services in Main Years

指 标	Item	2000	2005	2010	2015	2018	2019	2020	2021
邮政行业各类营业网点	Number of Post and Telecommunication Offices (unit)	1674	1613	1518	4849	8024	9461	10311	12782
#快递服务网点（处）	Express Services Offices (unit)			263	2739	6485	6989	7603	7468
邮路及快递网路总长度（单程，万公里）	Total Length of Postal Route and Express Network (one way, 10 000 km)	17.70	17.86	19.44	54.55	100.96	93.29	106.69	94.04
邮政行业汽车（辆）	Postal Vehicles (unit)	1084	1318	1554	4315	6246	6607	6604	6771
光缆线路长度（万公里）	Length of Optical Cable Lines (10 000 km)	–	15.29	32.28	65.29	135.79	175.85	220.62	243.05
#长途光缆线路长度（万公里）	Length of Long-distance Optical Cable Lines (10 000 km)	1.38	3.21	3.49	3.90	4.20	4.03	4.15	4.37
电信业务总量（亿元）*	Telecommunication Services (100 million yuan)	92.05	311.15	779.23	608.10	2051.51	3587.75	4826.86	536.25
邮政业务总量（亿元）*	Post Services (100 million yuan)	4.31	11.72	28.58	43.64	126.77	159.43	215.30	162.01
快递业务量（万件）	Express (10 000 pcs)			2278	12541	48101	56386	77882	102759
函件（亿件）	Number of Letters (100 million pcs)	1.67	1.20	0.72	0.36	0.29	0.23	0.16	0.12
报刊期发数（万份）	Newspapers and Magazines Circulation (10 000 copies)	667.40	340.10	360.22	396.70	417.83	284.76	130.29	263.03
订销报纸累计数（万份）	Total Number of Newspaper Subscribed and Sold (10 000 copies)	40934	22387	27900	36060	33748	32592	31979	32623
订销杂志累计数（万份）	Total Number of Magazines Subscribed and Sold (10 000 copies)	3324	2490	3825	3295	2566	2318	2231	1950
固定电话年末户数（万户）	Number of Subscribers of Fixed-line Telephone (10 000 subscribers)	319.10	869.40	708.90	439.67	260.81	330.70	333.64	422.90
移动电话用户合计（万户）	Number of Mobile Telephone Subscribers (10 000 subscribers)	166.86	1021.00	2214.50	3594.96	5045.33	5127.50	5332.90	5511.39
#3G移动电话用户数（万户）	3G Mobile Telephone Subscribers			98	666.72	436.57	101.10	70.30	55.24
#4G移动电话用户数（万户）	4G Mobile Telephone Subscribers				1297.60	3671.97	4271.90	4516.20	3807.70
互联网用户数（万户）	Number of Subscribers of Internet (10 000 subscribers)	23.80	186.00	1579.60	3521.63	5465.86	6134.60	6450.10	6838.81
#互联网宽带接入用户数	Subscribers of Broadband Internet Access	23.20	80.00	330.10	715.78	1230.57	1684.40	1650.80	1827.40
移动互联网用户数	Subscribers of Mobile Internet			1240.30	2798.31	4235.29	4450.20	4799.30	5011.41
#手机上网用户数（万户）	Subscribers of Surfing the Internet with Mobile Phone				2788.30	4115.25	4439.00	4798.00	–
移动互联网接入流量（万GB）	Accessflow of Mobile Internet (10 000 GB)				10157	228840	422040	602046	793748

注：1. 2021年起，电信业务总量和邮政业务总量按2020年不变价格计算，数据与之前年份不可比。
2. 2014年起，邮政快递网点、邮路总长度、邮政汽车三个指标包含快递服务企业数据，之前仅含邮政公司数。

Note: 1. The datas of Total Telecommunications Services and Total Post Services since 2021 is calculated at 2020current price and incomparable with the former years.
2. Data of "Number of Post and Telecommunication Offices", "Total Length of Postal Route" and "Postal Vehicles" include data of express services since 2014, before then was data of China Post only.

主要统计指标解释

铁路营业里程 又称营业长度（包括正式营业和临时营业里程），指办理客货运输业务的铁路正线总长度。凡是全线或部分建成双线及以上的线路，以第一线的实际长度计算；复线、站线、段管线、岔线和特殊用途线以及不计算运费的联络线都不计算营业里程。

公路里程 指在一定时期内实际达到《公路工程技术标准JTG B01-2003》规定的技术等级的公路，并经公路主管部门正式验收交付使用的公路里程数。包括大、中城市的郊区公路，以及公路通过小城镇（指县城、集镇）街道的公路里程和公路桥梁长度、隧道长度、渡口的宽度以及分期修建的公路已验收交付使用的里程，不包括大中城市的街道、厂矿、林区生产用道和农业生产用道的里程。两条或多条公路共同经由同一路段，只计算一次，不得重复计算里程长度。按公路技术等级分为等级公路和等外公路，其中等级公路分为高速公路、一级公路、二级公路、三级公路和四级公路。

内河航道通航里程 指在一定时期内，能通航运输船舶及排筏的天然河流、湖泊水库、运河及通航渠道的长度。包括全年季节性通航累计三个月以上的航道，不包括仅供零散流放竹、木排的河道。两省以河为界的航道里程，双方均按一半计算，以免重复。该指标可以反映内河水运网的规模、水平和发展情况。

铁路旅客运量 指一定时期内使用铁路客车运送的旅客人数。铁路旅客运量的计算方法：不论票价多少或行程长短，均按单程计算为一人次；不足购票年龄免购客票的儿童，不计算运量；月、季票按每月往返各21人次计算。

铁路旅客周转量 指一定时期内使用铁路客车运送的旅客人数与运输距离的乘积之和。计算公式为：

旅客周转量（人公里）=∑（实际运送的每一乘客×该旅客出发站与到达站间距离）=实际运送的旅客人数×旅客平均运程

铁路货物运量 指使用铁路货车实际运送的货物重量。

铁路货物周转量 指一定时期内使用铁路货车完成的

Explanatory Notes on Main Statistical Indicators

Length of Railways in Operation refers to the total length of the trunk line for passenger and freight transportation (including both full operation and temporary operation). The calculation is based on the actual length of the first line if this line has a full or partial double (or more). Not included are double tracks, station sidings, tracks under the charge of stations, branch lines, special-purpose lines and non-payable connecting lines.

Length of Highways refers to the length of highways which are built in conformity with the grades specified by the highway engineering standard *Highways WTBZ-Technical Standard JTG B01-2003* and have been formally checked and accepted by the departments of highways and put into use. The length of highways includes that of the suburb highways at large and medium-sized cities, highways passing through streets at small cities and towns, and also the length of bridges, tunnels, ferry piers, and the checked and accepted length of the installment highways being put to use. It does not include the length of streets in big and medium-sized cities and highways built for the production purpose at factories, mines, forest areas and agricultural areas. If two or more highways go the same section of the way, the length of the section is only calculated for once and no duplication is allowed. According to the technical grade, they are divided into grade highways and off-grade highways, and grade highways include express highways, Class I, Class II, Class III and Class IV.

Length of Navigable Inland Waterways refers to the length of the natural rivers, lakes, reservoirs, canals, and ditches open to navigation during a given period, which enables transportation by ships and rafts. It includes the channels open to navigation for over an accumulated period of 3 months in a year, yet this does not include the river courses which are only used to float odd logs and bamboo rafts. For fear of repeating calculation, the length of waterways of boundary rivers between two provinces is reckon in a half for each province. This indicator can reflect the scale, level and development situation of the inland waterway network.

Railway Passenger Traffic refers to the volume of passenger transported with railway within a specific period of time. It is calculated by the principle that one person can be counted only once in one trip and takes no account of the ticket price and traveling distance. The free tickets for under-aged children are not calculated in. Monthly tickets and season tickets are calculated as 21 person-times per month.

Turnover of Railway Passenger Traffic refers to the summary of products of the number of passengers transported with railway trains and the distance of transportation within a specific period of time. It is calculated as:

Turnover of Passenger Traffic (person-km)

=∑ (each passenger actually transported × distance between this passenger's starting and arriving station)

= number of passengers actually transported × average distance of passengers transported

Railway Freight Traffic refers to the weight of goods actually transported with railway goods trains.

Turnover of Railway Freight Traffic refers to the summary of products

货物运量与运送距离的乘积之和。计算公式为：

货物周转量（吨公里）=∑（每批货物重量×该批货物的运送距离）=实际运送货物吨数×货物平均运程

of the volume of goods transported with railway goods trains and the distance of transportation within a specific period of time. The calculating formula is:

Turnover of Freight Traffic (ton-km)

= ∑ (weight of each batch of goods× distance of this batch of goods transported)

= tonnage of goods actually transported × average distance of goods transported

公路客运量　指公路运输企业及由其组织的其他单位在一定时期内实际运送的旅客人数。公路客运量的计算方法：不论乘车路程远近和票价的多少，以客票为依据，“人”为计量单位；不足购票年龄的免票儿童不计算客运量。

Highway Passenger Traffic　refers to volume of passenger transported with highway transportation enterprises and other units being organized by highway transportation enterprises within a specific period of time. It is calculated by the principle that one person can be counted as “one person” and takes no account of the traveling distance and ticket price, according to the ticket. The free tickets for under-aged children are not calculated in.

公路旅客周转量　指一定时期内由各种公路运输工具实际运送的旅客人数与相应的运送距离的乘积之和。计算公式为：

旅客周转量（人公里）=∑（实际运送的每一旅客×该旅客出发站与到达站间距离）

Turnover of Highway Passenger Traffic　refers to the summary of products of the number of passengers actually transported with kinds of highway conveyances and the distance of transportation within a specific period of time. It is calculated as:

Turnover of Passenger Traffic (person-km)

= ∑ (each passenger actually transported × distance between this passenger’s starting and arriving station)

公路货运量　指一定时期内由各种公路运输工具实际运送到目的地并卸完的货物数量。反映公路货运量的指标有发送货物吨数、到达货物吨数和运送货物吨数。

Highway Freight Traffic　refers to the volume of goods actually transported to destinations and completely discharged with kinds of highway conveyances within a specific period of time. To reflecting Highway Freight Traffic, there are indicators such as the tonnage of goods sending off, the tonnage of goods receiving and the tonnage of goods transporting.

公路货物周转量　指一定时期内由各种公路运输工具实际完成的货物运量与相应的运送距离的乘积之和。计算公式为：

货物周转量（吨公里）=∑（每批货物重量×该批货物的运送距离）

Turnover of Highway Freight Traffic　refers to the summary of products of the volume of goods actually transported with kinds of highway conveyances and the distance of transportation within a specific period of time. The calculating formula is:

Turnover of Freight Traffic (ton-km)

= ∑ (weight of each batch of goods × distance of this batch of goods transported)

水路客运量　指水运企业及由其组织的其他单位在一定时期内实际运送的旅客人数。

Waterway Passenger Traffic　refers to the volume of passenger transported with waterway transportation enterprises and other units being organized by highway transportation enterprises within a specific period of time.

水路旅客周转量　指水运企业和由其组织的其他单位在一定时期内实际运送的旅客人数与相应的运送距离的乘积之和。

Turnover of Waterway Passenger Traffic　refers to the summary of products of the number of passengers actually transported with waterway transportation enterprises and other units being organized by waterway transportation enterprises the distance of transportation within a specific period of time.

水路货运量　指在一定时期内由各种水运工具实际运送的货物数量，包括内河、江海、远洋货运量。

Waterway Freight Traffic　refers to the volume of goods actually transported with kinds of waterway conveyances within a specific period of time. It includes the freight traffic of inland rivers, seas and oceans.

水路货物周转量　指一定时期内由各种水路运输工具实际完成的货物运量与相应的运送距离的乘积之和。

Turnover of Waterway Freight Traffic　refers to the summary of products of the volume of goods actually transported with kinds of waterway conveyances and the distance of transportation within a specific period of time.

港口货物吞吐量　指经由水路进、出港区范围，并经过装卸的货物数量。按货物流向分为进港吞吐量和出港吞吐量，按货物的贸易性质分为内贸和外贸吞吐量。按货物

Volume of Freight Handled in Coastal Ports　refers to the volume of cargo passing in and out of the harbor area of the major coastal ports and having been loaded and unloaded. The volume of freight handled may be classified

的类别分，可根据现行的交通行业标准《运输货物分类和代码》分类。

by direction of flow as freight for import and freight for export, or by nature of cargo as freight for domestic trade and freight for foreign trade. It can also be classified by the classification of cargo, or the current transport standard of *Classification and Coding for Freight*.

民用航空客运量 指公共航空运输飞行所载运的旅客人数。成人和儿童各按一人计算，婴儿不计人数。每一特定航班的每一旅客只计算一次。唯一例外的是，乘坐定期航班既经过国内航段又经过国际航段的旅客，同时计算一个国内旅客和一个国际旅客。不定期航班运送的旅客每一特定航班（同一航班）只计算一次。

Civil Aviation Passenger Traffic refers to the volume of passenger transported with public air transportation. An adult or child is counted as one person, and babies are not calculated in. One passenger in a certain flight is just counted once. The exception is that one passenger taking a fix-date flight both including domestic part and international part is calculated as one domestic passenger and one international passenger contemporarily. Passengers transported by non-regular flights are only counted once for per specific flight (same flight).

民用航空货邮运量 指公共航空运输飞行所载运的货物、邮件重量，货物包括外交信袋和快件。原始数据以吨位计算单位，保留一位小数。每一特定航班（同一航班）的货邮只计算一次，不能按航段重复计算。但对于既经过国内航段、又经过国际航段运输的货邮，则同时统计为国内货邮和国际货邮。不定期航班运输的货物每一特定航班（同一航班）只计算一次。

Civil Aviation Freight Traffic of Goods and Posts refers to the weight of goods and posts transported with public air transportation, which goods include diplomatic pouch and express mail. The original data will be calculated by the unit of tons. The goods and posts of one certain flight can be just counted once. The exception is that the goods and posts taking a fix-date flight both including domestic part and international part are calculated as one domestic goods and posts and one international goods and posts contemporarily. Freight transported by non-regular flights are only counted once for per specific flight (same flight).

电信业务总量 指以货币形式表现的电信企业为社会提供各类电信服务的总数量。计算方法为各类电信业务的实物量分别乘以相应的不变单价，求出各类电信业务的货币量后加总求得。该指标反映了一定时期电信通信业务发展的总成果，是观察电信通信业务发展变化总趋势的综合性指标。

Business Volume of Telecommunications refers to the total amount of telecommunication services, expressed in value terms, provided by the telecommunications departments for society. The calculation method is that the actual quantity of various telecommunication services multiplies by the corresponding constant unit price, and summed up after calculating the monetary quantity of all kinds of telecommunication services. This indicator reflects the overall results of development of telecommunication services in a certain period, and it is an important indicator for researching construction and development of business volume of telecommunications.

邮政行业业务总量 指以货币形式表现的邮政企业为社会提供各类邮政通信服务或其他服务的总数量。计算方法为各类邮政通信服务业务的实物量分别乘以相应的不变单价，求出各类业务的货币量后加总求得。该指标反映了一定时期邮政通信业务发展的总成果，是观察邮政通信业务发展变化总趋势的综合性指标。

Business Volume of Post refers to the total amount of postal services, expressed in value terms, provided by the departments for society. The calculation method is that the actual quantity of various postal services multiplies by the corresponding constant unit price, and summed up after calculating the monetary quantity of all kinds of postal services. This indicator reflects the overall results of development of postal services in a certain period, and it is an important indicator for researching construction and development of business volume of post.

第十九篇　教育、科技和文化

CHAPTER 19　EDUCATION, SCIENCE, TECHNOLOGY AND CULTURE

（编辑：陈立峰　柴　桦）

简要说明

（本篇资料由自治区统计局社科处整理，电话：0771-5851590/5848983）

本篇资料的主要内容及来源

（一）学校、学生等教育情况（广西壮族自治区教育厅）

（二）科技活动基本情况（广西壮族自治区科技厅）

（三）文化及相关产业、部门情况（广西壮族自治区文化和旅游厅）

（四）广播电视事业发展情况（广西壮族自治区广播电视局）

（五）图书、报纸及杂志出版情况（自治区党委宣传部新闻出版局）

Brief Introduction

(This information was collated by Department of Social Science and Technology of the Guangxi Zhuang Autonomous Region Bureau of Statistics, Tel: 0771-5851590/5848983)

The main contents and sources of this information

(i) Basic statistics of schools and students (Department of Education of Guangxi Zhuang Autonomous Region)

(ii) Basic statistics of scientific and technological activities (Department of Science and Technology of Guangxi Zhuang Autonomous Region)

(iii) Basic statistics of cultural and relevant industries and departments (Department of Culture and Tourism of Guangxi Zhuang Autonomous Region)

(iv) Development of broadcasting and television stations (Bureau of Radio and Television of Guangxi Zhuang Autonomous Region)

(v) Basic statistics of publication of books, newspapers and magazines (Bureau of Press and Publication of the Propaganda Department of the Party Committee of Guangxi Zhuang Autonomous Region)

19-1 主要年份各类学校基本情况
Basic Statistics of Schools by Type in Main Years

项目	Item	2000	2005	2010	2015	2019	2020	2021
培养研究生单位（所）	Institutions of Postgraduate Education (unit)	9	9	11	13	14	14	14
毕业生人数（人）	Graduates (person)	444	1652	5396	8444	9867	11137	12015
招生人数（人）	New Student Enrollment (person)	912	4561	7720	9619	14329	19857	21554
在校学生数（人）	Student Enrollment (person)	2057	10711	20823	26731	38222	46693	55806
普通高等学校（所）	Regular Institutions of Higher Education (unit)	30	51	70	70	78	82	85
毕业生人数（万人）	Graduates (10 000 persons)	2.02	6.49	13.81	18.27	23.31	26.28	28.60
招生人数（万人）	New Student Enrollment (10 000 persons)	4.72	11.67	18.38	24.14	38.09	38.35	43.77
在校学生数（万人）	Student Enrollment (10 000 persons)	11.79	33.83	56.75	75.12	107.64	118.42	132.10
专任教师（人）	Number of Full-time Teachers (person)	9326	19610	31650	38625	48726	53438	56582
普通中等专业学校（所）	Regular Specialized Secondary Schools (unit)	127	93	357	280	248	230	230
毕业生人数（万人）	Graduates (10 000 persons)	4.17	4.96	16.36	23.19	19.64	19.15	18.82
招生人数（万人）	New Student Enrollment (10 000 persons)	4.10	5.96	38.09	25.69	25.94	29.34	27.23
在校学生数（万人）	Student Enrollment (10 000 persons)	15.87	17.04	80.95	73.64	68.03	69.99	69.09
专任教师（人）	Number of Full-time Teachers (person)	8800	7040	20469	20151	20430	20554	21606
技工学校（所）	Skilled Workers'Schools (unit)	82	55	54	48	43	40	40
毕业生人数（万人）	Graduates (10 000 persons)	1.60	1.80	3.41	2.56	3.43	3.85	3.22
招生人数（万人）	New Student Enrollment (10 000 persons)	1.80	3.13	5.14	5.56	5.71	6.24	5.50
在校学生数（万人）	Student Enrollment (10 000 persons)	4.14	7.97	10.82	10.97	12.09	13.26	13.98
专任教师（人）	Number of Full-time Teachers (person)	3405	3879	3622	4694	4771	5062	5409
普通中学（所）	Regular Secondary Schools (unit)	3019	2887	2437	2284	2243	2253	2278
毕业生人数（万人）	Graduates (10 000 persons)	74.07	93.89	86.56	88.48	100.82	123.54	108.91
招生人数（万人）	New Student Enrollment (10 000 persons)	109.84	107.06	97.22	97.95	115.43	116.42	120.65

19－1　续表

项　目	Item	2000	2005	2010	2015	2019	2020	2021
在校学生数（万人）	Student Enrollment (10 000 persons)	285.63	303.87	275.79	282.88	329.59	340.64	351.08
专任教师（人）	Number of Full-time Teachers (person)	126660	152381	160840	169741	205495	223069	233890
普通高中（所）	Senior Secondary Schools (unit)	464	529	463	445	490	499	521
毕业生人数（万人）	Graduates (10 000 persons)	8.20	19.35	23.90	25.73	32.70	33.67	35.30
招生人数（万人）	New Student Enrollment (10 000 persons)	15.34	25.69	27.07	31.04	39.42	40.87	42.71
在校学生数（万人）	Student Enrollment (10 000 persons)	36.93	69.96	75.40	86.57	109.10	115.15	121.21
专任教师（人）	Number of Full-time Teachers (person)	18913	35249	42120	50733	63091	71066	76598
普通初中（所）	Junior Secondary Schools (unit)	2555	2358	1974	1839	1753	1754	1757
毕业生人数（万人）	Graduates (10 000 persons)	65.87	74.54	62.66	62.75	68.12	70.73	73.61
招生人数（万人）	New Student Enrollment (10 000 persons)	94.50	81.37	70.15	66.91	76.01	75.55	77.94
在校学生数（万人）	Student Enrollment (10 000 persons)	248.70	233.91	200.39	196.31	220.49	225.49	229.87
专任教师（人）	Number of Full-time Teachers (person)	107747	117132	118720	119008	142404	152003	157292
普通小学（所）	Regular Primary Schools (unit)	16109	15500	13942	11849	8036	8000	7950
毕业生人数（万人）	Graduates (10 000 persons)	103.70	84.42	71.82	67.36	75.24	74.68	77.41
招生人数（万人）	New Student Enrollment (10 000 persons)	76.76	73.46	74.11	77.08	93.29	85.91	86.02
在校学生数（万人）	Student Enrollment (10 000 persons)	536.79	452.79	430.06	440.10	495.03	507.18	515.96
专任教师（人）	Number of Full-time Teachers (person)	198977	204788	220183	221962	267128	281724	293089
幼儿园（所）	Kindergartens (unit)	3846	3152	5349	10397	13112	13662	14054
在园儿童（万人）	Student Enrollment (10 000 persons)	72.84	88.78	118.53	206.90	216.77	226.62	227.51
专任教师（人）	Number of Full-time Teachers (person)	22942	22395	31109	68407	95805	102591	119463

注：2005年以后的普通中等专业学校统计范围为中等职业教育（学校）。
Note: The statistical range of "Regular Specialized Secondary Schools" refers to vocational schools for secondary education after 2005.

19－2 普通高等学校本科学生数（2021年）
Number of Normal Courses Student in Institutions of Higher Education by Field of Study（2021）

单位：人 (person)

项 目	Item	毕业生数 Graduates	招生数 New Student Enrollment	在校学生数 Student Enrollment	预计毕业生数 Number of Expecting Graduates
总 计	**Total**	**129050**	**165082**	**588884**	**148509**
哲 学	Philosophy	95	128	502	113
经济学	Economics	6232	6016	22903	6564
法 学	Law	3630	5345	18612	4006
教育学	Education	7265	10375	33160	8774
文 学	Literature	14565	17263	65720	16237
历史学	History	378	797	2523	459
理 学	Science	7453	9505	35728	8615
工 学	Engineering	35491	49084	170486	44474
农 学	Agriculture	868	1345	4707	1294
医 学	Medicine	10230	13643	54500	10962
管理学	Administration	26481	30324	101906	27844

19－3　普通高等学校专科学生数（2021年）
Number of Short-cycle Courses Students in Institutions of Higher Education by Field of Study（2021）

单位：人　　(person)

项　目	Item	在校学生数 Student Enrollment	毕业生数 Graduates	招生人数 New Student Enrollment	预计毕业生数 Number of Expecting Graduates
总　计	**Total**	**265352**	**719735**	**156959**	**233507**
#女性	Female	124325	329677	83918	102821
农林牧渔大类	Agriculture, Forestry, Animal Husbandry and Fishery	4062	10520	2182	3108
资源环境与安全大类	Resources, Environment and Security	4884	11494	1609	3126
能源动力与材料大类	Energy and Material	3859	9380	2038	2480
土木建筑大类	Construction	33709	94886	17662	33098
水利大类	Water Conservancy	859	2217	437	558
装备制造大类	Manufacture	23765	60338	13090	18151
生物与化工大类	Biology and Chemical Industry	823	2083	344	664
轻工纺织大类	Light and Textile Industry	151	495	154	167
食品药品与粮食大类	Food and Drug, Grain	3778	9288	1826	2495
交通运输大类	Transportation	19075	53201	13115	18575
电子信息大类	Electronic Information	29348	78699	15837	24386
医药卫生大类	Medical and Health Care	30933	75986	16109	20550
财经商贸大类	Finance Economy and Trading	47494	142727	30498	51508
旅游大类	Tourism	8082	23693	5434	8782
文化艺术大类	Culture and Art	13413	36464	7084	11658
新闻传播大类	News Communication	2621	6049	1200	1597
教育与体育大类	Education and Physical	34659	89537	24552	27632
公安与司法大类	Public Security and Justice	480	3514	1845	1583
公共管理与服务大类	Public Management and Services	3357	9164	1943	3389

19—4 中等职业专业学校分科学生数（2021年）

Number of Students by Field of Study in Secondary Vocational Schools（2021）

单位：人 （person）

项　目	Item	毕业生数 Graduates	招生数 New Student Enrollment	初中毕业 Graduates from Junior Secondary Schools	在校学生数 Student Enrollment	预计毕业生数 Number of Expecting Graduates
合　计	**Total**	**188153**	**272341**		**690913**	**220265**
农林牧渔类	Agriculture, Forestry, Animal Husbandry and Fishery	9664	10896		27729	11029
资源环境类	Resources and Environment	438	935		1855	610
能源与新能源类	Energy and New Energy	245	341		831	277
土木水利类	Construction and Water Conservancy	5950	8581		18687	6701
加工制造类	Processing and Manufacturing	15918	25294		62974	18058
石油化工类	Petrochemical Engineering	275	165		338	143
轻纺食品类	Textile and Food	3345	3815		9901	3326
交通运输类	Transportation	32146	43558		114895	36351
信息技术类	Information Technique	34183	47479		125197	39338
医药卫生类	Medical and Health Care	16527	24684		64285	18554
休闲保健类	Leisure and Health Keeping					
财经商贸类	Finance and Business	25734	35572		88927	30122
旅游服务类	Tourism Services	14846	25730		65008	20552
文化艺术类	Culture and Art					
体育与健身	Sports and Body Building					
教育类	Education					
司法服务类	Jurisdiction Services					
公共管理与服务类	Public Administration and Services					
其他	Others					

19－5 主要年份教师负担学生数

Student-teacher Ratio of School by Field in Main Years

单位：人 (person)

指 标	Item	2000	2005	2010	2015	2019	2020	2021
普通高等学校	Regular Institutions of Higher Education							
教师人数	Number of Teachers	9326	19610	32616	38625	48726	53438	56582
平均每个教师负担学生数	Student-teacher Ratio	12.6	17.2	17.9	18.1	22.09	22.17	23.35
中等学校	Secondary Schools							
教师人数	Number of Teachers	145397	171287	184931	194586	230696	243623	255496
平均每个教师负担学生数	Student-teacher Ratio	20.6	20.2	19.9	18.9	17.76	16.86	16.45
小学	Primary Schools							
教师人数	Number of Teachers	198977	204788	220183	221962	267128	281724	293089
平均每个教师负担学生数	Student-teacher Ratio	27.0	22.1	19.5	19.8	18.5	18.0	17.6

注：中等学校包括初中、普通高中、普通中专、职业高中、技工学校。

Note: Secondary school includes junior secondary schools, senior secondary schools, specialized secondary schools, vocational secondary schools and skilled workers' schools.

19－6 主要年份各级各类教育平均每万人在校学生数

Number of Students Enrollment by Level and Type per 10 000 Persons in Main Years

单位：人 (person)

指 标	Item	2000	2005	2010	2015	2019	2020	2021
1. 高等学校	Institutions of Higher Education	46.0	99.3	156.9	215.9	245.73	307	330
普通高校	Regular Institutions of Higher Education	25.0	69.2	123.3	156.6	217.02	303	262
成人高校	Adult Education Schools	21.0	27.9	33.6	53.7	28.71	4	68
2. 高中阶段	Senior Schools	158.0	232.0	363.0	358.2	357.12	397	378
#中职学校	Vocational Secondary Schools		75.7	199.4	177.7	137.16	140	137
普通高中	Regular Senior Secondary Schools	78.0	143.1	163.8	180.5	219.96	230	241
3. 初中阶段	Junior Schools	535.0	479.3	435.3	409.3	444.54	450	456
#普通初中	Regular Junior Secondary Schools	528.0	478.5	435.3	409.3	444.54	450	456
4. 小学	Primary Schools	1139.0	926.1	934.3	917.6	998.04	1012	1024
5. 幼儿园	Kindergartens	155.0	181.6	257.5	431.4	437.00	452	452

19—7 主要年份各级成人教育在校学生数
Student Enrollment in Various Adult Education in Main Years

单位：人 (person)

项　目	Item	2000	2005	2010	2015	2019	2020	2021
成人高等学校	**Adult Education Schools**	**100992**	**136579**	**166095**	**270202**	**305128**	**309231**	**345860**
广播电视大学	Ratio and TV Universities	13784		673	1141	6496	10192	12966
职工（农民）高等学校	Schools of Higher Education for Staff, Workers (Peasants)	3180		543	262	249	225	204
管理干部学院	Colleges for Management Cadres	10502		11540	11001	0	0	0
教育学院	Pedagogical Colleges	6421		6883	7956	10091	7445	7202
普通高等学校举办	Run by Institutions of Higher Schools	67105	115699	146456	249842	288292	291369	325488

19—8 主要年份义务教育普及程度
Level of Compulsory Education Popularization in Main Years

单位：% (%)

指　标	Item	2000	2005	2010	2015	2019	2020	2021
小学学龄儿童入学率	Percentage of School-age Children Enrolled	98.7	99.1	99.4	99.4	99.8	99.9	99.63
男童	Male Students	98.7	99.1	99.4	99.4	99.8	99.9	99.67
女童	Female Students	98.6	99.0	99.3	99.4	99.8	99.9	99.59
初中毛入学率	Crude Percentage of Children Enrolled in Junior Schools	91.7	101.9	106.7	109.2	115.9	115.1	115.98
男生	Male Students	92.4	102.2	106.8	109.5	116.3	115.6	116.52
女生	Female Students	90.9	101.6	106.5	108.9	115.5	114.5	115.36
小学生辍学率	Drop-out Rate of Primary Students	0.8	1.5	2.1	0.4	-0.01	-0.15	–
男生	Male Students	0.9	1.6	2.3	0.4	…	-0.2	–
女生	Female Students	0.8	1.3	1.9	0.3	…	-0.1	–
普通初中辍学率	Drop-out Rate of Regular Junior Students	5.0	5.6	6.6	1.9	0.2		–
男生	Male Students	5.5	6.7	8.0	2.5	0.2	…	–
女生	Female Students	4.3	4.3	5.0	1.2	0.2	…	–
小学毕业生升学率	Percentage of Graduates of Primary Schools Entering Junior Secondary Schools	92.6	96.5	97.7	99.3	101.0	101.2	100.68
男生	Male Students	93.9	96.9	96.9	98.7	101.1	101.2	100.34
女生	Female Students	91.1	96.0	98.6	100.0	101.0	101.1	100.97
初中毕业生升学率	Percentage of Graduates of Junior Secondary Schools Entering Senior Secondary Schools	39.8	58.4	79.6	83.6			
小学生五年保留率	Percentage of 5-year Primary Schools Maintained	91.6	96.7	88.4	91.0	102.5	100.0	99.93
男生	Male Students	91.9	96.6	87.7	90.4	102.4	99.7	99.92
女生	Female Students	91.1	96.7	89.0	91.6	102.7	100.3	99.93
普通初中生三年保留率	Percentage of 3-year Junior Secondary Schools Maintained	82.0	83.6	82.0	94.7	99.4	100.1	100.36
男生	Male Students	79.8	80.5	78.0	93.6	99.5	100.0	100.58
女生	Female Students	84.8	87.2	86.4	95.9	99.4	100.1	100.11

19—9　主要年份科技活动基本情况
Basic Statistics for Scientific and Technological Activities in Main Years

指　标	Item	2000	2005	2010	2015	2019	2020	2021
科技机构数（个）	**Number of Scientific and Technological Research Institutions (unit)**	**732**	**639**	**714**	**842**	**866**	**921**	**1244**
#科技部门属科研机构	Institutions of Research and Technological Development	234	209	138	124	108	100	99
企业属研发机构	Technological Development Institutions in Enterprises					372	446	719
全日制高等院校属科研机构	Institutions of Research in Full-time Universities and Colleges	131	74	159	285	348	362	413
科技活动人员数（万人）	**Number of Persons Engaged in Scientific and Technological Activities (10 000 persons)**	**4.86**	**5.67**	**8.91**	**11.37**			
#R&D活动人员折合全时人员（人年）	Number of Full-time Personnel Converted from the Persons Engaged in Research and Development Activities (person-year)	13015	17996	33982	38535	47420	45821	55821
研究与发展经费内部支出（万元）	**Inner Expenditure of Funds for Research and Development (10 000 yuan)**	**83597**	**146745**	**628695**	**1059124**	**1671326**	**1732304**	**1994572**
（一）按活动类型分	By Type of Activities							
#基础研究支出	Expenditure for Basic Research	5443	9488	36005	108296	149890	117709	156119
应用研究支出	Expenditure for Application Research	14786	39076	95585	131781	168625	175404	198661
试验发展支出	Expenditure for Experimental Development	63367	93048	497105	819047	1352811	1439192	1639792
（二）按支出用途分	By Use of Expenditure							
#日常性支出	# Ordinary Expenditure	53976	141611	526983	912865	1464668	1424639	1863587
#人员劳务费	# Fees for Personnel Labor Services	39621	39202	150318	326517	462905	485039	634201
（三）按资金来源分	By Source of Funds							
#政府资金	Funds from Government	19198	32549	152128	249685	450522	387909	357318
企业资金	Funds from Enterprises	56972	105062	451914	759182	1161496	1292812	1558857
境外资金	Funds from Foreign Countries	149	270	866	335	1891	2389	144

19—10 工业企业科技活动基本情况（2021年）

单位：万元

指　标	Item	人员情况 Personnel Situation				
		R&D人员合计（人）Number of Persons Engaged in Research and Development (persons)	R&D人员折合全时当量合计（人年）Number of Full-time Personnel Converted from the Persons Engaged in R&D Activities (person-year)	#①基础研究人员 Basic Researchers	②应用研究人员 Application Researchers	③试验发展人员Testing Develop-ment Per-sonnel
总计	**Total**	**45701**	**28508**	**20**	**888**	**27600**
一、按企业规模分组	**Ⅰ. Grouped by Size**					
大型	Large-scale Industrial Enterprises	18249	11300	2	512	10786
中型	Medium-scale Industrial Enterprises	12460	7537	18	126	7393
小型	Small-scale Industrial Enterprises	14686	9474		234	9240
微型	Micro-enterprises	306	198		16	181
二、按国民经济行业大类分组	**Ⅱ. By Sector**					
采矿业	**Mining**	**328**	**184**		**9**	**176**
黑色金属矿采选业	Mining and Processing of Ferrous Metal Ores	7	6			6
有色金属矿采选业	Nonferrous Metals Mining and Processing	198	92		9	84
非金属矿采选业	Nonmetal Minerals Mining and Processing	123	86			86
制造业	**Manufacturing**	**43696**	**27765**	**20**	**880**	**26866**
农副食品加工业	Processing of Food from Agricultural Products	2293	1498		10	1488
食品制造业	Foods Manufacturing	665	405		13	391
酒、饮料和精制茶制造业	Manufacturing of Liquor, Beverages and Refined Tea	951	580		24	556
烟草制品业	Tobacco Manufacturing	204	138		2	136
纺织业	Textile Manufacturing	692	408			408
纺织服装、服饰业	Textiles, Wearing Apparel and Accessories Manufacturing	111	90			90
皮革、毛皮、羽毛及其制品和制鞋业	Leather, Fur, Feather and Related Products and Footwear Manufacturing	145	53			53
木材加工和木、竹、藤、棕、草制品业	Processing of Timbers, Manufacture of Wood, Bamboo, Rattan, Palm, and Straw Products	1802	1161		5	1156
家具制造业	Furniture Manufacturing	114	68			68
造纸和纸制品业	Paper and Paper Products Manufacturing	1071	587		8	579
印刷和记录媒介复制业	Printing and Reproduction of Recording Media	134	111			111
文教、工美、体育和娱乐用品制造业	Culture, Education, Arts and Crafts, Sport and Entertainment Goods Manufacturing	99	71			71

Basic Statistics for Scientific and Technical Activities Organized by Industrial Enterprises（2021）

（10 000 yuan）

R&D经费支出情况R&D Financial Situation								
R&D经费内部支出合计（万元）Inner Expenditure of R&D Funds (10 000 yuan)	#①基础研究支出 Basic Research	②应用研究支出Application Research	③试验发展支出Testing Development	其中：①政府资金 Government Funds	②企业资金 Funds from Enterprises	③境外资金 Foreign Funds	④其他资金 Others	R&D经费外部支出合计（万元）Total R&D Exterior Expenditure (10 000 yuan)
1370238.5	**3561.4**	**24610.5**	**1342066.6**	**36847.9**	**1332922.2**	**117.2**	**351.2**	**82889.3**
828570.6	3284	17449.5	807837.1	19227.8	809256		86.8	66888.4
234142.7	277.4	2686.6	231178.7	10922	223207.7		13	12214
302205.1		3982.8	298222.3	6644.5	295262.1	117.2	181.3	3583.6
5320.1		491.6	4828.5	53.6	5196.4		70.1	203.3
7065.9		**300.3**	**6765.6**	**50**	**7015.9**			**1029.3**
134.4			134.4	50	84.4			
3923.7		300.3	3623.4		3923.7			1029.3
3007.8			3007.8		3007.8			
1357952.8	**3561.4**	**24310.2**	**1330081.2**	**36750.8**	**1320756.9**	**117.2**	**327.9**	**64094.2**
83523.9		378.1	83145.8	1094.9	82429			462.2
5947.1		179	5768.1	200.1	5747			174.8
5277.7		109.7	5168	63.9	5213.8			149.3
6877.3		38.7	6838.6		6790.5		86.8	2252.6
5267.5			5267.5	2	5265.5			10
567.5			567.5		567.5			
2367.2			2367.2		2367.2			
38398.7		44.2	38354.5	206.1	38136.2		56.4	
1473.6			1473.6		1473.6			
17187.1		298.3	16888.8		17187.1			
2306.2			2306.2		2306.2			
929.4			929.4	75	854.4			

19—10 续表1

单位：万元

指　标	Item	人员情况 Personnel Situation				
		R&D人员合计（人）Number of Persons Engaged in Research and Development (persons)	R&D人员折合全时当量合计（人年）Number of Full-time Personnel Converted from the Persons Engaged in R&D Activities (person-year)	#①基础研究人员 Basic Researchers	②应用研究人员 Application Researchers	③试验发展人员Testing Develop-ment Per-sonnel
石油、煤炭及其他燃料加工业	Oil Processing, Coking and Other Fuel Processing	155	87			87
化学原料和化学制品制造业	Raw Chemical Materials and Chemical Products Manufacturing	2411	1336		45	1291
医药制造业	Medical and Pharmaceutical Products Manufacturing	1525	982	2	37	944
化学纤维制造业	Chemical Fiber Manufacturing					
橡胶和塑料制品业	Rubber and Plastics Products Manufacturing	863	548		8	541
非金属矿物制品业	Nonmetal Mineral Products Manufacturing	4155	2528		50	2478
黑色金属冶炼和压延加工业	Smelting and Pressing of Ferrous Metals	5020	2601		2	2600
有色金属冶炼和压延加工业	Smelting and Pressing of Nonferrous Metals	2599	1468		28	1440
金属制品业	Metal Products Manufacturing	1336	874		18	856
通用设备制造业	General Purpose Machinery Manufacturing	2332	1693		212	1481
专用设备制造业	Special Purposes Machinery Manufacturing	2764	1880		12	1868
汽车制造业	Automobile Manufacturing	6626	4988	18	174	4796
铁路、船舶、航空航天和其他运输设备制造业	Railway, Ships, Aerospace and other Transport Equipment Manufacturing	228	155		48	108
电气机械和器材制造业	Electric Equipment and Machinery Manufacturing	1480	979		41	939
计算机、通信和其他电子设备制造业	Computer, Communication and other Electronic Equipment Manufacturing	3292	2026		130	1896
仪器仪表制造业	Instruments and Meters Machinery Manufacturing	260	211			211
其他制造业	Other Manufacturing	43	34			34
废弃资源综合利用业	Waste Resources Comprehensive Utilization	193	117		15	102
金属制品、机械和设备修理业	Metal Product, Machinery and Equipment Repair Services	133	88			88
电力、热力、燃气及水生产和供应业	Production and Supply of Electric Power, Gas and Water	1677	559			559
电力、热力生产和供应业	Production and Supply of Electric Power and Heat Power	1660	552			552
燃气生产和供应业	Production and Supply of Gas	16	6			6
水的生产和供应业	Production and Supply of Water	1	1			1

continued

(10 000 yuan)

R&D经费支出情况R&D Financial Situation								
R&D经费内部支出合计（万元）Inner Expenditure of R&D Funds (10 000 yuan)	#①基础研究支出 Basic Research	②应用研究支出Application Research	③试验发展支出Testing Development	其中：①政府资金 Government Funds	②企业资金 Funds from Enterprises	③境外资金 Foreign Funds	④其他资金 Others	R&D经费外部支出合计（万元）Total R&D Exterior Expenditure (10 000 yuan)
3772.2			3772.2	70.8	3701.4			13.8
41326.6		251.2	41075.4	1643.5	39645.7		37.4	813.9
22675	3185.6	344.7	19144.7	1354.1	21320.9			11931.7
17260.7		169.9	17090.8	2266	14994.7			711.3
68221.6		1013.6	67208	1266.8	66954.8			594.4
246049.9		14.2	246035.7	1090.9	244959			352.7
78394.9		3401.6	74993.3	4566	73828.9			1938.1
20200.9		280.8	19920.1	87.1	20072.1		41.7	13.8
117081.2		3087	113994.2	4733.1	112278		70.1	16610
71377.6	98.4	180	71099.2	5291.8	66085.8			2089.8
358640.4	277.4	5705.1	352657.9	7333.6	351189.6	117.2		20508.8
5295.4		1702.9	3592.5	429	4853.4		13	1600.1
37674.4		1145.3	36529.1	1261.9	36412.5			1598.3
87842		5764.3	82077.7	2548	85271.5		22.5	1832.6
3907.1			3907.1	649.7	3257.4			390.8
1917.4			1917.4		1917.4			
4537.5		201.6	4335.9	28.5	4509			2.9
1654.8			1654.8	488	1166.8			42.3
5219.8			5219.8	47.1	5149.4		23.3	17765.8
5092.8			5092.8	47.1	5022.4		23.3	17765.8
98.3			98.3		98.3			
28.7			28.7		28.7			

19－11 主要年份工业企业科技活动情况
Statistics for Technical Activities of Industrial Enterprises in Main Years

指 标	Item	2000	2010	2015	2019	2020	2021
大中型工业企业（个）	**Number of Enterprises (unit)**						
#有研发机构的单位数	Units Engaged in Scientific and Technological Activities	293	232	139	102	122	200
#有R&D活动的单位数	Units Engaged in New Products Developing Activities		167	214	207	258	327
科技活动人员（万人）	**Personnel Engaged in Scientific and Technological Activities (10 000 persons)**	**2.15**	**3.78**	**4.83**	**5.57**		
研究与发展经费内部支出（万元）	**Inner Expenditure of Funds for Research and Development (10 000 yuan)**		**438669**	**769190**	**1044742**	**1133332**	**1370239**
（一）按活动类型分	By Type of Activities						
#基础研究支出	Expenditure for Basic Research	171	167	386	409	572	3561
应用研究支出	Expenditure for Application Research	5601	9083	22162	11980	7037	24611
试验发展支出	Expenditure for Experimental Development	50462	429420	746643	1032353	1125723	1342067
（二）按支出用途分	By Use of Expenditure						
#日常性支出	Ordinary Expenditure	42987	378741	684371	990996	935252	1316157
#人员劳务费	Fees for Personnel Labor Service	16912	91657	242333	288472	264740	335665
（三）按资金来源分	By Resource of Funds						
#政府资金	Funds from Government	2930	22168	32000	45067	31476	36848
企业资金	Funds from Enterprises	48390	413173	732074	999672	1099533	1332922
境外资金	Funds from Foreign Countries	132	161	75		2231	117
新产品开发经费支出（万元）	**Expenditure for New Product Development (10 000 yuan)**	**50304**	**460413**	**903957**	**1445180**	**1872393**	**2173118**
科技活动产出情况	**Output from Scientific and Technological Activities**						
专利申请数（项）	Patent Applications Examined (item)	162	1591	4613	6373	7546	11641
#发明专利	Patent for Invention	20	488	2005	2634	2803	4878
拥有有效发明专利数（项）	Number of Patent for Invention Owned (item)	78	950	3731	8176	8667	14995
技术改造和技术获取情况	**Technological Transformation and Technical Acquisition**						
技术改造经费支出（万元）	Expenditure for Technological Transformation (10 000 yuan)	126898	1374075	915924	1748773	1792211	718808
引进境外技术经费支出（万元）	Expenditure for Technological Recommendation from Foreign Countries (10 000 yuan)	27910	8137	5697	6729	7148	2989
引进技术的消化吸收经费支出（万元）	Expenditure for Technological Digesting and Absorbing (10 000 yuan)	754	5988	2621	402		5961
购买境内技术经费支出（万元）	Expenditure for Buying Domestic Technological (10 000 yuan)	6657	12092	11610	19973	20871	150748

19－12 主要年份县及县以上政府部门所属研究与开发机构基本情况
Basic Statistics on Governmental Department Research and Development Institutions at and above County Level in Main Years

项 目	Item	2000	2005	2010	2015	2019	2020	2021
机构数（个）	Number of Institutions (unit)	224	210	207	195	168	163	163
从事科技活动人员（人）	Number of Persons Engaged in Scientific and Technological Activities (person)	7954	7574	8757	10034	10571	11263	11208
#科学家、工程师	Scientists and Engineers	4787	4461					
#大学本科及以上学历	Bachelor Degree or above			5400	7449	8388	9182	9364
经费筹集总额（万元）	Funds for Scientific and Technological Activities (10 000 yuan)	54820	72749	187190	278240	688668	724483	788860
#政府拨款	Funds from Government	31272	60359	136474	224073	357362	405897	364204
经费使用总额（万元）	Expenditure of Funds for Scientific and Technological Activities (10 000 yuan)	53090	73823	170741	274085	399331	447126	485656
#固定资产购建支出	Purchases of Fixed Assets	7818	12445	28939	52689	62661	71499	58926

注：1. 2009年，指标“科学家工程师”取消，改为“大学本科及以上学历”（县属机构使用“大专以上学历”）。2011年，均使用“大学本科及以上学历”。

2. 2016年度数据口径已剔除转制院所数据（因科技厅报表改版，转制院所报表已为企业报表，不属于政府部门属机构，科技部不做汇总）。

Note: 1. The indicator of “Scientists and Engineers” has been canceled since 2009, and it was replaced by “Bachelor Degree or above” (it is changed as “Junior College Degree or above” in county level institutions). Both indicators were replaced by “Bachelor Degree or above” since 2011.

2. The statistical range of 2016 excluding data from reformed institutions (due to the revision of reports inside the Science and Technology Department, reports of reformed institutions become part of enterprises' report instead of government' s report, the Science and Technology Department has no response for the summary).

19—13 县及县以上政府部门所属研究与开发机构情况（2021年）
Basic Statistics on Governmental Department Research and Development Institutions at and above County Level（2021）

项　目	Item	机构数（个）Number of Institutions (unit)	从事科技活动人员合计（人）Personnel in Scientific and Technological Activities (person)	#大学本科及以上学历 Bachelor Degree or above	经费筹集总额（万元）Funds for Scientific and Technological Activities (10 000 yuan)	#政府拨款 Funds from Government	经费使用总额（万元）Total Expenditure (10 000 yuan)
总　计	**Total**	**163**	**11208**	**9364**	**788860**	**364204**	**485656**
一、按单位类型分	**By Unit Type**						
科学研究与技术开发机构	Institutions of Scientific Research and Technological Development	148	10741	8940	776978.2	354306.2	474993.5
科技情报与文献机构	Scientific and Technological Information and Literature Institutions	15	467	424	11881.8	9897.8	10662.5
二、按隶属关系分	**By Relationship**						
中央属	Central	7	856	696	50715	25437	36108
自治区属	Autonomous	69	8234	7143	673800	295672	405609
地（市）属	Prefectural	57	1837	1418	58574	38540	39847
县属	County	30	281	107	5771	4555	4092
三、按学科领域分	**By Programmes**						
自然科学	Natural Sciences	17	1872	1626	84831	59714	68415
农业科学	Agricultural Sciences	78	3925	3026	182393	146807	154007
医药科学	Medical Sciences	11	1659	1466	345302	65516	153326
工程与技术科学	Engineering and Technology	26	2761	2325	143839	63565	82790
人文与社会科学	Humanities and Social Sciences	31	991	921	32496	28603	27118

注：科技部汇总表上没有将县属机构按学科领域分组，所以这里的“按学科领域分”只包含了市级以上政府部门属机构数据。

Note: Since the summary table given by the Science and Technology Department didn't have data of county's institutions by programmes, so the related data of this table only include the institutions in cities.

19—14 县及县以上政府部门所属研究与开发机构课题情况（2021年）
Projects of Governmental Department Research and Development Institutions at and above County Level（2021）

项 目	Item	课题数（项）Projects (unit)	投入人员（人年）Personnel Engaged in Projects (person-year)	#研究人员 Researchers	投入经费（万元）Funds of Projects (10 000 yuan)
总 计	**Total**	**3064**	**6194**		**68084**
按单位类型分	**By Unit Type**				
科学研究与技术开发机构	Institutions of Scientific Research and Technological Development	2994	5963		66377
科技情报与文献机构	Scientific and Technological Information and Literature Institutions	70	231		1707
按活动类型分	**By Activity Type**				
基础研究	Basic Research	322	547		5268
应用研究	Application Research	1004	1860		13341
实验发展	Testing Development	836	1738		19886
研究与实验发展成果应用	Application of R&D Achievement	343	732		10279
科技服务	Technological Services	559	1317		19310

注：1. 投入的人员和经费为直接投入数据，不包括间接投入数据。
2. 课题数的汇总缺县属机构按活动类型分的数据。
3. “研究人员”缺所有汇总数据。

Note: 1. The data on Personnel engaged and Funds of Projects is direct input, excluding indirect input.
2. The summary data of projects by activity type in the county agency are missing.
3. All the summary data of “Researchers” are missing.

19－15 县及县以上政府部门所属研究与开发机构成果情况（1990—2021年）

Achievement of Governmental Department Research and Development Institutions at and above County Level（1990—2021）

年 份 Year	科学著作（种） Scientific and Technological Works (10 000 words)	科学论文（篇） Scientific and Technological Works (unit)
1990	887	579
1991	1520	675
1992	881	945
1993	1027	1072
1994	841	1135
1995	583	1274
1996	35	1403
1997	23	1691
1998	50	1505
1999	79	1525
2000	84	1839
2001	62	1456
2002	58	1400
2003	51	1673
2004	34	1756
2005	50	1918
2006	62	2274
2007	58	2331
2008	62	2550
2009	63	2736
2010	72	3104
2011	39	3178
2012	48	3342
2013	87	3328
2014	102	3868
2015	96	3731
2016	108	3024
2017	85	2897
2018	106	3619
2019	118	3784
2020	163	4387
2021	139	4007

注：1999年以后科学著作计量单位为：种；1990年科学著作、科学论文不包含科技情报与文献机构数。

Note: Since 1999, the term of scientific and technological works is Kind. In the year of 1990, scientific and technological works and papers exclude ones from scientific and technological information and literature institutions.

19—16 文化及相关产业机构和从业人员（2021年）
Institutions, Staff and Workers of Cultural and Relevant Industries（2021）

项 目	Item	总计 Total		文化部门 Cultural Departments		其他部门 Other Departments	
				合计 Total			
		机构数（个）Number of Institutions (unit)	从业人员数（人）Number of Staff and Workers (person)	机构数（个）Number of Institutions (unit)	从业人员数（人）Number of Staff and Workers (person)	机构数（个）Number of Institutions (unit)	从业人员数（人）Number of Staff and Workers (person)
总 计	**Total**	**5451**	**72301**	**2030**	**18562**	**3412**	**53739**
艺术业	Art	112	3197	36	1333	76	1864
图书馆业	Library	116	1763	116	1763		
群众文化服务业	Service for Mass Culture	1300	5608	1300	5608		
艺术教育业	Art Education	2	128	2	128		
文化市场经营机构（不含非公有制艺术表演团体）	Units in Operation in Culture Market (Excluding Non-public-owned Art Performance Groups)	2353	27077			2353	27077
文艺科研	Culture and Art Researching	9	209	9	209		
文物业	Cultural Relics	336	3907	284	3466	52	441
其他文化产业	Other Industries	160	2359	159	2318	1	41

注：统计范围为文化系统，以下各表相同。
Note: The statistical range is the cultural system, and the same as the continued tables.

19—17 文化部门主要文化产业单位基本情况

Basic Situation of Major Units of Culture Industries in Culture Departments

项 目	Item	2000	2005	2010	2015	2019	2020	2021
艺术表演团体	**Art Performance Groups**							
机构数（个）	Number of Institutions (unit)	118	118	141	92	95	78	72
从业人员（人）	Employees (person)	4518	4352	4946	4613	3897	3153	2210
国内演出场次（千场次）	Times of Domestic Performance (1000 performances)	13.40	12.34	14.93	13.17	18.42	9.40	8.90
国内演出观众人次（千人次）	Person-times of Audiences of Domestic Performance (1 000 person-times)	16184	13182	15076		10391	5056	2590
本年收入合计（万元）	Total Income in This Year (10 000 yuan)	6503	12018	23855	65365	82027	36385	36349
#财政补助收入	Income from Financial Allowance	4913	9022	17951	24937	30740	14336	25414
演出收入	Income from Performance	717	1550	3679	34801	410751	14686	4711
本年支出合计（万元）	Total Expenditure in This Year (10 000 yuan)	6492	11761	23871	54129	74149	40293	37811
公共图书馆	**Public Library**							
机构数（个）	Number of Institutions (unit)	94	95	108	112	116	116	116
从业人员（人）	Employees (person)	1540	1459	1509	1509	1680	1680	1763
总藏量（千册/件）	Total Collection of Books (1 000 copies/collects)	13122	14908	18809	26063	29015	30031	30270
总流通人次（千人次）	Total Circulation Person-times (1 000 person-times)	9268	12257	13428	20652	21131	11628	17901
书刊外借册次（千册次）	Copy-time of Lending Books (1 000 copy-times)	6878	7614	7328	11550	5585	5957	8690
本年收入合计（万元）	Total Income in This Year (10 000 yuan)	3361	6305	13320	35997	45266	40916	37102
#财政补助收入	Income from Financial Allowance	2851	5469	12191	32734	43378	39641	35918
本年支出合计（万元）	Total Expenditure in This Year (10 000 yuan)	3077	6288	13369	35915	44243	40367	37218
#图书购置费	Expenditure for Book Purchasing	520	674	1676		4610	3664	2792
本年新购图书（千册）	New Books Purchased in This Year (1 000 copies)	201	260	563	1492	1516	969	956

注：本表中艺术表演团体基本情况数据自2010年开始，将在广西文化市场管理机构登记办证的艺术表演单位纳入统计范畴。

Note: The data on the basic situation of art performance groups has brought the art performance units of culture market in Guangxi into the statistical range since 2010.

19－17　续表 1　continued

项　目	Item	2000	2005	2010	2015	2019	2020	2021
群众文化	**Mass Culture**							
群艺馆机构数（个）	Number of Institutions of Mass Culture (unit)	15	15	15	15	15	15	15
从业人员（人）	Employees (person)	337	335	345	519	536	536	540
举办展览个数（个）	Number of Exhibitions Held (unit)	53	84	70	151	3219	105	113
组织文艺活动次数（次）	Times of Culture and Art Actions Organized (time)	276	289	1264	1288	41910	897	1493
本年收入合计（万元）	Total Income in This Year (10 000 yuan)	849	1454	4055	129517	1723	17469	15179
#财政补助收入	Income from Financial Allowance	567	1249	3372	11299	16111	16591	14616
本年支出合计（万元）	Total Expenditure in This Year (10 000 yuan)	877	1515	4006	11817	16971	17531	15064
文化馆机构数（个）	Number of Institutions of Cultural Centers (unit)	99	100	107	108	109	110	110
从业人员（人）	Employees (person)	1273	1195	1145	1595	2104	1563	1617
举办展览个数（个）	Number of Exhibitions Held (unit)	730	340	354	608	1568	375	407
组织文艺活动次数（次）	Times of Culture and Art Actions Organized (time)	2166	2249	4740	6600	12277	6802	6810
本年收入合计（万元）	Total Income in This Year (10 000 yuan)	1509	2607	6743	18663	22719	24365	23031
#财政补助收入	Income from Financial Allowance	1234	2258	6443	16706	21858	23599	22153
本年支出合计（万元）	Total Expenditure in This Year (10 000 yuan)	1485	2537	6672	17639	21856	23626	22838
文化站机构数（个）	Number of Institutions of Cultural Stations (unit)	1294	1139	1162	1168	1174	1175	1175
从业人员（人）	Employees (person)	1777	2273	2585	3168	3041	3189	3451
博物馆	**Museum**							
机构数（个）	Number of Institutions (unit)	39	49	64	124	131	142	169
从业人员（人）	Employees (person)	667	753	1096	1996	2201	2540	2839
文物藏品（件、套）	Collection of Relics (unit, set)	170336	239327	279452	422677	315125	387903	293125
#一级品	1st Class	293	279	312	360	299	296	297
举办展览（个）	Number of Exhibitions Held (unit)	102	126	194	445	311	110	319
参观人次（千人次）	Number of Visitors (1 000 person-times)	1802	1442	7441	16555	1994	248	25173
#未成年人参加人次	Juveniles			2067	5115	505	1242	5445
#外宾人次	Foreign Visitors	34	37					
本年收入合计（万元）	Total Income in This Year (10 000 yuan)	1792	4905	17239	40712	39440	54544	57803
#财政补助收入	Income from Financial Allowance	976	2430	14244	29745	36121	46470	55469
门票收入	Income from Ticket	122	229	39				
本年支出合计（万元）	Total Expenditure in This Year (10 000 yuan)	1852	4326	14344	38965	45900	50949	125581

注：1. 公共图书馆中自2013年起“图书购置费”为“新增藏量购置费”，“本年新购图书”为“本年新增藏量”。
2. 博物馆中自2013年起“举办展览”为“临时展览”。

Note: 1. The indicator of “Expenditure for Books Purchasing” of Public Library since 2013 is changed to “Expenditure for New Added Collection” “New Books Purchasing in This Year” is changed to “New Added Collection in This Year”.
2. The indicator of “Number of Exhibitions Held” of Museum since 2013 is changed to “Temporary Exhibitions Held”.

19—18 各市公共图书馆基本情况（2021年）

地　区	Region	机构数（个）Number of Institutions (unit)	从业人员（人）Employed Persons (person)	总藏量（千册）Library Holdings (1000 copies)	当年购买的报刊种类（种）Newspapers and Periodicals Purchased in the Year (kind)	总流通人次（千人次）Total Circulation of Persons (1000 person-times)
广西壮族自治区	**Guangxi**	**116**	**1763**	**30269.9**	**35360**	**17900.6**
自治区本级	**Autonomous Region Level**	**3**	**345**	**8305.9**	**6359**	**4954.7**
南宁市	Nanning	14	247	3431.5	4,041	2754.3
柳州市	Liuzhou	11	161	2246.0	2622	1907.9
桂林市	Guilin	13	89	1811.9	2120	576.9
梧州市	Wuzhou	5	94	1209.4	999	823.6
北海市	Beihai	3	96	833.4	647	1012.7
防城港市	Fangchenggang	5	49	1044.2	673	345.2
钦州市	Qinzhou	5	79	830.2	6037	743.0
贵港市	Guigang	6	46	1465.6	1303	730.2
玉林市	Yulin	8	116	2142.4	2279	1342.7
百色市	Baise	13	148	2338.3	2874	1146.3
贺州市	Hezhou	5	73	961.3	754	333.2
河池市	Hechi	11	84	1368.8	1516	393.9
来宾市	Laibin	7	71	1324.4	1725	471.9
崇左市	Chongzuo	7	65	956.6	1411	364.1

Basic Situation of Public Libraries by City（2021）

为读者举办各种活动Activities Held for Readers				本年支出合计（万元）Total Cost of the Year (10 000 yuan)	资产合计（万元）Total Capitals (10 000 yuan)	实际使用公用房屋建筑面积（千平方米）Area of Public Building Actual Used (sq.m)
组织各类讲座次数（次）Number of Lectures Held (time)	参加人次（千人次）Number of Persons Attending (1000 person-times)	举办展览（次）Number of Exhibitions Held (time)	参观人次（千人次）Number of Persons Visiting (1000 person-times)			
1685	**215.0**	**1235**	**2789.0**	**37217.8**	**137112.8**	**497.1**
171	**35.0**	**69**	**1537.1**	**11158.1**	**55540.7**	**106.0**
180	14.2	150	193.3	5876.3	12989.0	73.5
249	19.1	93	294.6	3517.6	9112.4	36.0
67	10.7	84	66.4	1435.3	2101.2	19.2
91	27.2	53	43.2	990.1	1770.0	20.8
102	8.9	103	33.0	2027.9	4756.0	22.9
74	4.9	13	10.6	728.2	1972.7	16.6
70	11.9	54	32.3	1100.0	9672.4	19.0
59	7.2	63	119.2	1061.3	5846.7	18.8
36	13.8	57	89.7	2421.3	15368.1	49.6
324	41.0	173	228.0	2369.6	6533.2	29.3
42	2.3	64	26.0	974.5	2341.9	13.9
57	5.4	122	37.1	1229.4	4842.9	28.0
66	8.1	60	45.2	1353.4	2297.7	30.8
97	5.3	77	33.3	974.8	1967.9	12.7

19—19 主要年份广播事业发展情况
Basic Statistics on Broadcasting in Main Years

项 目	Item	2000	2005	2010	2015	2019	2020	2021
基本情况	**Basic Statistics**							
中短波转播发射台（座）	Medium-and-short-wave Broadcasting Transmission Stations and Relaying Stations (set)	25	21	20	20	20	20	22
调频转播发射台（座）	Frequency Modulation Broadcasting Transmission Stations and Relaying Stations (set)	100	89	150	604	882	977	959
节目（套）	Programmes (unit)	34	60	63	72	74	78	78
全年公共广播节目播出时间（小时）	Broadcasting Hours Throughout the Year (hour)	158714	257463	276733	376961	429282	436174	431361
广播综合人口覆盖率（%）	Listener Rating (%)	85.2	88.7	95.0	96.7	97.8	98.2	98.6
制作广播节目（小时）	Broadcasting Programmes Producing (hour)	90269	165012	176577	220838	221404	215455	216709
新闻资讯节目	News and Information Programmes	11186	23447	36670	41919	45238	49313	50898
专题服务节目	Subject Service Programmes	23109	46634	43832	34445	43066	34765	39488
综艺益智	Comprehensive Entertainment Programmes	27912	60556	62601	61424	81699	80090	82376
广播剧节目	Radio Play Programmes		769	409	1035	1259	1241	1918
广告节目	Advertisement Programmes	2323	15326	13071	17851	14588	13104	12572
其他节目	Other Programmes	25739	18280	19994	64163	35552	36939	29455

19—20 主要年份电视事业发展情况
Basic Statistics on Television Stations in Main Years

项 目	Item	2000	2005	2010	2015	2019	2020	2021
基本情况	**Basic Statistics**							
电视转播台（座）	Television Relaying Stations (set)	237	65	128	128	90	75	79
节目（套）	Programmes (unit)	23	39	41	42	41	118	119
全年公共电视节目播出时间（小时）	Television Broadcasting Hours of Whole Year (hour)	74166	276597	481171	576257	606051	638045	669476
电视综合人口覆盖率（%）	Viewer Rating (%)	90.0	93.5	97.0	98.3	98.9	99.2	99.3
制作电视节目	Programmes Producing	15200	60033	80594	97532	77787	93983	95631
新闻资讯节目（小时）	News and Information Programmes (hour)	2793	17833	25367	33830	34340	39381	39879
专题服务节目（小时）	Subject Service Programmes (hour)	3357	12123	15071	25481	12915	13529	18634
综艺益智节目（小时）	Comprehensive Entertainment Programmes	2999	7793	9101	9041	5445	3855	2910
影视剧节目（小时）	TV Play Programmes (hour)		692	416	104	28	2061	44
广告节目（小时）	Advertisement Programmes (hour)	4011	15168	21730	20665	14511	20681	18641
其他节目（小时）	Other Programmes (hour)	2040	6424	8909	8411	10547	14474	15520
电视剧（部/集）	TV Plays (collection/episode)	11/80	9/448	10/341	2/60		7	1
动画电视（小时）	Animated Television (Hour)			3	45	22	20	10

19—21 主要年份图书、报纸及杂志出版情况
Basic Statistics of Books, Newspapers and Magazines in Main Years

项 目	Item	2000	2005	2010	2015	2019	2020	2021
图 书	**Books**							
种 数（种）	Number of Publications (kind)	2739	3500	7344	7537	6096	2444	2776
印 数（万册）	Printed Copies (10 000 copies)	23691	18818	24810	29978	31796	31375	33817
印 张（千印张）	Printed Sheets (1000 sheets)	1153943	1331175	1545018	2165681			
报 纸	**Newspapers**							
种 数（种）	Number of Publications (kind)	60	50	55	54	48	46	42
印 数（万份）	Printed Copies (10 000 copies)	56008	58222	69560	68974	51427	47814	45354
印 张（千印张）	Printed Sheets (1000 sheets)	834192	1668812	2855711	2082133	1083904	946481	905699
期 刊	**Magazines**							
种 数（种）	Number of Publications (kind)	191	180	183	180	180	178	178
印 数（万册）	Printed Copies (10 000 copies)	5242	5571	4268	4754	3644	3499	3561
印 张（千印张）	Printed Sheets (1000 sheets)	149238	277555	176235	193264	159048	146116	143388

主要统计指标解释

普通高等学校　指按国家规定的设置标准和审批程序批准建立的，通过全国普通高等教育统一招生考试，招收高中毕业生为主要培养对象，实施高等学历教育的全日制大学、独立设置的学院和高等专科学校、高等职业学校和其他机构。

大学、独立设置的学院主要实施本科及本科层次以上教育。高等专科学校、高等职业学校实施专科层次教育。其他机构是承担国家普通招生计划任务不计校数的机构。包括普通高等学校分校和批准筹建的普通高等学校等（注：高等学校在校学生数均不包括在校研究生）。

成人高等学校　指按国家规定的设置标准和审批程序批准举办的，通过全国成人高等教育统一招生考试，招收具有高中毕业或同等学历的人员为主要培养对象，利用函授、业余、脱产的多种形式对其实施高等学历教育的学校。包括职工高等学校、农民高等学校、管理干部学院、教育学院、独立函授学院、广播电视大学、其他机构。

中等职业教育　调整后的中等职业学校是指将普通中等专业学校（中等技术学校、中等师范学校）、成人中等专业学校、职业高中学校、其他机构等各种实施中等职业教育的办学类型，通过合并、共建、联办、划转等形式调整为统一的办学类型。

艺术表演团体　指由文化部门主办或实行行业管理（经文化市场行政部门审批或已申报登记并领取相关许可证），专门从事表演艺术等活动的各类专业艺术表演团体，含民间职业剧团。不包括群众业余文艺表演团体。

艺术表演场馆　指由文化部门主办或实行行业管理（经文化市场行政部门审批或已申报登记并领取相关许可证），有观众席、舞台、灯光设备，公共售票、专供文艺团体演出的文化活动场所。

广播节目综合人口覆盖率　是指根据国家广电总局制定的《广播电视人口覆盖率统计技术标准和方法》，在对象区内采用无线、有线、卫星等技术手段能够收听到包括中央、省、地市、县广播节目其中任意一套的人口数与全国总人口的比。

电视节目综合人口覆盖率　是指根据国家广电总局制定的《广播电视人口覆盖率统计技术标准和方法》，在对象区内采用无线、有线、卫星等技术手段能够收看到包括

Explanatory Notes on Main Statistical Indicators

Regular Institutions of Higher Education　refer to educational establishments set up according to the government evaluation and approval procedures, enrolling graduates from senior secondary schools through national higher education admission examination. It includes full-time universities, colleges, high professional schools and other institutions.

Universities and Independently Established Colleges provide undergraduate and above courses. Institutions of higher professional education and institutions of higher vocational education primarily provide professional training, and others refer to educational establishments which are responsible for enrolling higher education students under the State Plan but not enumerated in the total number of schools, including branches of ordinary institutions for higher learning and ordinary institutions of higher learning approved for preparation. (Note: the number of students in institutions of higher learning does not include graduate students.)

Institutions of Higher Learning for Adults　refer to educational establishments, set up in line with relevant rules approved by the government, enrolling staff and workers with senior secondary school or equivalent education, and providing higher education courses in many forms of full-time, part-time, spare-time, or correspondence for adults. Professionals thus trained receive a qualification equivalent to graduates studying regular courses at regular universities, colleges and professional colleges. Institutions of higher learning for adults include Radio and TV universities, schools of high education for staff and workers and peasants, college for management cadres, pedagogical colleges, and independent correspondence colleges.

Secondary Vocational Education　Secondary vocational school after adjustment refers to all kinds of schools provided secondary vocational education, including ordinary secondary specialized school (secondary technical school, secondary normal school), secondary professional school for adults, vocational high school and other institutions, which is unified school type after adjustment through mergering, joint construction, joint office, transferring and other forms.

Arts Performance Troupe　refers to the various professional performing arts groups, which sponsored by the cultural society (approved by the cultural administration authority, or registered and permitted with the relative certificate), including non-governmental troupes. The mass amateur arts performance troupes are not included.

Arts Performance Places　refer to the various sites for cultural activities, which sponsored by the cultural sectors or guided by the cultural society (approved by the cultural market administration, or registered and permitted with the relative certificate), with the facility of auditorium, stage and lighting, and selling tickets in public.

The Population Coverage Rate of Radio　refers to the percentage of the whole country's population who can receive radio programmes transmitted by national, provincial, municipal or county stations through wireless, cable or satellite techniques, according to *Statistical Standard and Method on Television and Radio Coverage of Population* established by the State Administration of Radio and Television.

The Population Coverage Rate of Television　refers to the percentage of the whole country's population who can receive television programmes transmitted by national, provincial, municipal or county stations through

中央、省、地市、县级电视节目中任意一套的人口数与全国总人口的比。

科技活动 指在自然科学、农业科学、医药科学、工程与技术科学、人文与社会科学领域（简称科学技术领域）中，与科技知识的产生、发展、传播和应用密切相关的有组织的活动。可分为科学研究与试验发展（R&D）、科学研究与试验发展成果应用及相关的科技服务三类活动。

科学研究与试验发展（R&D） 指在科学技术领域，为增加知识总量以及运用这些知识去创造新的应用而进行的系统的创造性的活动，包括基础研究、应用研究、试验发展三类活动。

基础研究 指为获得关于现象和可观察事实的基本原理的新知识（揭示客观事物的本质、运动规律，获得新发现、新学说）而进行的实验性或理论性研究，它不以任何专门或特定的应用或使用为目的。其成果以科学论文和科学著作为主要形式。

应用研究 指为获得新知识而进行的创造性研究，主要针对某一特定的目的或目标。应用研究是为了确定基础研究成果可能的用途，或是为达到预定的目标探索应采取的新方法（原理性）或新途径。其成果形式以科学论文、专著、原理理性模型或发明专利为主。

试验发展 指利用从基础研究、应用研究和实际经验所获得的现有知识，为产生新的产品、材料和装置，建立新的工艺、系统和服务，以及对已产生和建立的上述各项作实质性的改进而进行的系统性工作。其成果形式主要是专利、专有技术，具有新产品基本特征的产品原型或具有新装置基本特征的原始样机等。在社会科学领域，试验发展是指把通过基础研究、应用研究获得的知识转变成可以实施的计划（包括为进行检验和评估实施示范项目）的过程。人文科学领域没有对应的试验发展活动。

R&D人员 指单位内部从事基础研究，应用研究和试验发展三类活动的人员。包括直接参加上述三类项目活动的人员以及这三类项目的管理人员和直接服务人员。为研发活动提供直接服务的人员包括直接为研发活动提供资料文献、材料供应、设备维护等服务的人员。

政府资金 指从各级政府部门获得的计划用于科技活动的经费，包括科学事业费、科技三项费、科研基建费、科学基金、教育等部门事业费中计划用于科技活动的经费以及政府部门预算外资金中计划用于科技活动的经费等。

wireless, cable or satellite techniques, according to *Statistical Standard and Method on Television and Radio Coverage of Population* established by the State Administration of Radio and Television.

Scientific and Technological Activities (S&T Activities) refer to organized activities which are closely related with the creation, development, dissemination, and application of the scientific and technical knowledge in the fields of natural sciences, agricultural science, medical science, engineering and technological science, humanities and social sciences(referred to as scientific and technological fields). S&T activities can be classified into three categories: research and development (R&D) activities, application of R&D results, and related S&T services.

Research and Development (R&D) refers to systematic and creative activities in the field of science and technology aiming at increasing the knowledge and using the knowledge for new application. R&D includes three categories of activities: basic research, applied research and experiments and development.

Basic Research refers to empirical or theoretical research aiming at obtaining new knowledge on the fundamental principles of phenomena of observable facts to reveal the nature and law of movement of objects and to acquire new discoveries or new theories. Basic research takes no specific or designated application as the aim of the research are mainly released or disseminated in the form of scientific papers or monographs.

Applied Research refers to creative research aiming at obtaining new knowledge on a specific objective or target. Purpose of the applied research is to identity the possible use of results from basic research, or to explore new (fundamental) methods of new approaches. Results of applied research are expressed in the form of scientific papers, monographs, fundamental models or invention patents.

Experiments and Development refer to systematic activities aiming at using the knowledge form basic and applied researches or form practical experience to develop new products, materials and equipment, to establish new production process, systems and services, or to make substantial improvement on the existing products, process or services. Results of experiment and development activities are embodied in patents, exclusive technology, and monotype of new products or equipment. In social sciences, experiment and development activities refer to the process of converting the knowledge from basic or applied researches into feasible programs (including conduct of demonstration projects for assessment and evaluation). There is on experiment and development activities in the science of humanities.

R&D Personnel refer to persons engaged in research, management and supporting activities of R&D, including persons in the project teams, persons engaged in the management of S&T activities of enterprises and supporting staff providing direct service to the research projects. It includes personnel who provide direct services for R&D activities, such as documents, material supply and equipment maintenance etc.

Government Funds refer to funds obtained from government agencies at all levels to be used for S&T activities, including fund for scientific undertakings, three kinds of fund for S&T activities, fund for capital construction for scientific researches, science fund, funds from education expenditures by education departments for S&T activities, and extra-budget fund from government agencies for S&T activities.

第二十篇 体育、卫生与社会福利

CHAPTER 20 SPORT, PUBLIC HEALTH AND SOCIAL WELFARE

（编辑：陈立峰）

简要说明

（本篇资料由自治区统计局社会科技处整理，电话：0771-5851590）

本篇资料主要内容及来源

（一）体育事业发展情况（广西壮族自治区体育局）

（二）卫生事业基本情况（广西壮族自治区卫生健康委员会）

（三）社会服务机构和社会救济情况（广西壮族自治区民政厅）

（四）残疾人工作情况（广西壮族自治区残疾人联合会）

Brief Introduction

(This information is compiled by Department of Social Science and Technology of the Guangxi Zhuang Autonomous Region Bureau of Statistics, Tel: 0771-5851590)

Main contents and sources of this information

(i) Development of sports (Sports Bureau of Guangxi Zhuang Autonomous Region)

(ii) Basic situation of public health (Health Committee of Guangxi Zhuang Autonomous Region)

(iii) Social welfare institutions and social relief (Department of Civil Affairs of Guangxi Zhuang Autonomous Region)

(iv) Major situation of work of the disabled (Disabled Persons' Federation of Guangxi Zhuang Autonomous Region)

20—1 主要年份体育事业发展情况
Statistics on Sports in Main Years

项 目	Item	2000	2005	2010	2015	2019	2020	2021
体育系统从业人员（人）	Number of Staff and Workers in Sports System (person)	3335	3917	5183	4457	3972	4683	3947
#优秀运动队	Splendid Sports Team		1110	1535	956	1005	1096	954
体育运动学校	Physical Education and Sports Schools	180		199	512	469	748	443
业余体校	Spare Time Sports Schools	1028	1119	1886	793	705	777	608
训练基地	Training Bases	184	129	127	300	265	255	276
体育场馆	Stadiums and Gymnasiums	272	213	248	272	228	190	164
举办综合运动会次数（次）	Number of Comprehensive Sports Meetings Held (time)		0	4	1	1	2	3
举办单项比赛次数（次）	Number of Single Game Items Held (time)		23	34	30	1560	1237	885
举办全民健身活动次数（次）	Number of Exercises Held for All the People (time)		2675	3265	511	726	481	50
#1000人以上的活动	Activities Above 1000 Persons		448	973	511	1490	5	6
举办全民健身活动人数（万人）	Number of Persons Taking Part in Exercises Held for All the People (10 000 persons)		331	454	130	23	1	3
等级运动员发展人数（人）	Number of Athletes in Grades (person)	2552	707	1711	607	929		354
#国际级健将	International Masters of Sports		4	7	0	0		0
运动健将	Masters of Sports	27	36	45	7	0	5	2
一级运动员	First Grade Sportsmen	41	75	184	31	400	25	27
二级运动员	Second Grade Sportsmen	354	592	1475	370	529	10	325
等级裁判员发展人数（人）	Number of Referees in Grades (person)	2154	865	1894	2170	891		1723
#国家级裁判	National Referees	10	11	1	10	7		3
一级裁判员	First Grade Referees		78	113	233	57		770
二级裁判员	Second Grade Referees		776	1780	1934	827		921

20—2 运动队体育比赛成绩（2021年）
Scores of Sports Groups in Sport Matches (2021)

单位：个 (unit)

项 目	Item	名次 Position								破纪录情况 Situation of Record Breaking
		1	2	3	4	5	6	7	8	
世界三大赛	The Three Worldwide Competition	6	2	4	2	2	2	1	1	蹼泳破世界纪录1项2人，破全国纪录1项1人
一般国际比赛	Common Worldwide Competition	0	0	0	0	0	0	0	0	
亚洲大赛	Asia Competition	0	0	0	0	0	0	0	0	蹼泳破全国纪录1项1人
全国大赛	National Competition	60	68	70	52	65	61	44	33	
全国青少年比赛	National Matches of Youth	2	0	3	3	3	3	4	3	
一般国内大赛	Common National Matches	14	7	9	8	8	3	3	5	田径破全国室内纪录1项1人
合 计	**Total**	**82**	**80**	**86**	**65**	**78**	**69**	**52**	**42**	

20－3　主要年份卫生事业基本情况
Basic Situation of Public Health in Main Years

项　目	Item	2000	2005	2010	2015	2019	2020	2021
一、各类卫生机构、卫生技术人员	Health Care Institutions and Medical Technical Personnel by Type							
卫生机构数（个）	Number of Health Care Institutions (unit)	13707	9432	10341	11770	12837	13787	14552
#医院、卫生院	Hospitals	1868	1753	1728	1794	1939	1998	2066
社区卫生服务中心（站）	Community Sanitation Service Centers		156	285	277	316	325	338
疗养院（康复医疗机构）	Sanatoriums	8	8	5	5	5	5	8
门诊部、诊所、医务室	Clinics	11361	7050	7891	9255	10398	11261	11953
卫生监督所（局）	Sanitation Supervision Agencies		63	109	112	119	125	125
专科疾病防治院（所、站）	Specialized Prevention Hospitals (Stations)	66	62	43	41	31	32	30
医学学科研究机构	Research Institutions of Medical Science	22	15	14	13	12	11	10
其他卫生机构	Others	147	41	28	15	17	30	22
病床总数（张）	Total Number of Beds (bed)	85422	93767	143695	214485	277357	295562	319045
#医院、卫生院病床数	Hospitals	82975	87061	133887	199712	258213	274941	297925
每千人中医院、卫生院病床数（张）	Number of Hospital Beds per 1000 Persons (bed)	1.74	1.77	2.60	4.06	5.20	5.48	5.91
卫生技术人员（人）	Medical Technical Personnel (person)	127036	129210	185715	274663	341429	372046	393884
#执业医师、执业助理医师	Licensed Doctors and Licensed Assistant Doctors	45981	54652	67314	91580	115091	125515	131973
注册护士	Registered Nurses	40331	44604	69906	113202	152390	167487	182407
每千人中有卫生技术人员数（人）	Number of Medical Technical Personnel per 1000 Persons (person)	2.67	2.63	3.60	5.73	6.88	7.42	7.81
疾病预防控制中心（防疫站）（个）	Center for Disease Control and Prevention (Epidemic Prevention Stations) (unit)	136	106	105	115	118	121	122
卫生技术人员（人）	Medical Technical Personnel (person)	5340	4839	4852	5735	7510	7940	6439
妇幼保健院（所、站）（个）	Women and Children Care Agencies (unit)	103	103	103	104	105	105	105
卫生技术人员（人）	Medical Technical Personnel (person)	5879	7193	12763	19380	31098	32647	28345
乡镇卫生院（个）	Rural Hospitals (unit)	1134	1295	1278	1267	1261	1265	1263
床位数（张）	Number of Beds (bed)	12720	20963	44974	59406	69930	72947	78203
卫生技术人员（人）	Medical Technical Personnel (person)	20134	28258	43687	58007	78662	84062	73299
乡村医生和卫生员人数（人）	Doctors or Health Workers in Rural Areas (person)	47099	36236	36386	36101	33587	30083	26947
二、医院病床使用情况	Utilization of Hospital Beds							
病床周转次数（次）	Turnover of Beds (time)	19	25	42	37	38.9	32.4	34.5
病床工作日数（日）	Days Per Bed in Use (day)	219	256	300	328	302	303	275
病床使用率（%）	Utilization Rate of Beds (%)	60	70	82	90	83	83	75
出院者平均住院日数（日）	Average Hospitalization Period (day)	11	10	7	9	7.6	9.1	7.5

注：1. 本表卫生机构数不含村卫生室和计生机构。
2. 1995年、2000年的执业医师、执业助理医师为中医师、西医师、中西医结合医师，注册护士为护师、护士。

Note: 1. The indicator "Number of Health Care Institutions" in this table excludes village clinics and institutions of family planning.
2. The licensed doctors and licensed assistant doctors in 1995, 2000 refer to doctors of Chinese medicine, doctors of Western medicine, senior doctors who integrate traditional Chinese therapeutics with Western therapeutics in practice, registered nurses refer to primary nurses and nurses.

20—4 医疗机构诊疗人次和入院人数（2021年）
Number of Hospital Patients and Admissions（2021）

医院类别	Hospital Type	诊疗人次数（万人次）Total Number of Patients Treated (10 000 person-times)	#门、急诊 Out-patients and Emergency Patients	入院人数（万人）Hospital Admissions (10 000 persons)	每百名门急诊的入院人数（人）Hospital Admissions Per 100 Patient-times (person)
总　计	**Total**	**25569.64**	**24545.98**	**1067.62**	**21.00**
医院	Hospital	11550.41	11183.8	693.39	13.70
疗养院	Sanatoriums	4.29	3.94	0.97	0.02
社区卫生服务中心	Community Sanitation Service Centers	915.62	872.76	6.82	0.14
卫生院	Rural Hospitals	4908.87	4726.48	284.43	5.65
门诊部	Out-patients Department	375.19	281.76	0	0
妇幼保健院（所、站）	Hospitals for Maternity and Child Care	2187.57	2131.14	81.17	1.61
专科疾病防治院（所、站）	Specialized Stations	78.9	75.81	0.84	0.02

20—5 提供住宿的社会服务机构和设施情况
Basic Statistics of Social Welfare and facilities Units Providing Lodging

指标名称	Item	2020	2021
提供住宿的社会服务机构和设施	Social Welfares and Facilities Provides Lodging (unit)	12851	699
床位总数	Number of Beds (bed)	277840	94912
年末在院（收养）人数	Number of Persons (Adopt) at Year End (person)	55621	33818
（一）提供住宿的养老服务机构和设施	Social Welfare Homes for the Elderly (unit)	12736	13007
养老机构和设施床位数	Number of Beds (bed)	268860	260768
其中：1.养老机构和设施床位数	Number of Beds in Geriatric Nursing Nome (bed)	91148	86104
2.社区服务设施床位数	Number of Beds in Communities (bed)	177712	165856
收养人数	Number of Adoption (person)	50883	47813
每千人口老年人拥有养老床位数	Number of adoption elderly Personnel per 1000 Persons (person)	32	30
（二）为智障与精神病人提供收留抚养服务的机构	Social Welfare Homes for Mental Patients (unit)	5	6
床位数	Number of Beds (bed)	2756	2858
年末在院人数	Number of Persons at Year End (person)	2585	2614
（三）为儿童提供收留抚养和救助服务的机构	Social Welfare Homes for Children (unit)	48	47
床位数	Number of Beds (bed)	3901	3671
年末在院人数	Number of Persons at Year End (person)	1584	1480
（四）其它提供住宿的服务机构	Others	62	63
床位数	Number of Beds (bed)	2323	2279

20－6　主要年份社会救济对象享受救济情况
Basic Statistics of Persons Receiving Subsidies or Relief Funds in Main Years

项　目	Item	2000	2005	2010	2015	2019	2020	2021
一、城镇居民最低生活保障人数（人）	Population Receiving Lowest Cost-of-living in Urban Area (person)	108173	568957	601935	385308	305127	349422	343967
城镇居民最低生活保障家庭数（户）	Number of Families Receiving Lowest Cost-of-living in Urban Area (household)		273349	306368	198698	139137	154547	153604
城镇临时救济人次数（人次）	Population Receiving Temporary Almsgiving in Urban Area (person-time)	31226	67043	4732	7402		173572	
二、农村居民最低生活保障人数（人）	Population Receiving Lowest Cost-of-living in Rural Area (person)	204293	42745	3156789	2921414	2470539	2679474	2429726
农村居民最低生活保障家庭数（户）	Number of Families Receiving Lowest Cost-of-living in Rural Area (household)		26019	1296975	1179258	839749	903050	853584
三、农村传统定期定量救济人数（人）	Population Receiving Traditional Relief in Rural Area (person)	50292	470169	6308	118118		127198	
农村临时救济人次数（人次）	Population Receiving Temporary Almsgiving (person-time)	1298570	2058208	6308			173392	
四、农村五保户供养人数（人）	Population Enjoying the Five Guarantees (person)			327349	280486			
农村五保户供养户数（户）	Households Enjoying the Five Guarantees (household)			320567				

20—7 广西残疾人工作主要情况
The Major Situation of the Disabled Work in Guangxi

指 标	Item	2019	2020	2021
一、康复	**Rehabilitation**			
康复机构数（个）	**Number of Rehabilitation Institutions (unit)**	**423**	**416**	**423**
其中：残联办	Disabled Persons' Office	97	83	84
卫生办	Health Office	212	213	209
民政办	Civil Affairs Office	17	14	17
教育办	Education Office	21	23	25
民 办	Civilian	58	59	67
其他	Others	18	24	21
康复机构在岗人员（人）	**On Duty Personnel of Rehabilitation Institutions (person)**	**9476**	**10349**	**11383**
其中：业务人员	Business Personnel	6365	6815	7354
管理人员	Management	1075	1083	1305
其他人员	Other Personnel	2036	2451	2724
二、教育	**Education**			
专项资助残疾人接受学前教育（人）	Special Funding for Disabled People to Receive Preschool Education (person)	2180	1641	
特殊教育普通高中在校生（人）	Students Enrollment Receiving Special Education in Ordinary Senior Schools (person)	82	159	311
残疾人中等职业学校在校生（人）	Disabled Students Enrollment in Vocational Secondary Schools (person)		196	231
普通高等教育院校录取残疾考生（人）	Enrolled at Schools of Higher Education (person)	290	358	388
三、就业	**Employment**			
就业残疾人数	**Employment Disability**	**309661**	**321680**	**313055**
其中：按比例就业	Proportional Employment	9457	11373	13039
个体就业	Engaged Persons	13297	12535	12181
公益性岗位就业	Public Welfare Post Employment	1675	1622	1729
从事农业种养加工	Engaged in Agricultural Cultivation and Processing	218133	226159	216270
灵活就业	Flexible Employment	63319	66350	66455
四、社会保障	**Social Security**			
符合参加城乡社会养老保险的残疾居民（人）	Disabled Residents who are Eligible to Participate in Urban and Rural Social Retirement Insurance (person)	1215861	1150361	1164056
实际参加城乡社会养老保险的残疾居民（人）	Disabled Residents who Actually Participate in Urban and Rural Social Retirement Insurance (person)	938238	986431	1033372
其中：（一）领取待遇	Receiving Treatment	422292	460380	475338
（二）60岁以下参加城乡社会养老保险的残疾居民（人）	Disabled Residents Under 60 Years Old Who Participate in Urban and Rural Social Retirement Insurance (person)	515946	526051	558034
五、培训	**Training**			
本年度实用技术培训（人次）	**Practical Technical Training This Year (person)**	**13223**	**12154**	**28241**
其中：残疾人实用技术培训（人次）	Practical Skills Training for the Disabled (person)			28241
六、文化	**Culture**			
公共图书馆盲文及盲人有声读物图书室	Braille in Public Library and Sound Book Library for the Blind			
其中：省级	Provincial Level	1	1	1
地市级	City Level	11	11	11
县（市、区）级	County (City, District) Level	18	17	17

主要统计指标解释

等级运动员人数 指经考核正式批准授予等级运动员称号的人数。运动员等级分为国际级运动健将、运动健将、一级运动员、二级运动员、三级运动员、少年级运动员。

等级裁判员人数 指经考核正式批准授予等级裁判员称号的人数。裁判员等级分为国际裁判、国家级裁判、一级裁判、二级裁判、三级裁判。

卫生机构 是指从卫生行政部门取得《医疗机构执业许可证》，或从民政、工商行政、机构编制管理部门取得法人单位登记证书，为社会提供医疗保健、疾病控制、卫生监督服务或从事医学科研和教育等工作的单位。

卫生技术人员 包括执业助理医师、注册护士、药剂人员、检验和影像人员等卫生专业人员。不包括从事管理工作的卫生技术人员。

执业医师 指具有《医师执业证》及其“级别”为“执业医师”且实际从事医疗、预防保健工作的人员，不包括实际从事管理工作的执业医师。执业医师类别分为临床、中医、口腔和公共卫生。

执业助理医师 指具有《医师执业证》及其“级别”为“执业助理医师”且实际从事医疗、预防保健工作的人员，不包括实际从事管理工作的执业助理医师。执业助理医师类别分为临床、中医、口腔和公共卫生。

注册护士 指具有注册护士证书且实际从事护理工作的人员，不包括从事管理工作的护士。

农村定期定量救济 指由民政部门发给农村收入水平很低、生活确有困难的五保户、贫困户的生活救济。

Explanatory Notes on Main Statistical Indicators

Number of Athletes in Grades refers to the number of athletes who have been given titles through examination. The titles of athletes include international masters of sports, masters of sports, first grade, second grade and third grade sportsmen and young athletes.

Number of Referees in Grades refers to the number of referees who have been given titles after examination. They are classified as international referees, national referees and referees of the first, second and third grades.

Health Care Institutions refer to the units which have been qualified the Certification of Health Care Institution or qualified the Certification of Corporate Unit by the civil affairs, administration for industry and commerce, commission office for public sector, and units provided medical and health care, disease control, health supervision and services or medical research and education etc..

Medical Technical Personnel refers to the professional staff engaged in health care, including licensed assistant doctors, registered nurses, pharmacists, laboratory technicians, imaging staff etc., excluding the medical technical personnel engaged in managerial job.

Licensed Doctors refer to the medical workers who have obtained the licenses of qualified doctors and are employed in medical treatment, disease prevention or healthcare institutions, excluding the licensed doctors engaged in management job. The licensed doctors are divided into the following categories: clinician, Chinese medicine physicians, and oral cavity and public health physicians.

Licensed Assistant Doctors refer to the medical workers who have obtained the licenses of qualified assistant doctors and are employed in medical treatment, disease prevention or healthcare institutions, excluding the licensed assistant doctors engaged in management job. The licensed assistant doctors are divided into the following categories: clinician, Chinese medicine physicians, and oral cavity and public health physicians.

Registered Nurses refer to personnel qualified registered nurse certification and actually engaged in nursing work, excluding nurses engaged in management job.

Regular Rotation Relief in Rural Areas refers to livelihood relief by Civil Administration Department to households enjoying five guarantees and family in financial or material difficulties that have low income and difficulty in life in rural areas.

第二十一篇　区域经济

CHAPTER 21　ECONOMIC ZONES

（编辑：黄浩洲）

简要说明

（本篇资料由自治区统计局综合处整理，电话：0771-5893401）

一、本篇资料主要内容

广西各经济区主要指标数据，其中：

北部湾经济区（4市）指南宁、北海、防城港、钦州4市合计。

北部湾经济区（6市）指南宁、北海、防城港、钦州、玉林、崇左6市合计。

桂西资源富集区（3市）指百色、河池、崇左3市合计。

珠江—西江经济带广西七市指南宁、柳州、梧州、贵港、百色、来宾、崇左7市合计。

二、其他情况说明

1.全社会固定资产投资包含固定资产投资和农户投资两部分，本篇数据2014年及以前为全部固定资产投资，2015年起为固定资产投资（不含农户）总量，2018年后为增长速度。

2.本篇国内生产总值、社会消费品零售总额等指标的历史数据根据2018年第四次全国经济普查结果进行了修订。

Brief Introduction

(This information is compiled by the General Office of the Guangxi Zhuang Autonomous Region Bureau of Statistics, Tel: 0771-5893401)

Main contents of this information

Main index data of various economic zones in Guangxi, including:

Beibu Gulf Economic Zone (4 cities) refers to Nanning, Beihai, Fangchenggang and Qinzhou.

Beibu Gulf Economic Zone (6 cities) refers to Nanning, Beihai, Fangchenggang, Qinzhou, Yulin and Chongzuo.

Resource-rich areas (3 cities) of western Guangxi refer to the total of Baise, Hechi and Chongzuo.

The seven cities in Guangxi in the Pearl River-Xijiang Economic Belt refer to Nanning, Liuzhou, Wuzhou, Guigang, Baise, Laibin and Chongzuo.

21—1 各个经济区域主要经济指标及占全区比重

指 标	Item	2019			
		北部湾经济区（4市）The Beibu Gulf Economic Zone (4 cities)	北部湾经济区（6市）The Beibu Gulf Economic Zone (6 cities)	桂西资源富集区 The Resource-rich Area of Western Guangxi	珠江-西江经济带广西七市 The Zhujiang River-Xijiang River Economic Belt (7 cities)
土地面积（平方公里）	Local Land Area (sq.km)	43223	73379	87009	130785
土地面积占全区比重（%）	Percentage of Local Land Area (%)	18.2	30.9	36.6	55.0
年末常住人口（万人）	Population at the Year-end (10 000 persons)	1468.42	2255.46	907.59	2753.87
年末常住人口占全区比重（%）	Percentage of Population at the Year-end (%)	29.5	45.3	18.2	55.3
城镇化率（%）	Urbanization Rate (%)	59.2	55.1	42.5	56.9
地区生产总值（亿元）	Gross Domestic Product (100 million yuan)	7864.86	10302.09	2893.33	12551.72
第一产业	Primary Industry	1108.17	1601.37	604.37	1687.99
第二产业	Secondary Industry	2375.64	3052.09	963.79	4278.23
第三产业	Tertiary Industry	4381.05	5648.63	1325.18	6585.5
#工业	Industry	1666.67	2106.37	755.36	3227.36
地区生产总值指数（上年=100）	Indices of Gross Domestic Product (preceding year = 100)	106.0	106.3	107.8	105.2
第一产业	Primary Industry	105.0	104.8	106.7	105.4
第二产业	Secondary Industry	105.9	106.3	109.8	103.8
第三产业	Tertiary Industry	106.2	106.8	106.8	106.1
#工业	Industry	104.9	105.1	109.0	101.9
地区生产总值占全区比重（%）	Percentage of Gross Domestic Product (%)	37.0	48.5	13.6	59.1
第一产业占全区比重（%）	Percentage of Primary Industry (%)	32.7	47.2	17.8	49.8
第二产业占全区比重（%）	Percentage of Secondary Industry (%)	33.7	43.3	13.7	60.7
第三产业占全区比重（%）	Percentage of Tertiary Industry (%)	40.6	52.3	12.3	61.0
#工业占全区比重	Industry	31.8	40.1	14.4	61.5
一般公共预算收入（亿元）	General Public Budget Revenue (100 million yuan)	553.81	698.64	173.73	901.78
一般公共预算支出（亿元）	General Public Budget Expenditure (100 million yuan)	1353.08	2062.11	1159.63	2828.40
一般公共预算收入占全区比重（%）	Percentage of Public Budget Income (%)	30.6	38.6	9.6	49.8
一般公共预算支出占全区比重（%）	Percentage of Public Budget Expenditure (%)	23.1	35.2	19.8	48.3
社会消费品零售总额（亿元）	Total Retail Sales of Consumer Goods (100 million yuan)	3222.50	4185.11	910.09	5133.28
社会消费品零售总额占全区比重（%）	Percentage of Total Retail Sales of Consumer Goods (%)	39.3	51.0	11.1	62.6
进出口（亿元）	Total Exports and Imports (100 million USD)	2051.08	3984.63	2185.51	3235.98
#出口	Exports	814.15	2139.43	1539.26	2041.41
进出口占全区比重（%）	Percentage of Total Exports and Imports (%)	43.7	84.9	46.6	68.9
#出口占全区比重	Exports	31.3	82.4	59.3	78.6

说明：北部湾经济区（4市）指南宁、北海、防城港、钦州4市合计，北部湾经济区（6市）指南宁、北海、防城港、钦州、玉林、崇左6市合计，桂西资源富集区指百色、河池、崇左3市合计，珠江-西江经济带广西七市指南宁、柳州、梧州、贵港、百色、来宾、崇左7市合计。

Main Economic Indicators and Percentage of Each Economic Zone

2020				2021			
北部湾经济区（4市）The Beibu Gulf Economic Zone (4 cities)	北部湾经济区（6市）The Beibu Gulf Economic Zone (6 cities)	桂西资源富集区 The Resource-rich Area of Western Guangxi	珠江-西江经济带广西七市 The Zhujiang River-Xijiang River Economic Belt (7 cities)	北部湾经济区（4市）The Beibu Gulf Economic Zone (4 cities)	北部湾经济区（6市）The Beibu Gulf Economic Zone (6 cities)	桂西资源富集区 The Resource-rich Area of Western Guangxi	珠江-西江经济带广西七市 The Zhujiang River-Xijiang River Economic Belt (7 cities)
43223	73379	87009	130785	43223	73379	87009	130785
18.2	30.9	36.6	55.0	18.2	30.9	36.6	55.0
1496.19	2285.73	908.96	2780.64	1507.28	2297.63	907.88	2792.26
29.8	45.5	18.1	55.4	29.9	45.6	18.0	55.4
60.5	56.2	44.1	58.2	62.0	57.5	45.1	58.8
8066.73	10667.69	3116.22	13072.64	9089.08	12148.78	3599.77	14439.87
1159.73	1702.20	654.70	1830.10	1267.70	1867.61	724.65	2010.42
2284.65	2993.90	1050.05	4317.18	2765.77	3719.12	1313.99	4868.02
4622.35	5971.57	1411.45	6925.36	5055.61	6562.05	1561.11	7561.40
1547.76	2014.80	830.67	3195.49	1939.44	2597.65	1047.20	3624.50
102.7	103.0	106.0	104.2	107.5	108.0	109.1	106.4
104.3	104.7	106.2	105.5	107.4	107.8	108.7	107.9
98.2	99.4	108.3	104.3	108.0	108.8	110.0	104.3
104.8	104.6	104.1	103.9	107.2	107.8	108.7	107.2
95.6	97.3	108.9	103.3	110.6	110.8	109.6	105.5
36.5	48.2	14.1	59.1	36.7	49.1	14.5	58.4
31.8	46.7	18.0	50.2	31.6	46.5	18.0	50.1
32.4	42.5	14.9	61.3	33.8	45.4	16.0	59.5
40.4	52.3	12.4	60.6	40.3	52.3	12.5	60.3
29.9	39.0	16.1	61.8	31.9	42.8	17.2	59.7
570.40	705.98	179.06	864.33	587.16	706.68	199.29	920.90
1424.79	2118.63	1221.25	2877.42	1343.22	1980.85	1065.27	2676.47
33.2	41.1	10.4	50.3	32.6	39.3	11.1	51.2
23.1	34.3	19.8	46.5	23.1	34.1	18.3	46.1
3026.44	4007.36	885.23	4883.39	3322.01	4415.50	982.89	5287.97
38.6	51.2	11.3	62.4	38.9	51.7	11.5	61.9
2180.66	4056.64	2222.74	3506.87	2673.66	4839.63	2611.93	4278.66
923.17	2182.24	1550.26	2148.20	814.36	2209.47	1771.10	2563.01
44.8	83.3	45.7	72.1	45.1	81.6	44.0	72.1
34.1	80.6	57.3	79.3	27.7	75.2	60.3	87.2

Note: The Beibu Gulf Economic Zone (4 cities) includes Nanning, Beihai, Fangchenggang and Qinzhou, the Beibu Gulf Economic Zone (6 cities) includes Nanning, Beihai, Fangchenggang, Qinzhou, Yulin and Chongzuo, the Resource-rich Area of Western Guangxi includes 3 cities of Baise, Hechi and Chongzuo, and the Zhujiang River-Xijiang River Economic Belt (7 cities) includes Nanning, Liuzhou, Wuzhou, Guigang, Baise, Laibin and Chongzuo.

21－2 北部湾经济区主要经济指标（4市，2015—2021年）
Main Economic Indicators of the Beibu Gulf Economic Zone (4 cities, 2015—2021)

年 份 Year	地区生产总值 (亿元) Gross Domestic Product (100 million yuan)	第一产业 Primary Industry	第二产业 Secondary Industry	第三产业 Tertiary Industry	# 工业 Industry
2015	5388.82	786.55	1801.69	2800.58	1320.05
2016	5856.21	847.97	1883.34	3124.90	1354.96
2017	6562.85	895.08	2080.52	3587.25	1496.60
2018	7225.44	964.99	2243.49	4016.95	1606.76
2019	7864.86	1108.17	2375.64	4381.05	1666.67
2020	8066.73	1159.73	2284.65	4622.35	1547.76
2021	9089.08	1267.70	2765.77	5055.61	1939.44
地区生产总值指数（上年=100）Index of Gross Domestic Product (preceding year=100)					
2016	107.1	104.1	105.4	109.1	103.3
2017	108.2	104.3	105.3	111.1	105.6
2018	106.1	105.6	102.9	108.2	103.4
2019	106.0	105.0	105.9	106.2	104.9
2020	102.7	104.3	98.2	104.8	95.6
2021	107.5	107.4	108.0	107.2	110.7

21－2 续表 1 continued

年 份 Year	全社会固定资产投资（亿元） Investment in Fixed Assets (100 million yuan)	公共财政预算收入（亿元） General Public Budget Income (100 million yuan)	公共财政预算支出（亿元） General Public Budget Expenditure (100 million yuan)	社会消费品零售总额（亿元） Total Retail Sales of Consumer Goods (100 million yuan)	进出口（亿美元） Total Exports and Imports (100 million USD)	#出口 Exports
2010	2796.72	228.65	454.88	1193.76	76.94	35.38
2011	3671.74	277.22	544.25	1408.56	113.11	46.13
2012	4513.52	339.98	672.64	1631.88	148.90	55.31
2013	4246.04	384.02	738.99	1862.20	149.50	58.50
2014	4810.12	415.19	813.54	2083.37	191.17	78.85
2015	5623.51	447.06	990.42	2294.74	240.88	99.41
2016	6386.86	468.02	1058.70	2538.77	1491.99	539.37
2017	7169.25	496.90	1131.96	2821.66	1946.94	623.29
2018	10.0%	528.67	1222.76	3069.29	2008.33	698.51
2019	9.0%	553.81	1353.08	3222.50	2051.08	814.15
2020	2.3%	570.40	1424.79	3026.44	2180.66	923.17
2021	5.4%	587.16	1343.22	3322.01	2673.66	814.36

注：1. 全社会固定资产投资包含固定资产投资和农户投资两部分，本表数据自2014年起为固定资产投资数据，2018年后为增速。
2. 2016年起，外贸进出口数据以人民币计价。

Note: 1. The "Total Investment in Fixed Assets" includes two parts: investment in fixed assets and investment from rural households. The data in this table refers to the investment in fixed assets since 2014, and it is growth rate from 2018.
2. The data of import and export value of foreign trade was calculated by RMB since 2016.

21—3 北部湾经济区主要经济指标（6市，2015—2021年）
Main Economic Indicators of the Beibu Gulf Economic Zone（6 cities, 2015—2021）

年 份 Year	地区生产总值 (亿元) Gross Domestic Product (100 million yuan)	第一产业 Primary Industry	第二产业 Secondary Industry	第三产业 Tertiary Industry	# 工业 Industry
2015	7066.21	1177.31	2298.60	3590.31	1668.57
2016	7674.74	1263.72	2405.06	4005.97	1716.44
2017	8577.82	1320.07	2649.19	4608.56	1880.50
2018	9422.05	1394.80	2859.83	5167.42	2014.94
2019	10302.09	1601.37	3052.09	5648.63	2106.37
2020	10667.69	1702.20	2993.90	5971.57	2014.80
2021	12148.78	1867.61	3719.12	6562.05	2597.65
地区生产总值指数（上年=100）Index of Gross Domestic Product（preceding year=100）					
2016	107.2	103.6	105.6	109.4	103.3
2017	108.0	104.1	105.1	111.1	105.1
2018	106.6	105.3	103.6	108.7	103.9
2019	106.3	104.8	106.3	106.8	105.1
2020	103.0	104.7	99.4	104.6	97.3
2021	108.0	107.8	108.8	107.8	110.8

21—3 续表 1 continued

年 份 Year	全社会固定资产投资（亿元） Investment in Fixed Assets (100 million yuan)	公共财政预算收入（亿元） General Public Budget Income (100 million yuan)	公共财政预算支出（亿元） General Public Budget Expenditure (100 million yuan)	社会消费品零售总额（亿元） Total Retail Sales of Consumer Goods (100 million yuan)	进出口 (亿美元) Total Exports and Imports （100 million USD）	#出口 Exports
2010	3721.12	291.79	658.80	1561.54	118.73	72.62
2011	4879.07	356.33	804.52	1843.87	170.21	96.37
2012	6049.93	445.04	981.52	2138.09	226.12	126.95
2013	5692.24	506.98	1081.28	2441.06	256.44	158.98
2014	6482.47	552.45	1192.49	2739.01	342.98	213.87
2015	7647.19	594.33	1461.28	3018.92	446.72	245.02
2016	8685.37	613.58	1579.12	3336.99	1518.67	561.52
2017	9829.08	636.52	1705.21	3708.91	3319.40	1540.46
2018	11.4%	665.85	1848.84	4055.36	3518.88	1817.37
2019	9.6%	698.64	2062.11	4185.11	3984.63	2139.43
2020	3.0%	705.98	2118.63	4007.36	4056.64	2182.24
2021	8.9%	706.68	1980.85	4415.50	4839.63	2209.47

注：1. 全社会固定资产投资包含固定资产投资和农户投资两部分，本表数据自2014年起为固定资产投资数据，2018年后为增速。
2. 2016年起，外贸进出口数据以人民币计价。

Note: 1. The "Total Investment in Fixed Assets" includes two parts: investment in fixed assets and investment from rural households. The data in this table refers to the investment in fixed assets since 2014, and it is growth rate from 2018.
2. The data of import and export value of foreign trade was calculated by RMB since 2016.

21—4 桂西资源富集区主要经济指标（2015—2021年）
Main Economic Indicators of the Resource-rich Area of Western Guangxi (2015—2021)

年 份 Year	地区生产总值 (亿元) Gross Domestic Product (100 million yuan)	第一产业 Primary Industry	第二产业 Secondary Industry	第三产业 Tertiary Industry	# 工业 Industry
2015	1929.25	447.62	635.38	846.25	506.27
2016	2149.42	482.41	711.92	955.09	565.33
2017	2405.57	509.86	802.86	1092.84	636.65
2018	2622.46	528.53	880.39	1213.55	700.33
2019	2893.33	604.37	963.79	1325.18	755.36
2020	3116.22	654.70	1050.05	1411.45	830.67
2021	3599.77	724.65	1313.99	1561.11	1047.20
地区生产总值指数（上年=100）Index of Gross Domestic Product（preceding year=100）					
2016	107.1	103.5	106.2	109.6	105.7
2017	108.3	104.2	108.2	110.4	107.8
2018	107.7	104.8	110.1	107.3	111.5
2019	107.8	106.7	109.8	106.8	109.0
2020	106.0	106.2	108.3	104.1	108.9
2021	109.1	108.7	110.0	108.7	109.6

21—4 续表 1 continued

年 份 Year	全社会固定资产投资（亿元） Investment in Fixed Assets (100 million yuan)	公共财政预算收入（亿元） General Public Budget Income (100 million yuan)	公共财政预算支出（亿元） General Public Budget Expenditure (100 million yuan)	社会消费品零售总额（亿元） Total Retail Sales of Consumer Goods (100 million yuan)	进出口 (亿美元) Total Exports and Imports (100 million USD)	#出口 Exports
2010	1310.50	83.01	342.11	311.56	47.77	37.45
2011	1616.39	93.25	409.29	369.07	62.91	50.46
2012	1810.06	118.24	520.32	427.57	81.68	71.80
2013	1676.96	140.16	564.31	487.34	113.56	101.83
2014	1787.09	149.24	638.88	551.99	159.02	137.33
2015	2109.31	154.55	755.21	609.42	221.65	154.03
2016	2296.83	153.60	833.79	678.44	1386.91	820.17
2017	2650.11	152.79	927.06	767.62	1546.80	1045.36
2018	0.8%	155.70	1003.55	846.40	1720.94	1274.19
2019	11.2%	173.73	1159.63	910.09	2185.51	1539.26
2020	10.5%	179.06	1221.25	885.23	2222.74	1550.26
2021	22.5%	199.29	1065.27	982.89	2611.93	1771.10

注：1. 全社会固定资产投资包含固定资产投资和农户投资两部分，本表数据自2014年起为固定资产投资数据，2018年后为增速。
2. 2016年起，外贸进出口数据以人民币计价。

Note: 1. The "Total Investment in Fixed Assets" includes two parts: investment in fixed assets and investment from rural households. The data in this table refers to the investment in fixed assets since 2014, and it is growth rate from 2018.
2. The data of import and export value of foreign trade was calculated by RMB since 2016.

21-5 珠江—西江经济带广西七市主要经济指标（2015—2021年）
Main Economic Indicators of the Zhujiang River-Xijiang River Economic Belt（7 cities, 2015—2021)

年份 Year	地区生产总值（亿元） Gross Domestic Product (100 million yuan)	第一产业 Primary Industry	第二产业 Secondary Industry	第三产业 Tertiary Industry	#工业 Industry
2015	8736.70	1252.08	3328.15	4156.47	2609.67
2016	9536.12	1348.12	3520.93	4667.07	2758.41
2017	10574.47	1401.21	3804.32	5368.93	2958.76
2018	11651.44	1470.7	4132.27	6048.47	3201.08
2019	12551.72	1687.99	4278.23	6585.5	3227.36
2020	13072.64	1830.10	4317.18	6925.36	3195.49
2021	14439.87	2010.42	4868.02	7561.40	3624.50
地区生产总值指数（上年=100）Index of Gross Domestic Product（preceding year=100）					
2016	106.9	103.6	104.8	109.6	104.4
2017	107.7	104.3	104.8	110.8	104.8
2018	106.3	105.2	102.8	109.1	102.6
2019	105.2	105.4	103.8	106.1	101.9
2020	104.2	105.5	104.3	103.9	103.3
2021	106.4	107.9	104.3	107.2	105.5

21-5 续表1 continued

年份 Year	全社会固定资产投资（亿元） Investment in Fixed Assets (100 million yuan)	公共财政预算收入（亿元） General Public Budget Income (100 million yuan)	公共财政预算支出（亿元） General Public Budget Expenditure (100 million yuan)	社会消费品零售总额（亿元） Total Retail Sales of Consumer Goods (100 million yuan)	进出口（亿美元） Total Exports and Imports (100 million USD)	#出口 Exports
2010	4597.06	369.56	911.03	1904.10	101.42	65.03
2011	5983.92	437.36	1076.92	2233.99	119.98	82.26
2012	7772.67	571.95	1348.79	2572.59	164.87	111.36
2013	7169.31	647.89	1463.46	2918.98	202.86	140.40
2014	7950.42	692.17	1600.72	3260.29	241.67	178.71
2015	9315.31	732.05	1873.95	3571.87	311.74	201.03
2016	10437.26	765.75	2070.61	3925.93	1985.66	1115.24
2017	11948.18	791.11	2274.50	4355.54	2398.43	1417.80
2018	10.9%	833.73	2482.83	4733.78	2691.68	1735.68
2019	9.6%	901.78	2828.40	5133.28	3235.98	2041.41
2020	2.3%	864.33	2877.42	4883.39	3506.87	2148.20
2021	5.0%	920.90	2676.47	5287.97	4278.66	2563.01

注：1. 全社会固定资产投资包含固定资产投资和农户投资两部分，本表数据自2014年起为固定资产投资数据，2018年后为增速。
2. 2016年起，外贸进出口数据以人民币计价。

Note: 1. The "Total Investment in Fixed Assets" includes two parts: investment in fixed assets and investment from rural households. The data in this table refers to the investment in fixed assets since 2014, and it is growth rate from 2018.
2. The data of import and export value of foreign trade was calculated by RMB since 2016.

第二十二篇　各市基本情况

CHAPTER 22　BASIC STATISTICS OF CITIES

（编辑：黄浩洲）

简要说明

（本篇资料由自治区统计局综合处整理，电话：0771-5893401）

一、本篇资料主要内容及来源

（一）14个地级市主要基本情况（自治区统计局、各市统计局）。

（二）广西农垦社会经济主要情况（广西农垦集团）。

二、其他情况说明

（一）大部分指标数据由各市统计局向本市有关单位和部门收集。部门数据仅供参考，最终以其公布的为准。

（二）为保持地区生产总值数据的历史可比性，按照核算制度规定并遵循国际惯例，地区生产总值等历史数据需要根据2018年第四次全国经济普查结果进行系统修订。

（三）2018年，广西农垦局完成了垦区集团化、农场企业化改革，将垦区企业办社会（包括“三供一业”）职能移交地方管理；2019年，将新兴产业园、西江产业园、热作所、南亚热作所、金光农场“场带队”（坛蓬、草塘2个村委）移交地方管理。以上单位移交地方管理后，不再纳入垦区综合统计的调查范围，因此，自2018年以来垦区全社会主要经济指标数据（地区生产总值、从业人员人数等）同比大幅度减少，与往年不具可比性。

Brief Introduction

(This information is compiled by the General Office of the Guangxi Zhuang Autonomous Region Bureau of Statistics, Tel: 0771-5893401)

Main contents and sources of this information

(i) The main basic situation of 14 prefecture-level cities (Guangxi Zhuang Autonomous Region Bureau of Statistics, municipal statistics bureaus).

(ii) The main social and economic situation of Guangxi State Farms (Guangxi State Farms).

22－1 各市社会经济主要指标（2021年）

指 标	Item	南宁市 Nanning	柳州市 Liuzhou	桂林市 Guilin
行政区域土地面积（平方公里）	Administrative Region Land Area (sq.km)	22099	18597	27667
森林覆盖率（%）	Forest Coverage Rate (%)	48.86	67.22	71.97
地区生产总值（当年价，亿元）	Gross Domestic Product (At current prices, 100 million yuan)	5120.94	3057.24	2311.06
第一产业增加值	Primary Industry	606.76	257.85	549.47
第二产业增加值	Secondary Industry	1198.76	1277.50	506.40
第三产业增加值	Tertiary Industry	3315.42	1521.88	1255.19
#工业	Industry	644.84	1053.49	293.54
人均地区生产总值（元）	Per Capita GDP (yuan)	58241	73328	46767
地区生产总值指数（%，上年=100）	Indices of Gross Domestic Product (%, preceding year=100)	106.1	102.0	106.6
第一产业增加值	Primary Industry	107.9	107.0	108.9
第二产业增加值	Secondary Industry	104.3	98.2	104.5
第三产业增加值	Tertiary Industry	106.3	105.0	106.4
#工业	Industry	106.4	99.0	107.6
人均地区生产总值指数（%，上年=100）	Indices of Per Capita GDP (%, preceding year=100)	104.3	101.4	106.4
城镇化率（%）	Urbanization Rate (%)	69.8	70.3	53.4
户籍年末总数（万户）	Total Households at Year-end (10 000 households)	261.64	117.73	168.35
户籍年末总人口（万人）	Total Population at Year-end (10 000 persons)	800.94	396.79	541.59
男性	Male	414.65	203.88	279.64
女性	Female	386.29	192.91	261.95
出生人口（万人）	Birth (10000 person)	7.90	3.28	4.19
死亡人口（万人）	Death (10000 person)	4.27	2.20	3.83
年末常住人口（万人）	Permanent Population (10 000 persons)	883.28	417.53	494.59
城镇非私营单位数量（个）	Number of Urban Units (unit)	9065	4834	5828
城镇非私营单位从业人员（万人）	Number of Employed Persons in Urban Units (10 000 persons)	114.91	53.09	41.08
城镇非私营单位从业人员年平均工资（元）	Average Wage of Employed Persons (Including Labor Dispatching) in Urban Units (yuan)	97978	91032	83542
固定资产投资（不含农户）增速（%）	Investment in Fixed Assets Growth Rate (%)	3.1	-8.5	-4.3
房地产开发投资额（亿元）	Investment in Real Estate Development (100 million yuan)	1359.95	437.53	351.40
商品房销售额（亿元）	Sales of Commercial Houses (100 million yuan)	1240.28	458.23	341.81
#住宅	Residential Buildings	1008.39	407.77	269.87
商品房屋销售面积（万平方米）	Selling Space of Commercial Houses (10 000 sq.m)	1494.08	668.72	639.61
#住宅	Residential Buildings	1125.46	597.12	470.51
房地产业房屋建筑施工面积（万平方米）	Real Estate Floor Space of Buildings Under Construction (10 000 sq.m)	11246.52	3719.58	2720.53
房地产业房屋建筑竣工面积（万平方米）	Real Estate Floor Space of Buildings Completed (10 000 sq.m)	986.97	135.94	136.64
一般公共预算收入（亿元）	General Public Budget Revenue (100 million yuan)	391.77	174.96	117.50
#税收收入	Tax Revenue	277.95	116.02	73.66

Main Social and Economic Indicators by City（2021）

梧州市 Wuzhou	北海市 Beihai	防城港市 Fangchenggang	钦州市 Qinzhou	贵港市 Guigang	玉林市 Yulin	百色市 Baise	贺州市 Hezhou	河池市 Hechi	来宾市 Laibin	崇左市 Chongzuo
12572	3989	6242	10897	10602	12824	36201	11753	33476	13382	17332
75.35	32.80	62.33	57.83	46.99	62.40	73.03	73.19	71.54	53.65	55.76
1369.37	1504.43	815.88	1647.83	1501.64	2070.61	1568.71	909.21	1041.97	832.88	989.09
196.09	225.31	119.64	315.99	259.52	399.97	294.65	164.63	230.06	195.61	199.94
589.39	635.74	398.52	532.75	544.92	605.72	670.97	345.37	295.39	238.85	347.63
583.89	643.38	297.72	799.09	697.19	1064.92	603.08	399.20	516.51	398.42	441.52
500.01	565.83	335.65	393.12	432.71	389.27	552.51	246.83	225.75	171.99	268.94
48463	80710	77548	49804	34632	35639	43892	45044	30461	40091	47336
110.0	108.8	109.4	110.0	106.5	109.9	109.8	113.9	107.5	110.5	109.8
108.5	105.9	106.0	107.9	108.8	109.3	108.9	109.5	109.8	106.2	107.2
112.0	109.2	113.5	111.8	103.8	110.7	111.2	120.4	105.5	106.2	112.2
109.1	109.4	105.6	109.8	107.7	109.7	109.0	111.0	107.7	115.2	109.6
112.8	110.0	118.3	112.7	106.1	109.4	111.1	128.9	103.3	111.2	113.7
110.2	107.4	107.8	109.7	105.9	109.6	109.8	113.3	107.5	110.5	109.8
55.6	58.9	62.5	42.8	50.4	50.4	44.6	49.7	45.9	49.1	44.9
101.36	47.08	26.01	100.88	162.75	217.33	109.95	66.83	125.51	79.88	71.38
354.69	182.71	101.92	419.47	566.80	742.78	422.81	249.32	433.30	268.51	251.42
188.72	95.41	54.21	228.32	301.27	398.10	219.93	131.53	225.94	141.28	132.84
165.97	87.30	47.71	191.14	265.53	344.68	202.88	117.78	207.36	127.24	118.59
3.52	1.92	1.12	4.19	5.32	7.95	3.52	2.58	3.79	2.28	1.98
2.22	0.81	0.48	2.00	3.30	4.00	3.11	1.46	2.93	1.99	1.86
282.67	187.2	105.7	331.08	435.0	581.58	357.20	202.66	341.91	207.78	208.77
3799	2287	1226	3020	3522	4035	4228	2375	3774	2402	2796
17.96	14.87	7.35	19.7	20.25	31.24	22.96	12.23	20.67	13.79	13.91
76967	85945	89053	79947	79153	77373	90754	86093	89163	76896	80461
21.6	11.1	-13.2	27.1	4.5	25.4	26.4	13.4	30.95	20.4	11.5
136.82	144.84	72.88	143.25	216.80	373.82	189.86	96.45	66.28	52.73	91.34
182.85	185.18	80.68	139.36	200.34	319.47	190.73	86.2	79.14	52.69	115.52
160.37	169.88	70.61	129.56	191.78	286.7	162.40	76.97	72.06	48.16	109.85
391.35	315.22	159.26	307.16	380.75	655.55	423.00	175.22	165.54	131.83	270.97
358.57	287.22	139.11	280.84	364.34	600.14	362.15	158.91	153.57	124.8	258.71
1448.86	1637.06	1170.47	1833.51	1879.75	2673.24	1655.45	1094.54	1055.43	839.93	1200.84
70.43	69.57	82.86	181.4	79.87	174.77	216.84	44.13	94.97	113.33	45.53
78.87	72.13	50.94	72.32	85.65	79.62	102.98	48.37	56.41	46.76	39.90
43.3	43.79	35.77	43.35	61.61	53.17	53.81	31.2596	29.93	25.11	25.45

22—1 续表1

指 标	Item	南宁市 Nanning	柳州市 Liuzhou	桂林市 Guilin
#国内增值税	Value-added Tax	73.14	40.41	22.24
企业所得税	Enterprises Income Tax	47.87	15.21	10.75
个人所得税	Individual Income Tax	11.88	3.38	3.62
一般公共预算支出（亿元）	Public Budget Expenditure (100 million yuan)	775.40	423.98	461.79
#教育支出	Expenditure for Education	154.12	85.59	79.79
社会保障和就业支出	Expenditure for Social Security and Employment	104.32	58.21	81.58
医疗健康支出	Expenditure for Medical and Health Care	91.02	44.53	60.55
农林水利事务支出	Expenditure for Affairs of Agriculture, Forestry and Water Resources	76.49	53.14	62.59
农村居民人均可支配收入（元）	Per Capita Disposable Income of Rural Households (yuan)	17808	17369	18993
农村居民人均消费性支出（元）	Per Capita Living Expenditure of Rural Households (yuan)	14276	11990	12358
#食品烟酒支出	Expenditure for Food, Tobacco and Liquor	4458	4397	4367
城镇居民人均可支配收入（元）	Per Capital Disposable Income of Urban Households (yuan)	41394	41442	40739
城镇居民人均消费性支出（元）	Per Capita Living Expenditure of Urban Households (yuan)	20584	24672	23335
#食品烟酒支出	Expenditure for Food, Tobacco and Liquor	6543	8597	7882
城镇人均住房建筑面积（平方米）	Per Capita Living Building Space of Urban Households (sq.m)	48.6	45.8	46.8
农村人均住房面积（平方米）	Per Capita Living Floor Space of Rural Households (sq.m)	53.4	56.4	55.4
乡镇村户数（万户）	Rural Households (10 000 households)	159.93	62.81	116.74
化肥使用量（折纯量，万吨）	Consumption of Chemical Fertilizers (Pure quantity, 10 000 tons)	55.62	17.65	23.42
农村用电量（亿千瓦时）	Electricity Consumed in Rural Areas (100 million kwh)	8.71	6.89	10.26
有效灌溉面积（千公顷）	Irrigated Area (1 000 hectares)	137.14	105.85	321.47
农作物总播种面积（不含食用菌）（千公顷）	Total Sown Area of Farm Crops （exclude mushrooms）(1 000 hectares)	972.47	399.62	369.69
#粮食作物	Grain Crops	425.54	148.05	340.01
粮食产量（万吨）	Grain Output (10 000 tons)	211.55	74.79	179.16
甘蔗产量（万吨）	Output of Sugarcane (10 000 tons)	1049.62	646.07	26.98
油料产量（万吨）	Output of Oil Plants (10 000 tons)	15.02	3.26	8.45
蔬菜产量（含食用菌）（万吨）	Output of Vegetables (10 000 tons)	697.44	302.90	562.21
园林水果产量（万吨）	Output of Fruits (10 000 tons)	453.91	126.72	894.66
肉类总产量（万吨）	Total Output of Meat (10 000 tons)	64.73	22.40	56.73
奶类产量（万吨）	Output of Milk (10 000 tons)	1.30	0.67	0.05
禽蛋产量（万吨）	Output of Eggs (10 000 tons)	2.98	1.46	3.80
水产品产量（万吨）	Output of Aquatic Products (10 000 tons)	23.42	7.08	10.64
规模以上工业增加值增速（%）	Growth rate of industrial added value above scale (%)	7.5	-1.8	8.1
规模以上工业企业单位数（个）	Number of Industrial Enterprises Above Designated Size (unit)	1323	1168	577

Continued

梧州市 Wuzhou	北海市 Beihai	防城港市 Fangcheng gang	钦州市 Qinzhou	贵港市 Guigang	玉林市 Yulin	百色市 Baise	贺州市 Hezhou	河池市 Hechi	来宾市 Laibin	崇左市 Chongzuo
17.91	15.12	12.69	17.34	18.44	13.84	18.90	12.1723	11.34	9.09	9.84
3.86	5.76	6.44	4.61	6.70	7.86	4.89	2.5599	3.00	2.78	3.04
1.11	1.10	0.92	1.18	1.97	1.63	1.31	0.5604	1.00	0.65	0.71
259.05	179.27	143.03	246.11	292.81	375.91	430.55	219.09	372.92	234.15	260.14
52.98	37.11	21.38	54.78	69.79	94.81	81.28	39.8852	71.10	41.36	37.37
35.12	20.15	19.04	33.36	45.83	61.73	53.09	25.2395	52.85	31.28	36.73
31.41	20.44	14.25	28.65	40.75	54.87	49.12	24.5797	45.01	27.80	28.99
34.46	22.21	14.03	21.85	32.93	44.69	86.41	38.4129	89.44	45.99	44.05
16331	18460	19031	17041	18381	19635	14755	15312	12325	15317	15694
9984	12656	14406	10284	11528	14143	10016	10499	9241	13087	10045
3122	4479	4955	3735	4188	4582	3388	3488	3135	4374	3516
37185	40727	39676	40170	36756	40314	36375	36665	33351	38705	36947
23991	23219	25467	21509	22647	22442	20186	19948	20471	20525	21463
7435	8532	8431	7288	7884	6986	6769	6284	6882	7331	7512
55.0	47.7	53.4	62.0	–	57.8	48.1	54.7	51.0	49.6	47.9
57.0	60.2	51.9	55.8	–	52.5	46.2	60.9	57.7	55.8	53.1
84.43	29.17	22.32	86.29	135.34	167.85	87.39	53.04	101.60	58.06	56.51
6.44	5.92	4.97	21.24	17.71	14.84	11.58	5.91	13.42	24.45	28.73
8.72	11.05	2.49	11.80	14.01	22.34	17.32	8.77	17.44	11.17	7.18
72.7	50.81	27.83	81.18	148.40	14.06	108.78	62.03	83.65	97.93	66.15
304.27	177.24	121.21	386.12	460.45	514.57	469.21	257.58	402.55	409.12	464.13
23.47		45.59	189.01	275.55	292.28	258.59	118.48	252.45	153.84	116.32
70.46	31.01	17.71	93.58	147.90	163.51	113.49	61.33	98.70	72.36	51.02
10.80	280.43	315.19	321.81	251.63	155.77	284.22	10.94	331.22	1066.25	2614.16
4.93	4.96	0.73	3.53	13.22	7.19	2.1	3.88	1.83	4.00	2.76
307.40	124.21	38.70	221.69	232.67	455.34	327.76	253.74	199.80	173.46	150.14
106.77	16.21	13.38	266.04	57.31	154.40	210.45	140.44	81.05	167.58	109.14
22.03	12.71	5.44	33.99	37.60	87.84	26.64	18.62	22.92	15.88	13.44
0.12	0.27	0.35	3.47	0.91	0.72	0	2.9	0	0.88	1.44
1.68	1.56	0.35	1.77	2.12	5.22	2.25	0.71	0.78	0.41	1.98
8.31	117.83	55.84	59.08	20.94	14.78	9.38	6.65	6.80	6.13	6.06
15.0	10.2	19.1	13.2	4.0	11.4	11.7	34.9	2.3	12.5	17.1
581	326	164	368	1005	725	436	328	271	334	431

22-1 续表2

指　标	Item	南宁市 Nanning	柳州市 Liuzhou	桂林市 Guilin
规模以上工业企业资产总计（亿元）	Total Assets of Industrial Enterprises Above Designated Size (100 million yuan)	3790.90	3825.96	1420.44
规模以上工业企业负债合计（亿元）	Total Liabilities of Industrial Enterprises Above Designated Size (100 million yuan)	2570.33	2414.79	899.82
规模以上工业企业所有者权益（亿元）	Owner's Equity of Industrial Enterprises Above Designated Size (100 million yuan)	1220.57	1411.16	520.62
规模以上工业企业营业收入（亿元）	Business Income of the Major Products of Industrial Enterprises Above Designated Size (100 million yuan)	2709.10	4318.80	978.12
规模以上工业企业利润总额（亿元）	Total Profits of Industrial Enterprises Above Designated Size (100 million yuan)	125.98	163.46	72.11
规模以上工业企业从业人员年平均用工人数（万人）	Annual Average Number of Employed Persons of Industrial Enterprises Above Designated Size (10 000 persons)	19.04	20.85	9.80
建筑企业单位数（个）	Number of Construction Enterprises (unit)	545	221	174
从事建筑业活动平均人数（万人）	Annual Average Number of Persons Employed in Construction Enterprises (10 000 persons)	47.70	17.21	11.30
建筑业总产值（亿元）	Gross Output Value of Construction (100 million yuan)	2647.71	1080.61	559.18
建筑业房屋建筑施工面积（万平方米）	Construction Floor Space of Buildings Under Construction (10 000 sq.m)	9625.11	7506.91	4044.44
建筑业房屋建筑竣工面积（万平方米）	Construction Floor Space of Buildings Completed (10 000 sq.m)	2143.76	1765.81	1060.19
邮政业务总量（亿元）	Business Volume of Post Services (100 million yuan)	72.02	17.28	10.91
电信业务总量（亿元）	Business Volume of Telecommunications Services (100 million yuan)	131.68	37.00	52.96
固定电话用户（万户）	Local Telephone Subscribers (10 000 subscribers)	95.12	38.32	41.96
移动电话用户（万户）	Number of Mobile Telephone Subscribers (10 000 subscribers)	1155.44	498.16	571.65
固定互联网用户数（万户）	Number of Internet Subscribers (10 000 subscribers)	370.36	174.71	209.39
社会消费品零售总额（亿元）	Total Retail Sales of Consumer Goods (100 million yuan)	2364.17	1332.26	942.55
限额以上批发和零售业法人企业数（个）	Number of Corporation Enterprises Above Designated Size in Wholesale and Retail Trades (unit)	1591	965	462
限额以上批发和零售业年末从业人数（人）	Number of Year-end Employed Persons Above Designated Size in Wholesale and Retail Trades (person)	85381	30064	20627
限额以上批发和零售业商品销售额（亿元）	Sales of Goods Above Designated Size of Wholesale and Retail Trades (100 million yuan)	7373.68	1914.56	550.08
限额以上住宿和餐饮业法人企业数（个）	Number of Corporation Enterprises Above Designated Size in Hotel and Catering (unit)	417	223	215
限额以上住宿和餐饮业年末从业人数（人）	Number of Year-end Employed Persons Above Designated Size in Hotel and Catering (person)	37105	11817	12291
限额以上住宿和餐饮业营业额（亿元）	Turnover Above Designated Size of Hotel and Catering (100 million yuan)	77.70	25.26	22.36
公路里程（公里）	Length of Highways (km)	17463	10554	16901
#等级公路	Length of Expressway and Class I to IV Highway	16817	9932	15893
民用汽车拥有量（辆）	Number of Civil Motor Vehicles Owned (vehicle)	2089780	974008	802245
#私人汽车	Private Motor Vehicles	1978605	876665	745654
进出口总额（人民币，万元）	Total Import and Export (RMB, 10 000 yuan)	12319194	3540653	916073
进口额	Import	6499740	1988061	824351
出口额	Export	5819455	1552592	94723
实际利用外资（万美元）	Foreign Actual Direct Investment (USD 10 000)	57809	8553	7095
入境国际旅游者人数（万人次）	Number of International Tourists Through Guangxi (10 000 person-times)	0.89	0.48	4.26
#外国人	Foreigners	0.40	0.24	2.94
国际旅游消费（万美元）	Foreign Exchange Earnings From International Tourism (USD 10 000)	155.83	121.08	1571.00

Continued

梧州市 Wuzhou	北海市 Beihai	防城港市 Fangcheng gang	钦州市 Qinzhou	贵港市 Guigang	玉林市 Yulin	百色市 Baise	贺州市 Hezhou	河池市 Hechi	来宾市 Laibin	崇左市 Chongzuo
1095.23	1371.64	2517.35	1361.50	1279.83	1208.14	2120.50	778.33	874.10	823.00	890.71
606.43	836.78	1622.91	784.80	729.11	745.19	1465.51	541.80	606.60	593.98	563.51
488.86	534.87	894.40	576.69	550.05	462.95	654.99	236.54	267.50	299.02	327.20
1398.83	2062.42	2101.34	1546.18	1311.90	1305.71	1587.62	812.81	544.70	617.32	867.24
135.83	105.00	133.68	83.99	85.72	64.37	144.73	39.40	51.70	61.63	89.88
9.69	6.02	3.85	6.39	10.52	11.57	7.33	3.90	4.60	4.92	5.41
109	88	132	240	104	239	205	109	101	120	125
1.71	2.50	4.85	11.52	4.98	13.04	3.10	1.67	2.46	2.30	1.31
81.18	153.29	201.02	511.77	236.57	697.48	138.11	73.86	128.03	113.45	77.32
318.43	615.62	506.88	1318.18	1069.8	2617.36	350.28	174.94	368.08	876.31	91.87
91.09	209.54	193.22	740.28	258.44	1559.92	173.95	88.48	94.1	163.31	54.63
6.75	4.72	2.94	5.89	7.77	13.89	4.71	2.86	4.91	3.26	4.20
24.70	15.63	12.52	28.75	33.19	49.17	38.24	17.64	34.80	20.65	21.91
17.60		13.84	33.20	24.02	44.7	28.83	9.91	33.40	10.41	11.30
287.39	217.59	129.04	324.20	392.19	551.4	379.43	203.54	353.20	223.94	232.30
95.92	82.12	43.26	105.20	110.60	491.3	125.42	65.17	123.10	73.64	78.60
316.33	350.01	137.71	470.11	457.65	841.23	421.24	199.53	309.39	144.07	252.26
294	203	98	246	303	490	426	115	310	138	288
6720	7110	2878	5360	9657	20847	11282	5361	9075	3990	5290
433.98	415.12	448.49	1183.39	360.33	688.14	742.54	600.52	666.58	249.5	460.45
64	62	30	47	67	150	166	29	87	34	75
1986	2895	1600	1522	3057	5366	5798	1661	3038	1497	2708
8.08	5.30	2.66	9.23	4.56	11.78	10.64	2.5	4.24	2.31	5.45
8400	3871	3946	9624	9410	11940	23042	7124	18306	8787	10412
8275	3801	3386	7786	8706	10268	22822	7124	18093	7628	10248
341450	322585	184544	816146	550709	823579	428639	296485	384607	273014	209907
320244	298467	165294	357393	519631		392287	290066	362844	257878	196620
807007	3001521	8855611	2560273	457562	388607	4263338	212625	584903	132289	21271089
401145	1875506	8075985	2141804	246237	128019	433010	47863	394753	12228	13690568
405861	112605	779627	418469	211325	260588	3830328	164762	190150	120061	7580521
6267	17886	7396	27652	6717	12473	3963	1345	1915	2502	3631
0.20	0.11	0.02	0	0.07	0.04	0.01	0.1	0.01	0	…
0.01	…	0.01	0	0.01	…	0	0	0.01	0	…
44.70	46.49	3.25	0	27.35	10.95	3.71	20.58	2.26	0	0.98

22－1 续表3

指 标	Item	南宁市 Nanning	柳州市 Liuzhou	桂林市 Guilin
国内旅游人数（万人次）	Number of Domestic Tourists (10 000 person-times)	13739.00	6436.02	12234.88
国内旅游消费（亿元）	Total Domestic Tourism Receipts (100 million yuan)	1529.14	742.57	1501.79
星级饭店数（个）	Total Number of Star Grade Hotel (unit)	36	34	48
金融机构本外币存款（亿元）	Saving Deposit in RMB and Foreign Currencies of Financial Institutions (100 million yuan)	12083.00	4309.33	4484.50
金融机构人民币存款（亿元）	Saving Deposit in RMB of Financial Institutions (100 million yuan)	11996.48	4294.49	4450.32
#住户存款	Deposit of Households	4878.80	2258.57	2768.69
金融机构本外币贷款（亿元）	Loans in RMB and Foreign Currencies of Financial Institutions (100 million yuan)	18074.00	4171.06	3542.01
金融机构人民币贷款（亿元）	Loans in RMB of Financial Institutions (100 million yuan)	17660.59	4139.43	3539.44
境内贷款	Domestic Loans	17613.39	4139.20	3539.12
短期贷款	Short-term Loans	2680.00	913.77	732.50
中长期贷款	Medium and Long-term Loans	14235.89	2983.97	2570.58
境外贷款	Overseas Loans	47.20	0.23	0.32
幼儿园数（所）	Number of Kindergartens (unit)	1642	908	1162
在园儿童数（万人）	Student Enrollment (10 000 persons)	32.69	14.64	19.34
普通小学学校数（所）	Number of Regular Primary Schools (unit)	1080	346	554
普通小学专任教师数（人）	Full-time Teachers in Regular Primary Schools (person)	45660	19305	25473
普通小学招生数（万人）	New Student Enrollment in Regular Primary Schools (10 000 persons)	14.21	5.86	7.05
普通小学在校学生数（万人）	Regular Primary Student Enrollment (10 000 persons)	79.86	33.18	41.29
普通小学毕业生数（万人）	Graduates of Regular Primary Schools (10 000 persons)	11.01	5.05	6.34
普通中学学校数（所）	Number of Regular Secondary Schools (unit)	356	149	228
普通中学专任教师数（人）	Full-time Teachers in Regular Secondary Schools (person)	34183	16926	20572
普通中学招生数（万人）	New Student Enrollment in Secondary Schools (10 000 persons)	17.19	8.22	10.04
普通中学在校学生数（万人）	Student Enrollment in Regular Secondary Schools (10 000 persons)	49.21	24.49	29.23
普通中学毕业生数（万人）	Graduates in Regular Secondary Schools (10 000 persons)	14.73	7.45	8.76
普通高等学校数（所）	Regular Institutions of Higher Education (unit)	35	6	12
普通高等学校专任教师数（人）	Full-time Teachers in Regular Institutions of Higher Education (person)	25201	4736	10446
普通高等学校招生数（万人）	New Student Enrollment in Regular Institutions of Higher Education (10 000 persons)	22.65	2.92	9.32
普通高等学校在校学生数（万人）	Student Enrollment in Regular Institutions of Higher Education (10 000 persons)	65.2	11.18	28.07
普通高等学校毕业生数（万人）	Graduates in Regular Institutions of Higher Education (10 000 persons)	13.42	1.86	7.54
公共图书馆（个）	Public Libraries (unit)	14	11	13
公共博物馆（所）	Museums (unit)	9	49	29
卫生机构数（个）	Number of Health Institutions (unit)	4895	2548	4960
#医院、卫生院	Hospitals, Clinics	279	169	231
卫生机构床位数（张）	Number of Beds in Health Institutions (bed)	60576	29579	28508
#医院、卫生院	Hospitals, Clinics	56483	27414	26585
卫生机构人员数（人）	Number of Employed Personnel in Health Institutions (person)	103071	46912	52353
#卫生技术人员	Medical and Technical Personnel	85462	39309	42533
#执业医师、执业助理医师	Licensed Doctors, Licensed Assistant Doctors	30931	13491	15152
注册护士	Registered Nurses	39851	18361	19880

Continued

梧州市 Wuzhou	北海市 Beihai	防城港市 Fangchenggang	钦州市 Qinzhou	贵港市 Guigang	玉林市 Yulin	百色市 Baise	贺州市 Hezhou	河池市 Hechi	来宾市 Laibin	崇左市 Chongzuo
3816.00	5124.13	3395.92	4634.88	3340.06	6353.56	5044.37	3993.97	4229.90	3199.96	4289.29
416.65	666.92	314.16	476.17	400.26	729.09	560.63	492.36	514.03	291.85	427.34
30	23	19	16	10	24	28	32	46	9	45
1603.00	1409.71	967.68	1431.87	1827.66	2706.04	1653.01	917.99	1435.24	911.60	1138.56
1598.96	1393.21	962.73	1429.06	1826.52	2703.31	1651.58	917.33	1433.98	911.15	1137.13
1102.65	868.07	506.11	994.61	1396.06	2034.62	1115.50	647.84	1046.13	587.28	744.90
1463.51	1153.55	915.30	1272.15	1609.63	2247.18	1631.68	857.95	1091.75	887.22	934.57
1461.60	1122.52	897.40	1267.88	1609.52	2240.36	1630.92	857.95	1083.02	887.08	927.58
1461.39	1122.49	897.32	1267.74	1609.37	2240.24	1630.90	857.94	1083.02	887.07	927.56
255.27	69.83	163.44	88.26	89.65	400.73	88.14	54.77	84.80	64.13	174.84
1167.30	541.41	689.83	485.40	889.43	1723.61	505.00	289.27	378.40	273.04	714.94
0.22	0.04	0.07	0.14	0.15	0.12	0.02	78.95	…	0.01	0.02
948	457	308	362	1220	2342	1085	899	1204	1024	602
14.88	8.18	5.10	14.93	19.43	33.71	17.70	11.43	16.22	9.50	8.85
513	327	158	999	814	1313	395	337	684	219	211
18993	9523	6694	22781	26724	38210	20153	13772	22421	12043	11337
5.63	2.99	1.88	6.90	7.86	12.10	5.49	4.00	5.73	3.31	3.01
33.64	17.57	11.40	42.82	49.00	74.34	33.01	24.56	36.99	20.51	17.79
4.74	2.61	1.56	6.13	7.73	10.91	5.63	3.70	5.94	3.27	2.79
139	97	49	130	212	267	162	111	187	88	103
15697	8375	4659	16184	24782	30278	17901	9726	16306	9651	8650
7.31	4.01	2.19	8.86	13.38	17.16	8.87	5.16	8.94	4.91	4.41
21.62	11.84	6.49	25.42	38.71	48.55	26.62	14.40	26.83	14.32	13.36
6.78	3.72	2.13	7.81	12.20	14.95	8.90	4.26	8.67	4.39	4.18
3	5	1	3	0	2	5	1	2	2	9
1400	1600	30	1754	0	1313	3504	966	1118	1128	4458
1.54		0.02	1.25	0	0.76	2.27	0.67	1.01	0.88	4.61
3.63		0.02	3.47	0	2.27	7.46	2.15	2.85	2.91	12.06
0.72		0	0.84	0	0.47	1.69	0.45	0.73	0.57	2.29
5	3	5	5	6	8	13	5	11	7	7
6	10	2	3	6	4	16	7	13	7	5
1685	1085	673	2191	3838	3374	2652	1198	2375	1420	1218
109	54	41	94	150	187	235	94	199	108	116
18046	10282	4899	21487	24546	39432	25855	10423	21260	13908	10244
17134	9747	4611	19593	23685	37185	23698	9574	20068	12981	9167
29192	17181	8884	30397	34744	47172	37312	16872	32972	17918	18203
22338	13488	6938	23051	26508	37557	28918	13074	26361	14522	13826
7089	4535	2350	7109	9052	12721	8542	4288	8180	4543	3992
10411	6252	3122	11061	11976	17245	13373	5932	12227	6401	6316

22－2 南宁市主要经济指标情况（1978—2021年）
Main Economic Indicators of Nanning（1978—2021）

年 份 year	生产总值（按当年价格，亿元）Gross Domestic Product (current prices, 100 million yuan)	第一产业 Primary Industry	第二产业 Secondary Industry	#工业 Industry	第三产业 Tertiary Industry	生产总值指数（上年=100）Indices of Gross Domestic Product (Preceding year=100)	第一产业 Primary Industry	第二产业 Secondary Industry	#工业 Industry	第三产业 Tertiary Industry
1978	14.74	6.19	5.22	4.75	3.33	111.5	110.3	112.1	108.1	112.6
1979	10.68	2.90	5.17	4.73	2.61	119.7	111.1	134.1	133.9	106.2
1980	18.01	7.01	7.00	6.45	4.00	105.5	105.3	108.0	112.6	101.7
1981	12.44	3.32	5.62	5.02	3.50	109.0	109.2	102.2	102.6	121.9
1982	13.72	4.11	5.99	5.26	3.62	108.8	120.2	107.2	105.6	102.0
1983	14.95	4.11	6.58	5.82	4.26	108.8	98.1	110.7	111.5	115.8
1984	15.38	4.12	6.51	5.65	4.75	100.0	98.3	96.4	95.6	107.4
1985	30.93	11.83	10.84	9.59	8.27	112.7	103.4	122.1	117.7	113.1
1986	35.15	12.64	12.72	11.10	9.79	107.9	101.4	111.7	110.1	114.1
1987	42.05	14.64	15.67	13.75	11.75	112.6	105.2	117.6	118.3	114.2
1988	53.78	17.88	19.13	16.67	16.76	109.7	92.8	109.0	108.3	129.6
1989	62.04	19.16	21.92	20.06	20.96	107.4	107.7	102.8	108.0	114.9
1990	70.88	23.10	24.84	22.83	22.94	109.6	111.1	111.6	112.1	107.8
1991	79.32	23.91	27.46	25.20	27.95	106.3	100.6	106.9	106.7	111.6
1992	91.81	27.77	30.47	27.59	33.56	112.7	115.1	109.3	107.9	114.3
1993	134.62	34.44	49.93	43.65	50.25	123.5	106.9	134.4	129.7	128.3
1994	187.23	49.10	67.51	57.80	70.61	116.5	107.7	119.6	117.1	120.7
1995	235.81	61.52	80.79	65.22	93.49	114.5	112.6	114.9	108.3	115.7
1996	267.20	69.05	84.59	66.64	113.56	111.4	105.9	110.4	107.7	116.5
1997	304.49	78.59	92.22	70.98	133.69	112.5	113.9	108.8	106.3	115.2
1998	339.55	83.44	99.73	76.71	156.38	111.5	108.4	110.3	110.3	114.8
1999	356.99	85.26	101.99	77.23	169.73	109.4	107.4	108.1	106.4	111.7
2000	377.94	87.66	105.37	79.09	184.91	107.7	100.7	104.6	105.4	113.9
2001	418.17	90.74	113.16	85.25	214.26	108.8	102.2	106.4	106.7	113.2
2002	463.18	94.35	125.56	93.39	243.27	110.9	107.7	112.0	112.2	111.6
2003	521.78	99.70	152.35	109.62	269.73	110.9	103.7	119.3	113.4	109.4
2004	619.12	107.68	193.38	137.83	318.06	113.2	105.9	118.2	116.8	113.1
2005	727.90	124.25	231.21	165.18	372.44	113.4	108.2	115.6	115.0	114.0
2006	880.11	144.34	297.31	221.29	438.46	116.8	108.4	125.3	129.9	114.4
2007	1089.07	178.00	372.27	284.09	538.80	117.4	107.3	121.2	124.2	117.9
2008	1320.43	203.11	457.94	352.27	659.39	114.7	105.3	114.8	116.9	117.4
2009	1524.71	212.38	527.46	395.80	784.88	115.1	105.8	117.0	113.5	116.3
2010	1800.26	244.43	651.88	483.78	903.94	114.2	105.7	117.8	115.9	113.7
2011	2211.44	305.55	829.61	612.59	1076.28	113.5	105.7	118.3	118.1	112.2
2012	2503.18	322.96	960.75	706.11	1219.48	112.3	105.2	118.1	118.7	109.6
2013	2845.60	336.79	1108.27	812.76	1400.54	110.3	104.8	114.6	114.8	108.1
2014	3148.32	354.69	1251.54	923.49	1542.09	108.5	104.2	109.9	110.3	108.2
2015	3147.92	370.97	881.23	549.59	1895.72	108.6	104.1	110.5	111.5	108.0
2016	3405.99	395.77	888.97	549.63	2121.24	106.6	104.6	101.9	100.2	109.1
2017	3804.33	406.08	946.12	573.30	2452.13	108.0	104.7	102.8	102.2	110.8
2018	4162.37	432.05	995.35	582.83	2734.97	105.4	105.3	98.0	94.9	108.3
2019	4506.56	507.27	1044.97	583.48	2954.32	105.0	105.3	104.4	101.0	105.2
2020	4726.34	534.36	1084.32	583.81	3107.67	103.7	104.7	105.3	102.6	102.9
2021	5120.94	606.76	1198.76	644.84	3315.42	106.1	107.9	104.3	106.4	106.3

22－2　续表　continued

年　份 Year	固定资产投资(不含农户)(亿元) Investment in Fixed Assets (Excluding Rural households) (100 million yuan)	社会消费品零售总额(亿元) Total Retail Sales of Consumer Goods (100 million yuan)	进出口(万美元) Total Import and Export (USD 10 000)	#出口 Exports	财政收入(亿元) Finance Revenue (100 million yuan)	#一般公共预算收入 General Public Budget Revenue	一般公共预算支出 General Public Budget Expenditure (100 million yuan)	城镇居民人均可支配收入(元) Per Capita Disposable Income of Urban Households (yuan)	农村居民人均可支配收入(元) Per Capita Disposable Income of Rural Households (yuan)
1978	1.77	3.47			2.01	2.01	0.71		88
1979	2.47	4.02			1.98	1.98	0.60		105
1980	1.67	4.94			2.37	2.37	0.74	386	107
1981	1.34	5.50			2.45	2.45	0.74	445	135
1982	1.65	6.24			2.60	2.60	0.81	478	158
1983	1.96	6.93			2.63	2.63	0.77	513	239
1984	2.39	8.42			2.74	2.74	0.95	624	316
1985	4.46	11.72			3.54	3.54	1.80	716	367
1986	5.93	12.50			3.89	3.89	2.67	851	404
1987	6.80	15.16			4.41	4.41	2.90	949	461
1988	9.15	20.59			5.11	5.11	4.05	1166	521
1989	7.39	23.79			5.74	5.74	3.94	1274	574
1990	7.59	25.16	13732	9983	6.39	6.39	4.77	1454	624
1991	8.44	30.63	15884	11153	7.01	7.01	4.84	1659	683
1992	11.36	36.76	15903	10121	7.35	7.35	4.84	2106	778
1993	23.65	52.09	23324	9463	10.65	10.65	6.69	3081	912
1994	33.90	66.79	25234	9424	15.02	7.35	8.58	4543	1093
1995	56.35	83.99	17594	6988	17.11	9.12	9.46	5544	1326
1996	64.39	100.66	13703	6210	19.05	10.36	10.58	5973	1553
1997	74.78	115.36	36368	29434	21.58	11.68	11.95	5931	1788
1998	82.36	128.64	39753	33228	24.52	13.16	13.99	6570	1942
1999	88.08	137.14	57100	40094	27.01	14.97	17.29	6847	2079
2000	113.17	212.43	66164	51238	36.46	21.65	29.07	7448	1791
2001	121.41	231.35	53733	43053	45.29	29.19	34.86	7906	1954
2002	145.56	256.78	49668	40746	52.53	31.28	45.26	8796	2111
2003	190.36	288.45	65792	51143	61.06	36.24	52.50	9162	2231
2004	262.76	319.18	63625	52421	74.63	43.25	62.12	8059	2467
2005	362.90	365.88	71916	57716	100.22	45.20	73.55	9203	2680
2006	447.22	420.69	92853	71681	120.36	56.62	93.08	10193	3033
2007	560.22	498.82	128596	101316	150.84	70.15	118.00	11877	3462
2008	693.44	620.29	186666	158604	191.17	92.88	166.08	14446	4001
2009	1043.91	720.96	278735	238172	231.37	120.46	203.55	16254	4385
2010	1483.02	868.45	220407	158638	300.88	156.10	261.28	17676	5538
2011	2018.95	1024.19	251042	166236	363.52	186.29	301.85	19610	6471
2012	2585.18	1188.40	414678	251734	421.99	229.72	376.51	22115	7498
2013	2475.01	1358.78	442117	235270	473.66	256.25	417.29	24326	8503
2014	2933.87	1518.07	481410	261702	526.59	274.85	465.78	26540	9489
2015	3366.89	1673.36	585153	325095	572.48	297.05	526.72	29106	9408
2016	3824.73	1846.54	628556	319017	613.87	312.79	586.98	30728	11398
2017	4307.95	2053.33	607.09	275.69	687.98	332.15	646.31	33217	12515
2018	11.8%	2234.27	738.79	355.09	753.20	358.96	697.99	35276	13654
2019	9.9%	2327.80	747.79	363.91	800.69	370.93	789.20	37675	15047
2020	-2.5%	2180.36	985.88	470.79	796.09	372.25	822.79	38542	16130
2021	3.1%	2364.17	1231.92	581.95	828.84	391.77	775.40	41394	17808

注：1. 城镇居民人均可支配收入2004年（含2004年）以前为城市居民人均可支配收入。2000年以后农民人均纯收入统计口径调整，2014年后口径调整为农村居民人均可支配收入。

2. 固定资产投资数据2015年起为固定资产投资（不含农户）数据，2018年起为增长速度。

3. 2017年起，外贸进出口数据以人民币计价，单位为亿元。

Note: 1. The statistical range of indicator "Per Capita Disposable Income of Urban Households" is the household in cities in and before 2004. After 2000, the statistical range of Per Capita Net Income of Farmers has been adjusted. And after 2014, it was adjusted into Per Capita Disposable Income of Rural Households.

2. Investment in Fixed Assets is Excluding investment by Rural households since 2015 and growth rate from 2018.

3. The data of import and export value of foreign trade was calculated by RMB (100 million yuan) since 2017.

22—3 柳州市主要经济指标情况（1978—2021年）
Main Economic Indicators of Liuzhou（1978—2021）

年份 year	生产总值（按当年价格，亿元）Gross Domestic Product (current prices, 100 million yuan)	第一产业 Primary Industry	第二产业 Secondary Industry	#工业 Industry	第三产业 Tertiary Industry	生产总值指数（上年=100）Indices of Gross Domestic Product (Preceding year=100)	第一产业 Primary Industry	第二产业 Secondary Industry	#工业 Industry	第三产业 Tertiary Industry
1978	9.89	2.70	4.86	4.53	2.33	106.6	104.7	106.4	107.2	109.5
1979	10.87	2.76	5.31	4.94	2.80	104.5	98.8	106.8	108.1	106.6
1980	12.26	3.16	6.11	5.67	2.99	112.9	104.8	116.7	116.5	114.2
1981	13.47	3.73	6.56	6.09	3.18	106.4	110.7	104.9	106.2	105.0
1982	14.10	3.99	6.68	6.23	3.43	105.2	103.4	105.0	105.6	107.3
1983	16.29	4.31	7.76	7.27	4.23	109.9	105.5	108.9	109.0	116.1
1984	18.74	4.57	9.14	8.40	5.04	114.0	101.8	121.1	120.4	112.5
1985	23.16	5.18	11.53	10.77	6.45	120.1	102.2	127.9	128.2	119.6
1986	26.87	5.94	13.57	12.50	7.36	113.2	105.7	118.5	119.4	107.3
1987	35.51	6.93	18.87	17.27	9.72	117.0	108.9	115.4	114.2	126.4
1988	42.78	8.12	21.53	19.79	13.13	107.6	96.5	105.4	105.9	118.9
1989	49.01	9.61	24.06	22.43	15.34	102.7	111.2	100.8	101.8	102.3
1990	52.80	11.98	24.23	22.88	16.59	102.8	106.4	100.6	101.0	104.9
1991	61.67	11.97	28.85	26.41	20.85	111.5	98.1	113.9	113.5	117.0
1992	76.34	13.73	36.49	33.42	26.12	119.2	115.1	120.2	120.5	120.2
1993	105.48	16.23	56.71	52.77	32.54	110.3	105.0	123.0	123.8	101.7
1994	141.56	21.04	78.94	72.80	41.57	115.1	100.7	130.7	130.4	105.6
1995	177.64	29.25	93.46	85.68	54.93	116.5	114.7	117.8	116.8	115.8
1996	178.75	31.93	82.52	73.56	64.30	102.2	108.3	98.7	97.4	104.0
1997	201.07	33.54	91.26	82.07	76.27	115.0	110.8	110.4	110.8	122.8
1998	216.86	34.74	96.04	87.48	86.08	107.9	101.8	105.6	106.7	113.0
1999	228.37	35.60	99.09	91.10	93.68	107.3	106.8	105.9	106.3	109.1
2000	251.56	37.36	107.26	99.70	106.93	109.0	105.3	108.7	109.6	110.7
2001	283.68	39.40	119.84	111.59	124.45	111.1	106.8	112.2	112.8	111.4
2002	317.49	42.65	141.00	130.27	133.83	113.7	106.9	117.8	115.8	111.7
2003	371.55	44.16	172.20	152.69	155.19	111.2	104.6	116.0	111.6	108.2
2004	441.64	48.08	221.57	195.08	171.98	112.8	107.9	118.1	117.8	108.3
2005	500.42	58.45	256.80	228.25	185.16	112.1	107.3	115.0	116.2	110.0
2006	596.13	65.20	317.87	287.13	213.06	113.2	108.0	117.7	119.1	108.6
2007	740.89	76.54	417.16	381.47	247.19	113.5	106.8	117.1	117.6	110.1
2008	890.94	81.63	523.69	479.40	285.61	112.4	105.1	116.6	117.1	108.0
2009	1010.03	90.86	599.53	542.79	319.64	114.3	105.4	118.2	116.7	110.2
2010	1295.68	104.97	825.58	751.59	365.13	113.9	105.4	118.1	117.2	108.4
2011	1563.48	131.00	997.33	902.74	435.15	110.8	105.7	111.9	111.3	109.8
2012	1771.18	142.36	1110.42	1002.70	518.41	110.6	106.1	110.4	110.1	112.3
2013	1928.41	151.38	1124.28	994.16	652.75	109.7	103.5	109.4	108.2	112.0
2014	2117.38	160.07	1236.09	1092.68	721.23	108.5	103.3	108.1	108.1	110.6
2015	2253.49	167.10	1257.99	1109.99	828.40	107.0	103.3	104.9	104.8	112.2
2016	2420.90	179.46	1314.58	1156.92	926.86	107.1	103.1	105.6	105.5	110.2
2017	2687.06	189.66	1418.06	1242.89	1079.34	107.0	103.7	104.4	104.3	111.5
2018	3008.29	194.44	1568.54	1374.63	1245.31	106.4	104.9	102.8	102.5	111.5
2019	3126.85	223.47	1543.46	1331.29	1359.91	102.4	105.1	98.8	97.7	106.5
2020	3051.28	236.57	1388.58	1173.22	1426.12	101.1	104.3	98.0	97.3	104.2
2021	3057.24	257.85	1277.50	1053.49	1521.88	102.0	107.0	98.2	99.0	105.0

22－3　续表　continued

年　份 Year	固定资产投资(不含农户)(亿元) Investment in Fixed Assets (Excluding Rural households) (100 million yuan)	社会消费品零售总额(亿元) Total Retail Sales of Consumer Goods (100 million yuan)	进出口(万美元) Total Import and Export (USD 10 000)	#出口 Exports	财政收入(亿元) Finance Revenue (100 million yuan)	#一般公共预算收入 General Public Budget Revenue	一般公共预算支出 General Public Budget Expenditure (100 million yuan)	城镇居民人均可支配收入(元) Per Capita Disposable Income of Urban Households (yuan)	农村居民人均可支配收入(元) Per Capita Disposable Income of Rural Households (yuan)
1978	1.23	3.63			2.79	2.79	1.15		82
1979	0.96	3.93			2.99	2.99	0.73		91
1980	1.73	4.75			2.96	2.96	0.79	384	81
1981	1.33	5.45			3.24	3.24	0.80	431	103
1982	1.68	6.04			3.41	3.41	0.96	467	159
1983	1.81	6.61			2.92	2.92	0.97	489	254
1984	2.99	7.30			3.34	3.34	1.17	586	270
1985	4.88	9.43			4.37	4.37	1.95	668	316
1986	5.37	10.96			4.91	4.91	3.32	841	352
1987	8.67	12.54			5.76	5.76	3.95	966	392
1988	9.76	16.97			6.43	6.43	4.10	1119	453
1989	7.63	18.25			7.23	7.23	4.88	1260	518
1990	6.59	18.84			7.55	7.55	5.26	1515	586
1991	10.71	21.66			7.81	7.69	5.35	1794	694
1992	15.64	26.54			8.40	8.40	5.72	2105	783
1993	35.34	39.75			13.10	13.10	9.22	3267	890
1994	45.78	48.38			17.07	6.92	8.35	3912	1120
1995	38.68	60.48			18.78	8.26	9.71	4508	1440
1996	40.54	63.06			18.34	7.78	11.68	4805	1701
1997	41.36	72.65			20.90	9.32	12.06	5457	2035
1998	46.17	74.45			25.74	13.05	13.95	5552	2155
1999	45.46	77.43			27.93	13.93	16.60	5328	2183
2000	44.83	81.15			33.09	16.86	19.48	5740	1658
2001	50.77	94.57	21317	14022	42.20	21.76	27.43	7547	1797
2002	75.78	102.86	26813	14632	49.00	23.24	30.77	7928	1954
2003	109.37	114.28	28454	13922	58.19	27.13	38.37	8370	2082
2004	141.32	161.45	59342	19236	67.74	29.81	43.73	9155	2250
2005	171.76	193.24	69599	21250	80.19	28.18	49.48	9556	2534
2006	200.69	223.01	101256	39472	95.20	34.85	62.61	11002	2914
2007	302.04	266.78	133110	68613	116.38	40.37	74.93	12866	3497
2008	430.30	327.47	202586	93049	140.13	52.44	96.36	14474	3956
2009	681.86	379.58	167882	36484	157.64	61.41	127.48	16017	4330
2010	1004.88	455.43	281894	62952	201.18	74.64	155.03	17766	4935
2011	1304.57	536.50	278372	92446	229.60	89.45	184.29	19615	5721
2012	1683.13	618.20	311234	90678	260.18	113.55	221.17	22181	6746
2013	1566.71	703.82	288429	87472	285.06	125.12	240.58	24355	7663
2014	1810.94	792.82	226825	80197	316.55	133.16	261.61	26193	9221
2015	2082.89	868.77	222657	77924	343.81	146.68	309.72	28184	10125
2016	2338.61	956.07	1353756	459085	370.16	159.16	339.56	30270	11107
2017	2697.20	1054.64	172.24	54.25	403.82	179.79	374.56	32661	12151
2018	15.4%	1152.16	173.09	60.33	436.20	193.78	424.43	34849	13451
2019	9.6%	1333.15	219.10	84.78	436.31	221.45	498.87	37358	14715
2020	-1.0%	1270.19	231.80	152.22	382.68	173.12	469.58	38479	15848
2021	-8.5%	1332.26	354.07	155.26	402.48	174.96	423.98	41442	17369

注：1. 城镇居民人均可支配收入2004年（含2004年）以前为城市居民人均可支配收入。2000年以后农民人均纯收入统计口径调整，2014年后口径调整为农村居民人均可支配收入。

2. 固定资产投资数据2015年起为固定资产投资（不含农户）数据，2018年起为增长速度。

3. 2017年起，外贸进出口数据以人民币计价，单位为亿元。

Note: 1. The statistical range of indicator "Per Capita Disposable Income of Urban Households" is the household in cities in and before 2004. After 2000, the statistical range of Per Capita Net Income of Farmers has been adjusted. And after 2014, it was adjusted into Per Capita Disposable Income of Rural Households.

2. Investment in Fixed Assets is Excluding investment by Rural households since 2015 and growth rate from 2018.

3. The data of import and export value of foreign trade was calculated by RMB (100 million yuan) since 2017.

22—4 桂林市主要经济指标情况（1978—2021年）
Main Economic Indicators of Guilin（1978—2021）

年 份 year	生产总值（按当年价格，亿元） Gross Domestic Product (current prices, 100 million yuan)	第一产业 Primary Industry	第二产业 Secondary Industry	#工业 Industry	第三产业 Tertiary Industry	生产总值指数（上年=100） Indices of Gross Domestic Product (Preceding year=100)	第一产业 Primary Industry	第二产业 Secondary Industry	#工业 Industry	第三产业 Tertiary Industry
1978	11.22	4.87	3.96	3.66	2.39	111.2	105.1	109.9	109.7	123.8
1979	12.57	5.70	4.32	3.94	2.55	108.3	111.1	107.8	106.1	103.3
1980	13.76	6.11	4.73	4.26	2.92	103.7	97.9	109.2	108.3	107.6
1981	14.54	6.44	4.85	4.28	3.25	103.3	102.9	99.9	98.4	109.8
1982	15.96	7.36	4.95	4.36	3.65	107.4	109.0	103.6	103.6	110.0
1983	17.71	8.26	5.35	4.77	4.10	107.4	107.4	106.1	107.6	109.2
1984	19.69	8.54	6.02	5.26	5.13	109.9	100.5	114.4	114.5	120.9
1985	24.42	10.47	7.54	6.55	6.40	114.9	107.4	121.1	118.1	118.4
1986	28.54	11.30	9.31	7.89	7.93	109.5	102.3	113.0	113.5	114.9
1987	34.47	12.92	11.37	9.16	10.19	110.4	100.7	111.8	108.1	120.6
1988	41.82	16.08	13.21	11.00	12.53	105.3	101.7	105.6	107.3	108.7
1989	45.06	16.96	14.23	12.22	13.87	100.8	104.9	100.4	102.7	97.1
1990	49.88	20.45	14.44	12.36	15.00	103.0	102.4	101.7	102.0	105.3
1991	57.13	22.20	17.01	15.06	17.93	113.5	109.3	116.8	120.9	116.1
1992	70.87	25.95	23.27	20.42	21.64	117.8	110.3	131.4	132.2	114.2
1993	96.93	32.33	35.29	30.65	29.31	119.8	107.9	137.2	138.5	118.2
1994	134.28	50.33	43.41	37.88	40.54	112.4	111.2	113.1	113.7	113.0
1995	178.03	65.00	57.62	49.75	55.41	118.5	119.4	117.4	114.9	118.9
1996	223.11	80.71	69.17	59.33	73.22	121.0	116.8	120.3	119.9	126.7
1997	247.31	90.03	74.85	64.18	82.42	111.9	118.2	106.9	106.5	110.7
1998	259.64	90.67	82.92	70.89	86.05	107.8	102.7	113.7	113.8	107.4
1999	278.32	96.27	85.33	72.39	96.72	109.5	106.2	109.2	108.5	113.3
2000	302.49	99.50	93.57	79.49	109.42	110.1	105.2	111.3	111.7	113.6
2001	332.53	104.96	101.41	86.81	126.16	109.8	107.3	109.1	110.5	112.7
2002	360.78	107.50	112.47	95.60	140.81	109.2	102.5	111.6	110.9	112.8
2003	388.18	105.01	132.44	110.33	150.73	109.1	106.3	109.5	107.4	110.8
2004	442.26	117.54	150.82	124.25	173.91	110.5	109.4	108.3	107.1	113.4
2005	481.60	119.30	158.72	128.50	203.58	109.4	108.2	109.3	108.7	110.3
2006	542.66	132.84	176.25	143.37	233.56	109	106.8	108.5	108.7	110.6
2007	648.92	157.28	207.28	169.43	284.36	110.2	105.9	111.6	111.5	111.5
2008	731.58	171.06	231.27	185.88	329.26	109.2	106.1	110.1	110.5	110.2
2009	786.76	177.92	240.56	187.24	368.28	109.6	105.5	110.9	108.5	110.8
2010	884.40	203.34	260.88	196.82	420.17	109.9	105.0	111.6	108.9	111.0
2011	1010.10	247.14	291.66	211.69	471.30	110.3	105.7	115.1	114.0	109.6
2012	1139.21	271.87	316.53	221.99	550.81	111.7	107.2	113.0	111.3	113.0
2013	1260.16	298.43	339.42	225.77	622.31	110.9	106.0	111.4	109.0	112.7
2014	1357.57	322.94	360.58	233.93	674.05	108.3	105.5	106.4	104.8	110.8
2015	1485.59	348.10	378.46	244.77	759.03	107.8	105.1	104.5	102.6	110.9
2016	1641.99	372.95	395.25	246.33	873.79	106.9	105.1	102.7	100.9	109.7
2017	1745.82	393.62	401.42	244.94	950.78	103.9	104.1	98.3	96.1	106.4
2018	1901.12	412.18	441.21	272.87	1047.73	106.9	105.1	104.9	105.5	108.5
2019	2105.56	486.90	472.40	282.76	1146.26	106.5	106.0	107.0	105.3	106.5
2020	2138.08	495.50	483.90	289.41	1158.68	102.3	106.6	104.5	105.3	99.5
2021	2311.06	549.47	506.40	293.54	1255.19	106.6	108.9	104.5	107.6	106.4

22－4 续表 continued

年 份 Year	固定资产投资（不含农户）（亿元）Investment in Fixed Assets (Excluding Rural households) (100 million yuan)	社会消费品零售总额（亿元）Total Retail Sales of Consumer Goods (100 million yuan)	进出口（万美元）Total Import and Export (USD 10 000)	#出口 Exports	财政收入（亿元）Finance Revenue (100 million yuan)	#一般公共预算收入 General Public Budget Revenue	一般公共预算支出 General Public Budget Expenditure (100 million yuan)	城镇居民人均可支配收入（元）Per Capita Disposable Income of Urban Households (yuan)	农村居民人均可支配收入（元）Per Capita Disposable Income of Rural Households (yuan)
1978	0.91	4.17			0.92				
1979	0.98	4.74			0.94				
1980	1.48	5.60			0.96				
1981	1.38	6.00			1.09				
1982	1.73	6.34			1.24				
1983	1.73	6.70			1.40				
1984	1.76	8.03			1.56				
1985	3.27	11.02			1.74				
1986	5.75	12.17			2.07				
1987	8.77	15.17			2.74				
1988	9.58	19.88	435	435	3.72				
1989	7.60	20.71	1841	1653	4.65				
1990	7.34	22.22	2696	1791	5.07				513
1991	7.50	24.86	4143	2737	8.03				689
1992	12.71	28.84	5185	4278	8.87				735
1993	25.36	37.57	8404	5736	9.48				872
1994	33.09	50.75	9204	8454	12.86				1137
1995	42.58	67.28	19114	16360	15.32				1575
1996	53.02	82.49	23661	14763	17.97				2075
1997	58.62	90.30	24253	16044	20.68				2347
1998	63.20	95.92	23945	13300	22.73	14.76	19.92		2570
1999	69.83	104.17	20887	11267	23.16	15.21	21.77		2673
2000	79.23	113.52	26167	12909	24.22	15.89	24.15		2878
2001	88.51	124.12	21277	11940	29.52	20.52	30.92		2063
2002	97.41	136.04	23813	14158	32.90	20.19	36.57		2195
2003	111.05	112.51	26227	16488	37.04	22.13	40.95		2354
2004	146.90	136.69	35468	23861	42.74	25.52	45.09	8149	2638
2005	198.73	157.00	44155	30843	51.61	24.78	54.62	9268	3003
2006	260.87	180.91	58426	42871	59.33	29.70	64.80	10713	3391
2007	403.05	215.78	79243	53074	72.50	36.32	84.67	12908	3908
2008	485.96	266.34	101058	69541	85.55	45.18	117.15	14636	4465
2009	659.35	307.06	73600	51547	97.64	55.15	141.71	16221	4833
2010	908.56	362.92	90270	62229	121.08	67.08	183.59	17949	5487
2011	1140.53	424.63	95655	71700	141.94	80.75	232.67	19882	6325
2012	1462.40	486.17	97487	78858	163.56	106.01	261.33	22300	7328
2013	1390.32	542.16	92370	75888	180.37	111.00	286.56	24552	8361
2014	1627.30	608.14	94327	77225	195.18	123.89	304.43	26189	10090
2015	1970.83	664.83	88271	77420	209.19	134.53	356.04	28101	11089
2016	2131.62	732.73	89500	78700	223.76	145.33	399.03	30124	12176
2017	2234.24	808.38	104270	87885	239.54	144.16	434.71	32534	13345
2018	14.6%	879.43	110685	95130	257.01	150.85	455.86	34649	14626
2019	9.3%	967.47	102312	90309	258.79	152.79	495.70	37178	16045
2020	4.0%	888.91	104590	93817	207.87	111.49	472.11	38145	17345
2021	-4.3%	942.55	142000	127300		117.50	461.79	40739	18993

注：1. 城镇居民人均可支配收入2004年（含2004年）以前为城市居民人均可支配收入。2000年以后农民人均纯收入统计口径调整，2014年后口径调整为农村居民人均可支配收入。

2. 固定资产投资数据2015年起为固定资产投资（不含农户）数据，2018年起为增长速度。

3. 2017年起，外贸进出口数据以人民币计价，单位为亿元。

Note: 1. The statistical range of indicator "Per Capita Disposable Income of Urban Households" is the household in cities in and before 2004. After 2000, the statistical range of Per Capita Net Income of Farmers has been adjusted. And after 2014, it was adjusted into Per Capita Disposable Income of Rural Households.

2. Investment in Fixed Assets is Excluding investment by Rural households since 2015 and growth rate from 2018.

3. The data of import and export value of foreign trade was calculated by RMB (100 million yuan) since 2017.

22—5 梧州市主要经济指标情况（1978—2021年）

Main Economic Indicators of Wuzhou（1978—2021）

年份 year	生产总值（按当年价格，亿元）Gross Domestic Product (current prices, 100 million yuan)	第一产业 Primary Industry	第二产业 Secondary Industry	#工业 Industry	第三产业 Tertiary Industry	生产总值指数（上年=100）Indices of Gross Domestic Product (Preceding year=100)	第一产业 Primary Industry	第二产业 Secondary Industry	#工业 Industry	第三产业 Tertiary Industry
1978	6.07	3.07	1.77	1.64	1.22	125.2	109.8	172.9	175.3	117.0
1979	6.32	3.17	1.87	1.68	1.28	113.8	123.4	107.7	105.7	101.3
1980	6.99	3.42	2.11	1.91	1.46	105.6	107.3	103.4	103.0	104.5
1981	7.88	3.46	2.46	2.22	1.96	109.2	93.4	116.0	116.8	130.5
1982	9.07	4.23	2.73	2.43	2.11	106.2	111.7	106.3	160.1	104.6
1983	9.85	4.50	2.81	2.52	2.49	105.2	104.0	100.8	99.7	113.5
1984	10.62	5.03	2.89	2.59	2.70	105.7	107.4	102.5	103.2	106.0
1985	12.68	5.75	3.54	3.14	3.40	97.4	110.5	116.1	114.0	115.4
1986	14.41	6.20	4.02	3.58	4.18	127.8	107.3	107.7	109.1	117.1
1987	17.91	7.68	5.17	4.65	5.06	113.2	111.8	114.3	115.9	114.4
1988	21.96	9.16	6.43	5.71	6.36	109.2	103.9	112.5	110.9	114.1
1989	25.35	10.61	7.25	6.48	7.49	106.1	108.1	105.0	107.5	104.6
1990	30.69	13.08	7.09	6.36	10.52	119.7	114.5	104.6	102.0	142.9
1991	35.02	14.31	7.86	7.04	12.85	117.3	114.5	113.9	118.7	125.1
1992	45.24	17.51	11.03	9.75	16.70	116.6	111.1	109.4	106.4	129.5
1993	59.36	21.16	17.51	15.67	20.69	120.5	109.0	155.1	162.0	112.7
1994	73.24	27.81	21.77	19.29	23.66	104.4	102.6	114.6	114.1	98.0
1995	86.27	32.72	25.00	21.75	28.56	105.9	106.9	105.5	103.3	105.0
1996	96.55	35.96	28.98	25.69	31.60	108.5	106.1	115.8	118.0	104.4
1997	107.21	37.57	33.95	29.91	35.69	112.4	105.2	119.3	119.0	113.9
1998	112.00	38.85	34.19	29.63	38.96	105.5	99.7	105.0	104.2	112.9
1999	115.78	39.95	34.67	30.51	41.16	108.2	107.5	107.3	108.9	109.7
2000	127.08	41.77	38.51	33.27	46.79	108.1	101.9	110.2	108.9	112.1
2001	139.05	43.13	41.64	35.86	54.28	108.4	105.2	107.8	108.1	111.8
2002	153.16	46.50	47.06	39.86	59.60	105.1	102.9	110.6	110.3	102.7
2003	165.86	46.96	52.54	43.13	66.36	105.7	103.0	108.9	105.4	105.3
2004	184.36	51.72	60.21	47.80	72.43	109.3	109.7	110.9	106.6	107.5
2005	206.28	54.88	70.63	56.50	80.78	108.8	105.8	111.2	110.3	109.2
2006	240.07	61.29	81.51	63.24	97.27	107.8	105.2	104.5	104.9	112.4
2007	277.76	65.40	98.13	77.05	114.23	109.7	102.8	116.4	117.7	108.6
2008	309.38	69.06	114.08	90.76	126.25	108.3	101.1	118.0	119.3	104.3
2009	350.96	76.46	130.71	102.79	143.79	111.3	106.6	115.7	113.8	109.8
2010	413.05	88.48	161.85	130.43	162.72	111.9	104.8	117.9	118.7	109.8
2011	490.58	96.67	202.86	166.06	191.05	113.8	105.6	120.4	123.2	111.7
2012	558.06	105.63	229.63	191.00	222.80	112.4	105.1	113.8	116.1	114.6
2013	630.27	116.44	255.56	212.90	258.27	112.8	104.9	114.1	114.8	115.2
2014	675.80	118.28	277.29	234.47	280.23	106.0	101.1	105.9	106.8	108.3
2015	750.08	123.56	310.98	266.71	315.53	107.5	101.2	105.5	105.8	112.2
2016	824.94	132.41	339.40	293.47	353.13	107.2	103.5	105.3	105.9	110.5
2017	878.52	137.36	345.36	296.73	395.80	106.0	104.5	101.2	101.5	111.0
2018	932.49	144.72	343.39	291.96	444.38	101.8	105.9	94.4	93.2	106.7
2019	991.40	162.03	341.56	280.61	487.82	104.2	105.4	99.7	96.9	107.2
2020	1088.36	177.45	384.55	309.75	526.37	108.2	105.8	114.2	112.2	104.8
2021	1369.37	196.09	589.39	500.01	583.89	110.0	108.5	112.0	112.8	109.1

22－5 续表 continued

年 份 Year	固定资产投资（不含农户）（亿元）Investment in Fixed Assets (Excluding Rural households) (100 million yuan)	社会消费品零售总额（亿元）Total Retail Sales of Consumer Goods (100 million yuan)	进出口（万美元）Total Import and Export (USD 10 000)	#出口 Exports	财政收入（亿元）Finance Revenue (100 million yuan)	#一般公共预算收入 General Public Budget Revenue	一般公共预算支出 General Public Budget Expenditure (100 million yuan)	城镇居民人均可支配收入（元）Per Capita Disposable Income of Urban Households (yuan)	农村居民人均可支配收入（元）Per Capita Disposable Income of Rural Households (yuan)
1978	0.33	2.53			0.90	0.90	0.60	442	85
1979	0.40	2.78			0.82	0.82	0.56	449	88
1980	0.50	3.30			0.95	0.95	0.61	458	94
1981	0.58	3.61		16735	1.04	1.04	0.71	459	93
1982	0.84	3.79		16577	1.06	1.06	0.75	486	133
1983	0.90	4.01		16374	1.05	1.05	0.81	472	230
1984	0.88	4.40		14713	1.14	1.14	1.02	589	264
1985	1.31	6.15		15454	1.42	1.42	1.21	776	327
1986	2.00	7.17		19573	1.54	1.54	1.77	942	385
1987	2.41	8.57	29089	20611	1.89	1.89	1.95	1093	453
1988	3.32	10.82	28502	19393	2.34	2.34	2.43	1571	516
1989	3.94	11.74	23785	18333	2.62	2.62	2.86	1724	555
1990	4.10	12.10	22940	19171	2.71	2.71	3.26	1890	598
1991	5.00	13.89	24707	19556	3.44	3.44	3.49	2314	662
1992	9.72	17.53	37416	23636	3.75	3.75	4.02	2315	803
1993	16.51	23.10	44064	24692	5.16	5.16	4.92	3246	1054
1994	19.55	31.61	47494	26422	4.07	3.29	5.32	4309	1247
1995	24.86	37.76	42880	23103	6.61	4.13	5.85	4909	1565
1996	21.48	42.49	24490	16105	7.58	4.65	6.36	4945	2015
1997	23.10	46.21	21211	13956	8.18	5.31	6.87	4934	2212
1998	23.95	48.27	18951	9781	8.84	5.92	8.25	4838	2302
1999	13.42	52.17	17340	9818	9.08	6.16	8.96	5415	2394
2000	20.73	57.55	19569	12400	9.88	6.87	10.27	5221	2442
2001	26.32	63.32	10621	14300	11.32	8.12	13.76	5838	1784
2002	30.14	69.54	15406	18293	12.59	8.20	16.46	6282	1897
2003	41.70	76.40	21223	21975	14.26	9.17	19.25	6785	2007
2004	73.04	71.18	37304	25724	17.64	11.94	22.02	7062	2292
2005	99.89	76.72	45805	29260	20.25	11.99	27.21	8118	2575
2006	121.94	84.72	44051	29073	23.08	13.71	33.84	9449	2879
2007	151.37	96.59	51494	32191	27.03	15.27	43.66	11362	3252
2008	198.31	115.25	50845	36114	32.42	18.13	50.91	13268	3854
2009	330.37	132.38	55835	38763	40.06	23.49	71.71	14747	4218
2010	468.42	143.81	64221	44548	56.13	32.42	90.96	16427	4879
2011	631.65	161.53	79616	52508	76.14	44.91	118.55	18239	5651
2012	858.09	177.54	121038	44127	101.02	73.83	159.21	20563	6592
2013	850.30	193.86	176506	49932	118.23	85.74	175.95	22537	7475
2014	926.36	209.56	124948	50777	122.42	90.45	184.05	23944	8592
2015	1061.33	224.36	567181	285673	123.74	92.37	214.73	25548	9322
2016	1168.51	234.00	61037	39424	127.59	95.61	227.99	27260	10142
2017	1330.15	252.39	60.24	29.46	121.09	84.55	242.30	29359	11085
2018	9.8%	266.34	50.83	30.11	121.77	79.96	261.63	31209	12238
2019	11.0%	300.74	65.86	34.71	131.88	84.62	293.66	33518	13474
2020	13.2%	284.01	63.27	31.44	123.28	76.00	288.09	34591	14660
2021	21.6%	316.33	80.70	40.59	134.84	78.87	259.05	37185	16331

注：1. 城镇居民人均可支配收入2004年（含2004年）以前为城市居民人均可支配收入。2000年以后农民人均纯收入统计口径调整，2014年后口径调整为农村居民人均可支配收入。

2. 固定资产投资数据2014年（含）前为全社会固定资产投资，2015年起为固定资产投资（不含农户）数据，2018年后为增长速度。

3. 2017年起，外贸进出口数据以人民币计价，单位为亿元。

Note: 1. The statistical range of indicator "Per Capita Disposable Income of Urban Households" is the household in cities in and before 2004. After 2000, the statistical range of Per Capita Net Income of Farmers has been adjusted. And after 2014, it was adjusted into Per Capita Disposable Income of Rural Households.

2. Investment in Fixed Assets is total investment before 2014 (including). Excluding investment by Rural households since 2015 and growth rate from 2018.

3. The data of import and export value of foreign trade was calculated by RMB (100 million yuan) since 2017.

22－6 北海市主要经济指标情况（1978—2021年）
Main Economic Indicators of Beihai (1978—2021)

年份 year	生产总值（按当年价格，亿元）Gross Domestic Product (current prices, 100 million yuan)	第一产业 Primary Industry	第二产业 Secondary Industry	#工业 Industry	第三产业 Tertiary Industry	生产总值指数（上年=100）Indices of Gross Domestic Product (Preceding year=100)	第一产业 Primary Industry	第二产业 Secondary Industry	#工业 Industry	第三产业 Tertiary Industry
1978	2.86	1.72	0.78	0.73	0.35	100.8	98.8	101.9	101.2	109.6
1979	3.21	1.82	1.92	0.86	0.47	103.7	101.1	102.7	102.3	118.4
1980	3.67	1.86	1.19	0.99	0.61	110.4	104.5	123.4	110.9	116.7
1981	3.77	1.94	1.16	1.04	0.67	105.4	104.8	99.6	107.5	116.4
1982	4.44	2.48	1.14	1.01	0.83	108.4	115.8	99.5	97.0	95.1
1983	4.79	2.51	1.28	1.12	1.00	107.7	104.4	116.1	111.8	109.8
1984	5.16	2.33	1.45	1.24	1.38	110.2	98.0	100.4	108.4	171.4
1985	6.83	3.04	2.27	1.65	1.52	107.8	93.8	140.1	128.2	111.8
1986	8.01	3.28	2.77	2.10	1.96	117.7	105.7	128.3	126.1	128.8
1987	9.47	3.98	3.02	2.24	2.47	103.3	110.4	105.0	106.8	105.1
1988	12.08	5.01	3.75	3.16	3.32	110.0	105.6	120.5	124.1	106.1
1989	13.81	6.30	3.94	3.43	3.57	104.6	109.2	101.2	103.2	101.4
1990	17.61	8.05	4.78	4.19	4.78	125.6	138.9	108.4	107.2	123.0
1991	21.21	9.52	5.92	5.08	5.77	107.9	98.1	116.7	114.0	117.8
1992	31.55	11.94	9.82	7.37	9.79	142.1	115.5	164.3	150.0	162.3
1993	54.31	15.03	20.51	12.78	18.77	146.3	104.3	179.2	162.0	160.4
1994	75.45	19.72	28.24	20.94	27.49	118.1	111.6	123.7	140.0	116.6
1995	88.26	26.16	27.61	21.04	34.49	102.6	117.9	89.2	89.6	108.1
1996	91.62	29.23	24.04	18.63	40.03	102.6	105.7	94.3	97.9	108.7
1997	95.33	29.99	26.03	21.85	39.31	101.6	101.1	101.0	105.6	102.4
1998	102.63	32.58	30.02	24.19	40.03	109.4	108.7	115.0	111.8	105.2
1999	107.63	34.96	29.75	24.63	42.97	106.9	107.4	103.7	105.9	109.6
2000	113.67	35.46	31.81	26.98	46.40	107.7	103.8	110.0	112.7	108.6
2001	123.44	37.39	33.87	29.26	52.18	109.3	103.4	115.6	119.8	109.4
2002	130.65	45.77	35.44	30.04	49.43	110.2	106.8	111.5	109.7	111.9
2003	146.95	39.11	43.31	36.71	64.54	110.5	103.8	116.6	116.2	112.2
2004	155.21	42.61	50.84	43.60	61.76	112.1	105.4	120.7	120.8	111.2
2005	174.85	51.49	54.52	46.55	68.84	113.2	103.6	121.0	123.1	114.5
2006	190.89	55.69	61.37	52.70	73.83	110.0	102.8	111.2	111.8	114.3
2007	235.52	62.98	75.78	65.72	96.76	118.0	104.6	125.6	127.8	121.2
2008	287.59	69.84	101.74	88.32	116.01	115.9	103.3	129.9	131.2	112.1
2009	336.25	76.13	129.15	112.43	130.97	115.7	105.9	124.3	123.8	113.0
2010	404.39	86.34	164.12	142.60	153.94	116.7	103.9	127.6	128.2	111.9
2011	516.53	113.92	213.66	184.59	188.95	115.7	101.5	124.6	124.5	114.2
2012	614.77	125.16	271.96	238.78	217.66	118.4	104.2	134.2	137.4	107.1
2013	717.32	138.65	322.19	284.13	256.48	112.1	102.8	116.7	117.2	109.8
2014	827.42	146.49	393.93	351.56	287.00	112.8	102.9	117.3	118.3	110.3
2015	851.17	155.42	364.42	342.76	325.96	109.4	102.8	116.6	112.9	136.8
2016	978.76	170.25	401.89	416.62	369.62	107.4	103.8	109.8	103.8	108.3
2017	1046.34	185.35	448.15	398.94	414.84	110.2	103.8	110.4	111.3	112.8
2018	1186.66	195.49	513.64	461.08	477.53	108.0	105.7	106.6	107.0	110.6
2019	1300.80	211.70	557.65	499.61	531.45	108.1	104.1	109.1	109.3	108.6
2020	1276.91	206.60	485.66	424.31	584.66	98.7	102.1	88.5	86.6	108.1
2021	1504.43	225.31	635.74	565.83	643.38	108.8	105.9	109.2	109.3	109.4

22－6　续表　continued

年　份 Year	固定资产投资(不含农户)(亿元) Investment in Fixed Assets (Excluding Rural households) (100 million yuan)	社会消费品零售总额(亿元) Total Retail Sales of Consumer Goods (100 million yuan)	进出口(万美元) Total Import and Export (USD 10 000)	#出口 Exports	财政收入(亿元) Finance Revenue (100 million yuan)	#一般公共预算收入 General Public Budget Revenue	一般公共预算支出 General Public Budget Expenditure (100 million yuan)	城镇居民人均可支配收入(元) Per Capita Disposable Income of Urban Households (yuan)	农村居民人均可支配收入(元) Per Capita Disposable Income of Rural Households (yuan)
1978	0.27	1.15	3005	3005	0.32	0.32	0.21		
1979	0.29	1.31	3040	3040	0.33	0.33	0.23		
1980	1.01	1.67	3893	3893	0.37	0.37	0.30		
1981	0.61	1.94	3676	3676	0.40	0.40	0.33		
1982	0.64	2.24	3948	3948	0.45	0.45	0.34		
1983	0.55	2.46	4192	4191	0.46	0.46	0.31	539	239
1984	1.06	2.75	3731	3731	0.52	0.52	0.54	754	316
1985	2.03	3.84	10236	9218	0.78	0.78	0.73	828	400
1986	2.77	4.69	8409	7389	0.86	0.86	1.21	998	417
1987	2.65	5.00	10634	9218	0.93	0.93	1.14	1122	458
1988	3.01	6.77	8353	6929	1.10	1.10	1.10	1296	546
1989	2.35	6.74	16828	8794	1.32	1.32	1.65	1376	586
1990	3.11	7.07	14510	8998	1.59	1.59	1.82	1591	738
1991	3.85	7.86	17182	8462	1.95	1.95	2.25	1910	786
1992	10.05	9.72	24409	9430	2.85	2.85	2.70	2727	869
1993	36.58	15.42	13865	9318	5.68	5.68	5.27	4516	1281
1994	34.75	18.61	16592	8373	6.77	5.33	6.88	5649	1635
1995	25.81	21.57	39655	8260	8.30	5.87	7.96	6365	2224
1996	17.48	24.01	26976	7768	7.69	4.95	6.08	6396	2348
1997	17.58	26.30	32096	10406	8.41	5.46	5.95	6558	2394
1998	24.11	28.68	19381	15178	9.70	6.63	8.26	6301	2366
1999	25.65	31.16	16812	13250	10.69	7.56	8.79	6483	2427
2000	21.83	34.01	7403	4876	10.20	6.54	8.98	6167	2155
2001	19.94	37.34	7327	5040	10.68	6.85	10.72	7013	2265
2002	26.60	40.75	10782	6738	11.63	7.19	13.33	7692	2454
2003	43.06	34.24	14429	8668	13.06	8.27	13.21	8015	2587
2004	51.40	40.71	15073	10656	15.32	9.72	14.63	8773	2790
2005	51.40	46.24	20079	13770	19.27	10.86	17.77	9520	3180
2006	67.24	53.41	29172	19574	23.10	14.04	24.98	10380	3414
2007	87.40	64.36	49838	30671	30.03	19.02	33.57	12334	3846
2008	200.30	82.08	71075	43863	27.03	14.34	31.26	13989	4309
2009	321.85	95.40	79643	47351	35.75	17.22	50.99	15134	4697
2010	485.26	108.00	137122	83948	47.10	27.51	63.04	16798	5426
2011	603.19	127.29	171242	113143	57.50	37.06	84.64	18656	6249
2012	725.36	146.51	207820	118382	100.10	41.13	98.73	21202	7227
2013	674.90	167.03	269833	136611	113.60	42.11	99.47	23407	8239
2014	797.71	185.81	350016	175176	127.39	47.25	104.97	25618	9719
2015	932.54	202.99	379048	189211	142.99	47.61	131.76	27514	10623
2016	1011.10	262.56	310157	167007	166.31	50.07	150.06	29412	11622
2017	1099.68	296.22	230.84	116.25	200.67	64.34	157.54	31912	12749
2018	8.0%	321.88	320.75	118.28	225.19	71.68	175.53	34325	14617
2019	9.0%	344.65	294.10	128.88	242.27	78.09	200.53	36602	15510
2020	16.9%	314.23	268.14	128.76	192.04	79.41	212.69	37956	16797
2021	11.1%	350.01	300.10	174.28	231.12	72.13	179.23	40727	18460

注：1. 城镇居民人均可支配收入2004年（含2004年）以前为城市居民人均可支配收入。2000年以后农民人均纯收入统计口径调整，2014年后口径调整为农村居民人均可支配收入。

2. 固定资产投资数据2014年（含）前为全社会固定资产投资，2015年起为固定资产投资（不含农户）数据，2018年后为增长速度。

3. 2017年起，外贸进出口数据以人民币计价，单位为亿元。

Note: 1. The statistical range of indicator "Per Capita Disposable Income of Urban Households" is the household in cities in and before 2004. After 2000, the statistical range of Per Capita Net Income of Farmers has been adjusted. And after 2014, it was adjusted into Per Capita Disposable Income of Rural Households.

2. Investment in Fixed Assets is total investment before 2014 (including). Excluding investment by Rural households since 2015 and growth rate from 2018.

3. The data of import and export value of foreign trade was calculated by RMB (100 million yuan) since 2017.

22—7 防城港市主要经济指标情况（1993—2021年）
Main Economic Indicators of Fangchenggang（1993—2021）

年 份 year	生产总值（按当年价格，亿元）Gross Domestic Product (current prices, 100 million yuan)	第一产业 Primary Industry	第二产业 Secondary Industry	#工业 Industry	第三产业 Tertiary Industry	生产总值指数（上年=100）Indices of Gross Domestic Product (Preceding year=100)	第一产业 Primary Industry	第二产业 Secondary Industry	#工业 Industry	第三产业 Tertiary Industry
1993	17.49	6.12	4.33	3.00	7.04	124.8	100.2	150.6	148.6	134.2
1994	24.66	8.95	7.51	5.71	8.20	122.3	120.9	151.6	160.3	104.9
1995	29.26	11.73	7.01	5.60	10.52	112.2	115.2	106.4	113.3	115.1
1996	36.66	13.96	10.27	8.17	12.43	116.8	121.0	126.4	122.3	105.3
1997	44.64	18.11	12.08	9.72	14.45	115.1	116.5	118.1	118.4	110.7
1998	49.04	19.27	13.12	10.30	16.65	112.0	109.3	111.8	109.5	114.8
1999	52.05	19.46	14.06	11.35	18.54	108.2	104.5	107.3	108.2	112.6
2000	55.03	19.99	14.28	11.57	20.77	107.4	100.6	111.0	113.2	110.0
2001	60.03	20.18	16.12	13.12	23.72	108.8	103.3	114.2	114.9	110.5
2002	66.53	20.40	20.05	17.41	26.09	113.1	102.7	129.6	138.6	110.6
2003	73.09	20.70	21.31	18.00	31.08	109.8	106.2	113.6	112.0	109.6
2004	82.94	21.67	26.73	21.73	34.54	109.7	104.8	113.3	107.9	110.6
2005	96.39	26.04	33.50	28.04	36.85	113.1	105.3	124.8	128.6	108.4
2006	116.41	29.54	43.19	35.97	43.68	116.1	107.6	126.0	125.0	113.1
2007	154.64	32.87	64.70	56.45	57.08	117.5	105.7	122.2	124.5	120.7
2008	197.97	36.45	86.31	75.08	75.21	116.6	104.9	116.7	115.6	123.3
2009	225.86	39.88	103.00	88.12	82.98	118.6	104.7	131.7	130.7	112.9
2010	289.04	47.43	132.82	111.75	108.78	115.0	105.7	115.3	111.0	119.0
2011	365.51	57.79	175.95	146.46	131.77	114.5	105.8	116.1	113.2	116.5
2012	389.21	61.16	184.96	150.12	143.09	110.1	105.7	111.5	109.6	110.2
2013	438.57	67.30	210.01	171.55	161.25	111.1	104.5	113.5	113.8	110.6
2014	465.31	70.57	226.77	186.32	167.97	110.0	101.6	114.8	117.4	107.0
2015	504.52	79.67	241.17	199.74	183.67	109.2	103.7	110.7	112.1	108.9
2016	555.69	87.67	267.74	224.60	200.28	108.3	104.5	109.3	109.8	108.5
2017	622.46	97.27	302.63	254.40	222.56	106.5	105.2	104.8	104.6	109.2
2018	662.09	103.92	313.28	261.83	244.89	107.2	106.7	108.2	109.9	106.0
2019	701.23	109.42	330.29	272.48	261.52	105.4	105.1	105.8	105.1	104.8
2020	732.81	111.08	348.07	284.88	273.66	105.1	103.9	106.8	106.3	103.2
2021	815.88	119.64	398.52	335.65	297.72	109.4	106.0	113.5	118.3	105.6

22－7　续表　continued

年份 Year	固定资产投资(不含农户)(亿元) Investment in Fixed Assets (Excluding Rural households) (100 million yuan)	社会消费品零售总额(亿元) Total Retail Sales of Consumer Goods (100 million yuan)	进出口(万美元) Total Import and Export (USD 10 000)	#出口 Exports	财政收入(亿元) Finance Revenue (100 million yuan)	#一般公共预算收入 General Public Budget Revenue	一般公共预算支出 General Public Budget Expenditure (100 million yuan)	城镇居民人均可支配收入(元) Per Capita Disposable Income of Urban Households (yuan)	农村居民人均可支配收入(元) Per Capita Disposable Income of Rural Households (yuan)
1993	8.56	6.70	1738	1049	2.92	2.92	2.71		877
1994	10.41	9.83	3730	2417	3.64	2.30	4.08		1020
1995	13.13	12.79	17715	10863	3.84	2.47	4.72		1443
1996	11.39	14.86	19800	10146	4.04	2.62	3.97	4508	1855
1997	11.88	16.56	30353	23214	4.51	3.04	4.38	5122	2269
1998	14.42	17.93	41202	28015	5.21	3.69	5.43	5456	2503
1999	14.69	19.38	33083	21789	5.42	3.86	5.47	5591	2626
2000	15.23	20.94	24073	12593	4.13	3.26	4.74	6200	1844
2001	17.53	22.66	10459	1855	4.53	3.61	6.61	6661	2026
2002	16.03	24.29	34444	5742	5.03	3.57	7.54	7664	2164
2003	19.70	18.29	48685	7358	5.61	3.84	8.37	7869	2334
2004	30.40	19.67	73486	8358	6.78	4.72	9.14	6324	2517
2005	42.96	22.41	84953	9924	8.04	4.51	10.22	7254	2704
2006	68.96	25.99	102900	11610	10.59	5.21	13.92	9113	3172
2007	103.53	31.28	145857	19495	15.76	7.74	19.08	12159	3791
2008	146.32	39.14	220775	30660	21.92	11.70	26.22	14364	4474
2009	254.10	43.93	216891	39202	27.39	18.47	40.10	16067	4930
2010	376.84	52.86	279774	77906	35.12	22.69	52.57	17831	5628
2011	491.27	62.65	410586	94431	44.35	28.30	60.77	19722	6502
2012	550.39	73.07	489826	82804	52.38	35.55	74.73	21536	7946
2013	475.45	83.77	430030	107839	59.26	40.71	88.48	23690	9019
2014	499.91	94.85	546866	150522	65.33	45.45	97.52	25727	10038
2015	549.74	105.20	860140	231166	70.64	52.05	131.72	27579	10992
2016	600.14	117.03	875753	169314	75.61	55.65	127.60	29758	12113
2017	672.77	130.75	768.54	115.06	74.51	47.60	120.47	32079	13373
2018	-0.9%	143.27	721.49	118.28	82.76	43.98	127.34	34325	14617
2019	8.0%	148.76	804.95	241.31	87.86	47.41	139.53	36385	15962
2020	8.8%	129.34	708.33	241.98	82.54	53.69	155.16	37185	17223
2021	-13.2%	137.71	885.56	77.96	100.36	50.94	143.03	39676	19031

注：1. 城镇居民人均可支配收入2004年（含2004年）以前为城市居民人均可支配收入。2000年以后农民人均纯收入统计口径调整，2014年后口径调整为农村居民人均可支配收入。
2. 固定资产投资数据2014年（含）前为全社会固定资产投资，2015年起为固定资产投资（不含农户）数据，2018年后为增长速度。
3. 2017年起，外贸进出口数据以人民币计价，单位为亿元。

Note: 1. The statistical range of indicator "Per Capita Disposable Income of Urban Households" is the household in cities in and before 2004. After 2000, the statistical range of Per Capita Net Income of Farmers has been adjusted. And after 2014, it was adjusted into Per Capita Disposable Income of Rural Households.
2. Investment in Fixed Assets is total investment before 2014 (including). Excluding investment by Rural households since 2015 and growth rate from 2018.
3. The data of import and export value of foreign trade was calculated by RMB (100 million yuan) since 2017.

22－8 钦州市主要经济指标情况（1978—2021年）

Main Economic Indicators of Qinzhou（1978—2021）

年 份 year	生产总值（按当年价格，亿元）Gross Domestic Product (current prices, 100 million yuan)	第一产业 Primary Industry	第二产业 Secondary Industry	#工业 Industry	第三产业 Tertiary Industry	生产总值指数（上年=100）Indices of Gross Domestic Product (Preceding year=100)	第一产业 Primary Industry	第二产业 Secondary Industry	#工业 Industry	第三产业 Tertiary Industry
1978	4.46	2.80	0.85	0.70	0.80	107.0	97.1	137.7	116.7	121.3
1979	4.80	2.93	0.99	0.80	0.88	108.3	106.1	114.0	114.8	109.9
1980	6.15	4.01	1.15	0.93	0.99	122.0	127.6	115.5	114.3	110.6
1981	6.50	4.15	1.26	1.00	1.06	106.9	107.3	111.0	112.6	101.0
1982	7.79	5.38	1.22	0.95	1.19	113.6	120.7	93.0	90.2	110.2
1983	8.20	5.39	1.34	1.02	1.46	104.2	100.0	107.7	109.0	118.9
1984	8.40	5.26	1.42	1.07	1.72	95.6	88.3	105.0	104.4	114.0
1985	9.72	5.93	1.76	1.39	2.03	105.8	99.7	116.6	120.9	114.1
1986	11.79	7.20	2.25	1.82	2.34	111.8	108.2	125.4	126.8	108.9
1987	14.48	8.66	2.78	2.33	3.03	112.6	111.5	116.1	118.5	111.8
1988	16.70	9.12	3.36	2.81	4.22	101.4	90.1	106.3	107.3	124.7
1989	18.85	10.03	3.60	3.03	5.21	111.9	119.3	95.8	94.8	113.2
1990	23.92	13.33	4.07	3.46	6.52	119.8	108.7	136.8	143.1	128.0
1991	28.50	14.91	4.97	4.30	8.62	118.4	113.5	117.8	119.4	129.0
1992	38.79	21.28	7.19	5.82	10.33	132.1	139.5	140.7	135.1	113.7
1993	52.65	26.73	12.30	9.83	13.61	113.4	102.1	154.4	157.9	109.7
1994	70.12	37.74	15.03	12.36	17.35	110.0	113.5	108.4	109.9	104.3
1995	86.89	47.03	16.41	13.73	23.45	107.0	105.9	98.4	98.3	118.5
1996	97.82	51.81	17.54	14.00	28.47	108.9	102.7	115.0	112.4	116.1
1997	109.58	57.86	20.46	16.33	31.26	113.8	116.9	111.1	109.6	110.5
1998	118.23	62.98	22.29	17.58	32.96	111.9	112.0	116.4	116.7	108.0
1999	122.86	66.01	22.06	17.46	34.78	110.5	115.6	102.5	102.1	108.0
2000	131.25	68.69	23.49	19.49	39.07	104.7	101.9	103.4	106.9	111.5
2001	142.55	72.79	26.28	21.22	43.48	108.7	107.4	112.7	109.8	108.6
2002	146.16	70.80	32.20	25.63	43.15	110.9	109.8	112.1	109.9	111.9
2003	157.07	69.78	37.25	29.16	50.04	105.8	100.1	111.6	109.8	112.1
2004	172.04	72.50	43.56	35.66	55.98	112.5	113.4	111.7	109.5	111.5
2005	185.99	76.12	49.94	40.40	59.93	113.6	107.0	133.0	137.1	110.5
2006	229.10	83.76	73.10	62.59	72.24	112.6	105.0	126.4	130.5	110.7
2007	280.49	96.51	92.01	80.28	91.97	114.5	107.2	120.9	123.4	117.1
2008	332.14	106.63	114.02	98.10	111.49	112.3	103.2	117.6	116.7	117.2
2009	372.87	112.82	123.36	102.95	136.69	112.2	105.8	116.2	113.3	114.5
2010	477.42	118.65	192.74	166.92	166.02	115.4	104.8	125.4	126.1	114.9
2011	593.62	139.99	259.75	228.18	193.88	120.2	105.1	137.7	141.6	110.6
2012	631.71	149.77	246.35	203.50	235.59	111.1	106.5	109.9	106.9	116.0
2013	681.81	161.67	254.15	199.12	265.99	107.9	103.4	105.6	102.1	113.8
2014	783.65	174.01	269.59	196.73	340.05	109.8	103.8	110.8	107.2	111.9
2015	885.21	180.49	314.87	227.96	389.86	107.8	101.9	105.0	101.4	114.5
2016	957.35	194.27	329.77	229.98	433.31	108.7	103.4	108.7	106.5	111.1
2017	1091.99	206.37	390.27	277.27	495.35	108.3	103.5	107.8	107.7	110.6
2018	1214.32	233.53	421.23	301.02	559.56	106.0	105.5	103.8	105.6	107.9
2019	1356.27	279.78	451.77	319.88	624.72	107.8	105.3	107.2	107.2	109.3
2020	1387.37	282.76	386.77	270.46	712.83	102.5	104.7	87.6	87.2	112.4
2021	1647.83	315.99	532.75	393.12	799.09	110.0	107.9	111.8	112.7	109.8

22－8　续表　continued

年　份 Year	固定资产投资（不含农户）（亿元） Investment in Fixed Assets (Excluding Rural households) (100 million yuan)	社会消费品零售总额（亿元） Total Retail Sales of Consumer Goods (100 million yuan)	进出口（万美元） Total Import and Export (USD 10 000)	#出口 Exports	财政收入（亿元） Finance Revenue (100 million yuan)	#一般公共预算收入 General Public Budget Revenue	一般公共预算支出 General Public Budget Expenditure (100 million yuan)	城镇居民人均可支配收入（元） Per Capita Disposable Income of Urban Households (yuan)	农村居民人均可支配收入（元） Per Capita Disposable Income of Rural Households (yuan)
1978	0.51	1.66			0.40	0.40	0.46		117
1979	0.57	1.93			0.42	0.42	0.44		136
1980	0.66	2.37			0.47	0.47	0.5		182
1981	0.61	2.59			0.67	0.67	0.54		206
1982	0.89	2.95			0.74	0.74	0.55		244
1983	1.01	3.29			0.61	0.61	0.51		259
1984	0.92	3.67			0.60	0.60	0.65		250
1985	0.78	4.49			0.65	0.65	0.82	620	278
1986	1.30	5.11			0.81	0.81	1.26	745	302
1987	1.27	6.14			0.93	0.93	1.4	865	455
1988	1.96	7.70			1.12	1.12	1.63	1242	506
1989	1.82	9.31			1.35	1.35	3.01	1507	494
1990	1.69	9.77			1.62	1.62	2.32	1640	655
1991	2.45	13.07			2.04	2.04	2.58	1852	663
1992	5.59	15.56			2.28	2.28	2.68	2095	800
1993	12.61	21.65			3.41	3.41	3.49	3091	985
1994	13.28	20.50			3.91	2.22	3.61	4030	1231
1995	14.16	25.18			4.39	2.68	3.97	4635	1670
1996	15.50	28.39			4.93	3.20	4.69	5098	1930
1997	15.47	32.29			5.70	3.84	5.51	5027	2174
1998	20.76	35.42			6.64	4.67	6.29	5433	2362
1999	20.80	39.06			7.44	5.79	7.68	5672	2475
2000	23.02	42.81	3357	1146	8.26	6.72	9.27	5692	2092
2001	28.93	47.37	1772	1208	8.35	5.52	11.68	6328	2278
2002	35.30	51.23	3202	2059	9.24	6.23	13.25	6734	2442
2003	44.50	55.87	4320	3598	10.19	6.99	15.59	7437	2610
2004	63.00	62.47	9056	5191	11.75	7.84	16.78	7922	2783
2005	89.85	70.76	19846	11415	14.11	9.08	20.87	8942	3091
2006	117.88	80.72	44040	13458	17.17	10.47	24.91	10041	3405
2007	165.93	95.32	84089	31384	23.56	13.04	32.37	12057	3934
2008	248.91	121.07	127008	51370	32.00	18.28	48.80	14106	4444
2009	374.65	145.10	88572	22566	38.02	21.01	66.51	15768	4843
2010	451.60	172.19	131101	32558	58.37	22.36	78.00	17356	5340
2011	558.34	204.27	298225	87518	123.10	25.57	96.63	19248	6167
2012	652.59	237.56	376656	100190	139.20	33.58	122.51	21600	7140
2013	609.72	268.82	353042	105243	136.12	44.95	134.26	23695	8054
2014	726.95	303.25	533447	201112	138.31	47.64	141.27	25425	8892
2015	810.1	333.5	582738	247574	162.23	50.34	192.54	27281	9710
2016	950.89	373.63	442813	161508	154.08	49.50	200.08	29360	10947
2017	1088.85	411.75	340.46	116.29	145.08	52.81	205.94	31415	11801
2018	11.7%	369.88	227.33	58.81	148.01	54.10	222.08	33488	12816
2019	12.0%	401.28	204.33	80.05	160.04	57.38	225.09	35732	14149
2020	11.8%	402.51	217.73	81.68	171.73	65.04	237.58	37126	15352
2021	27.1%	470.11	256.03	41.85	204.81	72.32	246.11	40170	17041

注：1. 城镇居民人均可支配收入2004年（含2004年）以前为城市居民人均可支配收入。2000年以后农民人均纯收入统计口径调整，2014年后口径调整为农村居民人均可支配收入。
2. 固定资产投资数据2014年（含）前为全社会固定资产投资，2015年起为固定资产投资（不含农户）数据，2018年后为增长速度。
3. 2017年起，外贸进出口数据以人民币计价，单位为亿元。

Note: 1. The statistical range of indicator "Per Capita Disposable Income of Urban Households" is the household in cities in and before 2004. After 2000, the statistical range of Per Capita Net Income of Farmers has been adjusted. And after 2014, it was adjusted into Per Capita Disposable Income of Rural Households.
2. Investment in Fixed Assets is total investment before 2014 (including). Excluding investment by Rural households since 2015 and growth rate from 2018.
3. The data of import and export value of foreign trade was calculated by RMB (100 million yuan) since 2017.

22—9 贵港市主要经济指标情况（1996—2021年）
Main Economic Indicators of Guigang（1996—2021）

年 份 year	生产总值（按当年价格，亿元）Gross Domestic Product (current prices, 100 million yuan)	第一产业 Primary Industry	第二产业 Secondary Industry	#工业 Industry	第三产业 Tertiary Industry	生产总值指数（上年=100）Indices of Gross Domestic Product (Preceding year=100)	第一产业 Primary Industry	第二产业 Secondary Industry	#工业 Industry	第三产业 Tertiary Industry
1996	108.26	50.95	19.70	18.17	37.60	100.5	94.7	91.9	91.6	116.1
1997	111.58	52.03	20.58	19.26	38.98	106.7	108.9	106.5	107.8	104.2
1998	113.66	51.73	21.58	20.06	40.35	107.6	108.7	106.6	106.3	106.9
1999	115.38	51.31	21.98	20.54	42.08	105.6	106.8	103.2	103.5	105.7
2000	120.81	51.17	24.87	23.16	44.77	104.3	98.3	109.8	109.5	108.1
2001	132.35	52.59	28.11	25.98	51.65	108.5	104.7	113.4	112.9	110.0
2002	139.82	52.92	29.94	27.24	56.96	110.8	109.5	111.3	110.3	111.9
2003	158.25	51.90	38.62	34.04	67.72	110.8	103.7	122.9	119.1	111.5
2004	190.52	61.09	52.80	45.60	76.64	111.3	106.3	118.7	115.2	111.5
2005	218.19	64.40	70.21	58.02	83.58	113.5	106.7	132.7	127.2	107.1
2006	249.44	67.90	80.80	67.41	100.74	110.0	104.4	114.3	115.5	110.7
2007	319.41	77.61	116.86	101.04	124.94	114.3	98.8	128.6	131.4	113.1
2008	369.58	89.07	138.09	118.90	142.42	108.7	104.2	108.5	108.3	111.6
2009	409.70	89.03	156.42	133.48	164.25	112.1	103.9	117.3	116.2	112.0
2010	508.07	98.67	215.19	186.98	194.20	111.4	103.7	115.6	115.1	111.4
2011	589.73	126.09	229.87	196.02	233.77	105.2	104.6	103.2	102.1	107.8
2012	631.62	134.38	228.36	186.50	268.88	109.5	105.4	110.1	108.0	111.0
2013	694.90	144.06	239.21	191.07	311.63	107.6	104.2	109.4	108.3	107.3
2014	733.27	148.92	254.11	202.75	330.25	104.6	102.0	103.1	102.9	107.2
2015	799.81	158.66	278.01	218.72	363.14	107.1	103.1	108.3	106.2	107.6
2016	880.60	172.13	299.80	231.80	408.67	107.7	103.1	106.8	104.5	110.4
2017	975.50	174.17	340.72	260.66	460.61	108.9	103.6	111.0	111.1	109.5
2018	1115.50	177.61	403.42	314.38	534.46	110.0	105.0	111.3	113.5	110.9
2019	1257.53	215.35	457.92	356.49	584.26	109.0	104.9	114.0	114.8	106.7
2020	1352.73	226.56	491.66	383.70	634.51	107.0	105.0	108.9	109.5	106.1
2021	1501.64	259.52	544.92	432.71	697.19	106.5	108.8	103.8	106.1	107.7

22—9 续表 continued

年 份 Year	固定资产投资(不含农户)(亿元) Investment in Fixed Assets (Excluding Rural households) (100 million yuan)	社会消费品零售总额(亿元) Total Retail Sales of Consumer Goods (100 million yuan)	进出口(万美元) Total Import & Export (USD 10 000)	#出口 Exports	财政收入(亿元) Finance Revenue (100 million yuan)	#一般公共预算收入 General Public Budget Revenue	一般公共预算支出 General Public Budget Expenditure (100 million yuan)	城镇居民人均可支配收入(元) Per Capita Disposable Income of Urban Households (yuan)	农村居民人均可支配收入(元) Per Capita Disposable Income of Rural Households (yuan)
1996	7.75	45.39	6432	4560	6.42	4.19	5.22		1906
1997	9.06	43.90	7063	5359	6.46	4.21	5.35		2103
1998	12.26	46.79	3115	2502	7.24	4.98	6.58		2179
1999	13.04	49.37	1173	749	7.41	5.39	7.33		2114
2000	17.29	53.67	1892	1628	8.03	5.81	8.12		1868
2001	21.09	58.58	1553	1122	9.00	6.46	10.97		1979
2002	29.47	63.46	5046	2513	10.03	6.59	12.88		2091
2003	36.35	70.70	5666	4254	12.04	8.09	15.47		2228
2004	58.61	75.61	6306	5130	14.31	9.56	18.42	6209	2399
2005	129.43	85.62	7777	5443	17.05	9.21	22.01	7642	2693
2006	149.56	96.68	9544	6144	19.08	10.97	27.33	8938	2961
2007	155.90	113.52	11474	8515	23.02	12.29	35.31	10717	3472
2008	220.07	137.57	16388	9525	29.07	15.62	47.44	12666	4049
2009	290.18	156.73	14324	11131	34.03	19.53	64.24	13915	4504
2010	385.29	179.09	17386	12090	40.02	21.44	90.80	15531	5289
2011	430.02	205.89	27180	14035	43.33	21.69	106.07	17017	6257
2012	552.24	231.96	23375	10609	50.03	26.57	126.24	19314	7253
2013	496.26	257.16	22123	12143	57.42	31.22	140.46	21361	8189
2014	611.41	281.87	30603	18703	66.11	36.45	147.14	23252	9131
2015	689.67	299.29	32258	18977	72.75	42.57	186.38	24890	10017
2016	841.69	325.40	28527	15816	78.96	47.62	212.55	26771	11572
2017	983.81	355.95	23.88	11.03	90.03	50.41	233.82	28806	12544
2018	19.8%	376.12	27.60	13.24	106.57	57.22	263.81	30506	13786
2019	10.5%	412.42	38.91	18.91	126.10	62.69	292.98	32916	15289
2020	3.7%	411.47	36.15	16.66	143.82	75.27	306.53	34002	16619
2021	4.5%	457.65	45.76	21.13	153.03	85.65	292.81	36756	18381

注：1. 城镇居民人均可支配收入2004年（含2004年）以前为城市居民人均可支配收入。2000年以后农民人均纯收入统计口径调整，2014年后口径调整为农村居民人均可支配收入。
2. 固定资产投资数据2014年（含）前为全社会固定资产投资，2015年起为固定资产投资（不含农户）数据，2018年后为增长速度。
3. 2017年起，外贸进出口数据以人民币计价，单位为亿元。

Note: 1. The statistical range of indicator "Per Capita Disposable Income of Urban Households" is the household in cities in and before 2004. After 2000, the statistical range of Per Capita Net Income of Farmers has been adjusted. And after 2014, it was adjusted into Per Capita Disposable Income of Rural Households.
2. Investment in Fixed Assets is total investment before 2014 (including). Excluding investment by Rural households since 2015 and growth rate from 2018.
3. The data of import and export value of foreign trade was calculated by RMB (100 million yuan) since 2017.

22—10 玉林市主要经济指标情况（1978—2021年）
Main Economic Indicators of Yulin（1978—2021）

年份 year	生产总值（按当年价格，亿元）Gross Domestic Product (current prices, 100 million yuan)	第一产业 Primary Industry	第二产业 Secondary Industry	#工业 Industry	第三产业 Tertiary Industry	生产总值指数（上年=100）Indices of Gross Domestic Product (Preceding year=100)	第一产业 Primary Industry	第二产业 Secondary Industry	#工业 Industry	第三产业 Tertiary Industry
1978	9.12	5.79	1.66	1.43	1.67	102.0	101.2	107.6	116.1	97.2
1979	9.18	5.75	1.61	1.30	1.82	99.7	93.9	95.9	90.5	127.3
1980	10.42	6.76	1.66	1.41	2.00	110.8	109.9	94.4	112.7	113.5
1981	11.64	7.45	1.89	1.59	2.30	112.8	112.1	114.5	113.3	113.5
1982	13.86	9.01	2.17	1.84	2.69	118.5	120.7	113.2	106.1	116.7
1983	14.36	9.01	2.34	1.94	3.01	100.7	95.6	108.5	100.5	109.9
1984	15.45	9.41	2.58	2.02	3.46	106.4	101.3	109.1	94.8	117.7
1985	17.63	10.11	3.42	2.92	4.10	105.2	93.9	120.5	167.7	119.4
1986	20.74	11.55	4.32	3.64	4.87	112.4	108.7	121.9	125.5	111.9
1987	26.98	14.67	5.75	4.92	6.56	120.9	111.9	128.9	133.9	130.0
1988	33.57	18.31	7.31	6.23	7.95	106.6	101.4	114.8	113.7	107.8
1989	35.97	19.62	7.78	6.51	8.58	101.2	108.8	101.9	106.0	89.9
1990	41.13	23.99	8.24	6.79	8.90	109.1	107.8	103.3	107.3	117.0
1991	50.40	27.30	11.31	9.61	11.79	112.6	106.4	128.9	129.0	118.9
1992	65.31	30.29	18.97	16.69	16.04	126.6	109.3	156.1	156.1	135.0
1993	97.97	36.08	36.67	33.29	25.22	125.2	103.8	143.2	153.1	117.5
1994	134.92	52.92	49.25	45.40	32.75	115.6	119.0	112.5	112.1	115.4
1995	156.08	63.65	50.71	46.01	41.71	111.2	110.0	113.1	113.5	110.0
1996	168.34	72.91	51.46	46.67	43.97	104.5	106.0	101.9	101.8	103.6
1997	173.51	77.16	51.58	47.14	44.77	104.3	107.0	101.3	101.2	104.7
1998	187.40	80.87	57.77	52.88	48.76	109.2	106.5	111.2	112.4	110.6
1999	191.15	80.37	57.10	52.59	53.68	106.5	107.4	102.8	103.3	111.0
2000	199.64	78.42	60.70	55.58	60.52	106.1	98.5	109.4	109.4	112.9
2001	213.91	81.59	61.17	55.55	71.14	107.4	105.1	107.8	107.9	110.1
2002	231.70	80.61	71.50		79.59	110.4	105.8	116.7	117.6	110.1
2003	258.08	78.76	82.99		96.33	106.5	97.8	111.8	111.1	110.9
2004	306.87	98.39	94.96		113.52	111.5	112.1	113.4	107.8	109.0
2005	336.15	95.25	108.58		132.31	109.7	106.6	110.3	108.7	112.5
2006	380.40	101.92	122.46		156.02	109.4	106.8	110.2	109.9	110.6
2007	465.02	122.22	151.82		190.99	111.5	104.9	114.6	114.5	113.7
2008	546.96	141.83	179.33		225.80	109.1	105.6	108.8	107.9	111.7
2009	602.87	143.46	201.43		257.98	110.8	106.0	114.7	112.2	110.6
2010	710.01	162.80	247.74		299.47	111.7	105.5	115.6	112.6	112.1
2011	867.04	203.35	311.96		351.73	110.4	105.2	113.7	113.1	110.4
2012	934.60	217.62	320.47		396.51	109.7	105.9	112.0	109.9	109.7
2013	1012.80	230.76	319.66		462.37	110.3	104.0	112.2	110.4	111.8
2014	1098.85	243.21	356.92		498.72	108.3	103.2	110.6	109.4	108.6
2015	1185.14	256.84	367.75		560.55	108.0	101.2	109.4	108.0	109.7
2016	1273.89	271.08	379.97		622.84	107.4	102.1	106.1	103.3	110.6
2017	1383.36	269.14	405.05		709.17	107.0	103.3	103.2	101.6	110.9
2018	1503.54	268.22	429.24		806.08	107.1	105.2	103.0	102.0	110.1
2019	1679.77	323.00	467.10		889.67	107.2	104.1	105.9	103.8	109.0
2020	1768.91	359.27	456.90		952.73	103.1	105.3	99.5	97.7	104.2
2021	2070.61	399.97	605.72		1064.92	109.9	109.3	110.7	109.4	109.7

22－10　续表　continued

年　份 Year	固定资产投资（不含农户）（亿元） Investment in Fixed Assets (Excluding Rural households) (100 million yuan)	社会消费品零售总额（亿元） Total Retail Sales of Consumer Goods (100 million yuan)	进出口（万美元） Total Import and Export (USD 10 000)	#出口 Exports	财政收入（亿元） Finance Revenue (100 million yuan)	#一般公共预算收入 General Public Budget Revenue	一般公共预算支出 General Public Budget Expenditure (100 million yuan)	城镇居民人均可支配收入（元） Per Capita Disposable Income of Urban Households (yuan)	农村居民人均可支配收入（元） Per Capita Disposable Income of Rural Households (yuan)
1978	0.39	3.11			0.89		0.68		
1979	0.46	3.50			0.79		0.69		
1980	0.46	3.93			0.87		0.77		
1981	0.35	4.36			1.06		0.92		
1982	0.82	5.03			1.22		0.93		
1983	1.20	5.83			1.15		0.93		
1984	0.62	7.15			1.06		1.07		
1985	0.99	8.85			1.41		1.61		
1986	1.40	10.25			1.46		1.94		
1987	1.98	12.49			1.95		2.28		
1988	3.89	17.56			2.69		3.04		
1989	2.46	22.02	1010		2.95		3.52		
1990	2.38	23.15	2083		3.23		4.01		
1991	7.52	25.88	2471		3.70		4.35		
1992	12.92	29.18	5542		4.21		4.89		
1993	21.46	34.53	6409		7.24		6.74		
1994	34.65	47.49	17887		9.32	5.36	8.54		
1995	42.03	61.34	19100		11.16	6.82	10.72		
1996	39.77	72.84	18482		12.54	8.19	10.82		
1997	26.11	76.48	18145		13.19	9.04	11.44		
1998	29.43	80.73	23280	21149	13.95	9.59	12.44		
1999	25.79	83.39	6690	6324	15.24	10.85	14.11		
2000	28.15	75.77	17854	17163	16.65	12.09	16.11		1736
2001	30.03	82.62	9800	8400	15.44	10.53	18.86		1839
2002	33.86	90.53	13280	9945	18.32	10.87	20.84		1959
2003	48.33	99.63	26001	17510	21.43	12.06	24.07		2035
2004	92.30	113.69	30143	21422	25.42	14.13	26.76	7136	2259
2005	131.31	130.15	36916	25866	28.64	14.86	31.97	8297	2573
2006	176.11	150.26	34807	26705	33.68	17.74	40.42	10175	3041
2007	230.68	179.16	37023	29780	40.68	20.88	54.89	12202	3536
2008	290.69	222.08	44214	31665	47.75	25.57	71.59	14156	4123
2009	444.61	259.00	35401	21663	54.67	30.61	96.21	15827	4531
2010	615.56	301.90	45148	31594	68.96	36.84	129.37	17642	5302
2011	788.82	355.61	63457	34069	85.86	48.94	159.73	19590	6269
2012	1004.26	413.40	58807	35843	100.36	65.57	192.65	22171	7269
2013	974.78	470.96	41679	28992	113.81	75.48	203.73	24366	8272
2014	1147.02	530.88	48681	32224	128.17	88.81	229.10	25984	10320
2015	1332.12	582.56	45092	32872	139.57	97.16	285.76	28089	11404
2016	1467.10	639.27	40427	33567	148.95	104.81	317.55	30083	12590
2017	1689.33	703.75	33.99	25.04	160.18	105.55	351.63	32159	13597
2018	14.7%	776.05	34.86	25.70	171.25	106.13	367.96	33960	14984
2019	11.5%	735.82	40.17	25.04	178.23	111.09	418.98	36133	16348
2020	-0.9%	753.48	31.32	20.50	164.04	101.8	423.19	37362	17721
2021	25.4%	841.23	38.86	26.06	140.79	79.62	375.91	40314	19635

注：1. 城镇居民人均可支配收入2004年（含2004年）以前为城市居民人均可支配收入。2000年以后农民人均纯收入统计口径调整，2014年后口径调整为农村居民人均可支配收入。
2. 固定资产投资数据2014年（含）前为全社会固定资产投资，2015年起为固定资产投资（不含农户）数据，2018年后为增长速度。
3. 2017年起，外贸进出口数据以人民币计价，单位为亿元。

Note: 1. The statistical range of indicator "Per Capita Disposable Income of Urban Households" is the household in cities in and before 2004. After 2000, the statistical range of Per Capita Net Income of Farmers has been adjusted. And after 2014, it was adjusted into Per Capita Disposable Income of Rural Households.
2. Investment in Fixed Assets is total investment before 2014 (including). Excluding investment by Rural households since 2015 and growth rate from 2018.
3. The data of import and export value of foreign trade was calculated by RMB (100 million yuan) since 2017.

22－11　百色市主要经济指标情况（1978—2021年）
Main Economic Indicators of Baise（1978—2021）

年 份 year	生产总值（按当年价格，亿元）Gross Domestic Product (current prices, 100 million yuan)	第一产业 Primary Industry	第二产业 Secondary Industry	#工业 Industry	第三产业 Tertiary Industry	生产总值指数（上年=100）Indices of Gross Domestic Product (Preceding year=100)	第一产业 Primary Industry	第二产业 Secondary Industry	#工业 Industry	第三产业 Tertiary Industry
1978	6.15	3.92	1.09	0.93	1.14	112.9	111.7	115.2	106.7	114.2
1979	6.53	4.06	1.15	0.98	1.32	107.1	104.9	108.7	109.3	112.0
1980	6.74	4.10	1.23	0.99	1.41	96.4	94.8	99.0	97.3	98.6
1981	7.46	4.67	1.25	1.04	1.54	110.8	117.2	93.5	96.2	109.0
1982	8.38	5.34	1.30	1.07	1.74	106.6	106.4	102.3	100.8	110.5
1983	9.09	5.64	1.46	1.20	1.99	107.9	104.6	112.5	113.0	113.7
1984	9.40	5.47	1.56	1.30	2.37	98.7	90.9	106.7	110.2	113.3
1985	10.56	5.99	1.80	1.50	2.77	102.5	99.9	108.3	107.5	103.9
1986	12.85	7.41	2.16	1.89	3.28	110.3	110.4	108.8	114.2	111.0
1987	15.21	8.26	2.96	2.57	3.99	110.3	104.8	124.1	122.4	111.7
1988	17.87	9.52	3.42	2.87	4.93	103.7	101.7	104.2	101.5	107.0
1989	19.92	10.60	3.83	3.34	5.49	101.3	103.0	104.4	106.4	96.0
1990	23.14	11.84	4.35	3.73	6.95	103.3	101.0	103.3	102.1	107.5
1991	26.91	13.41	5.54	4.59	7.96	108.7	105.3	119.4	113.4	107.8
1992	31.04	14.12	7.04	5.39	9.88	111.3	105.2	120.9	115.0	114.8
1993	41.56	18.31	10.69	7.42	12.56	112.7	108.0	124.3	116.7	111.4
1994	58.68	26.50	13.54	10.33	18.64	115.3	112.4	112.7	122.0	121.9
1995	77.13	32.62	20.53	15.66	23.98	116.3	112.6	127.7	122.7	112.7
1996	89.18	37.10	23.20	20.43	28.88	114.4	114.5	112.6	130.7	115.7
1997	97.14	40.49	24.50	21.11	32.15	113.1	112.0	115.3	114.3	112.7
1998	106.08	44.56	27.04	23.09	34.48	110.9	112.2	112.0	111.6	108.3
1999	112.02	47.28	28.66	24.17	36.08	109.1	109.4	110.5	109.4	107.3
2000	119.50	47.85	32.43	26.81	39.22	107.2	103.1	107.8	105.6	110.7
2001	128.37	49.45	35.25	28.42	43.67	107.1	101.0	111.4	110.3	111.1
2002	165.14	68.31	47.43	37.25	49.40	113.1	104.7	130.4	129.4	108.1
2003	188.40	76.46	59.77	55.56	52.17	112.8	103.4	131.2	132.7	115.0
2004	244.90	93.16	83.43	78.60	68.31	114.5	106.0	124.1	124.9	118.9
2005	273.51	99.33	99.51	87.19	74.67	113.5	106.1	116.1	115.2	120.4
2006	351.19	100.58	146.94	129.18	103.66	113.8	103.8	121.7	120.7	116.8
2007	394.58	105.03	171.95	151.84	117.60	114.6	104.0	124.5	126.2	113.4
2008	436.11	115.67	198.34	177.78	122.10	112.3	103.2	118.9	121.2	112.0
2009	479.67	120.60	216.85	191.25	142.23	113.6	104.1	117.0	116.2	117.3
2010	500.62	122.00	235.86	206.13	142.75	112.2	104.9	119.4	119.4	106.9
2011	600.63	136.93	294.75	260.26	168.95	108.6	104.6	110.1	111.1	109.3
2012	644.37	147.09	311.71	275.05	185.57	108.7	107.4	108.3	107.5	110.4
2013	680.45	154.87	319.79	275.70	205.78	108.5	105.3	106.9	106.1	113.7
2014	734.75	161.38	338.36	286.26	235.02	108.1	104.2	104.2	102.1	116.8
2015	814.57	169.82	324.35	267.30	320.40	107.9	104.7	106.6	105.8	111.8
2016	947.51	187.49	384.33	314.53	375.69	108.5	103.9	109.2	108.8	110.3
2017	1032.50	195.90	425.79	349.82	410.81	108.5	104.5	108.8	108.9	110.1
2018	1124.38	208.38	460.94	382.52	455.05	107.1	105.3	109.2	110.9	105.7
2019	1257.78	245.18	507.11	416.05	505.50	109.0	107.1	110.6	110.0	108.3
2020	1338.26	265.63	529.33	432.42	543.30	106.3	107.4	106.6	106.5	105.5
2021	1568.71	294.65	670.97	552.51	603.08	109.8	108.9	111.2	111.1	109.0

22－11　续表　continued

年　份 Year	固定资产投资（不含农户）（亿元） Investment in Fixed Assets (Excluding Rural households) (100 million yuan)	社会消费品零售总额（亿元） Total Retail Sales of Consumer Goods (100 million yuan)	进出口（万美元） Total Import and Export (USD 10 000)	#出口 Exports	财政收入（亿元） Finance Revenue (100 million yuan)	#一般公共预算收入 General Public Budget Revenue	一般公共预算支出 General Public Budget Expenditure (100 million yuan)	城镇居民人均可支配收入（元） Per Capita Disposable Income of Urban Households (yuan)	农村居民人均可支配收入（元） Per Capita Disposable Income of Rural Households (yuan)
1978	0.58	2.05			0.54	0.54	0.83		57
1980	0.95	2.75			0.47	0.47	1.06		64
1985	1.47	4.56			0.77	0.77	1.87		139
1986	1.33	5.56			0.87	0.87	2.29		166
1987	1.53	6.56			1.14	1.14	2.74		191
1988	2.76	8.46			1.42	1.42	3.07		218
1989	2.09	8.64			1.67	1.67	3.53		259
1990	2.74	8.91			1.95	1.95	3.84	1546	283
1991	4.67	10.36			2.23	2.23	4.03	1620	330
1992	8.77	14.57			2.36	2.36	4.85	2002	382
1993	18.47	14.14	62	62	3.74	3.74	5.42	2703	483
1994	20.63	18.76	986	986	4.53	2.71	6.34	4017	643
1995	27.92	23.55	1736	1552	5.78	3.70	8.55	5035	909
1996	13.31	24.67	1985	1805	7.13	4.56	8.07	5180	1261
1997	13.75	27.40	4259	3014	8.57	5.42	9.53	5049	1642
1998	18.80	29.83	4392	3335	10.04	6.90	12.01	5495	1848
1999	21.38	31.82	2770	1460	11.24	7.62	13.50	5607	1985
2000	29.46	34.02	2433	1393	12.78	8.18	14.68	5747	1183
2001	37.32	36.82	3210	2205	14.67	9.38	20.64	6806	1258
2002	58.08	39.99	11439	5484	16.69	9.54	23.55	7215	1331
2003	76.31	43.72	13358	7090	20.10	11.64	27.00	7378	1403
2004	102.74	43.65	17110	4775	24.80	14.15	32.82	6687	1550
2005	175.56	48.77	18560	6943	32.37	15.23	39.74	8077	1783
2006	249.92	57.48	32489	12104	40.08	20.19	52.73	9887	2110
2007	293.66	69.36	43980	17046	50.08	26.79	75.19	12197	2463
2008	325.45	87.04	48921	33994	55.10	29.46	98.48	13169	2820
2009	530.15	102.52	37238	26212	56.85	28.55	111.46	14573	3064
2010	639.71	122.70	39415	20264	72.32	33.86	137.67	16029	4324
2011	761.98	146.57	42887	25521	84.07	39.69	162.89	17441	5063
2012	1000.07	172.39	50866	29286	98.11	56.58	214.85	19625	5964
2013	845.44	198.83	59786	38667	107.69	65.70	232.64	21529	6758
2014	926.34	226.92	72850	53059	108.70	70.91	264.92	23359	7677
2015	1051.22	253.23	164091	113945	114.51	72.98	310.20	25041	8452
2016	1061.40	286.10	200104	142771	123.22	79.48	341.16	26919	9348
2017	1226.41	326.59	188.44	150.66	135.05	82.50	379.71	29126	10171
2018	-16.4%	358.79	217.97	176.81	145.87	84.72	393.72	30611	11086
2019	-10.0%	386.72	261.81	231.35	152.54	94.01	478.74	32784	12195
2020	8.9%	380.15	333.14	301.83	145.85	94.5	504.76	33964	13305
2021	26.4%	421.24	426.33	383.03	166.93	102.98	430.55	36375	14755

注：1. 城镇居民人均可支配收入2004年（含2004年）以前为城市居民人均可支配收入。2000年以后农民人均纯收入统计口径调整，2014年后口径调整为农村居民人均可支配收入。

2. 固定资产投资数据2014年（含）前为全社会固定资产投资，2015年起为固定资产投资（不含农户）数据，2018年后为增长速度。

3. 2017年起，外贸进出口数据以人民币计价，单位为亿元。

Note: 1. The statistical range of indicator "Per Capita Disposable Income of Urban Households" is the household in cities in and before 2004. After 2000, the statistical range of Per Capita Net Income of Farmers has been adjusted. And after 2014, it was adjusted into Per Capita Disposable Income of Rural Households.

2. Investment in Fixed Assets is total investment before 2014 (including). Excluding investment by Rural households since 2015 and growth rate from 2018.

3. The data of import and export value of foreign trade was calculated by RMB (100 million yuan) since 2017.

22－12 贺州市主要经济指标情况（2002—2021年）
Main Economic Indicators of Hezhou（2002—2021）

年 份 year	生产总值（按当年价格，亿元）Gross Domestic Product (current prices, 100 million yuan)	第一产业 Primary Industry	第二产业 Secondary Industry	#工业 Industry	第三产业 Tertiary Industry	生产总值指数（上年=100）Indices of Gross Domestic Product (Preceding year=100)	第一产业 Primary Industry	第二产业 Secondary Industry	#工业 Industry	第三产业 Tertiary Industry
2002	110.26	38.37	37.69	31.74	34.20	107.6	102.0	109.0	108.9	113.7
2003	116.36	39.75	38.47	32.18	38.13	111.4	104.9	116.9	112.9	112.2
2004	129.11	39.46	46.82	35.59	42.83	111.7	106.3	120.0	113.3	108.9
2005	131.39	38.12	46.78	36.06	46.50	111.6	105.2	121.3	118.5	107.4
2006	158.97	46.98	57.12	42.98	54.87	111.1	105.1	115.2	115.3	112.0
2007	202.56	47.58	94.64	78.66	60.34	113.4	105.0	118.9	120.6	114.1
2008	222.54	55.28	97.11	78.52	70.15	104.6	103.9	105.1	104.7	104.5
2009	240.54	56.48	100.38	76.14	83.67	111.1	104.3	112.8	106.1	113.9
2010	282.07	62.18	118.44	90.12	101.44	111.3	103.8	117.6	116.5	109.4
2011	347.14	79.81	150.62	115.30	116.71	111.0	105.2	115.3	117.0	109.5
2012	379.57	86.77	161.15	120.20	131.66	108.7	106.2	109.1	106.8	109.6
2013	406.10	94.62	160.51	114.83	150.97	108.7	104.4	110.0	109.6	109.6
2014	425.86	100.87	159.20	110.75	165.80	106.3	104.2	105.0	104.9	109.1
2015	452.01	107.09	153.84	102.36	191.08	107.4	104.6	105.2	103.6	111.4
2016	502.54	113.85	174.65	117.52	214.03	108.1	104.1	109.9	110.2	108.8
2017	549.86	122.23	174.28	109.84	253.35	105.3	104.3	100.1	96.9	110.0
2018	609.83	123.95	203.62	137.38	282.26	108.9	105.2	109.4	115.4	110.3
2019	700.11	134.28	244.88	157.65	320.95	111.8	104.4	119.7	115.6	109.5
2020	749.82	147.60	249.24	162.85	352.99	106.8	106.0	107.0	110.7	107.1
2021	909.21	164.63	345.37	246.83	399.20	113.9	109.5	120.4	128.9	111.0

22－12 续表 continued

年 份 Year	固定资产投资（不含农户）（亿元） Investment in Fixed Assets (Excluding Rural households) (100 million yuan)	社会消费品零售总额（亿元） Total Retail Sales of Consumer Goods (100 million yuan)	进出口（万美元） Total Import and Export (USD 10 000)	#出口 Exports	财政收入（亿元） Finance Revenue (100 million yuan)	#一般公共预算收入 General Public Budget Revenue	一般公共预算支出 General Public Budget Expenditure (100 million yuan)	城镇居民人均可支配收入（元） Per Capita Disposable Income of Urban Households (yuan)	农村居民人均可支配收入（元） Per Capita Disposable Income of Rural Households (yuan)
2002	12.51	32.62	9901	7731	6.26	3.67	10.25		1793
2003	22.49	22.79	11671	9011	7.06	4.63	12.76		1894
2004	45.98	28.96	11251	9401	8.78	5.98	13.89	6415	2090
2005	82.96	32.68	11220	9290	11.22	6.95	17.23	7516	2351
2006	106.10	37.03	10281	8760	13.56	8.50	21.84	8619	2682
2007	133.66	43.86	9853	8614	15.81	9.72	28.43	10790	3093
2008	159.19	53.7	10558	9502	16.01	8.52	35.47	12772	3458
2009	254.68	60.24	14085	12749	18.15	10.39	47.98	14151	3776
2010	363.3	71.27	10953	9140	22.08	12.13	61.23	15817	4705
2011	464.71	82.63	15499	11580	26.65	14.02	78.91	17623	5434
2012	591.58	93.63	15589	9061	32.04	19.21	97.69	19874	6375
2013	483.19	103.37	19951	7220	35.76	21.95	107.26	21703	7179
2014	530.28	114.79	17306	7351	40.60	24.41	118.32	23613	8033
2015	530.28	124.91	10325	7291	47.14	28.97	154.75	25219	8820
2016	625.93	135.13	7846	5841	50.9	32.42	161.15	26883	9552
2017	722.02	148.79	4.84	3.91	53.11	30.89	181.60	28899	10498
2018	0.8%	161.63	9.90	3.83	58.16	32.50	192.75	30864	11548
2019	8.2%	173.03	14.38	10.48	68.31	36.16	220.12	33179	12737
2020	8.1%	181.50	17.35	11.93	74.04	40.9	230.35	34075	13832
2021	13.4%	199.53	21.26	16.48	85.57	48.4	219.09	36665	15312

注：1. 城镇居民人均可支配收入2004年（含2004年）以前为城市居民人均可支配收入。2000年以后农民人均纯收入统计口径调整，2014年后口径调整为农村居民人均可支配收入。
2. 固定资产投资数据2014年（含）前为全社会固定资产投资，2015年起为固定资产投资（不含农户）数据，2018年后为增长速度。
3. 2017年起，外贸进出口数据以人民币计价，单位为亿元。

Note: 1. The statistical range of indicator "Per Capita Disposable Income of Urban Households" is the household in cities in and before 2004. After 2000, the statistical range of Per Capita Net Income of Farmers has been adjusted. And after 2014, it was adjusted into Per Capita Disposable Income of Rural Households.
2. Investment in Fixed Assets is total investment before 2014 (including). Excluding investment by Rural households since 2015 and growth rate from 2018.
3. The data of import and export value of foreign trade was calculated by RMB (100 million yuan) since 2017.

22—13 河池市主要经济指标情况（1978—2021年）
Main Economic Indicators of Hechi（1978—2021）

年 份 year	生产总值（按当年价格，亿元） Gross Domestic Product (current prices, 100 million yuan)	第一产业 Primary Industry	第二产业 Secondary Industry	#工业 Industry	第三产业 Tertiary Industry	生产总值指数（上年=100） Indices of Gross Domestic Product (Preceding year=100)	第一产业 Primary Industry	第二产业 Secondary Industry	#工业 Industry	第三产业 Tertiary Industry
1978	5.67	2.53	1.69	1.40	1.46	108.9	95.8	126.8	120.6	133.7
1979	6.57	3.14	2.02	1.71	1.42	103.1	102.1	112.0	108.3	95.4
1980	7.82	3.89	2.19	1.85	1.73	107.7	103.4	110.0	106.2	116.3
1981	7.58	3.84	1.90	1.67	1.84	95.9	98.2	85.2	93.8	104.1
1982	8.44	4.52	1.89	1.68	2.31	109.6	117.4	94.5	95.6	107.6
1983	8.56	4.17	2.23	1.94	2.16	100.9	94.9	113.5	112.0	104.3
1984	9.84	4.71	2.68	2.23	2.46	109.3	105.7	115.8	112.4	111.1
1985	12.72	5.49	4.33	3.72	2.90	121.7	107.5	159.8	152.8	112.8
1986	14.25	6.02	4.74	3.83	3.49	100.8	98.4	93.5	92.9	116.3
1987	17.34	7.11	5.84	4.69	4.39	115.9	109.5	121.6	102.5	120.2
1988	20.78	8.90	6.74	5.70	5.15	100.4	96.8	102.4	107.1	103.8
1989	24.43	10.08	8.24	6.86	6.11	115.9	125.7	114.0	115.8	103.7
1990	27.91	11.43	8.65	7.43	7.83	108.0	112.0	105.6	106.2	123.4
1991	31.56	12.59	9.18	7.98	9.79	109.8	108.1	103.7	104.9	119.0
1992	37.17	14.41	10.86	9.37	11.90	111.3	105.9	115.8	117.1	114.2
1993	51.33	17.86	18.12	16.04	15.35	121.0	108.6	145.7	151.1	112.1
1994	73.14	24.75	27.16	23.89	21.23	121.1	111.1	133.4	132.8	117.3
1995	98.89	30.24	37.70	32.89	30.95	118.5	110.6	122.4	120.1	121.9
1996	108.77	35.20	36.32	31.34	37.24	105.0	104.4	99.2	98.3	114.0
1997	122.84	39.04	40.90	34.00	42.91	110.3	110.8	109.3	106.8	111.1
1998	130.03	42.52	43.62	35.01	43.89	110.9	108.5	112.6	110.9	111.1
1999	137.75	43.70	46.08	37.37	47.97	109.3	106.7	110.8	111.8	109.8
2000	141.39	41.81	56.31	48.95	43.27	108.0	102.9	111.0	111.5	108.6
2001	145.31	43.05	54.58	45.53	47.68	103.8	104.3	98.1	93.1	109.2
2002	144.61	44.63	38.16	25.47	61.81	95.2	102.0	74.6	65.6	108.8
2003	156.08	47.63	50.38	34.97	58.07	106.2	104.1	106.7	101.4	107.6
2004	175.25	54.41	61.04	40.21	59.81	111.5	110.2	116.6	114.8	109.3
2005	207.75	58.39	76.14	60.44	73.22	110.9	107.9	122.0	122.9	105.9
2006	245.35	64.71	97.60	77.36	83.05	111.9	107.2	118.5	118.6	108.8
2007	321.59	73.73	144.21	122.72	103.66	115.2	105.5	120.5	124.3	116.8
2008	369.16	80.09	166.73	146.25	122.34	108.4	103.3	116.0	122.1	103.2
2009	378.43	81.99	160.34	135.57	136.10	106.3	104.2	104.1	99.4	110.8
2010	468.83	97.09	214.94	185.94	156.79	111.1	105.8	114.3	111.8	110.8
2011	514.08	119.42	214.56	183.65	180.09	104.8	104.1	102.9	103.9	107.9
2012	489.57	125.90	169.24	137.06	194.44	98.8	104.9	90.9	88.5	105.5
2013	519.35	131.08	176.00	140.53	212.26	106.4	103.9	105.6	104.3	108.8
2014	587.21	136.64	190.60	151.27	259.96	108.1	103.7	111.7	112.2	106.6
2015	622.42	143.88	181.87	146.40	296.68	103.9	102.2	102.1	102.1	107.0
2016	657.26	150.24	185.84	148.95	321.18	104.8	103.2	100.6	100.7	108.0
2017	741.46	158.11	213.45	170.52	369.90	107.7	103.9	106.8	105.8	109.9
2018	805.01	158.56	232.45	186.03	414.01	106.4	105.3	108.7	109.7	105.6
2019	878.10	188.99	247.32	194.79	441.78	106.0	107.8	106.6	105.6	104.9
2020	945.91	205.87	268.37	212.48	471.66	105.2	105.5	108.1	108.3	103.3
2021	1041.97	230.06	295.39	225.75	516.51	107.5	109.8	105.5	103.3	107.7

22－13 续表 continued

年 份 Year	固定资产投资（不含农户）（亿元）Investment in Fixed Assets (Excluding Rural households) (100 million yuan)	社会消费品零售总额（亿元）Total Retail Sales of Consumer Goods (100 million yuan)	进出口（万美元）Total Import and Export (USD 10 000)	#出口 Exports	财政收入（亿元）Finance Revenue (100 million yuan)	#一般公共预算收入 General Public Budget Revenue	一般公共预算支出 General Public Budget Expenditure (100 million yuan)	城镇居民人均可支配收入（元）Per Capita Disposable Income of Urban Households (yuan)	农村居民人均可支配收入（元）Per Capita Disposable Income of Rural Households (yuan)
1978	1.43	2.26			0.47	0.47	0.78		54
1979	1.16	2.54			0.42	0.42	0.78		55
1980	1.14	2.73			0.43	0.43	0.84		55
1981	0.90	2.86			0.44	0.44	0.83		61
1982	1.04	3.03			0.45	0.45	0.92		75
1983	1.36	3.59			0.51	0.51	1.13		96
1984	1.86	4.09			0.58	0.58	1.46		133
1985	2.60	5.36			0.76	0.76	1.76		145
1986	3.54	5.80			0.81	0.81	2.33		174
1987	4.30	6.95			1.11	1.11	2.52		214
1988	4.71	10.32			1.39	1.39	3.03		254
1989	5.64	9.98			1.78	1.78	3.40		302
1990	5.61	9.93			1.96	1.96	3.86		332
1991	6.42	10.91			2.20	2.20	4.20		368
1992	9.16	13.14			2.54	2.54	4.71		413
1993	14.14	15.57		50	4.43	2.59	6.26		519
1994	20.81	20.83		846	5.70	3.21	7.17		656
1995	26.02	29.02	2625	2408	7.85	4.55	8.76		900
1996	24.29	34.41	2586	2056	9.12	5.46	9.43	3890	1170
1997	30.32	38.88	4027	3441	10.58	6.59	11.08	3976	1591
1998	36.76	42.70	4869	4861	11.84	7.70	13.34	4662	1748
1999	36.16	46.66	1730	1666	13.20	8.87	15.17	4726	1885
2000	40.55	50.95	1834	1812	14.50	9.56	16.42	4800	1386
2001	50.15	55.62	1350	1336	18.68	12.38	23.36	5292	1384
2002	53.45	59.03	1348	1143	16.63	9.43	23.98	5033	1419
2003	60.81	46.24	4115	2665	16.65	9.85	25.30	5238	1497
2004	92.05	51.35	10369	5837	20.03	12.15	28.40	6156	1727
2005	137.00	57.77	14567	8667	23.04	11.60	33.72	7170	1912
2006	188.28	65.51	28276	18241	27.40	13.18	43.24	8619	2186
2007	218.74	76.79	26083	15546	34.32	14.45	58.64	10752	2592
2008	211.17	92.61	31406	12506	40.23	17.91	80.68	12042	2944
2009	277.80	105.55	48624	16474	40.32	21.04	93.40	13369	3183
2010	361.95	120.47	64621	12634	47.34	22.95	120.97	14889	3599
2011	437.24	139.99	78614	10839	50.72	23.36	142.45	16448	4118
2012	277.84	157.67	52444	8112	44.56	22.17	175.95	17964	4620
2013	349.14	175.19	48148	3758	50.23	26.97	198.04	19653	5198
2014	399.65	195.12	47929	2291	54.67	29.93	226.19	20880	6432
2015	395.69	210.26	39168	3185	56.14	31.45	259.12	22237	6927
2016	404.02	228.93	27558	3691	62.24	33.36	289.76	23660	7509
2017	453.20	255.36	19.55	2.23	69.45	36.22	328.92	25647	8260
2018	15.4%	277.60	27.98	4.92	77.54	39.93	352.24	27468	9177
2019	12.1%	296.57	30.31	7.67	83.91	45.98	390.28	29665	10141
2020	13.8%	277.64	45.00	9.93	87.52	50.78	451.98	30881	11074
2021	31%%	309.39	58.49	19.02	97.42	56.41	372.92	33351	12325

注：1. 城镇居民人均可支配收入2004年（含2004年）以前为城市居民人均可支配收入。2000年以后农民人均纯收入统计口径调整，2014年后口径调整为农村居民人均可支配收入。

2. 固定资产投资数据2014年（含）前为全社会固定资产投资，2015年起为固定资产投资（不含农户）数据，2018年后为增长速度。

3. 2017年起，外贸进出口数据以人民币计价，单位为亿元。

Note: 1. The statistical range of indicator "Per Capita Disposable Income of Urban Households" is the household in cities in and before 2004. After 2000, the statistical range of Per Capita Net Income of Farmers has been adjusted. And after 2014, it was adjusted into Per Capita Disposable Income of Rural Households.

2. Investment in Fixed Assets is total investment before 2014 (including). Excluding investment by Rural households since 2015 and growth rate from 2018.

3. The data of import and export value of foreign trade was calculated by RMB (100 million yuan) since 2017.

22－14 来宾市主要经济指标情况（1978—2021年）
Main Economic Indicators of Laibin（1978—2021）

年份 year	生产总值（按当年价格，亿元）Gross Domestic Product (current prices, 100 million yuan)	第一产业 Primary Industry	第二产业 Secondary Industry	#工业 Industry	第三产业 Tertiary Industry	生产总值指数（上年=100）Indices of Gross Domestic Product (Preceding year=100)	第一产业 Primary Industry	第二产业 Secondary Industry	#工业 Industry	第三产业 Tertiary Industry
1978	3.60	2.32	0.71	0.59	0.57	101.9				
1979	3.68					102.4				
1980	3.86	2.48	0.76	0.67	0.62	102.2	101.2	115.6	95.7	111.6
1981	4.28									
1982	5.02									
1983	5.71									
1984	6.36									
1985	6.97	4.04	1.46	1.18	1.48	101.9	88.7	113.8	102.9	132.5
1986	7.65									
1987	9.43									
1988	11.69									
1989	14.35									
1990	16.78	8.98	4.54	4.07	3.26	106.3	97.4	103.5	102.9	130.4
1991	20.40	10.33	5.48	4.90	4.59	115.1	111.5	108.8	108.2	133.3
1992	23.57	12.17	6.04	5.37	5.36	110.4	109.8	109.6	109.2	112.7
1993	32.77	15.38	10.03	9.06	7.36	114.6				
1994	45.47	21.33	14.11	12.64	10.03	103.3	97.8	108.8	107.1	108.5
1995	59.31	28.80	17.98	16.19	12.53	116.3	118.8	114.1	113.1	114.0
1996	72.23	34.77	21.56	19.75	15.90	115.4	110.1	116.8	118.4	125.0
1997	79.73	37.81	23.94	21.50	17.98	112.9	114.9	110.5	107.6	112.2
1998	86.89	36.86	30.37	22.38	19.67	114.9	100.9	140.6	109.7	109.0
1999	87.49	39.44	27.55	21.51	20.50	106.4	111.3	100.9	110.7	106.9
2000	98.95	42.34	33.87	30.46	22.73	104.7	102.3	101.8	115.9	114.2
2001	109.21	45.55	37.39	34.42	26.27	110.9	109.3	108.1	110.6	113.2
2002	114.71	46.13	39.05	35.01	29.53	109.7	108.4	111.0	108.6	110.1
2003	126.30	48.71	43.89	39.36	33.71	109.3	106.8	111.4	111.5	110.7
2004	153.02	58.91	55.48	50.07	38.64	110.4	108.6	112.3	112.0	110.8
2005	159.27	52.54	59.91	53.30	46.81	110.5	107.9	112.1	111.9	112.5
2006	188.83	65.88	67.09	59.91	55.86	110.6	108.6	109.3	109.2	114.6
2007	223.21	70.10	84.48	75.95	68.63	111.5	106.4	114.3	114.9	113.5
2008	254.36	76.22	96.18	84.41	81.97	109.0	105.0	107.9	105.6	114.3
2009	275.32	80.36	103.27	86.42	91.69	109.5	104.6	110.1	104.7	113.3
2010	348.95	97.83	139.87	120.02	111.25	113.2	105.2	117.6	114.7	115.1
2011	435.07	120.37	183.61	154.55	131.09	111.6	105.1	116.5	114.0	111.1
2012	451.25	127.01	174.55	138.48	149.69	109.4	107.7	109.3	107.0	111.0
2013	451.43	131.36	151.00	113.20	169.07	103.0	102.7	97.0	95.4	110.9
2014	470.20	133.17	152.77	114.02	184.26	106.0	102.1	104.8	105.2	110.4
2015	478.59	128.04	146.43	104.79	204.11	103.0	102.0	99.3	96.9	107.8
2016	511.53	136.17	152.10	110.20	223.26	103.5	102.1	100.0	100.0	106.9
2017	564.94	142.20	164.65	119.04	258.10	107.1	104.1	103.1	103.5	111.4
2018	615.35	151.91	173.63	122.98	289.81	107.2	105.8	104.4	104.0	109.6
2019	654.15	164.50	181.07	121.74	308.58	104.3	104.5	104.7	100.8	104.0
2020	722.64	180.81	201.72	137.73	340.11	106.4	105.9	107.3	106.6	106.1
2021	832.88	195.61	238.85	171.99	398.42	110.5	106.2	106.2	111.2	115.2

22－14 续表 continued

年 份 Year	固定资产投资（不含农户）（亿元） Investment in Fixed Assets (Excluding Rural households) (100 million yuan)	社会消费品零售总额（亿元） Total Retail Sales of Consumer Goods (100 million yuan)	进出口（万美元） Total Import and Export (USD 10 000)	#出口 Exports	财政收入（亿元） Finance Revenue (100 million yuan)	#一般公共预算收入 General Public Budget Revenue	一般公共预算支出 General Public Budget Expenditure (100 million yuan)	城镇居民人均可支配收入（元） Per Capita Disposable Income of Urban Households (yuan)	农村居民人均可支配收入（元） Per Capita Disposable Income of Rural Households (yuan)
1978	0.73	1.47	436	436	0.52	0.20	0.39		
1979	0.68	1.59		840	0.41	0.25	0.36		
1980	0.83	1.84	979	979	0.44	0.25	0.34		
1981	0.43	2.20		935	0.46	0.24	0.36		
1982	0.47	2.28		859	0.51	0.33	0.41		
1983	0.63	2.95		607	0.65	0.38	0.46		
1984	0.83	3.08		414	0.74	0.38	0.81		
1985	1.06	3.70	204	204	0.91	0.52	0.76		259
1986	1.81	3.99		224	1.40	0.61	1.00		
1987	2.51	4.54		455	1.88	0.86	1.38		
1988	3.75	6.12		518	2.22	1.08	1.66		
1989	2.89	7.14		542	2.67	1.50	2.03		
1990	1.58	7.07	265	265	2.19	1.65	2.43		591
1991	1.27	8.04		409	2.45	1.69	2.46		604
1992	2.03	8.85		2813	3.49	2.09	3.49		660
1993	4.05	7.99		69	3.77	2.75	3.77		794
1994	7.01	9.88		245	3.97	1.80	3.94		945
1995	10.04	11.54	2268	2268	3.89	2.41	4.12		1219
1996	11.32	12.94	5166	3630	4.90	3.01	5.24		1512
1997	13.66	13.95	5718	3952	6.04	3.45	5.17		1845
1998	30.86	14.33	2586	1014	6.99	4.39	6.20		1998
1999	27.35	16.54	10829	3537	7.63	4.91	6.85		2142
2000	18.01	18.09	6009	4554	8.39	5.49	8.20		1458
2001	16.52	20.06	7088	4763	9.16	5.53	9.42		1639
2002	24.11	22.61	7956	4969	10.23	5.35	14.15		1769
2003	34.92	25.43	9034	5646	11.31	5.86	14.25		1927
2004	45.62	27.12	17814	10013	13.74	6.26	16.11	6428	2113
2005	56.89	30.49	14329	7356	17.51	6.64	20.89	8166	2385
2006	74.65	35.02	15009	8810	21.06	8.63	25.49	10051	2829
2007	93.90	40.98	23985	13243	26.07	10.39	33.83	12089	3245
2008	125.77	49.91	52149	20200	30.29	14.64	46.09	14037	3767
2009	205.01	56.76	26929	16725	34.14	20.48	61.18	15609	4094
2010	306.90	66.23	17127	10213	43.05	24.94	89.93	17327	5001
2011	419.58	76.79	13091	3563	47.66	25.10	100.17	19226	5777
2012	561.80	86.60	14321	6565	52.55	32.20	119.82	21491	6688
2013	453.22	93.21	11965	4634	56.13	36.37	123.64	23554	7605
2014	482.83	101.10	10688	4699	58.11	37.95	129.29	25391	8319
2015	449.07	106.92	6722	4003	50.02	30.29	139.33	27067	8993
2016	370.91	114.41	8925	6145	49.93	30.32	159.52	28962	9820
2017	432.16	126.96	7.73	4.25	48.25	27.64	178.18	31047	10674
2018	18.2%	136.10	8.40	7.65	50.48	27.79	183.76	32910	11752
2019	9.9%	145.65	9.13	7.52	57.74	34.35	189.40	34950	12810
2020	16.5%	129.77	11.06	9.40	65.18	39.41	221.88	36173	13950
2021	20.4%	144.07	13.23	12.01	78.46	46.76	234.15	38705	15317

注：1. 城镇居民人均可支配收入2004年（含2004年）以前为城市居民人均可支配收入。2000年以后农民人均纯收入统计口径调整，2014年后口径调整为农村居民人均可支配收入。

2. 固定资产投资数据2014年（含）前为全社会固定资产投资，2015年起为固定资产投资（不含农户）数据，2018年后为增长速度。

3. 2017年起，外贸进出口数据以人民币计价，单位为亿元。

Note: 1. The statistical range of indicator "Per Capita Disposable Income of Urban Households" is the household in cities in and before 2004. After 2000, the statistical range of Per Capita Net Income of Farmers has been adjusted. And after 2014, it was adjusted into Per Capita Disposable Income of Rural Households.

2. Investment in Fixed Assets is total investment before 2014 (including). Excluding investment by Rural households since 2015 and growth rate from 2018.

3. The data of import and export value of foreign trade was calculated by RMB (100 million yuan) since 2017.

22－15 崇左市主要经济指标情况（2003—2021年）
Main Economic Indicators of Chongzuo（2003—2021）

年 份 year	生产总值（按当年价格，亿元）Gross Domestic Product (current prices, 100 million yuan)	第一产业 Primary Industry	第二产业 Secondary Industry	#工业 Industry	第三产业 Tertiary Industry	生产总值指数（上年=100）Indices of Gross Domestic Product (Preceding year=100)	第一产业 Primary Industry	第二产业 Secondary Industry	#工业 Industry	第三产业 Tertiary Industry
2003	103.97	40.78	24.59	19.00	38.60	106.7	103.3	108.0	105.9	110.1
2004	120.44	46.79	28.68	23.10	44.97	108.3	107.1	108.3	105.7	109.6
2005	139.89	50.80	39.13	32.23	49.95	108.0	106.6	114.8	112.1	105.1
2006	166.74	61.65	48.29	40.53	56.80	110.4	107.6	113.4	113.8	110.8
2007	192.35	66.95	53.97	44.89	71.43	109.9	104.7	111.7	111.3	113.5
2008	219.96	73.40	66.11	54.33	80.45	106.7	105.3	110.7	109.3	104.8
2009	237.73	77.84	64.67	50.73	95.22	107.5	104.4	104.8	100.8	112.7
2010	298.88	102.14	86.10	68.87	110.64	109.0	106.3	107.4	104.2	112.5
2011	366.76	128.01	109.16	87.41	129.60	108.6	105.4	111.3	110.1	109.4
2012	386.52	125.80	111.25	85.83	149.46	108.7	104.9	109.0	107.1	111.9
2013	430.66	128.09	115.42	86.39	187.15	108.8	101.7	107.9	106.1	115.5
2014	460.11	127.78	128.61	94.64	203.72	107.7	102.8	108.5	106.7	110.7
2015	492.26	133.92	129.16	92.57	229.18	106.2	102.7	103.6	101.8	110.4
2016	544.64	144.67	141.75	101.85	258.22	107.7	103.4	106.7	104.7	110.8
2017	631.61	155.85	163.62	116.32	312.13	108.8	104.1	108.6	107.9	111.4
2018	693.07	161.59	187.10	131.78	344.38	110.2	103.7	113.9	115.9	111.5
2019	757.46	170.20	209.36	144.53	377.90	108.0	104.9	111.8	110.7	107.4
2020	832.05	183.20	252.35	185.77	396.49	106.4	105.4	112.8	116.7	103.2
2021	989.09	199.94	347.63	268.94	441.52	109.8	107.2	112.2	113.7	109.6

22－15 续表 continued

年 份 Year	固定资产投资（不含农户）（亿元）Investment in Fixed Assets (Excluding Rural households) (100 million yuan)	社会消费品零售总额（亿元）Total Retail Sales of Consumer Goods (100 million yuan)	进出口（万美元）Total Import and Export (USD 10 000)	#出口 Exports	财政收入（亿元）Finance Revenue (100 million yuan)	#一般公共预算收入 General Public Budget Revenue	一般公共预算支出 General Public Budget Expenditure (100 million yuan)	城镇居民人均可支配收入（元）Per Capita Disposable Income of Urban Households (yuan)	农村居民人均可支配收入（元）Per Capita Disposable Income of Rural Households (yuan)
2003	32.49	20.11	26185	22009	13.01	8.86	18.38	–	1927
2004	40.73	23.49	32628	28005	14.84	8.31	20.61	6208	2122
2005	52.81	27.14	49490	41380	16.74	8.46	23.78	7102	2298
2006	71.05	31.87	55332	43609	20.50	8.51	27.77	8640	2767
2007	115.15	38.57	93233	78026	26.94	12.30	39.83	11070	3290
2008	128.49	48.05	160531	134526	32.07	16.77	52.85	12732	3754
2009	212.28	58.32	286765	257935	36.73	20.79	70.06	14032	4028
2010	308.84	68.40	373711	341557	47.54	26.16	85.53	15620	4621
2011	415.14	82.51	507571	468275	57.65	30.23	103.11	15599	4961
2012	532.15	97.51	713458	680593	66.00	39.49	130.99	17278	5764
2013	482.38	113.32	1027713	975800	73.02	47.49	140.92	19345	6723
2014	581.49	129.95	1469407	1317965	73.16	48.40	155.51	21260	7597
2015	691.57	145.93	2013277	1423209	75.15	50.12	185.10	24634	8918
2016	831.41	163.41	1857407	1086290	58.20	40.76	202.87	26605	9801
2017	970.50	185.67	1339.40	893.06	55.25	34.07	221.62	28813	10860
2018	18.3%	210.01	1475.69	1093.16	57.58	31.05	257.54	30916	12000
2019	12.0%	226.80	1893.39	1300.24	61.25	33.74	290.05	33297	13320
2020	10.0%	227.44	1844.45	1238.58	64.60	33.82	275.83	34562	14306
2021	11.5%	252.26	2127.11	1369.06	73.62	39.90	260.14	36947	15694

注：1. 城镇居民人均可支配收入2004年（含2004年）以前为城市居民人均可支配收入。2000年以后农民人均纯收入统计口径调整，2014年后口径调整为农村居民人均可支配收入。
2. 固定资产投资数据2014年（含）前为全社会固定资产投资，2015年起为固定资产投资（不含农户）数据，2018年后为增长速度。
3. 2017年起，外贸进出口数据以人民币计价，单位为亿元。

Note: 1. The statistical range of indicator "Per Capita Disposable Income of Urban Households" is the household in cities in and before 2004. After 2000, the statistical range of Per Capita Net Income of Farmers has been adjusted. And after 2014, it was adjusted into Per Capita Disposable Income of Rural Households.
2. Investment in Fixed Assets is total investment before 2014 (including). Excluding investment by Rural households since 2015 and growth rate from 2018.
3. The data of import and export value of foreign trade was calculated by RMB (100 million yuan) since 2017.

22—16 广西农垦垦区社会经济主要指标

Main Social and Economic Indicators of Guangxi State Farms

指标名称	Item	2010	2015	2018	2019	2020	2021
辖区土地面积（平方公里）	Administrative Region Land Area (sq.km)	1701.84	1681.88	1354.35	1342.79	1312.59	1343.91
地区生产总值（当年价，亿元）	Gross Domestic Product (At Current Prices, 100 million yuan)	236.88	449.59	415.17	298.36	182.52	192.17
第一产业	Primary Industry	33.06	49.91	44.88	41.17	50.20	52.94
第二产业	Secondary Industry	145.79	280.90	273.77	189.92	78.87	84.38
#工业	Industry	113.53	218.42	230.49	168.24	65.34	74.92
建筑业	Construction	32.26	62.48	43.28	21.68	13.53	9.47
第三产业	Tertiary Industry	58.03	118.78	96.51	67.27	53.45	54.85
地区生产总值构成（%）	Composition of Gross Regional Production (%)						
第一产业	Primary Industry	14.0	11.1	10.8	13.8	27.5	27.6
第二产业	Secondary Industry	61.5	62.5	65.9	63.7	43.2	43.9
第三产业	Tertiary Industry	24.5	26.4	23.3	22.5	29.3	28.5
年末总人口（万人）	Total Population at Year-end (10 000 persons)	28.51	39.61	38.39	34.34	30.51	29.48
就业人员（万人）	Employed Persons (10 000 persons)	16.93	21.69	19.09	16.01	11.68	11.45
第一产业	Primary Industry	5.92	6.20	5.38	5.37	5.00	5.15
第二产业	Secondary Industry	7.03	9.96	8.48	6.72	3.88	3.55
第三产业	Tertiary Industry	3.98	5.53	5.23	3.92	2.80	2.74
国有单位就业人员（万人）	Number of Employed Persons in State-owned Units (10 000 persons)	5.76	5.99	5.48	5.16	4.55	4.58
在岗职工年末人数（万人）	Number of Staff and Workers at Year-end (10 000 persons)	3.23	2.59	2.09	2.17	1.97	2.04
在岗职工工资总额（万元）	Total Wage of Staff and Workers (10 000 yuan)	64937	91669	96919	115105	132531	151800
在岗职工平均工资（元）	Average Wage of Staff and Workers (yuan)	19455	34182	43958	51992	66342	74919
全社会固定资产投资（亿元）	Total Investment in Fixed Assets (100 million yuan)	131.31	300.60	204.22	91.80	85.97	48.11
第一产业	Primary Industry	5.50	16.40	9.71	7.96	6.62	18.03
第二产业	Secondary Industry	79.43	119.05	120.54	42.28	18.24	7.79
第三产业	Tertiary Industry	46.38	165.15	73.97	41.56	61.11	22.29
管区居民人均可支配收入（元）	Per Capita Disposable Income of Household (yuan)	13310	23446	23275	24856	26422	26826
农林牧渔业从业人口（万人）	Farming, Foresty, Animal Husbandry and Fishery Employed Persons (10 000 person)	5.92	6.20	6.04	5.37	5.00	5.15
常用耕地面积（千公顷）	Daily Cultivated Area (1 000 hectares)	32.65	33.88	33.62	33.83	34.66	34.81
农林牧渔业总产值（当年价，亿元）	Farming, Foresty, Animal Husbandry and Fishery (At current prices, 100 million yuan)	51.56	86.54	74.82	69.02	80.28	84.93

注：地区生产总值按现行价计算；规模以上工业的统计口径2010年为“年主营业务收入500万元及以上的工业法人企业”，2011年起改为“年主营业务收入2000万元及以上的工业法人企业”；2018年，将农垦企业办社会职能移交地方政府管理；2019年，将热作所、南亚热作所、金光农场“场带队”（坛蓬、草塘2个村委）移交地方政府管理；2020年，完成将新兴、西江等5个产业园全面移交给地方政府管理工作。垦区统计调查范围缩小，是2018年以来垦区各年度的地区生产总值、年末总人口、就业人员等指标数据环比下降幅度较大的主要原因。

Note: The growth of “Gross Domestic Product” was calculated by current price; the statistical range of Industrial Enterprises Above Designated Size is industrial enterprises which has the prime operating revenue of 5 million yuan and above in 2010, and it was replaced by industrial enterprises which has prime operating revenue of 20 million yuan and above since 2011. Social function of enterprises offices of the state farms was transferred to local government in 2018. And in 2019, offices, such as Tropical Farm Institution, South Asia Tropical Farm Institution, Jinguang Farm “Farm Leading Group (Changdaidui)” (two village committee, that is Tanpeng and Caotang village) were also transferred to local government for management. Transformation works in industrial parks, such as Newly Developing Industrial Park, Xijiang River Industrial Park were finished in 2020. The narrowing of the statistical survey scope of the state farms area is the main reason for the large month-on-month decline in the annual GDP, year-end total population and employed personnel of the state farms area since 2018.

22－16　续表　continued

指标名称	Item	2010	2015	2018	2019	2020	2021
农业机械总动力（万千瓦）	Total Agricultural Machinery Power (10 000 kw)	23.62	31.83	35.53	33.17	29.86	33.11
化肥使用量（折纯量，万吨）	Consumption of Chemical Fertilizers (Pure quantity, 10 000 ton)	4.97	5.27	5.98	4.81	4.76	4.30
农场用电量（万千瓦时）	Electricity Consumed in Farm (10 000 kwh)	32097	52350	52790	53526	43356	48546
有效灌溉面积（千公顷）	Irrigated Area (1 000 hectares)	11.52	15.37	18.30	18.51	13.54	14.82
农作物总播种面积（千公顷）	Total Sown Area of Farm Crops (1 000 hectares)	32.39	33.51	30.34	28.35	30.87	30.94
#甘蔗播种面积（千公顷）	Sown Area of Sugarcane (1 000 hectares)	22.55	22.17	20.52	20.74	21.72	20.46
甘蔗产量（万吨）	Output of Sugarcane (10 000 tons)	227.75	232.83	221.69	220.57	220.18	189.10
剑麻纤维产量（万吨）	Output of Sisal Fiber (10 000 tons)	1.80	1.80	1.64	0.91	1.10	0.83
干毛茶产量（吨）	Output of Primary Tea (ton)	881	770	616	736	544	571
水果产量（万吨）	Output of Fruits (10 000 tons)	16.14	30.67	38.23	33.33	35.04	29.74
生猪年末存栏头数（万头）	Number of Pigs in Liverstock (10 000 heads)	90.15	141.44	99.71	51.36	72.95	102.46
肉猪出栏头数（万头）	Number of Slaughtered Fattened Hogs (10 000 heads)	130.66	215.86	115.68	87.43	67.76	88.72
肉类总产量（万吨）	Total Output of Meat (10 000 tons)	10.07	16.53	9.65	7.22	7.76	9.38
#猪牛羊肉产量	Pork, Beef and Mutton	9.17	15.18	8.20	6.23	6.11	8.00
牛奶产量（吨）	Output of Cow Milk (10 000 tons)	4366	4641	5659	6058	5345	7023
水产品产量（万吨）	Output of Aquatic Products (10 000 ton)	1.50	1.71	1.73	1.55	1.29	1.25
工业企业单位数（规模以上，个）	Number of Industrial Enterprises (Above Designated Size, unit)	369	347	373	325	180	177
工业总产值（规模以上，当年价，亿元）	Gross Industrial Output Value (Above Designated Size, at current price, 100 million yuan)	266.40	588.37	609.44	508.29	177.62	201.85
工业企业增加值（规模以上，当年价，亿元）	Value-added of Industrial Enterprises (Above Designated Size, at current price, 100 million yuan)	105.99	200.88	217.31	159.87	59.91	70.65
工业企业税金（规模以上，亿元）	Taxation Expense of Industrial Enterprises (Above Designated Size, 100 million yuan)	10.13	13.65	16.22	11.33	4.35	3.48
工业企业利润（规模以上，亿元）	Total Profit of industrial Enterprised (Above Designated Size, 100 million yuan)	20.11	31.32	30.76	21.54	3.39	5.55
成品糖产量（万吨）	Machine-made Sugar (10 000 tons)	61.30	80.52	73.57	111.81	115.18	114.34
发酵酒精产量（万吨）	Output of Alcohol (10 000 tons)	21.47	20.39	2.65	1.65	1.74	1.18
剑麻制品产量（万吨）	Sisal Heme Made Products (10 000 tons)	4.31	4.86	2.89	2.57	1.89	1.11
淀粉产量（万吨）	Output of Starch (10 000 tons)	28.57	27.67	31.81	21.04	18.80	20.25
软饮料产量（万吨）	Output of Soft Drink (10 000 tons)	28.21	16.88	12.56	13.10	11.84	11.81
成品茶产量（吨）	Refined Tea (ton)	2298	2463	2198	1603	676	641
乳制品产量（吨）	Dairy Product(ton)	2310	1980	3102	3484	3472	4220
人造板产量（万立方米）	Output of Wood-based Plate (10 000 cu.m)	95.87	160.05	276.83	197.80	173.28	215.08
机制纸及纸板（万吨）	Machine-made Paper and Paperboard (10 000 tons)	4.86	13.69	12.36	11.73	3.67	3.33
水泥产量（万吨）	Output of Cement (10 000 tons)	46.46	45.31	9.95	9.50	9.50	7.02
工农业产品出口总额（亿元）	Total Value of Export of Industrial and Agricultural Products (100 million yuan)	10.52	9.38	10.04	9.79	3.83	3.53

第二十三篇　县（市、区）基本情况

CHAPTER 23　BASIC STATISTICS OF COUNTIES（CITIES, DISTRICTS）

（编辑：杨海玲）

简要说明

（本篇资料由自治区统计局农村处、综合处整理，电话：0771-5862758/5893401）

一、本篇资料主要内容及来源

广西各县（市）、区主要社会经济基本情况（自治区统计局、各县、市、区统计局整理）。

二、情况说明

本篇2021年数据为110县区初步统计数,截止出版前（2022年9月30日）未经国家统计局审核反馈，仅供参考，请谨慎使用。

2020年度111县区数据，经国家统计局审核反馈时间为2022年1月15日，仅供参考。

最终数据以各县级统计局公布的为准。部分指标数据来源于其他县级部门快报数，以各县级单位和部门公布的数据为准。

Brief Introduction

(Compiled by the Rural Department and the General Office of the Guangxi Zhuang Autonomous Region Bureau of Statistics, Tel: 0771-5862758/5893401)

Main contents and sources of this information

The basic social and economic situation of counties (cities) and districts in Guangxi (Colleted by the Guangxi Zhuang Autonomous Region Bureau of Statistics, statistics bureaus of each county, city, and district).

All the data 2021 (110 counties and districts) in this chapter are preliminary data, has not yet to be verified by National Bureau of Statistic before the date of publication (September 30, 2021). All data are for reference only, please use them with caution.

The data in this chapter were data in the year of 2020 (111 counties and districts) and verified by National Bureau of Statistic on January 15, 2022. All data are only for reference.

The final data shall be subject to those released by the county-level statistics bureaus.Some indicators and data come from quick statistics data of other county-level departments. The final data shall be subject to those released by different departments.

23－1　110个县（市、区）主要经济指标（2021年）

指　标	Item	兴宁区 Xingning District	青秀区 Qingxiu District	江南区 Jiangnan District
行政区域面积（平方公里）	Administrative Region Land Area (sq.km)	723	866	1183
年末常住人口（万人）	Total Population at Year-end (10 000 persons)	62.45	113.59	99.99
地区生产总值（万元）	Gross Domestic Product (10 000 yuan)	3937649	13247698	5482862
第一产业增加值	Value Added of Primary Industry	173630	229051	317969
第二产业增加值	Value Added of Secondary Industry	620509	1262419	1873044
第三产业增加值	Value Added of Tertiary Industry	3143510	11756228	3291849
农、林、牧、渔专业及辅助性活动增加值（万元）	Value of Service Industry for Agriculture, Forestry, Animal Husbandry and Fishery and Subsidiary Activities	1911	257216	325240
一般公共预算收入（万元）	General Public Government Revenue (10 000 yuan)	89818	363490	233783
一般公共预算支出（万元）	General Public Government Expenditure (10 000 yuan)	198285	494657	453518
耕地面积（公顷）	Farmland Area (hectare)	10611	17781	30634
设施农业占地面积（公顷）	Protected Agriculture Covered Area (hectare)	35	133	737
耕地灌溉面积（公顷）	Irrigated Area (hectares)	5074	8390	15270
农作物总播种面积（公顷）	Total Sown Area of Major Farm Crops (hectare)	26976	37891	57081
粮食作物播种面积	Grain Crops	10094	14678	14463
#稻谷	Rice	7682	10677	10558
油料	Oil Crops	1677	2906	3573
糖料	Sugar Crops	428	5804	14594
蔬菜	Vegetables	8990	8885	24450
粮食总产量（吨）	Output of Grain (ton)	50399	81105	79914
#稻谷	Rice	41042	61331	59833
油料	Oil-bearing Crops	4436	9550	12082
糖料	Sugar Crops	29365	532322	1384653
园林水果（不含瓜类水果）	Fruit	16766	42229	107199
肉类总产量（吨）	Output of Meat (ton)	17513	36566	19172
#猪肉	Pork	2026	14888	9642
禽肉	Poultry	15257	19712	7784
禽蛋（吨）	Eggs (ton)	2458	3215	2264
奶类（吨）	Milk (ton)	690	0	4185
蔬菜（吨）	Vegetables (ton)	186188	214128	532451
水产品产量（吨）	Aquatic Products (ton)	7411	8516	14368
"两品一标"农产品（个）	"Liang pin yi biao" Agricultural Products (unit)	21	17	9

注：1.表中数据均为初步数，截止出版前（2022年9月30日）未经国家审核反馈，仅供参考，请谨慎使用。
2.部分指标数据来源于其他县级部门快报数。最终数据以各县级单位和部门公布的数据为准。

Main Social and Economic Indicators by County（2021）

2021

西乡塘区 Xixiangtang District	良庆区 Liangqing District	邕宁区 Yongning District	武鸣区 Wuming District	隆安县 Long'an County	马山县 Mashan County	上林县 Shanglin County	宾阳县 Binyang County	横州市 Hengzhou City	城中区 Chengzhong District	鱼峰区 Yufeng District
1076	1369	1231	3389	2306	2341	1871	2298	3448	78	862
165.86	59.61	33.78	69.01	32.78	38.57	36.26	80.94	90.44	24.51	67.30
8935193	4341405	1709520	3542611	1121151	951749	1019946	3155389	3544277	4163442	5053630
419679	325333	406785	1361714	488701	298512	319489	709533	989703	10518	89799
2523345	1665750	458577	867530	247124	162016	185674	943543	1070224	1498686	2468095
5992169	2350322	844158	1313367	385327	491221	514783	1502313	1484349	2654238	2495736
8096	1706	2224	22472	6924	1317	709	6511	21742	455	3091
301974	207346	52258	173960	33302	22125	35253	86451	89897	90128	178219
598126	327847	293121	551945	326168	407223	350875	424015	561517	122123	325180
29841	20905	32806	63400	44116	36282	35604	71203	83594	270	12163
10714	233	14	396	16840	1678	90	3	36	33	111
21550	5487	16704	18324	17400	11483	21940	44780	37980	140	3180
44177	60131	64702	173384	63589	58535	52129	147003	162672	963	17477
12243	18046	27435	68199	34559	41392	34761	74751	74404	223	6857
6659	14190	19840	34436	12454	14993	23853	57769	54499	69	4310
2497	2394	5048	12676	1259	1378	3174	6752	5739	20	770
4587	16479	11135	19681	7173	3315	4480	18792	17945	0	3673
18720	15867	15117	64060	14863	12450	8250	36076	49914	637	6178
59924	87429	140275	339880	154694	194228	169414	366800	390713	813	32478
35292	71299	111425	202179	68160	81935	126038	310500	308299	375	22616
7401	5774	13858	41890	3119	2780	7333	20854	21165	50	1726
334619	1117576	859915	1602649	523870	230054	403959	1797777	1679442	0	292623
665319	127687	129181	1953955	707815	67232	264628	235021	222100	1230	69621
73142	33818	65437	89316	38524	47524	29817	76256	120231	1936	5038
51167	8326	20850	44213	21122	36525	22547	36096	74669	342	2465
18986	24599	42805	40097	15509	8384	5263	35364	41625	1588	1878
2332	814	584	8711	1474	2620	2111	1758	1444	0	445
3100	486	230	255	0	0	0	0	4096	15	2227
397139	448349	370468	1677431	328000	334381	323559	898355	1263546	9989	164800
13765	11408	11920	39388	13045	10911	19623	34900	48949	196	2606
11	1	24	12	30	7	2	4	35	0	5

Note: 1. All the data in this chapter are preliminary data, has not yet to be verified by National Bureau of Statistic before the date of publication (September 30, 2022). All data are only for reference.

2. Some indicators and data come from quick statistics data of other county-level departments. The final data shall be subject to those released by different departments.

23－1 续表1

指 标	柳南区 Liunan District	柳北区 Liubei District	柳江区 Liujiang District	柳城县 Liu Cheng County	鹿寨县 Luzhai County	融安县 Rong'an County	融水苗族自治县 Rongshui County	三江侗族自治县 Sanjiang County
行政区域面积（平方公里）	541	301	1773	2114	2975	2898	4638	2417
年末常住人口（万人）	62.08	48.65	50.58	31.54	33.82	25.42	41.38	32.25
地区生产总值（万元）	5648805	6257407	2861353	1990177	1722795	1203850	1427878	851217
第一产业增加值	105945	109283	465055	611476	439546	320107	211587	215211
第二产业增加值	3011476	3401002	876991	643762	517233	366966	445509	153459
第三产业增加值	2531384	2747122	1519307	734939	766016	516778	770782	482547
农、林、牧、渔专业及辅助性活动增加值（万元）	4305	4245	14606	23941	15585	7541	6646	7604
一般公共预算收入（万元）	64638	82339	150729	85799	74009	36196	72320	29232
一般公共预算支出（万元）	171241	159017	318211	243201	288879	252039	393768	365212
耕地面积（公顷）	9368	5409	44906	68815	30496	20904	47102	16127
设施农业占地面积（公顷）	83	1270	2327	1210	118	0	0	36
耕地灌溉面积（公顷）	3584	2465	20447	21580	24390	14849	15902	11381
农作物总播种面积（公顷）	15862	11254	75859	90217	76553	39270	40487	26104
粮食作物播种面积	5970	3219	21063	28919	27447	17973	22624	13753
#稻谷	4787	2366	16266	24295	20646	14818	17928	9145
油料	379	960	843	3434	3501	2315	1312	639
糖料	3713	1314	15488	36668	11545	2986	5369	19
蔬菜	5586	5759	36848	16282	26154	12409	11182	7046
粮食总产量（吨）	32309	15859	105038	147831	140402	88677	112599	71885
#稻谷	28135	12767	86788	132705	115262	80505	99571	61668
油料	849	1714	2022	9182	10293	3311	2171	1249
糖料	317559	140858	1311191	3107372	751759	179967	357945	1454
园林水果（不含瓜类水果）	22525	41362	181097	357871	228743	287073	62227	15498
肉类总产量（吨）	9866	13164	39010	51762	37966	20347	28943	16000
#猪肉	5530	5835	25885	35923	24798	9645	14295	7787
禽肉	3582	7068	8088	10146	10068	7610	12259	5420
禽蛋（吨）	7326	1642	1255	1412	1474	477	161	364
奶类（吨）	141	2959	679	0	678	0	0	0
蔬菜（吨）	143009	216874	1036328	451819	518861	222324	179809	84871
水产品产量（吨）	2790	7762	9824	17308	8908	7164	8891	5351
“两品一标”农产品（个）	7	14	26	18	18	20	91	58

Continued

2021

叠彩区 Diecai District	象山区 Xiangshan District	七星区 Qixing District	雁山区 Yanshan District	临桂区 Lingui District	阳朔县 Yangshuo County	灵川县 Ling Chuan County	全州县 Quanzhou County	兴安县 Xing'an County	永福县 Yongfu County	灌阳县 Guanyang County	龙胜各族自治县 Longsheng County
52	90	71	302	2247	1436	2302	3979	2333	2795	1835	2451
20.37	28.79	38.85	13.29	55.75	27.37	42.45	56.73	30.78	22.91	20.88	13.98
933761	1971805	2948985	335351	2547882	1166587	1904122	1930915	1624702	934905	777385	661506
15690	13374	16365	69101	515394	326627	600380	760157	670499	334094	328191	156771
87547	629543	1015999	42187	810098	248100	394379	242223	339508	138698	127539	144978
830524	1328888	1916621	224063	1222390	591860	909363	928535	614695	462113	321655	359757
879	677	1206	1277	10667	6564		9481	10028	9482	7364	35018
23905	34087	90888	5070	186360	30200	76018	51544	49453	31835	17853	21974
50050	89486	121707	54021	484352	202300	301833	451700	287422	252250	252568	202016
1143	1002	670	5425	27075	16918	13446	75441	27231	26010	19409	17771
393	11	0	2	419	1203	23	392	334	8	1043	12
680	917	670	3490	26949	13385	10618	36699	19163	18180	12047	7696
1852	2237	2506	9955	81933	46719	61803	112227	62299	45244	46646	25387
331	1231	441	3488	43074	19584	27360	73927	31788	23169	27829	8473
210	1011	314	2133	34979	11807	17527	51191	19429	15961	18460	5440
34	24	30	240	671	2183	753	6055	2233	657	2357	309
1	0	0	0	560	366	102	535	41	303	117	0
1483	982	2034	5043	23896	16055	25896	31637	19027	12716	11395	9015
1741	5902	2486	15438	239213	94185	143691	387620	176747	115733	163288	62771
1375	5266	2070	11405	215877	68676	114425	322306	132244	91720	123988	43301
78	49	97	259	1258	4684	1933	14431	6489	2175	4621	593
112	0	0	0	61508	33491	8113	35186	2047	22372	5135	0
302	150	679	71715	345394	955552	925044	863642	715511	713036	633651	160161
1705	2670	1946	15588	112543	28238	64745	77157	51129	53642	31929	13741
722	1808	1231	4665	34434	17088	35226	59346	41527	33139	27090	6827
932	700	687	10647	74701	8056	25481	14328	6565	17559	3525	3670
139	216	0	1216	11525	1561	7140	3910	1964	1193	874	575
0	327	0	0	0	75		0	0	53	0	50
43807	19927	64374	117018	592871	370709	794829	783891	498688	320342	231144	162281
97	1920	529	2606	14869	7638	9496	22448	10780	5432	5694	820
0		0	1	10	16	14	29	7	30	8	5

23－1　续表2

指　标	资源县 Ziyuan County	平乐县 Pingle County	恭城瑶族自治县 Gongcheng County	荔浦市 Lipu City	万秀区 Wanxiu District	长洲区 Changzhou District	龙圩区 Longxu District	苍梧县 Cangwu County
行政区域面积（平方公里）	1941	1893	2139	1760	449	373	971	2782
年末常住人口（万人）	13.95	34.19	24.60	33.50	27.26	30.05	28.91	27.74
地区生产总值（万元）	584686	1273831	908625	1594504	2389163	2162762	2378974	676751
第一产业增加值	242355	664022	443962	331797	75316	67031	124802	282221
第二产业增加值	65548	132013	111133	431968	1205034	736087	1569438	173792
第三产业增加值	276783	477796	353530	830739	1108813	1359644	684734	220738
农、林、牧、渔专业及辅助性活动增加值（万元）	3912		5929	10317	1353	1119	7778	10076
一般公共预算收入（万元）	14615	40508	28436	57400	37760	71500	31595	49881
一般公共预算支出（万元）	208877	244653	257739	261500	93405	147700	105718	246329
耕地面积（公顷）	12061	12493	10672	7100	2206	1844	9733	11930
设施农业占地面积（公顷）	300	410	80	0	41		1	250
耕地灌溉面积（公顷）	10703	6247	10590	5968	2100		8650	11930
农作物总播种面积（公顷）	19137	76699	46328	49734	7534	11519	26298	37516
粮食作物播种面积	9821	29891	17127	19365	3924	2523	15011	19883
#稻谷	5644	16894	6648	12731	3099	1571	12826	15896
油料	518	4018	5939	1587	322	581	1920	2036
糖料	0	497	35	579	0	6	63	72
蔬菜	8798	29468	13432	17528	3288	8410	8445	10080
粮食总产量（吨）	56412	152017	69964	103052	19944	12097	76645	105410
#稻谷	42271	103689	37826	72930	17662	10296	73372	94798
油料	1181	18052	17148	11454	703	1828	6182	6605
糖料	0	52782	3869	45175	0	134	3631	3974
园林水果（不含瓜类水果）	113557	1086219	1523952	837971	21290	17509	82750	207390
肉类总产量（吨）	11081	27034	26142	47755	6279	5496	17261	24605
#猪肉	5126	15133	15223	35119	4230	3521	9297	13759
禽肉	3215	8472	6808	11299	1899	1838	7421	9932
禽蛋（吨）	512	3912	1773	1492	595	379	7436	135
奶类（吨）	0	0	0	0	314	103	0	0
蔬菜（吨）	203103	813251	208983	365318	59300	155500	144706	234700
水产品产量（吨）	1345	9197	6871	5494	5381	8011	5892	9401
“两品一标”农产品（个）	9	16	23	13	5	7	2	22

Continued

2021

藤县 Tengxian County	蒙山县 Mengshan County	岑溪市 Cenxi City	海城区 Haicheng District	银海区 Yinhai District	铁山港区 Tieshangang District	合浦县 Hepu County	港口区 Gangkou District	防城区 Fangcheng District	上思县 Shangsi County	东兴市 Dongxing City
3946	1281	2770	190	541	505	2783	413	2426	2814	590
79.67	16.47	72.57	53.34	31.85	14.75	87.30	24.73	39.51	19.63	21.81
2683793	927630	2325668	5249738	2163465	4116847	3514262	5145833	1334162	868823	810003
720199	198935	492422	282672	468223	328266	1173927	236534	406358	334087	219463
828531	387134	844915	1725342	318171	3445468	868467	3348427	280265	230911	125628
1135063	341561	988331	3241724	1377071	343113	1471868	1560872	647539	303825	464912
26733	5943	23471	4842	2205	16616	14891	0	13228	9664	7026
113908	40182	85371	71004	67520	36318	139523	84138	64160	52757	54213
488738	194127	411895	148880	148585	125993	551489	125083	270890	225404	267053
37974	3078	24996	2104	19645	17450	63120	2586	22211	52343	4112
33	2	61	269	1513	2998	0	3	46	26	51
25414	3078	19425	1955	8893	5128	36767	589	12059	13267	3650
99923	42490	78988	3104	25752	21452	126644	6272	68508	54250	9549
44197	11137	43683	935	4680	5585	55669	3218	25210	11820	5345
34533	7295	28100	232	2359	2528	32781	1221	14447	7137	2735
5321	1667	3834	393	1761	2537	11080	428	1604	981	378
619	0	868	40	9945	4280	17704	35	4323	34469	202
36081	20902	20752	1735	5880	5499	33777	2191	17130	5276	3442
229986	58856	201655	3306	19527	24311	262923	12669	97030	49235	18181
204182	45425	163026	999	10866	11453	189619	5904	62141	33632	11905
17273	5250	10287	1116	6906	7771	33776	1092	3559	2156	486
40672	0	58715	3695	886969	283797	1629883	2321	432217	2648194	12890
276474	150131	312201	15705	12853	9472	124024	1608	65315	54276	12598
58312	14065	94264	1046	15017	10672	100359	2701	28881	14286	8482
34562	10061	41719	350	10701	6370	51227	1228	20454	5220	4869
21533	3718	50435	604	3914	3950	46745	1297	6400	7698	3121
3477	1330	3407	17	7408	49	8147	553	1570	891	471
0	121	624	33	1604	0	1036	0	0	3534	0
1501706	313611	664503	53853	203819	125351	859055	24637	240818	70631	50927
26012	10001	18403	246167	255246	199133	477759	240800	156958	14905	145736
9	16	9	8	1	5	19	6	5	8	14

23－1 续表3

指 标	钦南区 Qinnan District	钦北区 Qinbei District	灵山县 Lingshan County	浦北县 Pubei County	港北区 Gangbei District	港南区 Gangnan District	覃塘区 Qintang District	平南县 Pingnan County	桂平市 Guiping City
行政区域面积（平方公里）	2596	2240	3558	2601	1097	1099	1352	2984	4071
年末常住人口（万人）	68.26	72.23	122.08	68.51	76.98	51.97	42.73	111.03	152.32
地区生产总值（万元）	3509451	3752600	3242508	2655000	3810627	1840812	2233482	3228519	3902924
第一产业增加值	882213	714700	865217	682900	261179	327794	370988	743773	891465
第二产业增加值	740041	1130400	538629	773300	1418586	731562	1338229	909769	1051084
第三产业增加值	1887197	1907500	1838662	1198800	2130862	781456	524265	1574977	1960375
农、林、牧、渔专业及辅助性活动增加值（万元）	26316			0	10049	5518		29662	21488
一般公共预算收入（万元）	65711	61206	102832	75414	170941	69175	82853	151225	129876
一般公共预算支出（万元）	267527	294740	596371	394646	282738	250756	206001	682825	751345
耕地面积（公顷）	35785	39423	63940	34637	36598	36725	61447	61000	97770
设施农业占地面积（公顷）	7	8417	181	9	44	2670	248	0	458
耕地灌溉面积（公顷）	11235	19170	32600	17188	20127	15701	22846	42032	56400
农作物总播种面积（公顷）	79304	94230	125700	73366	39020	58866	76001	100610	174582
粮食作物播种面积	32767	46801	65736	43708	25050	39999	38774	66819	104908
#稻谷	20985	33467	51472	32686	17909	31549	23208	51696	81988
油料	1432	5048	2232	3306	2648	3325	6484	8675	11146
糖料	10722	8802	15342	9312	4734	2638	14729	1734	2566
蔬菜	27556	26420	25398	17031	5773	6386	11505	23382	37836
粮食总产量（吨）	145159	227843	337446	225316	147611	224702	205815	343453	557412
#稻谷	107660	187440	299153	186349	107841	190019	134119	302207	480702
油料	3296	16297	6249	9434	15391	13056	21584	37455	44691
糖料	624462	716812	1182943	693876	482570	243524	1340074	164299	285865
园林水果（不含瓜类水果）	89168	442013	1067498	1062000	24468	60803	30142	237805	219859
肉类总产量（吨）	60677	105776	104540	68502	60153	62162	45509	84532	123668
#猪肉	19923	27100	46382	33590	42010	49034	35773	53476	76388
禽肉	40118	73982	51949	31752	16884	10554	7948	27064	34616
禽蛋（吨）	6217	2394	6747	2377	2830	1062	4364	4815	8131
奶类（吨）	3	0	34266	432	4844	0	126	495	3671
蔬菜（吨）	630142	720886	545284	318300	167965	163717	235845	838647	920551
水产品产量（吨）	468652	37028	40002	34000	14324	26197	16007	78572	74750
“两品一标”农产品（个）	22	48	37	0	26	8	4	5	11

Continued

2021

玉州区 Yuzhou District	福绵区 Fumian District	容县 Rongxian County	陆川县 Luchuan County	博白县 Bobai County	兴业县 Xingye County	北流市 Beiliu City	右江区 Youjiang District	田阳区 Tianyang District	田东县 Tiandong County	德保县 Debao County
436	829	2255	1554	3830	1468	2452	3718	2373	2811	2575
91.14	31.95	65.66	80.82	139.45	50.98	121.58	47.32	30.84	35.15	26.90
5651464	1198881	2177180	2425072	3402987	1966320	3884147	3631300	1808200	1942606	1043815
230499	344572	567911	503222	1117969	531636	703878	399687	421658	457771	162076
1668135	458449	589894	664974	746934	668674	1260141	1489933	969969	892643	542808
3752830	395860	1019375	1256876	1538084	766010	1920128	1741680	416573	592192	338931
3583	3858	29670	34662	58365	42259	32091	12725	12856	14204	5084
153199	33784	63176	58394	80914	53637	186424	321237	45954	83515	71724
331442	165118	406641	419803	729722	355821	645084	953745	259919	291494	314530
11275	16617	23991	25793	57300	29682	31829	23472	30038	34925	34815
6780	15	2	163	261	506	7	822	3390	5750	846
10203	14953	20060	25007	38407	20387	27914	8870	16010	20170	9270
34191	47544	63187	61373	148476	66474	92607	46427	52642	62303	37293
17743	23855	37364	41294	82063	36115	53841	15592	21919	23860	24694
15358	20628	29094	34189	54620	30981	42780	6217	9812	11803	8473
1196	2085	1803	2036	5561	2580	4517	1103	706	413	676
13	2183	253	843	8880	854	835	10933	2160	13973	1524
12467	15195	18737	12919	40405	18066	25743	15149	26583	22102	8733
100917	138438	208512	240679	432298	213981	300242	72303	114207	115031	98988
92950	124990	193905	218898	328000	195801	268004	35233	60792	69072	51198
4347	5180	4648	7495	20247	8066	21891	3076	1937	924	1262
1210	228251	18426	69557	1074848	74500	78804	647923	129564	836137	91942
39845	85030	375486	101408	456250	83708	402300	375585	370659	475053	108173
25732	73737	108019	127878	221986	216706	104369	31033	23893	36030	19264
8170	21448	45563	81670	158464	63458	52522	12067	15153	20894	9294
16664	50607	60263	44717	57461	152044	48156	17147	7204	13018	6865
4775	19267	10562	6107	4113	2421	4995	179	2581	16283	727
43	0	382	219	632		5962	0	0	0	0
440550	586638	497782	498660	1142385	420955	955869	450073	919564	590626	211523
19120	12619	11605	26606	40370	8170	29310	12200	10465	13519	1848
32	21	45	7	15	8	28	12	37	43	4

23－1 续表4

指 标	那坡县 Napo County	凌云县 Lingyun County	乐业县 Leye County	田林县 Tianlin County	西林县 Xilin County	隆林各族自治县 Longlin County	靖西市 Jingxi City	平果市 Pingguo City
行政区域面积（平方公里）	2223	2048	2633	5524	2997	3518	3326	2457
年末常住人口（万人）	17.15	18.85	14.63	22.52	14.21	35.15	48.93	45.55
地区生产总值（万元）	473549	551441	381386	775016	424451	734546	1589561	2331246
第一产业增加值	127458	126532	115290	261040	204388	184168	234265	252191
第二产业增加值	68451	143917	111920	216852	61069	193924	788488	1229775
第三产业增加值	277640	280992	154176	297124	158994	356454	566808	849280
农、林、牧、渔专业及辅助性活动增加值（万元）	3575	3628	3437	7513	5635	5266	7230	7794
一般公共预算收入（万元）	25936	21870	25113	34201	24728	28558	153738	193251
一般公共预算支出（万元）	273780	252631	225688	269811	191637	330926	582679	358658
耕地面积（公顷）	18399	11962	14887	24113	10656	38575	59477	33494
设施农业占地面积（公顷）	416	271	500	333	797	380	1256	1610
耕地灌溉面积（公顷）	2550	3490	6590	10410	5020	8820	16120	8830
农作物总播种面积（公顷）	26192	21287	20564	37919	22542	35017	65796	41225
粮食作物播种面积	16690	14293	12037	17871	13781	22943	48861	26048
#稻谷	4224	3843	3499	4138	3230	5913	11653	9968
油料	295	1545	2617	567	1916	3185	1222	466
糖料	129	289	60	11515	695	713	873	3699
蔬菜	5071	3919	4372	7008	4772	5178	9095	8821
粮食总产量（吨）	64863	56338	54385	87078	59243	96782	208983	106676
#稻谷	27813	22657	18573	27881	19681	37152	67824	53027
油料	419	1620	1839	506	2410	4024	2140	848
糖料	7035	21574	2467	663408	44884	46828	58339	292139
园林水果（不含瓜类水果）	21148	13709	30012	102933	415612	58178	55072	78407
肉类总产量（吨）	11041	12277	9713	21059	9900	20301	28214	43716
#猪肉	7275	8388	5934	11706	5618	11483	18565	21818
禽肉	2060	2683	1688	6313	2782	4709	6450	20200
禽蛋（吨）	177	58	398	262	215	1002	191	445
奶类（吨）	0	0	0	0	0	0	0	0
蔬菜（吨）	98265	88518	108834	192581	91280	111625	215771	198947
水产品产量（吨）	707	855	6990	2470	12433	18192	6850	7271
“两品一标”农产品（个）	3	55	32	3	55	8	12	7

Continued

2021

八步区 Babu District	平桂区 Pinggui District	昭平县 Zhaoping County	钟山县 Zhongshan County	富川瑶族自治县 Fuchuan County	金城江区 Jinchengjiang District	宜州区 Yizhou District	南丹县 Nandan County	天峨县 Tian'e County	凤山县 Fengshan County
3667	1851	3224	1472	1540	2346	3857	3905	3184	1730
66.25	40.77	33.27	35.46	26.91	37.29	55.01	27.57	14.31	16.99
3265925	2313644	1016317	1400733	1095504	2400121	1453403	1255464	658194	334402
430269	311190	315644	227971	361274	190317	610339	183356	109960	91419
1288098	1116685	209703	468911	370344	617953	236283	758267	348399	44566
1547558	885769	490970	703851	363886	1591851	606781	313841	199835	198417
27818	17599	17290		18862	4692	16307	4527	2371	1690
137426	79368	34791	51343	34811	40550	59861	83240	35032	17372
403292	327938	311320	317993	314987	196008	326710	266805	191101	222431
27689	19195	19079	25082	35833	17927	72303	26337	10805	13778
2092	317	1429	833	27	10	63	67	29	3
19227	13913	10850	16528	15961	11180	19710	5880	3740	4080
77152	52946	37604	36443	53437	36796	89734	40225	24776	21076
31822	20874	20895	23014	21875	16539	41753	20005	14635	12747
25303	14510	15369	17744	12764	6922	18701	8418	3121	2771
3633	3033	904	2259	6194	783	2576	3414	1300	536
934	378	87	116	101	3998	21012	1508	51	42
28450	20142	10525	7931	19330	11817	16201	11842	5867	5277
167601	105375	106983	122890	110403	69493	189369	87781	61385	43859
147907	86359	90963	104081	78826	39508	100295	54111	20633	17524
9228	7108	1898	6088	14438	1043	2637	4196	1210	588
61551	28390	5422	9492	4514	273190	1395054	96291	2467	3090
153200	77604	138535	215939	819119	67827	149244	68633	55896	14524
49028	44633	18335	31109	43096	14253	24114	20362	11001	11460
31315	33201	9439	16647	35961	7940	13496	10371	7757	7450
15995	10500	7817	12631	6272	4183	6045	8416	1353	2716
4335	493	953	1014	333	3375	540	211	199	238
0	8	0	28972	0	0	0	0	0	0
850202	606881	332163	266554	481611	327876	542193	275761	52705	49087
16968	10634	16677	14698	7521	5267	12430	1733	11816	297
58	7	16	55	17	2	3	28	34	5

23－1 续表5

指 标	东兰县 Donglan County	罗城仫佬族自治县 Luocheng County	环江毛南族自治县 Huanjiang County	巴马瑶族自治县 Bama County	都安瑶族自治县 Du'an County	大化瑶族自治县 Dahua County
行政区域面积（平方公里）	2437	2651	4553	1976	4088	2750
年末常住人口（万人）	21.96	27.26	27.60	23.60	53.82	36.50
地区生产总值（万元）	506370	654981	723573	927161	796586	776427
第一产业增加值	129880	264355	248713	154446	194725	123130
第二产业增加值	53529	53379	161271	316931	119271	311062
第三产业增加值	322961	337247	313589	455784	482590	342235
农、林、牧、渔专业及辅助性活动增加值（万元）	2701	2517	10284	4165	4604	4288
一般公共预算收入（万元）	19495	30665	40780	53455	40532	45252
一般公共预算支出（万元）	322873	345051	316066	254670	487055	421664
耕地面积（公顷）	17949	36975	36236	15427	38416	23584
设施农业占地面积（公顷）	29	21	1013	28	45	0
耕地灌溉面积（公顷）	7050	12840	15040	5210	7370	3910
农作物总播种面积（公顷）	24587	61328	39680	38807	65578	37159
粮食作物播种面积	14758	23718	21800	18483	42198	25813
#稻谷	5274	13545	11096	4610	7098	4395
油料	1465	3216	819	1855	100	437
糖料	393	10898	3586	1386	2834	3884
蔬菜	6549	16169	9878	8572	8841	5099
粮食总产量（吨）	54937	101573	119225	63092	122414	73859
#稻谷	25078	68726	80143	22400	34353	18503
油料	1117	4109	1351	1605	93	401
糖料	34085	695573	241879	78941	233183	258448
园林水果（不含瓜类水果）	39501	132502	164464	51759	41225	24927
肉类总产量（吨）	16294	22411	15642	23126	39501	30998
#猪肉	8556	14671	8859	12851	25521	22579
禽肉	4909	3730	3014	3973	4291	3371
禽蛋（吨）	847	473	380	582	555	417
奶类（吨）	0	0	0	0	0	0
蔬菜（吨）	81803	166285	164912	148350	115659	73374
水产品产量（吨）	5295	5752	3624	3248	2799	15739
“两品一标”农产品（个）	11	10	19	13	22	10

Continued

2021

兴宾区 Xingbin District	忻城县 Xincheng County	象州县 Xiangzhou County	武宣县 Wuxuan County	金秀瑶族自治县 Jinxiu County	合山市 Heshan City	江州区 Jiangzhou District	扶绥县 Fusui County	宁明县 Ningming County	龙州县 Longzhou County	大新县 Daxin County	天等县 Tiandeng County	凭祥市 Pingxiang City
4404	2522	1918	1704	2469	366	2918	2841	3704	2311	2748	2165	645
92.71	29.85	28.25	34.11	12.95	9.91	43.69	40.86	31.91	23.16	28.21	27.98	12.96
4130910	892545	1040146	1284069	529975	451169	2387594	2367752	1183977	1041859	1193864	870280	845535
775833	292847	349719	341186	146717	49846	365203	457244	347818	300082	279790	175030	74243
1289247	187292	230379	359192	130733	191639	781427	1173864	337877	242281	439123	228543	273185
2065830	412406	460048	583691	252525	209684	1240964	736644	498282	499496	474951	466707	498107
40247	9248	11529	11225	3836	1770	8931	18696	15176	816	3685	949	625
102171	30755	54296	75430	22015	19537	53025	100310	30186	29986	32699	22977	37648
599608	353584	263796	348830	180531	134037	242509	420008	387725	283743	315631	288522	207508
149238	33841	32392	44143	2312	8588	102600	102343	75689	60613	63479	43514	7452
395	13	6	100	8	35	2	5210	23	55	4	225	6
35272	9354	31668	16898	1965	3390	19687	37070	19840	24570	25680	10970	3010
190138	43618	63696	67548	25843	12137	94117	137488	77150	57839	84380	57999	10656
55248	27189	30332	27195	8207	5673	10553	14290	15877	8703	27344	35637	3920
37968	11089	24489	20587	3301	4567	5875	9504	10829	2554	14719	12348	2262
8140	1946	2849	3602	714	446	1543	4958	2031	1315	889	1343	262
78118	4533	12416	21808	25	2360	73958	74981	46623	34747	35231	3520	3336
35821	9927	11170	11150	5395	2639	4159	19576	9680	7474	7815	12754	3138
257863	110953	162893	128556	35202	28137	42490	59405	68491	39525	127892	155685	16668
198859	57725	141489	105908	19145	24198	29195	41925	52638	15365	82908	67020	10504
19938	3894	3825	9520	1770	1093	3103	12175	4522	2802	2009	2271	719
7280391	308900	878493	1990760	2076	198240	6291185	6723058	4750953	3704529	3691449	349131	320125
348689	78014	601586	329586	290850	27080	229507	366856	75059	223305	129018	44609	23071
72902	16013	17611	40592	7041	4612	19397	43472	15001	10566	21524	20397	4014
50030	7242	9404	32677	4591	3096	11858	36773	9828	6513	10712	12743	1153
14013	3814	6460	6096	1732	978	6441	5392	3430	2309	7354	5426	2242
1679	347	1502	260	233	76	84	4505	340	244	273	14085	276
8752	0	0	0	0	0	0	14440	0	0	0	0	0
777421	232524	260785	289301	111756	61351	79300	642309	182100	157828	144400	231066	59149
29336	5262	11273	11492	1631	2306	10480	16842	7706	11332	8240	3283	2717
9	3	8	4	15	0	3	1	8	2	5	5	1

23－1 续表6

指　标	Item	兴宁区 Xingning District	青秀区 Qingxiu District	江南区 Jiangnan District
规模以上工业企业个数（个）	Number of Industrial Enterprises Above Designated Size (unit)	28	33	206
公路里程（公里）	Length of Domestic Highways (km)	635	784	1057
社会消费品零售总额（万元）	Total Retail Sales of Consumer Goods(10 000 yuan)	5553491	5463695	3756236
亿元及以上商品交易市场（个）	Markets of Transaction Value over 100 Million Yuan (unit)	4	3	3
出口总额（万美元）	Total Export (USD 10 000)			38262
普通中学数（所）	Number of Regular Secondary Schools (unit)	23	17	35
小学数（所）	Number of Primary Schools (unit)	51	89	87
普通中学专任教师数（人）	Full-time Teachers in Regular Secondary Schools (person)	1871	1016	2563
小学专任教师数（人）	Full-time Teachers in Primary Schools (person)	2389	5559	4970
普通中学在校学生数（人）	Student Enrollment in Regular Secondary Schools (person)	20481	11891	27607
小学在校学生数（人）	Primary Student Enrollment (person)	47709	93016	93051
全年专利授权数（件）	Number of Patent Authorizations Throughout the year (unit)	1180	3450	883
公共图书馆图书总藏量（千册）	Public Library Total Collection of Books (1 000 copies/collects)	166	579	67
体育场馆个数（个）	Sports Places (unit)		1	0
医疗卫生机构床位数（张）	Number of Beds in Healthcare Institutions (bed)	6412	15776	2988
医疗卫生机构技术人员（人）	Medical and Technical Personnel of Heathcare Institutions (person)	7583	26948	5737
#执业（助理）医师	Practitioner (Assistant) Doctors	2761	9996	2676
居民人均可支配收入（元）	Per Capita Annual Disposable Income of Households (yuan)	41775	50632	36695
城镇居民人均可支配收入（元）	Per Capita Disposable Income of Urban Households (yuan)	45211	53013	40660
农村居民人均可支配收入（元）	Per Capita Net Income of Rural Residents (yuan)	18939	19565	19511
农村居民人均消费支出（元）	Per Capita Consumption Expenditure of Rural Households (yuan)	13575	18467	12167
其中：食品烟酒消费支出	Consumption Expenditure on Food, Tobacco and Liquor	4264	4901	0
提供住宿的社会工作机构（个）	Social Welfare and Facilities Provides Lodging (unit)	16	12	14
提供住宿的社会工作机构床位（床）	Number of Beds in Adopting Units of Social Welfare (bed)	1717	1426	1049
城乡居民基本养老保险参保人数（人）	Number of Basic Pension Insurance for Urban and Rural Residents (person)	90306	69761	120085
城市居民最低生活保障人数（人）	Number of Urban Residents Receiving Lowest Cost-of-living (person)	3301	7957	5497
农村居民最低生活保障人数（人）	Number of Rural Residents Receiving Lowest Cost-of-living (person)	4449	5358	6311
森林面积（公顷）	Forest Area (hectares)	39703	39170	48392
自然保护区面积（公顷）	Area of Nature Reserve (hectares)			0
污水处理率（%）	Rate of Centralized Treatment of Polluted Water (%)			100

Continued

2021

西乡塘区 Xixiangtang District	良庆区 Liangqing District	邕宁区 Yongning District	武鸣区 Wuming District	隆安县 Long'an County	马山县 Mashan County	上林县 Shanglin County	宾阳县 Binyang County	横州市 Hengzhou City	城中区 Chengzhong District	鱼峰区 Yufeng District
255	74	41	257	60	20	21	122	158	4	322
1002	1094	1119	2173	1604	1427	1323	1788	2642	24	561
4808332	776315	335390	451853	129459	196467	249525	1067789	838372	1782937	3320522
4	0	0	2		0	0	3	3	0	
650434	31348	3927	19884		187		1942	1673	0	
64	25	14	30	17	20	15	32	40	9	17
109	47	76	106	42	100	66	124	204	17	40
5436	1975	1171	3115	1362	1774	1671	3703	4073	792	1532
5599	2768	1872	3126	1699	2132	1983	4151	5183	1190	2741
53561	22725	15596	34921	23808	26949	23511	53040	65740	11580	22347
119249	47632	29621	49258	31863	37004	35047	78178	97578	22401	46588
2706	873	589	681	116	61	162	338	321	1263	2327
106	84	194	196	119	120	145	189	46	58	44
0	4	0	5	2	1	9	1	3	6	6
10322	3563	2516	4854	2190	2211	2802	4933	4596	5578	6980
15461	5093	2996	4390	1797	2172	2784	5282	4740	9121	8675
5766	1938	1076	1616	638	643	1520	1648	1543	3243	2455
37887	31578	26328	29551	20755	19281	20305	27234	26868	50368	45527
39706	36084	37670	40037	32117	32177	31463	38865	39289	50434	46015
17741	19446	18385	20824	15465	14213	14648	18165	17878	29154	29742
16995	11528	13402	13829	12660	14935	15592	15360	13136	16166	19972
5208					4623		4741		5681	7020
25	5	6	9	9	11	13	10	5	3	4
2640	830	2340	2537	520	561	981	1336	758	780	912
96018	78938	116990	308096	193421	343243	217220	416182	672125	3353	55401
10886	3051	1005	4432	2336	3373	2846	7205	8221	1498	4912
8825	7317	13518	20707	19159	26955	24078	30661	40258	118	3450
31874	76647	50804	186864	130352	171600	104932	114893	165464	3183	40804
	347	0		11543	8500	19129		21	837	
	98	100	98	91	100	95	100	95	99	99

23－1 续表7

指 标	柳南区 Liunan District	柳北区 Liubei District	柳江区 Liujiang District	柳城县 Liu Cheng County	鹿寨县 Luzhai County	融安县 Rong'an County	融水苗族自治县 Rongshui County	三江侗族自治县 Sanjiang County
规模以上工业企业个数（个）	163	169	145	70	115	63	58	19
公路里程（公里）	337		979	1563	1940	1372	1989	1225
社会消费品零售总额（万元）	3727947	1492903	1032063	349495	474002	396277	470759	275664
亿元及以上商品交易市场（个）	8	2	0	0	0	0	0	0
出口总额（万美元）	5345	529	13746	2744	1055	721	0	0
普通中学数（所）	19	16	15	13	8	7	12	16
小学数（所）	45	39	75	21	65	25	92	42
普通中学专任教师数（人）	1509	1422	1202	1131	1284	1002	1399	1432
小学专任教师数（人）	2700	1664	2114	1597	1550	1230	2152	1706
普通中学在校学生数（人）	22231	16532	17889	15386	19446	15091	21917	24325
小学在校学生数（人）	51374	31334	40573	23197	26295	17421	35715	35686
全年专利授权数（件）	1801	691	511	108	252	120	96	59
公共图书馆图书总藏量（千册）	47	2380	185	123	126	169	129	86
体育场馆个数（个）	7	3	3	1	13	2	2	4
医疗卫生机构床位数（张）	2348	2611	1850	2073	1985	1770	1961	1706
医疗卫生机构技术人员（人）	4372	4132	2519	2272	2342	1765	2314	1841
#执业（助理）医师	1719	1473	937	725	1015	603	597	539
居民人均可支配收入（元）	47485	45414	30468	27570	29779	23766	23120	21252
城镇居民人均可支配收入（元）	47493	46317	42025	39106	41779	34505	34800	34319
农村居民人均可支配收入（元）	27202	22052	17943	18321	18459	16825	16524	16036
农村居民人均消费支出（元）	18241	19540	12269	11183	11016	11158	10861	11340
其中：食品烟酒消费支出			4501	4127		4304		4259
提供住宿的社会工作机构（个）	14	5	4	11	10	9	21	12
提供住宿的社会工作机构床位（床）	1794	1132	400	1835	1300	378	645	318
城乡居民基本养老保险参保人数（人）	42134	23392	203139	171988	203880	154643	291807	235216
城市居民最低生活保障人数（人）	6554	5648	3245	2588	1214	2597	3968	7691
农村居民最低生活保障人数（人）	2536	1397	11353	11102	10350	12921	27649	27976
森林面积（公顷）	27816	9415	103571	97000	191692	214200	249083	172440
自然保护区面积（公顷）	0	140	0	0	11500	5600	14605	0
污水处理率（%）	99		99	95	94	100	94	98

Continued

2021

叠彩区 Diecai District	象山区 Xiangshan District	七星区 Qixing District	雁山区 Yanshan District	临桂区 Lingui District	阳朔县 Yangshuo County	灵川县 Ling Chuan County	全州县 Quanzhou County	兴安县 Xing'an County	永福县 Yongfu County	灌阳县 Guanyang County
11	19	74	9	65	8	70	48	26	51	32
65	62	91	281	1426	852	1022	2692	1407	913	977
758898	1233012	1537926	112068	598465	446437	1432500	425911	228894	416386	111480
0	2	1	0		0		0	0	0	0
0	2250	0	0		0		0	0	0	0
2	9	4	2	21	12	22	27	17	14	13
2	25	19	12	75	40	53	53	31	67	14
62	865	183	180	1952	908	2009	2982	985	960	1044
621	1540	1313	342	2826	1215	1817	2862	1591	1185	1291
658	11668	2031	2075	27207	14286	21492	42349	15346	13192	13826
15755	26167	26883	5083	46420	22090	35364	49769	28190	18730	17817
0		1582	0	468	91	313	191	97	77	22
0		0	23	134	126	243	226	140	140	125
1	0	1	1	1	1	1	3	1	1	4
1344	4959	1108	113	2003	1090	1574	2550	2397	1399	962
2819	5781	2574	208	3514	1300	2522	3642	2529	1715	1479
1012	2038	1108	72	1325	450	972	1251	870	575	526
39477	41959	44059	33067	31667	29976	30103	26478	29712	26686	22972
41240	41975	44198	39002	44365	44739	41489	39293	41148	41194	37651
19148	18585	23089	17940	22165	21865	19950	19695	22580	18275	14146
12129	12550	15337	10856	12748	13542	11370	12618	13580	11010	9390
0	4518	5445			4419	4042			3956	3494
4	13	15	5	3	2	2	4	9	9	1
589	2241	1908	443	574	1196	210	538	623	876	106
16263	16821	24758	34757	272727	190575	175516	469414	209197	126826	163949
1807	2970	2768	2300	1199	728	1232	2896	1428	1687	1052
0		0	0	17376	10316	11609	31381	16362	15474	16953
0	2570	2320	14195	138426	106816	158894	255891	178867	217518	132952
0		0			69901	56096	0	16533	82207	30373
0		100		100	99	100	99	99	97	100

23—1 续表8

指 标	龙胜各族自治县 Longsheng County	资源县 Ziyuan County	平乐县 Pingle County	恭城瑶族自治县 Gongcheng County	荔浦市 Lipu City	万秀区 Wanxiu District	长洲区 Changzhou District
规模以上工业企业个数（个）	22	18	36	17	64	118	24
公路里程（公里）	1373	974	966	1320	1319	257	291
社会消费品零售总额（万元）	135337	92588	329775	283071	479562	624426	951051
亿元及以上商品交易市场（个）	0	0	3			2	
出口总额（万美元）		0	472		1157	15850	
普通中学数（所）	5	7	15	11	15	13	9
小学数（所）	12	97	35	23	59	44	32
普通中学专任教师数（人）	577	698	1635	1447	1156	1196	1107
小学专任教师数（人）	845	789	2066	1495	1641	1346	1318
普通中学在校学生数（人）	7663	9958	23437	16582	17793	16410	16452
小学在校学生数（人）	9991	12447	33340	21471	24100	22704	26807
全年专利授权数（件）	31	56	134	49	123	0	
公共图书馆图书总藏量（千册）	126	72	165	110	130	0	663
体育场馆个数（个）	1	1	2	3	2	1	1
医疗卫生机构床位数（张）	675	648	1799	1478	1786	4556	1698
医疗卫生机构技术人员（人）	1058	752	2378	1873	2496	6377	3553
#执业（助理）医师	340	280	791	627	930	1888	1481
居民人均可支配收入（元）	23480	22558	25188	23374	29071	37044	37454
城镇居民人均可支配收入（元）	38845	38589	39388	37855	40096	38884	39153
农村居民人均可支配收入（元）	15408	14726	18357	16494	19306	20951	19975
农村居民人均消费支出（元）	9805	9321	11111	10679	12438	10534	15496
其中：食品烟酒消费支出	3730	3437	3733			3307	
提供住宿的社会工作机构（个）	4	8	2	3	4	16	9
提供住宿的社会工作机构床位（床）	466	51	180	304	283	1367	868
城乡居民基本养老保险参保人数（人）	94566	103047	249983	173424	186841	35903	27621
城市居民最低生活保障人数（人）	945	5347	1108	1014	1455	3163	2094
农村居民最低生活保障人数（人）	12209	141589	16622	13903	13348	2617	2038
森林面积（公顷）	200970	145348	137002	176575	132208	32577	23469
自然保护区面积（公顷）	11130	10041	6971	60233	19504	0	
污水处理率（%）	98	95	91	92	100		

Continued

2021

龙圩区 Longxu District	苍梧县 Cangwu County	藤县 Tengxian County	蒙山县 Mengshan County	岑溪市 Cenxi City	海城区 Haicheng District	银海区 Yinhai District	铁山港区 Tieshangang District	合浦县 Hepu County	港口区 Gangkou District	防城区 Fangcheng District
76	27	86	34	184	124	40	38	124	60	26
433	1482	2571	714	2367	106	418	567	2742	285	1440
216348	138818	603944	168908	459799	2237700	573561	270106	418896	696466	341036
1	0	0	0	0	4	0	0	2	0	2
7825	0	4599	944	2051	137980	513	1987	27530	25570	39592
11	17	42	9	31	13	13	8	36	11	21
65	73	150	49	105	38	39	46	230	26	66
1013	1588	4667	854	3980	301	721	601	3750	465	1865
1815	1973	5515	1321	4519	2888	1360	825	5093	1112	2253
13809	21298	65587	11899	64229	4546	9044	7545	58145	13546	28127
34946	33350	99620	16981	101171	49409	24394	13169	83182	20728	42388
0	142	504	36	226	766	184	57	223	217	140
0	128	175	111	133	589	0	0	213	130	102
0	0	3	1	3	2	5	0	7	3	3
729	1602	3737	1163	4211	3549	444	250	6035	734	2325
1496	1801	4139	1114	4059	6458	1194	482	5284	810	3392
567	618	1341	360	1286	2168	469	169	1699	298	1065
24578	17090	24023	21248	29616	41769	31602	26730	27404	39748	31180
34197	28251	34203	33395	38782	41791	40727	40041	39874	42539	40990
15862	12108	16264	14018	19229	19760	18460	19269	18183	20645	19219
8482		9422	10155	12375	15726	12656	11926	11012	13893	12384
		3273	0	3225	5694	5249	4677	4019	4774	5243
3	1	11	5	5	9	7	1	4	2	6
255	68	1198	187	527	684	1376	353	573	460	588
130688	201536	479883	128196	489495	49952	67781	83635	550557	32777	216245
1133	408	2616	1252	5784	3203	1360	434	7902	807	2629
12047	19077	72362	11659	41119	771	4710	5368	28093	1102	13630
68210	206000	313400	105283	197371	721	4487	5773	101022	8719	177017
0	12000	0	8546	0	2382	0	0	52951	0	29400
99	95	97	99	100	0	80	96	100	0	99

23－1 续表9

指　标	上思县 Shangsi County	东兴市 Dongxing City	钦南区 Qinnan District	钦北区 Qinbei District	灵山县 Lingshan County	浦北县 Pubei County	港北区 Gangbei District	港南区 Gangnan District
规模以上工业企业个数（个）	40	28	74	64	85	93	143	301
公路里程（公里）	1872	492	1698	1684	3531	2654	590	764
社会消费品零售总额（万元）	97814	241826	1392151	1346900	1103134	670000	1781264	441274
亿元及以上商品交易市场（个）		0	1		3	0		0
出口总额（万美元）		31474		2181	14919	8434	2850	1342
普通中学数（所）	7	10	21	21	45	26	16	19
小学数（所）	36	30	162	325	391	268	92	119
普通中学专任教师数（人）	865	896	1345	2322	5628	3456	1925	1928
小学专任教师数（人）	1484	1651	4594	4638	8425	4613	3941	2650
普通中学在校学生数（人）	11329	11834	16878	36408	93001	48853	30797	30242
小学在校学生数（人）	20061	27103	76496	90975	167041	86234	86176	51833
全年专利授权数（件）	14	35			247	142	650	358
公共图书馆图书总藏量（千册）	178	110	3	69	181	189	25	22
体育场馆个数（个）	1	3	1	20	3	1	0	1
医疗卫生机构床位数（张）	1026	501	1288	3404	6180	2938	7850	2156
医疗卫生机构技术人员（人）	990	1063	1385	2137	7128	4458	6729	2381
#执业（助理）医师	342	405	407	957	1595	1212	2284	886
居民人均可支配收入（元）	19756	39855	31727	27693	24505	24226	34775	26953
城镇居民人均可支配收入（元）	27518	46296	40909	39852	40126	39916	39143	37934
农村居民人均可支配收入（元）	15840	23439	17663	17206	16884	16665	19261	18723
农村居民人均消费支出（元）	9299	13435	10009	10338	9982	9994	12912	10076
其中：食品烟酒消费支出				3580	3595	3825	3738	
提供住宿的社会工作机构（个）	13	2	145	15	508	301		114
提供住宿的社会工作机构床位（床）	1303	218	1840	1434	5449	3769		2600
城乡居民基本养老保险参保人数（人）	162698	71902	287774	353103	659365	826252	325619	271845
城市居民最低生活保障人数（人）	10182	756	3039	2977	2949	1606	5182	15647
农村居民最低生活保障人数（人）	118205	4673	20385	40164	66846	37705	20341	27281
森林面积（公顷）	169000	34305		112712	195686	160000	46827	38178
自然保护区面积（公顷）	36800	2506		4194	0	0		0
污水处理率（%）	96	98			99	98		

Continued

2021

覃塘区 Qintang District	平南县 Pingnan County	桂平市 Guiping City	玉州区 Yuzhou District	福绵区 Fumian District	容县 Rongxian County	陆川县 Luchuan County	博白县 Bobai County	兴业县 Xingye County	北流市 Beiliu City	右江区 Youjiang District	田阳区 Tianyang District
247	140	139	98	65	90	83	90	48	197	54	59
1120	2299	3589		696	1597	2015	3708	1522	2001	2255	1917
451203	711768	1190977	4720279	213307	756527	448693	946826	371540	955066	1697537	251567
0	0	0	4	0	0	0			1	2	1
3050	20444	2754	6276		1269	0	9014	618		8455	422
23	57	74	27	11	30	33	67	24	53	24	10
134	209	258	139	97	144	166	311	165	296	43	27
2513	6740	8416	2669	1198	3667	4369	6782	2441	6529	2638	1185
2680	7435	9510	4855	1809	4780	5815	10009	3237	7720	2514	1329
32824	89273	126595	35475	17984	56003	66154	113376	38902	108931	41562	20298
47217	130898	166365	107196	33157	89381	105214	188180	51414	165766	40542	25490
63	154	815	1984	77	332	259	336	237	520	1416	85
	190	476	87	50	247	189	340	120	346	698	108
0	1	3	2	0	1	8	3	2	0	4	3
2061	6199	7587	12469	859	4284	4467	3837	2206	7677	6470	2140
1732	5536	7959	16018	869	5284	5237	5512	2220	8149	8204	2304
554	2340	2632	4639	320	1779	1229	1758	748	2538	2630	695
28499	26954	26437	39570	28747	26881	26563	25006	24324	33448	32204	25710
37032	36736	36172	43882	42830	37570	36561	34095	34676	42830	39455	37634
19553	18003	18729	21914	19315	18607	18592	18757	17706	21148	19359	17611
10542	12213	12188	15296	11189	11215	13183	12274	11656	11757	12820	11679
3420		4038	5132	3781	3870	4260	3673	3851	4008	4200	3766
132	58	273	4	2	6	2	5	12	8	13	5
2610	3153	7215	573	320	1585	90	364	1013	942	2234	325
274922	682039	798694	211671	143960	448055	557800	988295	285128	699178	128441	189918
690	4701	4202	7558	2507	8292	6455	11343	33020	10318	3102	1016
23653	59042	102071	13166	13409	35786	44362	79652	28422	47843	10379	20362
69058	167769	201476	11279	47313	157622	93998	257300	89150	149657	303609	177911
0	0	1897	1123	473	2817	0	16012	2003	14768	78577	33811
	99	100	98	99	100	97	97	100	99	97	93

23－1　续表10

指　标	田东县 Tiandong County	德保县 Debao County	那坡县 Napo County	凌云县 Lingyun County	乐业县 Leye County	田林县 Tianlin County	西林县 Xilin County	隆林各族自治县 Longlin County	靖西市 Jingxi City
规模以上工业企业个数（个）	45	30	12	26	13	36	10	26	47
公路里程（公里）	1585	2116	1710	1700	1797	2125	1655	2290	2159
社会消费品零售总额（万元）	241056	212813	97319	118072	112536	255493	93799	214387	389686
亿元及以上商品交易市场（个）	1	0	0	0		0	0	0	0
出口总额（万美元）	4555	4717	204686	208	228	1018	231	1305	350871
普通中学数（所）	12	14	10	12	5	15	6	20	20
小学数（所）	40	26	27	35	19	28	22	52	47
普通中学专任教师数（人）	1767	1046	823	950	758	1349	779	2078	2150
小学专任教师数（人）	2043	1411	1016	1173	1079	1348	927	2291	2545
普通中学在校学生数（人）	25451	15714	11191	14802	10308	15033	10691	31089	32378
小学在校学生数（人）	32266	24274	15219	19742	13927	18572	13808	36822	45315
全年专利授权数（件）	146	58	44	26	33	22	9	63	174
公共图书馆图书总藏量（千册）	152	124	118	156	97	102	195	121	245
体育场馆个数（个）	3	1	1	2	1	2	5	0	1
医疗卫生机构床位数（张）	3249	1503	1104	689	580	1389	970	1706	3229
医疗卫生机构技术人员（人）	2863	1488	1214	1177	778	1479	985	1953	2928
#执业（助理）医师	1032	387	313	270	217	398	198	445	729
居民人均可支配收入（元）	27288	21755	16130	17555	18498	19866	18917	18244	19733
城镇居民人均可支配收入（元）	39417	38132	29122	32980	34854	34435	30277	35902	34224
农村居民人均可支配收入（元）	19252	13773	11098	11757	12162	14921	13542	12066	13777
农村居民人均消费支出（元）	10983	9279	8257	9141	9138	10282	8221	8150	8746
其中：食品烟酒消费支出	3485	3242	2951	3106	2953	3412	2985	2928	3223
提供住宿的社会工作机构（个）	3	3	1	2	1	2	2	2	3
提供住宿的社会工作机构床位（床）	150	210	86	236	100	144	326	131	120
城乡居民基本养老保险参保人数（人）	197467	204361	118577	110115	92197	138889	81366	231137	331582
城市居民最低生活保障人数（人）	1303	1314	1690	1447	1290	1269	311	856	2894
农村居民最低生活保障人数（人）	18730	39729	24867	21325	17593	28155	13015	46667	69389
森林面积（公顷）	211262	184551	174816	173111	220234	455705	233177	253696	223149
自然保护区面积（公顷）	0	31412	26299	19030	22062	16592	48202	19424	41978
污水处理率（%）	99	100	99	99	97	98	97	100	99

Continued

2021

平果市 Pingguo City	八步区 Babu District	平桂区 Pinggui District	昭平县 Zhaoping County	钟山县 Zhongshan County	富川瑶族自治县 Fuchuan County	金城江区 Jinchengjiang District	宜州区 Yizhou District	南丹县 Nandan County	天峨县 Tian'e County	凤山县 Fengshan County	东兰县 Donglan County
78	62	131	16	70	25	41	60	33	17	7	12
1732	1471	1101	1546	1143	997	1032	2062	1313	1467	1790	1536
528124	890673	470185	185656	224903	223878	904222	525521	367326	109168	81969	158953
0	1	0	0	1	0	0	0	0	0		0
15383	20369	2674	294	1194	1060	91	946	22768	8	155	511
14	33	27	18	20	10	15	32	15	7	13	13
29	90	65	50	83	45	44	124	71	21	29	37
2378	3225	2199	1557	1691	1237	1377	2531	1376	817	891	1040
2477	4518	2531	2295	2557	1888	1781	3017	2013	985	1197	1359
37684	44830	33080	23231	26713	19066	26121	39754	21316	12500	13863	15730
44130	84790	44437	39868	46502	29809	34672	50737	32745	13974	18654	21947
217	326	447	125	211	85	369	203	58	41	20	53
111	302	128	181	192	159	476	135	133	76	87	72
5	4	4	3	2	2	2	2	17	0	2	2
2826	4598	1766	1508	1819	1305	4495	4427	1309	744	975	1138
3545	6522	1580	1763	2053	1602	5755	5251	1846	935	1067	1332
1228	2321	491	516	657	414	1844	1430	537	256	299	377
28341	27748	25451	24023	23301	22623	27905	26049	26633	19260	15387	15154
40248	39317	35523	35177	34981	34191	42513	41901	40781	30864	28394	28804
16782	16331	15483	14430	14797	14756	14555	15699	14561	11956	10757	10768
10154	11537	11127	10546	8939	8731	10994	11749	9712	9719	7389	7527
3459	0	6157	3490	2975	0	6734	3998	3661	3588	2676	2654
4	7	41	63	9	5	7	2	13	10	12	2
1094	640	763	1186	706	366	658	418	765	596	425	485
177333	366582	256101	196563	265442	189621	142300	297333	157495	88664	120889	146518
3179	2349	1595	1685	1129	1593	2982	2734	5211	877	2104	851
25890	32315	24975	23060	24350	18101	10615	25380	40772	13903	24176	21634
169764	276169	95283	271612	94552	69483	189118	251228	280900	260344	145295	194067
30205	9213	3688	14336	0	17560	11212	6035	1354	42848		22327
99	99	99	92	100	97	97	97	99	98	84	98

23—1 续表11

指　标	罗城仫佬族自治县 Luocheng County	环江毛南族自治县 Huanjiang County	巴马瑶族自治县 Bama County	都安瑶族自治县 Du'an County	大化瑶族自治县 Dahua County	兴宾区 Xingbin District
规模以上工业企业个数（个）	27	29	20	27	15	151
公路里程（公里）	1467	1749	1109	3110	1670	3234
社会消费品零售总额（万元）	190903	132764	265178	230587		634850
亿元及以上商品交易市场（个）	0	0	0		0	
出口总额（万美元）	44	620	266	3070	473	620
普通中学数（所）	14	17	16	27	18	33
小学数（所）	49	45	57	136	68	114
普通中学专任教师数（人）	1169	1283	1199	2598	1815	3019
小学专任教师数（人）	1792	1715	1813	4092	2675	5625
普通中学在校学生数（人）	19061	20402	19719	47542	32327	42702
小学在校学生数（人）	27406	25375	29679	67343	47390	99005
全年专利授权数（件）	103	43	34	100	99	600
公共图书馆图书总藏量（千册）	168	89	126	127	76	429
体育场馆个数（个）	1	4	2	1	2	0
医疗卫生机构床位数（张）	1471	1418	988	2321	1974	5980
医疗卫生机构技术人员（人）	1745	1573	1498	3081	2278	6890
#执业（助理）医师	525	504	410	959	773	2139
居民人均可支配收入（元）	16381	19420	16967	17911	16330	27963
城镇居民人均可支配收入（元）	28053	32817	31721	28783	28667	39602
农村居民人均可支配收入（元）	10846	13197	11054	10945	11090	16122
农村居民人均消费支出（元）	7566	10891	7597	7469	8921	13347
其中：食品烟酒消费支出	2860	3804		2753		4392
提供住宿的社会工作机构（个）	4	2	6	4	19	28
提供住宿的社会工作机构床位(床)	446	218	933	2036	1186	1154
城乡居民基本养老保险参保人数(人)	186000	197024	147034	358800	269072	390127
城市居民最低生活保障人数(人)	5471	3289	2597	16306	7752	5450
农村居民最低生活保障人数(人)	28631	21384	21604	87268	63310	47537
森林面积（公顷）	189540	358307	153283	289702	194193	151100
自然保护区面积（公顷）	12853	47062	0	0	0	977
污水处理率（%）	99	98	99	86	97	99

Continued

2021

忻城县 Xincheng County	象州县 Xiangzhou County	武宣县 Wuxuan County	金秀瑶族自治县 Jinxiu County	合山市 Heshan City	江州区 Jiangzhou District	扶绥县 Fusui County	宁明县 Ningming County	龙州县 Longzhou County	大新县 Daxin County	天等县 Tiandeng County	凭祥市 Pingxiang City
14	62	56	21	23	94	156	49	24	33	16	54
1962	1253	1020	1069	297	1489	1385	2318	1013	1468	1024	1074
182900	218818	230631	70280	103171	685563	386415	220796	293226	340037	209540	387000
0	0	0	0	0		1	1	0	0	0	0
215	767	1008	1257	310	5699	3401	26	396667	61870	0	1406241
9	10	14	6	3	22	19	19	6	13	19	4
24	20	26	29	6	25	68	34	20	23	42	33
1274	1044	1307	446	341	2341	1796	1259	416	1062	1344	388
1754	1510	1756	796	516	1793	2368	1874	1127	1579	1689	749
18489	15862	23675	6306	4970	33600	24176	20803	10216	17391	21131	6361
28873	23215	35397	10174	8894	33500	33840	29393	17375	23755	28098	12033
53	106	125	48	72	481	217	61	86	59	60	39
90	220	87	101	75	230	141	146	213	111	129	80
6	2	3	1	1	2	1	0	1	2	1	0
1897	2019	2374	892	746	1980	1518	1515	1328	1798	1594	588
1671	1821	2314	953	875	3107	2206	1963	1318	1828	1727	940
509	546	768	323	258	911	822	511	404	513	582	262
22499	25130	25430	22936	30136	29186	27524	20855	21534	22972	19317	30184
38296	39015	38418	39099	37545	40284	38821	32780	34032	38627	32618	41501
14704	15800	15951	13279	15906	17887	18269	15472	13916	16559	13767	15646
11589	13306	12856	12095	10679	11124	11942	9684	9443	11440	9129	9982
3517		4376	5266	3990	4116	4299	3680	3494	0	3497	0
0	6	12	9	2	10	9	2	1	3	9	2
0	1091	1322	335	200	320	242	23	78	541	136	250
247820	170625	194218	72256	41025	194254	154568	204923	154613	209652	219475	58867
4455	1132	1609	502	1232	1928	2367	1901	1496	1220	2099	943
29516	16445	20768	7884	3775	13583	14304	18868	8146	17380	24395	2772
159600	94233	93050	203798	19339	141000	106034	242711	135947	183805	135433	46561
0		0	25403	317	186721	9890	2396	24835	66384	0	0
98	90	98	93	97	97	100	96	96	90	91	97

23－2　111个县（市、区）主要经济指标（2020年）

指　标	Item	兴宁区 Xingning District	青秀区 Qingxiu District	江南区 Jiangnan District
行政区域面积（平方公里）	Administrative Region Land Area (sq.km)	723	865	1183
年末常住人口（万人）	Total Population at Year-end (10 000 persons)	61.63	112.58	99.11
地区生产总值（亿元）	Gross Domestic Product (100 million yuan)	361.37	1219.04	521.57
第一产业增加值	Value Added of Primary Industry	15.15	20.79	29.97
第二产业增加值	Value Added of Secondary Industry	57.87	113.21	174.87
第三产业增加值	Value Added of Tertiary Industry	288.34	1085.04	316.73
人均生产总值（元）	Per Capital GDP (yuan)	59800	110405	53831
地区生产总值增速（%）	Gross Domestic Product Growth Rate (%)	-0.8	4.8	2.6
人均生产总值增速（%）	Per Capital GDP Growth Rate (%)	-4.8	0.9	-2.1
一般公共预算收入（亿元）	General Public Government Revenue (100 million yuan)	10.18	36.13	23.25
一般公共预算支出（亿元）	General Public Government Expenditure (100 million yuan)	22.44	44.80	45.60
耕地面积（公顷）	Farmland Area (hectare)	10611	17781	30634
设施农业占地面积（公顷）	Protected Agriculture Covered Area (hectare)	38		347
耕地灌溉面积（公顷）	Irrigated Area (hectares)	5620	10670	15270
农作物总播种面积（公顷）	Total Sown Area of Major Farm Crops (hectare)	26787	37798	72080
粮食作物播种面积	Grain Crops	10075	14631	14957
#稻谷	Rice	7717	10768	10639
油料	Oil Crops	1665	2876	3491
糖料	Sugar Crops	472	5860	14676
蔬菜	Vegetables	9007	8775	23710
粮食总产量（吨）	Output of Grain (ton)	49505	80101	79887
#稻谷	Rice	40694	61167	59854
油料	Oil-bearing Crops	4433	9445	11902
糖料	Sugar Crops	29470	536682	1385551
园林水果（不含瓜类水果）	Fruit	12065	38474	81185
肉类总产量（吨）	Output of Meat (ton)	17037	32403	17222
#猪肉	Pork	1533	10798	7102
禽肉	Poultry	15294	19657	8377
禽蛋（吨）	Eggs (ton)	2692	3618	2794
奶类（吨）	Milk (ton)	692	0	4597
蔬菜（吨）	Vegetables (ton)	186371	213550	511226
水产品产量（吨）	Aquatic Products (ton)	7026	8078	13545
“三品一标”农产品（个）	"San pin yi biao" Agricultural Products (unit)	22	21	7

注：1.本表为2020年度数据，经国家统计局审核反馈时间为2022年1月15日，仅供参考。最终数据以各县级统计局公布的为准。
2.部分指标数据来源于其他县级部门快报数。最终数据以各县级单位和部门公布的数据为准。

Main Social and Economic Indicators by County（2020）

2020

西乡塘区 Xixiangtang District	良庆区 Liangqing District	邕宁区 Yongning District	武鸣区 Wuming District	隆安县 Long' an County	马山县 Mashan County	上林县 Shanglin County	宾阳县 Binyang County	横　县 Hengxian County	城中区 Chengzhong District	鱼峰区 Yufeng District
1076	1369	1231	3389	2306	2341	1871	2298	3448	78	862
164.57	58.84	33.27	68.47	32.55	38.29	35.98	80.24	89.72	24.40	66.98
805.20	403.88	158.87	324.50	101.24	86.33	92.71	283.01	323.56	389.89	500.89
38.85	28.97	34.50	132.86	43.45	26.95	28.54	62.97	89.15	1.04	8.42
228.62	148.87	41.57	73.84	22.19	14.25	16.86	82.14	98.74	137.96	256.86
537.73	226.04	82.79	117.81	35.60	45.13	47.31	137.89	135.68	250.89	235.62
49678	70197	48209	47943	31276	22514	25789	35287	36080	163648	75413
2.0	12.9	5.1	6.0	3.3	3.4	10.4	3.7	-5.0	0.7	2.1
-1.0	7.7	3.0	3.7	2.4	3.7	10.2	3.6	-5.1	-3.4	-2.3
28.48	14.60	5.04	19.62	2.96	2.01	2.98	9.82	9.49	8.62	17.82
62.50	31.04	33.31	54.39	44.00	41.27	41.82	55.50	57.88	12.34	35.55
30087	22845	32915	63400	62124	46185	35604	72540	83862	402	11808
10704	33	6	409	30	1700	46	0	193	33	111
21550	8230	16704	44130	17400	9880	21610	44780	37890	140	3180
43646	62393	60800	173239	63785	57780	53017	145613	165629	995	17340
12192	18017	27365	67951	34487	41047	34719	74565	74434	217	6971
6728	14314	20075	34860	12648	14877	23761	57900	55262	69	4414
2654	2516	5036	13038	1447	1352	3909	6722	5702	13	784
4426	18709	13222	19104	7996	3182	4490	18052	20161	0	3283
17992	15634	14426	63646	14508	12199	8093	35532	49512	685	6072
59534	86257	138211	338233	152893	190750	166865	363210	387390	806	32764
35421	70695	111666	204296	69576	81313	125315	309575	307520	380	23143
7838	6082	13652	42988	3541	2703	7274	20912	22115	28	1746
320010	1236913	960116	1577066	610762	219940	402558	1767867	1872422	0	257171
636346	109752	104763	1824722	620803	62001	190037	162839	169165	1135	62502
60044	36389	65334	79686	33757	41822	25442	62833	98198	1955	5016
36958	5667	16650	27328	14584	29673	17198	22827	51898	343	2119
20008	29739	46928	46612	16868	9643	6053	34974	42645	1606	2046
2459	1050	771	7642	874	1130	2034	1676	1269	0	353
3797	435	230	285	0	0	0	0	4567	64	1841
377994	419157	352535	1668753	323126	315579	297585	861944	1202687	9150	151307
13113	10798	11405	37796	12272	10288	18393	34186	47989	190	2534
12	5	24	18	15	8	5	7	40	0	5

Note: 1.The data in this chapter were verified by National Bureau of Statistic in January 15, 2022. All data are only for reference.

2.Some indicators and data come from quick statistics data of other departments. The final data published by the department should be reference.

23－2 续表1

指 标	柳南区 Liunan District	柳北区 Liubei District	柳江区 Liujiang District	柳城县 Liu Cheng County	鹿寨县 Luzhai County	融安县 Rong' an County	融水苗族自治县 Rongshui County	三江侗族自治县 Sanjiang County
行政区域面积（平方公里）	541	301	1773	2114	2975	2898	4638	2417
年末常住人口（万人）	61.87	48.54	50.44	31.46	33.77	25.37	41.30	32.19
地区生产总值（亿元）	543.74	605.26	300.62	178.20	171.95	108.59	131.31	78.82
第一产业增加值	9.77	10.89	43.60	53.45	38.74	29.21	20.45	21.01
第二产业增加值	299.02	335.67	113.77	57.05	61.30	31.13	39.28	14.52
第三产业增加值	234.94	258.70	143.25	67.70	71.92	48.24	71.57	43.29
人均生产总值（元）	88621	125599	59707	56277	50949	42559	31817	24661
地区生产总值增速（%）	-10.5	9.0	1.7	8.9	2.2	3.4	2.6	6.6
人均生产总值增速（%）	-13.6	7.3	7.0	10.4	2.0	4.7	2.4	5.4
一般公共预算收入（亿元）	6.24	8.35	14.65	8.46	7.11	4.33	5.80	4.84
一般公共预算支出（亿元）	17.86	16.01	35.38	31.71	33.59	30.88	53.61	45.80
耕地面积（公顷）	9620	8048	44841	77408	59763	26708	55967	16154
设施农业占地面积（公顷）	80	1270	2231	1175	1790	0	0	37
耕地灌溉面积（公顷）	3582	2710	18447	21450	24390	17850	15060	11380
农作物总播种面积（公顷）	15415	11745	73831	89421	74117	38969	43349	26193
粮食作物播种面积	5939	3223	20726	28714	27172	17818	22450	13704
#稻谷	4769	2371	16207	24204	20536	14735	17737	8967
油料	429	948	837	3473	3352	2160	1311	695
糖料	3400	1462	16216	36708	11198	3540	4977	21
蔬菜	5428	5573	34803	15841	24794	11916	10616	7049
粮食总产量（吨）	31919	15702	103222	145597	138444	87074	110048	70143
#稻谷	28005	12756	86588	132022	115013	79328	97045	59911
油料	925	1802	2035	9269	9927	3144	2164	1358
糖料	298788	158008	1358937	3283645	729185	224018	351342	1657
园林水果（不含瓜类水果）	20512	38930	170271	339753	204465	255338	60377	14464
肉类总产量（吨）	8742	13097	30472	40289	32028	18429	24753	14254
#猪肉	3957	5129	17446	23977	17641	7245	9806	5842
禽肉	3980	7689	8354	10541	11154	8470	12621	5795
禽蛋（吨）	6754	1785	1142	1418	1467	431	153	302
奶类（吨）	119	2435	499	0	603		0	0
蔬菜（吨）	135569	202893	979074	428129	492206	206932	169511	82047
水产品产量（吨）	2727	7520	9562	16784	8679	6831	8439	5070
“三品一标”农产品（个）	10	14	26	35	15	29	25	44

Continued

2020

秀峰区 Xiufeng District	叠彩区 Diecai District	象山区 Xiangshan District	七星区 Qixing District	雁山区 Yanshan District	临桂区 Lingui District	阳朔县 Yangshuo County	灵川县 Ling Chuan County	全州县 Quanzhou County	兴安县 Xing' an County	永福县 Yongfu County	灌阳县 Guanyang County
43	52	90	71	302	2247	1436	2302	3979	2333	2795	1835
16.13	20.31	28.72	38.78	13.28	55.58	27.35	42.33	56.65	30.74	22.89	20.87
96.84	87.40	185.72	281.11	31.68	231.49	108.20	173.89	179.46	149.16	83.50	72.38
0.65	1.70	1.36	1.89	6.51	44.14	31.49	53.21	72.61	62.05	28.39	30.95
12.46	9.54	62.20	102.28	4.62	70.46	21.44	36.84	22.57	31.42	13.82	11.82
83.74	76.15	122.15	176.94	20.55	116.89	55.26	83.84	84.28	55.69	41.29	29.62
60113	43503	64743	73705	24002	42128	39431	41396	31367	48232	36431	34501
-5.7	-3.8	-0.1	3.6	2.8	5.3	0.2	3.9	3.5	3.7	1.2	5.6
-5.9	-5.5	-0.3	0.1	1.6	3.2	0.5	2.3	5.3	4.8	1.4	7.1
3.14	2.54	2.51	8.49	0.47	20.59	3.30	7.43	4.48	4.86	2.95	1.40
5.99	7.49	9.14	12.72	5.03	42.19	24.86	31.77	45.05	29.97	23.70	24.63
423	1206	1115	670	5425	46886	16918	13380	69762	25342	27882	19705
	391	11	0	2	890	1201	23	368	334	9	1028
420	680	920	670	3490	31330	13380	10169	36360	20671	16570	12040
712	2107	2201	2412	9894	81833	45997	60654	140294	60975	44976	45557
262	341	1209	467	3575	43445	19581	27005	72067	31303	23168	27430
262	220	996	316	2136	35389	11815	17381	50578	19262	15934	18260
	33	23	31	210	670	2128	755	5945	2170	646	2269
	2	0	0	0	564	354	105	529	40	400	114
442	1422	969	1914	4880	23526	15597	25223	30484	18522	12523	10900
1410	1808	5811	2524	15605	236906	93811	140608	380503	174605	115506	160510
1410	1434	5194	2062	11499	214530	68550	112500	314881	129991	91569	120397
	78	47	98	256	1361	4511	1937	15094	6417	2126	4722
	240	0	0	0	61342	32333	8337	34806	1980	29319	4971
29	188	155	654	65724	272495	807082	760232	717484	606708	634213	558785
256	1706	2638	1866	14136	102572	24428	52217	63581	40002	45847	24701
	709	1745	1074	3070	22237	12666	23507	45020	29857	24229	19729
256	946	731	717	10814	77097	8686	24983	15136	7024	18749	3654
8	97	239	37	967	11445	1521	6853	4053	1870	1321	971
	0	332	0	0		151		0	0	74	0
10452	42165	19480	60759	111606	564172	359682	745404	732465	475905	301097	215459
1137	95	1887	523	2516	14342	7366	9158	21648	10395	5245	5492
	0		0	6	7	16	33	35	16	37	17

23－2 续表2

指 标	龙胜各族自治县 Longsheng County	资源县 Ziyuan County	平乐县 Pingle County	恭城瑶族自治县 Gongcheng County	荔浦市 Lipu City	万秀区 Wanxiu District	长洲区 Changzhou District
行政区域面积（平方公里）	2451	1941	1893	2139	1760	449	373
年末常住人口（万人）	13.97	13.94	34.14	24.57	33.49	27.23	29.97
地区生产总值（亿元）	61.26	50.90	110.96	85.00	149.13	185.51	169.39
第一产业增加值	13.68	18.37	56.93	40.82	30.75	5.17	5.97
第二产业增加值	14.53	6.76	9.21	11.67	42.25	80.96	42.98
第三产业增加值	33.05	25.77	44.82	32.51	76.12	99.37	120.44
人均生产总值（元）	43620	36446	32299	34553	44437	66705	58440
地区生产总值增速（%）	3.0	2.7	3.3	4.0	3.4	9.1	9.1
人均生产总值增速（%）	4.0	3.2	4.5	4.2	3.8	12.5	3.0
一般公共预算收入（亿元）	2.21	1.63	4.38	2.58	5.03	3.28	4.86
一般公共预算支出（亿元）	22.30	22.58	28.25	24.10	27.14	8.44	10.58
耕地面积（公顷）	17750	12131	20739	10693	23943	4003	2629
设施农业占地面积（公顷）	12	300	60		10	0	
耕地灌溉面积（公顷）	6630	2170	13460	10590	15730	2280	1940
农作物总播种面积（公顷）	24732	24758	76003	44730	49960	7229	10904
粮食作物播种面积	11254	9817	30039	16707	19591	3886	2473
#稻谷	5352	5638	17243	6555	13040	3070	1561
油料	298	509	3963	5695	1525	322	562
糖料	0	0	507	35	599	0	5
蔬菜	8715	8717	28835	12818	17205	3018	7863
粮食总产量（吨）	62131	55045	151505	68429	102603	19407	11850
#稻谷	41811	41505	105214	37318	72689	17300	10501
油料	574	1150	17566	16466	11402	532	1747
糖料	0	0	54295	3800	46298	0	133
园林水果（不含瓜类水果）	143701	99025	1127354	1392412	733951	18692	15293
肉类总产量（吨）	12001	9666	23182	22579	38149	4630	5726
#猪肉	4984	3799	9950	10608	24582	2513	3310
禽肉	3744	3286	8537	7000	11868	1927	2244
禽蛋（吨）	603	465	3979	1888	1568	292	495
奶类（吨）	0	0	0	0	0	304	87
蔬菜（吨）	151778	202486	781140	199928	362562	55610	146312
水产品产量（吨）	789	1298	8868	6632	5302	5198	7760
“三品一标”农产品（个）	14	8	16	15	45	12	9

Continued

2020

龙圩区 Longxu District	苍梧县 Cangwu County	藤 县 Tengxian County	蒙山县 Mengshan County	岑溪市 Cenxi City	海城区 Haicheng District	银海区 Yinhai District	铁山港区 Tieshangang District	合浦县 Hepu County	港口区 Gangkou District	防城区 Fangcheng District
971	2782	3946	1282	2770	190	541	504	2784	413	2426
28.88	27.72	79.66	16.46	72.53	52.86	31.56	14.61	86.53	24.46	39.15
162.19	52.33	226.60	78.00	205.15	477.65	187.10	298.91	301.69	454.19	124.36
11.22	22.25	66.01	16.23	46.97	26.73	42.43	31.00	108.81	22.10	38.56
86.97	10.55	59.65	30.70	69.31	153.60	27.82	236.64	60.42	286.27	26.71
63.99	19.53	100.95	31.06	88.87	297.31	116.85	31.28	132.46	145.82	59.09
56256	18817	28356	46946	28101	92156	60169	204947	34855	191240	31825
8.7	7.0	7.5	4.0	7.6	-2.7	4.5	-6.3	3.3	10.1	-5.1
8.4	7.9	8.3	6.0	8.9	-6.3	1.4	-6.6	3.4	4.7	-5.5
3.33	4.15	10.33	2.91	8.64	9.43	5.08	2.80	11.97	8.93	5.06
13.95	28.53	58.80	21.62	47.58	15.30	16.08	12.14	58.20	11.92	26.20
10609	20969	35430	11292	37024	2162	21867	18730	65129	2586	20781
1	220	20	1	59	309	1082	267	0	0	30
8650	12110	23080	8990	17925	740	8660	6570	37890	589	12510
26060	36605	97419	30855	78350	3345	25554	21425	123126	6272	49849
15043	19776	43725	11022	43814	938	4680	5621	55478	3559	24789
12902	15978	34601	7343	28354	242	2368	2614	32825	1234	14304
1846	1959	4812	1808	3715	398	1727	2665	10221	431	1523
63	82	619	113	858	42	9819	4184	17189	35	4944
8109	9635	33656	17912	19998	1676	5530	5221	32091	2191	16230
75624	103999	226760	58072	200403	3166	18565	23698	258251	13579	93272
72606	93877	203969	45489	162428	1030	10600	11717	189536	6025	60230
5887	6136	14885	6364	9941	1106	6712	8184	31415	1103	3344
3573	4776	42297	8768	57700	3880	856496	273866	1525178	2321	478418
73640	182229	242556	119136	285562	14781	11223	8861	111148	1569	59796
14639	19830	47801	11546	83632	1064	9302	10378	89407	2208	23110
6278	10440	25213	7488	27084	234	5858	5626	36913	609	14133
7831	8326	20845	3776	54592	718	3137	4402	50755	1436	6948
6245	214	3712	1705	3254	28	997	84	13527	1292	2437
0	0	0	307	475	35	1703	0	711	0	0
135619	220907	1413880	293751	625599	49755	177817	114815	788798	24055	226331
5698	9102	25181	9690	17832	238523	247331	192958	462635	231695	150729
2	29	10	15	9	15	33	13	50	5	18

23－2 续表3

指 标	上思县 Shangsi County	东兴市 Dongxing City	钦南区 Qinnan District	钦北区 Qinbei District	灵山县 Lingshan County	浦北县 Pubei County	港北区 Gangbei District	港南区 Gangnan District
行政区域面积（平方公里）	2814	590	2596	2240	3558	2601	1097	1099
年末常住人口（万人）	19.50	21.63	68.05	72.14	121.97	68.48	76.16	51.72
地区生产总值（亿元）	75.80	78.44	298.25	330.14	291.53	215.79	350.78	155.06
第一产业增加值	28.85	21.35	79.23	63.21	82.25	61.86	26.25	27.02
第二产业增加值	20.45	12.59	51.34	94.78	43.66	47.84	126.06	59.18
第三产业增加值	26.50	44.50	167.67	172.15	165.62	106.10	198.47	68.86
人均生产总值（元）	38763	36868	44172	45852	23928	31415	46504	30004
地区生产总值增速（%）	3.9	-2.8	2.7	0.3	7.3	4.7	6.3	7.4
人均生产总值增速（%）	4.4	-6.7	0.7	0.0	7.0	5.5	4.5	7.2
一般公共预算收入（亿元）	6.30	5.90	6.26	6.05	9.01	6.60	14.76	7.17
一般公共预算支出（亿元）	24.08	24.05	31.69	33.65	69.57	44.42	29.63	27.51
耕地面积（公顷）	52460	4377	39475	39423	64387	52673	36598	44229
设施农业占地面积（公顷）	33	69	7	8417	175	9	44	2649
耕地灌溉面积（公顷）	15530	2980	11235	19798	37907	18386	19710	15890
农作物总播种面积（公顷）	53125	9364	77420	93298	123450	71367	39312	58696
粮食作物播种面积	11567	5308	32726	46756	65567	43647	25006	39865
#稻谷	7107	2762	20994	33369	51462	32759	18040	31597
油料	884	376	1418	4806	2047	3113	2398	3351
糖料	34128	205	10770	9366	15198	8806	5236	2983
蔬菜	5072	3261	25075	24789	23963	15593	5605	6325
粮食总产量（吨）	47747	18470	142852	224135	331927	222193	146285	222598
#稻谷	33842	12360	106682	186196	296282	185518	108531	190219
油料	1958	484	3231	14228	5402	8684	14627	12544
糖料	2627363	13133	626905	758556	1162713	657390	537423	266795
园林水果（不含瓜类水果）	46541	11008	76235	371468	907614	906300	21904	47658
肉类总产量（吨）	13072	7520	55760	98499	93782	64477	49414	45359
#猪肉	3614	3760	11621	15609	32039	29098	31303	31306
禽肉	8230	3209	43118	78439	55077	31835	16894	11091
禽蛋（吨）	670	458	7867	1253	6632	2803	2398	1512
奶类（吨）	3521	0		0	24113	312	4464	0
蔬菜（吨）	66902	47080	568109	649744	505032	285283	162076	154054
水产品产量（吨）	14620	140378	454625	35422	38120	32533	13362	25226
“三品一标”农产品（个）	13	16	43	64	26	0	24	55

Continued

2020

覃塘区 Qintang District	平南县 Pingnan County	桂平市 Guiping City	玉州区 Yuzhou District	福绵区 Fumian District	容 县 Rongxian County	陆川县 Luchuan County	博白县 Bobai County	兴业县 Xingye County	北流市 Beiliu City	右江区 Youjiang District	田阳区 Tianyang District	田东县 Tiandong County
1352	2984	4071	436	829	2255	1554	3830	1468	2452	3718	2373	2811
42.43	110.57	151.29	90.93	31.91	65.57	80.54	139.24	50.90	121.32	47.27	30.92	35.25
192.31	293.18	367.49	494.37	98.29	182.68	209.81	293.76	167.73	322.26	323.74	154.24	164.87
31.72	67.64	81.65	19.87	29.85	49.73	46.51	101.28	47.94	64.10	37.86	38.86	42.76
113.00	83.79	105.24	133.25	33.41	41.65	51.16	57.72	50.92	88.80	128.75	77.08	67.64
47.59	141.75	180.60	341.25	35.04	91.31	112.14	134.77	68.86	169.37	157.13	38.30	54.47
45410	26496	24304	55111	30439	27876	26088	21117	32744	26617	69161	49866	46711
12.9	6.4	4.9	2.9	6.9	3.1	2.5	2.0	5.0	2.6	4.6	7.2	7.9
12.4	6.6	4.8	0.2	9.3	3.0	2.2	1.8	6.3	2.2	2.7	7.3	8.3
8.97	13.09	12.28	22.60	3.06	9.86	9.79	10.84	6.75	19.20	25.35	4.55	8.28
29.04	73.21	87.04	41.39	22.43	47.60	57.43	85.47	38.56	67.61	92.74	31.67	37.08
63180	61000	98676	11275	16870	23898	25940	71277	29682	31935	23859	30375	35296
90	3	458	1338	5	1	173	268	502	7	767	3387	5723
28620	57509	58880	10203	14900	20060	25010	38400	20390	28650	8870	16010	16350
76167	113231	170209	31200	46602	62376	61184	148476	64773	90285	46691	53578	61271
38711	66757	104810	17673	23821	37316	41234	81171	35704	53783	15468	21738	23729
23479	51754	82730	15411	20790	29211	34256	54867	31118	43082	6162	9938	11761
6410	8685	10700	1164	1993	1692	2034	5393	2395	4302	1057	789	445
15418	1774	2490	117	2107	252	875	9389	854	825	12018	3189	13375
11177	21582	36060	11756	14583	18014	12768	39111	16984	23970	14803	26580	21871
204023	341320	553691	100226	137600	207869	240114	430398	211398	299452	71411	113117	114057
136612	301511	483620	94240	125020	184223	219035	328900	195398	269001	34730	61176	68791
21155	36621	42621	4067	4770	4209	7448	19332	7520	20002	2679	2111	950
1366221	165381	272574	14943	217701	19120	71657	1141511	74243	77451	624064	191026	862863
24709	215089	196339	35571	70570	328785	85976	404492	64952	358111	338668	316906	436114
36011	73619	105209	23466	69798	100629	112173	186288	205751	94806	28643	22252	27630
26006	38851	56416	5535	13906	33274	60386	117401	44047	37342	9034	11683	12463
8303	30813	36695	17122	54282	65185	50375	63025	160573	53841	18081	9146	13124
4693	5438	8095	4803	18526	10322	6480	4526	2581	4746	244	769	16206
108	588	2941	67	0	315	170	522		5052	0	0	0
223108	869270	866143	406640	547807	469228	477925	1083482	392134	886503	428311	875845	562716
15417	75547	71836	18397	12147	11216	25400	38831	7846	28257	17800	15608	16020
26	6	38	32	17	30	34	44	27	28	15	9	48

23－2 续表4

指 标	德保县 Debao County	那坡县 Napo County	凌云县 Lingyun County	乐业县 Leye County	田林县 Tianlin County	西林县 Xilin County	隆林各族自治县 Longlin County	靖西市 Jingxi City	平果市 Pingguo City
行政区域面积（平方公里）	2575	2223	2048	2633	5524	2997	3518	3326	2457
年末常住人口（万人）	27.01	17.20	18.84	14.65	22.51	14.23	35.12	48.98	45.62
地区生产总值（亿元）	88.28	41.71	49.12	34.25	68.74	35.03	63.25	130.94	184.09
第一产业增加值	14.59	10.84	11.14	10.53	24.13	15.60	16.60	20.34	22.37
第二产业增加值	43.36	5.71	11.97	9.33	18.22	5.01	15.04	59.74	87.48
第三产业增加值	30.32	25.16	26.01	14.39	26.39	14.42	31.61	50.86	74.23
人均生产总值（元）	32479	24419	26085	23349	30544	24655	18014	26677	40406
地区生产总值增速（%）	4.0	4.3	5.4	7.9	4.5	7.1	9.7	6.4	8.1
人均生产总值增速（%）	5.3	3.1	5.3	8.2	4.5	6.9	9.7	6.9	7.9
一般公共预算收入（亿元）	7.33	2.51	1.74	2.13	3.17	1.53	2.49	17.05	18.33
一般公共预算支出（亿元）	36.21	35.09	26.14	30.58	33.85	24.64	46.57	66.50	43.71
耕地面积（公顷）	35052	18697	12176	15180	24576	10961	39353	60136	34174
设施农业占地面积（公顷）	3	37	22	0	9	2174	370	1202	1170
耕地灌溉面积（公顷）	9270	2550	3490	5560	10410	5034	8820	16120	8830
农作物总播种面积（公顷）	36776	24961	21068	20008	36890	22229	33627	66189	40892
粮食作物播种面积	24493	16248	14149	11827	17707	13632	22570	48443	25429
#稻谷	8467	4201	3801	3468	4135	3200	5850	11696	9759
油料	757	286	1537	2447	699	2170	2858	1238	469
糖料	1440	131	301	54	10863	467	684	1509	4060
蔬菜	8674	4950	3829	4291	6650	4590	4981	8861	8770
粮食总产量（吨）	98059	63655	55474	53367	85660	58260	95085	205955	105050
#稻谷	50021	27003	22095	17957	27145	19026	36387	66977	51406
油料	1414	400	1620	1812	620	2584	3706	2215	828
糖料	71900	7144	21187	2178	564860	26377	45895	103041	334097
园林水果（不含瓜类水果）	90014	19103	12569	21466	79661	352125	50217	44708	75664
肉类总产量（吨）	17284	10218	10233	8288	18891	9055	16786	24162	33600
#猪肉	7478	5868	6002	4605	9777	4319	9065	12916	11882
禽肉	6868	2717	3048	1962	6283	3380	4392	8131	20039
禽蛋（吨）	864	176	73	413	339	396	1006	228	639
奶类（吨）	0	0	0	0	0	0	0	0	0
蔬菜（吨）	195822	93145	81752	98894	182424	85518	105251	203214	190072
水产品产量（吨）	1903	720	910	11815	3925	16358	24445	7000	7716
“三品一标”农产品（个）	12	9	49	39	8	61	11	6	10

Continued

2020

八步区 Babu District	平桂区 Pinggui District	昭平县 Zhaoping County	钟山县 Zhongshan County	富川瑶族自治县 Fuchuan County	金城江区 Jinchengjiang District	宜州区 Yizhou District	南丹县 Nandan County	天峨县 Tian'e County	凤山县 Fengshan County	东兰县 Donglan County
3667	2022	3224	1472	1540	2346	3857	3905	3184	1730	2437
65.68	40.47	33.05	35.15	26.69	37.30	55.02	27.59	14.33	17.01	21.98
261.69	180.84	91.37	122.66	93.26	213.26	125.99	106.44	69.75	29.50	45.84
39.75	28.91	26.40	20.47	32.06	16.42	49.82	16.76	10.26	8.26	12.20
83.48	78.88	19.80	38.92	28.15	52.28	20.49	60.93	41.54	2.84	4.59
138.45	73.06	45.16	63.27	33.04	144.56	55.68	28.75	17.94	18.40	29.05
39959	44702	27591	34907	35000	57481	22857	38537	48485	17387	20885
5.1	13.4	2.6	7.1	3.9	9.0	2.1	5.5	3.0	1.2	4.3
4.5	13.3	3.0	7.1	3.6	7.8	2.5	5.7	3.9	0.7	4.0
10.75	5.31	3.21	4.19	3.36	3.06	5.99	6.25	3.25	1.40	1.82
43.88	32.65	38.95	36.30	31.74	18.26	40.47	32.82	23.10	27.36	33.68
65891	27278	17547	25201	41835	19365	73075	23551	13921	14632	18187
19	317	1746	10	27	1	16	0	2	77	0
19850	11861	11310	16407	15200	11180	16563	5880	2945	4080	4000
75510	51466	36074	35870	52262	38507	87507	38897	23622	20571	24165
31645	20724	20377	22820	21792	16176	41262	19665	14479	12616	14348
25288	14503	15284	17730	12956	6985	18891	8118	3210	2818	5375
3394	2912	885	2358	6058	616	2458	3173	1099	560	1568
1285	393	88	80	103	3574	20770	1436	41	40	391
27178	19322	10215	7565	18629	11138	15134	11222	5397	5035	6316
165878	104201	105918	121674	109214	68635	186917	86675	60576	43364	54133
147716	86308	91186	104093	78844	38859	102698	51737	18718	17105	24942
8493	6795	1836	6151	13982	719	2527	3879	990	610	1115
82247	29499	5405	6802	4634	242401	1310116	91447	1978	2846	30049
133500	67555	119136	186004	728248	60215	133646	60978	49144	16001	34590
39248	30878	17803	27294	34764	11957	20388	19464	8737	8609	13287
21229	19347	6758	12706	27271	5975	9775	8066	5675	5118	5375
16666	10635	10333	12786	6344	4011	6012	9909	1257	2211	5069
2516	690	816	1200	1536	3197	771	261	218	240	408
0	10	26	24446	0	0	0	0	0	0	0
789148	573838	316426	250748	442095	318690	531055	255068	45385	43345	75121
16319	10229	15979	14135	7295	5100	12045	1658	11517	288	5132
71	28	7	56	9	11	16	32	65	2	16

23－2 续表5

指 标	罗城仫佬族自治县 Luocheng County	环江毛南族自治县 Huanjiang County	巴马瑶族自治县 Bama County	都安瑶族自治县 Du' an County	大化瑶族自治县 Dahua County	兴宾区 Xingbin District	忻城县 Xincheng County
行政区域面积（平方公里）	2651	4553	1976	4088	2750	4404	2522
年末常住人口（万人）	27.30	27.64	23.64	53.87	36.55	92.65	29.82
地区生产总值（亿元）	59.94	61.16	83.58	73.75	76.70	362.09	75.89
第一产业增加值	24.20	21.98	14.74	18.49	12.72	77.38	23.78
第二产业增加值	4.74	11.09	26.92	10.59	32.36	111.95	17.43
第三产业增加值	31.00	28.09	41.91	44.67	31.61	172.76	34.68
人均生产总值（元）	21841	22141	35475	13704	21013	39097	25382
地区生产总值增速（%）	2.1	5.9	8.5	3.4	3.3	5.7	8.6
人均生产总值增速（%）	3.1	5.8	7.8	3.2	3.1	5.6	9.2
一般公共预算收入（亿元）	3.33	4.84	4.41	3.53	4.49	6.64	2.43
一般公共预算支出（亿元）	42.19	38.50	37.46	73.92	55.00	54.97	34.24
耕地面积（公顷）	37289	53844	18601	38557	24004	189600	33841
设施农业占地面积（公顷）	0	333	30	79		368	0
耕地灌溉面积（公顷）	12840	16900	5210	7370	3910	34580	9150
农作物总播种面积（公顷）	57231	39297	38259	64514	36350	188573	50294
粮食作物播种面积	23437	21559	18268	41718	25678	55065	27151
#稻谷	13544	10877	4584	6957	4320	37513	11057
油料	3311	935	1630	122	448	7827	1979
糖料	8811	3873	1455	2812	3622	78515	4166
蔬菜	15002	9454	8068	8517	4917	34455	10730
粮食总产量（吨）	100217	117836	62330	120958	73010	251872	109484
#稻谷	68411	80022	22007	33845	17849	195711	57055
油料	4478	1199	1470	92	395	19298	4431
糖料	521395	228909	76823	206578	228731	7647446	300000
园林水果（不含瓜类水果）	117093	146496	46071	36438	21652	309852	73775
肉类总产量（吨）	18244	14450	19277	30259	25354	59521	13929
#猪肉	10315	6666	9065	17322	16683	36527	5059
禽肉	4074	3550	4162	4504	4038	13778	4376
禽蛋（吨）	458	389	367	648	440	1405	458
奶类（吨）	0	0	0		0	6255	
蔬菜（吨）	153079	162389	139454	109758	69399	735351	249865
水产品产量（吨）	5573	3511	3147	2711	15221	28231	5058
“三品一标”农产品（个）	11	23	6	5	17	15	13

Continued

2020

象州县 Xiangzhou County	武宣县 Wuxuan County	金秀瑶族自治县 Jinxiu County	合山市 Heshan City	江州区 Jiangzhou District	扶绥县 Fusui County	宁明县 Ningming County	龙州县 Longzhou County	大新县 Daxin County	天等县 Tiandeng County	凭祥市 Pingxiang City
1918	1704	2469	366	2918	2841	3704	2311	2748	2165	645
28.22	34.07	13.05	9.91	43.60	40.94	31.98	23.24	28.29	28.08	13.00
88.44	113.76	45.29	37.17	206.32	189.34	98.61	91.83	101.25	75.39	69.31
30.00	34.03	10.89	4.73	34.23	42.31	28.64	28.44	26.69	16.39	6.50
18.05	27.82	11.74	14.72	59.80	82.41	24.69	19.26	31.53	16.16	18.50
40.38	51.91	22.66	17.72	112.28	64.62	45.28	44.14	43.04	42.83	44.30
31305	33303	34770	37227	47556	46412	30744	39743	35627	26605	54109
4.7	6.2	9.5	9.9	6.2	13.8	4.9	3.7	1.9	2.6	6.5
4.9	6.8	9.1	11.7	5.2	13.1	5.6	2.8	2.5	4.3	3.4
4.85	6.92	1.92	1.41	4.89	8.35	2.72	3.02	1.68	2.12	3.42
26.28	34.38	19.73	12.01	24.62	39.00	37.70	28.64	33.94	36.43	20.42
62401	60236	13611	8779	113586	132551	76596	60828	63479	42499	9559
14	125	0	35	2	5195	20	0	0	202	0
20480	17570	8730	3390	19330	37070	17630	24570	23310	10970	3010
62430	67937	20388	12110	94075	138270	80076	67051	75582	52497	13304
30290	27107	8207	5638	10369	14307	15456	9903	26595	35307	3844
24814	20680	3607	4562	5834	9704	10813	2482	14596	12290	2175
2049	3917	747	440	1580	4971	2000	1653	830	1201	302
12416	21964	17	2324	73801	76389	49244	42331	34631	3668	5359
10798	10859	5154	2527	4057	18704	9431	7219	7319	12306	3084
161434	127265	35250	27988	41505	59431	67151	39947	122599	152916	15902
143652	105515	21209	24066	28949	42805	52474	15555	80983	65920	10131
3328	9967	1815	1077	3224	12226	4421	3487	1848	1914	797
962537	2166548	1596	202187	6136057	6637025	4602441	3995125	3589238	353448	418220
505567	281134	250719	24776	197333	328961	59975	197087	113131	37055	19863
14877	30797	5971	3373	14241	31115	14355	7047	21000	18936	3382
5847	22426	3329	1535	7559	23903	8434	3125	8600	11414	546
7317	6495	1977	1229	5570	5394	4387	2394	8324	5816	2175
1216	326	266	109	169	3783	337	267	512	15108	265
0	105	0	0		14445	0	0	0	0	
246056	273291	106245	58468	73530	602468	172823	150242	133405	216129	54190
10846	11068	1571	2222	9705	16342	7483	11322	8005	3193	2590
39	13	17	3	13	10	9	11	11	5	9

23－2 续表6

指 标	Item	兴宁区 Xingning District	青秀区 Qingxiu District	江南区 Jiangnan District
规模以上工业企业个数（个）	Number of Industrial Enterprises Above Designated Size (unit)	26	30	175
规模以上工业增加值增速（%）	Growth of added value of industries Above Designated Size (%)	0.1	64.8	-2.8
公路里程（公里）	Length of Domestic Highways (km)	342	746	902
社会消费品零售总额（亿元）	Total Retail Sales of Consumer Goods (100 million yuan)	486.72	497.57	361.38
社会消费品零售总额增速（%）	Total Retail Sales of Consumer Goods Growth Rate (%)	-6.3	-3.7	-4.7
出口总额（万元）	Total Export (10 000 yuan)	8021	231249	1622292
固定资产投资增速（不含农户）（%）	Fixed Asset Investment Index (Excluding Rural Households) Growth Rate (%)	-4.0	-9.8	9.3
普通中学数（所）	Number of Regular Secondary Schools (unit)	22	16	37
小学数（所）	Number of Primary Schools (unit)	51	91	88
普通中学专任教师数（人）	Full-time Teachers in Regular Secondary Schools (person)	1609	939	2607
小学专任教师数（人）	Full-time Teachers in Primary Schools (person)	2337	5182	4986
普通中学在校学生数（人）	Student Enrollment in Regular Secondary Schools (person)	23984	11143	35530
小学在校学生数（人）	Primary Student Enrollment (person)	46341	85443	87205
全年专利授权数（件）	Number of Patent Authorizations Throughout the year (unit)	1110	2402	1277
公共图书馆图书总藏量（千册）	Public Library Total Collection of Books (1 000 copies/collects)	166	575	65
体育场馆个数	Sports Places (unit)			0
医疗卫生机构床位数（张）	Number of Beds in Healthcare Institutions (bed)	5100	14310	2899
医疗卫生机构技术人员（人）	Medical and Technical Personnel of Heathcare Institutions (person)	7278	25074	5377
#执业（助理）医师	Practitioner (Assistant) Doctors	2626	9173	2361
居民人均可支配收入（元）	Per Capita Annual Disposable Income of Households (yuan)	38592	47219	33928
城镇居民人均可支配收入（元）	Per Capita Disposable Income of Urban Households (yuan)	41940	49638	37823
农村居民人均可支配收入（元）	Per Capita Net Income of Rural Residents (yuan)	17280	17803	17562
农村居民人均消费支出（元）	Per Capita Consumption Expenditure of Rural Households (yuan)	12208	16712	10777
其中：食品烟酒消费支出	Consumption Expenditure on Food, Tobacco and Liquor	3927	4508	3518
提供住宿的社会工作机构（个）	Social Welfare and Facilities Provides Lodging (unit)	15	10	14
提供住宿的社会工作机构床位（床）	Number of Beds in Adopting Units of Social Welfare (bed)	1678	1262	1063
城乡居民基本养老保险参保人数	Number of Basic Pension Insurance for Urban and Rural Residents (person)	66483	68423	121668
城镇居民最低生活保障人数（人）	Number of Urban Residents Receiving Lowest Cost-of-living (person)	3522	9789	5875
农村居民最低生活保障人数（人）	Number of Rural Residents Receiving Lowest Cost-of-living (person)	4976	6042	6811
森林面积（公顷）	Forest Area (hectares)	39703	41080	48392
自然保护区面积（公顷）	Area of Nature Reserve (hectares)			
垃圾处理站数（个）	Number of Garbage Station (unit)			14

Continued

2020

西乡塘区 Xixiangtang District	良庆区 Liangqing District	邕宁区 Yongning District	武鸣区 Wuming District	隆安县 Long' an County	马山县 Mashan County	上林县 Shanglin County	宾阳县 Binyang County	横　县 Hengxian County	城中区 Chengzhong District	鱼峰区 Yufeng District
239	66	32	211	52	19	23	101	133	4	308
9.1	2.6	11.7	8.0	8.0	14.1	-4.8	9.0	-16.1	8.6	-0.8
859	1068	1044	1757	1174	1225	967	1183	2053	40	420
451.51	71.67	31.45	42.10	12.34	19.65	23.19	99.96	82.81	165.77	329.47
-12.2	0.6	4.0	-7.9	-27.6	-21.2	-13.1	-5.6	-11.7	-14.0	0.2
2524768	216468	18331	56195	7445	1131	2344	10712	9230	0	
15.2	-3.0	-45.5	15.6	1.8	10.2	19.4	1.5	2.8	0.5	-14.7
61	24	13	28	16	20	15	31	40	9	19
98	46	73	105	42	101	66	125	209	17	41
4763	1799	1137	2698	1443	1692	1625	3455	4106	787	1278
6980	2074	1613	2923	1774	2103	2166	3922	5131	1147	2407
67082	21202	14494	37891	22790	25945	23097	51749	63158	11132	21020
129972	44175	26184	46690	32114	37621	34560	77860	96446	21795	43256
4727	436	573	398	126	182	107	276	212	0	1230
114	74	190	188	119	110	145	181	23	155	255
	4	0	1	2	1	9	2	3	8	6
9266	3055	1824	4372	2190	2113	2614	4389	4451	5232	6941
14724	4276	1923	4573	2052	2166	2567	5118	4725	8706	8672
5401	1623	678	1719	653	683	826	1591	1721	3010	2453
34929	29064	24129	26977	18985	17560	18553	24945	24658	46544	42054
36731	33442	35206	37071	30044	29960	29241	36255	36684	46612	42488
16026	17598	16790	18777	13958	12851	13268	16321	16253	26698	27286
15215	10247	12009	12403	11416	13347	14034	13776	11729	15151	18806
4896	3322	3887	3979	3693	4304	4571	4439	3802	5570	7017
21	13	8	10	1	1	13	11	0	3	14
2325	1538	2673	1347	100	136	588	1458	0	780	1031
97518	69831	160550	315360	216379	297405	255595	524300	629473	2959	55401
12725	3173	987	4710	2421	23486	3205	7390	8482	1619	6570
9506	7742	14718	22751	21153	31898	26504	33148	42148	104	5680
31874	76647	54245	186864	138436	158484	109977	105793	165785	3180	40804
		0		2543	8481	28543		21	0	0
0	10	0	1	1	5	10	1	5	0	1

23—2 续表7

指 标	柳南区 Liunan District	柳北区 Liubei District	柳江区 Liujiang District	柳城县 Liu Cheng County	鹿寨县 Luzhai County	融安县 Rong' an County	融水苗族自治县 Rongshui County	三江侗族自治县 Sanjiang County
规模以上工业企业个数（个）	155	169	130	60	101	54	54	17
规模以上工业增加值增速（%）	-15.7	10.7	-4.9	1.5	3.1	-3.9	-21.7	35.9
公路里程（公里）	0	152	936	1563	1618	1100	1989	1162
社会消费品零售总额（亿元）	347.63	137.63	106.24	32.57	44.78	36.41	44.44	25.25
社会消费品零售总额增速（%）	0.1	-22.7	5.0	0.6	4.9	-6.3	4.2	-11.3
出口总额（万元）	23969	874	44270	17948	6419	3837	0	0
固定资产投资增速（不含农户）（%）	-16.4	23.4	2.6	21.1	3.2	18.7	34.1	13.3
普通中学数（所）	19	16	14	16	7	9	14	18
小学数（所）	45	43	49	143	65	26	107	42
普通中学专任教师数（人）	1743	1229	1173	1107	1216	1019	1716	1619
小学专任教师数（人）	2422	1741	2151	1573	1515	1222	1901	1951
普通中学在校学生数（人）	21749	15765	17327	15401	19162	14898	27393	22814
小学在校学生数（人）	50353	30412	39585	22993	25887	17572	29925	35436
全年专利授权数（件）	0	287	326	72	177	92	42	24
公共图书馆图书总藏量（千册）	42	2157	171	110	146	165	115	85
体育场馆个数	6	3	3	1	6	1	2	4
医疗卫生机构床位数（张）	2195	2640	1620	1998	1999	1794	1925	1751
医疗卫生机构技术人员（人）	4812	3859	2106	2216	2495	1802	2570	1708
#执业（助理）医师	1686	1383	791	675	873	596	674	424
居民人均可支配收入（元）	43927	41949	27718	25257	27467	21829	21197	19565
城镇居民人均可支配收入（元）	43934	42846	39129	36243	39009	32098	32282	32074
农村居民人均可支配收入（元）	24910	20047	16267	16625	16766	15337	15077	14698
农村居民人均消费支出（元）	16704	17431	10906	10012	10286	10070	10189	10559
其中：食品烟酒消费支出	6148	6118	4120	3786	3662	4025	4066	4118
提供住宿的社会工作机构（个）	12	6	4	36	11	12	21	11
提供住宿的社会工作机构床位（床）	1479	1149	400	1835	621	376	730	308
城乡居民基本养老保险参保人数	45415	20755	175718	151045	177778	130588	261258	203795
城镇居民最低生活保障人数（人）	8088	6986	3530	2451	2493	2824	4399	7031
农村居民最低生活保障人数（人）	2784	1587	12638	11461	10025	14623	30915	33286
森林面积（公顷）	25039	8645	173716	97095	192793	214200	249083	172445
自然保护区面积（公顷）	0	140	0	11500	5600	14605	0	
垃圾处理站数（个）	0	0	3	1	15	2	14	25

Continued

2020

秀峰区 Xiufeng District	叠彩区 Diecai District	象山区 Xiangshan District	七星区 Qixing District	雁山区 Yanshan District	临桂区 Lingui District	阳朔县 Yangshuo County	灵川县 Ling Chuan County	全州县 Quanzhou County	兴安县 Xing' an County	永福县 Yongfu County	灌阳县 Guanyang County
11	9	17	73	8	58	6	61	47	23	44	30
-25.9	11.5	4.5	12.7	-8.1	29.3	26.4	12.8	9.8	9.1	4.1	16.0
21	62	58	85	281	1286	836	975	2621	1331	898	927
75.87	72.99	116.57	144.04	10.36	56.96	40.97	135.30	40.65	21.50	38.35	10.67
-12.2	-7.3	-12.7	-10.2	-13.7	-15.7	-9.2	-2.3	-11.2	1.6	-5.3	0.6
	0	14173	0	0		0		0	0	0	0
1.5	-24.8	8.7	3.0	10.4	9.5	5.0	6.7	10.2	10.3	8.3	10.6
8	1	11	4	3	22	12	23	27	16	14	13
12	1	25	19	9	73	40	45	53	31	75	14
946	61	850	194	194	2103	916	1434	2889	1017	814	989
734	605	1482	1500	391	2818	1212	1578	2910	1598	1163	1260
12741	653	11572	2031	2427	29604	14276	20724	41494	14220	12566	12984
12986	14650	25570	26883	5431	44869	21327	34306	51292	27671	18934	17826
		0	1582		340	46	85	29	49	49	16
758	0		20	21	123	125	238	226	150	141	128
1	1	0	1	0	1	2	1	2	1	1	2
2833	1344	4386	1031	110	1982	1050	1516	2216	1871	1419	1020
3922	2744	6120	2513	202	3301	1799	2414	3448	2509	1664	1433
1237	947	2256	1084	86	1230	627	928	1199	860	556	491
39076	37124	38995	40656	30763	29476	27569	27934	24241	27698	24554	21235
39076	38942	39010	40848	36622	41736	41851	39067	36860	38966	38463	35122
0	17567	17161	21086	16206	20485	19859	18169	17759	20811	16629	12942
0		11297	13743	9633	11505	12102	10197	11176	12212	9804	8482
		4097	4908	3593	4016	4417	3654	3912	4395	3529	3204
12	4	11	15	4	4	2	2	6	8	2	5
2580	585	2125	1518	461	577	1190	170	746	512	206	308
6006	16260	14589	11252	34195	27803	183881	204010	447946	147914	125843	165191
908	1817	3111	2759	1155	1215	420	1312	3122	1428	1840	1171
		411	11782	1715	19302	11307	13821	32037	16362	17007	17279
1400		2570	2320	14195	138426	97100	158884	249345	178467	211416	117082
			0		8791	69900	56096	0	16476	82207	30275
2	1	1	6	4	4	5	4	1	1	1	10

23－2 续表8

指　标	龙胜各族自治县 Longsheng County	资源县 Ziyuan County	平乐县 Pingle County	恭城瑶族自治县 Gongcheng County	荔浦市 Lipu City	万秀区 Wanxiu District	长洲区 Changzhou District	龙圩区 Longxu District
规模以上工业企业个数（个）	18	18	30	14	57	112	23	69
规模以上工业增加值增速（%）	3.9	9.2	-24.3	7.9	4.5	18.4	10.5	12.0
公路里程（公里）	1064	986	966	1161	1117	257	288	433
社会消费品零售总额（亿元）	12.59	8.61	30.77	27.17	45.55	56.39	84.52	19.64
社会消费品零售总额增速（%）	-15.2	-2.8	2.6	-0.4	-1.4	-6.5	-6.0	-2.5
出口总额（万元）	28105	0			45500	82908	65691	55060
固定资产投资增速（不含农户）（%）	6.7	-24.8	1.1	23.2	7.4	-3.7	4.5	38.5
普通中学数（所）	5	7	14	11	13	13	9	11
小学数（所）	12	108	35	22	59	43	32	65
普通中学专任教师数（人）	542	700	1354	1014	1142	1192	1107	1015
小学专任教师数（人）	833	808	2093	1405	1560	1340	1318	1809
普通中学在校学生数（人）	7542	9800	22103	16128	17110	16402	16443	14106
小学在校学生数（人）	10134	12610	33000	21112	24200	22355	25093	33833
全年专利授权数（件）	1	56	61	22	124	0	0	0
公共图书馆图书总藏量（千册）	120	72	165	75	123	0	1260	0
体育场馆个数	1	5	1	2	2	1	14	0
医疗卫生机构床位数（张）	695	634	1794	1310	1800	4478	1676	682
医疗卫生机构技术人员（人）	1089	909	2306	1703	2487	6172	3256	1289
#执业（助理）医师	350	270	760	598	901	1899	1152	545
居民人均可支配收入（元）	21412	20576	23085	21658	27183	34319	34777	22581
城镇居民人均可支配收入（元）	36304	35764	36708	35578	37934	36171	36489	31870
农村居民人均可支配收入（元）	13931	13327	16643	15160	17859	18807	17963	14188
农村居民人均消费支出（元）	8708	8345	9912	9552	11175	9863	14564	7898
其中：食品烟酒消费支出	3318	3100	3360	3394	3766	3294	4629	2775
提供住宿的社会工作机构（个）	5	0	1	3	5	17	9	3
提供住宿的社会工作机构床位（床）	554	0	80	419	728	1498	1426	212
城乡居民基本养老保险参保人数	90021	100815	193559	175951	207371	35739	22359	125903
城镇居民最低生活保障人数（人）	1073	448	1309	1093	1476	3384	2338	1254
农村居民最低生活保障人数（人）	12585	12053	18410	15051	13961	2812	2201	12213
森林面积（公顷）	201867	160705	139669	171840	132208	32146	23469	68210
自然保护区面积（公顷）	11125	9443	0	60233	19504	0	0	0
垃圾处理站数（个）	1	1	13	17	1	0	1	1

Continued

2020

苍梧县 Cangwu County	藤　县 Tengxian County	蒙山县 Mengshan County	岑溪市 Cenxi City	海城区 Haicheng District	银海区 Yinhai District	铁山港区 Tieshangang District	合浦县 Hepu County	港口区 Gangkou District	防城区 Fangcheng District	上思县 Shangsi County
19	77	31	162	127	41	29	96	61	37	34
8.7	14.2	-3.3	21.0	-26.5	-4.0	-7.8	0.6	16.8	-56.0	-3.4
1411	2570	673	1981	106	395	472	2023	269	1217	1391
12.30	54.45	15.37	41.34	193.79	48.65	25.23	39.60	62.53	33.75	9.86
-3.8	-4.8	-3.1	-7.3	-11.5	-11.8	-15.1	4.4	-11.0	-16.4	-10.5
0	28100	4457	15578	867074	3660	26211	91710	376726	592457	0
148.6	12.5	11.0	10.7	-4.8	-6.6	117.2	52.5	3.4	22.2	35.3
17	42	11	31	15	13	8	36	7	21	7
72	149	50	104	40	39	47	229	25	66	36
1597	4674	906	4705	286	721	521	3735	444	1806	826
1905	5550	1151	5561	2867	1332	771	4829	1077	2164	1496
21374	63986	12033	61912	4816	8170	7473	58469	6175	28403	11638
31852	96002	16830	100655	49777	23984	13239	77780	20766	41444	20160
115	341	58	178	670	0	45	200	248	57	11
130	164	110	130	587	0	0	228	128	98	174
0	3	1	7	2	0	0	7	2	3	1
1470	3365	1078	4128	3549	416	250	6010	908	2300	1026
1822	4023	1122	3928	6458	1169	489	5037	993	3439	1150
559	1348	345	1259	2167	453	179	1644	338	1161	343
15554	22005	19453	27239	39035	32839	24489	25230	36891	28970	18036
26134	31758	31210	36043	39057	37375	37317	37127	39756	38524	25766
10859	14613	12550	17323	17964	18728	17581	16545	18599	17536	14296
7607	8814	9491	11598	14054	12994	11926	9850	13257	11477	8976
2670	3142	3017	2784	5258	4865	4343	3694	4651	5234	4633
3	11	7	7	5	8	36	101	2	5	2
200	1332	474	1070	306	1474	770	1095	742	425	300
209595	469620	128797	477958	29924	72721	76785	471076	31292	200400	111010
419	3261	1202	6242	2951	1283	560	7913	794	2877	2018
20810	82818	12628	46406	642	4806	6553	28795	1213	14542	10905
190000	292983	92309	186591	721	4487	5800	106000	9510	177037	180579
0	0	8546	0	2382	0	60	13427	0	29400	38621
0	2	6	1	11	1	3	39	12	8	2

23－2 续表9

指　标	东兴市 Dongxing City	钦南区 Qinnan District	钦北区 Qinbei District	灵山县 Lingshan County	浦北县 Pubei County	港北区 Gangbei District	港南区 Gangnan District	覃塘区 Qintang District
规模以上工业企业个数（个）	25	66	57	79	85	105	237	202
规模以上工业增加值增速（%）	-66.1	-23.2	-17.1	-5.2	-4.1	11.9	19.0	17.7
公路里程（公里）	321	1460	1586	2551	1968	834	940	1300
社会消费品零售总额（亿元）	23.20	127.60	112.28	92.11	55.75	158.29	40.28	53.65
社会消费品零售总额增速（%）	-14.5	0.3	-2.5	0.6	4.1	-0.8	0.1	0.4
出口总额（万元）	1622397		16533	81063	49607	44089	17591	3997
固定资产投资增速（不含农户）（%）	23.8	2.3	3.2	12.6	-9.4	5.1	6.1	0.8
普通中学数（所）	9	21	21	45	26	16	20	24
小学数（所）	26	162	325	398	267	92	120	133
普通中学专任教师数（人）	862	1402	2173	5324	3347	1892	2099	2375
小学专任教师数（人）	1598	4463	4544	8451	4984	3741	3023	2638
普通中学在校学生数（人）	11680	18127	37136	89998	48756	30029	30328	32157
小学在校学生数（人）	26480	79485	91374	163637	84392	83105	53024	47738
全年专利授权数（件）	29			148	139	28	32	66
公共图书馆图书总藏量（千册）	110	3	15	172	189	27	13	0
体育场馆个数	3	1	2	4	1	3	1	1
医疗卫生机构床位数（张）	501	1165	2169	5530	2848	5334	2141	2310
医疗卫生机构技术人员（人）	1038	1401	2245	6206	4662	6565	2374	2119
#执业（助理）医师	418	405	1156	1505	1209	2133	866	672
居民人均可支配收入（元）	37088	29078	25180	22323	22062	31965	24641	26091
城镇居民人均可支配收入（元）	43430	37879	36696	37119	36891	36210	35059	34289
农村居民人均可支配收入（元）	21173	15841	15404	15335	15041	17415	16975	17631
农村居民人均消费支出（元）	12451	9174	9511	9183	9228	4784	6398	9067
其中：食品烟酒消费支出	4388	4104	3302	3395	3677	1374	3194	3020
提供住宿的社会工作机构（个）	2	147	15		308	16	107	173
提供住宿的社会工作机构床位（床）	218	1850	1434		3729	2263	2450	3466
城乡居民基本养老保险参保人数	61246	282722	314290	486118	813300	201400	371287	369090
城镇居民最低生活保障人数（人）	748	3500	2672	3264	1932	4904	1247	638
农村居民最低生活保障人数（人）	4854		36192	71767	43760	22279	29301	25471
森林面积（公顷）	34305		112712	178326	160000	47300	40799	54247
自然保护区面积（公顷）	1217		4194	0	0	0	0	0
垃圾处理站数（个）	6	22	5	60	6	1	0	10

Continued

2020

平南县 Pingnan County	桂平市 Guiping City	玉州区 Yuzhou District	福绵区 Fumian District	容 县 Rongxian County	陆川县 Luchuan County	博白县 Bobai County	兴业县 Xingye County	北流市 Beiliu City	右江区 Youjiang District	田阳区 Tianyang District
115	135	95	55	91	76	84	44	147	45	49
2.7	2.0	10.5	11.4	2.5	-13.3	-13.3	14.0	-16.0	2.0	12.0
2299	3336	369	688	1408	1761	3234	1346	1941	1711	1375
63.57	109.98	430.72	18.46	66.23	40.80	81.75	32.39	83.12	152.63	22.84
-0.2	0.2	2.0	3.2	4.7	1.9	2.1	5.7	2.0	-7.0	1.3
	11603	0	2887	4652	9005	57421	3471	80524	35563	1719
2.2	3.5	-9.4	18.2	0.4	1.9	9.0	30.9	8.5	14.9	-0.2
58	75	49	11	31	33	66	27	53	20	9
209	256	133	97	145	167	306	164	294	50	29
5731	7688	4943	1215	3315	4280	6489	2628	6317	2297	1131
7277	8965	4451	1841	4183	5736	9828	3076	7199	2346	1294
88543	125234	75647	17487	54755	65356	108078	38025	104805	39682	19628
129452	168732	105518	33377	88354	103656	182817	53070	163320	38974	26062
137	714	1270	99	283	202	261	195	464	684	79
173	412	87	54	242	180	336	90	344	656	108
1	2	2	0	1	2	2	3	1	4	2
5632	7731	10810	853	3557	4140	5736	2018	7035	6048	1840
6345	7700	12707	884	3903	3682	5130	2094	6027	7475	2091
2245	2629	4452	325	1404	1189	1487	717	2402	2460	651
24696	24148	38386	26312	24668	24205	22776	22135	30646	29916	23532
34046	33400	42972	39842	34852	33759	31540	31959	39657	36943	35106
16248	16949	20202	17385	16915	16689	16868	15937	19001	17663	15710
12467	10170	14283	9981	10336	11739	11240	10694	10259	12175	10804
4499	3712	4856	3289	3593	3950	3521	3339	3674	4004	3632
170	275	3	2	5	176		12	10	13	5
4837	7608	473	320	1235	4546		981	1486	1979	305
830791	764320	219638	203039	416501	527890	886186	267838	678814	131115	196192
4615	4872	8111	3068	6196	6831	10816	5155	11557	3144	1178
64239	114152	13257	14567	39489	47942	83908	31322	51570	10653	21183
167769	198688	11279	47339	163002	94003	247885	89150	149657	303073	176259
0	1897	1123	0	1646	0	16012	2003	14768	78577	33811
1	1	1	2	9	4	2	29	5	24	15

23—2 续表10

指　标	田东县 Tiandong County	德保县 Debao County	那坡县 Napo County	凌云县 Lingyun County	乐业县 Leye County	田林县 Tianlin County	西林县 Xilin County	隆林各族自治县 Longlin County
规模以上工业企业个数（个）	42	26	10	23	11	42	8	21
规模以上工业增加值增速（%）	11.5	2.7	22.3	-11.0	36.5	-10.0	-15.9	38.2
公路里程（公里）	1517	1444	1226	1358	1660	2021	891	2133
社会消费品零售总额（亿元）	21.71	19.64	8.71	10.87	10.11	23.28	8.57	18.98
社会消费品零售总额增速（%）	-12.2	-1.9	-7.3	3.0	2.2	3.7	14.4	2.4
出口总额（万元）	2146	18612	1162244	62	0	4883	599	2414
固定资产投资增速（不含农户）（%）	24.3	7.1	28.2	-43.8	7.6	19.2	33.5	6.2
普通中学数（所）	11	14	10	11	5	15	10	20
小学数（所）	41	26	29	35	19	27	26	52
普通中学专任教师数（人）	1719	1114	790	891	755	1283	795	1768
小学专任教师数（人）	1941	1350	982	1114	1068	1252	904	2195
普通中学在校学生数（人）	24889	16336	11815	15194	10589	17225	11474	30803
小学在校学生数（人）	32962	24609	15398	19953	14232	18964	13998	36932
全年专利授权数（件）	90	43	27	14	26	18	8	17
公共图书馆图书总藏量（千册）	151	96	118	154	94	98	182	118
体育场馆个数	3	1	1	2	1	2	4	2
医疗卫生机构床位数（张）	2679	1375	922	677	590	1459	710	1439
医疗卫生机构技术人员（人）	2701	1471	1163	1049	636	1431	963	1878
#执业（助理）医师	1031	397	291	252	209	396	209	475
居民人均可支配收入（元）	25031	20035	14792	16159	16806	18099	17333	16809
城镇居民人均可支配收入（元）	36430	35940	27242	31055	32332	31884	28296	33711
农村居民人均可支配收入（元）	17518	12386	10043	10601	10869	13491	12233	10929
农村居民人均消费支出（元）	10217	8632	7660	8551	8516	9547	7669	7567
其中：食品烟酒消费支出	3397	3165	2804	3012	2806	3263	2566	2761
提供住宿的社会工作机构（个）	3	3	0	2	0	1	1	2
提供住宿的社会工作机构床位（床）	1380	418	0	34	0	140		60
城乡居民基本养老保险参保人数	237883	221712	119827	111746	96531	145939	91322	254786
城镇居民最低生活保障人数（人）	1297	959	2166	1530	1307	1532	330	631
农村居民最低生活保障人数（人）	21761	43618	29293	24681	19139	33436	15237	53626
森林面积（公顷）	210940	184326	174504	172778	219202	453357	231835	252821
自然保护区面积（公顷）	0	31412	26299	19030	22062	16592	48202	19424
垃圾处理站数（个）	22	27	28	12	25	22	20	36

Continued

2020

靖西市 Jingxi City	平果市 Pingguo City	八步区 Babu District	平桂区 Pinggui District	昭平县 Zhaoping County	钟山县 Zhongshan County	富川瑶族自治县 Fuchuan County	金城江区 Jinchengjiang District	宜州区 Yizhou District	南丹县 Nandan County	天峨县 Tian' e County
37	63	57	111	16	62	23	36	57	28	11
8.1	7.3	11.6	24.5	1.1	13.6	1.8	26.5	6.0	6.5	3.8
1784	1572	1473	719	1364	754	850	973	1591	1249	1400
34.96	47.84	80.63	42.20	17.66	20.69	20.32	80.78	47.25	32.88	9.74
5.4	11.4	8.6	7.5	-4.1	-2.8	2.4	-9.0	-8.2	3.1	-10.1
1719613	70446	0	0	0	4883	5675	2623	11567	0	0
8.7	15.1	7.6	19.5	-5.1	14.2	2.0	0.4	9.4	19.8	57.1
20	12	32	19	17	19	10	16	32	14	7
51	35	90	69	50	83	33	44	125	73	31
2061	2181	2940	1986	1475	1647	1147	1553	2442	1192	829
2479	2237	4357	2262	2256	2404	1823	1749	2767	1998	1001
33098	36594	39668	29197	22360	24190	17812	25834	39343	21038	13039
45867	43034	82368	44561	40143	46210	29824	33931	51316	33370	14548
92	106	227	402	36	158	70	180	174	59	32
242	102	289	105	171	189	150	281	134	133	74
2	3	4	3	2	2	6	9	2	16	0
2359	2596	4844	1091	1495	1673	1376	4379	4042	1146	778
2541	3310	6327	1363	1653	2001	1647	5319	5494	1735	1059
655	1128	2180	336	492	676	434	1694	1601	539	341
17965	26012	25390	23320	22098	21468	20758	25058	23697	24313	17555
31866	37405	36405	32922	32723	32601	31835	39437	38618	37656	28551
12334	15011	14713	13974	13059	13403	13306	13054	14042	13036	10713
8166	9454	10431	10088	9570	8119	7901	9652	10604	8610	8548
2988	3344	3589	3491	3372	2827	2768	3385	3695	3106	3028
3	3	8	41	88	12	97	54	1	13	10
120	1084	377	689	1719	785	1259	1704	496	765	596
418115	293722	343583	235308	192557	263743	158072	115117	246215	124351	82195
2908	3561	2496	2262	1609	1310	1719	3231	3447	5653	820
78071	28278	35413	28055	25834	27133	20133	11570	29348	42602	14520
221327	169507	276169	113865	282334	64257	83023	183200	256552	280900	260344
41978	30205	9213	3702	14336	0	17560	0	0	1354	42848
36	8		0	1	1	1	19	10	8	10

23-2 续表11

指　标	凤山县 Fengshan County	东兰县 Donglan County	罗城仫佬族自治县 Luocheng County	环江毛南族自治县 Huanjiang County	巴马瑶族自治县 Bama County	都安瑶族自治县 Du' an County	大化瑶族自治县 Dahua County
规模以上工业企业个数（个）	4	8	20	29	19	21	15
规模以上工业增加值增速（%）	6.0	10.0	-8.5	27.0	9.8	16.0	5.8
公路里程（公里）	1069	1424	847	1239	973	1757	1429
社会消费品零售总额（亿元）	7.44	14.38	17.14	11.92	23.87	20.67	11.56
社会消费品零售总额增速（%）	-5.2	4.5	-9.3	-7.8	-3.6	-10.0	-7.4
出口总额（万元）		0	0	1629	3700	16018	2251
固定资产投资增速（不含农户）（%）	0.2	0.5	17.1	11.7	0.1	38.2	17.8
普通中学数（所）	13	13	14	17	16	27	18
小学数（所）	30	46	49	45	60	127	74
普通中学专任教师数（人）	850	1026	1120	1310	1210	2613	1723
小学专任教师数（人）	1227	1333	1814	1793	1853	4105	2610
普通中学在校学生数（人）	13493	15919	18629	20604	19981	47253	31192
小学在校学生数（人）	18683	22007	28043	25606	29934	67900	47512
全年专利授权数（件）	31	40	88	46	30	66	58
公共图书馆图书总藏量（千册）	93	72	163	85	160	126	72
体育场馆个数	1	2	1	3	3	1	1
医疗卫生机构床位数（张）	812	1024	1400	1191	953	1903	1960
医疗卫生机构技术人员（人）	1020	1268	1675	1468	1443	2850	2220
#执业（助理）医师	283	362	504	491	441	901	737
居民人均可支配收入（元）	14015	13789	14977	17716	15539	16385	14937
城镇居民人均可支配收入（元）	26315	26745	26072	30386	29317	26775	26446
农村居民人均可支配收入（元）	9665	9692	9789	11900	9941	9825	9991
农村居民人均消费支出（元）	6945	6751	7118	9596	7002	6735	7987
其中：食品烟酒消费支出	2495	2382	2682	3221	2543	2488	2840
提供住宿的社会工作机构（个）	12	2	119	67	3	7	19
提供住宿的社会工作机构床位（床）	374	485	1557	1494	451	2076	1186
城乡居民基本养老保险参保人数	109014	135300	171800	198045	123800	354492	269731
城镇居民最低生活保障人数（人）	1220	679	7301	4331	2829	9204	6174
农村居民最低生活保障人数（人）	26679	27054	33071	25236	24565	103494	75253
森林面积（公顷）	145333	187864	189000	357090	147880	311000	195980
自然保护区面积（公顷）		0	6768	15031	0		0
垃圾处理站数（个）	3	3	6	20	10	0	24

Continued

2020

兴宾区 Xingbin District	忻城县 Xincheng County	象州县 Xiangzhou County	武宣县 Wuxuan County	金秀瑶族自治县 Jinxiu County	合山市 Heshan City	江州区 Jiangzhou District	扶绥县 Fusui County	宁明县 Ningming County	龙州县 Longzhou County	大新县 Daxin County	天等县 Tiandeng County	凭祥市 Pingxiang City
121	12	47	41	17	19	80	127	42	19	27	12	44
6.3	-2.3	-0.6	9.0	31.6	29.4	7.0	33.0	11.3	18.1	6.2	6.9	18.2
3055	1181	1031	1015	1026	285	1132	1349	1456	1019	976	1024	394
55.66	17.33	20.00	20.89	6.25	9.64	61.56	34.16	20.43	26.52	30.87	18.75	35.15
-14.6	-14.5	-4.1	-2.7	-18.8	-5.5	-0.3	1.5	0.7	0.5	-0.5	-0.6	1.0
1291	384	2712	3433	5166	129	124726	12090	2719669	2541018	384000		7070800
-17.7	183.9	31.1	16.4	67.4	15.3	9.7	11.3	1.8	9.6	34.2	9.2	6.8
31	7	10	13	6	3	22	19	16	6	13	19	4
116	24	20	26	29	6	25	37	36	24	23	60	33
3223	1096	1053	1350	453	348	2073	1639	1190	600	1004	1201	353
5191	1609	1484	1664	800	517	1304	2236	1733	1052	1408	1570	701
42087	18295	15870	22707	6375	4808	30012	24131	21274	10197	17280	22192	6213
98806	28682	23191	35154	10102	9113	32289	33185	29722	16707	23619	28873	11707
420	21	48	85	51	69	339	146	56	51	32	105	45
408	86	240	85	96	75	210	138	142	208	110	128	75
0	2	0	1	1	1	1	1	3	1	2	2	0
5412	1576	1670	1989	733	574	2014	1471	1459	1287	1756	1657	588
6648	1545	1661	1694	897	814	2934	2138	2083	1652	1855	1837	896
2176	469	532	557	311	266	868	736	597	476	549	559	261
25687	20765	23279	23471	21186	27901	26893	25430	19142	19875	21087	17817	28289
36942	35925	36634	35771	36541	34991	37369	36417	30607	31806	35966	30627	39078
14696	13379	14390	14594	12116	14395	16320	16578	14053	12709	15081	12550	14315
11698	9914	11500	10960	10198	9246	9914	10644	8662	8424	10343	8203	8818
4049	3346	4138	3752	3559	3583	3794	4155	3412	3232	4130	3273	3184
4	2	9	5	1	1	10	14	13	50	3	13	3
362	250	1391	406	300	310	370	2125	155	653	1014	440	528
352851	199565	167780	193609	71100	37635	180136	193244	201966	135861	187185	218200	54803
5002	1792	905	1538	450	1408	1777	2106	1690	1253	1275	2148	911
48457	32957	17675	22409	8161	4203	12828	15671	20394	8796	18621	26362	3219
124667	172707	94467	92785	211809	18506	141044	139727	281047	231227	170113	140016	47857
0	0	101	0	24907	0	186721	9876	2564	24835	66482	0	
19	1	1	11	1	3		1	5	1	4	1	0

附　录

APPENDIX

（编辑：黄浩洲）

2021年广西壮族自治区国民经济和社会发展统计公报[1]

广西壮族自治区统计局　国家统计局广西调查总队

2022年3月24日

2021年，全区各级各部门坚持以习近平新时代中国特色社会主义思想为指导，认真贯彻落实党的十九大和十九届历次全会精神，认真贯彻落实习近平总书记视察广西"4·27"重要讲话精神和对广西工作系列重要指示要求，全面落实党中央、国务院决策部署，按照自治区党委、政府要求，坚持稳中求进工作总基调，扎实做好"六稳""六保"工作，有效应对复杂多变的外部环境和各项风险挑战，经济运行持续恢复，民生保障有力，社会和谐稳定，实现了"十四五"良好开局，新时代中国特色社会主义壮美广西建设迈出坚实步伐。

一、综　合

初步核算，全年全区生产总值[2]（GDP）24740.86亿元，按可比价计算，比上年增长7.5%，两年平均增长[3]5.6%。其中，第一产业增加值4015.51亿元，增长8.2%；第二产业增加值8187.90亿元，增长6.7%；第三产业增加值12537.45亿元，增长7.7%。第一、二、三产业增加值占全区生产总值的比重分别为16.2%、33.1%和50.7%，对经济增长的贡献率分别为18.0%、28.7%和53.3%。按常住人口计算，全年人均地区生产总值49206元，比上年增长6.9%。

图1　2017—2021年广西生产总值及其增长速度

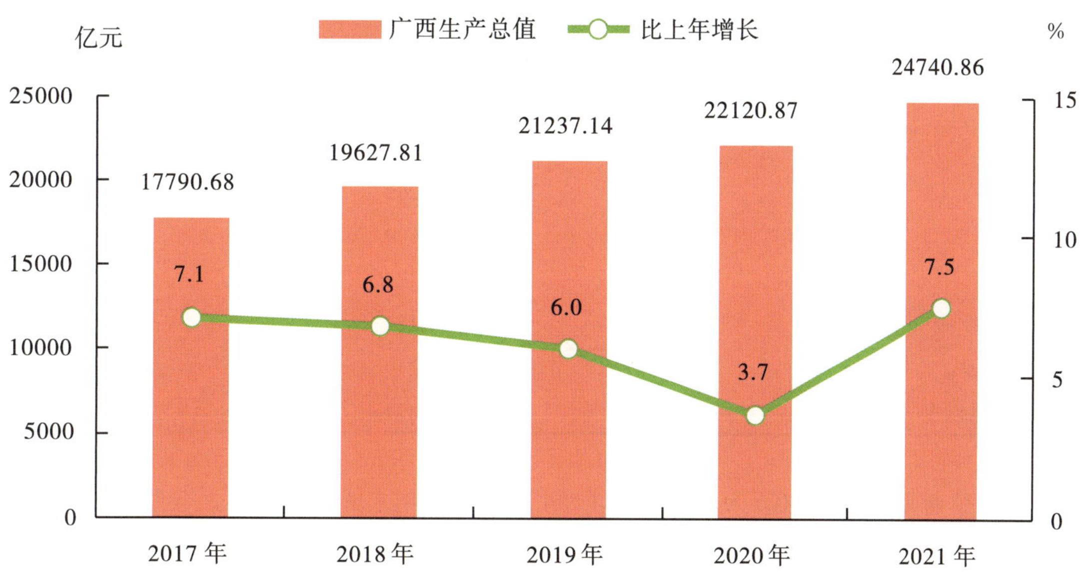

图2　2017—2021年广西三次产业增加值占GDP比重

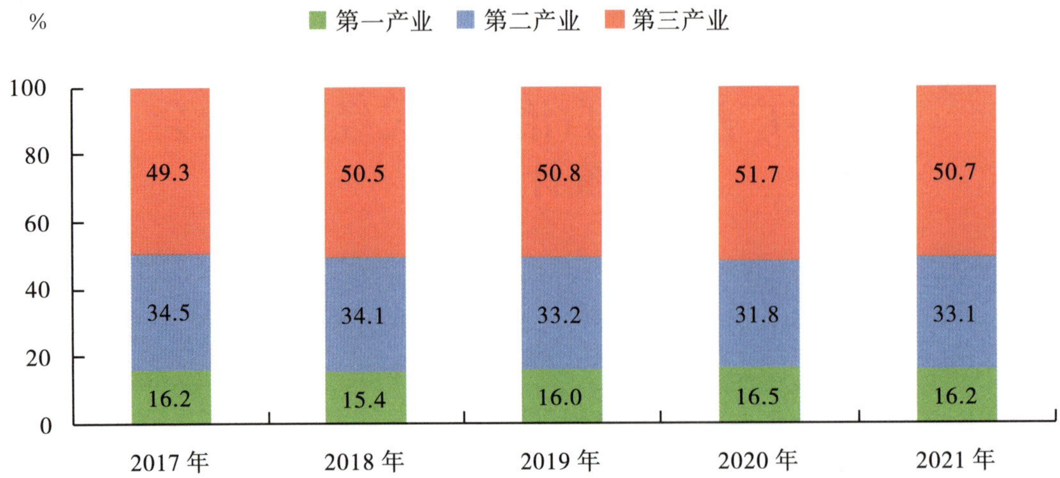

年末全区常住人口[4] 5037万人，比上年末增加18万人，其中城镇人口2774.6万人，占常住人口比重（常住人口城镇化率）为55.08%，比上年末提高0.88个百分点。全年出生人口48.7万人，出生率为9.68‰；死亡人口34.2万人，死亡率为6.80‰；自然增长率为2.88‰。

图3　2017—2021年年末广西常住人口城镇化率[5]

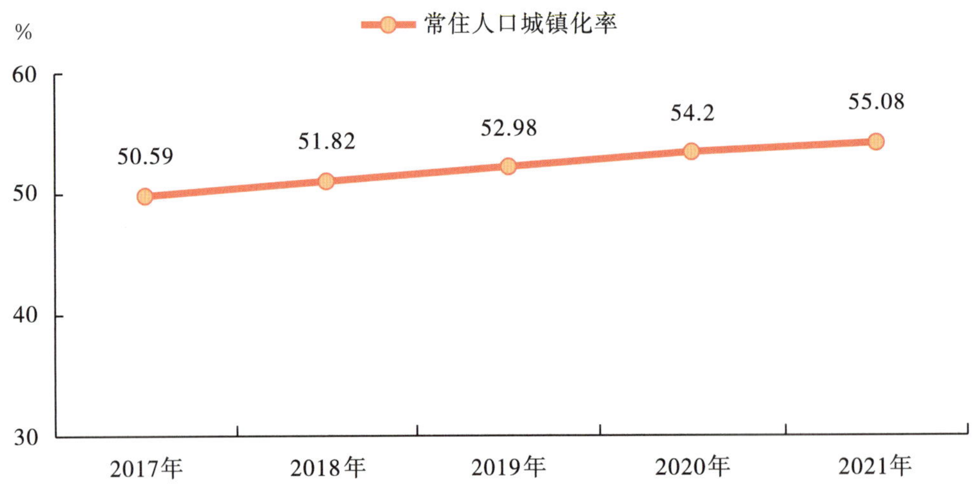

表1　2021年年末广西常住人口数及其构成

指　标	年末数（万人）	比重（%）
常住人口	5037	
其中：城镇	2775	55.08
乡村	2262	44.92
其中：男性	2609	51.80
女性	2428	48.20
其中：0-14岁	1154	22.91
15-64岁	3249	64.50
65岁及以上	634	12.59

全年全区城镇新增就业40.70万人，比上年多增4.18万人。年末城镇登记失业率为2.49%。农民工[6]总量1302万人，比上年增长3.5%。其中，外出农民工886万人，增长3.7%；本地农民工416万人，增长3.0%。

图4 2017—2021年广西城镇新增就业人数

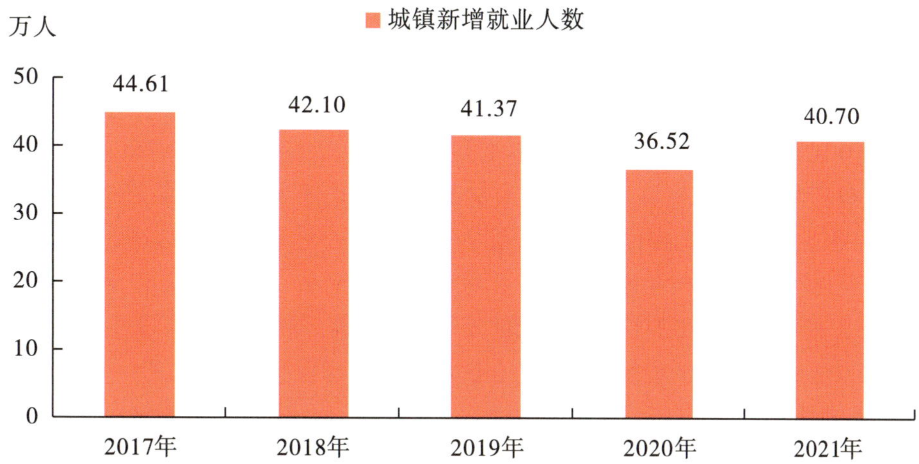

全年居民消费价格比上年上涨0.9%。工业生产者出厂价格上涨8.9%。工业生产者购进价格上涨10.7%。农产品生产者价格[7]下跌5.1%。

图5 2021年广西居民消费价格月度涨跌幅度

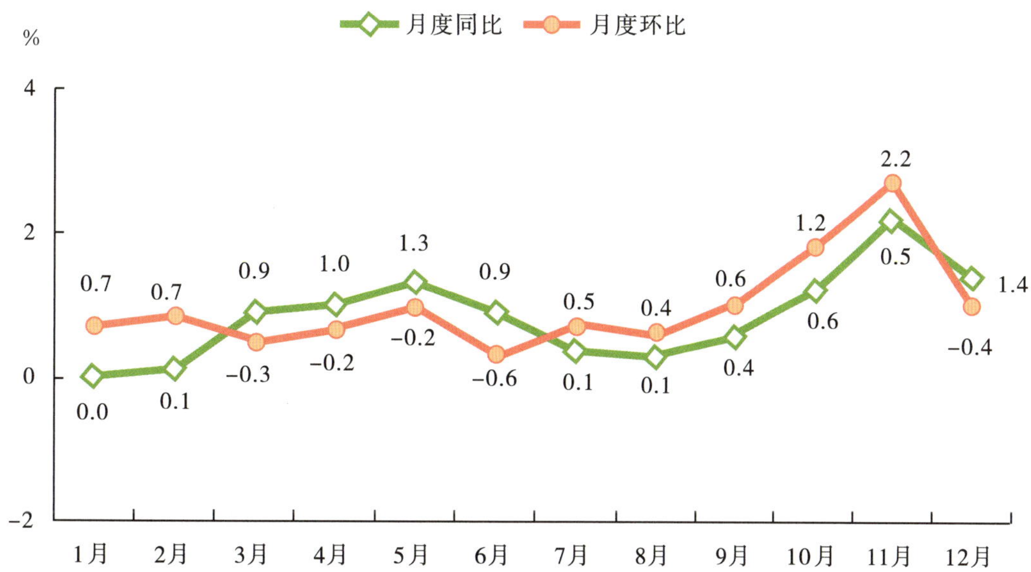

表2 2021年广西居民消费价格比上年涨跌幅度

单位：%

指　标	广　西	城　市	农　村
居民消费价格	0.9	1.1	0.5
其中：食品烟酒	-1.2	-0.6	-2.4
衣　着	1.0	1.4	-0.1
居　住[8]	0.8	0.7	0.9
生活用品及服务	0.4	0.6	0.1
交通和通信	2.7	2.6	2.9
教育文化和娱乐	3.7	4.3	2.7
医疗保健	2.4	1.8	3.3
其他用品和服务	-0.3	-0.2	-0.4

质量效益总体良好。财政收入稳步增长。全年一般公共预算收入增长4.8%，其中税收收入增长7.0%。金融信贷支撑有力。12月末，人民币各项贷款余额39325.29亿元，比上年末增长13.2%。人民币新增贷款4586.30亿元。各项金融政策精准发力，突出保障重点领域、重点行业，累计投放"桂惠贷"2381.25亿元，惠及8.7万户市场主体。企业盈利较快增长。规模以上工业企业营业收入利润率为5.16%，比上年提高0.16个百分点。规模以上服务业企业营业利润比上年增长3.7%。

新发展动能持续激发。全年规模以上高技术制造业中，电子及通信设备制造业增加值比上年增长18.6%。规模以上服务业[9]中，软件和信息技术服务业营业收入比上年增长73.6%，互联网和相关服务增长94.3%。高技术产业投资[10]比上年增长21.2%，其中高技术制造业投资增长57.9%。新能源汽车产量比上年增长1.6倍，太阳能电池增长1.2倍，锂离子电池增长68.2%，液晶显示屏增长58.0%。全区实物商品网上零售额[11]675.7亿元，比上年增长16.6%。全区新登记市场主体65.91万户，年末全区实有市场主体392.59万户，比上年末增长4.6%。

区域发展活力稳步提升。分区域看[12]，全年北部湾经济区生产总值9089.08亿元，比上年增长7.5%；西江经济带生产总值12052.0亿元，增长6.9%；左右江革命老区生产总值3807.06亿元，增长9.1%。桂林国际旅游胜地、强首府战略、北钦防一体化等区域重大战略稳步推进。

二、农　业

全年粮食种植面积2822.9千公顷，比上年增加16.9千公顷，增长0.6%。甘蔗种植面积857.81千公顷，减少17.02千公顷。油料种植面积267.05千公顷，增加4.85千公顷。蔬菜种植面积1596.33千公顷，增加60.41千公顷。木薯种植面积165.50千公顷，减少8.27千公顷。果园面积1389.32千公顷，增加36.8千公顷。茶园面积96.07千公顷，增加4.79千公顷。

全年粮食总产量1386.5万吨，比上年增加16.5万吨，增长1.2%。其中，春收粮食产量26.6万吨，增长2.4%；早稻产量480.0万吨，增长0.7%；秋粮产量879.9万吨，增长1.5%。谷物产量1306.7万吨，增长1.2%。其中，稻谷产量1017.9万吨，增长0.4%；玉米产量285.2万吨，增长4.3%。

图6　2017—2021年广西粮食产量

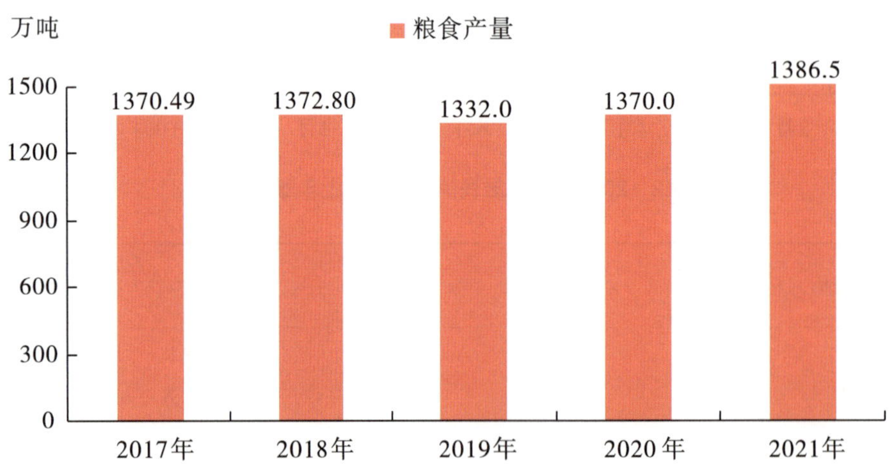

全年油料产量75.86万吨，比上年增长2.7%。甘蔗产量7365.11万吨，下降0.6%。蔬菜产量（含食用菌）4047.46万吨，增长5.7%。园林水果产量2798.08万吨，增长13.7%。

全年猪牛羊禽肉产量432.44万吨，比上年增长16.5%。其中，猪肉产量245.24万吨，增长40.9%；牛肉产量14.03万吨，增长3.0%；羊肉产量4.02万吨，增长10.2%；禽肉产量169.15万吨，下降6.0%。禽蛋产量27.08万吨，增长1.4%；牛奶产量13.09万吨，增长17.1%。生猪出栏3113.89万头，比上年增长36.5%。年末生猪存栏2128.19万头，比上年末增长16.4%。蚕茧产量40.74万吨，比上年增长8.2%。

全年水产品产量352.94万吨，比上年增长2.6%。其中，海水产品产量206.66万吨，增长3.8%。

全年木材产量4702万立方米，比上年增长11.9%。天然松脂74.77万吨，增长3.3%。油茶籽35.06万吨，增长17.1%。

表3　2021年主要农产品产量及其增长速度

产品名称	产　量（万吨）	比上年增长（%）
粮　食	1386.54	1.2
其中：稻　谷	1017.90	0.4
其中：早　稻	480.00	0.7
晚　稻	439.83	-0.8
玉　米	285.15	4.3
油　料	75.86	2.7
其中：花　生	71.12	2.7
甘　蔗	7365.11	-0.6
其中：果　蔗	289.74	-3.9
蔬　菜（含菌类）	4047.46	5.7
烤　烟	1.59	4.3
木　薯	162.71	-2.9
茶　叶	9.60	8.6
园林水果	2798.08	13.7
其中：柑橘类	1607.44	16.3
香　蕉	309.79	2.0
菠　萝	3.18	-13.5
荔　枝	80.68	25.9
龙　眼	60.69	20.7
芒　果	110.53	16.8
火龙果	59.69	30.4
百香果	36.29	0.5
食用坚果	15.20	3.7
肉类总产量	440.97	15.9
猪　肉	245.24	40.9
禽　肉	169.15	-6.0
蚕　茧	40.74	8.2
水产品	352.94	2.6
其中：海水产品	206.66	3.8

三、工业和建筑业

全年全部工业增加值6074.49亿元，比上年增长8.1%。规模以上工业增加值增长8.6%。在规模以上工业中，分经济类型看，国有控股企业增加值增长9.0%；股份制企业增长10.6%，外商及港澳台商投资企业增长0.9%；非公有工业企业增长8.6%。分门类看，采矿业增长7.7%，制造业增长7.9%，电力热力燃气及水生产和供应业增长13.8%。

全年规模以上工业中，农副食品加工业增加值比上年增长11.3%，木材加工和木竹藤棕草制品业增长15.7%，石油煤炭及其他燃料加工业增长30.1%，非金属矿物制品业增长0.8%，黑色金属冶炼及压延加工业增长7.1%，有色金属冶炼及压延加工业增长12.3%，专用设备制造业增长2.1%，汽车制造业下降3.8%，电气机械及器材制造业增长12.0%，计算机、通信和其他电子设备制造业增长3.6%，电力、热力生产和供应业增长12.2%。

表4　2021年广西规模以上工业主要产品产量及其增长速度[13]

产品名称	单　位	产　量	比上年增长（%）
成品糖	万吨	692.74	1.7
发酵酒精	万千升	49.50	-10.2
卷　烟	万箱	143.29	1.4
机制纸及纸板	万吨	336.22	8.9
发电量	亿千瓦小时	2019.2	5.7
其中：火电	亿千瓦小时	1191.9	11.7
水电	亿千瓦小时	472.1	-15.4
粗　钢	万吨	3660.88	6.0
钢　材	万吨	5282.09	11.5
十种有色金属	万吨	427.68	3.4
其中：电解铝	万吨	230.44	5.8
氧化铝	万吨	1133.45	20.4
水　泥	万吨	11426.90	-6.5
显示器	万台	369.62	-36.3
电子元件	亿只	330.82	-0.5
化　肥（折100%）	万吨	30.81	26.5
发动机	万千瓦	20576.96	-0.4
汽　车	万辆	190.08	8.9
铁合金	万吨	286.34	-11.2

全年规模以上工业企业利润比上年增长28.1%[14]。分经济类型看，国有控股企业利润比上年增长36.7%；股份制企业增长42.4%，外商及港澳台商投资企业下降7.2%；非公有制企业增长22.7%。分门类看，采矿业利润比上年增长70.8%，制造业增长35.7%，电力、热力、燃气及水生产和供应业下降26.9%。

全年全社会建筑业增加值比上年增长3.1%。具有资质等级的总承包和专业承包建筑业企业实现总产值6699.59亿元，比上年增长14.5%。其中国有控股企业2896.11亿元，比上年增长8.1%。

四、服务业

全年批发和零售业增加值2062.78亿元，比上年增长10.0%；交通运输、仓储和邮政业增加值1050.46亿元，增长14.9%；住宿和餐饮业增加值379.78亿元，增长14.8%；金融业增加值1709.21亿元，增长4.2%；房地产业增加值1984.17亿元，增长1.3%；其他服务业增加值5214.87亿元，增长8.8%。规模以上服务业企业营业收入比上年增长15.5%，营业利润增长3.7%。

图7　2017—2021年广西服务业增加值及其增长速度

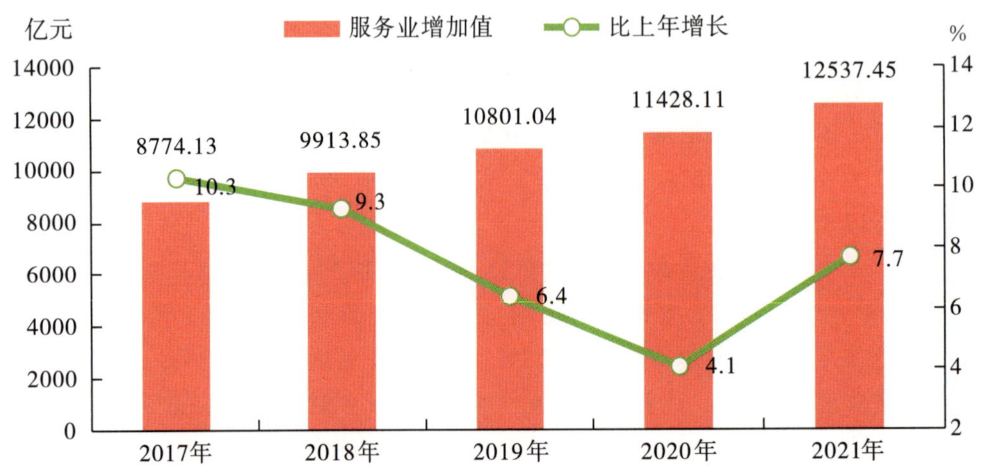

年末公路总里程16.06万公里，比上年末新增2.90万公里；其中，高速公路里程7339公里，比上年末新增536公里。年末铁路营业总里程5216公里，其中，高速铁路营业里程1771公里。

表5　2021年广西旅客、货物运输量及其增长速度

指　标	单　位	绝对数	比上年增长（%）
旅客运输总量	亿人次	2.98	-18.8
旅客运输周转量	亿人公里	521.94	-5.8
货物运输总量	亿吨	21.62	15.3
货物运输周转量	亿吨公里	4882.04	17.4

全年货物运输总量[15] 21.62亿吨，比上年增长15.3%。货物运输周转量4882.04亿吨公里，增长17.4%。港口完成货物吞吐57亿吨，比上年增长18.6%，其中外贸货物吞吐量1.68亿吨，增长20.7%。港口集装箱吞吐量719.82万标准箱，增长16.7%。

全年旅客运输总量2.98亿人次，比上年下降18.8%。旅客运输周转量521.94亿人公里，下降5.8%。

年末民用汽车保有量832.76万辆，比上年末增长10.7%，其中私人汽车保有量765.70万辆，增长11.2%。轿车保有量455.51万辆，增长13.3%，其中私人轿车439.84万辆，增长14.0%。

全年完成邮政业务总量[16] 126.01亿元，比上年增长18.3%。邮政业完成邮政函件业务0.12亿件，包裹业务24.63万件，快递业务量10.28亿件。完成电信业务总量[17] 527.63亿元，比上年增长34.3%。年末全区电话用户总数5934万户，其中移动电话用户5511万户。移动电话普及率上升至118.4部/百人。年末互联网用户6839万户，比上年末增加389万户。固定互联网宽带接入用户[18] 1827万户，比上年末增加176万户，其中固定互联网光纤宽带接入用户[19] 1743万户，增加168万户；移动互联网用户5011万户，增加211万户。互联网宽带接入通达的行政村比重达到100%。全年移动互联网接入流量79.37亿G，比上年增长31.8%。

五、国内贸易

全年社会消费品零售总额8538.50亿元，比上年增长9.0%。按经营地统计，城镇消费品零售额增长8.6%，乡村消费品零售额增长11.8%。按消费类型统计，商品零售额7309.23亿元，增长8.8%，餐饮收入额1229.27亿元，增长10.5%。

图8　2017—2021年广西社会消费品零售总额[20]

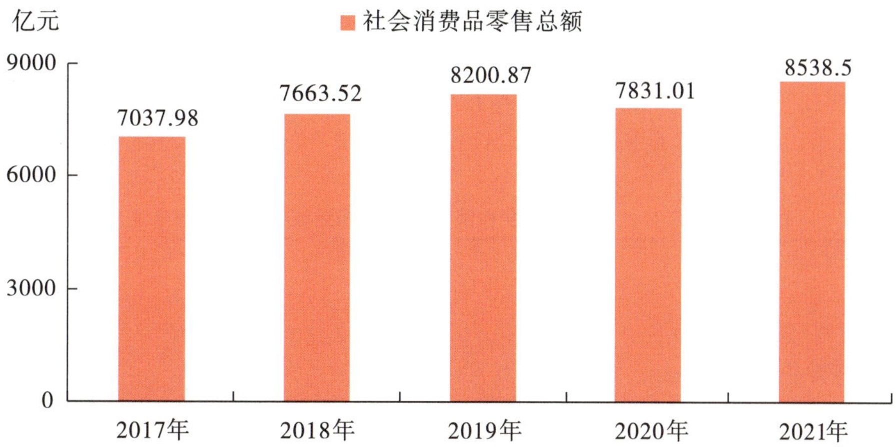

在限额以上单位商品零售额中，粮油食品、饮料、烟酒类零售额比上年增长11.3%，服装鞋帽针纺织品类下降5.0%，化妆品类下降11.1%，金银珠宝类增长18.6%，日用品类增长4.4%，家用电器和音像器材类增长22.4%，中西药品类增长4.9%，文化办公用品类增长12.2%，家具类增长38.5%，通讯器材类增长

1.5%，建筑及装潢材料类增长3.5%，石油及制品类增长19.9%，汽车类增长2.8%。

全年实物商品网上零售额675.7亿元，按可比口径计算，比上年增长16.6%，占社会消费品零售总额的比重为7.9%。

六、固定资产投资

全年固定资产投资（不含农户）比上年增长7.6%，其中，第一产业投资增长13.7%；第二产业投资增长26.0%，其中工业投资增长27.5%；第三产业投资增长2.0%。基础设施投资增长15.6%。民间固定资产投资增长8.0%。

表6　2021年广西分行业固定资产投资（不含农户）增长速度

行　业	比上年增长（%）
总　计	7.6
农、林、牧、渔业	13.7
采矿业	20.0
制造业	37.4
电力、热力、燃气及水生产和供应业	1.6
建筑业	-12.1
交通运输、仓储和邮政业	33.8
信息传输、软件和信息技术服务业	-14.8
批发和零售业	14.5
住宿和餐饮业	-16.3
金融业	-32.5
房地产业	-4.4
租赁和商务服务业	-31.3
科学研究和技术服务业	-1.9
水利、环境和公共设施管理业	-9.4
居民服务、修理和其他服务业	22.7
教育	0.2
卫生和社会工作	-0.7
文化、体育和娱乐业	-8.1
公共管理、社会保障和社会组织	-35.8

全年房地产开发投资3733.93亿元，比上年下降2.9%。其中住宅投资2902.89亿元，下降2.7%；办公楼投资75.35亿元，增长5.6%；商业营业用房投资256.20亿元，下降10.9%。商品房销售面积6178.26万平方米，下降8.2%，其中住宅5281.50万平方米，下降12.1%。年末商品房待售面积1461.10万平方米，比上年末增加179.89万平方米。其中，商品住宅待售面积730.03万平方米，增加61.21万平方米。

表7　2021年广西房地产开发和销售主要指标完成情况及其增长速度

指　标	单　位	绝对数	比上年增长（%）
投资额	亿元	3733.93	-2.9
其中：住宅	亿元	2902.89	-2.7
其中：90平方米及以下	亿元	533.44	-1.9
房屋施工面积	万平方米	34175.70	6.2
其中：住宅	万平方米	25219.48	6.1
房屋新开工面积	万平方米	5329.29	-32.3
其中：住宅	万平方米	4016.51	-32.1
房屋竣工面积	万平方米	2433.25	14.3
其中：住宅	万平方米	1887.69	20.9

续表

指 标	单 位	绝对数	比上年增长（%）
商品房销售面积	万平方米	6178.26	-8.2
其中：住宅	万平方米	5281.50	-12.1
本年资金来源	亿元	4331.83	-13.0
其中：国内贷款	亿元	523.06	-23.2
其中：个人按揭贷款	亿元	915.97	-9.3

七、对外经济

全年货物进出口总额5930.63亿元，比上年增长21.8%。其中，出口2939.11亿元，增长8.6%；进口2991.52亿元，增长38.3%。进出口逆差（出口小于进口）52.41亿元。对东盟国家进出口总额2821.17亿元，比上年增长18.8%。其中，出口1657.29亿元，增长8.1%；进口1163.88亿元，增长38.4%。

图9 2017—2021年广西进出口总额

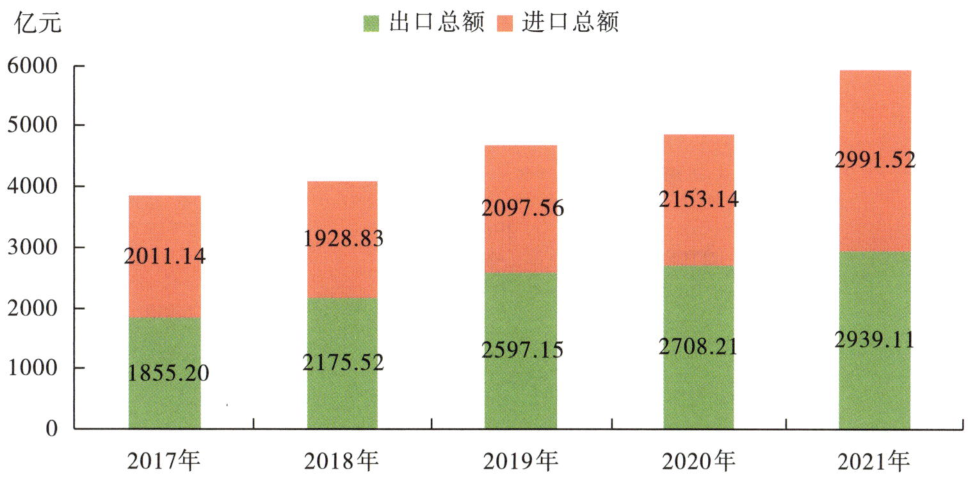

全年实际利用外资16.52亿美元，比上年增长25.4%。对外承包工程营业额0.37亿美元，比上年增长38.4%；对外劳务合作实际收入0.04亿美元，比上年下降19.3%。

表8 2021年广西货物进出口总额及其增长速度

指 标	金 额（亿元）	比上年增长（%）
货物进出口总额	5930.63	21.8
其中：一般贸易	1847.24	20.5
其中：货物出口额	2939.11	8.6
其中：一般贸易	689.96	-2.9
来料加工	17.69	-7.0
进料加工	553.32	15.2
边境小额贸易	1048.03	-4.5
货物进口额	2991.52	38.3

表9 2021年广西对主要国家和地区货物进出口总额及其增长速度

国家和地区	货物出口额（亿元）	比上年增长（%）	货物进口额（亿元）	比上年增长（%）
亚洲	2501.63	10.4	1716.13	31.0
其中：东盟	1657.29	8.1	1163.88	38.4
其中：越南	1425.69	6.1	578.25	38.1
其中：中国香港	692.44	22.2	35.89	-50.5

续表

国家和地区	货物出口额（亿元）	比上年增长（%）	货物进口额（亿元）	比上年增长（%）
日本	24.91	-19.9	60.29	28.6
韩国	18.50	-33.1	59.75	34.7
非洲	40.01	-6.3	160.11	47.1
欧洲	121.48	-21.9	100.39	17.1
其中：欧盟	89.40	-22.6	45.56	8.1
拉丁美洲	77.07	71.9	598.80	48.0
北美洲	171.72	1.9	204.59	119.1
其中：美国	160.89	6.6	90.56	167.4
大洋洲	27.19	-6.2	208.82	33.1

八、财政金融

全年财政收入3027.89亿元，比上年增长8.1%；一般公共预算收入1800.12亿元，增长4.8%，其中税收收入1191.09亿元，增长7.0%，占一般公共预算收入的比重为66.2%。一般公共预算支出5810.20亿元，比上年下降6.0%，其中，民生重点领域支出4551.82亿元，占一般公共预算支出的比重为78.3%。

图10 2017—2021年广西财政收入

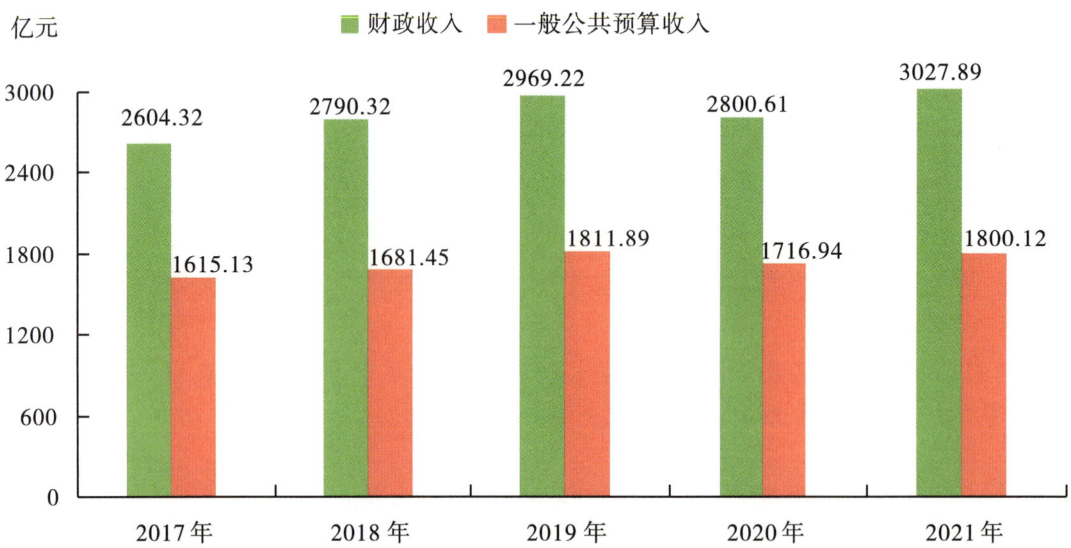

年末金融机构本外币各项存款余额36879.44亿元，比年初增加2213.89亿元，其中人民币各项存款余额36706.23亿元，增加2190.66亿元。年末金融机构本外币各项贷款余额39851.13亿元，比年初增加4654.35亿元，其中人民币各项贷款余额39325.29亿元，增加4586.30亿元。

表10 2021年广西金融机构本外币存贷款余额及其增长速度

指　标	年末数（亿元）	比上年末增长%
各项存款余额	36879.44	6.4
其中：住户存款	21000.85	10.6
其中：人民币	20949.82	10.6
非金融企业存款	9322.95	2.8
各项贷款余额	39851.13	13.2
其中：境内短期贷款	7149.92	16.3
境内中长期贷款	30626.74	12.5

年末上市公司（A股）数量39家，市价总值3110.69亿元。

全年保险公司原保险保费收入[21] 783.29亿元，比上年增长6.7%。其中，财产险业务原保险保费收入243.62亿元，增长4.5%；寿险业务原保险保费收入345.79亿元，增长6.1%；健康险和意外险业务原保险保费收入分别为165.2亿元和28.69亿元，分别增长12.0%和3.2%。支付各类赔款及给付294.75亿元，增长15.5%。其中，财产险业务赔款160.53亿元，增长24.2%；寿险业务给付 40.97亿元，下降14.5%；健康险和意外险业务赔款及给付分别为84.3亿元和8.96亿元，分别增长19.8%和18.1%。

九、居民收入消费和社会保障

全年居民人均可支配收入26727元，比上年名义增长8.8%，扣除价格因素，实际增长7.8%。居民人均可支配收入中位数[22] 21506元，名义增长8.5%。按常住地分，城镇居民人均可支配收入38530元，比上年名义增长7.4%，扣除价格因素，实际增长6.2%。农村居民人均可支配收入16363元，比上年名义增长10.4%，扣除价格因素，实际增长9.8%。城乡居民人均收入比为2.35:1，比上年缩小0.07。

全年居民人均消费支出18088元，比上年名义增长10.6%，扣除价格因素，实际增长9.6%。按常住地分，城镇居民人均消费支出22555元，名义增长7.9%，扣除价格因素，实际增长6.7%；农村居民人均消费支出14165元，名义增长14.0%，扣除价格因素，实际增长13.4%。居民恩格尔系数为32.2%，其中城镇为31.4%，农村为33.3%。

图11 2017—2021年广西城乡居民收入

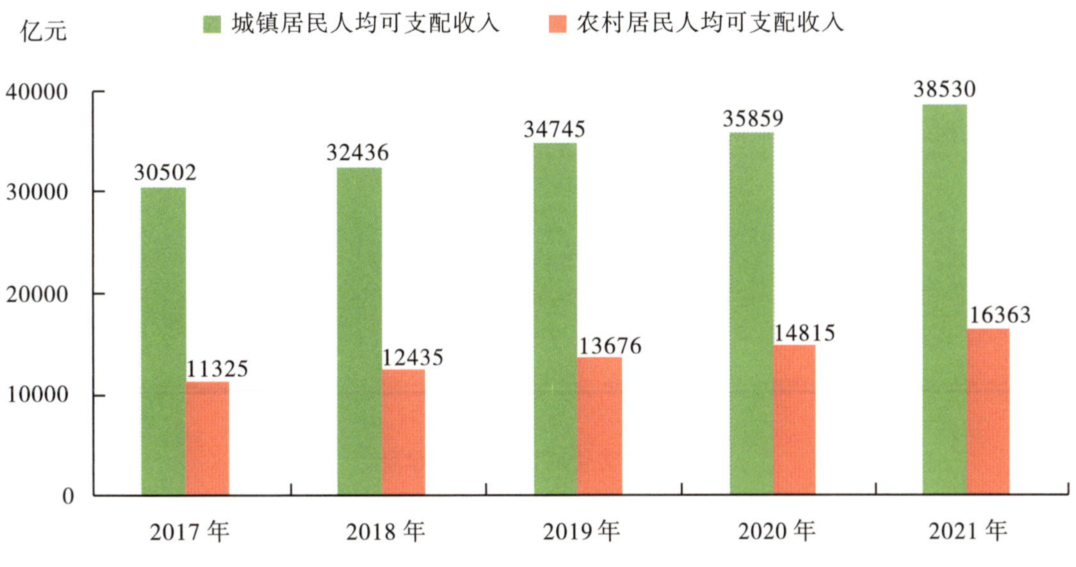

年末参加城镇职工（包括企业和机关事业单位）基本养老保险人数985.25万人，比上年末增加65.73万人。参加基本医疗保险人数5249.26万人，增加32.02万人。其中，参加城镇职工基本医疗保险人数714.76万人，增加58.53万人；参加城乡居民基本医疗保险人数4534.50万人，减少26.51万人。参加失业保险人数475.04万人，增加64.46万人。年末全区领取失业保险金人数6.80万人。参加工伤保险人数551.31万人，增加65.74万人，其中参加工伤保险的农民工30.47万人。参加生育保险人数523.18万人，增加45.94万人。

年末社会保障卡持卡人数5099.35万人，比上年末增加110.69万人。共有34.40万人享受城市居民最低生活保障，242.97万人享受农村居民最低生活保障，24.97万人享受特困人员救助供养。医疗救助资助参加基本医疗保险人数373.05万人，比上年增加16.88万人。

年末共有为儿童提供救助收养服务的机构48个，床位0.38万张，收养0.16万人。各类社区服务设施3764个，其中社区服务中心207个，社区服务站3214个。

十、科学技术和教育

全年安排科学研究与技术开发计划项目4306项，资助经费66320万元。其中，重点研发计划经费26122万元，技术创新引导专项（基金）经费13943万元，科技基地和人才专项经费20050万元，自然科学基金6205万元。取得省部级以上登记科技成果7014项，其中，应用技术成果6402项，软科学研究成果7项，基础理论成果605项。全年全区三种专利获授权46800件，比上年增长35.8%，其中发明专利4573件，比上年增长30.0%。每万人口发明专利拥有量为5.78件，比上年增长12.7%。全年共签订技术合同16267项，技术合同成交金额2194.57亿元，比上年增长2.9倍。

年末共有产品检测实验室（指全区获得省级实验室资质认定的检验检测实验室）1614个，国家级检测中心9个，自治区级检测中心32个。累计完成产品认证企业个数（有效期内）1928个。共有法定计量技术机构86个，全年强制检定计量器具312.28万台（件）。累计制、修订地方标准数2449个，地理标志保护产品93个。

全年研究生教育招生2.16万人，在校研究生5.58万人，毕业生1.20万人。普通高等教育招生43.77万人，在校生132.10万人，毕业生28.60万人。各类中等职业教育（不含技工）招生27.23万人，在校生69.09万人，毕业生18.82万人。普通高中招生42.71万人，在校生121.21万人，毕业生35.30万人。普通初中招生77.94万人，在校生229.87万人，毕业生73.61万人。普通小学招生86.02万人，在校生515.96万人，毕业生77.41万人。特殊教育招生0.74万人，在校生4.39万人，毕业生0.68万人。学前教育在园幼儿227.51万人。九年义务教育巩固率为96.5%，高中阶段毛入学率为92.0%。

表11 2021年各类教育发展情况

指 标	招生人数（万人）	在校生人数（万人）	毕业生人数（万人）
研究生	2.16	5.58	1.20
普通高等教育	43.77	132.10	28.60
中等职业教育（不含技工）	27.23	69.09	18.82
普通高中	42.71	121.21	35.30
普通初中	77.94	229.87	73.61
普通小学	86.02	515.96	77.41
特殊教育	0.74	4.39	0.68

十一、文化旅游和卫生健康

年末共有县级以上公共图书馆116个，文化馆125个，博物馆155个，国有艺术表演团体78个。全区共有70个项目列入国家级非物质文化遗产名录，914个项目列入自治区级非物质文化遗产名录。

年末共有广播电视台75座。有线广播电视用户772万户，数字电视用户772万户。年末广播节目综合人口覆盖率为98.56%；电视节目综合人口覆盖率为99.31%。年末共有档案馆162个，已开放各类档案41.36万卷。

全年入境过夜游客6.19万人次，比上年下降74.9%。接待国内旅客7.98亿人次，增长20.8%；实现国内旅游消费9062.99亿元，增长24.8%。

年末共有医疗卫生机构34112个，其中医院803个，乡镇卫生院1263个，社区卫生服务中心194个，诊所（卫生所、医务室）11332个，村卫生室19088个，疾病预防控制中心122个，卫生监督所（中心）125个，妇幼保健院（所、站）105个。年末全区卫生技术人员39.39万人，其中执业医师和执业助理医师13.19万人，注册护士18.24万人，乡村医生和卫生员2.70万人。医疗卫生机构床位31.92万张，其中医院21.97万张，乡镇卫生院7.83万张。截至年末，累计报告新型冠状病毒肺炎确诊病例622例，其中本土病例

273例，境外输入349例，累计治愈出院病例620例，累计死亡2人。全区共有365家医疗卫生机构（含第三方机构）提供新型冠状病毒核酸检测服务，总检测能力达到129万份/天。

全年运动员在世界三大赛中获金银铜牌12枚，其中金牌6枚，银牌2枚，铜牌4枚。

十二、资源、环境和应急管理

全年国有建设用地供应总量2.43万公顷，比上年下降12.6%。其中，工矿仓储用地0.65万公顷，增长1.6%；住宅用地0.33万公顷，下降21.4%；基础设施用地1.35万公顷，下降14.0%。

全年规模以上工业企业原煤产量比上年增长4.9%，原油产量下降2.0%，发电量增长5.7%，水电、风电、核电等清洁能源发电量下降1.8%。电力消费量增长10.2%。

全年总用水量268.55亿立方米，其中，生活用水36.08亿立方米，工业用水36.55亿立方米，农业用水189.60亿立方米，生态补水6.32亿立方米。全区大型水库61座，大型水库蓄水总量369.76亿立方米。

年末共有国家生态文明建设示范市县13个，其中本年新增4个。全年完成造林面积204.1千公顷，其中人工造林面积70.2千公顷，占全部造林面积的34.4%。截至年底，建成自然保护区78个，其中国家级自然保护区23个，自然保护区面积125.83万公顷。

全年地表水考核断面水质优良率97.3%，地级城市集中式饮用水水源地达标率94.3%。近岸海域40个海水水质监测点水质优良率92.6%，达到国家一类和二类海水水质标准占90%，三类和四类海水占10%。

在监测的14个设区市中，空气质量达标以上城市14个。城市区域昼间声环境质量较好的市占42.9%，一般的占57.1%。

全年全区平均气温为21.6℃，比上年升高0.4℃，共有 7个热带气旋直接影响广西。全区沿岸海域平均海温25.5℃，比上年升高0.2℃。全年广西海洋监测预报中心发布预警9次。

年末全区城镇污水处理厂日处理能力579.47万立方米，比上年末增长3.3%；城镇污水处理率98.73%，提高0.26个百分点。城镇生活垃圾无害化处理率100%。城镇建成区绿地率35.89%；人均公园绿地面积13.06平方米，增加0.13平方米。

年末全区共有地震台站635个，地震监测台网10个。

全年全区各级气象台共发布气象预警信号15923次，全年自治区气象台发布预警95次。

注释：

［1］本公报中数据均为初步统计数。部分数据因四舍五入的原因，存在总计与分项合计不等的情况。

［2］地区生产总值、三次产业及相关行业增加值、人均地区生产总值绝对数按现价计算，增长速度按不变价格计算。

［3］两年平均增速是指以2019年同期数为基数，采用几何平均的方法计算的增速。

［4］常住人口指在广西居住半年以上的人口，以及户口在广西、外出广西不满半年或在境外工作学习的人口。

［5］根据第七次全国人口普查结果，对2017-2019年年末常住人口城镇化率数据进行了修订。

［6］年度农民工数量包括年内在本乡镇以外从业6个月及以上的外出农民工和在本乡镇内从事非农产业6个月及以上的本地农民工。

［7］农产品生产者价格是指农产品生产者直接出售其产品时的价格。

［8］居住类价格包括租赁房房租、住房保养维修及管理、水电燃料等价格。

［9］规模以上服务业统计范围包括：年营业收入2000万元及以上的交通运输、仓储和邮政业，信息传输、软件和信息技术服务业，水利、环境和公共设施管理业，卫生行业法人单位；年营业收入1000万元及以上的房地产业（不含房地产开发经营），租赁和商务服务业，科学研究和技术服务业，教育行业

法人单位；以及年营业收入500万元及以上的居民服务、修理和其他服务业，文化、体育和娱乐业，社会工作行业法人单位。

[10] 高技术产业投资包括医药制造、航空航天器及设备制造等六大类高技术制造业投资和信息服务、电子商务服务等九大类高技术服务业投资。

[11] 网上零售额是指通过公共网络交易平台（主要从事实物商品交易的网上平台，包括自建网站和第三方平台）实现的商品和服务零售额。

[12] 北部湾经济区是指南宁市、北海市、防城港市、钦州市4市；西江经济带是指柳州市、桂林市、梧州市、贵港市、玉林市、贺州市、来宾市7市，左右江革命老区是指百色市、河池市、崇左市、隆安县、马山县5市（县）。

[13] 2020年部分产品产量数据进行了核实调整，2021年产量增速按可比口径计算。

[14] 由于统计调查制度规定的口径调整、统计执法、剔除重复数据等因素，2021年规模以上工业企业财务指标增速及变化按可比口径计算。

[15] 货物运输总量包括铁路、公路、水路、民航四种运输方式完成量；周转量包括铁路、公路、水路三种运输方式完成量，2021年增速按可比口径计算。

[16] 邮政行业业务总量按2020年价格计算。

[17] 电信业务总量按2020年价格计算。

[18] 固定互联网宽带接入用户是指报告期末在电信企业登记注册，通过xDSL、FTTx+LAN、FTTH/O以及其他宽带接入方式和普通专线接入公众互联网的用户。

[19] 固定互联网光纤宽带接入用户是指报告期末在电信企业登记注册，通过FTTH或FTTO方式接入公众互联网的用户。

[20] 根据第四次全国经济普查结果及有关制度规定，对2017-2019年社会消费品零售总额数据进行了修订。

[21] 原保险保费收入是指保险企业确认的原保险合同保费收入。

[22] 人均收入中位数是指将所有调查户按人均收入水平从低到高（或从高到低）顺序排列，处于最中间位置的调查户的人均收入。

资料来源：

本公报中城镇新增就业、登记失业率、社会保障数据来自自治区人力资源社会保障厅；医疗保障数据来自自治区医保局；财政数据来自自治区财政厅；物价、城乡居民收入和支出、恩格尔系数、农民工、部分农业数据来自国家统计局广西调查总队；进出口数据来自南宁海关；对外实际投资、对外承包工程和劳务合作等数据来自自治区商务厅；金融数据来自中国人民银行南宁中心支行；证券数据来自中国证券监督管理委员会广西监管局；保险数据来自中国银行保险监督委员会广西监管局；公路里程、港口数据来自自治区交通运输厅；旅客、货物运输量和周转量数据来自自治区交通运输厅、中国铁路南宁局集团有限公司和广西机场集团；铁路营业里程、高速铁路数据来自中国铁路南宁局集团有限公司；汽车保有量数据来自自治区交警总队；邮政业务数据来自自治区邮政管理局；电信业务数据来自自治区通信管理局；教育数据来自自治区教育厅；安排科技计划课题、技术合同等数据来自自治区科技厅；市场主体、专利数据、质量检验、标准制定修订等数据来自自治区市场监督管理局；艺术表演团体、博物馆、公共图书馆、文化馆、非物质文化遗产、旅游数据来自自治区文化和旅游厅；广播电视数据来自自治区新闻出版广电局；医疗卫生数据来自自治区卫生健康委；社会服务及救助数据来自自治区民政厅；国有建设用地供应数据来自自治区自然资源厅；用水量数据来自自治区水利厅；林业、自然保护区数据来自自治区林业局；环境监测数据来自自治区生态环境厅；城市污水处理、建成区绿地覆盖率来自自治区住房城乡建设厅；气象预警、平均气温、热带气旋数据来自自治区气象局；地震数据来自自治区地震局；其他数据均来自自治区统计局。